Peter-Ferdinand Koch

ENTTARNT

Peter-Ferdinand Koch

ENTTARNT

Doppelagenten:
Namen, Fakten, Beweise

Peter-Ferdinand Koch
Enttarnt
Doppelagenten: Namen, Fakten, Beweise

FSC
Mix
Produktgruppe aus vorbildlich bewirtschafteten Wäldern
und anderen kontrollierten Herkünften

Zert.-Nr. SGS-COC-004295
www.fsc.org
© 1996 Forest Stewardship Council

Das für dieses Buch verwendete FSC-zertifizierte Papier
EOS lieferte Salzer, St. Pölten

Umschlagidee und -gestaltung: **kratkys.net** ✕

1. Auflage
© 2011 Ecowin Verlag, Salzburg
Lektorat: Mag. Josef Rabl
Gesamtherstellung: www.theiss.at
Gesetzt aus der Sabon
Printed in Austria
ISBN 978-3-7110-0008-8

1 2 3 4 5 6 7 8 / 13 12 11

www.ecowin.at

In Memoriam
Heinz Höhne
1926–2010

US-„Grundakte" Reinhard Gehlen (1945): „Sehr lebendig, blaue Augen, wenig Haare, zierlich, unglaublich beweglich"

Inhalt

NAME	C.R.FILE NUMBER	SEX	DATE OF BIRTH	RANK OCCUPATION UNIT PLACE AND DATE OF CRIME	UNWCC LIST/ SERIAL NO.	REASON WANTED	WANTE...
BAUER	264291	M		SS-Rottfhr.,Member,B.D.S.or K.D.S. IV or VI,Gestapo,Paris (Fr.) 43	-	SUSPECT	FR.
BAUER	302304	M		Member,Sicherheitsdienst,Utrecht (Neth.) 40-42	52/23	TORTURE	NETH.
BAUER	307850	M		SS-Scharfhr.,999 Btn.,Kalamata and Mission (Gre.) 43, 44	54/33	MURDER	GRC.
BAUER,Alfons	264466	M		SS-Scharfhr.,Employee,Gestapo,Endon,Lodz (Pol.) 39-45	-	MISC.CRIMES	POL.
BAUER,Anton	264155	M	circa 05	Referent,Sicherheitsdienst,Rume and various places in the Province of Ore (Yugo.) 42-44	-	MURDER	YUGO.
BAUER,Ernst	265101	M		SS-Oscharfhr.,Guard,C.C.Sobibor (Pol.)	-	MISC.CRIMES	POL.
BAUER,Frans	307693	M		Cpl.,Geh.Feldpolizei,Charleroi-Hainault (Bel.) 40-44	53/21	TORTURE	BEL.
BAUER,Georg	307276	M		On the staff of C.C.Auschwitz (Pol.) 40-45	55/8	MURDER	POL.
BAUER,Kate	264276	F		Employee,Secretary,Gestapo,K.D.S.IV,A 2,Paris (Fr.) 43	-	SUSPECT	FR.
BAUER,Maximilien	307859	M	15. 9.14	SS-Uscharfhr.,Guard,C.C.Auschwitz (Pol.) 40-45	54/35	MURDER	POL.
BAUEROBUSE,Kurt	263093	M		SS-Uscharfhr.,SS,C.C.Passow (Pol.) 42-44	-	BRUTALITY	POL.
BAULRSFELD,Georg	302305	M		Member,SS Polizei Bn.43-44,Batman to Capt.Koops,Tilburg, Wageningen,Venray (Neth.) 5.9.44	52/24	MURDER	NETH.
BAUMANN (see BROESAMLE,Ernst)	262026						
BAUMANN	263532	M		Feldgendarme,Feldgendarmerie,Jonzac (Fr.) 21.8.44	-	MURDER	FR.
BAUMANN (or BALLMANN)	307860	M		SS-Oscharfhr.,SS,C.C.,Vught (Neth.) 8.44	54/36	MURDER	NETH.
BAUMGARTNER	307861	M		SS-Osturmfhr.,C.C.Auschwitz (Pol.) 40-45	54/38	MURDER	POL.
BAUMGARTNER,Hans	263146	M		Osturmfhr.,SS,Lundaberg (Ger.) 6.44-4.45	-	MURDER	U.S.
BAUMGARTNER,Hans	307689	M		SS-Mann,Gestapo-Agent,Security Police,Bled-Slovenia (Yugo.) 7.42-5.45	53/22	MURDER	YUGO.
BAUMGARTNER,Leopold Franz	307971	M	24.10.09	SS-Mann,Guard,C.C.Stutthof (Pol.) 40-44	55/9	BRUTALITY	POL.
BAUNSTERK,Alfred	265100	M		Stellvertr.Commandant,Gestapo,Parachau (Pol.) 44	-	MISC.CRIMES	POL.
BAUNING, Dr.	265066	M		Member,Ger.Institution for the East,Krakau,Pulawy (Pol.) 39-45	-	MISC.CRIMES	POL.
DAVLAKOWITSCH,Franz	264201	M	19.12.0	SS-Oscharfhr.,Crim.Asst.,Gestapo,S.D.,Sipo,Anderljion (Yugo.) 41-45	-	MURDER	YUGO.
BAYER	263543	M		Staff Sgt.,Gend.728 Sens,Faron-la Chapelle s./Dreusesens, Sormery,St.Sedotin (Fr.) 43-44	54/39	MISC.CRIMES	FR.
BAYER,Emil	265022	M	circa 04	Gestapo-chief,Hptscharfhr.,Gestapo-department "N",SS,Lodz (Pol.)	-	MISC.CRIMES	POL.
BATLER	307344	M		SS-Member,Camp of Haidari,Athens,Salonika (Grc.) 43-44	51/16	BRUTALITY	GRC.
BAYRER,Josef	264822	M	11. 9.93	Former Ortsgruppenleiter,Employee,Waldtruding,Retired Postal (Case No.12-3283),Nuenchen,Waldtruding (Ger.) 9.6.44	-	MURDER	U.S.
BAYRIC,Asif	307862	M		SS-Mann,Guard,C.C.Auschwitz (Pol.) 40-45	54/40	MURDER	POL.
BECHMANN (see BECKMANN, Gustav)	265115						
BECHTHOLD,Wilhelm	264290	M		SS-Usturmfhr.,Member,B.D.S.IV 2/3,Gestapo,Replacing Kieffer during his Absences,Paris (Fr.) 43-44	-	SUSPECT	FR.
BECK	265051	M		Member,Gestapo,Tornos,Brzesk (Pol.)	-	MISC.CRIMES	POL.
BECK,Selma	265051	F	2.11.83	Agent,Gestapo,Wydgoszcz (Pol.)	-	MISC.CRIMES	POL.
BECKER	263542	M		Major,Camp,Souges near Bordeaux (Fr.) 8.44	-	MURDER	FR.
BECKER	264694	M		Gestapo,Jaslo (Pol.)	-	MURDER	POL.
BECKER	265020	M		Member,Gestapo, (Pol.)	-	MISC.CRIMES	POL.
BECKER	265023	M		Official,Gendarmerie,SS,Debica (Pol.)	-	MISC.CRIMES	POL.
BECKER	302306	M		Oberassr.,Rheinische Metallwerke,Pors,Siegburg and Camps (Ger.) 40-45	52/26	MURDER	BEL.
BECKER,Dorothea	307343	F		SS-Mann,Sicherheitsdienst,Zwolle (Neth.) 13.10.44	51/18	MURDER	NETH.
BECKER,Gustav	307863	M	20.10.12	Womm Guard,C.C.Auschwitz (Pol.) 40-45	54/41	MURDER	POL.
BECKER,Jacob	262776	M	circa 00	Dr.,Dentist,near Buttstaadt (Ger.) 29.7.44	55/10	MURDER	U.S.
BECKER,Michael	307864	M	18. 5.11	Ortsgruppenleiter,Kreisamt,Bechtheim (Ger.) 12.44	-	BRUTALITY	U.S.
BECKER,Rudolf (see BECKERT, Rudolf)	265077			SS-Uscharfhr.,Guard,C.C.B.Auschwitz (Pol.) 40-45	54/44	MURDER	POL.
BECKERT,Rudolf (or BECKER, BERCHERT)	265077	M		Informer,C.C.Auschwitz-Birkenau (Pol.) 40-43	-	MURDER	POL.
BECKMANN,Gustav (or BECHMANN)	265115	M		Chief,SS,Gestapo,Krakow-Podgor4za (Pol.)	-	MURDER	POL.
BECKMANN,Josef	265058	M		Magaziner,SS-Uscharfhr.,Camp of Haidari (Grc.) 43-44	-	MISC.CRIMES	POL.
BECKMANN,Rudolf	265102	M		SS-Uscharfhr.,C.C.Sobibor (Pol.)	-	MISC.CRIMES	POL.
BEDDIS,Heinrich	307973	M		German Civilian,near Appen (Ger.) 18.6.44	55/11	MURDER	U.S.
BEDASSE	307307	M		Prison Guard,Aix-La-Chapelle (Ger.) 40-45	52/29	TORTURE	BEL.
BEOE (see BEKE,Fritz)	307346	M					
BEHLAN,Paul	265090	M		Pock (Pol.)	-	MISC.CRIMES	POL.
BEHNKE,Arno	265021	M		Official and interpreter,Uscharfhr.,Gestapo,SS,Lodz (Pol.) 40	-	MISC.CRIMES	POL.
BEHR (or BAHR)	263307	M	98	Commercial Traveller,Gestapo,S.D.,Agen,Lot and Garonne Area (Fr.) 11.42-44	54/46	MURDER	FR.
BEHRENDS	262298	M		SS-Gen.Lt.,Gestapo,Belgrad and Serbien,(Yugo.) 44	52/30	MISC.CRIMES	YUGO.
BEIR	263872	M		Feldgendarm,Feldgendarmerie,Desvres (Fr.) 43-44	52/31	MISC.CRIMES	FR.
BEISSNER	302308	M		Stubamf,Lt.,Army,Hoogstraten 23.10.44	52/31	INCENDIARISM	BEL.
BEISSVENGER,Walter	307690	M		Lt.,Deputy Officer to the Btty.Commander with 51 Armoured SS-Bde. Mtr.389547,Troyes-Sainte Savine (Fr.) 23.8.44-25.8.44	53/24	MURDER	FR.
BEITLICH,Dietrich (or BEITLIK)	264755	M		Member,Gestapo,Lublin (Pol.)	-	MURDER	POL.
BEITLIK (see BEITLICH, Dietrich)	264755						
BEITSCH,Herbert	264756	M		W.O.,SS,Athen (Grc.) 43-44	51/22	MURDER	POL.
BEKE,Fritz (or BARKE or BEOE)	307346	M				MURDER	GRC.
BEKER	307410	M		Lt.,16 Inf.Div.,Maille Monstre (Indre-et-Loire) (Fr.) 25.8.44	52/32	MURDER	FR.
BELCHEN	307411	M		Geheime Feldpolizei,Ghent,Courtrai,Audenarde,Bruges,Renaix, Wenduyns,La Cog (Bel.) 40-44	52/33	MURDER	BEL.
BENKROFF,Alois	263871	M		Oberfeldwebel,Feldgendarmerie of Auxerre,Champignelles (Fr.) 9.43	-	BRUTALITY	FR.

US-Kriegsverbrecher-Liste (Juni 1947):
„Mich interessiert nicht, ob er Ziegen fickt"

Vorangestellte Zeilen

Es gab Zeiten, da produzierte der „Spiegel" Bedeutendes. Doch in der Redaktion brennt es nicht mehr. Nun stand WikiLeaks dem Nachrichten-Magazin zur Seite. Feuergefährlich sind inzwischen andere. Beispielsweise Peter Carstens, Redakteur der „Frankfurter Allgemeinen Zeitung" („F.A.Z.").

Carstens kümmerte sich um den braunen Nachlass eines Mannes, der alle überragen, der eines drängenden Tages als Urvater aller Geheimdienstler im Brockhaus stehen wollte – um Reinhard Gehlen. Als er sich 1968 in die Pension zurückzog, blieb sein Traum unerfüllt, mit säuerlichen Konsequenzen für den Steuerzahler: Mindestens zwölf Milliarden Mark hatte Gehlens anspruchsvolle Mission bis dahin verschlungen.

Reinhard Gehlen, von den Medien lange überschätzt und idealisiert, fühlte sich berufen – zu einem Ritter antikommunistischer Feldzüge. Um seinen anfangs von den Amerikanern finanzierten Nachrichtendienst mit Leben zu erfüllen, war Gehlen auf vormalige NS-Profile dringend angewiesen, egal, welcher grausiger Untaten sie auch immer beschuldigt wurden. Dann avancierte die US-Organisation Gehlen (Org) 1956 zu einer Behörde der Bonner Republik. Jetzt gab sich Reinhard Gehlen den Namen Bundesnachrichtendienst (BND).

Sprachgewaltig verurteilten US-Geheime zwar den Holocaust, aber auch sie setzten auf NS-Verbrecher. Der Kalte Krieg machte aus ihnen sogar Vorbilder, zumindest kurzfristig. Harry Rositzki, Sowjet-Experte der CIA, umschrieb die damalige Ära so: „Es war notwendig, daß wir jeden Schweinehund verwendeten. Hauptsache er war Antikommunist." Drastischer drückte sich der einfach gestrickte US-Präsident Harry S. Truman aus: „Mich interessiert nicht, ob er Ziegen fickt, wenn er uns hilft, benutzen wir ihn."

Nicht wenige „Ziegenficker" spielten indes falsch. Sie dienten noch anderen Herren und die hockten – in Moskau.

„Rusty", so der anfängliche US-Deckname für die Org, erschien nicht wenigen Amerikanern bereits vor der Gründung der Bundesrepublik

Deutschland als unsicherer Haufen: „Teile (der Org stünden) unter der Kontrolle der Russen", es fehlte lediglich der Überblick „über das Ausmaß des sowjetischen Eindringens". Washington begann sich also von Gehlens Ringverein mehr und mehr zu verabschieden. Schließlich die Schreckensmeldung. Im November 1961 flog Heinz Felfe auf, der Maulwurf des sowjetischen KGB im BND. Die Bonner Republik glich einem Tollhaus. Gehlen geriet auf die Abschussliste.

Doch Konsequenzen musste der BND-Pionier lediglich vorübergehend fürchten, obwohl er den Mann mit den zwei Gesichtern nicht nur eingestellt, sondern auch auffällig protegiert hatte. Hans Maria Globke, unter Konrad Adenauer Staatssekretär im Bundeskanzleramt, stellte sich schützend vor „seinen" BND-Präsidenten. Nicht aus Gründen der Sympathie – hätte Gehlen seinen Dienst quittieren müssen, des Kanzlers Intimus hätte fortan auf geheimdienstliche Dossiers über die politische Bonner Opposition verzichten müssen.*

Peter Carstens setzte sich mit der „Zentralen Stelle der Landesjustizverwaltungen zur Aufklärung nationalsozialistischer Verbrechen" im baden-württembergischen Ludwigsburg in Verbindung. Dabei stieß er auf Hans-Henning Crome, einen Mann des BND, der über Jahrzehnte ein dunkles Geheimnis bewahrte.

Während des Felfe-Debakels habe ihm Gehlen, so Crome, den brisanten Auftrag erteilt, die Biografien jener zu durchleuchten, die einst dem Reichssicherheitshauptamt (RSHA) angehörten. Crome konnte sich nicht erklären, warum der BND-Präsident ausgerechnet ihm das sensible Mandat anvertraute, schließlich fehlte ihm die Qualifikation. Militärische Kenntnisse? Kein Gedanke. Etwa Jurastudium? Mitnichten. Was prädestinierte den ausgebildeten Kaufmann dann? Vater Johannes Crome beschaffte seinem Sohn erst den Job beim BND, schließlich dessen überraschende Rangerhöhung. Wie das?

Johannes Crome und Reinhard Gehlen waren Freunde. Sie lernten sich zu Zeiten der Reichswehr auf der Kriegsakademie in Berlin-Moabit kennen. Dann trennten sich ihre Wege. Crome wurde 1937 Leiter der Abwehrstelle Hamburg. Wilhelm Canaris hatte ihn dorthin befördert.

---

* Bei der CIA wurde Reinhard Gehlen anfangs treffend unter dem Decknamen „Utility" („Nützlichkeit") geführt, während CIA-Akten Org- bzw. BND-Angehörige respektlos als „Zinnsoldaten" aufstellten („tin soldier").

Die hanseatische Filiale war einer der wichtigsten Nebenarme der Abwehr, denn von hier aus, vom Schwanenwik 26 an der Außenalster, koordinierte Johannes Crome Sabotage-Unternehmen in Großbritannien. Ein williges Werkzeug: der irische Nationalist Jim O'Donovan, führender Kopf der Irisch-Republikanischen Armee (IRA). In London explodierten Bomben der IRA – bereits vor Beginn des Zweiten Weltkriegs. Ebenso in Birmingham, in Manchester oder im schottischen Alnwick. Johannes Crome war der Vorsteher einer Terroristen-Vereinigung, der Tote billigend in Kauf nahm. Doch zugleich wurden der IRA Waffen geliefert, IRA-Kämpfer auf eine Bildungsreise geschickt: Im Dritten Reich reiften sie zu Sprengmeistern heran. Dann saß er russischen Geheimdienst-Offizieren gegenüber. Der Oberst i. G. Johannes Crome war im Februar 1943, als einer von 90.000 Deutschen, in Stalingrad in Kriegsgefangenschaft geraten. Zwangsläufig stand seine über zwei Jahre währende Abwehr-Anbindung im Mittelpunkt.

Reinhard Gehlen, väterlich um alte Kameraden besorgt, kümmerte sich um den 1955 aus der Sowjetunion heimgekehrten Senior. Waren dessen Sabotage-Fertigkeiten gefragt? Im Baltikum, in der Ukraine – im tiefen „Osten" munitionierte Reinhard Gehlen schließlich dortige Widerstandsbewegungen, ein ungeschriebenes Kapitel bis heute. Cromes Karriere im BND war unvermeidlich. Am Ende seiner BND-Zugehörigkeit baute Crome in Stockdorf südlich von München die Abhörtechnik des BND mit auf*, bis ein unangenehmes Gerücht kursierte: Johannes Crome sei angeblich während seiner russischen Gefangenschaft im Lager Welikije Luki, 50 Kilometer von der jetzigen Grenze Weißrusslands entfernt, nachrichtendienstlich verpflichtet worden.

Treibende Kraft dieser Denunziation: die am 17. März 1917 geborene Annelore Krüger, Gehlens brave Sekretärin, laut des BND-Offiziers Oskar Reile Mutter der unehelichen Gehlen-Tochter Marianne. Crome ein Verräter? Wer würde die Wahrheit herausfinden können? Die Regierungsdirektorin Annelore Krüger („Alo") wusste Rat: Wenn überhaupt, würde dies vielleicht der Junior schaffen. Darum avancierte der erst 32-jährige Hans-Henning Crome zum Waidmann. Selbstredend

---

* In der Stockendorfer Wanneystraße 10 konzentrierte der BND sein Lausch-Equipment, getarnt als „Bundesstelle für Fernmeldetechnik". Die „Bundesstelle" war zugleich zuständig für die Wartung sensibler Technik in den westdeutschen Botschaften.

11

verschwieg ihm Gehlen, dass er seinen Vater als Doppelagenten überführen sollte. Eine tolldreiste Regieführung.

Die „dienstinternen Überprüfungen", so Peter Carstens in der „F.A.Z.", sollten lediglich jene ausmustern, „die aus dem Befehlsbereich des Reichsführer-SS ... hervorgegangen" seien. Soll heißen: Kriegsverbrecher des RSHA, und nur die, sollten „ausgemustert" werden. Doch die Wahrheit ist dramatischer: Nach der Enttarnung Heinz Felfes dämmerte es endlich auch dem BND-Präsidenten, dass sich in seinem Dienst nicht nur ein Maulwurf niedergelassen, sondern inzwischen möglicherweise ein ganzer Maulwurfshügel eingerichtet hatte.

Crome, wegen seiner Blässe von Kollegen lieblos „Mehlwurm" genannt, bezog in der Bayerstraße 8 am Münchner Hauptbahnhof ein konspiratives Büro, getarnt als „Organisation 85" – immerhin für zwei lange Jahre. Von den seinerzeit rund 2.500 BND-Mitarbeitern will er um die 200 SS-Offizieren auf die Spur gekommen sein, 71 von ihnen seien wegen „nachweisbarer Teilnahme an NS-Gewaltakten" entlassen worden, soll heißen: Mindestens 71 seiner – wie auch immer – überprüften 200 BND-Angehörigen mit einer RSHA-Vergangenheit werden wohl eher in den Verdacht geraten sein, für östliche Geheimdienste gearbeitet zu haben. Bittere Erkenntnisse.

Ob Hans-Henning Crome seinen Vater ent- oder belastet hat, ist nicht bekannt. Bekannt freilich ist: Es wurden vormalige RSHA-Mitarbeiter im BND überprüft, kein Angehöriger der Waffen-SS, kein Offizier der Abwehr oder der Wehrmacht, niemand beim BND-Vorläufer Fremde Heere Ost, niemand bei den SS-Polizei-Regimentern, der Ordnungspolizei, der Geheimen Feldpolizei oder beim Zoll. Eine absurde Prozedur. Gab es in diesen Ressorts etwa keine Kriegsverbrecher, nicht einen einzigen Maulwurf?*

---

* Von einer „Tauglichkeitsprüfung" verschont blieben NS-Bedienstete, die erst Jahre später in den Verdacht als Doppelagenten gerieten. Beispiele: Gerhard Engel, militärischer Adjutant Hitlers (verantwortlich für den illegalen Waffenhandel des BND); Karl-Edmund Gartenfeld, Abwehr (als Mitarbeiter der Organisation Gehlen unter mysteriösen Umständen verstorben); Andor Hencke (geboren am 14. Juli 1895 in Berlin, gestorben am 31. Januar 1984 in Tegernsee), 1922 Eintritt in den Diplomatischen Dienst, 1922 Attaché in Moskau, 1930 Geschäftsträger in Kowno, 1933 Konsul II. Klasse in Kiew und Moskau, 1936 Konsul II. Klasse in Prag, 1939 Vertreter des Auswärtigen Amtes beim Reichsprotektor in Böhmen und Mähren, dann Vortragender Legationsrat, Leiter der deutschen Delegation in

Die unsicheren Kandidaten wurden nicht gefeuert, ihr erzwungener Abschied vielmehr öffentlichkeitsscheu per Aufhebungsvertrag geregelt. Nicht auszudenken, die Geschassten hätten Arbeitsgerichte bemüht. Der braune Skandal wäre nicht erst Ende 2010, er hätte bereits in den Sechzigerjahren für zornige Kommentare gesorgt. Gleichwohl war Peter Carstens angehalten, die Nachnamen – bis auf das Initial – zu schwärzen.* Selbst gegen hochrangige Gehlen-Vertraute wurde wegen Verrats ermittelt. So gegen Hans-Heinrich Worgitzky, anfangs Leiter der BND-„Generalvertretung" Hamburg/Bremen, seit 1957 Vizepräsident des BND.

der Gemischten Zentralkommission des Deutschen Reiches und der UdSSR für Grenzfragen in Moskau, 1943 Deutscher Gesandter in Madrid, dann Unterstaatssekretär und Leiter der politischen Abteilung des Auswärtigen Amtes. Noch 1966 war Hencke Leiter der BND-Dienststelle „KPA" in München (Ost- und auswärtiger Dienst); Dr. Hans Schuhmacher, SS-Sturmbannführer, als Angehöriger der Einsatzgruppe C an jüdischen Massakern beteiligt, bei Gehlen für die Spionage-Abwehr zuständig und KGB-verpflichtet.

* Die „F.A.Z." nannte beispielsweise einen „Andreas B.". Dabei handelte es sich um Andreas Biederbick, am 12. März 1909 in Neuß geboren, 1942 beim Befehlshaber der Sicherheitspolizei in Paris, dann in Brüssel, am Ende SD-Abschnitt Salzburg. Biederbick wurde am 3. Mai 1945 verhaftet, an Belgien ausgeliefert und blieb bis zum März 1948 inhaftiert. Oktober 1953: Leiter des Düsseldorfer Büros des Leske-Verlages unter dem vormaligen SS-Brigadeführer und nunmehrigen Geschäftsführer Franz Alfred Six, dem Friedrich Flick für den Aufbau des Verlages 100.000 Mark „spendete". Six, von Gehlen hochgeschätzt, war russischer Top-Kundschafter. Biederbick wurde 1956 in den BND übernommen („Hauptstelle für Befragungswesen"). Oder: „Dr. K.-E.". Prof. Dr. Ulrich Erich Kayser-Eichberg, geboren am 11. März 1903, trat im Mai 1933 der NSDAP bei (Nr. 2.781.250), 1937 Unteroffiziersausbildung in Elbing, 1939 bis 1940 Feldwebel, Oktober 1942 Waffen-SS (SS-Nr. 452.414), SS-Sturmbannführer, 1942 bis 1944 beim Höheren SS- und Polizeiführer Alpenland in Salzburg, 1944 bis Mai 1945 in Böhmen und Mähren (Leiter der Landesstelle Sudetengau für das Rasse- und Siedlungswesen), 1945/46 US-Kriegsgefangenschaft (Biessenhofen, Altenstadt und Dachau), 1953 Leiter des Referats „45 D" („Berichts- und Übersetzungswesen" der Auswertegruppe 45), 1956 Übernahme in den BND. Verdacht: Maulwurf eines der drei polnischen Geheimdienste. Schließlich: „Walter S.". Walter Sprenglewski, geboren am 22. August 1908 in Spyck (bei Kleve). Major der Schutzpolizei in Hof, 1934 bis 1936 SA-Feldjäger (Hilfspolizei), 1943/44 Polizei-Regiment 19 in Russland (Partisanen-Bekämpfung und „Entjudungen"), bis 1945 Kommandeur des I. Polizei-Freiwilligen-Regiments in Serbien. Am 1. August 1952 Eintritt in die Organisation Gehlen, Kurier für die „Dienststelle 570", dann für die „Diensteinheit 33 Ku" in München, 1956 Übernahme in den BND. Verdacht: Doppelagent der GRU oder des KGB.

Worgitzky starb im Dezember 1969, vier Jahre zuvor wurde er überraschend vorzeitig in den Ruhestand verabschiedet, angeblich wegen einer Nierenoperation. Gehlens Nachfolger Gerhard Wessel hielt auf dem Münchner Waldfriedhof eine bewegende Trauerrede. Nur einer fehlte: der Pensionär Reinhard Gehlen, wegen eines (vorgeschobenen) Grippeanfalls. Seine Abwesenheit erklärte sich mit seiner tiefen menschlichen Enttäuschung – tatsächlich wähnte Gehlen in Worgitzky einen Maulwurf. Schließlich der Generalleutnant Alfred Kretschmer, bis 1945 Militärattaché in Tokio, von den Amerikanern als Agent in die Organisation Gehlen geschleust, 1947 Chef einer Org-Auswertungs-Gruppe, 1954 Leiter der Org-„Generalvertretung" Darmstadt: Ihm wurde unterstellt, für das KGB gearbeitet zu haben. Schmerzlich vor allem diese Personalie:

Dr. Kurt Kohler (Decknamen: „Dr. Klausner", „Pichler") fahndete innerhalb der Organisation Gehlen und des BND ausschließlich nach Doppelagenten. Doch dann geriet er selbst unter Maulwurf-Verdacht. Er überstand die wohl eher oberflächlichen Recherchen. 1973 gehörte Kohler dem BND nach wie vor an. Nicht zu vergessen Rudolf Kleikamp, Ex-Generalmajor der Wehrmacht. Kleikamp war in West-Berlin Geschäftsführer einer „Werbezentrale Berlin G.m.b.H.", in dieser Position in Wahrheit Vorsteher des Org-„Meldekopf(es) Berlin", in der Frontstadt somit Chef der gesamten Gehlen-Truppe. Sollte Kleikamp tatsächlich für die östliche Seite gearbeitet haben, so werden endlich die zahlreichen Maulwürfe und Überläufer von Gehlen-Bediensteten in die DDR nachvollziehbar. Dann die Operation „Campus", die vom Counter Intelligence Corps (CIC) der U.S. Army unter der Leitung von Tom Wesley Dale – an der CIA vorbei (!) – durchgeführt wurde.

„Campus" richtete sich gegen die Alt-Nazis, die in der Org untergekommen waren und inzwischen ein akutes Sicherheitsrisiko darstellten. Die Katastrophen in den frühen Fünfzigerjahren mit dem Verlust Hunderter von Gehlen-Agenten und die beispiellosen Propaganda-Kampagnen der DDR gegen Gehlen – all dies hatte CIC-Offiziere aufgerüttelt.

„Campus" sollte klären, wo die Lecks im Apparat lagen. Folgt man der US-Autorin Mary Ellen Reese, die sich auf Gespräche mit dem vormaligen US-Geheimdienstler Arthur Trudeau bezieht, soll das CIC gewusst haben, dass ehemalige Nationalsozialisten längst für die Sowjets spionierten. Die heimlichen Maulwurf-Fahnder des CIC, die SS-Kameraden Hans Sommer, Friedrich Busch, Karl Schütz und Walter Vollmer – sie gerieten später selbst in Verdacht, im Sold Moskaus zu stehen. So kam ihre konspirative Dependance in Stuttgart (Werastraße 8) quasi als Zweigstelle des KGB in Verruf. Spätestens jetzt hätte Gehlens Trümmertruppe eigentlich aufgelöst werden müssen. Und zwar endgültig. Die Ergebnisse der Recherchen, so Hans-Henning Crome, wollte Gehlen „so genau" nicht zur Kenntnis nehmen. Eine wahrlich naive Vorstellung. Denn Crome stand von Beginn an unter Gehlens Kontrolle, schließlich hatte er seine Berichte weisungsgemäß an eine Regierungsrätin zu adressieren. Wie es zu dem ordentlichen Gewerbe gehörte, an ein „Postschliessfach (Nr. 324" in „8 München 22"). Empfänger: eine „Susanne E." – Annelore Krüger, Gehlens intime Schreibkraft, laut Crome „zart, charmant, aber unerhört hartnäckig". Sie wird Gehlen die Maulwurf-Bilanzen kaum unterschlagen haben.

Cromes Spurensuche löste innerhalb des BND anhaltende Zwietracht aus, vor allem ein „Opfer" des Fahnders grämte sich – Ebrulf Zuber, den Crome gerade wegen seiner nationalsozialistischen Bilderbuch-Karriere nicht nur einmal verhörte: SS-Leibstandarte Adolf Hitler, „Säuberungen" in Polen, Amtsgruppe D im SS-Wirtschafts-Verwaltungshauptamt (zuständig für die Konzentrationslager). Dann geriet Zuber (Deckname: „Ackermann") ins Fadenkreuz des französischen Auslandsdienstes SDECE: Während seiner Kriegsgefangenschaft in der Tschechoslowakei sei Zuber im Lager Tubor, südlich von Prag, von den Russen als Perspektiv-Agent angeworben worden. Crome fand allerdings keine „Beweismittel". Es folgte ein irrer Treppenwitz: Zuber rückte zum Chef der BND-„Abteilung 12" auf, die den gesamten Ostblock auszuforschen hatte. Crome folgte als sein Stellvertreter. Dass die Chemie zwischen beiden nicht stimmte und dem nachrichtendienstlichen Alltag somit wenig förderlich schien, darf als ausgemacht unterstellt werden. Erst 1987 entließ der BND-Präsident Hans-Georg Wieck Himmlers Paradesoldaten ehrenvoll in den Ruhestand. Ebrulf Zuber starb 2005, unangetastet, 85-jährig.

Bislang hat es der BND tunlichst unterlassen, sich seiner nationalsozialistischen Vergangenheit zu stellen. Aber eines harmonischen Tages überraschte der BND-Präsident Ernst Uhrlau: „Wir wollen die Geschichte des BND nicht für uns behalten, sondern jemanden hineinschauen lassen." Dieser „Jemand" stand bereits zur Verfügung: Gregor

Schöllgen. Doch der warf entnervt hin. Schöllgen scheiterte an der paranoiden Geheimhaltungssucht des BND, halt am braunen Gewissen des Dienstes.*

Nun soll, in einem zweiten Anlauf, erneut ein „unabhängiger Historiker" des BND die NS-Seilschaften aufklären. Einer der „unabhängigen Historiker" des BND heißt Helmut Wenninger, Leiter des BND-Referats „80 AY", berufsmäßiger Geheimniskrämer der Sicherheitsabteilung. Für seine Willensfreiheit ist Wenninger nicht bekannt, er wird wohl vorrangig damit beschäftigt sein, das personelle Grauen aus den BND-Akten auszusortieren.**

Vollmundiges nun auch bei den lieben Kollegen. Das Bundesamt für Verfassungsschutz (BfV) will seine NS-Täter ebenfalls enttarnen, freilich verbunden mit einem hilfreichen „aber": „Das BfV plant, einen unab-

* Das Bundesarchiv in Koblenz stellt auf seiner Website („Auswahl im Porträt") BND-Präsidenten vor – mit einer bemerkenswerten Überraschung: Die Fotoserie beginnt mit (dem dritten BND-Chef) Klaus Kinkel. Dessen Vorgänger, Reinhard Gehlen und Gerhard Wessel, werden vom Bundesarchiv unterschlagen. Das mag wohl damit zusammenhängen: Beider Karrieren gerieten erst während des Dritten Reiches in Fahrt.

** Helmut Wenninger, Jurist, begann seine BND-Karriere als stellvertretender Geheimschutz-Beauftragter, bis ihn eine Innovation erreichte: die Biometrie („Messungen an Lebewesen"), die Kontrolle vor Arbeitsbeginn an der „Pförtnerloge". BND-Mitarbeiter, die in die Gardeschützkaserne in Berlin-Lichterfelde in ihre Büros strömen, mussten zuvor ihre Schädel scannen lassen, immerhin die Häupter von rund tausend Auswertern. Die Vermessungen wurden von der Bochumer Firma „Viisage Technology AG" realisiert. Dumm, dass sich das US-Unternehmen „L-1 Identity Solutions" die Aktienmehrheit an der „Viisage Technology AG" sichern konnte – „L-1 Identity Solutions" wird von vormaligen CIA-Offizieren dirigiert. Einer heißt George Tenet, ehedem CIA-Chef. Ernst Uhrlau, mit diesem „Schildbürgerstreich" konfrontiert, wiegelte ab: Die Zusammenarbeit mit der „Viisage Technology AG" sei im Februar 2004 eingestellt worden. Dem allerdings widersprachen eingeweihte Visagisten: Das Gesichtserkennungssystem sei längst installiert, alle Rund- und Spitzköpfe der BND-Auswerter elektronisch erfasst, somit zwangsläufig im Datenbestand der CIA-nahen „Viisage Technology AG" fest „verankert". Biometrie-Experten haben darüber hinaus bereits eine Schwachstelle im System erkannt: „Es gibt Probleme, wenn die Leute beim Friseur waren." Die wahren Sicherheitsrisiken – Dauerwelle oder Haarausfall? Auch ein japanischer Biometrie-Professor wies auf die Verwundbarkeit biometrischer Durchgangskontrollen hin: Von Fotos gewonnene Pupillenimitate und auf Gummihandschuhen aufgebrachte Fingerabdrücke würden das hochgelobte BND-Kontrollsystem lautlos überlisten.

hängigen Historiker ... mit der Aufarbeitung der Gründungsgeschichte des Amtes zu beauftragen", meldete eine offizielle BfV-Dame, um dann deutlich zu werden. Aber nur – „sobald die Finanzierung gesichert ist". Die Chancen, dass die NS-Aufarbeitung – dank des klammen BfV-Etats – unterbleibt, stehen somit gut. Dabei entpuppte sich gerade das BfV als Sammelbecken nationalsozialistischer Himmelsstürmer. Ohne sie hätte sich der Verfassungsschutz niemals in Stellung bringen können.

Kurt Fischer, geboren 1905 – ein schreckliches NS-Kaliber, beteiligt an der „Liquidierung" des Ghettos im polnischen Sosnowiec, schließlich zum SS-Wirtschafts-Verwaltungshauptamt abkommandiert, dem seit 1942 die Konzentrationslager unterstanden. Dieses suchte händeringend Holocoust-befähigtes Personal. Kurt Fischer erfüllte die Kriterien bedingungslos: In Auschwitz avancierte der SS-Sturmbannführer zu einem soliden „Kunden" der Deutschen Gesellschaft für Schädlingsbekämpfung m.b.H. (Degesch), des Zyklon-B-Gas-Produzenten. Als „Karschner" tauchte Kurt Fischer nach 1945 unter, im BfV später mit seinem Klarnamen wieder auf. Nun jagte er Kommunisten. Er nicht allein.

Richard Gerken, SS-Obersturmbannführer, reüssierte zum guten Schluss im RSHA-Amt-IV A 1 (Gestapo) zum Kenner der Sowjetunion. Wann immer sein Vorgesetzter Heinrich Müller Auskünfte über nachrichtendienstliche Strukturen benötigte, Gerken erklärte sie. Wann immer Müllers Stellvertreter Wilhelm Krichbaum, der spätere sowjetische Maulwurf im BND*, nach Geständnissen der 20.-Juli-Attentäter verlangte – Gerkens Folter-Vielfalt garantierte sie.

Nebenher, auf der Reichskriminalschule in Berlin-Charlottenburg, unterwies Gerken RSHA-Praktikanten, darunter den Sohn eines Dorfschullehrers: den SS-Untersturmführer Paul Dickopf, fernerhin Präsident des Bundeskriminalamtes (BKA) und Interpol-Chef, vormaliger Agent des SD gegen die Abwehr und einer der Abwehr gegen den SD.** Gerkens

---

* Krichbaum, ehedem stellvertretender Gestapo-Chef, trat bereits Ende 1946 der Org in Karlsruhe bei (Deckname: „Walter Krug"). Von Januar 1951 bis zu seinem Tod (im April 1957) stand er Gehlens Scheinfirma „Siegert & Co." in der Münchner Augustenstraße 78 vor. Zweck des Unternehmens: alte SS-Kameraden für Gehlens Organisation zu rekrutieren, wie beispielsweise Heinz Felfe, ebenso Maulwurf des KGB.

** Paul Dickopfs SD-Abwehr-Doppelspiel ist in der Tat einmalig, vor allem, weil das weder vom SD noch von der Abwehr bemerkt worden war, bis Dickopf ein hochsensibler Auftrag erreichte. In der Schweiz beschaffte er, zusammen mit François

Gestapo-Vita blieb den Medien bislang verschlossen. Gerken? Er allein bestimmte, als Prinzipal, den Kurs der Spionage-Abwehr des BfV. Anfang 1964 pensioniert, brachte sich Gerken nun als Rentner öffentlich in Position. Er schrieb ein theatralisch-antikommunistisches Fachbuch (Titel: „Spione unter uns"), „ein Buch der Sorge", „ein Buch der Verantwortung und Verpflichtung", „ein Buch zur Abwehr von Gefahren" – auf dem Höhepunkt des Kalten Krieges von Rezensenten, auch des „Spiegel", hochgelobt, derart, dass die „Kristall" (Chefredakteur Horst Mahnke, ehedem SS-Hauptsturmführer und Leitender Redakteur des „Spiegel") Gerken als Autor gewann, derart, dass selbst das ZDF Gerkens Kompetenz in ein Drehbuch einfließen ließ. Hingegen Gerkens RSHA-Praxis – niemand hinterfragte sie. Er blieb ein Ehrenmann, so wie Gustav Halswick.

Halswick brachte es zum SS-Hauptsturmführer beim Befehlshaber der Sicherheitspolizei in Paris, wo er die Kriminalpolizei leitete, eigentlich eine „ordentliche" Beschäftigung, wären da nicht die französischen „Asozialen" und die jüdischen Kinder gewesen, die dem Sittengemälde des Dritten Reiches widersprachen.

Genoud, dem späteren Vermarkter der Tagebücher des Doktor Joseph Goebbels, lebensnotwendige Devisen – sie tauschten Zahngold und Schmuck vergaster Juden gegen Schweizer Franken oder US-Dollar. Doch dann legten die Hehler Devisen für sich selbst zur Seite. Gegen Dickopf erging, im Januar 1944, ein Haftbefehl des RSHA. In Bern hatte Dickopf den Leiter des Office of Strategic Services (OSS), Allen W. Dulles, darüber hinaus mit allerlei NS-Geheimnissen bedient, weshalb ihm Dulles eine steile Nachkriegskarriere ermöglichte. Dickopf (OSS-Deckname: „Caravel") brachte es im BKA zum Leitenden Kriminaldirektor, im Januar 1965 schließlich zum BKA-Präsidenten, was die halbherzig betriebene internationale Fahndung nach NS-Verbrechern und den nach wie vor anhaltenden Ansturm von NS-Gefolgschaftsmitgliedern in bundesdeutsche Sicherheitsbehörden endlich erklärt. Dass Dickopf 1968 dazu noch Interpol-Chef werden konnte, ermöglichte ihm Genoud. Dessen von ihm mobilisierte Arabische Liga bescherte ihm bei der Wahl auf der 37. Generalversammlung die Stimmenmehrheit. Auch der SS-Hauptsturmführer Theodor Emil Saevecke, im RSHA zuständig für die „Vorbeugende Verbrechensbekämpfung", machte im BKA als Kriminalrat und Leiter des Referats „Hoch- und Landesverrat" Karriere, schließlich avancierte er zum Vize-Chef der Sicherungsgruppe Bonn. Als Gestapo-Vorsteher in Mailand ließ er mindestens 700 Juden in Vernichtungslager transportieren, dazu italienische Geiseln öffentlich hinrichten. Gegen Saevecke wurde „wegen Spionage für eine fremde Macht" ermittelt. Er leitete im Übrigen die Besetzung des Hamburger Pressehauses während der „Spiegel"-Affäre.

An der Seine verantwortete Halswick die nationalsozialistische „Vorbeugende Verbrechensbekämpfung". Sie betraf jene, die – „ohne Berufs- und Gewohnheitsverbrecher zu sein" – „durch ... (ihr) asoziales Verhalten die Allgemeinheit gefährden", darunter „Personen mit Geschlechtskrankheiten". Halswick nahm seine Aufgabe bitter ernst. Abertausende „Asoziale" ließ er in Konzentrationslager überweisen. Halswick „merzte" nicht nur „asoziale" Kinder aus, er ließ jüdische zweijährige Würmer nach Auschwitz verfrachten, fünf Jahre alte Mädchen oder siebenjährige Dreikäsehochs. Ein Pariser Militärgericht verurteilte ihn zu zehn Jahren Zuchthaus, allerdings in Abwesenheit.

In der sicheren Bundesrepublik amüsierte sich Halswick über das Strafmaß, zu Recht, wie sich herausstellen sollte: Albert Radke, Vizepräsident des BfV und dort Gehlens Maulwurf*, hatte den Kameraden Halswick – als beratende Stütze – längst im Apparat Verfassungsschutz integriert. Nur: Welcher Art war die „Beratung"? Die Erklärung ist einfach, wie so vieles damals:

Das BfV befand sich seit 1950, einschließlich der Landesämter für Verfassungsschutz (LfV), im Aufbau.** Das BfV wie die LfV benötigten

---

* Neben Radke führte Gehlen einen weiteren Agenten im BfV: den Regierungsdirektor und Leiter der „Informationssammelstelle", Konrad Gallen.

** Insgesamt sollen mehr als 800 NS-Karrieristen im BfV bzw. in den LfV gearbeitet haben. Der Verfassungsschutz fühlt sich bislang nicht bemüßigt, seine NS-Kriegsverbrecher beim Namen zu nennen. Ein Aberwitz ist diese mysteriöse Affäre: Adolf Puchta, Jahrgang 1908, Leiter einer Org-Filiale in München, SS-Sturmbannführer im SD-Hauptamt, Angehöriger eines SD-Einsatzkommandos in der Sowjetunion. Für die Org war er für die Spionageabwehr in Bayern, Hessen und gelegentlich übergreifend für die in der britischen Zone zuständig. Am 20. Oktober 1953 wurde Puchta wegen des Verdachts der „Gegensteuerung durch sowjetischrussische Dienste" von der Org abgeschaltet. Er wechselte daraufhin in eine Außenstelle des BfV nach München, schließlich 1960 als Oberregierungsrat ins niedersächsische LfV – *sicherheitsungeprüft.* Gehlen hielt es nicht für nötig, seinen BfV-Kollegen die Verdachtsmomente gegen Puchta anzuzeigen. Nicht anders sah es bei den Kriminalpolizeien in den Bundesländern aus, wo vorzugsweise vormalige Angehörige der insgesamt 30 SS-Polizei-Regimenter eingestellt wurden. Diese Sondereinheiten waren für die „Bandenbekämpfung" und die „Endlösung der Judenfrage" zuständig. Beispielsweise Helmut Kiehne, der in der Ukraine wütete und selbst bei Kameraden wegen seiner Brutalität gefürchtet war. Nach seiner Entlassung aus der sowjetischen Kriegsgefangenschaft leitete er die Reiter- und Diensthunde-Abteilung der Hamburger Polizei. Oder: Hermann Messer. In der Sowjetunion erwies er sich während der Massaker an Juden als besonders skrupel-

eilends Experten, antikommunistisch gesinnte Routiniers. Erfahrungen, im RSHA erworben, waren für das BfV mit Gold nicht aufzuwiegen. Nur: Wie die Experten finden? Entweder waren die Kandidaten abgetaucht, standen vor irgendeinem Militärgericht oder kamen nach der Haft wieder frei.

Halswick war der „Scout" der „Scouts" (Fachjargon: „Tipper"). Er führte dem BfV gestandene SS-Kameraden zu, wie seinen Freund Walter Odewald, SS-Sturmbannführer im Pariser SD-Führungsstab, der im niedersächsischen LfV gar zum Oberregierungsrat avancierte. Dann: Paul Opitz, einst SS-Sturmbannführer bei der Gestapo – Halswick empfahl ihn als „Sachverständigen des Kommunismus". Das BfV stellte ihn ein. Schließlich Karl-Heinz Siemens, SS-Obersturmführer in der Leibstandarte Adolf Hitler. Nach dem verpassten „Endsieg" versteckte er sich als „Dr. Kaiser", bis er als Oberregierungsrat in der für Linksradikalismus zuständigen Abteilung III des BfV seinen alten Namen wieder annehmen und zu Lebzeiten seine fürstliche Rente beziehen konnte. Selbst die Prominenz fühlte sich zum Metier hingezogen, wie Fritz Molden.

Molden, der sich dem italienischen Widerstand im Apennin angeschlossen hatte, paktierte mit den Amerikanern, zumal Moldens Nähe zum US-Nachrichtendienst familiär bedingt war: 1948 heiratete er die Tochter des CIA-Chefs Allen W. Dulles. Der amerikanische Geheimdienst bewahrte Molden gar vor der Pleite, zumindest vorübergehend.

Molden gehörten in Österreich mehrere Zeitungen samt Druckerei, wie der „Kurier". Dabei wird er sich wohl verhoben haben und in finanzielle Kalamitäten geraten sein. Dulles, der Schwiegerpapa, organisierte Kredite bei US-Banken. Doch auch das frische Kapital half auf Dauer nicht. Molden musste sich von seinem Medien-Konzern trennen. Nun wurde er Verleger (Bestseller: Hildegard Knef: „Der geschenkte Gaul", Mario Puzo: „Der Pate"). Moldens Umfeld – ebenso gewichtig CIA-belastet.

Otto Schulmeister, „Presse"-Chefredakteur, wurde von der CIA als hochkarätiger Einfluss-Agent hochgeschätzt. Er habe „Geschichten un-

---

los. Anfang 1950 setzte er in Stuttgart seine Laufbahn als Kripo-Kommissar fort. Nicht nur die Nachkriegs-Kripo wurde von groben und bedenkenlosen Methoden nationalsozialistischer Polizeiarbeit beherrscht, sondern neben dem Zoll auch der Bundesgrenzschutz (heute: Bundespolizei). Eine Vergangenheitsbewältigung all dieser Organisationen fand niemals statt, vor allem nicht in der Bundeswehr.

terdrückt, wenn sie dem US-Standpunkt schadeten und (er) über Hintergrundgespräche mit österreichischen Politikern und Ostblock-Botschaftern berichtet(e)", lobten US-Geheime. Er funktionierte in der Tat prächtig, denn Schulmeister habe in der „Presse" vor allem „das militärische Engagement der USA in Vietnam unterstützt". Molden kommentierte das Doppelspiel so: „Wenn Schulmeister das getan hat, dann war er ein anderer, als ich dachte." Eine Schutzbehauptung, wie Kenner meinen, schließlich waren Moldens CIA-Verbindungen ebenfalls „sehr konkret".

Kontakte zu irgendwelchen Nachrichtendiensten gehörten in der Ära des Kalten Krieges zum guten Ton. Egal, ob sich ihre Zentralen im Osten oder im Westen befanden. Waren sie darüber hinaus über Jahrzehnte „gewachsen", gab es die eine oder andere Überraschung. Wie bei der altbackenen Affäre um die Agentin Ilse Stöbe, die Allzweckwaffe des Geheimdienstes der Roten Armee, der GRU, eine ausgesucht begabte Kurtisane. Weil sie, laut DDR-Institut für Marxismus-Leninismus, „die Sowjetunion liebte", suchte sie die Nähe zu Geheimnisträgern. Ihrem anstrengenden Flirt folgte das Bett.

Stöbe war die Sekretärin des legendären Chefredakteurs des „Berliner Tageblattes", Theodor Wolff. Dort lernte sie den Journalisten und GRU-Mann Rudolf Herrnstadt kennen.* Sie liebte ihn, wurde ihm hörig. Ein Leichtes für Herrnstadt, Ilse Stöbe als Kundschafterin zu verpflichten. Dann wechselte er als „Tageblatt"-Korrespondent nach Warschau. Ilse Stöbe folgte ihm.

Warschau war seinerzeit eine Hochburg für spionierendes Gesindel, so wie nach dem Ende des Zweiten Weltkriegs West-Berlin oder Wien. Dort erlebte Rudolf Herrnstadt seine nachrichtendienstliche Sternstunde – mit Ilse Stöbe an der Erotik-Front. Dort bandelte sie mit Rudolf von Scheliha (Erster Sekretär an der deutschen Gesandtschaft in Moskau) an, den eine dienstliche Reise dorthin verschlug. Spielschulden versetzten

---

* Rudolf Herrnstadt arbeitete bereits seit den Zwanzigerjahren für die GRU. Er wurde Hilfsredakteur des „Berliner Tageblattes", 1936 aus der Reichspressekammer geworfen. Er floh in die Sowjetunion und avancierte nach seiner Rückkehr in der Sowjetischen Besatzungszone zum ersten Chefredakteur der „Berliner Zeitung". Wegen „parteifeindlicher Fraktionsbildung" hatte ihn Walter Ulbricht nach dem Volksaufstand kaltgestellt. Herrnstadt starb, abgeschoben als Mitarbeiter eines Archivs, am 28. August 1966 in Halle.

den Adeligen in permanente Geldnöte. Aber: Auch von Schelihas Geliebte Ilse Stöbe konnte ihn daraus nicht befreien. Die Honorare für seinen Verrat hielten sich halt in Grenzen.

Als das NS-Regime Polen mit seiner Schreckensherrschaft überzog, protegierte von Scheliha sein Mädel Ende 1939 als Sekretärin in die Nachrichten- und Presseabteilung des Auswärtigen Amtes. Nun flossen wertvolle Informationen serienweise an die GRU, sie meldete – über von Scheliha – sogar den bevorstehenden Überfall auf die Sowjetunion. Dann marschierten Wehrmacht und Waffen-SS in die Sowjetunion ein. Stöbe war augenblicklich von ihren Führungsoffizieren abgeschnitten. Untätigkeit konnte sich die GRU aber nicht leisten. Über Funk wollte sie Stöbe aktivieren. Die geheime Botschaft, an einen GRU-Vertreter in Belgien adressiert, hatte die Abwehr freilich dechiffrieren können: Eine Frau mit dem Namen „Ilse Stobe, Deckname Alta, wohnhaft in Berlin-Charlottenburg, Wielandstraße 37“, sei erneut zu kontaktieren. Stöbe flog auf, mit ihr von Scheliha. Beide wurden am 22. Dezember 1942 in Plötzensee hingerichtet. Ein Freund Stöbes überlebte: der spätere Verleger Helmut Kindler.

Kindler, Jahrgang 1912, wuchs in der Herzbergerstraße 127 in Berlin-Lichtenberg auf, wo er sich, 13 Jahre alt, mit seiner Nachbarin Ilse Stöbe anfreundete (Herzbergerstraße 131). Kindler wollte Journalist werden. Die Redaktion der UFA-Filmzeitschrift „Stern“ gab dem jungen Kindler eine Chance.* Dann entdeckte das Reichspropagandaministerium das Talent. Kindler, jetzt Angehöriger der Propagandakompanie Potsdam, avancierte Ende 1942 zum Schriftleiter der Front-Illustrierten „Stoßtrupp“, vierfarbig für die Waffen-SS in Warschau produziert. Im „Stoßtrupp“ schwärmten Himmlers Pracht-Haudegen (Sepp Dietrich und Paul Hausser) von einer „nationalsozialistischen Weltmacht“. Helmut Kindler war angekommen im Dritten Reich, allerdings nicht für immer.

Die Mord-Regimenter der Einsatzgruppen der Sicherheitspolizei und des SD verursachten Kindlers Sinneswandel. Er schloss sich der

---

Widerstandsgruppe Europäische Union an.* Doch im September 1943 wurden Mitglieder der Europäischen Union von der Gestapo festgenommen, auch Kindler. Es fielen 14 Todesurteile. Helmut Kindler hingegen hatte Glück. Der Volksgerichtshof sprach ihn frei. Dagegen begehrte der Gestapo-Kriminalsekretär Erich Fuhrmann auf, der Kindler während seiner Vernehmungen nicht nur blutig schlug, sondern ihn nach seiner Haft-Entlassung wegen seiner Nähe zu Ilse Stöbe als „Agenten" weiter verfolgte. Fuhrmann intervenierte sogar beim damaligen Gestapo-Chef Heinrich Müller. Doch der war längst mit anderen Dingen beschäftigt – seinem Dritten Reich die Kündigung zuzustellen. Die unterschrieb letztlich auch Fuhrmann. Im März 1945 setzte er sich in die Lüneburger Heide bei Soltau ab. Anschließend war alles wieder gut: Fuhrmann fahndete erneut, nun Beamter auf Lebenszeit des niedersächsischen Verfassungsschutzes in Hannover, nach bösen Kommunisten, aber er verfolgte nach wie vor auch Helmut Kindler, dem er eine „kontinuierliche Agententätigkeit" für die Russen unterstellte. So sah sie aus, die geheime Bundesrepublik Deutschland. Und so:

Nachrichtendienste müssen sich tarnen. Sie schlüpfen unter „fremde Dächer", so nennen sich jene Firmen, hinter denen sich der BND verbirgt. Sie machen sich mithilfe der Goethe-Institute unsichtbar oder verkleiden sich als „Bundesanstalt für Geowesen". Solch eine Maskerade trug beispielsweise diesen Titel: „Nachts, wenn der Teufel kam".

Zu den Tarnfirmen der Organisation Gehlen zählte die CIA die Gloria Filmverleih G.m.b.H. am Karlsplatz 19 in München. Die Org hatte das Unternehmen 1947 mitfinanziert, als es noch unter dem Namen Süd-Film-Vertriebs G.m.b.H. im Haus Midgard in Tutzing residierte. Laut CIA übernahm die Org die Firma ganz, taufte sie ihn Gloria Filmverleih um und eröffnete ein zweites Büro am Beethovenplatz 2 in Frankfurt mit Filialen in Nord-Württemberg, Baden und Großhessen.

---

* Die Europäische Union (EU) wurde 1939 in Berlin von Robert Havemann und Georg Groscurth begründet. Die EU trat für die Wiederherstellung demokratischer Rechte und ein vereinigtes sozialistisches Europa ein. Die Gruppe versteckte Verfolgte des NS-Regimes, beschaffte Ausweis-Falsifikate, gefälschte Lebensmittelkarten. Daneben stand die EU seit 1941 mit der KPD-Widerstandsgruppe um Robert Uhrig in Verbindung, einzelne EU-Mitglieder unterhielten Kontakte zur Roten Kapelle. Hinterbliebenen der Opfer wurden daher 1949 Leistungen nach dem Gesetz zur Wiedergutmachung nationalsozialistischen Unrechts verweigert, ein unaufgearbeitetes Kapitel noch heute.

Einer der drei Geschäftsführer: der Org-Agent Kurt Bagusat (V-Mann-Nr. 3951), der allerdings im August 1953 auf die Straße gesetzt wurde. Unregelmäßigkeiten auf den Bankkonten der Gloria Film erzwangen den Rauswurf.*

Inhaberin des Verleihs war Ilse Kubaschewski („Kuba"), die Königin-Mutter des deutschen Heimatfilms. Sie heiratete 1938 den UFA-Direktor Hans Kubaschewski. Sie allein will 1949 – so die offizielle Version – die Gloria Filmverleih G.m.b.H. mit einem Kredit von 30.000 Mark gegründet haben. Ihr Partner: Luggi Waldleitner. Die CIA hielt freilich dagegen. Ende 1955 kommentierten die Amerikaner den Ausflug Gehlens in das spätere „Familie Trapp"-Geschäft mit Ruth Leuwerik so: „Jeder, der mit dem Gloria Filmverleih in den vergangenen sieben Jahren vertraut ist, findet die Vorstellung, daß diese Firma ihre Entstehung der Pullach Operating Base verdankt, unglaublich." Das CIC mag, selbst im Nachhinein, auch aus anderen Gründen derart aggressiv geworden sein.

Gloria produzierte die unsägliche „08/15"-Reihe. Darüber hinaus: „Der Arzt von Stalingrad", „Wenn die tollen Tanten kommen", „Wenn am Sonntagabend die Dorfmusik spielt", das „Schwarzwaldmädel" oder „Grün ist die Heide". Aber Ilse Kubaschewski wiederbelebte dazu Veit Harlan, NS-Regisseur und Drehbuch-Koautor des schäbig-antisemitischen „Jud Süß".

Harlans nunmehriges Werk behandelte die Vita des GRU-Spions Richard Sorge (Titel: „Verrat an Deutschland") – ein kommerzieller Reinfall. Zeitungen, wie die „Frankfurter Rundschau", liefen Sturm gegen den „Jud Süß"-Macher, obwohl sich der Gloria-Pressechef Fred-Erich Uetrecht schrecklich abmühte, die Redaktion milde zu stimmen. Doch Veit Harlan wurde alsbald von weiteren „linken" Journalisten zur Unperson erklärt. Und auch Uetrecht hatte plötzlich so seine Probleme,

---

*   Kurt Bagusat konnte, zusammen mit seinem Bruder Erich, nach seinem Gloria-Gastspiel die Münchner Rex-Motorenwerke kaufen, die Mopeds produzierte. Im Juli 1956 stürmten Vollstreckungsbeamte des Finanzamtes München die Geschäftsräume der Rex-Motorenwerke in der Forstenrieder Straße. Forderung: 500.000 Mark. Daneben hatte der Fiskus das Schloss Possenhofen pfänden lassen. Das Schloss samt Park und Wirtschaftsgebäuden erwarben die Bagusats vom Freistaat Bayern für lächerliche 245.000 Mark. Der merkwürdige Schloss-Deal, so damalige Insider, sei vom damaligen CSU-Vorsitzenden Hans Ehard „forciert" worden.

denn: 1937 veröffentlichte er bei Ullstein einen schwülstigen „Bericht aus den schicksalsschweren Jahren 1917 bis 1933" („Jugend im Sturm"). Das Buch wird ihn befördert haben – zum Chefredakteur der Wehrmachts-Illustrierten „Unser Heer". Dies brachte Uetrecht, neben Harlan, schließlich ebenfalls in die Schlagzeilen. Für Ilse Kubaschewski der absolute GAU.

Äußerlich war er verschwunden, der nationalsozialistische Spuk, nur vorübergehend hatte der Zusammenbruch des Dritten Reiches NS-Günstlinge demoralisiert. Als der Westen dann aber in den Kalten Krieg zog, erstarkten sie wieder, die braunen Seilschaften.

SS-Angehörige, Todesurteile fällende NS-Richter, Hitler vergötternde NS-Journalisten, NS-Ärzte, NS-Offiziere oder NS-Bürokraten – die Bundesrepublik Deutschland trat stillschweigend das braune Erbe an, wenngleich erzwungenermaßen, da: Es stand schließlich nur NS-Personal zur Verfügung. Wer sollte denn die soeben gegründete Bonner Republik sonst führen? Deutsche, die dem Führer die Gefolgschaft verweigert hatten – vorrangig Kommunisten wie Sozialdemokraten –, waren nicht willkommen. In der Ära Konrad Adenauers stattdessen erklärte Staatsfeinde, eine Interpretation, die überdies der NS-durchsetzten Justiz der Bundesrepublik besonders gefiel. Doch plötzlich brachte ein Student Bewegung in den braunen Morast.

Im November 1962 informierte der junge Mann die West-Berliner Staatsanwaltschaft über einen sensationellen Fund: In der Oberfinanzdirektion lägen Aktenberge des RSHA, dazu zuhauf Dokumente zur Einziehung der Vermögen ermordeter Juden, überdies fein säuberlich alphabetisch geordnet. Diese Entdeckung elektrisierte Hans Günther, Generalstaatsanwalt beim West-Berliner Kammergericht. Der Beamte trug kein Kainsmal. Er war NS-unbelastet.

Fortan waren 23 Kripo-Assessoren und zwölf junge Staatsanwälte ausschließlich mit der Sichtung beschäftigt (Hans Günther zog lediglich sie ins Vertrauen; NS-Altvordere erschienen ihm wenig hilfreich). Und sie hatten, ein erstes Mal in ihrem Leben, einen papierenen Abgrund vor Augen: Juden endeten in den Gaskammern, der politische Gegner in der Todeszelle, Zigeuner und Geisteskranke waren „unwertes Leben", sowjetische Partisanen starben durch Genickschuss, britische wie amerikanische Piloten und alliierte Kriegsgefangene wurden erschlagen.

Die Verantwortung für diese Gräuel, so gab Hans Günther seinen noch NS-„jungfräulichen" Ermittlern mit auf den Weg, trüge das RSHA. Das motivierte. Nun reisten sie quer durch die Bundesrepublik, um in Archiven weiteres Belastungsmaterial zu beschaffen. Die Ausbeute war gigantisch: 240.000 Seiten Strafakten aus frühen SS-Prozessen, rund 2.700 Zeugen, 730 identifizierte Täter, 50 gerieten daraufhin in Untersuchungshaft. Doch die Anklageschriften waren eines beschämenden Tages nichts mehr wert, der über Jahre von Hans Günther betriebene Aufwand kein Meilenstein, sondern nur noch eine Petitesse, eine bundespolitische Schande.

Still und leise hatte das NS-besetzte Bundesjustizministerium das „Einführungsgesetz zum Gesetz über Ordnungswidrigkeiten" überarbeiten lassen, ein Kompendium aus 167 Artikeln (!), das eigentlich ausschließlich verkehrssicherheits-relevante Aspekte behandelte. Darunter den Artikel 1 Ziffer 6 des Paragrafen 50 Absatz 2. Die bereits damals Tiefschlaf-gefährdeten Bundestagsabgeordneten winkten das Monstrum ohne Debatte durch, das am 1. Oktober 1968 sodann in Kraft trat. Gelesen hatte den Artikel 1 Ziffer 6 des Paragrafen 50 Absatz 2 mit Sicherheit keiner. Dabei steckte darin eine ungeheure Brisanz. Der Artikel 1 Ziffer 6 des Paragrafen 50 Absatz 2 bedeutete: „Freispruch" für die Henker der SS.

Mord verjährt niemals. Das galt bis dahin ebenfalls für Mord-Gehilfen, jetzt aber beispielsweise nicht mehr für SS-„Gehilfen", denn das „Einführungsgesetz" machte nun selbst aus sadistischen Mord-Gehilfen des RSHA einfache „Gehilfen". Hieß: Wer Juden nicht „eigenmächtig" in die Gaskammern geschickt hatte, war somit auch keinem Rassismus, sondern nur dem Führer oder Reinhard Heydrich verfallen. Die „Befehlskette" RSHA rehabilitierte die SS-Verbrecher.

Reinhard Gehlen, der im April 1968 in Pension ging, konnte zufrieden sein. Das ein halbes Jahr später verabschiedete „Einführungsgesetz" schützte ihn schließlich vor einer peinlichen Enthüllung, denn der Generalstaatsanwalt Hans Günther hatte eine seiner nachrichtendienstlichen Koryphäen verhaften lassen, das dubiose „Einführungsgesetz" einen Gehlen-Getreuen wieder auf freien Fuß gesetzt.

Joachim Deumling, Jahrgang 1910, begann seine Gestapo-Karriere in Hannover, sie setzte sich in Oppeln fort, bis der SS-Obersturmbannführer zum RSHA-Chef IV D 2 („Gouvernementsangelegenheiten, Polen im Reich") avancierte. Anschließend befehligte er in Kroatien, als Führer des Einsatzkommandos 10 b, kroatische Ustascha-Einheiten („Unabhängiger Staat Kroatien"). Sie säuberten ihr Terrain von Serben. Dann US-Kriegsgefangenschaft. Aber Deumling gelang die Flucht aus einem bayerischen Internierungslager, worauf er sich unter falschem Namen durchschlug. Irgendwann muss irgendein Gehlen-Emissär ihm eine interessante Nachkriegs-Zukunft in der Org garantiert haben. Deumling zeigte sich ausgesucht dankbar.

Von 1954 bis 1956 half Deumling Ägypten (als „Ibrahim Mustafa") beim Aufbau des Nachrichtendienstes. Doch aus unerklärlichen Gründen ließ ihn Reinhard Gehlen plötzlich fallen. Windige Geschäfte? Oder der Verdacht, vom KGB angeworben zu sein? Ein Gehlen-Vertrauter zwang Deumling später zu einer „freiwilligen Selbstanzeige". Am 26. Mai 1967 ließ ihn der Generalstaatsanwalt Hans Günther in West-Berlin verhaften. Doch dann griff das „Einführungsgesetz" und das Verfahren gegen Deumling musste eingestellt werden.

Deumling, die mörderische Charge der SS, wurde entlassen und musste für seine Taten nicht mehr geradestehen. So wie Bernhard Baatz, SS-Obersturmbannführer und Kommandeur der Sicherheitspolizei und des SD in Estland, oder Otto Hunsche, im RSHA verantwortlich für „Judenangelegenheiten" unter Adolf Eichmann in der Berliner Kurfürstenstraße 116. Dank des „Einführungsgesetzes" musste Hans Günther auch sie laufen lassen.

Bemerkenswert auch dies: Drei Kapitel dieses Buches behandeln Doppelagenten, die in der Weimarer Republik gestartet waren, mit denen sich der BND oder das BfV selbst noch Jahrzehnte später beschäftigen sollten. Und das erste Mal wird die Geschichte des Geheimdienstes der Roten Armee, der GRU, – zumindest ansatzweise – beschrieben. Unter Stalin ein Horror-Instrument, unter Putin freilich ein von westlichen Diensten gefürchteter Dienst.

Maulwürfe wurden „gemacht", überaus effizient in der DDR, die über drei Geheimdienste verfügte: die Hauptverwaltung Aufklärung (HVA), die Hauptabteilung II des Ministeriums für Staatssicherheit (MfS) und den militärischen Nachrichtendienst der Volksarme (Mil-ND). Der Klassenfeind kannte den BND, das BfV und den Militärischen Abschirmdienst der Bundeswehr (MAD).

Welche Doppelagenten waren erfolgreich, welche nicht? Wie sehr beherrschte der BND den „Spiegel", wie sehr der BND das Bundesamt für Verfassungsschutz? Schließlich die Maulwurf-Jagd nach dem Zusammenbruch des Ostblocks. In Ost-Berlin gingen die Geheimen auf die Pirsch. Doch BND und BfV hatten einen Konkurrenten: Die Amerikaner gaben den Ton an – Szenen, die mehr an das Ohnsorg-Theater in Hamburg oder an den bayerischen Komödienstadel erinnerten. Reinstes Kabarett eben. Doch auch aktuell darf gelacht werden.

Ende 2008 veröffentlichte WikiLeaks Dokumente der Telekom-Tochter T-Systems – reihenweise IP-Adressen des BND, von denen aus Wikipedia-Einträge manipuliert wurden. Ein Highlight.

WikiLeaks stieß – über den Internet-Administrator „RIPE" („Réseaux IP Européens") – auf „TSI für LVP". Wofür aber stand „TSI für LVP"? Für die „Liegenschaftsverwaltung Pullach". Die Domain „bvoe.de" (Slogan: „Ohne eigene Homepage lebt man so modern wie in einer Wohnung mit Kohlenheizung") führte dann zu einer „Informationsbörse" mit einem Münchner Postfach. Die darauf enttarnten IP-Adressen des BND stammten nicht nur aus München und Berlin, sondern standen ebenso für die Außenposten in Flensburg, Freiburg, Braunschweig oder Gablingen (Landkreis Augsburg).

Statt über eine einzige IP-Adresse bei Wikipedia zu intervenieren, nutzte der BND die geradezu uferlose Vielfalt seiner Internet-Portale. Prompt konnten investigative Journalisten darüber hinaus auf ihrer Website prüfen, ob der BND sie besucht hat. Oder nicht. Gegnerische Geheimdienste freilich auch.

Bennecke alias Soltikow informiert die Gestapo (August 1934):
„Von dem lassen Sie ja die Finger"

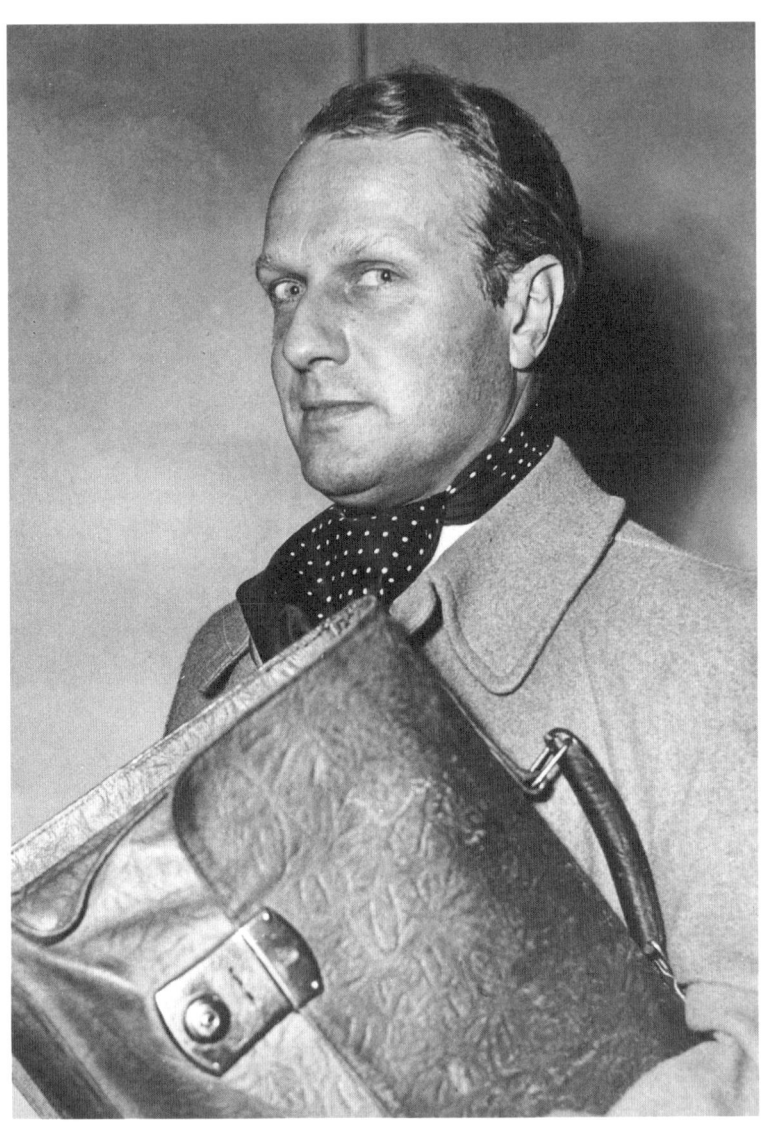

Hochstapler Graf Soltikow (1959): „Das ist ein alter Gestapo-Trick"

Maulwürfe pflanzen sich fort

Er war ein Lebenskünstler, ein Abenteurer. Er erschütterte die Weimarer Republik, er konspirierte im Dritten Reich. Mit ihm beschäftigten sich Markus Wolf und Reinhard Gehlen. Dieser Hasardeur kam am 4. Dezember 1896 in Lemberg als Sohn eines verarmten Adeligen zur Welt. Sein Name: Georg Ritter von Sosnowski. Die politischen Wirren in „Russisch-Polen" ließen ihn in das Lager des Nationalisten Piłsudski wechseln. Erst kämpfte er 1914 aufseiten der Österreicher gegen den Zaren, in der Ukraine für das in die Unabhängigkeit entlassene Polen gegen die Bolschewiki, dann rückte er als Kommandeur des 13. Polnischen Ulanen-Regiments in Litauen ein.[1]

Der Generalstab in Warschau erkannte Sosnowskis militärische Begabung, sein strategisches Talent – ein Glücksfall. Doch Sosnowskis Begeisterung für den Kasernenhof hielt sich in Grenzen. Er wollte seinem Vaterland an einer anderen Front dienen – an der unsichtbaren, schließlich war seine Heimat von Feinden umgeben. Im Osten die Sowjetunion, Deutschland im Westen. Die Stimmung war die beste nicht, Georg von Sosnowski freilich glühender Patriot.

Im Reichstag wie bei der Reichswehr dominierten die Polen-Hasser. Das Bündnis zwischen Berlin und der Roten Armee – konnte es eine bedrohlichere Lage geben? Deutschland vereint mit Russland gegen Polen? Als am 10. Januar 1920 der Versailler Vertrag in Kraft trat, lag dem Reichskanzler Hermann Müller ein schwergewichtiges Memorandum des Generals Hans von Seeckt auf dem Tisch: „Nur in einem starken Bund mit Großrußland hat Deutschland eine Perspektive, den Status einer Großmacht wieder zu gewinnen."[2] Der „enge Kontakt zwischen dem deutschen Generalstab und sowjetischen militärischen Behörden" fand seinen Weg in die Zentrale des kleinen, aber effizienten polnischen Geheimdienstes – in die „Informationsabteilung II" des Generalstabs*,

---

* Die „Informationsabteilung II" wurde im Oktober 1918 gegründet. Die Deutschland aufklärenden Außenposten, „Expositur" genannt, residierten in Bromberg

31

die der spätere Außenminister Josef Beck im Rang eines Hauptmanns mit Leben erfüllte.[3] Die Furcht vor einer deutsch-sowjetischen Umklammerung saß tief. Die polnische Spionage – reichsweit präsent: Ein Agent berichtete aus der Vorstandsetage der I. G. Farben[4], andere hockten im Reichsministerium des Innern, sie spähten Rüstungsbetriebe aus. Nur im Reichswehrministerium, dem Zentrum der deutsch-sowjetischen Freundschaft, fehlte ein geistesgegenwärtiger Detektiv.[5] Diese Lücke sollte Georg von Sosnowski schließen.

Im Frühjahr 1925 übersiedelte er nach Berlin, eskortiert von drei Pferden, denn der Nachrichtenoffizier pflegte ein teures Hobby – das eines Rennstalls. Artgerecht nahm er seinen ersten Wohnsitz nahe Hoppegarten in Karlshorst. Dann hielt er Ausschau nach unglücklichen „Frauenzimmern", vorausgesetzt, sie arbeiteten im Reichswehrministerium.

Da die Alliierten Deutschland nur ein Heer von 100.000 Mann belassen hatten, stellte die Reichswehr Mädels ein. Sie schlüpften durch die Maschen des Versailler Vertrags. Während die Männer ins Manöver zogen, nahmen „Damengesellschaften" deren Verwaltungsaufgaben wahr. Die stetig verarmende Aristokratie konnte ihre einst verwöhnten Töchter nicht mehr finanzieren. Sie kommandierte ihre „Mädchen" nun in die Kasernen, wo sie ihren Lebensunterhalt fortan selbst bestreiten mussten – einzigartige Bedingungen für Schürzenjäger.

In Hoppegarten, während der Renntage, lief Sosnowski das erste Opfer über den Weg: die 25-jährige Benita von Falkenhayn, Gattin eines Oberleutnants. Er machte ihr den Hof, überreichte Blumen und Konfekt. Wenn es sein musste, fiel er vor ihr auf die Knie. Dann ging er mit ihr ins Bett. Anschließend führte sie ihn in die Berliner Gesellschaft ein. Geschafft.

Während sich Benitas Ehemann scheiden ließ, stellte sie dem polnischen Agenten eine Schulfreundin vor: Irene von Jena, Tochter eines hochdekorierten Divisionskommandeurs des Ersten Weltkriegs. Sie verdiente als „Landesschutzangestellte" im Reichswehrministerium ihren Lebensunterhalt und saß in jenem Büro, das den geheimen Etat der deutsch-sowjetischen Bruderschaft überwachte. Ein unglaublicher Zufallstreffer.

(zuständig für Danzig, Ostpreußen, Pommern) und in Kattowitz (zuständig für Berlin). Leiter der „Exposituren": Major Jan Zychon.

Tag um Tag tippte Irene vermeintlich langweilige Zahlenkolonnen und deutsch-sowjetische Denkmodelle ab. Um an die heranzukommen, bedurfte es einfühlsamer Überredungskunst. Unter der Legende, er, Sosnowski, überwache im Auftrag der Engländer die Einhaltung des Versailler Vertrags, händigte Irene von Jena ihm geheime Dokumente aus.[6] Der polnische Geheimdienst wurde mit bestürzenden Fakten konfrontiert: In der Sowjetunion erprobte Deutschland neue Waffen-Generationen.

Krupp produzierte Artilleriegranaten, bei Moskau starteten Junkers-Maschinen zum Testflug, an der Wolga laborierten Chemiker mit Giftgas, BMW baute Flugzeugmotoren, Karl Walter produzierte Maschinengewehre, Rheinmetall Panzer, Carl Zeiss stellte optische Geräte her.[7] Russland, so schlussfolgerten polnische Auswerter, schien in deutscher Hand. Es sollte aber noch schlimmer kommen. Sosnowski löste ein Erdbeben aus. Die Erschütterung veranlasste ein Neuerwerb: Renate von Natzmer.

Renate von Natzmer entstammte einem alten Adels- und Gutsbesitzergeschlecht. Eines wunderbaren Tages, so dachte sie, werde sie ihr Erbe an der herrschaftlichen Domäne im pommerschen Borkow antreten können. Ihre Ausbildung absolvierte sie, entfernt verwandt mit dem Reichspräsidenten Paul von Hindenburg, standesgemäß in einem Adelsstift. Ihre Apanage war stattlich: Der Vater überwies ihr jährlich 8.000 Goldmark, immerhin der zweifache Jahressold eines gestandenen Obristen. Doch dann verliebte sie sich in einen jüngeren Kaufmann. Mit ihrer Mitgift finanzierte der Gatte freilich dubiose Geschäfte. Der meldete schließlich Konkurs an, worauf die Ehe nach nur 18 Monaten geschieden wurde. Das Schicksal hatte es mit Renate nicht gut gemeint.

Zwei Brüder blieben im Feld zurück, der dritte häufte einen millionenfachen Schuldenberg an, bis er sich das Leben nahm. Anschließend besorgte dessen Pleite die Zwangsversteigerung des elterlichen Gutes. Der über 70-jährige Vater verzog, nun Untermieter, nach Potsdam. Prompt geriet Renate ebenfalls in Not, nur ihr Bruder Joachim gewährte ihr noch eine leidliche Unterstützung. Als Syndikus hatte er es zu bescheidenem Wohlstand gebracht. Dann protegierte sie der Inspekteur der Kraftfahrt-Truppen, ein Onkel, ins Reichswehrministerium. Jetzt bezog Renate ein Nettogehalt von 256,34 RM. Zu wenig für die Luxus gewohnte junge Frau. In diesem Augenblick erschien ihr der Rittmeister

Sosnowski. Die fünfjährige Spionage brachte ihr rund 50.000 Mark ein, ein für damalige Verhältnisse ungeheurer Betrag. Dabei hätte sie ein Mehrfaches verdient.

Renates Vorgesetzter, der Major Ehrhart Krafft von Dellmensingen*, verwaltete die seinerzeit größten Staatsgeheimnisse: das „Kama-Projekt" und die „A-Planstudie". Das Konzept „Kama" (nach einem Wolga-Nebenfluss benannt) detaillierte die deutsch-sowjetische Zusammenarbeit, das Programm „A" beschrieb den militärischen Aufmarsch gegen Polen. Nach ebendiesem Uralt-Entwurf ließ Adolf Hitler ein Jahrzehnt später Polen überrennen.[8]

Die 207 Seiten der „A-Planstudie" hatte Sosnowski erhalten, weil er „seiner" Renate einen „Sonderbonus" von 30.000 RM versprochen hatte, schließlich war die Beschaffung mit einem für sie hohen persönlichen Risiko verbunden. Renate musste Krafft von Dellmensingen den Panzerschrankschlüssel entwenden, damit im polnischen Konsulat in der Kurfürstenstraße 137 ein Nachschlüssel hergestellt werden konnte, sie musste die „A-Planstudie" für eine Nacht aus dem Tresor nehmen, um sie fotografieren lassen zu können. Renates Chef kehrte aber gelegentlich auch nach Dienstschluss in sein Büro zurück. Nicht auszudenken, er würde Renate überraschen. Doch die Operation verlief reibungslos.

Mit diesen brisanten Dokumenten, so spekulierte Sosnowski, werde er richtig Kasse machen, vorausgesetzt, neben Warschau würde auch London zahlen. Ein Kontakt war rasch hergestellt. Das Treffen mit zwei Engländern kam in Basel zustande. Während Sosnowski 60.000 Mark in seine Aktentasche stopfte, blieb er Renate den versprochenen Verrats-

---

* Ehrhart Krafft von Dellmensingen gehörte der Legion Condor an. Der Entschluss, in den spanischen Bürgerkrieg einzugreifen, wurde während der Wagner-Festspiele getroffen: Am 26. Juli 1936 empfing Adolf Hitler in Bayreuth General Francisco Arranz, einen Abgesandten Francos. Der bat um zehn Ju-52-Flugzeuge. Hitler sagte nicht nur die zu, sondern entsandte ein Kampfgeschwader mit 6.500 Mann und 78 Maschinen (Ju 52, He 51, plus einige Seeflieger), die von Mallorca aus operierten. Codename: „Operation Feuerzauber". Die ersten „Freiwilligen" wurden sofort in Marsch gesetzt, darunter Ehrhart Krafft von Dellmensingen. Am 14. August 1936 flog die Legion Condor ihren ersten Luftangriff gegen Malaga. Es folgten Alicante, Cartagena, Madrid und Toledo. Am 26. April 1937 bombardierte die Legion Condor Guernica. Stabschef der Legion Condor: Wolfram von Richthofen. Angehörige der Legion Condor machten später bei der Bundeswehr Karriere, beispielsweise Hannes Trautloft (stellvertretender Luftwaffen-Inspekteur) oder Heinz Trettner (Generalinspekteur).

lohn schuldig.[9] Fortan gewann Misstrauen die Oberhand, zumal sich seine drei Agentinnen untereinander eifersüchtig über Kreuz lagen, bis eine vierte Frau dazustieß, aus der Sosnowski eine zweite Mata Hari machen wollte.

Lea Kruse, 1908 als uneheliche Tochter eines Russen in Hamburg geboren, trat unter dem Künstlernamen „Niako" in die Fußstapfen ihrer Mutter, die – als Striptease-Akteuse anrüchiger Nachtlokale – ihr Kind bereits in jungen Jahren den gierigen Blicken wollüstiger Trunkenbolde aussetzte. Im Alter von 25 Jahren lernte die schöne Lea Kruse in Budapest Sosnowski kennen, wohin er wegen eines Treffens mit seinem polnischen Führungsoffizier gereist war.

Eine Woche lang umschwärmte er Lea Kruse, die bislang nur männlichen Unrat kennengelernt hatte. Plötzlich stand ein Kavalier vor ihr, sensibel, wohlerzogen, zuvorkommend. Sie verliebte sich, zumal Sosnowski ihr eine Zukunft als Filmschauspielerin eröffnet hatte. Lea Kruse übernahm im Berliner Nachtleben alsbald eine Führungsrolle. Im November 1933 ließ Sosnowski die Katze aus dem Sack: Lea sollte Kurtisanin werden, NS-Bedienstete verführen, beispielsweise ausgerechnet den schwulen Adjutanten des SA-Gruppenführers Karl Ernst, den SA-Standartenführer Daniel Gerth.[10] Doch Lea Kruse träumte von UFA-Plakaten, auf denen ihr Name stand. Statt als Nutte zu arbeiten, drohte sie mit der Beendigung der Beziehung.

Ein erstes Mal hatte sich Sosnowski verspekuliert. Sein Kalkül, auch Lea Kruse sei ihm hörig, war nicht aufgegangen. Ihre Zuneigung verwandelte sich in Hass. Da fügte es der Zufall, dass sich ihr Weg mit dem eines Freundes ihrer Mutter, dem Druckereibesitzer Hans Sternheim, kreuzte, einem Juden, dem bald darauf die Auswanderung in die USA gelang und dessen Eltern in Auschwitz in der Gaskammer endeten. Sternheim stieß auf eine aufgelöste Lea Kruse.

Was Sternheim da erfahren musste, sprengte dessen kühnstes Vorstellungsvermögen. Noch am selben Tag, dem 19. Dezember 1933, zog er einen früheren Regimentskameraden ins Vertrauen. Der wusste Rat: Er informierte das Geheime Staatspolizeiamt, das seinerseits die Abwehr einschaltete.[11]

Georg Ritter von Sosnowski schien enttarnt. Nun bekam er es mit dem Spionage-Experten Richard Protze zu tun. Der kundige Korvettenkapitän der Abwehr-Abteilung III F hegte seit langem den Verdacht, bei

Sosnowski würde es sich um einen polnischen Agenten handeln.* Doch nach der ersten Vernehmung durch Protze bereute die Geliebte ihre Fahnenflucht. Heulend gestand sie Sosnowski ihren „Fehltritt".

Wenn, so wog Sosnowski ab, die Abwehr über ihn informiert sei, dann könne er eingeleitete Spionage-Operationen trotzdem gefasst zu Ende führen, schließlich wolle die Gegenseite vor seiner Festnahme seine Hintermänner dingfest machen.[12]

Am 27. Februar 1934 diskutierte Richard Protze in der Prinz-Albrecht-Straße, dem Gestapo-Hauptquartier, mit zwei SS-Kollegen den Fall Sosnowski. Der Oberregierungsrat und vormalige Staatsanwalt Günther Patschowsky, ein Protegé Reinhard Heydrichs, und der Kriminalrat Walter Kubitzky wollten den Polen auf der Stelle verhaften. Protze hielt das für verfrüht. Er vermutete weitere Spione, zu Recht, wie sich später herausstellen sollte. Aus Lea Kruse machte Protze nun einen Lockvogel.

Georg von Sosnowski, so belog Protze Lea Kruse, habe bereits fünf deutschen Frauen die Ehe versprochen, während seine Gattin in Warschau seiner baldigen Rückkehr entgegenfiebere. Für Lea Kruse brach eine Welt zusammen. Erst heulte sie, dann schwor sie Rache, dann arbeitete sie mit der Abwehr zusammen. Sosnowski wurde observiert, einige seiner Kontaktpersonen namhaft gemacht, er verhaftet, in Lea Kruses Wohnung in der Cicerostraße 14.[13]

Sosnowski rechnete mit einem Austausch („Ich war aus Passion Spion. Spionage ist eine Leidenschaft wie ein Sport, ein gewisser Kampf der Gehirne"), freimütig berichtete er über seine Sexorgien („Treue ist nicht meine starke Seite"), was sich prompt im Urteil des 3. Senats des Volksgerichtshofs niederschlagen sollte: Nach „alkoholreichen Gelagen … (habe Sosnowski) geschwächte Frauen geschlechtlich mißbraucht", empörten sich die NS-Richter, sei der Angeklagte durch „seine Weiberwirtschaft …, sein schrankenloses Ausleben in die Menschenunwürdigkeit" getrieben worden, Lea Kruse ebenfalls eine „Schande", schließlich habe ihr Vater „jüdisches Blut im Stammbaum". Die „Doppelrolle" der Lea

---

* Nach den Bestimmungen des Versailler Vertrags war es Deutschland verboten, einen Nachrichtendienst zu unterhalten. Offiziere gründeten daraufhin eine geheime „Abwehr", die sich aus bescheidenen Anfängen nach dem Eintritt von Wilhelm Canaris (im Januar 1935) zum wirksamsten nachrichtendienstlichen Instrument des Dritten Reiches entwickelte.

Kruse, belehrte die NS-Justiz, „findet man im Spionagedienst häufig bei Personen, die Blutsbestandteile zweier Rassen in sich tragen. Solche Personen sind in ihrem inneren Wesen und in ihren äußeren Handlungen zwiespältig."[14] Die Urteile? Schrecklich:

Am 18. Februar 1935 köpfte der Scharfrichter Carl Gröpler, ein Pferdemetzger aus Magdeburg, Benita von Falkenhayn und Renate von Natzmer, wie im Mittelalter mit der Axt. Mit dem Leben davon kam Irene von Jena (15 Jahre Zuchthaus), nach neun Monaten Untersuchungshaft kehrte Lea Kruse in die Freiheit zurück.* Protze hatte ihr gegenüber Wort gehalten, während der Hauptdarsteller Sosnowski lebenslänglich erhielt, da noch Spionagefälle geklärt werden mussten.

Kurz vor seiner Festnahme konnte Sosnowski einige seiner Agenten warnen. Das verabredete Stichwort („Das Tatarbeef ist vergiftet") ermöglichte einigen seiner Späher das Abtauchen.[15] Das blieb Protze nicht verborgen. Die Namen gab Sosnowski allerdings nicht preis. Auf einen war Protze inzwischen selbst gestoßen, auf einen Abwehr-Kollegen: den Oberstleutnant Günther Rudloff, den er bislang jeden Tag freundlich gegrüßt hatte, weil sich dessen Büro neben dem seinen befand. Rudloff leitete die Spionage – ausgerechnet die gegen Polen.

Rudloff, am 10. April 1892 in Alt-Bertkow nahe des oberschlesischen Hindenburg als Sohn eines mittelständischen Wurst-Fabrikanten geboren, beklagte die Zeit politischer Aggressionen. Das Elternhaus lag nur wenige Kilometer von der polnischen Grenze entfernt, es stand somit im Brennpunkt blutiger Auseinandersetzungen zwischen Polen und Deutschen, die das Ende des Ersten Weltkriegs entfesselt hatte. Rudloff trat der Reichswehr bei.

Eigentlich durfte er, laut Versailler Vertrag, nicht einrücken. Wirkliche Polen-Kenner waren indes rar. Der Generalstab stellte Rudloff zur Abwehr ab, wo das Polen-Dezernat alsbald seine Handschrift trug. Rudloff aber lebte über seine Verhältnisse. Er besuchte teure Restaurants, verspielte in Hoppegarten sein Gehalt. Der Nachholbedarf seiner ent-

---

* 1954 wurde Sosnowskis Leben – biografisch furchtbar entstellt – verfilmt. Mit Willy Birgel, Elisabeth Flickenschildt, Antje Weisgerber, Ilse Steppat, Irene von Meyendorff, Rudolf Forster, Paul Hartmann, Claus Holm, Olga Tschechowa, Marina Ried, Ernst Schröder und Charles Regnier. Titel: „Rittmeister Wronski", Regie: Ulrich Erfurth, Drehbuch: Axel Eggebrecht.

behrungsreichen Jugend mag den Ausschlag für sein ausschweifendes Freizeitverhalten gegeben haben.

In Hoppegarten versammelten sich im feudalen Union-Club nicht nur Pferdenarren, der renommierte Verein, 1893 vom Tempelhofer Feld nach Karlshorst umgezogen, gehörte vielmehr zu Berlin wie das Brandenburger Tor. Auf dem Rennplatz traf sich, zumeist an den Wochenenden, die Society der Reichshauptstadt. Während Sosnowski bereits zur Schickeria gehörte, blieb Rudloff draußen. Der Offizier war laufend pleite. Eine begüterte Witwe, bei der er sich einquartiert hatte, hielt ihn aus.

Rudloffs alternde Herrin war stolz auf ihren Geliebten. Auch gegenüber Benita von Falkenhayn, der Gespielin Sosnowskis. Die zwei Frauen kannten sich seit langem, die Verbindung war freilich eingeschlafen. In Hoppegarten liefen sie sich wieder über den Weg. Im Restaurant des Union-Clubs wurde das Wiedersehen ausgiebig begossen. Dort lernte Sosnowski den klammen Günther Rudloff kennen. Prompt gewährte er ihm ein Darlehen.

Rudloffs Spielschulden betrugen 2.000 RM. Gegen Unterschrift auf einem – neutralen – DIN-A4-Blatt händigte Sosnowski ihm den Betrag aus. Als der Zocker abermals Geld benötigte, bat er um einen weiteren Kredit. In diesem Augenblick nahm der polnische Geheimdienstler Rudloffs Empfangsbescheinigung aus der Brieftasche. Der Deutsche war der Ohnmacht nah: Über seinem Namenszug stand, dass ihm das Geld nicht von einem Privatmann Sosnowski überreicht worden sei, sondern durch einen „Nachrichtenoffizier des polnischen Hauptstabes". Sosnowski hatte den freien Platz auf dem Blatt eigenhändig ergänzt.[16]

Richard Protzes Vermutung, Rudloff betreibe Landesverrat, ließ sich freilich noch nicht nachweisen. Er, der Admiral Wilhelm Canaris bereits als Deckoffizier auf dem kleinen Kreuzer SMS Dresden gedient hatte[17], wollte Rudloff weiterhin „unter Beobachtung halten", doch den Gestapo-Fahndern riss der Geduldsfaden. Rudloff kam in Haft. Im Keller der Prinz-Albrecht-Straße war er gnadenlosen Vernehmungen ausgesetzt. Aber er schwieg. Erst ein Zufall führte die Wende herbei.

Der Gestapo-Assistent Karl Heller blätterte in einer Akte, in der des Vinzent Porombka, eines jungen Kommunisten, der (nach seiner Flucht 1933 in die Tschechoslowakei) mehrmals illegal nach Berlin eingereist war. Einmal, um einen „Rudolf" zu treffen. Porombka, Oberschlesier wie Rudloff – Heller schien der Name phonetisch irgendwie geläufig. Er vertiefte sich in den Fall, bis er Gewissheit erhielt.

In der Schöneberger Ehrwalder Straße 1 hatte ein Mann bei einer Grete Kühn ein Zimmer gemietet, den Zins für sechs Monate im Voraus bezahlt. Merkwürdig: Der Untermieter schaute nur gelegentlich vorbei. Diese Besonderheit zeigte die Wirtin eines Tages beim Polizei-Revier in der Apostel-Paulus-Straße an. Den Namen hatte die betagte Dame freilich nur noch als „Rund" oder „Runde" in Erinnerung. Die Schupos reichten den Vorgang routinemäßig an die Gestapo weiter. Dort wurde das Protokoll vom wachsamen Karl Heller bearbeitet, der nun Alarm auslöste. Die nachfolgende Hausdurchsuchung förderte ein Funkgerät zutage, das Porombka in der Tat Günther Rudloff übergeben hatte. Rudloff nutzte Grete Kühns Mansardenkammer ausschließlich für den Funkverkehr, indes nicht für einen mit Warschau, sondern – mit Moskau.

Sosnowski war polnischer Agent. Da sein Auftraggeber in Warschau mehr und mehr unter Devisenmangel litt, Sosnowskis protziger Lebensstandard aber immer mehr Geld verschlang, hatte er sich – wie bei der „A-Planstudie" bei den Engländern – eine zusätzliche Geldquelle gesucht und im Geheimdienst der Roten Armee, der GRU, eine gefunden. An die reichte er nun Günther Rudloff weiter. Die Affäre zog Kreise.

Der französische Botschafter in London telegrafierte im Juni 1935 eine wichtige Meldung nach Paris: Ihm sei zugetragen worden, dass – als Nachwehen des Falles Sosnowski – ein Günther Rudloff als Angeklagter vor dem Volksgerichtshof stünde. Das Verfahren werde als „Geheime Reichssache" eingestuft. Einen Monat später adressierte der Diplomat eine weitere „Eildepesche", mit einer erstaunlichen Information: Rudloff sei auf freien Fuß gesetzt worden.

Sprach der Volksgerichtshof Rudloff vom Landesverrat wirklich frei? Das „Urteil" war inszeniert, eine Schmierenkomödie, ein Einfall Richard Protzes. Rudloff überlebte einstweilen, um als „freier Mann" für die Abwehr zu arbeiten. Günther Rudloff, rekonstruierten französische Geheimdienstler, sei kein Spion, denn sonst wäre er hingerichtet worden. Genau dies wollte Protze suggerieren.

Über Jahre war Rudloff der Hauptakteur eines nachrichtendienstlichen Funkspiels. Walter Schmolinsky, Leiter der Funkabwehr, knackte GRU-Codes, aufgrund dessen zahlreiche Spione festgenommen werden konnten. Nach dem Überfall auf die Sowjetunion war Rudloff freilich

„verbrannt". Gestapo-Angehörige suchten ihn in seiner Tegeler Gefängniszelle auf und stellten ihn vor die Wahl: Selbstmord oder Strang. Rudolff setzte seinem Leben ein Ende. Mit einer ihm ausgehändigten Rasierklinge schnitt er sich die Pulsadern auf. Seine Leiche wurde am 10. Juli 1941 verbrannt. Doch ein aufsehenerregendes Detail blieb der Abwehr und Gestapo verborgen: Günther Rudloff hielt Verbindung zu einem Kollegen, der im Zentrum des NS-Terrorapparats residierte, bei der Gestapo hockte. Dieser Mann hieß Willy Lehmann, war Kriminalinspektor und sowjetischer Kundschafter.[18] Ein hochkarätiger Agent dazu.

Wäre der Fall Lehmann vergleichbar mit sowjetischen Maulwürfen des Kalten Krieges, beispielsweise mit Heinz Felfe oder Kim Philby? Willy Lehmann wurde in einer Kneipe angeworben, zusammen mit einem Kollegen. Ob Sosnowski oder Rudloff – auch Lehmann zog es nach Hoppegarten, um sein karges Gehalt über Pferdewetten aufzubessern.

Dort nahm sich der Gastwirt Emil Bartz jener Pechvögel an, die ihr letztes Geld auf das verkehrte Pferd gesetzt hatten. Nach den Rennen war sein Lokal in der Kirchdorfer Straße 24 stets voll. Bei ihm konnte angeschrieben werden. Die abgebrannten Gäste liebten Bartz. Gelegentlich griff dieser für sie sogar in die Tageskasse, damit sie mit dem Taxi nach Hause fahren konnten. Emil Bartz hatte es zu einer Berliner Institution gebracht. Was er aber nicht wusste: In seinem Lokal tummelten sich Geheimdienstler jedweder Couleur, immer auf der Suche nach Nachwuchs, vorab Anwerber der sowjetischen Handelsmission. So einer sprach Willy Lehmann im Herbst 1930 an, der soeben einen Schnaps nach dem anderen hinunterkippte, das untrügliche Zeichen, dass ihm die Zielgerade kein Glück gebracht hatte.

Der angetrunkene Lehmann debattierte mit dem Unbekannten über den Totalisator. An dieser Diskussion beteiligte sich Lehmanns Vorgesetzter, der Kriminalrat Hubert Geißel, auch er ein klammer Pferdewetter. Der Fremde erzählte: Er habe, dank todsicherer Jockey-Hinweise, stetig Gewinne erzielt. Dann setzte er für seine neuen Freunde mit. Lehmann und Geißel verfügten wieder über Bargeld. Doch so ganz ohne Gegenleistung lief das nicht – die Vereinigte Staatliche Politische Verwaltung (OGPU), ein Vorläufer des KGB, verfügte über zwei weitere Kundschafter.

Kaum hatte Adolf Hitler die Macht an sich gerissen, eröffnete er die Jagd auf Kommunisten. Lehmann und Geißel, im Polizeipräsidium auf NS-Gegner spezialisiert, meldeten geplante Verhaftungen an die Russen, sodass sich KPD-Mitglieder rechtzeitig absetzen konnten. Aber auch: Solange kein Haftbefehl für einen bestimmten Funktionär existierte, so lange konnte dieser ungestört weiter agieren. Doch dann verübte Hubert Geißel 1938 Selbstmord, mit ihm seine jüdische Frau. Daraufhin avancierte Lehmann im RSHA im Amt IV E 1 zum Leiter der „Personen-Registratur". Name, Wohnort, Geburtsdatum – über jeden Staatsfeind des Dritten Reiches war Moskau fortan unterrichtet, bis die Wehrmacht in die Sowjetunion einmarschierte.*

Vor der russischen Botschaft Unter den Linden zog eine SS-Kompanie auf, auch vor den sowjetischen Konsulaten standen grimmig dreinschauende SS-Kommandos: in der Hamburger Johnsallee 20 und in der Hufenallee 31–35 in Königsberg. Schlagartig waren Moskauer Führungsoffiziere von ihren Agenten abgeschnitten, auch von Willy Lehmann. Was tun? Es gab einen Ausweg. Sowjetische Nachrichtendienstler schufen einen neuen Berufszweig, den des Fallschirmagenten.

Deren Ankunft auf deutschem Boden ging stets ein geheimer Funkspruch voraus, um sich mit dem jeweiligen Gewährsmann verabreden zu können. Viele bezahlten ihre Niederkunft mit dem Leben, weil die Codes von der Abwehr hatten entschlüsselt werden können. Mitunter spielten sich dramatische Szenen ab.

---

* Der sowjetische Botschafter war zu diesem Zeitpunkt Wladimir G. Dekanosow, am 5. März 1898 in Baku geboren, erst Vize-Außenkommissar, dann Leiter der Spionageabwehr der GPU. Dekanosow organisierte die Eingliederung Litauens in die Sowjetunion, er begleitete Molotow auf dessen Staatsbesuch in Deutschland, schließlich wurde er am 20. November 1940 zum Botschafter in Deutschland ernannt. Ihm zur Seite stand der NKWD-Führungsoffizier A. S. Kobulow, der sich als Botschaftsrat tarnte. In den Morgenstunden des 22. Juni 1941 nahm Dekanosow die deutsche Kriegserklärung entgegen; Dekanosow war ein enger Gefährte des NKWD-Chefs Lawrentij P. Berija, mit dem zusammen er 1953 hingerichtet wurde. Dekanosow führte zwei Spione in der Abwehrstelle Breslau, wohl sehr effiziente Maulwürfe, die sich kurz vor ihrer Verhaftung in die Sowjetunion hatten retten können. Darüber war Reinhard Heydrich derart erbost, dass er Dekanosow nicht gegen den deutschen Botschafter in Moskau, Graf von der Schulenburg, austauschen lassen wollte. Doch Hitler durchkreuzte Heydrichs Ansinnen. Der unter „Hausarrest" stehende Dekanosow konnte nach sechs Tagen über die Schweiz, Italien und die Türkei ausreisen.

Ende Juni 1942 staunte der Rote-Kapelle-Fahnder Johann Strübing, der später im Bundesamt für Verfassungsschutz (Deckname: „Stahlmann") erneut die „rote Flut" einzudämmen versprach, über ein dechiffriertes Kabel. Dem SS-Hauptsturmführer gerann das Blut. Die Nachricht hatte die Sprengkraft eines Munitionsdepots: „Anrufen unter (der privaten) Telephonnummer 44 36 42, Kriminalkommissar Lehmann. Treffpunkt verabreden." Strübing stürzte zum Amtschef.

Der SS-Gruppenführer Heinrich Müller, notierte Strübing nach 1945, „lief weiß an", dazu sei er wehleidig geworden: Seine Männer hätten soeben Agenten der sowjetischen Roten Kapelle festgesetzt, drei Wochen zuvor sei der geliebte Reinhard Heydrich zu Grabe getragen worden – und jetzt ein Verräter in den eigenen Reihen? Johann Strübing kam auf den Punkt. Erst einmal müsse Willy Lehmann überführt werden. Müller war einverstanden; die Affäre solle hausintern die höchste Geheimhaltungsstufe erhalten.

Im RSHA war Lehmann bekannt. Strübing musste also einen „Mitspieler" außerhalb der Prinz-Albrecht-Straße finden, der in die Rolle von Lehmanns russischem „Partner" schlüpfen konnte. Ihm fiel ein befreundeter Kollege der RSHA-Leitstelle in Erfurt ein, für dessen Verschwiegenheit er garantierte. Dieser Kamerad näherte sich Lehmann nun als sowjetischer Abgesandter: Für ihn, Lehmann, sei im Tiergarten ein Funkgerät vergraben. Er möge sich das Handwerkszeug bitte abholen, zugleich werde er 10.000 RM vorfinden. Lehmann ging hin und wurde prompt verhaftet. Damit Lehmann von der SS-Wache der Prinz-Albrecht-Straße nicht erkannt wurde, ließ ihm Strübing einen Sack über den Kopf stülpen. Dann wurde er in das Dienstzimmer Heinrich Müllers geprügelt. In dessen Gegenwart legte Lehmann ein Geständnis ab, woraufhin Müller ihn stehenden Fußes erschoss.[19]

Lehmann, im Mai 1884 in Mehderitzsch bei Torgau geboren, entstammte einer kinderreichen Familie, die die Wahrheit niemals erfahren durfte. Zu peinlich schien dem RSHA der Fall. So informierte (im Januar 1943) das „Befehlsblatt" des Chefs der Sicherheitspolizei und des SD über den Tod eines weiteren Helden: Willy Lehmann habe „für Führer und Reich" sein Leben geopfert.[20] Zuvor hatte sich Johann Strübing in die Prenzlauer Allee 137 begeben und Lehmanns Ehefrau im Namen des Reichsführers-SS kondoliert. Bei dieser Gelegenheit setzte er sie über die

Höhe des „Gnadenbezuges" in Kenntnis. Alles musste schließlich seine Ordnung haben.*

Ein halbes Jahrhundert war Willy Lehmann bereits tot, da veröffentlichte Pawel A. Sudoplatow seine Memoiren. Über Jahrzehnte arbeitete er für den sowjetischen Geheimdienst, erst als Leiter einer „Abteilung für Sonderaufgaben", schließlich als Spezialist für Desinformation, dazu verantwortete er die Ermordung Trotzkis mit. Und nun erinnerte Sudoplatow an Willy Lehmann, der ihm (unter dem Decknamen „Breitenbach") mit „wertvollen Informationen ... zur Aufdeckung von ... polnischen Agenten in Berlin" zur Seite stand.[21]

Und Georg Ritter von Sosnowski? Er wurde, im Frühjahr 1936, gegen sieben in Polen festgesetzte deutsche Agenten ausgetauscht, darunter der Führer der deutschen Minderheit in Polen. Weil er aber die „A-Plan-studie", die den deutschen Einmarsch in Polen beinhaltete, auch den Engländern verkauft hatte, geriet er im Augenblick seines Grenzübertritts in Haft. Das Warschauer Militärgericht verurteilte ihn 1937 wegen Lan-

---

* 1944 hatte Walter Schellenberg das Erbe des inhaftierten Admirals Canaris angetreten. 1959 veröffentlichte Klaus Harpprecht, Ghostwriter Schellenbergs, dessen „Memoiren". Dabei stellte Harpprecht, auch Redenschreiber Willy Brandts, den Spion Willy Lehmann als „Inspektor L." vor, den Schellenberg stets „Onkel Willy" nannte. „Bekannte", nicht der sowjetische Geheimdienst, so Harpprecht, inspirierten Lehmann zum Seitenwechsel. Harpprecht, laut Schellenberg: „Da Himmler strikte Geheimhaltung des Falles anordnete, verbreiteten wir in der Dienststelle, Onkel Willy sei auf einer Dienstfahrt nach Warschau ... aus dem Zug gestürzt." Schellenberg musste die Wahrheit unterdrücken, denn mit Willy Lehmann war er eng befreundet. Im Berliner „Restaurant Schlichter" in der Lutherstraße 33 hatte Schellenberg mit Lehmann regelmäßig seine Eheprobleme erörtert. Schellenberg musste befürchten, in den Strudel der Lehmann-Ermittlungen zu geraten. Darüber hinaus ließ Harpprecht Schellenberg zu einem „liebenswürdigen Rechtsanwalt" mutieren, „vielleicht (würde) er auch für einen Industriemanager" gehalten. Harpprecht schuf zuvörderst Schellenberg-Legenden. Legende eins: Schellenberg „hat dazu beigetragen, einen Angriff Hitlers auf die (Schweiz) zu verhindern". Legende zwei: „Schellenberg mußte ... gelegentlich eines Besuches in Gehlens (NS-)Quartier dem General einräumen, daß er selbst niemals in der Lage sei, diese mit wissenschaftlicher Exaktheit betriebene Aufgabe" zu übernehmen. Legende drei: Schellenberg sei „dazu ausersehen gewesen, in einer goldenen Ära nach dem Sieg des Nationalsozialismus die Nachfolge Heinrich Himmlers ... anzutreten". Harpprecht schoss noch anderweitig über das Ziel hinaus. Mit Barbara Dickmann hielt er die Hitler-Tagebücher des „Stern" für echt. Zuvor hatte er die unrühmliche NS-Vergangenheit der Dresdner Bank als Hausinstitut der SS in einem perfiden Feuilleton unterschlagen.

desverrats zu zehn Jahren Kerker. Nach der sowjetischen Besetzung Ost-Polens spürte ein sowjetischer Fahndungstrupp Sosnowski in einem Gefängnis auf. Sosnowski blieb jetzt keine Wahl: Er erklärte sich zu einer Zusammenarbeit mit dem sowjetischen Geheimdienst bereit. „Zwei seiner Informationsquellen in Deutschland waren uns in den ersten beiden Kriegsjahren nützlich", enthüllte Sudoplatow.[22] Ein fesselndes Detail behielt der pensionierte KGB-General indes eisern für sich: Während Sosnowskis deutscher Haft hatte ihm die Gestapo einen Denunzianten in die Zelle geschickt, der für Pawel A. Sudoplatow spionierte. Walter Bennecke alias Michael Graf Soltikow nannte sich der. Den kannte jeder in der Berliner Szene. Auch Willy Lehmann, der Moskau im August 1934 diesen „Vermerk" zustellte: Graf Soltikow-Bennecke sei wegen Betrugs zu 18 Monaten Gefängnis verurteilt worden, überdies ein Informant der Abwehr – aber auch einer der Gestapo.[23]

Der Kriminaldirektor Friedrich Riese galt als lautloser Mann. Doch wenn er an Soltikow dachte, geriet er in Rage. „Idiot" war Rieses freundlichste Umschreibung. Doch er brauchte Soltikow. Er war sein Spitzel und saß mit Sosnowski in einer Zelle. Soltikow sollte dem Polen Namen entlocken. Er durfte Sosnowski in seinen Berichten namentlich allerdings nicht nennen. Riese trug ihm auf, ihn als „X" zu tarnen.

In einem gewöhnungsbedürtigen Deutsch und einer unangenehmen Unterwürfigkeit, leitete Soltikow an den „sehr geehrten Herrn Doktor" Friedrich Riese nichtssagende Ergebnisse seiner „Ausforschung" weiter: „Erlaube ich mir ergebenst, … Möglichkeiten zusammenfassend darzustellen, die zu einer Aufdeckung all dessen führen könnten, was dem Herrn von X im Rahmen seiner Tätigkeit bekannt geworden ist, … und die außerdem eine Auswertung der so gewonnenen Kenntnisse Dritten gegenüber, – d.h. zur Überführung seiner Helfer – erlauben." Überhaupt: „Die Tatsache, daß von X mir … Vertrauen entgegenbringt (läge daran), daß ich demnächst entlassen werde." Dann werde „er mir Aufträge geben, d.h. Adressen". Da er, Soltikow, „Einzelheiten dem Papier nicht anvertrauen" dürfe, könne er die nur persönlich mitteilen. Die Gelegenheit dazu wurde ihm immer wieder gegeben. Einmal präsentierte Soltikow dem Friedrich Riese eine ganze Latte von Namen, fast 20. Aber der Gestapo-Mann glaubte Soltikow kein Wort, zumal der Sosnowski-Clan laut Soltikow vordringlich nach dem Leben des Führers getrachtet haben soll.[24] Soltikow ein Irrer? In der Tat.

Soltikow kam am 17. November 1902 als Sohn eines Mathematik-lehrers als Walter Bennecke in Potsdam zur Welt. Bereits auf dem Schul-hof peinigte ihn der Umstand, dass die Mitschüler überwiegend dem Adel angehörten. Die Sitten in den Klassenzimmern von Potsdam, wo aus jeder Ritze der Geist Friedrichs des Großen hervorkroch, waren rau, mit der Folge, dass Bennecke sich als „Bürgerlicher" wie ein Lepra-Kranker fühlte und sich Freundschaften erkaufen musste. Als er wegen seiner Aufschneiderei aus der Banklehre flog[25], steckte er das Auto seines Vaters an, um das Versicherungsentgelt zu kassieren. Von diesem Betrag kaufte er ein kleines Segelboot, das er gegen die Glienicker Brücke rammte. Die Assekuranz entschädigte erneut. Das Geld investierte er dann dort, wo bereits Sosnowski Stellung bezogen hatte, wo auch Rudloff verkehrte, wo Lehmann soff: in Hoppegarten.

Im Lokal des Emil Bartz floss Sekt in Strömen, wenn Walter Benne-cke wieder einmal gewonnen hatte.[26] Anlässlich eines solchen Gelages kam er dort, im Sommer 1931, mit einer Dame ins Gespräch. Der 29-Jährige hatte es auf deren anwesende Tochter abgesehen. Mit ihr genoss er das Berliner Nachtleben. Ob Kellner oder Portier – der blendend aussehende Kostgänger war ein hofierter Gast. Solange er die Zeche nicht schuldig blieb. In der Bar des „Hotel Eden" in der Buda-pester Straße 35 kam die Tochter zur Sache. Sie gestand Bennecke ihre „Liebe". Am Frühstückstisch, nach der Paarung, ersuchte sie ihn um Beistand:

Ihr Vater, ein Ingenieur, sei während der Inflationszeit arbeitslos geworden. Da hörte dieser, dass das kommunistische Russland für Ex-perten hohe Gehälter zahlen würde. Die sowjetische Handelsmission habe ihn daraufhin an einen Betrieb nahe Moskau vermittelt. Nun sei er aber wegen Spionage verhaftet worden. Er könne sofort an seine Ar-beitsstelle zurückkehren, habe ihr ein sowjetischer Attaché versprochen, wenn sie sich für den „Frieden" einsetze. Er, Bennecke, kenne doch so viele Leute. Würde er für sie, die Russen, arbeiten wollen?[27]

Endlich könnte Bennecke jetzt einem ordentlichen Beruf nachgehen, ein richtiger Spion werden, ein Arbeitsfeld, das seinen Geschmack voll getroffen hatte. Bennecke alias Soltikow in der Rolle eines James Bond? In den Hauptstädten des europäischen Kontinents präsent? Ha, da wür-den sie nun aber gucken, die Potsdamer Prinzen, die selbstgefällige Aris-tokratie. Wer aber war die „Tochter"?

Den Namen enttarnte Pawel A. Sudoplatow: Soja Rybkina, eine fließend Deutsch wie Finnisch-Schwedisch sprechende Russin, rekrutierte für die Russen Agenten, so auch Soltikow. In den Vierzigerjahren leitete sie die Residentur in Helsinki. In den Fünfzigerjahren avancierte sie für das KGB zur „Beraterin" des Ministeriums für Staatssicherheit. Soja Rybkina war hinreißend, in der kommunistischen Einöde galt sie als Paradiesvogel. Bennecke sollte Kontakte zu Diplomaten herstellen und in die Abwehr des Admirals Canaris vordringen.[28] Kein Problem, denn immerhin verfügte Bennecke bereits über eine Einlasskarte: den Adelstitel.

Als die 91-jährige Leo Gräfin Soltikow aus Potsdam Walter Bennecke am 18. Mai 1927 adoptierte[29], waren die Visitenkarten in englischer Schreibschrift längst gedruckt, Grund genug, sich mit den „Verwandtschaften" zu beschäftigen. Unablässig studierte Bennecke die Biografien der Fürstenhäuser. Aus dem Gedächtnis wollte er die Generationen der Erlauchten herunterspulen, bei „seinesgleichen" renommieren, wobei ihm die Adels-Fibel „Gotha" zu seiner wichtigsten Stütze wurde. Und an das große Geld wollte er endlich auch herankommen. Da traf es sich, dass Soltikow mit dem Operetten-Star Fritzi Massary* verkehrte, die in ihrer Wohnung in der Kaiserallee 28 rauschende Feste gab. Eines aufmerksamen Tages blätterte Soltikow im Brockhaus und stieß auf „Massary, Fritzi". Tatsächlich, die Redaktion hatte sie um zehn Jahre altern lassen. Unglaublich.

Soltikow ließ sich von seiner Vertrauten eine „Vollmacht" unterschreiben, worauf den Verlag per Post ein wahres Feuerwerk voller Drohgebärden erreichte. Soltikow forderte im Namen von Fritzi Massary Schmerzensgeld. Doch die Herausgeber lehnten ab. Da setzte sich Soltikow in den Zug und sprach in Leipzig persönlich vor: Die gesamte Auflage, so verlangte er hysterisch, müsse eingestampft werden, es sei denn, die Massary werde entschädigt. Der Geschäftsführer Hubert Pallenberg lehnte ab. Soltikow reichte Klage ein. Doch der Zeugin Fritzi Massary war das längst alles zu unerfreulich geworden. Zum Gerichtstermin

---

* Die Sopranistin Fritzi Massary belebte Operetten von Paul Lincke und Victor Hollaender im Berliner Metropol-Theater. Ihr erfolgreichster Film: „Die Rose von Stambul". Als Jüdin emigrierte Massary 1933 in die USA. Dort waren Franz Werfel, Thomas Mann, Ernst Lubitsch und Lion Feuchtwanger ihre Nachbarn. Sie starb 87-jährig am 31. Januar 1969 in Beverly Hills.

erschien sie nicht, Soltikow verspätet. Da hatte der Richter die Klage bereits abgewiesen.[30] Soltikow boten sich freilich andere Gelegenheiten. In der Nähe von Potsdam pflegte ein Tierarzt das Gestüt eines Gutsbesitzers. Als der Veterinär starb, entdeckte dessen Sohn ein Patent mit der Bezeichnung „Deichselschutz". Die Vermarktung übernahm Soltikow, der eine „Deichselschutz G.m.b.H." gründete und die „Erfindung" unzähligen Bauern aufschwatze. Zwar kassierte Soltikow ab, eine Produktion war aber nicht eingeplant, weshalb auch kein „Deichselschutz" ausgeliefert werden konnte.[31] Soltikow wanderte in den Knast. Nicht das erste Mal.

Begüterten Töchtern versprach Soltikow erst die Ehe, dann nahm er ihr Geld, anschließend tauchte er ab. Er stellte Schecks aus, die pünktlich platzten. Er bestellte Schampus und Kaviar, aus Restaurants eilte er als Zechpreller. Soltikow befand sich laufend auf der Flucht vor irgendwelchen Gerichtsvollziehern, Amtsgerichte stellten Haftbefehle zur Erzwingung des Offenbarungseids aus. Soltikows Strafregister wuchs. In dieser Phase lernte er den Landgerichtsdirektor Georg Engelmann kennen. Laut Soltikow litt der „an Geisteskrankheit".

Soltikow ließ sich von Georg Engelmann 75 Wechsel unterschreiben. Diese Papiere löste er bei Banken und windigen Geldverleihern ein. Jetzt war er wirklich reich. Das erste Mal. Doch nach drei Monaten wurden die Zahlungsmittel dummerweise fällig gestellt.[32] Soltikow wurde zu anderthalb Jahren Gefängnis und drei Jahren Ehrverlust verurteilt.[33] In der Geschäftswelt konnte sich Soltikow nun nicht mehr bewegen, aber in der Geheimdienste. Einer residierte in Moskau, ein anderer am Tirpitzufer, dem Quartier der Abwehr, der dritte in der Prinz-Albrecht-Straße, dem Sitz der Gestapo.

Alfred P. Martin, Gestapo-Regierungsdirektor und Kenner der Sowjetunion, beaufsichtigte die russischen Emigranten-Organisationen. Im Frühjahr 1936 beschwerte sich einer seiner Informanten über einen „gewissen Grafen Soltikow, der mit Intrigen uns gegeneinander aufbringt". Martin ließ Soltikow vorladen. Wenn er sich nicht zurückzöge, so drohte er Soltikow, werde er mit „staatspolizeilichen Weiterungen" überzogen. Soltikow antwortete wider Erwarten selbstbewusst: Da er „Mitarbeiter im Hause bei Meisinger" sei, könne ihm nur dieser Befehle erteilen.

„In meiner Naivität", so erinnerte sich Martin, „glaubte ich, daß ein so schwer vorbestraftes Subjekt bei uns nicht ‚Mitarbeiter' sein konnte." Martin rief Josef Meisinger an, der zu dieser Zeit die Gestapo-Agenten zentral verwaltete, später als Polizei-Verbindungsführer und Sonderbeauftragter des SD an die deutsche Botschaft nach Tokio abgeschoben wurde, wo er regelmäßig mit Richard Sorge Cognac der französischen Marke „Meukow" kippte.* Die Antwort verblüffte: „Von dem lassen Sie ja die Finger. Das ist einer meiner besten Achtgroschenjungen."[34] Auch auf den Fluren der Abwehr begegneten sich vornehmlich Soltikow-Überdrüssige. Einer allerdings schwor auf Soltikow, zumindest vorübergehend.

Der Abwehr-Hauptmann Edgar Wedepohl hatte aus Soltikow einen Hurenbock gemacht. Der erste „Test" verlief zufriedenstellend, im Charlottenburger „Café am Knie", in dem sich die weibliche Hautevolee Berlins Tag für Tag konstituierte. Hier, in der Berliner Straße 166, zog Soltikow alle Register: Eine Tortenstück verschlingende Dame bot ihm, als er sie ansprach, sofort Platz an ihrer Seite an. Noch am gleichen Tag lagen beide im Bett.[35] Daraufhin erhielt Soltikow seinen ersten Abwehr-Auftrag.

In der Reichshauptstadt residierten unzählige Diplomaten. Allein Polen hatte 105 Vertreter akkreditieren lassen, die Abwehr in zahlreiche Gesandtschaften bereits Spitzel einschleusen können, aber einige Botschaften fehlten. So die belgische Niederlassung (Jägerstraße 53), die Hollands (Kupferstraße 4), Bulgariens (Louisenstraße 30), Rumäniens

---

* Josef Meisinger leitete zuvor die „Reichszentrale zur Bekämpfung der Homo-sexualität und Abtreibung". Als der Oberbefehlshaber des Heeres, Werner von Fritsch, von Heydrich in die Homosexuellen-Szene manipuliert wurde, fiel die Affäre in Meisingers Zuständigkeit. Als er seine „Bewertungen" aber nicht direkt Reinhard Heydrich, sondern Heinrich Himmler zustellen ließ, „explodierte" Heydrich: Versetzung in das Archiv des SD-Hauptamts, dann Stellvertreter des Kommandeurs der SD-Einsatzgruppe IV in Polen, schließlich bis zum März 1941 Kommandeur der Sicherheitspolizei und des SD im Distrikt Warschau. Meisinger ging mit brutaler Gewalt gegen Polen und Juden vor. So ließ er im Wald von Palmyra 1.700 Juden erschießen. Selbst Heydrich bezeichnete Meisingers Wirken als „außerordentlich radikal", meinte aber wohl mehr Meisingers „persönliche Bereicherung". In der Prinz-Albrecht-Straße galt er als „Schlächter von Warschau". Amerikaner verhafteten Meisinger am 6. September 1945 in Yokohama und lieferten ihn an Polen aus. Der Oberste Volksgerichtshof in Warschau verurteilte ihn am 3. März 1947 zum Tode. Vier Tage später wurde Meisinger im Mokotów-Gefängnis durch den Strang hingerichtet.

(Karlstraße 6) oder die US-Dependance (Bellevuestraße 8).[36] Soltikow sollte nun in diesen Kreisen verkehren und zu „Schreibdamen" behutsam Kontakte herstellen. Nicht auszudenken, Soltikow würde auffliegen. Skandale könnte sich das Auswärtige Amt nicht leisten.[37]

Die nachrichtendienstliche Entwicklung Soltikows – ein Treppenwitz: In Moskau hatten Geheimdienst-Strategen „ihrem" Agenten als Einsatzmittel den Beischlaf verordnet, dasselbe Verfahren die deutsche Abwehr „ihrem" Spitzel diktiert. Den Weg in die Schlafzimmer frei gemacht hatte ihm die Tochter des Inhabers des von der Berliner Schickeria frequentierten Modehauses „Sabo & Sabo" auf dem Kurfürstendamm, Jutta Sabo. Sie kannte die Gattinnen der Diplomaten, war ihnen während der Anproben behilflich, nahm sich ihrer Fettpölsterchen an.[38] Nicht immer aber blieb Soltikow Fortuna gewogen.

Im März 1940 hatte der sowjetische Geheimdienst durch Soltikow erfahren, dass in der Schöneberger Kielganstraße 6 ein gewichtiger NS-Paladin privat domizilierte: der Chef des Oberkommandos der Wehrmacht, der einen Monat darauf zum Generalfeldmarschall beförderte Wilhelm Keitel. Die „Sektion Deutschland" des NKWD skizzierte eine vielversprechende Operation mit Soltikow als Speerspitze – Keitels Nachbarn. Theoretisch hätte Soltikow Keitel sogar beim Ankleiden zusehen können.

Die Kielganstraße war eine Sackgasse, in der – wegen Keitel – rund um die Uhr die Feldpolizei patrouillierte. Jeder Fremde hätte sofort Alarm ausgelöst. Während Keitel auf der rechten Seite der Kielganstraße 6 seinen Stab zum gelegentlichen Umtrunk bat, hatte sich Soltikow auf der linken im Haus 5 unter dem Dach eingemietet. Die Aufpasser kannten Soltikow. Wer sollte schließlich auf die Idee kommen, dass da ein kommunistischer Spion entlangspazierte?

Soltikows Auftrag schien machbar: Er hatte herauszufinden, ob sich Keitels Diener Ernst Koselofsky anwerben ließe, mit dem Soltikow beim Einkaufen bereits ins Gespräch gekommen war. Also starrte Soltikow fortan von seinem Küchenfenster aus auf Keitels Portal. Wenn sich der Lakai zu Besorgungen aufmachte, stürzte Soltikow die Treppe hinunter. Ob Tabak- oder Tante-Emma-Laden – Soltikow verwickelte den Domestiken in tiefschürfende Gespräche, was den einfachen Mann freilich überforderte, Soltikows entscheidender Patzer, denn eines dummen Tages erzählte Koselofsky seinem Dienstherrn, dass sich ein Nachbar nach dem Tagesablauf des Generalfeldmarschalls erkundigt hätte. Keitel bat Wilhelm Canaris um Aufklärung.

Der Abwehr-Chef konnte mit dem Namen Soltikow nichts anfangen, dafür einer seiner Adjutanten, der Major Willy Jenke: Soltikow sei zwar ein unerfreulicher Zeitgenosse, habe er gehört, für die Abwehr sei er gleichwohl „unentbehrlich". Oberst Joachim Rohleder, der Nachfolger Richard Protzes als Leiter der Gegenspionage, sei über Einzelheiten informiert. Der verständigte seinen Chef. Canaris wurde nachdenklich: Warum interessierte sich Soltikow für Keitel? Rohleder kommentierte schlüssig: mit Sicherheit nicht aus eigenem Antrieb. Die Herren beschlossen aktive Maßnahmen: Soltikow observieren.[39]

Soltikow bewegte sich durch Berlin: selbstgefällig, gewöhnungsbedürftig für seine Schatten. Verdächtiges schien nicht erkennbar. Doch als Soltikow Anfang April 1940 abends in der Nähe der sowjetischen Botschaft parkte, wurden die Beobachter aufmerksam. Umständlich schlenderte Soltikow erst im Kreis, dann spazierte er auf die Gesandtschaft Unter den Linden zu und verharrte, für wenige Sekunden, vor dem Briefkasten. Jetzt geriet selbst Canaris in Panik.[40]

Dass der Gegner Verräter platzieren konnte, damit ließe sich leben, resümierte Rohleder. Dass aber ein Abwehr-Mitarbeiter ausgerechnet den obersten Dienstherrn ausforschte – unglaublich. Was, wenn der Abwehr-Gegner Reinhard Heydrich davon Wind bekäme? Nicht auszudenken, Hitler würde – über Heinrich Himmler – informiert werden. Je länger sich Canaris mit Soltikow beschäftigte, desto bedrohlicher erschien ihm die anfangs belächelte Affäre.

Rohleder kannte Soltikow: Er sei labil, Stressphasen würden aus ihm ein Sicherheitsrisiko machen, er sei ohne Rückgrat, wehleidig und voller Angst. Wenn sich Soltikow erst einmal in der Hand Heydrichs befände, würde er alles unterschreiben, sogar Canaris als Auftraggeber denunzieren. Rohleder wollte Soltikow daraufhin erschießen. Canaris blieb allerdings frei von Emotionen. Was, wenn die Mordkommission, die der Gestapo unterstünde, dann ermitteln würde? Nein, ordnete Canaris an, Soltikow solle am Leben bleiben, vorausgesetzt, Keitel werde eine plausible Erklärung für Soltikows Neugier präsentiert.

Rohleder stellte ein neues Soltikow-Dossier zusammen. Das überreichte er dem einbestellten Soltikow. Inhalt: Er, Soltikow, habe im Abwehr-Auftrag Kontakte zu den Russen unterhalten, die im Prinzip harmlose Keitel-Recherche auf Befehl ausgeführt, damit die Sowjets von der „Lauterkeit" Soltikows überzeugt seien. Um diese Abfolge zu dokumentieren, musste Soltikow zurückdatierte Quittungen unterschreiben, die nachwiesen, dass ihm seine Auslagen ersetzt worden seien.

Die Hürde Generalfeldmarschall meisterte Canaris ebenso: Durch eine Nachlässigkeit in der Verwaltung sei es „verabsäumt" worden, ihn, Keitel, über dieses nachrichtendienstliche Doppelspiel zu unterrichten. Die Entschuldigung nahm Keitel von Canaris per Handschlag entgegen.[41] Daraufhin wurde Soltikow von Rohleder aus dem Verkehr gezogen. Doch was sollte er nun tun?

Im Juli 1939 hatte die Abwehr Soltikow für einige Wochen nach London beordert, zu welchem Zweck, bleibt im Dunkeln. Nach seiner Rückkehr aber kündigte das „Börsenblatt" zwei Enthüllungsbücher Soltikows an: „Von Scotland Yard ausgewiesen" und „Der Teufel von Whitechapel". Die waren allerdings derart schlecht geschrieben, dass sie fast ungedruckt geblieben wären. Erst nach Interventionen der Abwehr erklärte sich der antisemitische Schlieffen-Verlag und in Nürnberg der F. Willmy Verlag bereit, die Novitäten zu publizieren. Letzterer gab Julius Streichers „Stürmer" heraus.[42]

Als der „Stürmer" nicht mehr erschien, war Hitler tot, Soltikow aber am Leben. Der „leidenschaftliche Antisemit" mutierte nun nach dem Untergang des Dritten Reiches zum Retter verfolgter Juden, nebenher stellte Soltikow NS-Chargen nach.[43]

Soltikow zog in Provinzgazetten über die alten Kameraden her. Nicht immer aber hatten ihn seine sowjetischen Auftraggeber mit wahren Informationen versorgt. Reihenweise verlor er daraufhin seine Prozesse. Hernach ging er unter die „Historiker". Als die „Praline" noch ohne kopulierende Fotosessions auskam, als das Nürnberger Blatt vielmehr die Leserherzen als „Bilderzeitung zur Erholung vom Alltag" fesselte, veröffentlichte die „Praline" einen Artikel Soltikows über die Reichskristallnacht. Unter der Überschrift „Geheime Reichssache" beschäftigte er sich mit dem Legationsrat Ernst Eduard vom Rath und dessen Mörder Herschel Feibel Grünspan. Grünspann sei ein Strichjunge gewesen, vom Rath sein Kunde. Weil vom Rath den Liebeslohn schuldig geblieben sei, habe Grünspan ihn im November 1938 niedergestreckt.[44] Scharen von Juristen waren fortan mit der Bewältigung dieses Stoffes beschäftigt – sieben lange Jahre. Soltikow wurde zu fünf Monaten Gefängnis auf Bewährung verurteilt.[45] An ihm schieden sich ohnehin die Geister.

Mathilde Carré leitete im besetzten Frankreich – unter dem Decknamen „Katze" – eine Agentengruppe der Alliierten. Der Abwehr gelang es angeblich, sie umzudrehen, was in London bemerkt wurde. Der mit den Briten zusammenarbeitende Pierre Vomècourt sollte die „Katze" erneut „auf Linie bringen". Dazu sprang er mit dem Fallschirm ab. Soltikow verkehrte dieses Husarenstück ins Gegenteil und erhob Vomècourt zum Doppelagenten.[46] Die nachfolgenden Prozesse gewann Vomècourt. Soltikow freilich blieb steigerungsfähig.

Plötzlich verbreitete er, er habe im Auftrag von Canaris „Hitler überwachen" müssen, im Übrigen sei es allein ihm zu verdanken, dass die Wehrmacht nicht über die Alpen in die Schweiz einmarschiert sei („Ich habe Canaris im Rahmen meiner bescheidenen Möglichkeiten dabei geholfen").[47] Doch dann lernte er den „Wunderheiler" Bruno Gröning kennen, der Soltikow eines traumatischen Tages um juristischen Rat bat. Soltikow witterte eine sprudelnde Einnahmequelle.

Dem katholischen „Weltbild" verkaufte Soltikow eine „exklusive" Gröning-Serie. Für die wachsende Gröning-Gemeinde gab er schließlich eine Zeitung heraus („Hier spricht Bruno Gröning"), weshalb wiederum Grönings Pressesprecher Joachim Slawik gegen Soltikow prozessierte, da die Auflage seines „Gröning-Rufs" in den Keller rasselte.[48]

Chaos, nichts als Chaos hatte Soltikow den Redaktionen beschert, ein Umstand, den seine Moskauer Auftraggeber auf Dauer nur sehr diszipliniert ertragen konnten. Trotzdem hielten sie unverdrossen zu ihrem Zuträger. Schließlich hatte Soltikow zumindest einmal einen beispiellosen Coup landen können: dem „Stern" des Henri Nannen 1954 eine Art Vorläufer der Hitler-Tagebücher untergejubelt, eine Fabelfortsetzung über den polnischen Spion Georg Ritter von Sosnowski.

Wochenlang war die Illustrierte wegen ihrer Enthüllungen über den „Rittmeister Sosnowski" in den Schlagzeilen. Waschkorbweise trafen Leserbriefe ein. Abschließend erschien die Novität in Nannens Verlag als „Stern"-Buch.[49] Doch alles war frei erfunden.

Gestapo-Verhör oder Bettgeflüster – Sosnowski schien Soltikow die geheimsten Gedanken anvertraut zu haben. Die wichtigste Nachricht aber stand am Ende. Sie war lediglich für einen kleinen, eingeweihten Leserkreis bestimmt – für die Geheimdienste im Westen. Im Februar

1942, so Soltikow, sei der Rittmeister in einer sowjetischen „Massenzelle im Corpus II … an Dysenterie (bakterielle Infektion des Dickdarms) und an einer Skorbutkrankheit" verendet. Der Tote habe die Namen seiner Agenten mit ins Grab genommen. Wozu diese Botschaft? Reinhard Gehlen mochte nicht glauben, dass der Sosnowski-Ring komplett zerschlagen worden sei. Ihm dünkte vielmehr, die Russen hätten Sosnowskis Erbe angetreten, dessen Agenten aktiviert. Die wähnte der BND-Chef in Bonner Ministerien.

Um Gehlen von dieser Spur abzulenken, gaben die Russen den Sosnowski-Roman in Auftrag. Selbst der Soltikow-Kenner Joachim Rohleder, der Soltikow eigentlich hätte besser kennen müssen, witterte nach wie vor überall böse Sosnowski-Spione. Als der vormalige KGB-General Sudoplatow 40 Jahre später in seinen Memoiren Sosnowski als zu dieser Zeit noch lebend beschrieb, bestätigte er Gehlens damalige Befürchtung, denn Sosnowski gab Moskau tatsächlich jene Spione preis, die er der Gestapo verschwiegen hatte. Was aus ihnen geworden war, behielt Sudoplatow indes für sich.[50] Dafür ist das Ende Soltikows bekannt.

Münchner Richter wollten den Geisteszustand des Gossenschreibers hochoffiziell untersuchen lassen. Dagegen begehrte Soltikow auf. Beim Bundesverfassungsgericht legte er Beschwerde ein. „Es ist ein alter Abwehr-Trick und genauso auch ein alter Gestapo-Trick", klagte er 1958 in einem Schriftsatz, „politisch unbequeme Geheimnisträger kurzerhand ‚geisteskrank' zu erklären und in einer Irrenanstalt lebendig zu begraben" – und das „bei einem Schriftsteller" wie ihm, „der ich immerhin seit Jahrzehnten für die größten deutschen Illustrierten Tatsachenberichte … schreibe und mich damit an die breite Masse des Leser-Publikums wende". Ja, „wenn solch ein Massen-Schriftsteller geistig abnorm, geistig krank sein würde, dann würden niemals die Millionen der normal Empfindenden mitgehen und … jedem seiner Sätze folgen". Über den „§ 51 sollte mir eine seelische, geistige Abartigkeit" bescheinigt werden, was „bei Millionen Befremden auslösen" werde. Dahinter stecke „Mundtotmachung": „Solch ein Kranker würde alsbald nicht mehr gedruckt werden."[51]

Der Einspruch wurde abgewiesen, ohne zu ahnen, dass inzwischen selbst KGB-Offiziere Soltikow für „nicht mehr ganz dicht im Kopf" hielten. Sie stellten nur noch eine einzige Frage: Wie verrückt sei Soltikow wirklich?

Über Jahrzehnte agierte Soltikow als Moskauer Dienstmann. Für das KGB inszenierte er Intrigen gegen alte Abwehr-Offiziere, er bewegte sich sogar als „Testamentsvollstrecker" des Hitler-Attentäters Stauffenberg in der Öffentlichkeit, bis er eine „Rechtsberatungsstelle der Hinterbliebenen des 20. Juli" erfand.[52]

Mit sowjetischem Geld gründete er in München eine „Buch- und Bühnenverlag G.m.b.H."[53], vor der nicht nur Rudolf Ullstein seine Redaktionen warnte („Bevor irgendwelche geschäftlichen Verbindungen mit dieser Firma aufgenommen werden, entweder mit mir oder mit Herrn Heinz Ullstein Rücksprache" nehmen).[54] Mehr als eine Million Mark soll das KGB in Soltikow investiert haben.[55] Irgendwer musste schließlich für die immensen Prozesskosten aufkommen. Soltikow war den Russen zu teuer und zu übergeschnappt geworden. Zeit, ihn an einen deutschen „Freund" abzutreten. An Markus Wolf.

Am 1. Juni 1966 eröffnete die Hauptverwaltung Aufklärung (HVA) ein weiteres Ressort: die Abteilung X („Aktive Maßnahmen"), zuständig für die kapitalistischen Medien, um die Redaktionen mit allerlei Desinformationen zu versorgen. Der Chef, der Oberst Wolfgang Wagenbreth, erhielt vom KGB-Mutter-Dezernat „Aktivnyye Meropriyatiya" – sozusagen als Einstand – Soltikow zur Seite gestellt. Den Querulanten waren die Russen endlich los.[56] Wagenbreth erkannte freilich, dass ihm die Genossen einen Schwindler zugeführt hatten. Aber so seien sie eben, die lieben „Freunde", resignierte Wagenbreth anlässlich einer seiner Wodka-Nächte. Für Soltikow zuständig wurde Wagenbreths Stellvertreter, der spätere Oberst Wolfgang Mutz, der mit Soltikow eines gemeinsam hatte: den Jähzorn.[57]

Der polnische Spion Georg Ritter von Sosnowski, die russischen Agenten Günther Rudloff, Willy Lehmann oder Soltikow – zwei wurden hingerichtet, zwei überlebten. Sosnowski erhielt vom KGB bis zu seinem Tod 1971 in Moskau eine bescheidene Rente. Soltikow starb 81-jährig am 28. August 1983 in München. Ein anderer Doppelagent, an dessen Fabulierkünste nicht einmal ein Soltikow heranreichte, brachte es in der Sowjetunion sogar zum stellvertretenden Minister.

Betr.: Ernennung zum Fachführer

07088   7094

Anl.: 1 Personalbogen
1 Lebenslauf
2 Lichtbilder

An das

SS-Personalhauptamt

Berlin-Charlottenburg 4

Wilmersdorfer Straße 98/99

Ernennungsvorschlag

Es wird gebeten, die Ernennung des   SS-Oberscharführers d.R.
(Dienstgrad in der Waffen-SS)

Karl   L o e w   – A l b r e c h t   SS-Nr.   –0–

(Es wird gebeten, die Ernennungsurkunde auf den Namen Albrecht auszustellen.)

zum SS-   Hauptsturmführer   (F)

beim   SS-Hauptamt   , Fachgruppe: Schulung
(Hauptamt)

mit Wirkung vom   28. August 1944   aussprechen zu wollen.

Verwendung als Fachführer: Sonderaufgaben

Parteiverhältnisse:

Dienstgrad Allgemeine SS: –0–

Dienststellung Allgemeine SS: –0–

Partei-Nr.   –0–

Personalverhältnisse:

Geboren am   8.11.1897   zu   Weingarten

Familienstand: verh   Kinder: (männlich)   1   , (weiblich)   4

Zivilberuf: Schriftsteller   /   Ingenieur

Staatsangehörigkeit: DR   , Glaubensrichtung:

Schulbildung: Höhere Schule, 8 Kl. Volksschule

Abgelegte Prüfungen (Staatsprüfungen):   –0–

Akademische Grade: –0–

Wenden!

Albrecht wird SS-Hauptsturmführer (August 1944):
„Neger mit Ochsenziemern, regelrechte Boxertypen"

Albrechts größte Leistung: Andrej A. Wlassow (1944) an die Russen ausgeliefert

Ein Doppelagent dient vier Herren

Er hockte in Schützengräben des Ersten Weltkriegs, er diente in Freikorps, schließlich wurde er stellvertretender Minister in der Sowjetunion, sodann SS-Hauptsturmführer. Am Ende avancierte er zum Gesprächspartner Reinhard Gehlens. Dieser Überlebenskünstler überstand die Kerker der GPU ebenso wie die der Gestapo.[1] Er war Jude. Er hieß Karl Matthäus Löw.

In der Sowjetunion wählte er den Beinamen „Iwan", von der SS ließ er sich in Karl I(wan) Albrecht „arisieren".[2] Dieser Karl Albrecht unterstellte sich jedem politischen System. Er kam am 8. November 1897 im württembergischen Weingarten als Sohn eines Husaren-Feldwebels zur Welt. Der Vater starb früh, die Mutter bekam ihre Kinder nur selten satt. Karl erhielt keine höhere Schulbildung, keinen Ausbildungsplatz. Daraufhin meldete er sich bei der württembergischen Armee. Es brach der Erste Weltkrieg aus. Offizier wollte er nun werden.[3]

Albrecht kämpfte in Polen, bei Ypern, er nahm an der Sommeschlacht teil. Fünf Verwundungen bescherten ihm das Eiserne Kreuz II. und I. Klasse. Beide Auszeichnungen verlieh ihm sein Divisionskommandeur Werner Freiherr von Fritsch, der zwar Albrechts „vielfach bewiesene vorbildliche Tapferkeit" würdigte, aber vor einer Beförderung zurückschreckte. Karl Albrecht war bisexuell, weshalb es nur zum Vizefeldwebel reichte und – für ein Porträt des Kaisers.[4] Albrecht erlebte das Ende des Ersten Weltkriegs als Schwerkriegsbeschädigter. Fehlende Anerkennungen gewährten ihm andere.

Soeben hatte der Spartakusbund zum „Sturz des Imperialismus" aufgerufen, die November-Revolution mit ausgelöst. Erneut zog Albrecht in den Krieg, jetzt als Landsknecht der württembergischen „Sicherheitstruppe". Der sozialdemokratische Staats- und Ministerpräsident Württembergs, Wilhelm Blos, stellte sich der „bolschewistischen Flut" entgegen.[5] Unter dem Hauptmann Gustav Schmidt, dem Befehlshaber des Sicherheitsregiments III, schrieb Albrecht ein erstes Mal Geschichte. Im schneereichen Januar 1919 rettete er einem Todgeweihten das Leben.

Willi Münzenberg hatte in Zürich Lenin kennengelernt. Für den Verschwörer organisierte er einen Generalstreik. Die Behörden internierten ihn, wiesen ihn aus. Der Thüringer befand sich auf dem Weg nach Berlin, da erhielt er in Stuttgart die Nachricht vom Aufstand der Kieler Matrosen. Münzenberg wollte diesen Moment nutzen, zeitgleich einen „schwäbischen" Umsturz inszenieren. Die Meuterei aber war derart stümperhaft vorbereitet, dass Münzenberg verhaftet wurde. Karl Albrecht sollte den Umstürzler „auf der Flucht" erschießen. Die Kugel blieb allerdings im Lauf. Albrecht entließ ihn, aus einer Laune heraus, ins Leben.[6] In der KPD-Zentrale hatte der Name Albrecht folglich einen guten Klang.

Als Kurt Eisner in Bayern eine „Arbeiterregierung" ausrief, eilte Albrecht nach München, um sich dem Freikorpsführer Franz Ritter von Epp anzuschließen, der die „Räterepublik" zerschlug. Epps Freischärler ermordeten Gustav Landauer, sie richteten im Arbeiterviertel Giesing ein abscheuliches Massaker an, mit Karl Albrecht als Scharfschützen. Im Anschluss daran beteiligte sich Albrecht an den Ruhrkämpfen.[7]

Die Aufstände waren niedergeschlagen, da hatte Karl Albrecht plötzlich nichts mehr zu tun. Er stand auf der Straße. Ohne Geld, ohne berufliche Perspektiven. Er aber wollte „arbeiten, meine Kräfte regen, aufbauen". Nur wo, wie und was? Die Auswirkungen des Versailler Vertrags, erinnerte sich Albrecht, „haben ganze Volkswirtschaft(en) … lahmgelegt".[8] Dann las er in der „Berliner illustrierten Nacht-Ausgabe" eine Reportage über Willi Münzenberg, dem in Berlin inzwischen der kommunistische Medienkonzern unterstand, mit den Zeitungen „Welt am Abend", „Berlin am Morgen" und der „Arbeiter-Illustrierten", die wöchentlich eine halbe Million Exemplare verkaufte.* Endlich ein Lichtblick, endlich ein bescheidener Hoffnungsschimmer. Jetzt suchte Albrecht „Anschluß dort, wo ich Aktivität, Mut und Verständnis für die Not des Volkes fand".[9] Vom roten Pressezaren wollte er sich protegieren lassen. Albrecht kündigte den Rechten die Gefolgschaft, um Kommunist

---

* Münzenberg verlegte darüber hinaus den „Gegenangriff", „Unsere Zeit", „Roter Aufbau". Er gründete den Buchklub „Universum Bibliothek", die „Meshrabpom-Filmgesellschaft m.b.H.", schließlich den „Neuen Deutschen Verlag", der monatlich bis zu hundert Buchtitel produzierte. Münzenberg entdeckte freilich auch den Grafiker John Heartfield, in dessen Malik-Verlag die „avantgardistische Stimmung" der Zwanzigerjahre ein Forum hatte. Legendär sind Heartfields Titelbilder für die „Arbeiter-Illustrierte".

zu werden. Er schrieb einen Brief an Münzenberg. Der forderte seinen Lebensretter allerdings auf, erst einmal eine Ausbildung zu absolvieren. Albrecht liebte Tiere, Wiesen und Bäche. Er sprach mit Zimmerpflanzen. In der Natur fand er Trost, wenn ihn Depressionen marterten.[10] Nach drei Jahren war er Forstgehilfe. Dann hielt Münzenberg Wort und vermittelte seinen Retter an die sowjetische Handelsmission in Berlin. Der russische Handelsrat für Land- und Forstwirtschaft suchte für das Abholzen sowjetischer Wälder händeringend nach Arbeitern. Karl Albrecht reiste von Hamburg per Kohlendampfer nach Murmansk.[11] Nun schrieb er ein zweites Mal Geschichte.

Im Frühjahr 1924 stieg Albrecht zum Direktor der Karelischen Zentralen Versuchsanstalt für Forstwirtschaft und Holzindustrie auf. Er inspizierte Gulag-Arbeitslager, schließlich durchquerte er mit einem Diplomatenpass Westeuropa – auf der Suche nach arbeitslosen Landwirtschafts-Experten. In Berlin verpflichtete er deutsche Akademiker für einen Einsatz im Ural. Albrecht verkehrte inzwischen auch mit hohen Sowjet-Führern. Er trank mit seinem Chef Sergo Ordschonikidse, er lernte Anastas Mikojan kennen. Der Statthalter Wladiwostoks, Wassili K. Blücher, holte ihn in seine Fernöstliche Regierung. Albrecht machte Friedel Lehmann, die Assistentin von Stalins Sekretärin Stassowa, zu seiner Geliebten. Er verehrte Clara Zetkin, bis ihn Stalin zum Stellvertreter des Volkskommissariats für Waldwirtschaft und Holzindustrie erhöhte, eine Position, die einem Vizeminister entsprach.[12] Aber der Deutsche erregte auch die Aufmerksamkeit Felix Dzierzynskis.

Im Beisein seines Spionagechefs El. Roisemann eröffnete ihm der „Teufel in Menschengestalt" (Albrecht): Er, Albrecht, werde nach Berlin zurückkehren, dort einen Pressedienst für Wirtschaftsfragen herausgeben, freie Mitarbeiter mit hohen Honoraren ködern, ihnen „uns interessierende Themen" zu recherchieren auftragen, die Finanzierung würde die Tscheka übernehmen. Albrecht erwartete seinen Einsatzbefehl.[13]

Doch Dzierzynski kränkelte. Vor dem Zentralkomitee hielt er seine letzte Rede. Sein Herz machte am 20. Juli 1926 schlapp. Er mühte sich in einen Nebenraum, wo er auf einem Sofa zusammenbrach. Ein Arzt stellte die Todeszeit fest: 16.40 Uhr.[14] Ein Generationswechsel war unvermeidlich. Das Erbe trat Wjatscheslaw R. Menschinsky an.

Lenin nannte Menschinsky liebevoll „meinen dekadenten Neurotiker", während Stalin dessen Qualitäten so begriff: Es sei seine „historische Pflicht ..., Menschen zu töten", „damit andere Menschen frei werden".[15] Nun lebte Albrecht gefährlich, denn jetzt bekam er es mit jemandem zu tun, der in den schäbigsten Klamotten herumlief, mit Heinrich G. Jagoda, einem „Drogisten" ohne abgeschlossene Schulbildung, Menschinskys Stellvertreter.[16]

Albrecht verfing sich in der Säuberungswelle, Jagoda lastete ihm seine Geselligkeit mit dem populären Marschall Blücher an. 1933 ließ Jagoda ihn verhaften. Dann saß Albrecht im Dezember auf der Anklagebank. Als „Gerichtsvorsitzender" fungierte Jagoda höchstpersönlich: „Bürger Albrecht, Sie sind beschuldigt, ... insgeheim Hauptmann im deutschen Generalstab zu sein und die deutsche Gegenspionage in der Sowjetunion geleitet zu haben." Das Urteil: Tod durch Erschießen.[17] Doch inzwischen hatte sich jemand in das Verfahren eingeschaltet, der Albrecht bei Blücher kennengelernt hatte: Jan Karlowitsch Bersin, der Chef des Geheimdienstes der Roten Armee, der GRU. Wollte er Albrecht in die sich im Aufbau befindliche Rote Kapelle integrieren?

Leopold Trepper, Prinzipal der Roten Kapelle, erinnerte sich an ein Orakel Bersins: „Der Krieg ist unvermeidbar, und er wird auf russisches Gebiet übergreifen." Hitler, so sinnierte Bersin bereits im Sommer 1933, werde die Sowjetunion in eine deutsche Kolonie verwandeln und – neben den Juden – russische Völker ausrotten.[18] Bersin erreichte bei Jagoda die Freilassung. Im Januar 1934 saß Albrecht im Büro des GRU-Gründers. Albrecht, so erklärte ihm Bersin, werde in der Reichshauptstadt in die Rolle eines Antikommunisten schlüpfen, seine zehnjährigen Erfahrungen mit Stalins Leuteschindern niederschreiben. Sei das Buch erschienen, stünden ihm die Türen zur NS-Hierarchie offen.[19] Nichts leichter als das.

Am 1. April 1934 begegnete Albrecht eine „neue Welt". Ihn überfiel das „ungeheure Glücksgefühl, wieder auf dem Boden des Vaterlandes zu stehen, die Luft der Heimat zu atmen, mit den Brüdern des eigenen Volkes zusammenzustehen".[20] Aber er musste die Geheime Staatspolizei von seiner ideologischen Wandlung überzeugen. Diese Aufgabe fiel in die Zuständigkeit des Gestapo-Sekretärs Karl Heller.

Der leitende Vernehmer deutscher Heimkehrer wunderte sich über Albrechts Sündenregister. Das Stuttgarter Amtsgericht hatte ihn 1923 wegen Homosexualität zu einer Geldstrafe verurteilt.[21] Albrecht verwies auf seine in Moskau geborene zweijährige Tochter Eleonore. Der Gestapo-Mann stufte Albrecht als einen der gewichtigsten jener 10.000 Deutschen ein, die Stalin den Rücken gekehrt hatten.[22]

Die Frage, ob Albrecht ein Agent Moskaus sei, konnte Heller nicht beantworten, die Klärung nur eine höhere Instanz herbeiführen. Bis ein Ergebnis vorlag, blieb Albrecht in „Schutzhaft". Die Ermittlungen zogen sich hin. Erst im August 1935 wurde er entlassen, durch die Fürsprache von Joseph Goebbels, der Albrecht überraschend als „antibolschewistisches Bollwerk" entdeckte.[23] Bersins Strategie schien aufzugehen, nur erleben konnte er sie nicht mehr; Stalins fähigster Geheimdienstler fiel den Säuberungen zum Opfer.[24] Der Ministerialrat im Reichspropagandaministerium Eberhard Taubert* wurde Albrechts „Führungsoffizier".[25]

---

* Eberhard Taubert unterstand die berüchtigte „Anti-Komintern" (verantwortlich für die Propaganda in den von Deutschen besetzten Ostgebieten). Er initiierte hasserfüllte Kurzwellen-Radioprogramme gegen die USA, nebenher war er Beisitzer am I. Senat des Volksgerichtshofs. Als Höhepunkt seiner NS-Karriere gilt sein Drehbuch für das antisemitische Machwerk „Der ewige Jude". Als Verbindungsmann des Propagandaministeriums zum Auswärtigen Amt avancierte er zum Gesprächspartner Kurt Georg Kiesingers. Im April 1945 setzte er sich – mit dem Fahrrad – als „Dr. Erwin Kohl" aus der Reichshauptstadt nach Hamburg ab. Im Gepäck: eine Denkschrift über seine Tätigkeit im Propagandaministerium. Für die Organisation Gehlen überarbeitete er 1948 das Manuskript von 1944. So entstand der neue Titel „Die antibolschewistische Arbeit des deutschen Propagandaministeriums". Das Papier wurde in Pullach als „Schulungsmaterial" genutzt (!). Im Auftrag der Amerikaner gründete er am 29. August 1950 in Hamburg den „Volksbund für Frieden und Freiheit" (VFF) – unter seinem Falschnamen „Kohl". Um jedoch in den Genuss des Amnestiegesetzes zu kommen, unterzog er sich dem Entnazifizierungsverfahren, besorgte sich bündelweise Persilscheine und landete prompt in der Kategorie IV („Mitläufer"). Sein „Volksbund" wurde vom Gesamtdeutschen Ministerium und der Organisation Gehlen finanziert. 1952 zog der Verein in eine Villa im Bonner Regierungsviertel und bot fortan Innovationen an: Saalschutz und Redner, aber auch Störer, die stundenweise zu mieten waren. Dabei kamen kiloweise Tomaten zum Einsatz, um die „kochende Volksseele" zu demonstrieren. Das Schwarze Brett der Universität Bonn rekrutierte die „Mitarbeiter". In Abstimmung mit der Organisation Gehlen versandte er „Schwarze Listen", auf denen Gewerkschafter oder Journalisten als angeblich „sowjethörig" denunziert wurden. Aufenthalt in Südamerika. 1958 „Berater" der iranischen Regierung. Dann Libanon und Südafrika. In Kairo als Anwalt zugelassen. Schließlich Rechtsberater und Stabsleiter des persönlichen Büros des vormaligen NSDAP-Mitglieds Dr. Fritz Ries (Arisierungsgewinnler; beschäftigte annähernd 3.000 Zwangsarbeiter), dessen Tochter Ingrid Kurt Biedenkopf heiratete. 1972 überreichte ihm Helmut Kohl das Große Bundesverdienstkreuz. Eberhard Taubert starb 1976 in Köln – als Kundschafter des MGB (später KGB).

Der Goebbels-Vertraute, fixiert auf eine „reine Sowjetforschung", mochte den „Russen" nicht. Albrechts Großmannssucht war ihm zuwider. Sein Chef hatte ihm einen aufgeblasenen Prahlhans vorgesetzt.

Albrecht stolzierte in der Tat selbstgefällig durch die Goebbels-Zentrale am Wilhelmplatz, renommierte ob seiner Bekanntschaft zum Minister. Jedes Dienstgespräch mit ihm erschien Taubert daher wie ein Albtraum. Wann immer er ihn nicht sehen musste, atmete er durch. Da traf es sich, dass Albrecht um die Genehmigung nachsuchte, ihn zwecks Manuskript-Abfassung ins Ausland reisen zu lassen, in die Türkei. Taubert zögerte nicht eine Sekunde. In Ankara wurde Albrecht von seinen „Lektoren" bereits erwartet, von Ghostwritern der GRU.[26]

Die Gemeinschaftsarbeit benötigte 18 Monate. Albrecht tippte rund tausend eng beschriebene Seiten. Im November 1937 kehrte er nach Berlin zurück. Für die Endkorrektur, so informierte Albrecht Taubert, werde er Wochen benötigen, er wolle sie in der Schweiz vornehmen, dort – ohne orientalischen Lärm – in Ruhe letzte Hand anlegen. Taubert genehmigte aus Selbsterhaltungstrieb – eilig und unbürokratisch. Währenddessen lag das Manuskript der GRU in Moskau vor. Dort musste es höheren Ortes abgesegnet werden.

Das Weihnachtsfest verlebte Albrecht in Zürich. Die GRU hatte dem Autor zahlreiche Berichtigungen aufgezwungen, beispielsweise missfielen ihr die Schilderungen über die Gestapo. Albrecht sollte freundlicher über sie erzählen, ebenso seine Beobachtungen in der Sowjetunion korrigieren, sie negativer zeichnen. Albrecht, so gab ihm die GRU zu verstehen, werde im Dritten Reich nur dann reüssieren, wenn er Stalin mit unversöhnlichem Hass überziehe.[27] So geschah es. Im März 1938 blätterte Taubert in der Novität. Er reichte sie als „Konzept" an Goebbels weiter. Der erteilte postwendend seinen Segen. Wieder schrieb Albrecht Geschichte. Jetzt ein drittes Mal.

Das Propagandaministerium überzog das Reich mit einer nie dagewesenen Werbekampagne. Der antisemitische Berliner Nibelungen-Verlag kündigte das GRU-Album als die „größte Sensation auf dem Gebiet der antibolschewistischen Literatur" an. Titel: „Der verratene Sozialismus". Die Rezensenten der NS-gleichgeschalteten Presse rühmten: „Für die Machthaber im Kreml (sei das Buch) gefährlicher als eine verlorene Schlacht" („Magdeburger Zeitung"), es habe der „temperamentvolle Schriftsteller … eine Weltdebatte entfacht" („Hamburger Anzeiger"),

„Europa noch nie einen solchen Blick hinter die Kulissen der sowjet-russischen Scheinwelt getan" („Berliner Morgenpost"), der Autor das System Stalins bloßgestellt, „wie bisher noch keine Anklage an die Pforten der Gerechtigkeit geklopft hat" („Berliner Lokal-Anzeiger"), Albrecht „in seinem Gehirn ein lückenloses und untrügliches Archiv der rus-sischen Zustände aufgespeichert" („Berliner Tageblatt").[28] Dabei hätte die Gestapo eigentlich vorab erkennen müssen, dass mit Albrechts Auf-zeichnungen irgendetwas nicht stimmte, vor allem das sie betreffende Kapitel. Ausgerechnet das kam ausgesucht nett daher:

Bisher habe Albrecht nur „abscheuliche Dinge" über die Gestapo gehört, doch als er von ihr nach seiner Rückkehr aus der Sowjetunion in Haft genommen worden sei, sei er „von der Ruhe und höflichen Tonart" der Beamten übermannt worden, habe er in seiner Zelle in der Prinz-Albrecht-Straße gar „eine doppelte Lage Matratzen" vorgefunden, dazu „besonders kräftige Verpflegung". Und als er sich in einer „Grünen Minna" ducken musste, „atmete ich auf", habe sich das Gestapo-Fahr-zeug doch „als ein luftiger, sauber gehaltener Wagen, in dem die Gefan-genen bequem saßen", herausgestellt. Dann transportierte ihn die Reichsbahn aus ermittlungstechnischen Gründen nach Halle. Dort sei ihm von der Gestapo „sofort ein reichliches Abendessen (gereicht wor-den): eine kräftige Nudelsuppe mit Fleisch und 250 Gramm kräftiges, gut ausgebackenes Roggenbrot", weshalb sich Albrecht „völlig gesättigt auf einem reinlichen Feldbett" ausstrecken konnte, zumal ihm am Abend zuvor „frische Bettücher" ausgehändigt worden seien. Im Übrigen herrschte eine „mustergültige Hygiene und Sauberkeit (vor), wie ich sie bereits im Berliner Polizeipräsidium kennengelernt … hatte".[29] Die Ge-stapo eine Rot-Kreuz-Station?

Wohlwollend beschrieb Albrecht auch den NS-Strafvollzug. Im Lud-wigsburger Knast „Hohen Asperg" hatte Albrecht „das Vergnügen, das höchstgelegene Gefängnis Deutschlands kennenzulernen", sei „die ge-sundheitliche Lage dieses Gefängnisses ganz vortrefflich" gewesen. Die-se Haftanstalt diente dem „Aufenthalt für kranke und schonungsbedürf-tige, insbesondere kriegsbeschädigte Gefangene": „Ich bekam eine etwa 20 qm große Zelle, sehr sonnig gelegen, mit einem hohen Fenster, die sich im besten Zustand befand, mit äußerst gepflegtem Parkettfußbo-den, reinlichen Feldbetten und sauberem Eßgeschirr." Und der Direktor? Albrecht: „Ich habe selten in meinem Leben eine Persönlichkeit getroffen, die sich so viel Mühe gab, den Mitmenschen mit Rat und Tat zur Seite zu stehen." Und der Gefängnishof? Der bestand aus „prächtigen alten Ulmenbäumen", von dort aus „hatte man eine herrliche Fernsicht über die prachtvollen Wälder und die schöne Umgebung … bis zu den reizvollen Höhenzügen, hinter denen Stuttgart liegt".[30]

Als ihn die Gestapo von Halle wieder nach Berlin in die Prinz-Albrecht-Straße überführen ließ, erinnerte ihn das hübsche Ambiente an das „Hotel Adlon": „Breite, mit roten Teppichen ausgelegte Treppen führen in die oberen Stockwerke. In der großen Vorhalle des wuchtigen Gebäudes stehen Plastiken Adolf Hitlers und Hermann Görings." Und als er nach dem Verhör in den berüchtigten Keller gesperrt wurde, kriegte er ein „solides Stück Limburger Käses", dazu „einen Krug gezuckerten schwarzen Kaffee". Mit vollem Magen „schlief ich dann ruhig ein und fühlte mich in dieser Atmosphäre außerordentlich sicher". Als er in das Columbia-Haus verlegt wurde, entdeckte „ich zwar die schwarzgekleideten Sondertruppen der Gestapo, die … mir aber keinesfalls zu nahe traten". Im Gegenteil: „Als Schwerkriegsbeschädigter bin ich sofort in die Krankenabteilung geschickt" worden, in eine „geräumige, vierbettige Krankenzelle". Weder habe er „Massenschlachtungen in den Kellern und auf den Höfen gesehen", noch von einem „der Insassen, mit denen ich als Gefangener völlig ungehindert reden konnte, eine Andeutung vernommen, daß einer von ihnen unter … irgendwelchen Greuelszenen" litt.[31]

Warum hielt die Gestapo Albrecht über Gebühr in Gewahrsam? Sein unendlicher Redefluss musste protokolliert, seine abenteuerlich anmutenden „Fakten" überprüft werden. Dzierzynski, behauptete Albrecht beispielsweise, sei nicht eines natürlichen Todes gestorben, sondern „in seinem Rücken steckte ein finnischer Dolch", darüber hinaus habe Clara Zetkins böse Schwiegertochter der alten Dame „im Auftrage Stalins nach dem Leben getrachtet".[32]

Der Schmarren bescherte dem Autor wider Erwarten Wohlstand. Für 631.917 verkaufte Exemplare – nach Hitlers „Mein Kampf" mit rund zehn Millionen Exemplaren die zweithöchste Auflage im Dritten Reich – kassierte Albrecht ein Honorar von über 350.000 Mark.[33] Das Geld investierte er in eine „Antikomintern-Buchhandlung", die ihren Sitz in der verwaisten sowjetischen Intourist-Zentrale Unter den Linden 62 hatte. Das Angebot war wenig aufregend: Außer seinem eigenen

Werk stand lediglich „antibolschewistisches Schrifttum" in den Regalen, da die Verlage Albrecht inzwischen mit einem Lieferstopp straften, weil er die Preisbindung nicht einhielt. Liebesromane oder Krimis verkaufte die Konkurrenz.[34] Die Rücklagen schmolzen. Da eröffnete Albrecht einen Gemüsegroßhandel. Doch plötzlich blieben Kartoffeln, Gurken, Tomaten und Zwiebeln aus. Das Dritte Reich hatte die Zwangswirtschaft eingeführt. Albrecht drohte die Pleite. Würde ihm der Gauleiter der Mark Brandenburg, Emil Stürtz, beistehen? Er trug ihm „eine große persönliche Bitte" vor.

„Infolge meines ständigen politischen Einsatzes ... habe ich einen ... Fachmann einstellen" müssen, wehklagte Albrecht, „ihm mein ganzes Vermögen und mein Unternehmen vorbehaltlos anvertraut", dieser „mich nahe an den Bankrott" geführt. Um „die Existenz meiner Familie sicherzustellen", sei er, Albrecht, auf Protektion angewiesen: Des Gauleiters Bezirksabgabestellen sollten „meine schwer um ihre Zukunft ringende Firma vordringlich beliefern", wenn „die entsprechenden Anweisungen an Ihren Gartenbau-Wirtschaftsverband gegeben (werden) und Sie darauf bestehen, daß nicht diejenigen, die dauernd Großverdiener waren, bei der Warenzuteilung berücksichtigt werden, sondern, daß hier einmal mitgeholfen wird, einen verdienten Propagandisten der Antikomintern-Bewegung tatkräftig zu unterstützen".[35] Das Ansinnen stieß auf taube Ohren, während die GRU hellhörig geworden war. Sie zweifelte an ihrem Kundschafter.

Gemüsehändler? Sollte es das gewesen sein? Die GRU trieb Albrecht an die „Front" zurück. Prompt saß er vor dem Mikrofon des „Leninsenders", der auf Russisch über Kurzwelle bis nach Sibirien strahlte. Brav erklärte er Stalins Büttel zu einem „mißratenen Judenpack", Goebbels adelte ihn sogar in seinem Tagebuch: Albrecht sei „fleißig".[36] Bei solchen Gelegenheiten ließ sich Albrecht wie ein Popstar feiern, beispielsweise nach einer Landung auf dem Stuttgarter Flughafen. Dort verteilte er Foto-Autogramme – das Stück für eine Reichsmark. Und bei Lager-Auftritten, wo er sowjetische Kriegsgefangene zur Abkehr von „Stalins blutrünstigem Regime" zu überzeugen suchte. Anschließend floss Obstler in Strömen.[37]

Auf Dauer konnte die Reichshauptstadt Albrechts grelles Auftreten nicht goutieren. Taubert erteilte ihm Redeverbot: Jeder Gaupropagandaleiter habe ihn von der Rednerliste zu streichen, da er „nicht befähigt (sei), grundsätzliche und aktuelle politische Probleme zu behandeln"[38], zumal er sich „in bolschewistischer Manier" in der Öffentlichkeit bewege.[39] Albrechts „ständige Disziplinlosigkeiten und die ständige Opposition (machten) eine Zusammenarbeit mit ihm unmöglich".[40]

Albrecht wehrte sich. Nur er sei der wahre „Sachkenner" auf dem Gebiet der Sowjetunion, er allein verfüge „als ehemaliger Leninist" über den Durchblick: „Ich weiß aus meiner langen Arbeit in Spitzenfunktionen in Sowjet-Rußland, daß es bei jeder einzelnen Frage einer scharf durchdachten, logischen, wenn auch kurzen Polemik bedarf, um (die Russen) ... zu überzeugen." Er habe es nicht nötig, Texte des Propagandaministeriums „wie Papageien und Marionetten herunter zu raspeln". Warum nicht?

Weil „ich meine volle Kraft dem Vaterlande zur Verfügung stelle", weil „ich an 5 Tagen der Woche unter größter Anspannung der geistigen und seelischen Kräfte durchschnittlich 16 engseitig beschriebene Schreibmaschinenseiten vorlege", weil „ich täglich zwei Stunden Bahnfahrt (zum Büro) habe", weil „ich nie vor 9 zu Hause bin", weil „ich in fünf Monaten nicht drei Mal Zeit gehabt habe, Mittagbrot zu essen", weil „ich mich entschieden dagegen wehre, daß man mir Fesseln anlegt und mir Zensuren auferlegt".[41]

Taubert hätte Albrecht längst auf den Mond geschossen, wäre da nicht der SS-Obergruppenführer Gottlob Berger gewesen, ein Landsmann Albrechts und Chef des SS-Hauptamts. Der schützte Albrecht vor Taubert mithilfe eines „Sondereinsatzes auf Befehl des Reichsführer-SS". Selbst Tauberts verzweifelter Versuch, Albrecht bei Himmler anzuschwärzen, scheiterte kläglich.

Taubert setzte das SS-Personalamt darüber in Kenntnis, dass Albrecht „Anfang der zwanziger Jahre nach § 175 rechtskräftig verurteilt", „in die Sowjetunion geflüchtet" und nach seiner Rückkehr „erneut wegen Verdachtes nach § 175 festgenommen" worden sei. Dann habe er – „nach Mitteilungen des SD und der Reichspropagandaämter" – „kommunistisch-leninistische Inhalte" verbreitet, polizeiliche Ermittlungen wegen „Konkurs und sonstige undurchsichtige und unerfreuliche Vorgänge" provoziert.[42] Gottlob Berger warf Tauberts Einspruch in den Papierkorb. Hätte Karl Albrecht all das wahrlich angestellt, erkannte der SS-Führer, säße er auch in Gestapo-Haft. Also beförderte ihn Berger zum SS-Hauptsturmführer. Nun „betreute" Albrecht sowjetische Kriegsgefangene. Endlich wähnte die GRU Albrecht am Ziel. Und tatsächlich: Im letzten Moment schaffte Albrecht den Sprung zum hochkarätigen Agenten. Aber wie kam die GRU an Albrechts Meldungen, wie dieser an die Aufträge?

Auf einem Hinterhof, in der Neuköllner Donaustraße in Berlin, reparierte Robert Szeimeitat Pkws, rüstete Fahrzeuge auf Gasbetrieb um. Dieser Szeimeitat, ein Memelländer, war Ende der Zwanzigerjahre zu den Kommunisten gestoßen und von der GRU angeworben worden. Albrecht musste lediglich mit seinem Mercedes zur Inspektion vorfahren, Scheibenwischer auswechseln lassen oder einen Ölwechsel veranlassen – unverdächtiger konnte ein konspiratives Treffen nicht sein. Mit Moskau verkehrte Szeimeitat per Funk.[43]

Je rasanter das Dritte Reich dem Abgrund zusteuerte, desto gewichtiger erschien der GRU Albrecht, denn Stalin fürchtete einen Mann: Andrej Andrejewitsch Wlassow, Verteidiger Moskaus und vormaliger Befehlshaber der 2. Sowjetischen Stoßarmee.

Im Sommer 1942 war der Generalleutnant in deutsche Gefangenschaft geraten. Er erklärte sich bereit, gemeinsam mit den Deutschen gegen Stalin zu marschieren. Hitler aber sah einen russischen Nationalismus nicht vereinbar mit seiner Kolonialpolitik. Doch je verzweifelter die militärische Lage, desto belangloser ideologische Vorbehalte. Die antislawischen Dogmen des Führers stießen vor allem beim Chef Fremde Heere Ost (FHO), Reinhard Gehlen, auf Unverständnis. Er wollte das Ruder herumreißen und führte leibhaftig eine Kehrtwende der Ostpolitik Hitlers herbei – mithilfe Heinrich Himmlers.

Der „Untermensch" Wlassow wurde Befehlshaber der „Russischen Befreiungsarmee". Im Spätsommer 1944 standen zwei Divisionen zum Abmarsch bereit. Zum Einsatz kam am Ende an der Ostfront allerdings nur eine, die sich freilich vor der anstürmenden Roten Armee eilig zurückzog.[44] Stalin befahl den Tod des Abtrünnigen. Die Fahndung nach dem Verräter endete bereits in den ersten Maitagen 1945. Der GRU-Hauptmann Felix W. Winogradow konnte Wlassow bei Pilsen festsetzen.[45] Wer aber hatte diesen „Zugriff" ermöglicht?

In den Zuständigkeitsbereich des SS-Obergruppenführers Gottlob Berger fiel im Oktober 1944 das Kriegsgefangenenwesen, dessen Generalinspekteur er wurde. Aufgrund seiner perfekten Russischkenntnisse und seiner Bekanntschaften zu gefangenen sowjetischen Generalen, die aus der Zeit als sowjetischer Vizeminister herrührten, schlüpfte Albrecht in die Rolle eines „Koordinators" zwischen SS und „Russischer Befreiungsarmee", bis Berger ihn zur Ordonnanz Wlassows bestellte. Fortan wich Albrecht nicht mehr von Wlassows Seite. Überall begleitete er ihn hin, auch als der sowjetische General im Januar 1945 in Berlin-Spandau anlässlich der Entlassung von tausend Kriegsgefangenen seine letzte flammende Rede hielt.[46] Der Vormarsch der Alliierten hatte die „Befreiungsarmee" indessen längst auseinanderstieben lassen. Da erhielt Albrecht seinen wichtigsten GRU-Auftrag: Er solle Wlassow der GRU überstellen.

Wlassow vertraute seinem Adjutanten blind. Wie sollte er schließlich auf die Idee kommen, dass ihn „mein Iwan" nicht zu den Amerikanern schleusen, sondern ihn den Sowjets übergeben wollte?[47] Albrecht lockte Wlassow Anfang Mai 1945 über Bayerisch-Eisenstein nach Klatova südlich von Pilsen. Dort wurde er von einem sowjetischen GRU-Kommando bereits erwartet, in Moskau vor ein Kriegsgericht gestellt, nach dem Todesurteil am 2. August 1946 im Moskauer Taganka-Gefängnis erschossen.

Albrecht hatte mit der GRU „ehrlich" zusammengearbeitet, während sich die Gestapo plump täuschen und blenden ließ. Für die GRU ließ Albrecht sogar seine russische Frau sitzen, um sich in Berlin sogleich eine zweite zu nehmen, mit der er mehrere Kinder zeugte. Dann geriet er am 5. Mai 1945 in US-Gefangenschaft. Zunächst empfingen ihn „Neger … mit Ochsenziemern", „regelrechte Boxertypen".[48] Doch der Hader wich. Jetzt benötigten die Amerikaner seine Hilfe.

Alle Wlassow-Angehörigen, rang Stalin seinen Verbündeten Harry S. Truman und Winston Churchill ab, sollten repatriiert werden. Albrecht bot dem US-Kommandanten an, die im südbayerischen Ried zusammengetriebenen rund 10.000 Wlassow-Russen zu erfassen. Albrecht erstellte Namenslisten, übertrug Dienstränge auf Karteikarten, dokumentierte Wohnorte, den Zeitraum der Dienstzeit unter Wlassow, Merkmale der Vorgesetzten.[49] Albrechts „Inventur" – eine Fundgrube, Leckerbissen für jeden Geheimdienst, vor allem für Washington. Albrecht hatte den Amerikanern derart wertvolles Material zugespielt, dass sie jene aussieben konnten, die nachrichtendienstlich verwertbar erschienen.[50] Da die GRU diese Erkenntnisse aber ebenso in Händen hielt, konnte die sowjetische Spionageabwehr Albrechts Wlassowianer umdrehen, sofern sie für die USA arbeiteten.[51] Eine nachrichtendienstlich geniale Operation und Albrecht – nun ein Teufelskerl: Erst hob er die „Befreiungsarmee" mit aus der Taufe, dann half er sie zu vernichten. Das Thema Wlassow war erledigt. Was sollte er jetzt tun, der Karl Iwan Albrecht? Er „blickte ... hinüber in den östlichen Teil des Vaterlandes, um zu erfahren, wie sich die Sowjetunion als Siegermacht, als das große Beispiel eines siegreichen sozialistischen Staates, benehmen" würde.[52] Die GRU hatte einen neuen Auftrag für ihn. Albrecht trat als Zeuge in Nürnberg auf. Er sollte seinen vor dem Internationalen Gerichtshof wegen Kriegsverbrechen angeklagten Mentor Gottlob Berger entlasten.

Ob Gestapo-Knecht, Todesurteile fällende NS-Justiz, Hitler vergötternder NS-Journalist oder NS-genormte Beamtenschaft – Westdeutschland „entnazifizierte" sich, indem die Nazis auf ihren alten Posten blieben. Was während des Dritten Reiches nicht so recht klappen wollte, könnte jetzt gelingen: Albrechts Vordringen in ebendiese Kreise. Mit einer ostentativen Parteinahme für Gottlob Berger, so hoffte die GRU, würden sich die Voraussetzungen dafür schaffen lassen.

Der Ex-Obergruppenführer, so bezeugte Albrecht sodann in Nürnberg, habe „alle Probleme durch menschliches Verständnis und Gerechtigkeit (gelöst), seine Entscheidungen fällte er statt durch sture Brutalität (mit) kluger und weitblickender Überlegung", Berger habe sich stets von einer „christlichen Gesinnung" leiten lassen, „denn der SS-General war Zeit seines Lebens gläubiger Christ", Berger sei ihm niemals als „ein blindes Werkzeug Himmlers" aufgefallen, vielmehr „einer jener Männer in der SS gewesen, die das große und wahrhafte Ziel sahen, wie es den Besten vorschwebte" – „das war und ist Gottlob Berger". Und die SS?

Dort sei er, Albrecht, auf eine „außerordentliche Manneszucht" gestoßen, auf „größte Tapferkeit und Zuverlässigkeit, auf starkes Ehrgefühl, auf einen unerschütterlichen Kameradschaftsgeist". Der heutigen Gesellschaft fehle „eine solche beispielgebende, tragende Elite", der Schwarze Orden habe grundsätzlich nur „persönliche Integrität, sogar einwandfreies Familienleben ohne doppelte Moral" eingefordert.[53]

Trotz dieser derben Fürsprache – Albrechts Leumund war dahin. Die Widersprüche, die er in Nürnberg und während des Dritten Reiches produzierte, seine dubiose Rolle während seiner Moskauer Zeit, die Gestapo-Haft, Wlassows Festnahme – der Verdacht, Albrecht trüge auf mehreren Schultern, ließ sich nicht bei allen ausräumen. Kein Problem für die GRU. Sie fand eine neue Aufgabe. Nun erfühlte Albrecht eine „Revolution der Herzen", die der Amerikaner Frank Nathan Daniel Buchman ausgelöst hatte, ein Sonderling wie Albrecht. Buchman war der Erfinder einer „Heilsarmee der obersten Zehntausend".

Frank N. D. Buchman, dessen Großeltern aus St. Gallen stammten, 1878 als Sohn eines Lebensmittelhändlers im US-Staat Pennsylvenia geboren, studierte Theologie. Er wurde Geistlicher, reiste durch Asien, anschließend nach England, wo er 1921 ein neuerliches Studium begann – in Cambridge, der Hochburg sowjetischer Kundschafter. Mit legendären Akteuren. Beispielsweise Kim Philby, Guy Burgess, Donald Maclean.[54] Und auch Buchman gehörte dazu, der eine „Oxford-Gruppe" ins Leben rief, um Humanität und Christentum in die schreckliche Welt hinauszurufen.[55] Buchmans fixe Seelen-Idee expandierte zur „Moralischen Aufrüstung" – Vorbild späterer Scientologen. Die exzentrische Sekte wechselte freilich ständig ihre Botschaften.

Anlässlich der Olympiade hatte der Führer Buchman 1936 in der Reichskanzlei empfangen. Beide bestärkten sich in der Front gegen die kommunistischen Antichristen („Ich danke dem Himmel für einen Mann wie Adolf Hitler, der eine Verteidigungslinie gegen den Antichrist des Kommunismus gebaut hat"). Doch dann rief Buchman zum Kreuzzug gegen den braunen Diktator auf. Als dann der Kalte Krieg ausbrach, erklärte Buchmans „Moralische Aufrüstung" Stalin zur Unperson und den „American Way of Life" zum alleinigen Retter der Zivilisation. Doch nach Stalins Tod hieß der Welterlöser plötzlich wieder Sowjetunion, dazu kämpfte die „Moralische Aufrüstung" für die Anerkennung der DDR.[56] Reimte sich die „Moralische Aufrüstung" ihre Götzenbilder etwa nach Gutdünken zusammen? Oder war sie lediglich Opfer eines politischen Wirrkopfs?

Die „Moralische Aufrüstung" residierte in der Schweiz, oberhalb von Montreux, im malerischen Kurort Caux am Genfer See, im vormaligen „Palace Hotel". Dort zog es, wie Albrecht anmerkte, „vornehmlich Staatsmänner, Gewerkschafts-, Wirtschaftsführer, führende Politiker" hin, um an Kongressen teilzunehmen, um die „Caux-Bewegung" in die Welt zu tragen.

Albrecht: Von der „Moralischen Aufrüstung" gehe eine „Kraft aus, welche zu höchsten und edelsten Leistungen anspornt", wie „eine Änderung unserer Gesellschaftsordnung", denn in Caux könne „der Kommunist mit dem Kapitalisten zusammentreffen", jeder „in der vordersten Front … leidenschaftlich dafür (kämpfen, dass sich die) Verhältnisse sofort und grundlegend ändern". Dafür zu streiten, „das große Glück (zu) haben, an dieser Gnadenstätte zu weilen und an diesem herrlichen Werk mitarbeiten zu dürfen", dies habe ihm nur „der große General" von Caux ermöglicht – Frank N. D. Buchman, „Gottes Vertreter" auf Erden, dessen „gütige Augen", dessen „gütiges Lächeln", dessen „gütige Wärme", dessen „warmes Wort" die „Welt zu retten vermag", den er, Albrecht, „durch eine göttliche Fügung" habe kennenlernen können, weshalb er sich „in tiefer Dankbarkeit" vor ihm verneige, da Buchman „für mich Bote und Werkzeug des göttlichen Willens wurde".[57] Dann trat Albrecht auf, als ob er nicht bei Goebbels in die Lehre gegangen sei, sondern bei Albert Norden, dem Chefpropagandisten der SED.

Jetzt polemisierte Albrecht gegen Bonner „Hetzzentralen", geißelte die „Zersetzungsarbeit gegen die Regierung der Deutschen Demokratischen Republik und gegen die Sowjetunion". Er schimpfte über die „Niedertracht der Hetztätigkeit (gegen die DDR), die von westlicher Seite dahintersteht". Albrecht: „Uns steht ein Urteil über die Regierung in Pankow und ihre Rechtmäßigkeit nicht zu", aber: „Wenn unser deutsches Volk in seiner Mehrheit den Kommunismus will, bin ich der letzte, der dagegen protestiert."[58] Die Folge: Die GRU bestellte ein zweites Buch. Ein von der GRU finanzierter Drucker stand bereits Gewehr bei Fuß.

Herbert Neuner, dessen Vater Ludwig vor Hitlers Machtantritt im GRU-Auftrag aus Gründen der Tarnung „Die Deutsche Rassenfrage" veröffentlicht hatte („Die blutsverwandte, durch Einigkeit starke, körperlich und geistig kerngesunde Deutsche Volks-Familie"), eröffnete in München seinen gleichnamigen Verlag, in dem zumeist Regionales wie „Bayern Land und Volk. In Wort und Bild. Kirche und Kloster" oder „Bayerische Literatur-Geschichte. Die Baiern, Schwaben und Franken" erschien. Zwar passte Albrechts zweites GRU-Machwerk (Titel: „Sie aber werden die Welt zerstören …") nicht in Neuners Verlagsprogramm, es machte aber, 559 Seiten stark, 1954 trotzdem Furore.[59]

Albrecht stand, als er in Neu-Ulm mit der bösen Welt haderte, unter Anspannung. Er schuftete mehrfach: für Frank Buchmans „Moralische Aufrüstung", für die GRU, schließlich brütete er über seinem zweiten

Manuskript – solche Plackerei belastete Geist und Körper, zumal die kränkelnde Gattin Friedel die Erziehung der sechs Kinder nicht mehr allein bewältigen konnte. So kam es dazu, dass Albrecht „seinen" Lesestoff ins Gegenteil verkehrte.

Ganze Kapitel seines NS-Werks „Der verratene Sozialismus" fanden sich im 14 Jahre späteren „Sie aber werden die Welt zerstören ..." wortwörtlich wieder. Vor allem das Hohelied auf die Gestapo. Nicht ein Komma fehlte auch bei der Beschreibung der Vorsehungen des Führers. Und die längst überholte Darstellung des blutrünstigen Sowjet-Sytems? Auch die blieb in Teilen bestehen, mit Lenin als gefühlskaltem Unhold. Als die GRU das gedruckte Exemplar in Händen hielt, drohte den verantwortlichen Offizieren der Herzstillstand.

Das entzündliche Albrecht-Unikat trieb auch Iwan A. Serow Schweißperlen auf die Stirn. Serow, Chef des KGB, hielt die Panne allerdings auf Sparflamme. Die erstaunliche Zurückhaltung begründete er so: Buchman sei seit den Zwanzigerjahren Kundschafter, die „Moralische Aufrüstung" nachrichtendienstlich auf die Beine gestellt, mit Stalins Genehmigung finanziert worden. Eine Untersuchung sei – wegen eigendynamischer Folgeschäden – nicht erwünscht. Die Tragikomödie fand wider Erwarten ein friedliches Ende. Karl Albrecht aber wurde „abgeschaltet".[60]

Warum hatte Albrecht die NS-Passagen in seinem zweiten Buch nicht ausgemerzt? Er ließ seine unpolitische Ehefrau Friedel Korrektur lesen, die Fahnen der Endfassung hatte er sich überhaupt nicht mehr angeguckt, sie nicht einmal überflogen.

Albrecht starb am 22. August 1969, verarmt und vergessen in Tübingen.[61] Und Frank N. D. Buchman, dem Konrad Adenauer zu seinem 80. Geburtstag Glückwünsche telegrafierte, dem die „F.A.Z." ein „fast unbegrenztes Vertrauen" bescheinigte? Er wurde eine Woche vor dem Mauerbau in Freudenstadt zu Grabe getragen. Seine „Moralische Aufrüstung" hatte sich bereits lange vorher verabschiedet.[62] Doch ein einziges Mal sollte ihr Geist noch erwachen, als die Memoiren des pensionierten BND-Chefs Reinhard Gehlen für Schlagzeilen sorgten, als Gehlen den vorgeblich gefährlichsten Spion der Sowjetunion enttarnte, ausgerechnet des Führers liebsten Paladin – Martin Bormann.

Gehlen: „Wiederholt stellten wir ... fest, daß der Feind in kürzester Zeit über Vorgänge und Erwägungen, die auf deutscher Seite an der

Spitze angestellt wurden, bis ins einzelne unterrichtet war." Aber: Wie gelangten die „Geheime(n) Reichssache(n)" nach Moskau? Der Gründer des BND, ohne mit der Wimper zu zucken: „Wir ermittelten die Tatsache, daß Bormann über die einzige unkontrollierte Funkstation verfügte."[63] Der BND-Präsident hatte 1971 in Wahrheit ein Plagiat erschaffen, sich eines Fantasieprodukts aus dem Jahre 1954 erinnert.

Als der Bundesnachrichtendienst noch Gehlens Namen trug, wurde Karl Albrecht hin und wieder nach Pullach gebeten. Dort breitete er seine Kenntnisse über die Sowjetunion aus. Anlässlich einer Begegnung mit Gehlen erwähnte Albrecht des Führers Martin Bormann als in den Diensten Stalins stehend. Später überreichte er Gehlen seinen (zweiten) Wälzer, mit einer Widmung. Stolz verwies Albrecht auf die Seite 216.

Dort stand wahrhaftig, dass Stalin „in manchen Männern an der Spitze des Dritten Reiches geheime Helfer gehabt (habe), wie … Martin Bormann".* Diesen Satz hatte die GRU in Albrechts „Sie aber werden die Welt zerstören …" hineinredigiert, Gehlen ihn – 17 Jahre später – in seinen Erinnerungen „autorisiert".[64] Karl Iwan Albrecht hat deutsche Geschichte geschrieben. Über seinen Tod hinaus.

---

* Ein Jahr nach Albrecht veröffentlichte der Rittmeister a. D. Dietrich von Kuenheim in seinem Pamphlet „Sowjet-Agenten überall" denselben Schmarren: „In der Person Martin Bormanns fanden die sowjetischen Agenten jenen Mann, den sie als Provokateur in die engste Umgebung Adolf Hitlers zu dirigieren vermochten. Ganz hat Martin Bormann seine kommunistische Grundeinstellung nie verbergen können." Erschienen ist das Machwerk 1955 im Widar Verlag Guido Roeder (Oberreute/Allgäu). Roeder, Mitglied des „Alldeutschen Verbandes" sowie des „Verbandes gegen Überhebung des Judentums", verantwortete zugleich die Herausgabe von „Die Geheimnisse der Weisen von Zion". Er hing dem Okkultismus an und wurde dieserhalb in das KZ Dachau gesperrt. Nach seiner Befreiung behauptete Roeder: „Ich war bei Himmler als Astrologe geschätzt, da ich – ohne den Auftraggeber zu kennen – über 30 Horoskope für ihn berechnete und dazu Charakteranalysen lieferte."

Hitler-Stalin-Pakt: „Gespräche um eine Taste"

Maulwürfe
werden an die Wand gestellt

Der Nachrichtendienst der Roten Armee, die GRU (Glawnoje Raswedy-watelnoje Uprawlenije), galt westlichen Diensten als willfähriges Anhängsel des KGB. Die Zeiten, da sich die GRU durch den Verräter Oleg Penkowskij lahmlegte, sind Geschichte. Erst mit dem Zerfall des Warschauer Paktes, erst als sich die CIA vorübergehend Einblick in sowjetische Archive verschaffen konnte, korrigierte sich – nach den Amerikanern – auch der Bundesnachrichtendienst (BND). Die wahre Bedeutung der GRU trat zutage. Dabei hätten sich westliche Geheime frühzeitig informieren können.

Die GRU, so erklärte Mitte der Sechzigerjahre der Gründer des israelischen Mossad, Isser Harel, sei der Welt effizientester „Apparat, um ein Vielfaches besser als wir".[1] Die GRU hatte sich tatsächlich zu einer schlagkräftigen Organisation entwickelt. Sie wurde von einer Legende auf den Weg gebracht, als Peter Kjusis damit begann, den Klassenfeind unter seinem Decknamen Jan Karlowitsch Bersin in Angst und Schrecken zu versetzen. Dabei war die GRU lediglich aus taktischen Gründen auferstanden.

Der geradezu manisch misstrauische Wladimir Iljitsch Lenin wähnte in jedem Genossen einen potenziellen Attentäter, überall witterte er gekaufte Meuchler. Der selbstsüchtige, von einer pathologischen Herrschsucht befallene Usurpator „legalisierte" daher die Tyrannei. Nicht einmal seinen Bodyguards traute er über den Weg. So erfand er die „Kontrolle der Kontrolle" – das System „zweigeteilter" Machtinstrumente, die „Duplikation":

Das Zentralkomitee hatte sich dem Politbüro zu unterwerfen, umgekehrt sich das Politbüro mit dem ZK zu verständigen. Der Ministerrat konnte Entscheidungen ohne Zustimmung der Partei nicht herbeiführen. Während die „Prawda" die KPdSU vertrat, publizierte die „Iswestija" Amtliches der Regierung. Selbst die offiziöse Nachrichtenagentur TASS erhielt ein Gegengewicht: die APN, die „authentische Informationen über die Sowjetunion im Ausland" zu verbreiten hatte. Partei, Armee und Geheimpolizei – bis zum Untergang der Sowjetunion bildeten sie ein Triumvirat. Niemals gelang es nach Stalin einem Einzelnen, sich ohne Zustimmung anderer in den Kreml zu putschen.[2] Als Lenin die Geheimpolizei Tscheka gründete, wählte er den Leiter nach seiner kriminellen Energie aus. Damit sich auch die Tscheka nicht gegen ihren Schöpfer erheben konnte, schuf Lenin eine weitere „Kopie": die GRU, die Stalins Säuberungswelle erst begründen sollte.

Im ersten Jahr der Oktoberrevolution galten Rotarmisten als primitive Eisenfresser, als ein undisziplinierter Haufen von Abenteurern, die das Land unter blutfarbenen Bannern und klassenkämpferischen Parolen als „Rote Garden" tyrannisierten. Leo Trotzki, der Vorsitzende des Obersten Kriegsrats, erkannte, dass seine verrohten Landsknechte den Bestand der bolschewistischen Diktatur in Frage stellten, denn ihre Brutalität bescherte den „konterrevolutionären" Weißgardisten Zulauf. Trotzki musste handeln.

Zügellose Regimenter steckte er in eine „Revolutionäre Volksarmee", die ihre Kommandanten (anfangs) aus ihrer Mitte wählen konnten. Das schuf Vertrauen. Im Juni 1918 wurde die Rote Arbeiter- und Bauernarmee ausgerufen, in der fortan Politkommissare 350.000 Mann im Zaum hielten. Ein Jahr später zählte Trotzkis „militärisches Instrument neuen Typs" bereits 5,3 Millionen „Avantgardisten des Weltproletariats".[3] In dieser Phase expandierte auch die spätere GRU. Ihre „Aufklärer" führten die Weißgardisten von Niederlage zu Niederlage. Dann schlugen die „Aufklärer" im Rücken des Feindes zu, als sogenannte „Kavallerie für Sondereinsätze" führten sie zarentreue Stabsoffiziere zur Schlachtbank. Am 13. Juni 1918 erhielt diese brutale Truppe ihren ersten offiziellen Namen: „Abteilung für Erfassung".[4]

Die „Erfassungs"-Partisanen unterschieden sich nicht von der Tscheka. Zu ihren Arbeitsgeräten gehörten Pistolen, Bajonette, ihr Programm war das des Totschlags. In „Störregimentern" zusammengefasst, „Speznas"* genannt, säuberten sie Dorf um Dorf, Stadt um Stadt. Während

---

* Aufgabe der GRU-Spezialeinheit „Speznas" ist heute die Terrorismus-Bekämpfung. Ihre Angehörigen wurden unter Boris Jelzin nur aus den Reihen der GRU rekrutiert. Unter Putin ging die GRU dazu über, Männer aus den südlichen Sowjetrepubliken zu rekrutieren, da sie die Sprachen der kaukasischen Völker beherrschen.

des Krieges mit Polen trugen sie die Uniform des Gegners[5], Aktionen, die wiederum den Tscheka-Chef Felix Dzierzynski irritierten. Lenins Rechnung, über die Konkurrenz Zwietracht zu säen, war aufgegangen. Dzierzynski musste sich das Militär-„Organ" daher einverleiben. Doch der Nebenbuhler war der Tscheka bereits entrückt. Was konnte Dzierzynski tun? Das, worauf er sich verstand: Im Juli 1918 ließ er die gesamte Nachrichtenabteilung an der Westgrenze Russlands exekutieren, einschließlich des dortigen Befehlshabers M. A. Murawew. Lenin gegenüber begründete er das Massaker so: Bei Murawew habe es sich um den „Kopf einer konterrevolutionären Verschwörung" gehandelt. Lenin glaubte ihm und unterstellte Dzierzynski den militärischen Dienst.[6] Mit unheilvollen Folgen.

Zwei Jahre später marschierte Polen gegen die Rote Armee. Die vormaligen „Erfassungs"-Spione mussten ihre Erkenntnisse nun an die Tscheka adressieren. Den Auswertern fehlte freilich das militärische Rüstzeug, von der Kriegskunst verstanden sie – wenn überhaupt – wenig. Eine bevorstehende polnische Offensive interpretierte die Tscheka beispielsweise als Rückzug. Die Rote Armee war ihres „Gehirns" beraubt.

Der erblindete Generalstab stolperte, innerhalb nur eines halben Jahres, in den Abgrund. Die Polen drangen bis in die Ukraine vor. Trotzki tobte. „Gib mir meinen Aufklärungsdienst zurück", schrie er Lenin an.[7] Und tatsächlich: Lenin stellte, im Oktober 1920, den alten Zustand wieder her, während Trotzki dem Dienst seinen noch heute gültigen Namen diktierte.[8] Doch an der Spitze stand der falsche Mann: Semjon I. Aralow, ein Getreuer Dzierzynskis, der jede Entscheidung mit dem Tscheka-Chef abstimmte.[9] Solange dieser Offizier die GRU befehligte, wusste Trotzki, so lange würde Dzierzynski der heimliche GRU-Regisseur bleiben. Um den Tschekisten loszuwerden, griff Trotzki zu einer ideologischen List.

Gestenreich erklärte er Dzierzynski, dass Aralow ein bewährter Revolutionär sei, aber – dummerweise – von militärischen Dingen nicht viel verstünde. Auch er, Trotzki, wisse, dass in der GRU nach wie vor „konterrevolutionäre Elemente" ihr Unwesen trieben, die Tscheka also in der Führungsetage vertreten sein müsse, um die „Feinde des Volkes" dingfest zu machen: Aralow müsse ein militärischer Fachmann an die Seite gestellt werden. Trotzki hatte bereits einen im Auge: Jan Karlowitsch Bersin, einen der fünf Stellvertreter Dzierzynskis. Mit diesem

Vorschlag konnte der Tscheka-Vorsitzende leben. Im November 1920 übernahm Bersin, einstweilen kommissarisch, die GRU.[10]

Bersin, dem Dzierzynski zum Abschied als „Zeichen unserer Dankbarkeit und Achtung" ein Zigarettenetui schenkte[11], stellte die GRU auf den Kopf: Er ließ Tscheka-Getreue abberufen und durch ihm genehme Offiziere ersetzen. Dann verordnete er der GRU die bewährte Struktur des zaristischen Vorgängers Raswedka und überstellte die von den einzelnen Divisionsstäben geführten Kundschafter der Zentrale. Im März 1924 wurde Bersin dann offiziell Chef der GRU.[12] Wer war dieser gescheite Mann?

Der GRU-Reformer kam um 1890 als vierter Sohn eines lettischen Bauernknechts zur Welt. Es reichte zum trockenen Brot, zu Erbsen oder Bohnen, als Festmahl blieben ihm gekochte Schweinefüße in Erinnerung. Um satt zu werden, verdingte er sich sommers als Hirte. Er verfluchte den Zarenklüngel, besonders die Schule lernte er „als Gefängnis für Minderjährige" kennen, auf der sadistische Zaren-Hofmeister durch „Drill, Prügelei, Heuchelei und Lüge" gängelten.[13] Mit 15 Jahren wurde Bersin Zeuge der Bauernaufstände, Höfe gingen in Flammen auf. Bersin beschloss, Revolutionär zu werden.

„Im Mai 1906", so blickte er zurück, „wurde ich während eines Gefechts (im Baltikum) verwundet und verhaftet. Die zaristischen Soldaten wollten mich sofort erschießen, doch Kosaken entrissen mich ihnen. Sie stellten mich vor ein Feldgericht." Die Militärjustiz in Reval wollte einen Minderjährigen nicht hinrichten. Bersin wurde ins Gefängnis geworfen, aber nach seiner Entlassung erneut wegen „meiner Parteiarbeit" angeklagt und in die lebenslange Verbannung nach Jakutien abgeschoben. Ihm gelang die Flucht samt beschwerlicher Rückkehr.[14]

Bersin, so verbreiteten sowjetische Geschichtsschreiber, habe zu den angeblichen Erstürmern des Winterpalais gehört.[15] In der kurzlebigen Sowjetrepublik Lettland stieg er zum stellvertretenden Innenminister auf. Dort ließ er Tausende von „Anarchisten" hinrichten, bis Weißgardisten die Willkür der „Volksmacht im Balitkum" durch ein fürchterliches Gemetzel beendeten. Auf Bersin wurde ein Kopfgeld ausgesetzt. Doch er konnte aus Riga entkommen. Aber auch seine nächste Station, oberster Politkommissar der 2. Division und 15. Armee, war mit Blut getränkt: Um Munition zu sparen, ließ er Zaristen kurzerhand die Kehle durchschneiden oder mit Knüppeln erschlagen, einer der

Gründe, weshalb Dzierzynski ihn liebte und als einen seiner Stellvertreter zu sich holte.

Bersin war ein Verbrecher, ein Symbol der frühen Sowjetunion. Er „fiel uns (als) großer, breitschultriger Kommissar auf", überlieferten dagegen Weggefährten, „der ... noch sehr jung war". Seine „Bescheidenheit", seine „Güte" seien verehrungswürdig gewesen. Dieser „humane Mensch (habe) uns alle überragt".[16] Doch Jan K. Bersins Weltbild korrespondierte mit dem Dzierzynskis. Schließlich produzierte auch Bersin Leichenberge.

Erst als Bersin die GRU dominierte, veränderte er sich. Jetzt saß er am Schreibtisch und schluckte den Staub der Akten. Seinen neuen Job erledigte er mit Herzblut, sodass er, wie der Historiker Heinz Höhne kommentierte, „als eigentlicher Schöpfer des sowjetischen Geheimdienstes" gilt.[17] Konspirative Erfahrungen hatte Bersin bereits gesammelt.

Am 30. August 1918 zerfetzte eine Bombe den Petrograder Tscheka-Boss M. S. Urizki. Das Attentat aber galt Lenin, der mit einigen Blessuren davonkam. Als Drahtzieher wurde R. H. Bruce Lockhart ermittelt, der Leiter des britischen Intelligence Service in Russland.[18] Lockhart finanzierte eine „Union zur Erneuerung Rußlands" – der Union Jack hatte sich die physische Vernichtung des Revolutionsführers vorgenommen.[19]

Der kommunistische Umsturz kollidierte mit den Interessen britisch-französischer Industrieller. Sie waren ihrer millionenschweren Investitionen beraubt. Wollten sie ihr Kapital retten, musste Lenin „entsorgt" werden. Je länger sich Lenins „Ende" aber hinzog, desto mehr würde sich sein Regime konsolidieren. Lockhart, der sich als „Retter der Zivilisation" verstand, konnte den hermetisch abgeschirmten Weltverbesserer nur in seinem Lebensmittelpunkt treffen. Er musste sich also Zugang in das Zentrum der Macht verschaffen, irgendwen finden, der in der Leibgarde Dienst schob. Lockhart suchte sich – ausgerechnet – den Kommandanten dieser Elitetruppe aus: Jan K. Bersin.[20]

Lenins Personenschutz, die Lettische Sonderdivision, bestand aus mehr als 2.000 Mann, die den Kreml großräumig abschirmten. Im Innern kontrollierten sie jeden Besucher mehrfach, auch dann, wenn er zum intimen Kreis Lenins gehörte. Dort, so glaubte Lockhart, sei er nun präsent.[21] Im „Französischen Hotel" in Moskau (heute: „Monarch Centre Hotel") zog er die Fäden[22], als ihm Bersin als angeblich potenzieller Lenin-Hasser vorgestellt wurde. Glaubwürdig spielte Bersin seine Rolle als „Feind der Sowjetmacht": Er, Bersin, könne Lenin allerdings nicht allein beseitigen, er müsse weitere Helfer anwerben. Ohne Judaslohn werde sich freilich niemand finden lassen. Lockhart händigte Bersin 1.200.000 Rubel aus.[23] Die Scheine steckten in einem Sack. Den schleppte Bersin in seine Operationszentrale in das Hotel „Metropol", das heute fünf Sterne trägt. Die „Konterrevolution" konnte beginnen.

Bersin, so war mit Lockhart verabredet, wollte erst das Regierungsgebäude umstellen, anschließend Lenin und dessen „ganze Sippschaft" niederstrecken. Selbstverständlich hatte Lockhart die Feierlichkeiten nach Lenins Ableben bereits geplant. Für den Trauergottesdienst hielt sich der damalige Metropolit der Russisch-Orthodoxen Kirche, Kirill T. Tichonow, bereit. Nun gab Bersin den Befehl, den „Schweinehaufen" zu liquidieren.

Am 1. September 1918 hob eine Hundertschaft Tschekisten gegen 17 Uhr die britische Gesandtschaft aus. Der Geschäftsträger Francis N. A. Cromie griff nach einem Revolver und feuerte auf die Eindringlinge. Einer starb, zwei erlitten schwere Verletzungen, Cromie überlebte nicht: Gewehrsalven durchlöcherten seinen Körper. Lockhart wurde von Bersin bewusstlos geschlagen, vor Gericht gestellt, nach dem Schauprozess ausgewiesen. Mehr als 250 russische Hintermänner Lockharts verloren ihr Leben.[24] Bersin hatte seinen ersten Coup gelandet. Weitere folgten.

Bersin residierte in einem unscheinbaren Gebäude, in einer stillen Gasse, dem damaligen Snamenskaja Prospekt 19, wegen des braunen Anstrichs von GRU-Mitarbeitern zum „Schokoladenhäuschen" verklärt. Er war breitschultrig, hatte kurz geschorene graue Haare, ein schweres, ausladendes Kinn, tief sitzende Augen.

Bersins Sekretärin Natascha, seine engste Vertraute, befreite den Schallplattenschrank vom Staub, damit sich der GRU-Prinzipal Ruhepausen gönnen und den Klängen der Toccata und Fuge d-Moll von Bach lauschen konnte. In solchen Momenten lehnte sich Bersin in den Sessel zurück. Seine Hände bedeckten die Augen. Ihn quälte eine nicht verheilte Tuberkulose, Migräneanfälle marterten ihn.[25]

Bersins Helferin betrat stets als Erste das Büro. Als Einzige verfügte sie über den Schlüssel zum Panzerschrank. Die Putzfrau durfte das Büro nur in ihrer Gegenwart reinigen. Und wenn Bersin morgens, zumeist gegen acht Uhr, seinen Dienst begann, türmten sich bereits die entsiegelten Dossiers auf seinem Schreibtisch. Von Natascha ließ er sich die Termine während des Tees reichen.[26]

Mitarbeiter nannten Bersin nur den „Alten", persönliche Briefe wurden von ihm später auch so unterzeichnet. Und als Richard Sorge Bersins elfjährigen Sohn Andrej kennenlernte, der seinem Vater wie aus dem Gesicht geschnitten schien, nannte der Knirps seinen Berufswunsch: „Kundschafter!" Bersin wiegelte ab: „Wenn zu dem Zeitpunkt, da Andrej erwachsen ist, noch Kundschafter nötig sind …"[27]

Hoffnungsvolle GRU-Spione suchte Bersin höchstpersönlich aus. Für ihren „Direktor" gingen sie durchs Feuer, was der GRU letztendlich glanzvolle Siege bescheren sollte. Kein Dienst kann solch eine Erfolgsbilanz vorweisen. Solange Bersin die GRU führte, so lange standen seine Gegner im Abseits. Die Ursachen sind leicht erklärt.

Nach der Revolution lebten in Russland mehr als vier Millionen Ausländer, darunter Heerscharen ehemaliger Kriegsgefangener. Durch diese Menge wühlten sich Werber der GRU. Nach ihrer Unterschrift unter die Verpflichtungserklärung wurden sie in ihre Heimatländer entlassen. Umgekehrt strömten Freizeit-Revolutionäre aus Westeuropa in überfüllten Eisenbahnwaggons oder über die Ostsee in das kommunistische Mekka nach Moskau, wo sie gelegentlich bereits auf dem Bahnsteig oder am Kai von ungeduldigen GRU-Angehörigen erwartet wurden.

Kaum hatte sich im März 1919 die Kommunistische Internationale (Komintern) konstituiert, kam es zwischen der GRU und der Tscheka zu heftigen Fehden, da der eine Dienst dem anderen den zukünftigen Agenten missgönnte. Gestellungsbefehle für geheimdienstliche Debütanten wurden im Fließbandverfahren unterzeichnet. Dazu bevölkerten unzählige russische Emigranten das Ausland. GRU-Spione, auch ohne rudimentäre Sprachkenntnisse, setzten sich unter der Tarnung zaristischer Weißgardisten ins Ausland ab. Sie bewegten sich von Frankreich nach Deutschland, von Italien nach Großbritannien, über Mexiko reisten sie in die USA.

In westlichen Hauptstädten entstanden kommunistische Parteien, ihre Gründer – oft Offiziere der GRU.[28] Dieser Aufwand aber sprengte den GRU-Etat, ein Zustand, der nicht von Dauer blieb. Bersin füllte die Kassen mit einem genialen Einfall. Er erfand das Gerüst Außenhandelsbetrieb und installierte ein „Netz kommerzieller Unternehmen", das im Westen die benötigten Devisen beschaffte. Ohne Bersins Ideenreichtum hätte es, ein halbes Jahrhundert später, einen Alexander Schalck-Golodkowski niemals gegeben.

Mit 25.000 Dollar im Reisegepäck übersiedelte beispielsweise Jakow I. Mratschkowski 1923 nach Berlin, um beim Registergericht in Charlottenburg die „Import + Export G.m.b.H." eintragen zu lassen. Kein Emigrant mochte dem „zarentreuen" Mratschkowski seine Unterstützung versagen. Unter verschiedenen Decknamen investierte er die Gewinne in neue Unternehmen, die er nebenbei gegründet hatte. In Stockholm, Zürich, Paris, Madrid und Lissabon entstanden „Filialen", die offiziell allerdings keine Überschüsse erzielten. Das eine Kontor stellte dem anderen gewinnmindernde Rechnungen aus, sodass der jeweilige Fiskus des Klassenfeinds dazu um Millionen betrogen wurde. Seit 1927 führte die GRU ihre Konten im Haben. Solch eine „Strecke" ließ sich freilich noch anders nutzen.

GRU-Agenten ließen sich von Mratschkowskis Firmen anstellen. Ungeschoren von der Spionageabwehr wuchs eine perfekte nachrichtendienstliche Logistik heran, denn wenn ein GRU-Mann bei einer GRU-Firma seine „Kündigung" einreichte, stellte ihm sein „Arbeitgeber", die GRU-G.m.b.H., ein empfehlenswertes Zeugnis aus. Mit diesem Papier bewarb er sich dann bei der Konkurrenz und betrieb genau das, was ihm aufgetragen worden war: Industrie-Spionage.[29] Ohne die von der GRU beschafften Devisen hätte Stalin seinen ersten Fünfjahresplan wohl nicht verwirklichen können.

Stalin verlangte von seiner agrar-orientierten Sowjetunion Militärtechnologie. Panzer, Geschütze, U-Boote, Flugzeuge – die Liste war lang. Um das Begehren des Diktators erfüllen zu können, wurden Getreideernten in den Westen verkauft, Gemäldegalerien verscherbelt, sogar die unersetzliche Briefmarkensammlung Nikolaus II. verhökert, schließlich die Goldreserven geopfert. Doch ohne Blaupausen produzierte keine aus dem Boden gestampfte Fabrik. Das Know-how organisierte die GRU.

Sie beschaffte Einzelteile für Luftfahrzeuge, sie entwendete Panzer, sie trug Torpedos weg, Motoren, Funkgeräte, sie ging über zur Piraterie und kaperte ganze Schiffsladungen. So entstand der Militärisch-Industrielle Komplex (MIG). Dabei schufen die „Nachbauer" ungewollt neue Waffen-Generationen: Der sowjetische Torpedo entstammte den Patenten Englands und Frankreichs. Der legendäre T-34-Panzer wurde aus britischen, französischen wie deutschen Kettenfahrzeugen zusammengesetzt.[30] Sowjetische Waffensysteme rollten dank westlicher Ingenieurkunst vom Band und schließlich an die Front.

In der Sowjetunion tendierte der politische Einfluss der GRU gleichwohl gegen null. Außerhalb der Grenzen aber infiltrierte sie die westlichen Metropolen. Weder die allgegenwärtige Tscheka noch ihre Nachfolger (GPU oder NKWD) hatten die Opposition ausgeschaltet. Die Kapitulationsurkunden der im Ausland agierenden Widerstandszentralen unterschrieb allein die GRU. Ob der „Oberste Monarchistische Rat", die „Bruderschaft der russischen Wahrheit", der „Volksbund zur Verteidigung der Heimat und der Freiheit", der „Faschistische Bund Rußlands", der „Rußländische Finanz-, Handels- und Industrieverband" (Torgprom) oder der in Paris residierende „Allgemeine Militärbund Rußlands" (ROWS) – sie alle träumten von der Wiederauferstehung der Romanow-Dynastie. Es war Bersin, der diese Gruppen ausschaltete, mithilfe Sergej Tretjakows, ehedem Präsident der Moskauer Börse, vor der Oktoberrevolution einer der einflussreichsten Industriellen Russlands, ein früher „Oligarch".

Tretjakow floh nach Omsk, wo er im November 1919 als Minister ohne Portefeuille der sibirischen Provisorischen Regierung unter dem Zaristen Admiral Alexander W. Koltschak beitrat. Zwei Monate später hatte Trotzki die Sowjetmacht auch im eisigen Osten etabliert. Tretjakow entkam über Alaska nach Frankreich. In Paris finanzierte er den „Volksbund zur Verteidigung der Heimat und der Freiheit", er kreditierte Torgprom und engagierte sich beim ROWS, der von dem Zaren-General Pjotr N. Wrangel ins Leben gerufen wurde und in Frankreich 60.000 Mitglieder zählte. Doch Sergej Tretjakow war – ein Mann der GRU.

Die ROWS-Zentrale residierte in der Rue du Colisée 29, in einer vornehmen Villa im Erdgeschoss, unweit der Champs-Élysées. Die zwei oberen Etagen bewohnte, mit Ehefrau und Töchtern, der Eigentümer Sergej Tretjakow. Die ROWS-Führer tagten immer im selben Raum. Dort planten und entschieden sie ihre Anschläge. Im Januar 1934 experimentierte die GRU mit einem soeben erworbenen Produkt, einem amerikanischen Patent, der „Petjka", der Wanze. Die GRU begründete eine neue Ära: die des Lauschangriffs. Das Mikrofon wurde in der Gardinenstange installiert.

Das Abhör-Unternehmen währte drei Jahre (!). Es erhielt, aus nicht mehr nachvollziehbaren Gründen, verschiedene Deckbezeichnungen („Gespräch um eine Taste", „Fall Maulwurf", „Information unserer Tage"). Und wer führte den Vorsitz eines der ersten Lauschangriffe in der Geschichte der Spionage? Sergej Tretjakow, dessen Selbstaufopferung die GRU beeindruckt haben muss: „Für Sergej Tretjakow brach schwerste Arbeit an. Fast täglich verbrachte er mehrere Stunden mit aufgestülpten Kopfhörern und schrieb nieder, was er verstehen konnte." Die Ausbeute dieser Schinderei war beeindruckend: ROWS-Agenten konnten, sogleich bei ihrem Grenzübertritt, unschädlich gemacht werden. ROWS-Strukturen wurden zerschlagen, nebenher mit der ROWS kooperierende Emigranten-Organisationen außer Gefecht gesetzt. Doch solange sich der ROWS-Befehlshaber noch am Leben befand, so lange blieben Terroranschläge in der Sowjetunion an der Tagesordnung. Bersin meisterte auch dieses Problem: Der ROWS-Vorsitzende, der General Eugéne Miller, sollte beseitigt werden. Millers Sekretär Nikolai Skoblin, Ex-Generalleutnant und GRU-Kundschafter, brachte den 70-jährigen Miller zur Strecke.

Am 22. September 1937 meldete sich Eugéne Miller gegen 10.30 Uhr vom ROWS-Stab ab. Als er verschwunden blieb, öffnete einer seiner Adjutanten ein für Notfälle von Miller stets hinterlassenes Kuvert. Der Notiz ließ sich entnehmen: Nikolai Skoblin habe Miller zu einem Gespräch mit einem deutschen Diplomaten geführt. Mit diesem Zettel eilte Millers Mitarbeiter zum inzwischen zurückgekehrten Skoblin, nicht ahnend, dass dieser Stunden zuvor einen Menschenraub organisiert hatte. Skoblin fühlte sich aber enttarnt und ergriff die Flucht. Anschließend setzte sich auch Sergej Tretjakow überstürzt in das vom Bürgerkrieg gebeutelte Spanien ab.[31]

Seit 1936 leitete Bersin von der Iberischen Halbinsel aus die Spionage-Einsätze der GRU[32], inklusive Millers Verschleppung. Während der sowjetische Frachter „Marija Uljanow" mit Miller an Bord von Le Havre nach Murmansk dampfte, saß Skoblin in Bersins Kommandostand in der „Carlos Marx"-Kaserne bei Barcelona. Skoblin, der Kronzeuge des Miller-Menschenraubs, wurde zum Sicherheitsrisiko erklärt und erschossen. In Moskau löste ein Genickschuss dann auch das Problem Miller.

Im Gefängnis von Rennes erlag, im Januar 1940, Skoblins Ehefrau einem Krebsleiden. Sie war als „Mitwisserin" vor Gericht gestellt und zu

20 Jahren verurteilt worden. Kurz vor ihrem Ableben erhielt sie, ebenfalls GRU-Agentin, Besuch von einem orthodoxen Geistlichen. Sie legte die Beichte ab, zur Freude der mithörenden französischen Spionageabwehr. Dabei erwähnte sie Sergej Tretjakow als Konfidenten ihres Mannes. Auf diese Protokolle stieß, nach der Besetzung von Paris, die deutsche Abwehr. Der GRU-Spion Tretjakow konnte gefasst werden. Er endete in einer Gewehrsalve. Weihnachten 1941.[33]

Die von Bersin dezimierten Exilanten waren nach Millers Verschwinden ohne Kraft. In der Sowjetunion wurden die ROWS-Reste wie Hasen abgeschossen. ROWS-Angehörige bedienten nun in Pariser Bistros oder sie sattelten um auf Taxifahrer. Die Schlacht war entschieden. Arbeitslos wurde die GRU damit nicht.

Deutschland war mit Russland verbündet, die Reichswehr Partner der Roten Armee. Während sowjetische Offiziere deutsche Kriegsschulen besuchten, unterwies das Reichswehrministerium sowjetische Kameraden, vorab Michail N. Tuchatschewski, den stellvertretenden Verteidigungsminister. Diese Kooperation schweißte deutsch-sowjetische Nachrichtendienste zwangsläufig zusammen. Der Verbindungsstab „Z. Mo." („Zentrale Moskau") residierte in Berlin.[34] Von dieser Sozietät profitierte vor allem die GRU. Die Deutschen überbrückten sogar ihr Kuriersystem.

Die Kommunikation der GRU mit ihren ausländischen Residenten war nur mit einem unbeschreiblichen Aufwand möglich. Bevor irgendein geheimes Dokument die Zentrale erreichte, verstrichen Wochen, gar Monate. In den USA beschaffte Papiere ließen sich lediglich durch Matrosen von New York über das mexikanische Vera Cruz und Europa nach Moskau transportieren. Als sich die GRU 1921/22 auf die Seite Kemal Atatürks stellte, die Türkei gegen Briten und Griechen unterstützte, erreichten GRU-Berater nur mit U-Booten ihre Einsatzorte, beispielsweise den Hafen Sinop, da ihnen der Landweg zu gefährlich schien. Denn GRU-Boten wurde das Leben grundsätzlich schwer gemacht.

Zwei GRU-Kuriere, im Oktober 1926 von Moskau über Riga nach Berlin per Eisenbahn unterwegs, wurden von einem Weißrussen niedergeschossen. Zuvor gelang es dem britischen Geheimdienst, einem in einem Zugabteil sitzenden GRU-Mann über ein augenzwinkerndes Fräulein Tee mit einem Schlafmittel zu servieren. Der Genosse nickte ein. Die Engländer klauten ihm seine Tasche.[35] Auf solch strapaziöse Routen konnte die GRU jetzt verzichten, denn die Reichswehr gründete die „Deutsch-Russische Luftfahrtgesellschaft G.m.b.H." (DeRuLuft). Ohne nennenswerte Risiken beförderte die Airline in Europa, mit von den Deutschen überlassenen Fokker-Maschinen, nun die GRU-Post. An der DeRuLuft war der russische Staat seit 1927 mit 50 Prozent beteiligt.[36] Die Intensität der Zusammenarbeit – atemberaubend. Deutsch-sowjetische Offiziere schworen sich ewige Brüderschaft. Sie schrieben sich lange Briefe. Sie wurden Taufpate oder Trauzeuge. Sie trauerten nach dem Tod der Gattin mit ihrem Partner, sie freuten sich über die Geburt eines Enkels. Derartige Gemütslagen erreichten auch Stalin. Jetzt wird möglicherweise verständlich, warum der deutsch-sowjetische Nichtangriffspakt am 23. August 1939 überhaupt hatte zustande kommen können. Mehr noch: Die GRU und die Geheime Staatspolizei wurden zu einem unheimlichen Handel gezwungen. Leopold Trepper, der Chef der Roten Kapelle, hat diesen haarsträubenden Zeitabschnitt beschrieben.

Für Trepper, der von Bersin den Auftrag erhielt, eine „europäische" Spionage-Organisation aufzubauen, die später als „Rote Kapelle" ihren Zweck erfüllen sollte, brach eine Welt zusammen. Erschwerend kam hinzu, dass Treppers Protegé Bersin der GRU nicht mehr vorstand, sondern dass ihm der Tschekist Iwan S. Proskurow nachgefolgt war. Geheimdienstliche Angriffe gegen das Dritte Reich? Verboten. Trepper war „verwirrt", er habe nun „Weisungen (erhalten), die mit der Bildung der Roten Kapelle nichts zu schaffen hatten und sogar deren Existenz und Ziele gefährdeten". Die Kundschafter, so hielt Trepper in seinen Memoiren fest, „fügten sich schweren Herzens. Andere traten verzweifelt aus der Partei aus." In dieser „nachrichtenlosen" Phase kümmerte sich Trepper um einen ebenso frustrierten GRU-Genossen: um Richard Sorge. Trepper schickte ihm Geldpäckchen.[37]

Als sich Stalin mit Hitler im September 1939 Polen aufgeteilt hatte, rollten Tag und Nacht sowjetische Güterzüge mit Erz und Öl an die Demarkationslinie, in den Osten schob die Wehrmacht ausrangiertes Militärgerät. Die Russen indes verlangten Hightech – die Me 109 zum Nachbau. Tatsächlich rückte die Luftwaffe zwei Prototypen heraus, allerdings nicht ohne Gegenleistung: Stalin sollte dem Reichssicherheitshauptamt (RSHA) im Gegenzug in die Sowjetunion entkommene deutsche Kommunisten ausliefern. Der Deal, den Reinhard Heydrich ausgeheckt hatte, wurde im Februar 1940 in Moskau von einem Vertrauten des SD-Chefs besiegelt, von Karl Giering.* Der SS-Hauptsturmführer schien der richtige Mann, schließlich hob er später die Rote Kapelle mit aus. Die Modalitäten handelte Giering an höchster Stelle aus. Sein Mitspieler: der Vorsitzende des NKWD, Lawrentij P. Berija, der bereits 200 entbehrliche Genossen nach Berlin hatte überstellen lassen. Die, so Berijas zynischer Kommentar, hätten ihre „Solidarität mit der Klassengemeinschaft" erfüllt.** Berija beglich bei dieser Gelegenheit offene Rechnungen mit seinem Intimfeind GRU. Giering beklagte sich bei Berija, nicht alle KP-Kader seien ausgeliefert worden. Stalins Paladin redete sich heraus: Die seien in Spanien gefallen. Doch Giering wusste es besser. Der deutsche Unterhändler schob dem NKWD-Chef DIN-A4-Blätter über den Tisch. Auf denen standen jene angeblichen Toten, die im Emigranten-Wohnheim „Lux" auf schönere Tage hofften, ein bis heute unbekanntes nachrichtendienstliches Bravourstück. Berija ruderte zurück. Aber, so teilte er dem SS-Mann nach einer Rücksprache mit Stalin mit, die Wunschkandidaten blieben vor Ort. Wenn sich das RSHA ihrer entledigen wolle, dann bitte hier und gleich. Giering fragte irritiert nach: etwa in Moskau? Unbedingt, aber

---

* Giering, am 17. August 1900 in Pechlüge bei Schwerin geboren, wurde 1919 Angehöriger des Freikorps Lüttwitz, von 1922 bis 1923 Mitarbeiter im Büro des Reichswehrministers, anschließend bis 1925 Werkschutzbeamter bei Osram, bis ihn am 1. April 1924 die Berliner Kripo einstellte. 1937 Besuch der Führerschule der Sicherheitspolizei, im Juni 1938 Kripo-Kommissar. Nach der Aufklärung des Bürgerbräu-Attentats empfing ihn Hitler. Er starb im Herbst 1944 an Krebs.
** Dazu gehörten u. a.: Kurt Bandtke (Funktionär), Alexander Barta (Journalist), Paul Bröde (Schulungskader), Willi Firl (Komintern), Wilhelm Frankenberg (Ingenieur), Herman Grünberg (Komintern), Franz Hagel (Funktionär), Brunhilde Hebel (Schulungskader), Rudolf Hebel (Ehemann, Schulungskader), Otto Heerwagen (Komintern), Adolf Holz (Redakteur „Rote Fahne", überlebte in der DDR), Fritz Houtermans (Ingenieur), Willi Klose (Komintern), Hans Kollmeier (Komintern, überlebte in der DDR), Arnulf Kügler (Komintern), Fritz Lorenz-Malchow (Buchhalter in einem KPD-Verlag), Richard Markgraf (KPD-Sekretär und Bruder des ersten Polizeipräsidenten Ost-Berlins, Paul Markgraf), Willi Meier (Komintern), Margarete Mengele (Journalistin), Alfred Mensebach (Architekt), Willi Mielenz (KPD-Sekretär, überlebte in West-Berlin), Waltraut Nicolas (Komintern, überlebte in der Bundesrepublik), Karl Nieter (Komintern), Betty Olberg (KPD-Sekretärin), Emil Potratz (Facharbeiter), Gertrud Pusch (Komintern, überlebte in der DDR unter dem Namen Gertrud Lemmnitz), Erna Schäfer (Komintern-Sekretärin, überlebte in der DDR), Heinrich Schulmeyer (Komintern).

ohne mit einem Delinquenten sprechen zu dürfen. Giering informierte Heydrich. Der erteilte den Befehl, die braven Kommunisten dann halt vor Ort zu liquidieren.

Im April 1940 (oder: Mai/Juni) standen etwa 30 Genossen zwischen zwei Kohlehalden eines Heizwerks südlich Moskaus, umringt von bewaffneten GRU-Männern. Jeder der verstörten Todeskandidaten hatte für Bersins Militär-Geheimdienst gearbeitet. Giering, er trug zivile Kleidung, ließ die desorientierten Deutschen identifizieren und jeden fotografieren. Als Lokomotivpfeifen lärmten, durchsiebten acht RSHA-Chargen die Leiber der Kommunisten.* Die Leichen ließen sich mühelos entsorgen. Sie wurden in einen der Öfen geworfen. Anschließend floss Wodka in Strömen. RSHA und GRU tranken Brüderschaft.[38]

Wieso hatte Berija nur GRU-Agenten geopfert? Warum exekutierten ausschließlich GRU-Angehörige die deutschen Kommunisten und keine NKWD-Offiziere? Berija revanchierte sich, denn die GRU hatte im Frühsommer 1935 unter dem Kommando von Jan K. Bersin Stalins Säuberungswelle erst losgetreten und zuvörderst die Reihen des NKWD gelichtet.[39]

Der Sicherheitsapparat war, unter Heinrich G. Jagoda, übermächtig geworden. Dem NKWD unterstanden Miliz wie Grenztruppen. Jedes Gefängnis. Jede Feuerwehr. Der Kettenraucher Jagoda gilt als der Erfinder des „organisierten (Sträflings-)Masseneinsatzes", als Konstrukteur des Gulag-Systems. Jagoda ließ Eisenbahngleise verlegen, Kanäle bauen, Rohstoffe fördern, Fabriken errichten. Jagoda wähnte sich als unantastbar. Für Stalin aber war der Henker inzwischen zu mächtig geworden.

Bersin war mit dem Statthalter im Fernen Osten, Marschall Wasilij K. Blücher, befreundet. Der lag, wie viele, mit dem NKWD über Kreuz.

---

* Erschossen wurden u. a.: Gustav Baumann (Koch im Hotel „Lux", GRU-Spitzel), Theodor Beutling (GRU-Agent in Berlin), Friedrich Burde (GRU-Agent im Ruhrgebiet), Erich Flemming (GRU-Agent in Berlin und der Tschechoslowakei), Arthur Gohlke (GRU-Agent in Berlin), Siegfried Gubel (GRU-Agent in Mecklenburg), Hilde Hauschild (GRU-Agentin in Berlin), Werner Hirsch (Sekretär Ernst Thälmanns und GRU-Spitzel), Wilhelm Kox (GRU-Agent in Dresden), Erich Krollmann (GRU-Agent, am sogenannten Altonaer Blutsonntag beteiligt), Franziska Leventh (deutsche Ehefrau des bereits hingerichteten NKWD-Offiziers Jurij T. Leventh), Oskar Liebmann (GRU-Agent in Thüringen), Martha Naujoks (GRU-Agentin in Berlin), Paul Quenzer (GRU-Agent in Hamburg), Käthe Schmidt (GRU-Spitzel bei der Komintern).

Stalin sandte Bersin dorthin, um – abgedeckt als Blüchers Stellvertreter – in Jagodas Gulag-System aufzuräumen. Er ließ etwa 80 Fronvogte liquidieren, reihenweise Kommissare umbringen. In den asiatischen Sowjetrepubliken löschte Bersin eine ganze NKWD-Generation aus, in wenigen Wochen hatte er Jagodas östliches Schattenreich ausradiert.[40] Doch plötzlich stoppte Stalin das Massaker. Er beorderte seinen Henker nach Spanien. Bersins GRU hatte Francos bevorstehenden Putsch vorausgesagt, am 18. Juli 1936 in Ceuta (Spanisch-Marokko) einen Funkspruch abgefangen und entschlüsselt. Die codierte Meldung („Über Spanien wolkenloser Himmel") legte Francos Angriffstermin auf die Stunde genau fest.

Im August 1936 traf Bersin in Madrid ein. Offiziell fungierte er als „Chefberater" der Volksfront-Regierung, dabei koordinierte er die gesamte Militärhilfe Moskaus, ohne dabei seine eigentliche Aufgabe zu vernachlässigen: die Auslandsspionage. Die Furcht vor einem sich ausbreitenden Faschismus saß tief. Bersin schleuste Agenten in Francos Regimenter[41], selbst ein späterer DDR-Verteidigungsminister gehörte zur GRU: Heinz Hoffmann.

In Rjassan, am Ufer der Oka, 200 Kilometer südöstlich von Moskau, stand ein hermetisch abgeriegelter Komplex. Das Schild vor den Wachhäuschen wies das Areal als zur Militärakademie M. W. Frunse gehörend aus. Auf einem Teilstück führten erfahrene GRU-Offiziere Jungkommunisten aus aller Herren Länder in das konspirative Handwerk ein. Hoffmann erinnerte sich noch 1985 an seine vorbildlichen GRU-Ausbilder, „die uns nichts schenkten", die sich „durch Härte auszeichneten", die „uns einen zähen Willen" abverlangten, zumal im Winter „in den Schlafsälen Kältegrade herrschten".[42] Derart gestählt, befahl das „Proletariat" Hoffmann sodann an die unsichtbare Front.

Als Bersin im Herbst 1937 nach Moskau zurückberufen wurde, ahnte er, dass sich nun wohl auch seine Zeit dem Ende zuneigte. Das Verschwinden eines engen Freundes schien ihm das untrügliche Zeichen: Witowt K. Punta, Bersins wohl findigster Auslands-Resident, vorübergehend einer seiner Stellvertreter, wurde im Juni hingerichtet. Bersin dämmerte, Stalin werde nun jene beseitigen, die er bis dahin als Liquidatoren belobigt hatte. Bersin schien dem Diktator ein gefahrvoller Zeuge, denn immerhin hatte er etwa 3.000 Tschekisten ermorden lassen.[43] Nikolai J. Jeschow, dessen Hass auf Bersin und die GRU nicht steigerungsfähig war, übernahm die Aufgabe. Eine Katastrophe.

Toilettenwärter, Küchenpersonal, Chauffeure, Sekretärinnen – jeder, der mit Bersin auch nur annähernd in Berührung gekommen war, hatte sein Leben verwirkt. Der Höhepunkt dieses Vernichtungsfeldzugs unter den sowjetischen Geheimdiensten war jedoch die Festnahme des GRU-Chefs selbst. Am 29. Juli 1938 zerrte Jeschow seinen Widersacher auf dessen Datscha aus dem Bett. Erst brach er ihm die Arme, dann trat er ihn in die Genitalien, schließlich schnitt er ihm ein Ohr ab, bis er ihm den Fangschuss gab.[44]

Die Ausschaltung der GRU hatte ein geheimdienstliches Monopol geschaffen, was Stalin wohl nicht bedacht hatte. Eine GRU, die sich einem wieder erstarkenden NKWD entgegenstellen konnte, existierte nicht mehr. Nikolai J. Jeschow war, in der erst elfjährigen Tscheka/GPU/NKWD-Geschichte, nunmehr der vierte Dienstherr. Jeschow, einst Leiter der Kaderabteilung des Zentralkomitees, belebte eine alte bolschewistische Tradition: das Denunziantentum. Blinder Gehorsam, fanatische Ergebenheit, Glaube an den großen Führer Stalin – wer da ausscherte, den vernichtete die „Jeschowschtschina".

Der Kannibalismus erreichte das Ausland, wo es bewährte Kundschafter traf, denn Stalin glaubte, seine Spione würden zusammen mit dem Klassenfeind ein Komplott gegen ihn schmieden. Führungsoffiziere wurden heimbeordert und nach ihrer Ankunft hingerichtet. Gegenspieler französischer, englischer wie deutscher Dienste waren von heute auf morgen verschwunden. Wer überleben wollte, lief zum Gegner über. Lawrentij P. Berija, der Jeschow „wegen geistiger Umnachtung" ablöste, führte diesen seiner „gerechten Strafe" zu: Berija jagte ihm eine Kugel in den Kopf.[45] Das Fehlen einer eigenständigen GRU sollte Stalin jedoch alsbald bereuen. Der finnische Winterkrieg 1939/40 endete in einem Desaster. Ein kleines Volk schickte sich an, einen Koloss zu bezwingen.

Der finnische Nachrichtendienst registrierte bei Murmansk und Leningrad außergewöhnliche Truppenbewegungen. Die Russen errichteten an der annähernd tausend Kilometer langen Grenze eilig Straßen, verlegten Bahngleise, bauten Flugplätze. Moskau bereitete sich auf einen Einmarsch vor. Die strategischen Vorgaben kamen vom traurigen Rest der GRU, von Tscheka-fixierten Offizieren. Die hatten, als die Rote Armee anrückte, wahre Hirngespinste ausgeheckt.

Sowjetische Flugzeuge bombardierten vier Mal das finnische Städtchen Porvoo, obwohl sich dort weder militärische noch industrielle Anlagen befanden. Hier aber wohnte der „Großhetzer" Johan Ludvig Runeberg, den die tschekistische GRU als „Feind des Volkes" ausgemerzt sehen wollte. Runeberg, der in Finnland bis heute als Nationaldichter verehrt wird, war allerdings bereits im Mai 1877 verstorben.[46] Verantwortlich für derartigen Müll: der gelernte Metallarbeiter Wladimir T. Derewjanski, Stalins Gesandter in Helsinki. Der gab Meldungen finnischer Kommunisten weiter, die diese wiederum aus der illegalen finnischen KP-Zeitung „Soiht" abgeschrieben hatten.

Als die Russen, im Morgengrauen des 30. November 1939, ihren Überfall auf Finnland begannen, warfen sie über der Hauptstadt Flugblätter ab, die den Finnen Brot versprachen, obwohl niemand darben musste. Schließlich sollten die Banken unter staatliche Aufsicht gestellt werden, obwohl das bereits 1922 geschehen war. Dann sicherte Stalin den Finnen die Abschaffung der Arbeitslosigkeit zu, die Einführung des Achtstundentags wie einen 14-Tage-Urlaub. All das existierte freilich seit 1917, einschließlich der Vollbeschäftigung. Letztendlich wurde die Enteignung der Großgrundbesitzer angekündigt, die allerdings bereits 1918 vollzogen war. Jede Horrorbotschaft saugte die Bersin-lose GRU begierig auf. Dabei hätte ein Blick in die Auslandspresse genügt, um herauszufinden, dass nirgendwo in Finnland Typhus ausgebrochen war, es weder Arbeiteraufstände noch Hungersnöte gab.[47] Weil die Tatarennachrichten aber die Spalten sowjetischer Zeitungen füllten, glaubten die GRU-Agenten in Helsinki ganz fest an ihre eigenen Märchen. Entsprechend grotesk mutete der Rest an.

Die Rote Armee setzte für ihre Vorstöße Panzer ein, die in den unwegsamen Wäldern überhaupt nicht vorwärtskamen, dazu konzentrierten sich die Divisionen auf engstem Raum. Das finnische Herr, lediglich 27.000 Mann schwach, litt obendrein unter Munitionsmangel. Und trotzdem versetzte es dem 290.000 starken Aggressor ungeheure Schläge. Mit dem erbeuteten Material rüsteten die Finnen auf, sodass ihre Kampfkraft stetig wuchs. Selbst die aus lediglich 98 Maschinen bestehende finnische Luftwaffe fürchtete sich nicht vor dem Übergewicht der 2.500 sowjetischen Flugzeuge. Während die Finnen 61 verloren, schossen sie 411 russische ab. Nach fünf Monaten hatten die Finnen Stalin – bevor dieser Finnland 1944 endgültig besiegte – den Waffenstillstand diktiert, der heute in Putins Schulbüchern als „Zwischenfrieden" ausgewiesen wird.[48]

Bis 1937 verfügte die GRU über 37.000 Bedienstete.[49] Für das finnische Desaster zog Stalin die GRU zur Verantwortung, am Ende mit rund 18.000 Toten, darunter fast das gesamte Offizierskorps, darunter der GRU-Chef General Iwan S. Proskurow. Überlebende rückten nach: Ein Gefreiter wurde zum Leutnant befördert, ein Hauptmann zum General.[50] Dann aber meldete eine sich aufrappelnde GRU: Hitler werde die Sowjetunion überfallen. Die Warnungen erreichten die Zentrale nicht nur einmal.

Kaum hatte die Wehrmacht Frankreich besetzt, teilte der bulgarische GRU-Resident seiner Zentrale die intensive Aufklärung an der sowjetischen Grenze durch die Wehrmacht mit. Aus Tokio bestätigte Richard Sorge das herannahende Inferno. Aus Berlin prognostizierte der GRU-Repräsentant Wassilij I. Tupikow die bevorstehende Feuerwalze. Der GRU-Vertreter in Frankreich, Vadim M. Suslaparow, morste die geplante Invasion nach Moskau. Aus Zürich bestätigte der GRU-Agent Sándor Radó den drohenden Krieg, direkt aus Moskau der GRU-Mann Gerhard Kegel, der vor Ort als Sekretär der deutschen Botschaft die Aufmarschpläne weiterreichte.[51] Die erste Nachricht über Hitlers heraufziehenden Raubzug lag der GRU-Auswertung also bereits ein Jahr vor dem Überfall vor, die zwei letzten gingen am Tag des Einmarsches am 22. Juni 1941 ein.[52] Doch Stalin misstraute seinen Kundschaftern. Stattdessen verließ er sich auf das Ehrenwort seines braunen Bündnispartners.

Wie, so erkundigte er sich handschriftlich bei Hitler, seien die massierten Truppenbewegungen im Osten des Reiches zu deuten? Im März 1941 antwortete Hitler: Er habe die Divisionen der Reichweite britischer Bomberstaffeln entziehen müssen. Die Auskunft schien schlüssig, weshalb Stalin seinen GRU-Chef Filipp R. Golikow aus dem Kreml werfen ließ. Selbst als deutsche Wehrmachtsangehörige in Ostpreußen zu den Russen überliefen und die GRU über eine ungewöhnlich dramatische Betriebsamkeit ihrer Offiziere informierten, verlor Stalin den Glauben an seinen braunen Bündnispartner nicht, bis die Deutschen wirklich anrückten.[53] Die Rote Armee verwickelte sich in katastrophale Rückzugsgefechte, und auch die GRU musste sich geschlagen geben. Nun ein drittes Mal.

Sie versagte 1920 während des polnisch-sowjetischen Krieges, weil sie in Dzierzynskis Tscheka integriert wurde, sie machte beim sowjetisch-finnischen Ringen schlapp, weil ihre Experten in den Tod geschickt worden waren. Und nun, auf dem Weg zur alten Größe, ignorierte Stalin, der „seiner" GRU während des deutsch-sowjetischen Nichtangriffspakts sogar die Aufrüstung ihrer Illegalen in Deutschland mit Funkgeräten verwehrte[54], ihre Schreckensmeldungen. Diese Debakel mögen Stalin bewogen haben, die GRU zu spalten. Nun existierte sie als „Zwilling".

Unter ihrem alten Namen, aber mit dem Zusatz „Operativer Nachrichtendienst", klärte die GRU deutsche Linien auf, für die der Generalstab formal zuständig blieb. Die Rest-GRU firmierte als „Hauptnachrichtenverwaltung" („Strategischer Nachrichtendienst"), die sich Stalin selbst unterstellte. Sie führte die Agenten außerhalb der Sowjetunion. Doch plötzlich wurde der Herrscher, zur Überraschung seiner Umgebung, sentimental. Tränenselig studierte er auf einmal die Kaderakten der GRU-Kundschafter. Endlich nahm er zur Kenntnis, dass er die Effizienz der GRU nur einem Mann zu verdanken hatte: Jan K. Bersin.[55] Nun wird auch erklärbar, warum nach dem Zweiten Weltkrieg (von Bersin persönlich angeworbene) Spione hohe Weihen erfahren durften: 1946 zeichnete Stalin posthum 120 Frauen und Männer des GRU-Gründers mit dem Titel „Held der Sowjetunion" aus.[56] Darunter befanden sich (bis heute) „gutgetarnte Kundschafter": einer in unmittelbarer Nähe des Hitler-Stellvertreters Rudolf Heß, ein anderer im Umfeld des SA-Führers Ernst Röhm.

Stalins GRU-„Halbierung" förderte allerdings eine verblüffende Schlagkraft zutage, denn jede GRU konnte sich jetzt auf eine einzige Aufgabe konzentrieren. Während die „Hauptnachrichtenverwaltung", entlastet von anderen Pflichten, dem Geschäft der Auslandsspionage nachging, sammelten – ungestört von wirren Befehlen – die Aufklärer des „Operativen Nachrichtendienstes" Meldungen von der Front. Diese GRU operierte hinter dem Rücken der Wehrmacht.[57] Die militärische Wende des Zweiten Weltkriegs hatte der „Operative Nachrichtendienst" mit ermöglicht, er hatte Stalingrad und Kursk entschieden und den allseits überschätzten Gegenspieler Reinhard Gehlen auflaufen lassen.

Im Sommer 1944 fassten die Russen in Weißrussland eine gewaltige Streitmacht zusammen. Eineinhalb Millionen Rotarmisten, 6.500 Panzer, 25.000 Geschütze und mehr als 6.000 Flugzeuge – diese Armee sollte dem Dritten Reich den Todesstoß versetzen. Sie sollte die noch intakte Heeresgruppe Mitte vernichten, das Baltikum befreien. Die Deutschen aber gingen davon aus, dass die sowjetische Offensive statt in Weißrussland in der Ukraine beginnen werde. Gehlens Fremde Heere Ost (FHO) war einer gigantischen Desinformation aufgesessen. Das Potemkinsche Dorf errichteten allerdings beide GRUs in der Ukraine.

Scheinflugplätze, Flugzeug-Attrappen, als Geräuschkulisse liefen Motoren – deutsche Ätherhorcher und Aufklärungsflugzeuge dokumentierten die vermeintliche Bedrohung. Wälder wurden gerodet, auf den Flächen Papp-Panzer und -Geschütze aufgestellt. Rund 200 imaginäre Sender der Roten Armee funkten Truppenverlegungen. In die Ortschaften strömten Quartiermeister, um Unterkünfte zu requirieren. Sie kennzeichneten die Türen der vorgesehenen Herbergen mit Kreide, damit deutsche Späher sie finden konnten. Schließlich schickte die „Hauptnachrichtenverwaltung" einige „Überläufer" zu den Deutschen. Sie verkündeten die bevorstehende Offensive als aus der Ukraine anrollend. Daran glaubte Gehlen ganz fest, wie der FHO-Forscher Hans-Heinrich Wilhelm herausfand.[58] In den Strudel der Niederlage geriet aber auch ein deutscher Agent, der die Sowjetunion marodierend durchpflügte: der 1905 bei Rostow als Sohn eines Großgrundbesitzers geborene Iwan G. Mitschenko. Er emigrierte mit seinen Eltern 1919 in die Mandschurei, trat dem ROWS bei, nachdem ein Rotgardist seinen Vater erschossen hatte. Der Filius schwor ewige Rache. Iwan G. Mitschenko wütete im Fernen Osten, als 24-Jähriger organisierte er gar den Sturm auf das sowjetische Konsulat in Charbin. Derartige Aktionen gefielen den Japanern, weshalb sie seinen Privatkrieg finanzierten.[59]

Mitschenko durchstreifte den asiatischen Teil der Sowjetunion. Er sprengte Eisenbahngleise, tötete NKWD-Posten. Er erschlug Funktionäre oder ersäufte sie. Diese Feldzüge veranlassten den mit Japan verbündeten Tschiang Kai-schek, Mistschenko persönlich und wiederholt auszuzeichnen, für „treue Dienste" beispielsweise mit einem mongolischen Pferd. 1938 ließ sich Mitschenko „abwerben". Der deutsche Vizekonsul in Charbin, Hans Ricke, hatte den Draufgänger zum Seitenwechsel bewogen, ihn mit großzügiger Entlohnung gelockt. Das Training, eigentlich überflüssig, erfolgte in Berlin, wo ihn die Abwehr 15 Monate lang auf seinen bevorstehenden Einsatz vorbereitete. Irgendwie schaffte es

Gehlen, sich Mitschenko überstellen zu lassen. Für das Unternehmen „Barbarossa" schien niemand geeigneter. Der russische Terrorist kehrte heim ins sowjetische Hinterland, wo er (von Januar bis Mai 1941) Eisenbahnknotenpunkte und Garnisonen erkundete, die Wehrkreise „Ostsee" und „Westgrenze" aufklärte. Er tarnte sich als NKWD-Major. Wer sich ihm in den Weg stellte, den streckte er nieder.

Diese ungewöhnliche Kaltblütigkeit nötigte selbst GRU-Historikern Respekt ab: Der „Staatsverbrecher war wendig, geistesgegenwärtig", „sehr attraktiv", er „konnte leicht das Vertrauen seiner Umgebung gewinnen". Mitschenkos Marotten interessierten ebenso: Er „liebte die Jagd und das Reiten, aß gerne Tepang mit gebratenen Zwiebeln, Borschtsch mit Fleisch und halbrohes Beefsteak". Vor allem seine Disziplin beeindruckte: Er „raucht nicht, trinkt nur, falls erforderlich, verkehrt nur mit Frauen, die er zur Erledigung seiner Aufträge braucht".

Zwei Tage vor dem deutschen Einmarsch sprang Mitschenko als Kommandeur einer Agentengruppe über Weißrussland ab. Den Befehl erteilte Gehlen höchstselbst: Er, Mitschenko, habe sowjetische Offiziere zu beseitigen, Nachrichtenlinien zu unterbrechen. Welche Resultate er dabei erzielte, verraten weder die Erben der FHO noch die Archive der GRU. Sie dürften aber spektakulär gewesen sein, denn Reinhard Gehlen heftete ihm anschließend das Eiserne Kreuz an die Brust, ließ ihn dazu in den Rang eines Majors setzen.

Solange Wehrmacht und Waffen-SS die Rote Armee vor sich hertrieben, so lange bildete Mitschenko Landsleute zu Saboteuren aus. Zum Unterricht soll er, wie GRU-Autoren kolportieren, mit dunkler Brille, Perücke und aufgeklebtem Schnurrbart erschienen sein. Kein Kursteilnehmer sollte ihn je identifizieren können. Eines Tages aber ging es auch Iwan G. Mitschenko an den Kragen.

Als sich im Sommer 1944 in Weißrussland statt in der Ukraine sowjetische Divisionen gegen die Heeresgruppe Mitte formierten, die GRU in der Ukraine militärisches Blendwerk installierte, entsandte Gehlen seinen Vormann Mitschenko nach Weißrussland. Dort sprang der Spion als Leutnant der Roten Armee ab. Auf der Suche nach sowjetischen Befehlsständen bemerkte Mitschenko jedoch, dass die Kontrollen um ein Vielfaches engmaschiger geworden waren, aus gutem Grund: Der GRU-„Operative Nachrichtendienst" hatte die Jagd auf Mitschenko eröffnet. Jeder Wachhabende kannte seinen Steckbrief: „Über die Fahndung, die getroffenen Maßnahmen und alle neuen Angaben ist alle sechs Stunden Meldung zu erstatten." In einem unübersichtlichen Waldgebiet standen Mistschenko plötzlich Rotarmisten gegenüber. Es kam zu einer kurzen Schießerei, in deren Verlauf ein Offizier und ein FHO-Agent verbluteten, Mitschenko aber blieb am Leben.

Er gab seine Sendecodes preis („STI", „KAO"), seine Decknamen („Dalli", „Mathilde") und seine Kontaktpersonen in der Sowjetunion. Hinfort stand der Gehlen-Getreue in den Diensten des GRU-„Operativen Nachrichtendienstes". Die FHO wähnte – über nachfolgende Funkspiele – den russischen Aufmarsch somit in der Ukraine, weshalb Hitler von anderen Frontabschnitten Divisionen abzog. So kam sie zustande, die Kapitulation der Heeresgruppe Mitte.[60] Das Schicksal Iwan G. Mitschenkos bleibt ungeklärt.

Nachdem Stalin die GRU 1941 zerteilt hatte, geschah das zwei Jahre später auch mit dem NKWD. Während Berija die innere Sicherheit der Sowjetunion im Ministerium für Innere Angelegenheiten (NKWD) sicherstellte, bündelte Wsewold N. Merkulow als Minister für Staatssicherheit (NKGB) die Auslandsspionage, während Wiktor S. Abakumow mit seiner berüchtigten SCHMERSCH („Tod den Spionen") NS-Agenten und „feigen" Rotarmisten nachstellte.[61]

Während des Vaterländischen Krieges hatte Stalin fünf Geheimdienste erschaffen. Der Despot vertraute keinem. Um diese Mächte zu zügeln, stülpte er ihnen am 30. September 1947 einen sechsten über: das „Komitee für Information" (KI), an dessen Spitze der Diktator seinen Außenminister Wjatscheslaw M. Molotow stellte, der Stalin als nachrichtendienstlicher Amateur galt, weshalb er ihn nicht als Bedrohung betrachten musste.

„Wo", so fragte sich der spätere KGB-General Pawel A. Sudoplatow, „gehörten (wir) eigentlich hin? Wie konnten (wir) für das Komitee arbeiten, wenn ... noch nicht einmal ihr Status definiert" worden sei? Der Kompetenz-Wirrwarr lähmte: Von der Büroklammer bis hin zur Auszahlung eines Verräterlohns – über bürokratische Vordrucke musste das „Komitee für Informationen" um Genehmigung ersucht werden. Besonders Führungsoffiziere litten: Treffen mit Spionen kamen nicht zustande, weil die Zuteilung der Devisen in der „Komitee"-Bürokratie unterging.[62] Dieses Tohuwabohu machte die sonst untereinander konkurrierenden Dienste plötzlich zu Verbündeten. Sie sahen sich nun ihrer

Pfründe beraubt. Ein erstes Mal waren sich GRU und MGB einig.* Sie aktivierten ihre „IMs".

Spitzel bevölkerten das Zentralkomitee, in den Ministerien wurden einflussreiche Funktionäre um Hilfe ersucht, mit immer derselben Botschaft: Das „Komitee" würde, so flüsterten sie, auf die sowjetischen Geheimdienste destabilisierend wirken. Und was geschah? Stalin ersetzte Molotow durch Andrej J. Wyschinski, den vormaligen Hauptankläger der Schauprozesse. Der ging Problemen indes aus dem Weg. Er mochte Stalin mit „Nebensächlichkeiten" nicht konfrontieren. Kein einziges „Komitee"-Dokument trug seine Unterschrift. Daraufhin wurde Wyschinski nach drei Monaten abgelöst. Der Diktator bestimmte Walerian A. Sorin zum dritten „Komitee"-Direktor, einen Pädagogen, später sowjetischer Botschafter in Bonn. Jetzt stand den sowjetischen Geheimdiensten der Niedergang richtig bevor.

Monatelang seien, ohne Sinn und Verstand, hochkarätige Agenten „zwischen dem ‚Komitee' ... hin und her geschoben" worden, erinnerte sich Sudoplatow. Schließlich sprach Berija bei Stalin vor: Das „Komitee" gefährde die gesamte nachrichtendienstliche Arbeit. Dies, so antwortete Stalin, sei ihm inzwischen ebenfalls zu Ohren gekommen. Konsequenz? Das „Komitee" blieb bestehen, mit einem vierten Vorsitzenden, mit Wiktor S. Abakumow, ehedem Leiter der SCHMERSCH. Doch der missbrauchte seine Befugnisse, um sich zu bereichern. Nun hatte Stalin endlich ein Einsehen. Im November 1951 ließ er das „Komitee" auflösen, Abakumow verhaften, Nikita S. Chruschtschow ließ ihn nach Stalins Tod – im Zuge der Entstalinisierung – erschießen.[63] Unter dem neuen Parteichef erhielten die Geheimdienste ihre Autonomie zurück. Im März 1954 entstand das KGB, aber nur die GRU genoss das Vertrauen der neuen Führer. Im Namen Chruschtschows liquidierte sie Stalin-Getreue.

Während sich die Russen tränenreich und millionenfach von ihrem „Iossif Wissarionowitsch" verabschiedeten, formierten sich die Thronfolger. Sie stellten das bisherige Prinzip der Ein-Mann-Diktatur in Frage und installierten die „kollektive Führung".[64] Diese Struktur zielte direkt auf Lawrentij P. Berija, auf den Marschall der Sowjetunion, auf das

---

* Im Februar 1946 wurden die GRUs wieder zusammengelegt; 1954 gruppierte Stalin das NKWD um: MWD und NKGB verschmolzen zum KGB.

Politbüro-Mitglied, auf den Minister des Inneren, auf den stellvertretenden Ministerpräsidenten. Das Privatsekretariat Stalins wurde aufgelöst, jeder Papierschnipsel, der sich in einem von Stalins 18 Kreml-Räumen fand, sichergestellt. Von dieser geheimen Operation erfuhr Berijas Apparat nichts. GRU-Offiziere hatten den Handstreich bewerkstelligt, ihn vor den Augen jener durchgeführt, die den Kreml bewachten – den Männern Berijas. Aus der Sicht Chruschtschows befand sich das sowjetische Weltreich in Bedrängnis. Er unterstellte Berija einen Staatsstreich.

Berija favorisierte ein vereinigtes, neutralisiertes Deutschland. Nur so blieb seiner Meinung nach die Sowjetunion auf Dauer ungefährdet, nur so hätte die UdSSR in Asien freie Hand. Die legendäre Stalin-Note vom 10. März 1952, in der von einem Gesamtdeutschland die Rede war, hatte Berija initiiert. Doch da brach, im Juni 1953, in Ost-Berlin der Arbeiteraufstand aus, der sich auf die gesamte DDR ausdehnte. Ein Glück für Ulbricht, ein Segen für Chruschtschow.

Laut Berija war der 17. Juni 1953 keine „Konterrevolution", sondern eine politische Katastrophe; er fürchtete weltweit um das Stimmungsbarometer der linken Sympathisanten. Berija, er wollte Ulbricht absetzen und in der DDR eine „weiche" Politik durchsetzen, leistete daher der „verbrecherischen Restauration des Kapitalismus" Vorschub, um der „antisowjetischen Zersetzungsarbeit" Tür und Tor zu öffnen. Der „Kapitulationspolitiker" war zu einer Gefahr geworden.[65]

Der Nachkriegs-Chef der GRU, Sergej M. Schtemenko[66], hatte Chruschtschow ein dickes Berija-Dossier vorgelegt, das vorzugsweise merkwürdige Veranlagungen beinhaltete: Berija sei ein masochistisches Monstrum, ein verklemmter Triebtäter, ein Kinderschänder, der seinen Apparat zur Befriedigung seiner abnormen Gelüste missbrauche. Der damalige Verteidigungsminister Nikolai A. Bulganin, der zusammen mit Chruschtschow die Stalin-Ära beendete, berichtete über einen besonders schrecklichen Fall: Berijas Stieftochter, eine Schülerin der siebten Klasse, hüpfte an Berijas Datscha vorbei. Die Leibwächter nahmen sie fest und führten das verstörte Kind ins Wohnzimmer. Dort musste sie einen mit Schlafmittel versetzten Saft trinken. Anschließend vergewaltigte das Ungeheuer das unschuldige Geschöpf auf abscheulichste Weise – mehrmals. So sei es vielen Jungfrauen ergangen, wusste Bulganin.[67] Ein Fall für die GRU.

Über Wochen wurden in den Kellern der GRU am Gogol-Prospekt Günstlinge Berijas gefoltert. Die Brutalität erinnerte an die Tscheka-Periode. Die GRU brach den Delinquenten die Knochen, sie hatten ihre eigenen Exkremente zu verschlingen, bis sie jedes „Geständnis" unterschrieben. Der Chef des Moskauer Militärbezirks, Kirill S. Moskalenkow, dessen Vater als GRU-Oberst Stalins Säuberungen zum Opfer gefallen war, fuhr am 26. Juni 1953 mit fünf Offizieren im Wagen Bulganins zum Kreml, in dem das ZK-Präsidium tagte. Gegen 13 Uhr erschien Berija. In dieser Sekunde befahl Moskalenkow seinen Männern: „Im Namen des Gesetzes ist Berija zu verhaften." In den Vorräumen des Kongresssaals entwaffneten dann GRU-Offiziere Berijas Personenschutz, einen Tross von immerhin 25 Mann, die geschlossen noch am selben Tag in der GRU-Zentrale durch Genickschuss hingerichtet wurden.[68]

Wegen der „Bildung (einer) antisowjetischen Verschwörungsgruppe" verurteilte am 23. Dezember 1953 ein „Sonderkollegium" des Obersten Gerichts unter dem Vorsitz des Marschalls der Sowjetunion, Iwan S. Konjew, Berija zum Tode durch Erschießen. Seine Leiche wurde sofort verbrannt. Ein GRU-Kommando führte Exekution wie Bestattung durch.[69]

Die Angaben über die Opfer der Säuberungen sind widersprüchlich. Während die GRU 1965 annähernd 400 auflistete, nannte sie – 26 Jahre später – über tausend.[70] Mit der Ausschaltung des Berija-Clans war die Periode der blutigen Säuberungen in der Geschichte der Sowjetunion abgeschlossen. GRU wie KGB konnten endlich ihren eigentlichen Pflichten nachkommen, sich nun wieder auf das wahre Geschäft konzentrieren. Doch leicht war dieser Übergang nicht. Zu tief saßen die Ressentiments, hatten sie sich doch über Jahrzehnte aufgestaut. Solche Zerwürfnisse belasteten den nachrichtendienstlichen Alltag. Iwan A. Serow (vom KGB) und Sergej M. Schtemenko (von der GRU) begannen im Spätsommer 1956 mit der „Zwangsbefriedung" ihrer Dienste.

Die GRU überstellte Offiziere zum KGB, umgekehrt entsandte das KGB welche zur GRU. Diese Rotation sollte verfeindete Geheimdienstler versöhnlich stimmen, Selbstkritik Wunden heilen. So bereuten also KGB-Truppen vor GRU-Abgesandten ihre Missetaten, KGB-Repräsentanten entschuldigten sich vor der GRU ihrerseits für ihre Morde.[71] War der Friede hergestellt? Als Serow* 1958 vom KGB-Chefposten auf den der GRU wechselte, wähnte der BND die GRU ihrer Autonomie beraubt, zu einem Trabanten des KGB degradiert. Beileibe nicht. Das Herz der GRU schlägt in Moskau mit hauseigenem Flugplatz, in Rufweite der Entwicklungsabteilungen der Raketen- wie Flugzeugindustrie und Weltraumforschung. Das Areal wird durch Hightech aus dem Westen gesichert. Die russische Industrie baut nach wie vor von der GRU beschaffte Technologien nach. Das Geld, das sie dafür ausgibt, kommt von der russischen Rüstungsindustrie.

Während beim SWR, dem Nachfolger des KGB, die Söhne hoher Offiziere auch ohne Qualifikation Karriere machen können, rekrutiert die GRU ihren Nachwuchs ausschließlich aus der Armee. Und was beim KGB-Nachfolger SWR zur Tagesordnung gehört, wird von der GRU mit Strafe bedroht: Korruption. GRU-Debütanten absolvieren auf der GRU-Kaderschmiede in der Narodnogo-Opolcheniya-Straße im Westen Moskaus, der Militärdiplomatischen Akademie, zwei- bis dreijährige Kurse. Wer Durchschnittsnoten erhält, muss zur Truppe zurück.[72]

Selbst extreme Pleiten überstand die GRU. Im September 1945 setzte sich der GRU-Hauptmann Igor A. Gusenko aus der sowjetischen Botschaft in Kanada ab. Er informierte die Amerikaner, Moskau würde sich im Besitz der Unterlagen für den Bau einer Atombombe befinden. Acht Jahre später begann der GRU-Oberstleutnant Pjotr S. Popow für die CIA zu arbeiten. Nach dessen Enttarnung wurde er hingerichtet, ebenso der GRU-Oberst Oleg Penkowskij.[73]

Die GRU bezifferte 1991 die Zahl ihrer Überläufer auf 67 Offiziere, die Quote habe „nicht einmal einer in einem Jahr" betragen. Das KGB

---

* Iwan A. Serow galt als skrupellos. Er organisierte die brutale Sowjetisierung des Baltikums mit, nach dem Einmarsch der Roten Armee in Ost-Polen war er am Katyn-Massaker beteiligt, woraufhin Stalin ihn zum Vize-Volkskommissar für Inneres bestellte. In der SBZ stieg er zum stellvertretenden Chef der SMAD auf, zeitgleich stand er in Berlin-Karlshorst dem MGB (Ministerium für Staatssicherheit) vor, in dieser Eigenschaft avancierte er zum stellvertretenden Oberkommandierenden der sowjetischen Truppen in der DDR. Schließlich unterdrückte er den Aufstand in Posen, zugleich sagte er die Revolution in Ungarn voraus. In Budapest machte er daraufhin Jagd auf Anhänger von Imre Nagy. Als Pál Maléter, der Motor des Aufstands, verhaftet werden konnte, unterzog ihn Serow einem barbarischen Verhör. Dann folgte der tiefe Fall: Nach der Enttarnung Penkowskijs wurde Serow als Prinzipal der GRU abgesetzt. Serow starb 1990 85-jährig.

hingegen, samt seinen Vorgängern, musste riesige Lücken füllen, nach GRU-Berechnungen soll der Konkurrent seit 1918 mehr als 18.000 Offiziere durch Übertritt zum Klassenfeind verloren haben.[74] Die GRU hat den Zusammenbruch der Sowjetunion unbeschadet überstanden. Aus der Perestroika ist sie gestärkt hervorgegangen. Als erster Führer des „demokratischen" Russlands erwies Boris Jelzin dem Nachrichtendienst seine Reverenz. Anlässlich des 100. Geburtstags Richard Sorges brachte der russische Präsident den 1944 in Tokio hingerichteten GRU-Kundschafter als Patrioten in Erinnerung, dem ewiger Respekt gebühre. Die Armeezeitung „Roter Stern" zitierte Jelzin im Oktober 1995: „Wir werden Sie nicht vergessen."[75] Diese damals überraschende Botschaft ist Vollmacht. Moskau kann auf die GRU nicht verzichten. Dies weiß niemand besser als der vormalige KGB-Offizier Wladimir W. Putin.

Putin zeichnete im November 2007 anlässlich des 90. Geburtstags der GRU einen bis dahin unerkannten Top-Spion mit dem goldenen Stern eines Helden Russlands aus: George Kowal (alias „Delmar"), der ein Jahr zuvor 94-jährig gestorben war. Kowal war der einzige aus der Sowjetunion stammende Kundschafter, den die GRU in das amerikanische Atomprogramm schleusen konnte. Putin würdigte Kowal als Menschen, der einen „unschätzbaren Beitrag zur Lösung einer der Schlüsselaufgaben jener Zeit" geleistet habe – „die Schaffung der Atomwaffe".[76]

Wesemann-Enthüllungs-Broschüre (1936):
„Mir geht es den Umständen entsprechend gut"

Ein Doppelagent wider Willen

„Sein Wesen gleicht dem eines Ungeheuers", entsetzte sich der Schweizer Publizist René Sonderegger, „weibisch, einschmeichlerisch, von niederer Gier erfüllt": „Früher war er ein unbekannter, geltungsbedürftiger Journalist", doch jetzt habe „sein Charakter ... einen Typus verraten, den man nur als äußerst gefährlich nennen kann".[1] Jahrzehnte später schien diese Veranlagung vergessen.

Die „Frankfurter Allgemeine Zeitung" erhob ihn zum „brillanten Journalisten, der mit Passion und Mut für eine freiheitliche Wirtschafts- und Gesellschaftsordnung" eingetreten sei. Während das „Sonntagsblatt" seine „Gründlichkeit und Verschlossenheit" herausstellte, bestaunte der „Evangelische Presse-Dienst" respektvoll seine „vielseitige(n) Talente".[2] Sein Name: Hans Otto Wesemann. Er war als Sozialdemokrat zu den Nationalsozialisten übergelaufen, um die braune Konjunktur zum Karrieresprung zu nutzen. Für Schlagzeilen hatte er bereits frühzeitig gesorgt.

Hans Otto Wesemann bot der wöchentlichen „Welt am Montag", für die auch Erich Mühsam schrieb, ein „Exclusivinterview" mit Adolf Hitler an. Als das 1931 in der Reichshauptstadt erschien, sorgte es für Furore. Doch Wesemann hatte das Gespräch nach einer Alkohol-Orgie frei erfunden. Die Medien tobten. Der Führer mit. Wesemann, ebenso freier Mitarbeiter des „Vorwärts", setzte sich nach Buenos Aires ab, wo er sich dem „Argentinischen Tageblatt" andiente, das der Schweizer Johann Alemann 1878 gegründet hatte. Doch Wesemanns Reputation war selbst in Südamerika dahin. Um zu überleben, ließ er sich von begüterten Witwen aushalten. Erst nahm er ihr Geld, dann räumte er ihre Schlafzimmer. Die Folge: neun Haftbefehle. Abermals ergriff Hans Otto Wesemann die Flucht. Die Schweiz wurde sein zweites Exil. Und er hatte Glück.[2a]

In Genf beschäftigte ihn der „Sozialdemokratische Pressedienst". Das spärliche Gehalt zwang ihn zu Nebenjobs, die er freilich wegen seiner „Weibergeschichten" immer wieder verlor. Da keimte Hoffnung auf: Hitler schickte sich an, ein Drittes Reich zu errichten. Eine erfreuliche Fügung führte Wesemann zu einem Weggefährten Heinrich Himmlers, zum Dozenten Friedrich Berber, der regelmäßig in die Schweiz reiste.* Berber hatte für den Reichsführer-SS in der Schweiz ein Spionagenetz errichtet und den jungen Wesemann verpflichtet. Fortan erreichten den Professor Meldungen aus dem Umfeld des „Sozialdemokratischen Pressedienstes" – wie gehabt überwiegend Fantasieprodukte.

Trotzdem war Hans Otto Wesemann in der Prinz-Albrecht-Straße gut gelitten, dem Quartier des SS-Gruppenführers Reinhard Heydrich, der im Januar 1935 Prioritäten setzte: den Pazifisten Berthold Jacob Salomon aus dem Verkehr zu ziehen.[3]

Salomon hatte – unter dem Pseudonym Berthold Jacob – Enthüllungen über die Morde an Karl Liebknecht und Rosa Luxemburg publiziert, die (Schwarze) Reichswehr im Visier, den Chef der Heeresleitung, Hans von Seeckt, über eine spektakuläre „Weltbühne"-Serie wegen Verstößen gegen den Versailler Vertrag mit aus dem Amt geschrieben. Legendär dazu Salomons Denkschrift „Deutschlands geheime Rüstungen".[4] Erst war er „Staatsfeind" der Weimarer Republik, dann einer des NS-Regimes.

Salomon entkam Hitlers Machtübernahme. 1933 hatte er in Straßburg bei Freunden Unterschlupf gefunden. In einer Dachkammer lebte er mit seiner Frau von der Hand in den Mund. Sein „Unabhängiger Zeitungsdienst" warf nur wenig ab. Er wollte in die USA emigrieren, doch die Amerikaner erteilten ihm kein Visum. Genau da setzten die Häscher der SS an.

Wesemann lockte Salomon in die Schweiz, nach Basel: Er, Wesemann, würde Pass samt Visum besorgen können, im Übrigen hätte ihm

---

* Friedrich (Fritz) Berber war von 1936 bis 1944 stellvertretender Leiter des Instituts für Auswärtige Politik der Universität Hamburg, in Berlin seit 1936 dazu Leiter des Deutschen Instituts für Außenpolitische Forschung, das eng mit dem SD zusammenarbeitete, darüber hinaus Herausgeber der „Monatshefte für Auswärtige Politik". Als „Völkerrechtsexperte" beriet er das Auswärtige Amt. Berber reiste vierteljährlich nach Genf, offiziell zum Internationalen Komitee des Roten Kreuzes. BND-Altvordere sind überzeugt, dass Berber dazu „Führungsoffizier" Schweizer Agenten gewesen sei. Von 1954 bis 1968 leitete er das Institut für Völkerrecht, Rechts- und Staatsphilosophie in München. Berber starb am 23. Oktober 1984 in Kreuth. Seine Zusammenarbeit mit der Organisation Gehlen bzw. dem BND ist unbestritten.

der pensionierte Chefredakteur der „Times", Wickham Steel, fette Honorare in Aussicht gestellt, die er, Salomon, für sein USA-Exil dringend benötigen werde.

Arglos reiste Salomon nach Basel. Er meldete sich, wie aufgetragen, im Hotel „St. Gotthard" in der Centralbahnstraße 13. Steel, so tröstete Wesemann, werde später dazustoßen, unterdessen könnten Pass- wie Visa-Modalitäten erledigt, im Restaurant „Zum schiefen Eck" in der Unteren Rebgasse 1 die Formulare unterschrieben werden. Dort angekommen, stellte sich Salomon ein Hans Joachim Manz vor, ein weiterer Gestapo-Gauner. Salomon trank Enzian, reichlich. Die Papiere, beruhigte Manz, lägen aus Gründen der Sicherheit in seiner Wohnung. Salomon schöpfte keinen Verdacht. Schließlich war er angetrunken.

Die Vorstellung, im letzten Moment dem Einflussbereich der Gestapo zu entkommen, ließ Salomons Verstand verkümmern. Er setzte sich also am 7. März 1935 in einen von Wesemann beim Autohaus Welti-Furrer angemieteten Chrysler-Plymouth (ZH 9512), der dann auf die deutsche Grenze zuraste. Um 20.15 Uhr erreichten die Kidnapper das Schweizer Zollamt Kleinhüningen. Kurz vor dem eidgenössischen Grenzposten gab Manz Gas und passierte den geöffneten deutschen Schlagbaum. In Weil zerrten Gestapo-Angehörige den inzwischen narkotisierten Salomon in der Adolf-Hitler-Straße aus der Limousine.[5] Die Rechnung der Gestapo war aufgegangen, zumindest kurzfristig – bis Freunde Salomons Alarm schlugen und Ernst Otto Wesemann namentlich als Bandenführer brandmarkten.

Wesemann wurde von der Kantonspolizei Basel verhaftet, vor Gericht gestellt, zu drei Jahren Gefängnis verurteilt, aber wegen „guter Führung" nach Venezuela abgeschoben. Das dritte „Exil" konnte er sich dank einer telegrafischen Überweisung von 2.000 Schweizer Franken aus Berlin leisten, seinem „Honorar".

Salomon stand auf der ersten NS-„Ausbürgerungsliste" (August 1933), zusammen mit Heinrich Mann, Lion Feuchtwanger, Willi Münzenberg, Wilhelm Pieck, Otto Wels oder Ernst Toller. Diesem Umstand wie eidgenössischen Schlagzeilen („Kopfjäger im Dienste der Nazis") hatte es Salomon zu verdanken, dass der Schweizer Bundespräsident Rudolf Minger ungewöhnlich laut protestierte, sodass das Auswärtige Amt bei der Gestapo intervenieren musste. Am 17. September 1935 ließ die SS Salomon laufen, ihn im September 1941 jedoch erneut in Portugal entführen, dieses Mal mithilfe des deutschen Gesandtschaftsrats I. Klasse in Lissabon, Helmuth Dietmar, der später in Bombay die Bundesrepublik Deutschland als Generalkonsul vertreten sollte. Salomon starb am 26. Februar 1944 an Tuberkulose im Jüdischen Krankenhaus in Berlin. Er wurde nur 45 Jahre alt.[6]

Hans Otto Wesemann – ein brauner Leuchtturm, der nun gestählt in „sein" Drittes Reich heimkehrte, nicht mehr als Straßenräuber, sondern als „Unternehmensberater". NS-Konzerne schickten sich an, sich die „Konkurrenten" in den eroberten Gebieten einzuverleiben.

Wesemann, vormals Volontär des „Wirtschaftsdienstes" des Hamburger Weltwirtschaftsarchivs („Commerz-Bibliothek"), hatte sich in die Verkehrslogistik eingearbeitet.[7] Ob Straßennetz, Eisenbahnlinien oder Luftverkehr – Wesemann galt alsbald als Kapazität. Fortan fertigte er Gutachten, wies der I. G. Farben den Weg nach Auschwitz, der Luftwaffe empfahl er den Bau von Flugfeldern, der Reichsbahn den Ausbau brachliegender Strecken, der Organisation Todt die Asphaltierung einsamer Gegenden, bis er 1940 dem Verkehrswesen Südosteuropas den Autobahn-Standard des Reiches verpassen wollte, damit der Führer schneller zu den persischen Ölfeldern vorstoßen konnte.[8] Hans Otto Wesemann fühlte sich berufen – zu einem nationalsozialistischen Wirtschaftsführer.

In Hamburg hatte sich Wesemann mit John Brech angefreundet, bis 1939 Chefredakteur des „Wirtschaftsdienstes", sodann Ressort-Chef Wirtschaft der Goebbels-Wochenzeitung „Das Reich".* Brech holte Wesemann in seine Redaktion. Dort erhob er die NS-Ausbeutung fremder Ressourcen zu einem „Modell der neuen Ordnung".[9] Der 1987 verstorbene Brech, am Ende Leiter der Wirtschaftsredaktion des WDR, gehörte – wie Wesemann – zur NS-Nomenklatura. Bei Währungsfragen der besetzten Länder galt Brechs Urteil gelegentlich als letzte Instanz. Auch Wesemann wurde von der NS-Elite hofiert.

---

* „Reich"-Mitarbeiter waren bei der „Welt": Heinz Barth, Fritz von Globig, Heinz Pentzlin; bei der „F.A.Z.": Nikolas Benckiser, Margaret Boveri, Walter Henkels, Karl Korn, Hermann Poerzgen, Alfred Rapp, Eberhard Schulz; bei der „Süddeutschen Zeitung": Hermann Proebst, Emanuel Süskind; schließlich: Wilhelm Backhaus („Hamburger Abendblatt"), Josef Müller-Marein („Zeit"), Benno Wundshammer („Quick"), Hans Huffzky („Constanze"); beim Rundfunk: Jürgen Petersen, Carl Linfert, Heinrich Strobel; beim WDR-Fernsehen: Werner Höfer.

Brech wie Wesemann waren aufeinander eingespielt, in der Reichshauptstadt Nachbarn. In der Ulricistraße 32 in Wannsee wohnte Wesemann, Brech bezog die Hausnummer 33. Die Mieter der feinen Adresse deckten für hohe SS-Ränge ein, sie verpflegten Emissäre des Oberkommandos der Wehrmacht, sie baten die Bürokratie der Reichsministerien zu Tisch. Das NS-Duo verkehrte aber noch mit anderen Quartiermeistern, so mit Hermann Stegemann, der in einem seiner „Weltwende"-Bücher die Mongolei für Regimegegner als „Strafkolonie" zur Diskussion stellte. NS-Absurditäten pflegten miteinander Umgang.

Strategen solcher Couleur riefen notwendigerweise sowjetische Geheimdienste auf den Plan, um – für die Nachkriegszeit – gerüstet zu sein. Die Rekrutierung von Agenten war fest beschlossen. Wie aber wurden sie „gemacht"? Über das missliche Schicksal deutscher Kriegsgefangener, in einem Fall über (den am 19. Mai 1945 von sowjetischen NS-Fahndern festgesetzten) John Brech. Im Gulag-System steckten ihn sowjetische Vernehmer bei Minustemperaturen in einen wasserdurchtränkten Mantel und warfen ihn vor die Barackentür. Zu einem Eiszapfen wollte Brech nicht erstarren. Er wies seinen Peinigern daher den Weg zu einem Kameraden.* Tschekisten legten ein weiteres Dossier an: „WESEMANN, H. O." Der aber hatte seine braune Vergangenheit längst abgelegt.

Das NS-Regime habe er, so erläuterte Wesemann, verachtet, aus tiefster Überzeugung den Zusammenbruch des Dritten Reiches herbeigesehnt. Die Entnazifizierung bestand Wesemann daher problemlos. Als stellvertretender Chefredakteur des West-Berliner „Kurier" begann sein „demokratischer" Aufstieg.

In einem Lebenslauf, den Wesemann auf Weisung der französischen Besatzungsmacht, in deren Besatzungszone der „Kurier" erschien, erstellen musste, hatte er über die Zusammenarbeit mit der Gestapo kein Wort verloren, die hochdotierte NS-Gutachtertätigkeit ignoriert, lediglich die „Reich"-Mitarbeit als „gelegentlich" angegeben. Zeugen, so spekulierte der vormalige NS-Paladin, seien nicht mehr vorhanden. Ein Trugschluss.

Eine Kopie dieser geschönten Vita hielt, im Frühjahr 1947, der Oberst Gennadij A. Borisow in Händen, der spätere GRU-Resident in

---

* John Brech wurde am 12. Februar 1950 über das Internierungslager Sachsenhausen entlassen.

Bonn. Die wird ihm ein Spion zugeliefert haben, der – unter dem Decknamen „Reichstag" – in der Verwaltung des Verlags („Kurier G.m.b.H.")
gesessen hat. Die Anwerbung Wesemanns lief daher ab wie ein Schweizer
Uhrwerk.

Wesemann erhielt einen Brief mit dem Absender „Kriegsgefangenen-
lager ‚74'" (Oranki bei Gorki). John Brech grüßte seinen Kameraden
als Überlebender („… mir geht es … den Umständen entsprechend
gut"). Dann aber erkundigte sich Brech nach dem „Salomonkomplex"
(„… eine schlimme Zeit damals"). Zu Recht fragte sich Wesemann, wie
der bei den Russen von der Außenwelt isolierte Freund an seine neue
Anschrift (Reinickendorfer Straße 3) gekommen war und warum er seine
Gestapo-Vergangenheit in den Mittelpunkt gestellt hatte. Die schlüssige
Antwort konnte sich Wesemann selbst geben: Die Zeilen waren mit dem
Segen sowjetischer Dienststellen befördert worden.[10] Nur welcher?

Noch ließ Borisow seinen Kandidaten ungeschoren, die „Sende-
pause" war Kalkül; die plötzliche Erinnerung an die Verschleppung
Salomons sollte Wesemann als böser Albtraum erscheinen. Im Dezember
1948 wurde er Wirklichkeit.

Der „Kurier", seine Redakteure hingen überwiegend an der Leine
irgendwelcher Geheimdienste, verkaufte seinerzeit mehr als 300.000
Exemplare. Die hohe Auflage verdankte die Redaktion vor allem Ost-
Berlinern, die den „Kurier" schätzten, weil er vorwiegend Nachrichten
aus dem kommunistischen Machtbereich druckte. Solche Inhalte waren
(in Ost wie in West) häufig nachrichtendienstlich gesteuert. Ein „Kollege"
Wesemanns, der „Schriftsteller" Julius Klepper, machte sich nun im
Auftrag der GRU auf den Weg zum „Kurier".* Im Mai 1948 meldete er
sich bei Hans Otto Wesemann.

Der GRU-Emissär präsentierte zwei Fotos. Die Bilder zeigten die
angebliche Tagung der SED-Kontrollkommission, auf der es, so Julius

---

* Julius Klepper (geboren 12. März 1897, verstorben 21. Juli 1960) war Soldat im
Ersten Weltkrieg. Er studierte in Bonn und Frankfurt Volkswirtschaft, „Haupt-
Redakteur" der KPD-Kampfschrift „Sozialistische Republik", Sekretär der kommunistischen Reichstags-Fraktion. Klepper sprach perfekt Englisch und Französisch. Er avancierte zum Ressort-Leiter „Politik" des kommunistischen „Berlin
am Morgen" unter dem legendären Chefredakteur Bruno Frei, direkter Nach-
fahre Heinrich Heines. 1934 setzte sich Klepper nach Moskau ab. Dort wurde er
als „Anwerber" für den Geheimdienst der Roten Armee verpflichtet.

Klepper, zu heftigen Auseinandersetzungen wegen eines prominenten (Ost-)Berliner SED-Funktionärs gekommen sei, dessen „kapitalistischer Lebenswandel" zur Abstrafung anstünde. Der wolle sich, so setzte Borisows Laufbursche fort, gegenüber einem westlichen „Presseorgan" erklären. Wesemann war begeistert, ein Treffen noch für denselben Tag geplant – ausgerechnet in Ost-Berlin, in Kleppers vorgeblicher Wohnung am Müggelseedamm 278 in Friedrichshagen, einem Objekt der GRU.

Hans Otto Wesemann guckte gegen 21 Uhr vorbei. Klepper stellte ihm den perfekt Deutsch sprechenden Borisow als vermeintlichen Nestbeschmutzer vor. Dann zog sich Klepper zurück. Auf dem Tisch lag ein Aktenkonvolut. Originale, Kopien und Fotos, die Wesemann als Gestapo-Agenten entlarvten. Borisow kam sogleich auf den Punkt: Wenn er, Wesemann, eine Zusammenarbeit mit dem sowjetischen Geheimdienst ablehne, werde das Material öffentlich.

Hans Otto Wesemann unterschrieb die ihm diktierte Verpflichtungserklärung. Nicht einmal seinen Decknamen durfte er wählen. Den bestimmte Borisow: „Salomon", denn der Neuzugang werde so a) permanent mit seinen zurückliegenden Taten konfrontiert und b) während einer möglichen labilen Phase rasch zu disziplinieren sein.[11] Hans Otto Wesemann war wieder Handlanger. Nicht mehr der Gestapo, jetzt einer der GRU. Das griff das Gemüt an.

Fortan stießen Journalisten des „Kurier" auf einen niedergeschlagenen Vize-Chef.* Dem täglichen Redaktionsalltag blieb Wese-

---

* Die Redaktion des „Kurier" war eine Hochburg östlicher Geheimdienste. Selbst Markus Wolf hatte in seinen Memoiren an einen „Kurier"-Chefredakteur – an Ernst Lemmer – erinnert: „Wir waren im Besitz einer Verpflichtungserklärung, die der CDU-Politiker (Lemmer) für den sowjetischen Nachrichtendienst unterschrieben hatte. Es wurde von unserer Seite aber nie versucht, ihn damit zu konspirativer Zusammenarbeit zu nötigen." Wollte Wolf sagen: Ihm sei eine „Nötigung" von seinen „Freunden" verboten worden? Wolf beantwortete diese wichtige Frage nicht. Der TV-Moderator Gerhard Löwenthal („ZDF-Magazin"), der Lemmers Tochter Ingeborg geheiratet hatte, klagte gegen Wolf. Nach einer einstweiligen Verfügung, die Wolf die weitere Behauptung verbot, dementierte Wolf im „Rheinischen Merkur" seine Darstellung mehr als eigenartig: „Ich sage ... nicht, daß (Lemmer) für den sowjetischen Geheimdienst gearbeitet hat. Hätte er dies, dann hätte ich die Verpflichtungserklärung wahrscheinlich nicht zu Gesicht bekommen." Wolf blieb nebulös: „Die Idee, daß jeder, der eine Verpflichtung unterschrieben hat, ein Spitzel sei, ist Unsinn." Lemmers Biografie gibt trotzdem

109

mann hin und wieder fern, sodass das Gerücht einer unheilbaren Krankheit kursierte. Borisow registrierte diese Veränderung sehr wohl. An einem innerlich zerrissenen Spion konnte ihm allerdings wenig gelegen sein. Nun schlüpfte der gebürtige Kasache in die Rolle eines Therapeuten.

Rätsel auf: Am 28. April 1898 in Remscheid geboren, Kriegsfreiwilliger mit 16 Jahren, beteiligt am Kapp-Putsch, mit 24 Jahren bereits Generalsekretär des „Gewerkschaftsringes Deutscher Arbeiter- und Angestelltenverbände" (Hirsch-Dunckersche Gewerkschaften). Als jüngster Reichstagsabgeordneter (Deutsche Demokratische Partei) stimmte er Hitlers Ermächtigungsgesetz zu, als Korrespondent schrieb er für die „Neue Zürcher Zeitung", das „Luzerner Tageblatt", den Berner „Bund", den Buda-„Pester Lloyd", die „Thurgauer Zeitung" und für „Soir" in Paris. Anlässlich des 50. Geburtstags Hitlers hatte Lemmer im „Pester Lloyd" dem Führer peinlichst gehuldigt. Als die DDR diese unangenehme Laudatio lancierte, dementierte Lemmer seine Autorenschaft und schrieb sie seinem (inzwischen verstorbenen) Reichstags-Fraktionskollegen Theodor Heuss zu. Lemmer: Der erste Bundespräsident habe sich seinerzeit in „Geldnot" befunden, weshalb er, Lemmer, Heuss diesen „Pflichtartikel" habe verfassen lassen. Lemmer will Heuss zehn Reichsmark Honorar gezahlt haben. Lemmer, der die CDU in der Sowjetischen Besatzungszone mitbegründete, siedelte überraschend nach West-Berlin über. Dort trat er die Nachfolge von Paul Bourdin als Chefredakteur des „Kurier" an. Während Bourdin zum Prinzipal des Bundespresseamtes wie anschließend zum Chefredakteur der „Welt" avancierte, wurde Lemmer Bundesminister für das Post- und Fernmeldewesen, für gesamtdeutsche Fragen, dann für Vertriebene, Flüchtlinge und Kriegsgeschädigte. Doch als die DDR Lemmers NS-Vergangenheit lancierte, trennte sich Konrad Adenauer von seinem Minister, ein seinerzeit politisch spektakulärer Vorgang. Er schob Lemmer auf den „ehrenamtlichen" Posten eines „Sonderbeauftragten des Bundeskanzlers für Berlin" ab, wo er auf dem Kurfürstendamm 32 über ein Büro verfügte. Lemmers Berliner Sekretärin, Irmgard Michna, lebte bis zum Mauerbau in Potsdam-Babelsberg, mit Zweitwohnsitz in der Rotdornstraße 7 in Friedenau. Die CIA hatte dem BND Hinweise auf eine nachrichtendienstliche Tätigkeit der Michna „für einen sowjetischen Geheimdienst" präsentiert, zugleich Lemmers intimen Freund Günter Oeltze von Lobenthal als GRU-Agenten enttarnt. Lobenthal, NSDAP-Mitglied seit dem 1. Mai 1935 (Nr. 3.539.304), Ressortchef „Wirtschaft" des SS-eigenen „Angriff", hatte im Auftrag Reinhard Heydrichs einen „Nachrichtendienst für den Betriebsführer" herausgegeben (Inhalte: „Die Bedeutung der sowjetischen Orienttabakproduktion", „Einsatz der Ostarbeiter"). Dazu publizierte von Lobenthal „Grundsätze" der „Arbeiter unterm Hakenkreuz" und stand der von Reinhard Heydrich etablierten nachrichtendienstlichen SD-„Gesellschaft für die Einheit Deutschlands e. V." vor; im Oktober 1944 schickte ihn Joseph Goebbels nach Budapest, wo er als „Kommissarischer Direktor" die Geschäftsführung des „Pester Lloyd" übernahm. Günter Oeltze von Lobenthal wurde von der GRU

Stundenlang hörte Borisow Wesemann zu. Wenn er bedrückt mit seinem traurigen Schicksal haderte, wenn er weinerlich von seinem Elternhaus, trübsinnig von seinen Freunden erzählte, wenn er depressiv über das geteilte Deutschland philosophierte. Noch mahnte Borisow Wesemanns zukünftige Agententätigkeit mit keinem Wort an. Stattdessen schenkte er grusinischen Cognac nach, klopfte ihm auf die Schulter, spazierte mit ihm durch den nordöstlich von Berlin gelegenen Wald bei Bernau.

Borisow sprach vom Frieden, den zu garantieren sich die Sowjetunion auferlegt habe. Er beschrieb das Szenario eines Dritten Weltkriegs, der die gesamte Menschheit bedrohe. Dies zu verhindern sei seine Aufgabe. Diese verantwortungsvolle Verpflichtung könne er aber nicht allein bewerkstelligen. Infolgedessen habe Wesemann, der vormalige Gestapo-Zuarbeiter, sowjetische Interessen zu vertreten. Borisow unterbreitete einen Vorschlag: Er, Wesemann, möge beim „Kurier" kündigen, Berlin verlassen und sich in Westdeutschland eine neue Existenz suchen. Dort werde er, in einer neuen Umgebung, zur Ruhe zurückfinden. Hörte sich das nicht vielversprechend an?

Tatsächlich übersiedelte Wesemann 1949, im Jahr der Gründung der zwei deutschen Staaten, nach Köln, wo ihn eine braune Seilschaft in das Funkhaus des Nordwestdeutschen Rundfunks (NWDR) hievte. Mit offenen Armen wurde der „Kurier"-Vize am Rhein aufgenommen und sogleich dem Ressort „Wirtschaft/Wirtschaftspolitik" vorgesetzt. Alsbald ging Wesemann auf Sendung. Sonntags leitete er „Der Hörer hat das Wort", in der Reihe „Soll und Haben" erläuterte er die Marktwirtschaft, dann konkurrierte er mit seinem „Stammtisch" gegen Werner Höfers „Frühschoppen".

Wesemann war, nach heutigen Kriterien, ein Medienstar, Autor der „F.A.Z." und wuchs – dank seiner perfekten Selbstdarstellung – zu einem gefragten Gesprächspartner Bonner Politiker heran. Er avancierte

---

Ende 1945 in seiner Berliner Wohnung (Marienbader Straße 9) verhaftet, dann nachrichtendienstlich verpflichtet. Lobenthal organisierte mit dem vormaligen Marinestabsrichter Hans Filbinger „Deutschlandpolitische Tagungen". Lemmers Nachkriegs-Rolle muss selbst Helmut Kohl bitter aufgestoßen sein. Anlässlich seiner Festrede zum 50. Geburtstag der CDU rückte der Kanzler den 1970 verstorbenen CDU-Altvorderen ins Zwielicht: Kohl nannte alle Mitbegründer der Ost-CDU beim Namen, nur einen nicht – Ernst Lemmer.

zum Jury-Vorsitzenden des Ludwig-Erhard-Preises und zum Vorstandsvorsitzenden der Stiftung Warentest.

Konrad Adenauer erbat seinen Rat, Ludwig Erhard vertraute ihm in Wirtschaftsfragen. Ganz oben war er angekommen, der Hans Otto Wesemann: 1953 Chefredakteur der „Deutschen Welle", zwei Monate nach dem Bau der Mauer, im Oktober 1961, Intendant ebendieses Senders, der über Kurz- und Langwelle den Ostblock flächendeckend mit schwarzer Propaganda überzog, so wie es umgekehrt der DDR-Deutschlandsender tat.

An diesen Triumphen war die GRU nicht mehr beteiligt. Gennadij A. Borisow wurde überraschend nach Moskau zurückberufen. Warum?

Der KGB-Vorgänger, das aus der Auslandsabteilung des NKWD hervorgegangene MGB, beanspruchte Wesemann einen Monat nach dem Volksaufstand für sich, wohl aus diesem Grund: Bei der „Deutschen Welle" gaben Gehlen-Getreue den Ton an. Sie bestimmten in den Redaktionen, sie verantworteten den antikommunistischen Feldzug. Schwächen dieser Gehilfen, Alkoholkonsum, Sexpraktiken – so etwas hatte Wesemann nach Moskau zu melden. Schließlich taugten solch schlüpfrige Details für Anwerbungen. Wesemann wechselte also den Dienst.

Über Wesemanns weiteren Weg beim KGB ist nichts bekannt. Der letzte Eintrag der GRU trägt das Datum Juli 1953.[12] Wesemann starb, 73-jährig, im November 1976. Er, der Kundschafter-„Veteran", wurde ehrenvoll zu Grabe getragen. Seinem Sarg folgte die damalige politische Prominenz.

MOSKAU
ruft Heinz Felfe

Der Meisterspion des Kreml
im Bonner Geheimdienst

v. HASE & KOEHLER VERLAG
MAINZ

Anti-Felfe-Pamphlet des BND: „Prost, Genossen! Ich bleibe Nazi!"

Ich, der ehemalige [handwritten signature] ████████

██ Oberscharführer. erkläre mich freiwillig

bereit, für die NKWD zu arbeiten. Ich werde

jeden Auftrag gewissenhaft und schnell ausführen.

Diese Verpflichtungserklärung gilt nicht nur für

das Gebiet der Union der Sozialistischen Sowjet-

republiken, sondern für jeden Staat, in dem ich

nach meiner Rückkehr leben werde, ganz gleich,

um welche Staatsform es sich dabei handelt.

Ich werde niemanden, auch meinen Angehörigen

nicht, von dieser Verpflichtungserklärung Mitteilung

machen. Sollte ich diese, meine freiwillige Ver-

pflichtung verletzten, unterliege ich automatisch

der Bestrafung, die die NKWD für mich als ange-

messen hält.

23. August ████ ████████

Nachrichtendienstliche Verpflichtung (eines SS-Oberscharführers):
„Den wirklichen Zweck wußte ich damals nicht"

Maulwürfe erreichen ihr Pensionsalter

Everhardt Franßen, vormaliger Präsident des Bundesverwaltungsgerichts (BVerwG), war ein besonnener, friedsamer Jurist. Eigentlich. Doch wenn sein 2. Senat wieder einmal zeitgleich über mehrere Klagen frustrierter Bediensteter des Bundesnachrichtendienstes (BND) zu entscheiden hatte, ließ Franßen unerfreuliche Emotionen erkennen. „In welcher Welt lebt der BND inzwischen?", wird ihm als Zitat zugeschrieben. In dieser:

Der Präsident des BND, August Hanning, genehmigte einem „Anbahner" für seinen privaten BMW „Tarnkennzeichen". Mit ihnen, so mag der Oberregierungsrat spekuliert haben, ließe sich jedes Parkhaus umfahren, Parkuhren ignorieren. Prompt erreichte Pullach eine Flut Strafzettel. Die „Deckkennzeichen" wurden daraufhin eingezogen. Der enttäuschte BND-Mann reichte Klage ein. Abgewiesen vom BVerwG.[1]

Der aufreibende BND-Alltag trieb einen Diplom-Physiker in psychotherapeutische Behandlung. Tapfer absolvierte der BND-Mann 130 Sitzungen. Die „Heilbehandlungskosten" wollte er allerdings ersetzt haben, da ihm seine Vorgesetzten „gesundheitlich bis zur Dienstunfähigkeit geschadet" hätten. Wieder zeigte sich das BVerwG hartherzig: Klage abgeschmettert.[2]

Der BND ein Tollhaus? Nicht immer. Bis zur deutsch-deutschen Vereinigung blieb zumindest die „Anweisung zum Waschen der (BND-) Fahrzeuge" geheim.[3]

Der BND war nie gut zu sich. Getrübte Stimmung wegen der Kaltstellung eines netten, aber überforderten Kollegen, alkoholische Katastrophen, Trübsal wegen einer kaputten Ehe, Verlegenheit wegen unterdrückter Homosexualität, dazu Gehaltspfändungen am Fließband.

So durfte es nicht weitergehen, entschied Ruth Hanning, die rührige Gattin des BND-Präsidenten. Folglich nahm sie einen Kochlöffel in die Hand und beteiligte sich – über ein Vorwort – an der Novität „Geheimrezepte" des BND, die notwendigerweise unter dem Titel „Topf Secret" von einem Unternehmen namens „Varus" in Bonn als „das erste Kochbuch des BND" produziert wurde. „Varus" setzte als Herausgeber bereits zuvor bemerkenswerte Zeichen: „Die Deutschen in der Formel 1", „Methoden-Handbuch Deutschsprachiger Fachunterricht", das „Kommunale Wahlrecht NRW", darüber hinaus das „Fachlernen ohne Sprachnot", bis „Varus" sein Herz für am Herd hektisch agierende BND-Gourmands entdeckte und dem „Topf Secret" darum ein notwendiges Utensil beilegte: „Jetzt mit Schürze".

Braten, backen, rösten, schmoren, grillen? Hatte sich Ruth Hanning etwa der Küche der Emilia-Romagna genähert? Da Pullach nicht bei Bologna liegt, mutierten die „Speisen, Spannung und Spione" weniger zu Leckerbissen, sondern zu einem „Ringbuch im Querformat". Ruth Hanning in vollem Ernst: Bislang unerforscht seien die Wirkungen „fremdländischer Kost oder der reichhaltige Genuß inspirierender Getränke auf den Erfolg nachrichtendienstlicher Arbeit", die Rezepte „haben die weltweit tätigen Mitarbeiter selbst zusammengetragen" – bis auf „das ‚Apfelkuchenlied', das uns Reinhard Mey zur Verfügung" stellte.[4]

Derlei Flankenschutz benötigte Markus Wolf zu Lebzeiten nicht. Dessen „Geheimnisse der russischen Küche", von ihm bereits ein Jahrzehnt vor den BND-Pfannen auf das Feuer gestellt, hoben sich von der Pullacher Speisekammer würzig ab, beispielsweise Wolfs herbstliche Welt zwielichtiger Pilze.[5] Auch der vormalige WDR-Korrespondent in Moskau, Klaus Bednarz, ein ausgewiesener Gourmet, hatte sich längst an die russische Esskultur gewöhnt, bis ihn das KGB über eine „Borschtsch"-Variante vergeblich als Agenten anzuwerben versuchte. Zurück in Köln, wollte ihn der BND beschäftigen. Bednarz: „Die hab' ich nur ausgelacht. Was die mit ihrem Riesenapparat alles verpennt haben."[6] Ausnahmsweise einmal nicht.

Am 9. November 1990 unterzeichneten Helmut Kohl und Michail Gorbatschow im Palais Schaumburg den „Vertrag über gute Nachbarschaft und Zusammenarbeit". Anschließend gab's Saumagen, in Pullach sechs Monate später den Austausch einer geheimnisvollen Rezeptur. Statt Pelmeni mit Senfsauce einigten sich der BND und die US-Defense Intelligence Agency auf ein „Memorandum of Understanding".[7] Die Dienste schoben ein wildes Chili-Voodoo-Gericht in den Ofen. Es ging um die West-Gruppe der Roten Armee in der DDR, um Hightech made in the USSR, um ein durch das Kanzleramt autorisiertes Schurken- wie Schelmenstück. Diese Mahlzeit hätte „Death by Chocolate" („Tod durch Schokolade") heißen können, doch die Medien gaben der Operation den Namen eines friedlichen Säugetiers: „Giraffe".

Rotarmisten – im Wissen, alsbald in die trostlose Heimat heimkehren zu müssen – suchten nach Einnahmequellen, um in der mitteljakutischen Niederung oder im sibirischen Bergland, in Wladimir oder Smolensk, überleben zu können. Glasnost und Perestroika bedeuteten für sie Armut. Anfangs durchwühlten BND-Fahnder Mülltonnen, eine Periode, die nicht von Dauer war. Es sprach sich herum, dass vor baufälligen Kasernen „Altwarenhändler" herumlungerten, um das eine oder andere Militär-Spielzeug aufzukaufen. Während der BND die Deals aushandelte, finanzierte Washington die Geschäfte, beispielsweise geriet die russische Freund-Feind-Erkennung „C 55 Patrol" in US-Hände, die wohl fetteste Beute.[8] Bis zum Abzug der Russen agierte der BND also als Hehler. Immer unverfrorener sammelte der Dienst sowjetisches Equipment ein.

Das dreiste Unternehmen entsetzte die GRU und das KGB. Zwar konnte der eine oder andere russische Trödler der Militärgerichtsbarkeit zugeführt werden, die Sowjets indes blieben die Einzigen, die den deutsch-sowjetischen „Vertrag über gute Nachbarschaft und Zusammenarbeit" wirklich ernst nahmen. Die aggressiven Beschaffungsaktionen des BND machten Moskau wütend. Und der Groll hält bis heute an.

Während sich die deutsch-amerikanische Connection munter bediente, flog der Geheimdienst-Koordinator Bernd Schmidbauer im Herbst 1992 nach Moskau. Dorthin trieb ihn eine wie auch immer geartete „Spionageproblematik". Zurück in Bonn, frohlockte der Vertraute Helmut Kohls: „Rußland hat versprochen, jegliche Aufklärungsarbeit gegen die Bundesrepublik Deutschland bis zum Jahresende einzustellen."[9] Die Szene reagierte ungläubig. Was sei nur in diesen Schmidbauer gefahren?

Ein halbes Jahr später tauchte überraschend Jewgeni Primakow in Deutschland auf, SWR-Chef und verantwortlich für die Auslandsspionage.* Er begutachtete das Kölner Bundesamt für Verfassungsschutz, auf dem Pullacher Areal dachte er innerlich grinsend nicht nur einmal an

---

* Aus dem KGB sind der Inland-Geheimdienst FSB und der SWR (Ausland) hervorgegangen.

den KGB-Helden Heinz Felfe. Erneut bezog Schmidbauer Stellung: Fortan werde es „ein Grundprinzip des SWR sein, daß er seine Arbeit nicht gegen die Interessen der Bundesrepublik Deutschland richtet". Da kannte er den SWR-Pressechef Jurij Kobaladse nicht: „Der SWR hat über eine Einschränkung seiner Aufklärungsarbeit nichts verlauten lassen"[10], während der Ex-KGB-Generalleutnant Wladim Kirpitschenkow Schmidbauers Gutgläubigkeit ironisch kommentierte: „Die besten Agentenjahre liegen zwar lange zurück, aber wir sind überall präsent und bleiben konkurrenzfähig."[11] Die Branche sah dies ebenso.

Das Hamburger Landesamt für Verfassungsschutz meldete etwa zur selben Zeit, russische Aufklärungsdienste hätten die „traditionellen Arbeitsmethoden ihrer sowjetischen Vorgänger ... im wesentlichen beibehalten"[12], zeitgleich warnte das Bundesamt für Verfassungsschutz gar vor „verstärkten Aktivitäten des Inlandsgeheimdienstes FSB gegen deutsche Auslandsvertretungen" („Der FSB hält bei seinen Arbeitsmethoden in Rußland an Vorgehensweisen seines Vorläufers ... KGB ... fest").[13] Mehr noch. Wladimir Putin höchstselbst gab früh und wiederholt die Richtung vor: „Die Entscheidung in vielen wichtigen Fragen hängt unmittelbar von der rechtzeitigen ... Berichterstattung des Auslandsnachrichtendienstes SWR ab." Putin grundsätzlich: „Ich rechne damit, daß der SWR in Zukunft sein analytisches Potential ausbaut, um alle Veränderungen in der weltpolitischen Lage aus operativen Standpunkten zuverlässig melden zu können."[14] Die russischen Dienste sind also noch bei klarem nachrichtendienstlichem Verstand. Das waren sie immer. Besonders wach 1945.

Im Reichssicherheitshauptamt (RSHA) in der Prinz-Albrecht-Straße schlugen alliierte Bomben ein. Die Treffer waren schließlich derart unangenehm, dass das Amt IV („Gegnererforschung und -bekämpfung") im Juli 1944 annähernd geschlossen nach Wulkow in das dortige Schloss (heute „Parkhotel Schloss Wulkow"), westlich der Oder, ausweichen musste. Der SS-Hauptsturmführer Horst Kopkow, nach dem Zusammenbruch des Dritten Reiches kenntnisreicher Berater der Engländer, gab Details preis:

Der Umzug sei, unter dem Code „Dachs I", als „Geheime Reichssache" vollzogen worden. Und da sich in der Nähe ein Lager mit rund 250 Juden aus Theresienstadt befunden hätte, seien „die von uns auch beschäftigt worden". Dann erzählte Kopkow seinen Vernehmern in London eine absurde Geschichte:

Im Januar 1945 erreichte die Rote Armee die Oder. Der SS-Hauptsturmführer Leonhard Halmanseger, Leiter der „Nachrichtenstelle" im RSHA-Amt IV C, wollte sich das „Schauspiel" vor Ort ansehen. Als die Russen durchbrachen, setzte sich „Dachs I" ins bayerische Hof ab, wo Kopkow, jetzt Leiter von „Dachs II", den Rest seiner Trümmertruppe auf Bauernhöfen einquartieren ließ. Leonhard Halmanseger war nicht mehr dabei.[15] Doch plötzlich, sechs Wochen später, erkundigte sich Halmanseger im Hofer Zensur-Amt in der Wilhelm-Gustloff-Straße nach seinen versprengten RSHA-Kameraden.

Halmanseger erzählte Kopkow, er sei von einer sowjetischen Vorhut gefangen genommen worden, habe jedoch fliehen können. Irritiert erkundigte sich Kopkow: Woher er wüsste, dass „man nach Hof ausgewichen ist". Diese Frage verstörte wiederum Halmanseger. Er wich einer Antwort aus. Die gab es dann mit einiger Verzögerung: Halmanseger, so deutete Kopkows britischer Partner 1950 an, sei möglicherweise mit einem bei den Russen internierten Verwandten in Schlesien erpresst und von der GRU verpflichtet worden. Kopkow wunderte sich: Wenn dem so sei, wieso kannten die Russen die geheim gehaltene Rückzugslinie des RSHA-Ressorts IV? Da musste selbst der ansonsten gut informierte Brite passen.[16]

Horst Kopkow, der die Rote Kapelle mit ausgehoben, die Attentäter Reinhard Heydrichs gefasst, die Verschwörer des 20. Juli gejagt hatte, diente bis Ende der Fünfzigerjahre dem Secret Intelligence Service (SIS), der ihn zugleich an Reinhard Gehlen „auslieh".

Über Hamburg pendelte Kopkow zwischen London und München hin und her, „bequem mit der BEA", wie er sich an die schönen Flüge erinnerte. Im Juni 1957 diskutierte er mit Reinhard Gehlen wieder einmal das Thema Rote Kapelle. Der BND-Prinzipal glaubte unverdrossen, Reste der sowjetischen Spionage-Organisation würden die Bundesrepublik „aushöhlen". Während einer dieser Rätselrate-Stunden platzte ein Gehlen-Adjutant in das Büro: Der „Halmanseger" könne nicht länger warten, er müsse zu „einem wichtigen Treff". Kopkow traf der Schlag: Klarnamen in seiner Gegenwart, in Gegenwart eines Fremden?

In London informierte Kopkow den für ihn jetzt beim SIS zuständigen Alexander Ilhan über den erstaunlichen Zwischenfall. Halmanseger, so vertraute Ilhan Wochen danach seinem deutschen Agenten an, habe sich „mit an Sicherheit grenzender Wahrscheinlichkeit" der GRU ergeben, dem BND werde der Verdacht allerdings nicht angezeigt.* Kopkow fragte sich: Ist Pullach „von Doppelagenten durchsetzt?"[17] Ging der Secret Intelligence Service darum auf Distanz? Tat er nur das, was auch die Amerikaner taten: Abstand halten vom Ringverein Gehlens?

Die USA verfügten bis zur Kapitulation des Dritten Reiches über keinen vernünftigen Geheimdienst, lediglich über das Office of Strategic Services (OSS). Nun aber waren die Amerikaner um Personal verlegen, im aufkeimenden Kalten Krieg fehlten Kenner der Sowjetunion. Die existierten freilich zuhauf. Kein Geringerer als der 1934 in die Staaten emigrierte Philosoph Herbert Marcuse kümmerte sich um die NS-Versprengten, denn Marcuse leitete seit 1942 die OSS-Sektion „Europe", die im September 1947 in der CIA aufgehen sollte.[18] Marcuse empfing vormalige SS- wie Abwehr-Angehörige zu „Vorstellungsgesprächen".

Marcuses Agenten-Werbungen hatten nur einen Haken: Neueinstellungen spielten falsch, sie dienten noch anderen Herren und die saßen – in Moskau. „Rusty", so der anfängliche US-Deckname für die Organisation Gehlen (Org), erschien den Amerikanern bereits im Herbst 1950 als unsicherer Haufen: „Teile (der Org stünden) unter der Kontrolle der Russen", es fehlte allerdings der Überblick „über das Ausmaß des sowjetischen Eindringens". Washington begann sich von den bis dahin umhegten NS-Gefährten nach und nach zu verabschieden. Überraschend deutlich von Heinz Felfe.

Der US-Armee-Nachrichtendienst CIC bezeichnete das Felfe-Umfeld bereits 1953 als „SD-Clique", der nicht zu trauen sei und die „höchstwahrscheinlich Informationen an die Sowjets" weitergäbe. Zwei Jahre später eine weitere Schreckensmeldung: Felfe sei ein „akutes Sicherheitsrisiko", die Kommunikation mit ihm „auf das Notwendigste zu beschränken".[19]

Eigentlich hätten die Amerikaner ihre Verbindung zur Gehlen-Bruderschaft auf null herunterfahren müssen. Doch das verbot ihnen Washington. Trotz „der schweren Vorkommnisse", so begründete David

---

* Halmansegger, geboren am 16.10.1892 in Höhenkirchen bei München, trat 1914 als Schutzmann der Münchner Polizei bei. Nach der Niederwerfung der Räterepublik wechselte er zur Politischen Abteilung der Münchner Polizei. Im April 1934 protegierte ihn Heinrich Müller nach Berlin. Im Geheimen Staatspolizeiamt machte er Karriere. Neben seiner Tätigkeit für Gehlen arbeitete er für das Bayerische Landesamt für Verfassungsschutz. Er starb im August 1990.

E. Murphy (von 1959 bis 1961 Leiter der CIA-„Berlin Operation Base") die kontinuierliche Zusammenarbeit, „konnte man die Beziehungen zum BND nicht einfach aufgeben, schließlich (benötigten wir ihn) als wichtigen Zugangskanal zur deutschen Regierung, um deren Absichten und Pläne in Bezug auf die Außen- und Sicherheitspolitik zu beobachten". War Reinhard Gehlen etwa „abgeschaltet"? Murphy: „Wir werden bei unseren Beziehungen (zu ihm) ... in einer Weise verfahren, die das Ausmaß der operativen und personellen Zusammenarbeit begrenzt."[20]

Amerikaner denunzierten das Pullacher Gelände also lange vor dem Namenswechsel der Organisation Gehlen zum BND als Maulwurfshügel. Fortan stellten sie die Nähe zu Reinhard Gehlen hintan, am Ende spielten sie ihm Vertrautheit lediglich vor. Und das nur, um an geheime Bulletins aus Bonner Ministerien oder an die des Kanzleramtes heranzukommen. Bemerkenswert ist eine weitere US-Erkenntnis, die die plötzliche Scheu vor NS-Gesellen erklärt und damit auch den Erfolg sowjetischer Maulwurf-Rekrutierer – eine „wohldurchdachte Strategie", wie die CIA 1991 bitter rekapitulierte.

Die Russen erinnerten ihre zukünftigen Kundschafter an den von den Briten entfachten Dresdner „Feuersturm"; sie kamen auf die deutsch-russische Waffenbrüderschaft während der Weimarer Republik und des Dritten Reiches zu sprechen, um dann grundsätzlich zu werden: „Ihr" seid wie „wir", groß geworden in einer Diktatur. „Ihr" seid eurem Führer gefolgt, „wir" folgen unserem. „Ihr" und „wir" würden in einer sogenannten Demokratie nach US-Modell im Abseits landen. Statt die bisherige großartige Karriere fortzusetzen und weiterhin zur Elite zu gehören – was würdet „ihr" ohne „uns", was ohne „das" sein? Fazit: nichts.

Half freundliches Zureden über das dramatische „Wir"-Gefühl nicht, führte gelegentlich die Erpressungsgrundlage „Kriegsverbrecher" zum Sinneswandel. Heinz Felfe tat es für Geld, vom „Wir"-Gefühl musste er nicht überzeugt werden, nicht ahnend, dass seine KGB-Anbindung im BND längst vermutet wurde.

Am 15. März 1961, acht Monate vor Felfes Verhaftung, debattierte der Sicherheitschef des BND, Freiherr Walrab Rudolf von Buttlar, wieder einmal mit einem CIA-Kollegen über den Mann mit dem Decknamen „Friesen", den er bereits seit 1957 des Verrats verdächtigte.

Gehlen, so von Buttlar, sei dem „Charme Felfes erlegen". Das Brisante daran sei, dass er dem Präsidenten „besonders sensitive sowjetische

Angelegenheiten persönlich vortragen" könne ("… im Gegensatz zu fast allen anderen Beamten"), woraufhin Gehlen über andere, Felfe eigentlich nichts angehende, Komplexe „laut nachdachte". So würden selbst die geheimen Gedanken des BND-Chefs Moskau erreichen. Felfe observieren zu lassen, sinnierte von Buttlar, sei kaum möglich. Der kenne jeden Observanten der „Hauskapelle". Erschwerend käme hinzu, dass Felfes privates Domizil in Oberndorf nahe Kiefersfelden läge, einen Katzensprung vom österreichischen Territorium entfernt. Felfe würde seine Treffen somit ungehindert wahrnehmen können.[21]

Es vergingen Jahre, bis der angerichtete Schaden – zumindest halbwegs – von der CIA zu Papier gebracht werden konnte. Felfe habe Hunderte CIA-Agenten „mit Klarnamen oder Alias enttarnt". Felfes „Einfluß auf einige Mitarbeiter war so groß, daß er zeitweilig die Art und Weise der Zusammenarbeit mit den Amerikanern bei laufenden (anti-)sowjetischen Operationen diktierte", sodass die West-Berliner CIA-Filiale „praktisch neutralisiert wurde". Fataler noch: Felfe habe „die Mehrzahl aller taktischen Quellen in Ostdeutschland kompromittiert", jede „größere Gegenspionage-Operationen des BND" enttarnt. Der 1992 zu den Briten übergelaufene KGB-Oberst Wassili Mitrochin bestätigte den Konkurs des BND:

Felfes Informationen, „kombiniert mit denen der britischen Spione George Blake und Kim Philby … ermöglichten es, die Enttarnung wertvoller (sowjetischer) Agenten zu verhindern".[22] Ein unbeschreibliches Desaster, von dem sich der BND – bis heute – nicht erholt hat. Und als Heinz Felfe über seine Memoiren nachdachte, fiel dem Gehlen als BND-Präsident nachgefolgten Gerhard Wessel nichts Hirnverbrannteres ein, als bei Volker Hansen, Chef des Mainzer BND-Hausverlages v. Hase & Koehler, eilig ein Anti-Felfe-Taschenbuch zu bestellen.* Die Inszenierung trug einen wenig aufregenden Titel: „Moskau ruft Heinz Felfe".

Kapitel für Kapitel – so als ob Felfe den anonymen Autor stenografierend huckepack Tag und Nacht mit sich herumgeschleppt hätte

---

* Felfes Erinnerungen wurden tatsächlich veröffentlicht, freilich erst 1986 im Hamburger Verlag Rasch & Röhring. Der BND gab seinen Felfe aber bereits 1970 in Auftrag, denn Markus Wolf ließ über den soeben ausgetauschten Felfe das Gerücht verbreiten, dessen „Enthüllungen" würden kurzfristig die Buchhandlungen erreichen und vor allem die Unfähigkeit des Gehlen-Nachfolgers Gerhard Wessel beweisen.

(„Prost, Genossen! Ich bleibe Nazi!"). Dazu ein Schreibstil, der der „Bayerischen Waldzeitung" in Zwiesel gefallen hätte. Dass Gehlen Felfe wie seinen eigenen Sohn behandelte, ihm sorglos und weltfremd vertraute, enthüllte „Moskau ruft Heinz Felfe" nicht. Aber: Wenn „die Briten vor Felfe rechtzeitig gewarnt" hätten, für die er vor seiner BND-Bestallungen tätig war, ja dann, bitte sehr, dann wäre der Doppelagent beim BND auch nicht eingestellt worden.

„Moskau ruft Heinz Felfe" tischte alte Hüte auf, um zu suggerieren: Ausschließlich killende russische Geheimdienstler hätten Felfe angezogen, obwohl der mit sowjetischen Mord-Orchestern nun wirklich nichts zu tun hatte.

Die Abschnitte über die KGB-Exekution des ukrainischen Politikers Lew Rebet („Der Tod im Treppenhaus") oder die Hinrichtung Stepan Banderas („Ich habe auf Befehl getötet") sollten Felfes KGB-„Tatbeteiligung" suggerieren. Im Gegensatz zu Felfe präsentierte „Moskau ruft Heinz Felfe" darum auch einen „anständigen" Verräter: Nikolai Chochlow, der – statt den NTS-Operationschef Georgi Okolowitsch zu meucheln – zur CIA überlief („Mein Auftrag hieß Mord!"). Dennoch enthüllten die Druckfahnen Ungeheuerliches. Sie verwiesen, wohl unbewusst, auf Gehlens größte Lebenslüge:

„Seit 1954 registrierte man in Pullach", so hieß es da unerwartet, „daß die Sowjets von Jahr zu Jahr mehr über die ,Organisation Gehlen' und den späteren BND wissen." Um „die Quelle dieser auffallenden Kenntnisse zu entdecken, werden alle möglichen Unterlagen analysiert: Veröffentlichungen in der Presse des Westens wie des Ostens, Berichte über Schauprozesse in der Sowjetunion, die Vernehmungen von Überläufern und die Ergebnisse der eigenen Gegenspionage". Das genau war jener Augenblick, in dem Fritz Scholz die Doppelzüngigkeit Felfes aufdeckte, die Gehlen freilich couragiert ignorierte. Der Maulwurf blieb am Ball, während der Felfe-Rufer Fritz Scholz von Gehlen höchstselbst in die Isolation getrieben wurde.

„Moskau ruft Heinz Felfe" – eine sprachlich schlampig redigierte Rechtfertigung, überdies unterhalb der Gürtellinie: Felfe habe sich „im Kampf gegen Polen nämlich eine Krankheit (Syphilis) zugezogen, (über) die bisher keine Recherche Auskunft gab". Ansonsten „hat Felfe in Pullach keine Freunde, man bleibt vor ihm auf Distanz", bis auf die rührende Ausnahme des Dauerkameraden Reinhard Gehlen, der Felfe in der

Tat innig liebte. Einmal allerdings fand sich der kuriose Schmarren mit der Wirklichkeit ab: „Ein Spitzenagent der Sowjets leitete die Maßnahmen gegen sich selbst." Genau.

„Moskau ruft Heinz Felfe" erreichte den Buchhandel nicht. Irgendwer in Pullach muss das Projekt als zu genierlich empfunden haben. Das Risiko, der BND, und damit Wessel, könnte als Urheber von „Moskau ruft Heinz Felfe" entlarvt werden, schien zu groß. Vielleicht ist das Unternehmen aber auch aus einem anderen Grund gestoppt worden:

Auf Seite 41 schrieb der „Moskau ruft Heinz Felfe"-Ghostwriter, der leitende Redakteur einer überregionalen Tageszeitung mit Sitz in Bonn, über den SS-Oberführer Wilhelm Krichbaum: „SD-Leute sind bei Gehlen nicht erwünscht."[23] Krichbaum, intimer Vertrauter Gehlens, hatte Heinz Felfe aber erst die Tür zur Organisation Gehlen geöffnet. Allerdings: Auch er war das, was Felfe war – ein Agent des KGB.

Damit in Pullach niemand Verdacht schöpfte, lancierte das KGB – wie oft in ähnlichen Fällen, selbst im Nachhinein – Krichbaums konspirativen Broterwerb über MfS-abhängige DDR-„Historiker": „In enger Gemeinschaft mit ehemaligen Gestapo- und SD-Leuten beteiligte sich Krichbaum aktiv am Wiederaufbau einer deutschen Geheimdienstorganisation – der Organisation Gehlen, des späteren Bundesnachrichtendienstes." Krichbaums „extrem antikommunistische und antisowjetische Einstellung sowie seine langjährigen Erfahrungen in der subversiven Tätigkeit prädestinierten ihn … dazu, in der Organisation Gehlen verantwortliche Funktionen zu bekleiden".[24] Solche Botschaften hinterließen beim BND immer Eindruck – als Ausweis beständiger Charakterstärke. Selbst dann, wenn der Denunzierte, wie Wilhelm Krichbaum, längst unter der Erde lag.

Im Spanischen Bürgerkrieg hatte Krichbaum in Barcelona Francos Geheimbehörde „Servicio Informacion Policia Militar" zugearbeitet, dann ließ er im eingedeutschten Sudetenland reihenweise vermeintliche Regimefeinde festsetzen. Die Aktionen gefielen – Krichbaum wurde Chef der Feldpolizei, mit Sitz im Haus des Admirals Wilhelm Canaris, bis er (nach seiner Beteiligung an Massenmorden in der Sowjetunion) zum Stellvertreter Heinrich Müllers aufrückte, des Gestapo-Chefs.[25]

Der glühende Führer-Verehrer galt im Dritten Reich als unnachsichtiger Gegner des NS-Widerstands, weshalb ihn braune Kameraden geradezu verehrten und ihre Bewerbungen bei Krichbaum, dem Bezirksvertreter der Organisation Gehlen, in dessen Villa in Weißbach bei Bad Reichenhall hinterlegten.[26] Krichbaums sowjetische Führungsoffiziere konnten davon gar nicht genug bekommen. Sie hatten einen überaus effizienten Spion in Stellung gebracht. Österreichische Kommunisten hatten dies ermöglicht: Kurt Ponger und Otto Verber.

Die Wiener Juden Kurt Ponger und Otto Verber emigrierten 1938 in die USA. In New York schlossen sie sich der Stalin-treuen „Austrian Action" an. Die publizierte (bis 1948) die „Austro American Tribune" („AAT"), für die Pongers Ehefrau Vera die „Jugendseite" redigierte. Obwohl ein spannendes OSS-Papier die „AAT" ausdrücklich als „pro-Russian" einstufte, übersahen OSS-Offiziere bei Ponger und Verber den kommunistischen Hintergrund.[27] Als das Dritte Reich in Trümmern lag, wurden Ponger und Verber als OSS-Vernehmer für das Internationale Militärtribunal rekrutiert. Sie sprachen perfekt Englisch, Serbokroatisch und Russisch. Und sie verhörten gemeinsam. Aber nur SS-Offiziere.

Im Januar 1946 saß ihnen in Nürnberg Wilhelm Krichbaum gegenüber. Ponger und Verber beschäftigten sich nicht mit der gesamten Vita des Delinquenten, ihre Befragungen zielten ausschließlich auf die Mord-Einsätze in der sowjetischen Steppe. Wie die CIA den Protokollen abschließend entnehmen konnte, ungebührlich lange und auffällig versessen auf barbarische Details. Die sich über eine Woche hinziehenden Erhebungen, maximal waren für solche Fälle ein bis zwei Tage angesetzt, machten Ponger/Verber verdächtig. Die US-Spionageabwehr wollte es herausfinden. Sie rückte aus zu ihrer bis heute wohl spektakulärsten Observation.

Vier lange Jahre, vom Frühjahr 1949 bis zum Februar 1953 (!), standen die heimgekehrten Ponger und Verber unter Beobachtung. Dies tat die CIC unentdeckt – im sowjetischen Sektor Wiens. Gelegentlich passierten die Verdächtigen das Palais Epstein bei der Bellaria am Ring, dem Quartier der sowjetischen Kommandantur. Hoffte das CIC, Hintermänner überführen zu können? Ob das gelang, ist keinem US-Dokument zu entnehmen. Sehr wohl aber, dass die Amerikaner am 25. Februar 1953, einem kalten, himmelblauen Nachmittag, auf russischem Hoheitsgebiet, das Duo Ponger/Verber entführen konnten.[28]

Der kurze Prozess in den Staaten schien erträglich: Ponger erhielt fünf bis 15 Jahre, Verber bis zehn Jahre.[29] Das milde Urteil mag mit der

Mitteilsamkeit der Spione im Zusammenhang gestanden haben. Wilhelm Krichbaum, der russische Helfer, erfuhr von dem Kidnapping nichts. In Oberpfaffenhofen schoss er sich im Mai 1960 eine Kugel in den Kopf, warum auch immer. Unerkannt als sowjetischer Kundschafter.*[30] Er nicht als Einziger.

Unter dem Decknamen „Unternehmen Zeppelin" hatte das RSHA-Amt VI C („Osten, Russisch-japanisches Einflußgebiet") Sabotage-Agenten aus allen russischen Nationalitäten hinter die Frontlinien geschickt. Doch je mehr die Rote Armee vorstieß, desto mehr verstummten die „Sprengmeister". Bei Kriegsende herrschte absolute Funkstille, gleichwohl wurden sie wieder zum Leben erweckt – auf dem Papier, in Gegenwart Reinhard Gehlens.

Da sei eine Gruppe „Wilhelm" bei Wologda, 500 Kilometer nordöstlich von Moskau, aktiv, „Theodor" im Raum Woronesch, „Josef" stünde gar vor den Toren des Kreml.[31] Überbringer dieser vielversprechenden Nachrichten: die vormaligen SS-Obersturmbannführer Emil Augsburg und Rudolf Oebsger-Röder, Letzterer vorübergehend Leiter des „Unternehmens Zeppelin".

Die Ost-Experten erschienen Gehlen im rechten Augenblick, soeben hatten ihm die Amerikaner seine Organisation (Gehlen) genehmigt. Schließlich ließ sich mit der Fortsetzung des „Unternehmens Zeppelin" in Washington repräsentativer Eindruck schinden.

Oebsger-Röder überzeugte Gehlen: „Rechtzeitig durchgeführte Vorbereitung einer künftigen Arbeit in der Art des Unternehmens Zeppelin kann bei einer kommenden Auseinandersetzung die militärischen Aktionen erheblich erleichtern."[32] Doch bevor Oebsger-Röder aktiv werden konnte, musste er sich eilig absetzen. Die Amerikaner suchten ihn wegen in Polen begangener Kriegsverbrechen. Er floh nach Indonesien. Dort drang er 1968 zu Hadji Mohamed Suharto vor, schrieb für den Diktator eine hanebüchene Biografie, als „O. G. Roeder" beschäftigte ihn der BND als seinen Korrespondenten, die „Süddeutsche Zeitung" und die „Neue Zürcher Zeitung" führten ihn als ihren Residenten.[33] Für

---

* Im Gegensatz zum BND war sich die CIA sicher, dass Krichbaum ein KGB-Agent gewesen sei. 1991 kehrten CIA-Vertreter aus Moskau mit der Einsicht nach Langley zurück, dass es sich bei Krichbaum dazu um einen hochkarätigen Kundschafter gehandelt habe.

Oebsger-Röder fand Gehlen Ersatz. Er entschied sich für Prof. Dr. Dr. Michael Achmeteli, Rektor des Wannsee-Instituts* und dessen Instituts-Assistenten Emil Augsburg.

Um für den „zweiten geheimen Krieg gegen Sowjetrußland" gerüstet zu sein, empfahl Achmeteli Hacke, Spaten, Schaufel und „kräftige

---

* Das „Unternehmen Zeppelin" wurde von Heinz Gräfe, Leiter des RSHA-Amtes VI C, als „Aktion für politische Zersetzungsversuche in der Sowjetunion" auf den Weg gebracht. Im Juli 1942 löste ihn Rudolf Oebsger-Röder ab, im März 1943 diesen Walter Kurreck. Die Kommandanten des „Unternehmens Zeppelin" residierten im Wannsee-Institut Am Großen Wannsee 43–45. Die Villa wurde 1914/15 nach Plänen des Architekten Paul O. A. Baumgarten für den Unternehmer Ernst Marlier errichtet. 1921 verkaufte Marlier das Anwesen an Friedrich Minoux, Generaldirektor im Hugo-Stinnes-Konzern. Nach seiner Trennung vom Stinnes-Konzern avancierte Minoux zum Aufsichtsratsmitglied der Berliner Gaswerke. Dort unterschlug er, zwischen 1924 und 1938, zwölf Millionen Reichsmark. Er wurde verhaftet. In der Prinz-Albrecht-Straße überschrieb er Villa und Gründstück der „Stiftung Nordhav", einer Immobilien-„Firma" des SD, der dort das Wannsee-Institut errichtete. Es erstellte nachrichtendienstliche Gutachten über die Sowjetunion. Zugleich mit der Umgestaltung der Villa in ein SS-Gäste-, Casino- und Konferenzhaus bezog die von Reinhard Heydrich geleitete Internationale Kriminalpolizeiliche Kommission ein Gebäude am Kleinen Wannsee. 1942 schuf der SD am Großen Wannsee eine Funkzentrale („Havel-Institut"), von dem aus Spionage- und Sabotageaktionen gegen die Sowjetunion organisiert wurden, wie das „Unternehmen Zeppelin". Das Gästehaus des SD wurde im Oktober 1941 eröffnet. Hier erholten sich hohe SS-Offiziere, Führer von Einsatzkommandos oder befreundete ausländische Geheimdienstchefs. Der Leiter des Inland-SD, SS-Gruppenführer Otto Ohlendorf, verlegte im Oktober 1944 sein Hauptquartier in die Villa. Im Februar 1945 hielt sich der Gestapo-Chef Heinrich Müller im Gästehaus auf. Dort verhandelte er mit Vertretern des Genfer Roten Kreuzes die Übergabe der KZ in Ravensbrück und in Sachsenhausen. Nach Kriegsende nutzte die Rote Armee das Gebäude, darauf die US-Spionageabwehr CIC, 1947 schließlich das August-Bebel-Institut der West-Berliner SPD. Seit 1952 diente es als Schullandheim des Bezirksamtes Neukölln. Erst 1988 erfolgte der Umbau und die historische Rekonstruktion von Villa wie Garten für die Errichtung einer Gedenkstätte. Zum 50. Jahrestag der „Endlösung der Judenfrage" wurde die „Gedenk- und Bildungsstätte Haus der Wannsee-Konferenz" öffentlich. Eine „Gedenk- und Bildungsstätte Haus der Wannsee-Konferenz" hätte allerdings bereits Jahrzehnte zuvor entstehen können, denn das 1965 setzte sich der Historiker Joseph Wulf dafür ein, in der Villa ein internationales „Dokumentations- und Forschungszentrum" einzurichten. Hinter Wulf standen prominente Fürsprecher: der Präsident des Jüdischen Weltkongresses Nahum Goldmann, die Philosophen Max Horkheimer und Karl Jaspers sowie der Theologe Helmut Gollwitzer. Doch weder der Regierende Bürgermeister Willy Brandt noch sein

Burschen". Dann führte er die Truppe nach West-Berlin zum Park des ehemaligen Wannsee-Instituts, Achmetelis altem Dienstsitz. Dort sollte das gesamte Archiv des Wannsee-Instituts vergraben sein: Personal-Karteien, Dokumentationen zur Roten Armee, militärische Lagekarten. Ans Tageslicht kam eine angefaulte Kiste, mehr nicht.[34] Alsbald stellte sich heraus, dass sich im Juni 1945 die GRU-eigene „Trophäen-Kommission" längst bedient hatte. Wer aber gab den Russen den Tip? Das Nachkriegs-„Unternehmen Zeppelin" entpuppte sich als Leichenschau. Die angeblich einsatzbereiten Gruppen in der Sowjetunion waren längst aufgerieben oder übergelaufen. Amerikaner, die Gehlen wegen der geheimen Regimenter anfangs mit Vorschusslorbeeren überschütteten, wurden nachdenklich: War Reinhard Gehlen wirklich der richtige Mann? Ein anderer war es: Emil Augsburg erhielt seine Befehle von der GRU, dem Geheimdienst der Roten Armee. Er hatte, als GRU-Dienstmann, die Russen zur Hebung des Wannsee-Schatzes animiert.

Augsburg, nebenher für die US-Spionageabwehr CIC aktiv, verfügte europaweit über enge Beziehungen zu russischen Emigranten-Organisationen, seinerzeit nachrichtendienstliche Hochburgen, freilich für Ost wie für West. Gehlen, von Augsburgs Meldesucht ergriffen, rühmte ihn als seinen „glänzenden Stern", spätere CIA-Mitarbeiter erhoben ihn gar zum „Godsend" („Geschenk des Himmels").

Als Heinz Felfe aufflog, geriet allerdings auch der mit Beifall überhäufte Augsburg unter Verdacht. Beweise fanden BND-Fahnder freilich nicht. Daraus schlug das KGB Kapital: Es ließ Augsburg unterstellte BND-Agenten verhaften und sie in der „Prawda" und dem „Neuen Deutschland" öffentlich vorführen. Das machte Sinn, denn Pullach hatte Augsburg inzwischen kaltgestellt, sich von ihm – aus arbeitsrechtlichen Gründen – freilich erst 1966 offiziell trennen können. Augsburg starb, wie viele seiner Kameraden, einsam: mit einer Kugel in der Schläfe. Ob er selbst abdrückte – niemand will sich erinnern.[35]

Nachfolger Heinrich Albertz erklärten sich bereit, das Haus als Mahnmal zur Verfügung zu stellen. Wulf, Autor der Bestseller „Das Dritte Reich und die Juden" und „Das Dritte Reich und seine Denker", hatte eines nicht bedacht: Die Bürokratie des West-Berliner Senats war zu dieser Zeit mit NS-Chargen übersetzt, beispielsweise das Landesamt für Verfassungsschutz mit mehr als 50 Prozent. NS-Autoritäten hintertrieben Wulfs Vorhaben. Als er diese Seilschaften erkannte, beging er am 10. Oktober 1974 Selbstmord.

Auch Richard Kauder gab Rätsel auf. Ihm gehorchte der angebliche Meisterspion „Max".

„Max" schien alles zu wissen. Trat in Moskau der Kriegsrat zusammen, erfuhr „Max" noch am selben Tag, was gesprochen worden sei. „Max" begeisterte: die Canaris-Abwehr, Gehlens Fremde Heere Ost (FHO) sowieso. Seine Berichte erschienen derart kundig, dass alsbald die Version kursierte, bei „Max" müsste es sich um Stalins Leibarzt handeln.

„Max" funkte von irgendwoher nach Sofia. Dort wurden die Nachrichten von Richard Kauder in einem Dachgeschoss aufgefangen. Kauder, Journalist der Wiener „Illustrierte(n) Kronen-Zeitung", hatte sich längst Meriten erworben. In Budapest hatte er nachts bereits den Schreibtisch des US-Konsuls John J. Meily durchwühlt.[36]

Kauder firmierte als „Dienststelle Klatt". Als Quelle disponierte sie über den weißrussischen General Anton Turkul, der sich in der ukrainischen Widerstandsbewegung engagierte und seinerseits auf den Rumänen Ira Longin verließ. Dessen nachrichtendienstliches Wissen umfasste den gesamten Balkan. Turkul und Longin also waren „Max", ein Gespann, das Percy Sillitoe vom britischen Secret Intelligence Service im Herbst 1948 Kopfschmerzen bereitete, denn Sillitoe traute weder Turkul noch Longin über den Weg, Kauder schon gar nicht.[37]

Die Recherchen zogen sich hin. Belgrad, Sofia, Bukarest, Zagreb – überall befragten Sillitoes Späher jene, die Turkul oder Longin kannten. Die Ergebnisse debattierte Sillitoe ausgerechnet mit dem KGB-Maulwurf Kim Philby.[38] Die Folge: Für Sillitoe wurde der Fall immer mysteriöser. Da überkam ihn ein Geistesblitz: Würde das Trio erneut arbeiten, fände sich möglicherweise ein sowjetischer Absender. Aber wie? Da gab es nur eine Organisation, die Gehlens, die Sillitoe wegen der NS-Seilschaften ohnehin nie geheuer schien. Auch er wähnte die Org als sowjetisch infiziert.

Kauder, Turkul, Longin kehrten als Drahtzieher zurück ins nachrichtendienstliche Gewerbe. Gehlen betrachtete sie wie ein Nachschlagewerk, als ein geheimes Handbuch, das, wie ehedem angeblich „Max", im Kreml ein und aus ging. Schließlich erhielt Sillitoe Gewissheit, 1951 über ein Kabel aus West-Berlin:

Turkul sei mit einem Taxi in den Ost-Sektor nach Karlshorst gefahren, dem Sitz russischer Geheimdienstler, nach drei Stunden in das „Hotel am Zoo" am Kurfürstendamm zurückgekehrt. Es stellte sich heraus: Turkul war ein Desinformant des KGB, Kauder und Login welche des Nachrichtendienstes der Roten Armee, der GRU.[39] Ob Sillitoe Gehlen über seinen Triumph orientiert hat, darf bezweifelt werden.

Eigentlich war Reinhard Gehlen ein armer Hund, dem in seinen alten Tagen bewusst geworden sein muss, welche Brut er da gezüchtet hatte: hier ein Maulwurf, da einer, einer um die Ecke, einer hinten, einer vorn, einer weiter weg, einer ganz nah. KGB und GRU nutzten Gehlens Schwäche für Himmlers Schwarzen Orden perfekt. Sie beförderten Gehlens antikommunistischen Kreuzzug kalt lächelnd, steckten übergeschnappten Experten des Untermenschentums zum Dank blecherne „Rote Banner" ans Revers. Für Gehlen schien vor allem der aufrecht, der weiland zur SS gehört hatte.

„In politischer Hinsicht absolut zuverlässig", hieß es da beispielsweise in einer Org-Beurteilung über den bisherigen SD-Aufklärer Alarich Alfons Johann Bross. Und der SS-Rottenführer Hans Brachmüller, der im Gestapo-Hausgefängnis Mitglieder der Roten Kapelle blutig prügelte, erzielte diese Org-Note: „Politisch ist er vollkommen einwandfrei."[40] Ob das auf Bross und Brachmüller tatsächlich zutraf, ist nicht dokumentiert. Dokumentiert ist, dass KGB und GRU in Pullach über eine stabile Hausmacht verfügten.

Michel Kedia, laut CIA ein Org-Mann „mit einem sehr schlechten Leumund", war während des „Unternehmens Zeppelin" für ein (von der GRU etabliertes) „Georgisches Nationales Komitee" zuständig; Gehlen beließ ihn in dieser Position. Der französische Auslandsdienst „Service de Documentation Extérieure et de Contre-Espionage" (SDECE) überführte ihn als GRU-angebunden. Oder Wilfried Krallert. Die kartografische wie ethnografische Koryphäe war erst eine Kapazität des RSHA, dann eine der Org. Der SDECE stufte ihn als KGB-belastet ein, demaskierte den SS-Sturmbannführer Stefan von Balthasar (RSHA I A 4, „Personalien des SD") als KGB-Agenten, überführte den SS-Hauptscharführer Walter Jagusch (RSHA IV D, „Besetzte Gebiete") als GRU-Spion. Und der SS-Obersturmführer Ebrulf Zuber? Auch ihn entzauberte der SDECE.[41]

Zuber absolvierte eine nationalsozialistische Bilderbuchkarriere: SS-Junkerschule, SS-Leibstandarte Adolf Hitler, „Säuberungen" in Polen, Amtsgruppe D im SS-Wirtschafts-Verwaltungshauptamt („Konzentrationslager"). Dann wurde Zuber, während seiner Kriegsgefangenschaft in der Tschechoslowakei, von der GRU angeworben. 1947 stellte ihn Gehlen ein und investierte in den Doppelagenten sein gesamtes Herzblut: Unter dem Decknamen „Ackermann" avancierte er zum Vize der „Operativen Aufklärung", dann zum stellvertretenden Chef „Sowjetblock". 1987 entließ der BND-Präsident Hans-Georg Wieck Himmlers Parade-Soldaten ehrenvoll in den Ruhestand.* Ebrulf Zuber starb 2005, einer seiner Kameraden früher.

Der SS-Oberführer Friedrich Panzinger, erfahren in der „Gegnerbekämpfung", Spiritus Rector des RSHA-Kollegiums Rote Kapelle, Befehlshaber der SD-Einsatzgruppe A in der Sowjetunion, Nachfolger des in den 20. Juli verstrickten Chefs des Reichskriminalpolizeiamtes (Arthur Nebe), geriet auf dem Weg von Pilsen nach Linz in Bad Leonfelden in die Fänge einer US-Einheit. Es gab Zeiten, da zitterte Moskau vor diesem Mann. Doch diese Ära war jetzt vorüber. Die Amerikaner übergaben Panzinger an der US-sowjetischen Sektorengrenze in Wien russischen Offizieren.[42] Dann nahm sich Heinz Felfe seiner an.

Gehlen, stetig mit der Geißel eines Maulwurfs aus dem SS-Milieu konfrontiert, entschloss sich für die Umsetzung eines finanziell gewaltigen Unternehmens. Er trat die Operation „Panoptikum" los: Ein vormaliger SS-Führer sollte sich zum Schein von den Russen umdrehen lassen und ihnen ein imaginäres Informantennetz als „Einstand" zustellen. Dann, so hoffte der BND-Präsident, ließen sich die Infiltrationswege des KGB aufspüren, womit sich zugleich die begrenzten Personal- wie Arbeitskapazitäten der Karlshorster KGB-Filiale drosseln ließen. Doch wem sollte er diese Rolle anvertrauen? Gehlen fand seinen Mann:

---

* Ebrulf Zuber, geboren am 28.03.1920 im Sudetenland, NSDAP-Mitgliedsnummer 6.435.101, 1939/40 Reichsarbeitsdienst, 07.07.1940 Eintritt in die Waffen-SS-Leibstandarte „Adolf Hitler", Verwendung im Ersatzbataillon 2. Kompanie, Rekrutenzeit in Berlin und Polen, 09.11.1943 SS-Obersturmführer, Einsatz beim SS-Hauptamt/Amtsgruppe D, 22.11.1943 Versetzung zur 11. Freiwilligen Panzergrenadierdivision Nordland, mit Wirkung vom 25.10.1944 vom SS-Hauptamt zum SS-Panzergrenadier-Ersatzbataillon 18 versetzt, 14.01.1945 Kompanieführer einer gemischten Einheit im Regiment 23, im Frühjahr 1945 freiwilliger Fronteinsatz, russische Gefangenschaft in der ČSR, Entlassung aus russischer Gefangenschaft, ab 02.05.1945 US-Gefangenschaft im CIC-Camp 74 in Ludwigsburg, dann Kriegsgefangenen-Entlassungslager Heilbronn, 11.12.1946 Verhaftung im Lager Heilbronn. Laut CIC 1947 Eintritt in die Organisation Gehlen, 1956 Übernahme in den BND.

den Kriminalobersekretär Erich Madsack. Dessen Kompetenz stand außer Frage. Im RSHA (IV A 2) hatte er sich durch seine erfolgreiche Jagd auf kommunistische Fallschirmagenten einen Namen gemacht. Heinz Felfe alarmierte seinen Karlshorster Führungsoffizier Witali W. Kortkow, auch darüber, dass dem aus der sowjetischen Haft entlassenen „nicht amnestierten Kriegsverbrecher" Friedrich Panzinger eine Rolle zugedacht sei.[43]

Der „Panoptikum"-Feldzug erschien Felfe „schizophren": „Man wollte dem Wachhund (KGB) einen Knochen hinwerfen, um ihn von seiner Wächteraufgabe abzulenken, um selbst (als BND) ungehindert anderen Dingen nachgehen zu können."[44] Entsprechend funktionierte das blöde Scheinnetz des BND:

Es wurde eine fiktive „Beton A. G." installiert, mit vielen Stempeln und buntem Briefpapier und so, dazu eine Firmenkorrespondenz erfunden. Und Friedrich Panzinger? Er konspirierte fortan mit dem Gefühl, endlich wieder gebraucht zu werden. Er suchte in München Bürohäuser auf, sprach dort wahllos Personen an; er setzte sich in den „Ratskeller" am Marienplatz an irgendeinen Tisch, um sich mit Unbekannten zu unterhalten. All diese harmlosen Passanten müssten nun vom KGB überprüft werden, spekulierte Gehlen; die Russen würden vor ihrem logistischen Waterloo stehen. Doch die soffen Wodka, flaschenweise vor lauter Freude.[45] Wegen Erich Madsack.

Der KGB hatte den „Selbststeller" Madsack als Kundschafter akzeptiert. Irgendwann kam Gehlen aber der böse Verdacht, Madsack würde wirklich für die Russen spionieren, eine durchaus realistische These, schließlich gab es genug Beispiele.* Anfangs verdrängte Gehlen

---

* Gegen Agenten des KGB oder der GRU wurde in der Org bzw. dem BND permanent ermittelt. Einige BND-Angehörige konnten überführt werden, bei anderen blieb der Verdacht bestehen. Die Liste ist lang, aber unvollständig: Ludwig Albert, 1940 Geheime Feldpolizei, 1941 Einsatzgruppe in der Sowjetunion, 1953 leitender Mitarbeiter der Org, zugleich Agent des CIC (Operation „Campus" zur Ausspähung der Org), im September 1955 von der Sicherungsgruppe Bonn als KGB-Spion festgenommen, Selbstmord in der JVA Bruchsal; Fritz Baltrusch, SS-Untersturmführer in Theresienstadt, rekrutierte für die Org alte Kameraden. Er wurde 1955 als KGB-„verdächtig" abgeschaltet; Johannes Crome (OKW-Amt Ausland / Abwehr, Hamburg), BND; Karl Döring, SS-Sturmbannführer d. R., SS-Lazarett Dachau, RSHA VII („Weltanschauliche Forschung und Auswertung") unter Franz Alfred Six, NS-Einsatz in Griechenland, berichtete als Bonner

den Verdacht. Je länger er aber über Madsack nachdachte, desto unsicherer wurde er. Er ließ das geheimdienstliche Lotteriespiel „Panoptikum" also abbrechen und den möglicherweise untadelig gebliebenen Madsack nach Stuttgart in eine auf Motorkühlung spezialisierte Zulieferfirma versetzen. Organisiert hatte diesen Deal der dem BND ergebene Heinz Burneleit, Leiter der Volkswirtschaftlichen Abteilung bei Daimler-Benz. Dann traf es Friedrich Panzinger. Er geriet wegen seiner Kriegsver-

---

Botschafter (Kamerun, Argentinien, Zaire, Neuseeland) dem BND; Hans Ehlich, SS-Standartenführer, RSHA III B („Volkstum"), Org, BND; Gerhard Engel, militärischer Adjutant Hitlers, Org, BND, verantwortlich für den illegalen Waffenhandel des BND; Wilhelm Fuchs, SS-Oberführer und Oberst der Polizei, Befehlshaber der Sicherheitspolizei und des Sicherheitsdienstes „Ostland" (Riga), Org, BND; Rudolf Fumy, Polizeirat, SS-Sturmbannführer, RSHA IV A 1 („Kommunismus, Marxismus, Nebenorganisationen, Kriegsdelikte, Feindpropaganda"), Org, BND; Karl-Edmund Gartenfeld, Major d. R., OKW-Amt Ausland/Abwehr (Agenten-Schleusung USA, England, „Unternehmen Zeppelin"), als Org-Mitarbeiter unter mysteriösen Umständen verstorben; Andor Hencke, Gesandtschaftsrat I. Klasse, NS-Botschaft ČSR, BND; Bruno Kauschen, RSHA IV B 4 („Judenangelegenheiten, Räumungsangelegenheiten") unter Adolf Eichmann, Org; Baron Harry Mast, österreichischer Abwehr-Offizier im Ersten Weltkrieg, OKW-Amt Ausland/Abwehr, Persönlicher Referent von Canaris, Org in Linz, Org-„Bevollmächtigter" im Nibelungen-Verlag Wilhelm Höttls; Kurt Moritz, SS-Sturmbannführer, RSHA V C 2 („Schutzhaftangelegenheiten"), Org, BND, Befrager im Flüchtlingslager Berlin-Marienfelde; Adolf Puchta, SS-Sturmbannführer, Kommandeur des SD-Einsatzkommandos 5 im norwegischen Drontheim, Org, BND, niedersächsisches Landesamt für Verfassungsschutz; Johannes Schauff, Geschäftsführendes Vorstandsmitglied der „Gesellschaft zur Förderung der inneren Kolonisation" („Reichsstelle für Siedlungsberatung"), 1932 Mitglied des Reichstags (Zentrum), BND, „observierte" in Gehlens Auftrag Herbert Wehner; Fritz Schmidt, SS-Obersturmbannführer, RSHA I D 2 („Disziplinarsachen"), Leiter Staatspolizeistelle Kiel, Ermordung von „Fremdarbeitern", Org, BND; Hans Schumacher, SS-Sturmbannführer, Leiter des SD in der Ukraine, an Exekutionen beteiligt, arbeitete bis 1956 für Gehlen; Hans Sommer, SS-Obersturmführer, ließ in Paris Synagogen anzünden, RSHA VI B 2 („Politischer Protestantismus, Sekten"), SD-Chef Nizza, Vizekonsul Marseille, Flucht nach Spanien, Org (Leiter Bezirksvertretung Nord); Max Staudinger, Kriminalrat, RSHA IV D 3 („Staatsfeindliche Ausländer"), Org, BND; Gerhard Stoedtner, Reichspropagandaministerium, im besetzten Teil der Sowjetunion Herausgeber russischer NS-Periodika („Vistnik", „Rußland Heute", „Ukraine-Post", „Informationsdienst über Sowjet-Rußland"), FHO, im Auftrag der US-Spionageabwehr CIC nach Ost-Berlin übergesiedelt, „Flucht", Gesamtdeutsches Institut, BND West-Berlin; Josef Adolf Urbahn, SS-Obersturmführer, SD Wien, Leiter SD-Leitstelle Budapest, Org in Österreich, BND.

brechen in München überraschend in U-Haft. Seinem Freund Walter Huppenkothen, der Wilhelm Canaris am 9. April 1945 im KZ Flossenbürg hatte strangulieren lassen, schrieb er im Juni 1959 einen sentimentalen Abschiedsbrief: „Mir ist so schwer zumute. Wer wird mich aus dem Leben schaffen?" Er tat es selbst, in seiner Zelle in München-Stadelheim.[46]

In Pullach überlebte Braungefärbtes selbst die deutsche Vereinigung. Cornelius Hausleitner, BND-Regierungsdirektor („Nah-/Mittelost"), wie Günter Grass in der Koma-Phase des Dritten Reiches Angehöriger der Waffen-SS, entpuppte sich als glühender Verehrer des SS-Standartenführers Eugen Dollmann, dessen Porträt den Mittelpunkt seines Büros bildete.[47] Dollmann war dem Höchsten SS- und Polizeiführer im noch unbesetzten Norditalien, Karl Wolff, unterstellt und dessen Verbindungsführer zur Marionettenregierung Mussolinis. Mit dem OSS-Chef Allen W. Dulles handelten sie den Waffenstillstand aus, der am 2. Mai 1945 in Kraft trat.[48]

Dollmann, Archäologe, homosexuell und permanent in Geldnot, wegen der Erschießung von 335 Geiseln in den Ardeatinischen Höhlen bei Rom von der italienischen Justiz verfolgt, hielt sich im Schweizer Exil mit „Analysen" über Wasser. Die erreichten viele: die CIA, den britischen Secret Intelligence Service, die Organisation Gehlen. Die Frage, ob sich unter den Empfängern nicht auch ein russischer befände, stellte sich irgendwann jeder, der sich mit Dollmanns Expertisen beschäftigte. Bei Cornelius Hausleitner, der Dollmann so zugetan war, dass er ihn in seinem Dienstzimmer ausstellte, rückte 2006 – „wegen des Verdachts des Verrats von Dienstgeheimnissen" – die Generalbundesanwaltschaft an. Der unter paranoidem Verfolgungswahn leidende Hausleitner hatte dem BND-Journalisten Wilhelm Dietl allerlei geheime Papiere zugesteckt. Beweismittel wurden gefunden, aber andere als erhofft – NS-Devotionalien, darunter Teile der deutschen Maschinenpistole 38 aus dem Zweiten Weltkrieg.[49]

Ob Dollmann für eine fremde Macht gearbeitet hat, wem Hausleitner etwas zuschob – zweitrangig. Von Gewicht ist, dass sich der BND durch das andauernde Maulwurf-Halali und durch den ständigen Abfluss amtlicher Dokumente (nicht nur an Journalisten) bis heute fortgesetzt selbst lahmlegt. Seinerzeit nahm die Öffentlichkeit die Affäre Heinz Felfe geradezu hysterisch wahr – schließlich war die Berliner Mauer gerade einige Monate alt, der Kalte Krieg auf seinem Höhepunkt –, während die Enttarnung der DDR-Agenten im BND Jahrzehnte später weniger schlagzeilenträchtig war.

Jeder BND-Präsident arbeitete „seinen" echten oder vermeintlichen Maulwurf nach immer demselben Muster ab: im Stillen. Wie ein Damoklesschwert schwebte über Pullach der feindliche Kundschafter. Wie sehr, offenbarte der BND-Vize Dieter Blötz noch im August 1975: „Große Wahrscheinlichkeit ... eines ‚zweiten Felfe‘."[50] Einer ließ sich nicht übersehen. Er war ein Gottesleugner, ein Sonderling, aber einer, dessen Reputation Reinhard Gehlen niemals hatte anzweifeln lassen – Franz Alfred Six, vormaliger SS-Brigadeführer und bis 1943 Prinzipal des RSHA-Amtes VII („Weltanschauliche Forschung und Auswertung").

Konspirative Gespräche mit Bonner Politikern, intime Partnerschaften zu Geheimdiensten – Franz Alfred Six schien unangreifbar. Er, der die Juden ausrotten wollte, konnte sich überall in der Bundesrepublik auf NS-erfahrene Kameraden stützen. Sie hatten sich in den Weiten Russlands kennengelernt, waren sich während einer Exekution in Polen begegnet, mit dem Endsieg hatte jeder fest gerechnet. Am Ende hatten sie allerdings nur noch sich. Das aber reichte.

Six, im Nürnberger Einsatzgruppen-Prozess zu 20 Jahren verurteilt, 1952 vorzeitig entlassen, nahm am öffentlichen Leben nicht mehr teil. Er versteckte sich. Erst zog er, laut Einwohnermeldeämter, von Stadt zu Stadt, dann ließ er Legenden verbreiten: Ferdinand Porsche soll ihn eingestellt, der rechtslastige FDP-Bundestagsabgeordnete Ernst Achenbach in seiner Essener Kanzlei beschäftigt haben. Niemand durfte erfahren, was er wirklich tat, nur Eingeweihte erreichten ihn, beispielsweise der Staatsrechtler Reinhard Höhn, einst im RSHA wie Six SS-Oberführer. Höhn hatte Heinrich Himmler als Bürokrat gehorcht.

Höhn hatte für den SD die „Lebensgebiet-Beobachtung" entdeckt, die Bespitzelung des öffentlichen Lebens über Paragrafen „legalisiert". Er verfasste das damalige Standardwerk „Rechtsgemeinschaft und Volksgemeinschaft", das unterjochte Völker zwang, an ihrer eigenen Versklavung mitzuwirken. Er legte – zusammen mit Theodor Maunz, maßgeblicher Kommentator des Grundgesetzes und Autor der „National-Zeitung" des Gerhard Frey – die „Grundfragen der Rechtsauffassungen" fest, zudem fungierte er als Mitherausgeber der SS-Zeitschrift

„Reich, Volksordnung, Lebensraum". Höhn brillierte als nationalsozialistischer Ideologe.

Frankreich bescheinigte Höhn das „demokratische Ende", das englische „System (werde) durch Volksaufstand" enden, während sich die deutsche „Großmacht" anschicke, sich des europäischen „Großraums" zu bemächtigen. In dieser arbeitsintensiven Zeit lernte Höhn Six schätzen. Und umgekehrt. Wie Zwillinge absolvierten sie ihr nationalsozialistisches Pensum. Doch plötzlich war der geliebte Führer tot, SD-Angehörige gerieten auf alliierte Fahndungslisten, das Vaterland lag viergeteilt in Schutt und Asche. Six war verhaftet, der SS-„Totenkopfring"-Träger Höhn im schleswig-holsteinischen Meldorf als „Heilpraktiker für Augendiagnostik" untergetaucht, bis es wieder aufwärts ging.

Höhn ließ sich „entnazifizieren" und übersiedelte nach Bad Harzburg. Dort etablierte er 1956 die alsbald prosperierende „Akademie für Führungskräfte der Wirtschaft". Er bot Behörden, dem Mittelstand und Konzernen Entscheidungshilfen an, so wie er es bereits im Dritten Reich getan hatte.

Höhns „Akademie" gilt als „Urmutter aller privaten Weiterbildungsschulen für Manager", wie die „Welt" zutreffend feststellte, zumal – ausgerechnet – Höhns „Harzburger Modell" den „autoritären Führungsstil der Vorkriegszeit" abzuschaffen gedachte.[51] Ohne Höhn wären Begriffe wie „Total-Quality-Management", „Content-Management-System", „Asset Management" oder „Ganzheitliches Management" wohl erst verspätet populär geworden. Franz Alfred Six ging es inzwischen auch wieder gut. In Darmstadt gab er – als Geschäftsführer des Verlags C. W. Leske – unter der Hand einen „Arbeitswissenschaftlichen Auslandsdienst" heraus, den sein Getreuer Höhn mit Material versorgte, da Six vom Metier nichts verstand. Woher das Geld für Höhns „Akademie" kam, bleibt im Dunkeln, nur der „Arbeitswissenschaftliche Auslandsdienst" hinterließ Spuren. Sie führten zu Reinhard Gehlen. Wohin sonst.

Welche nachrichtendienstliche Bedeutung der „Arbeitswissenschaftliche Auslandsdienst" hatte, können nicht einmal mehr BND-Altvordere ergründen. Franz Alfred Six kannten sie sehr wohl. Six gehörte in der Tat zur Org, wie anfänglich Reinhard Höhn, freilich mit einer Einschränkung. Die erläuterte der amerikanische Historiker Richard Breitman: Six sei „in die Organisation Gehlen Mitte der fünfziger Jahre eingetreten" und habe „zu einem bekannten Sowjetagenten Kontakt" unterhalten.[52]

Bei dem „bekannten Sowjetagenten" handelte es sich allerdings sogleich um drei: um Michail Kaversnew, Alexandrowitsch Waulin und Wassilij P. Gulakin. Der Erste hatte Six Ende 1952 mit dem Versprechen angeworben, ihm die Folgezeit finanziell abzusichern, und dass die sowjetische Staatsmacht ihn wegen seiner in der Sowjetunion begangenen Kriegsverbrechen nicht entführen, er somit auch vor keinem Moskauer Militärtribunal stehen werde. Der Zweite war der Führungsoffizier von Six, der Dritte (in Bern stationierte) ebenfalls. Dieser hatte Six Anfang 1970 in Bozen, dem Ruhesitz von Six, entpflichtet. Fünf Jahre später, am 9. Juli, verstarb der Maulwurf an einem Schlaganfall. Auf dem städtischen Friedhof Oberau fand er seine letzte Ruhe.

Nichts war mehr übrig geblieben vom nationalsozialistischen Selbstwertgefühl, vom nationalsozialistischen Standesbewusstsein, von der nationalsozialistischen Unbeugsamkeit. Stattdessen hatte Six den Russen Org- und BND-Strukturen geliefert, Namen wie Biografien jener, die ihm beruflich im Dritten Reich begegnet waren, sodass sich KGB-Anbahner auf den Weg machen konnten.[53] „Karlshorsts Haupterfolg in den Anfangsjahren der Bundesrepublik", konstatierte der KGB-Oberst Wassili Mitrochin trocken, sei „die Infiltration des halbamtlichen Spionagedienstes, der Organisation Gehlen" gewesen.[54] Korrekt.

137

*Hermann Foertsch (rechts, 1946 in Nürnberg), Volker Foertsch (oben): „Ich kann
die Frage damit beantworten, dass ich diese Frage nicht beantworte"*

Doppelagenten erhalten Rückenwind

„Atemlose Stille lag ... über dem dicht besetzten Saal des Obersten Gerichts der DDR, als der Generalstaatsanwalt Dr. (Ernst) Melsheimer dem Gericht den Antrag unterbreitete, ... ein militärisches Gutachten entgegenzunehmen", enthüllte das „Neue Deutschland" im Herbst 1954. Erneut hatte die DDR-Justiz überführte Spione wegen „Verbrechen gegen Deutschland" abzuurteilen. Die Angeklagten, von der Organisation Gehlen (Org) mit der Ausspähung der Kasernierten Volkspolizei beauftragt, seien zwar lediglich Statisten gewesen, aber sie hätten für Konrad Adenauers „Krieg die entsprechenden Vorbereitungen zu treffen".[1] Die Pläne präsentierte ausgerechnet ein früher SS-Angehöriger: Egbert von Frankenberg und Proschlitz.

Die Würdigung, über zwei Stunden mit schauspielerischem Talent wie auf einer Brecht-Bühne vorgetragen, erwies sich indes als Rohrkrepierer, denn Frankenberg, der die Org so nachhaltig als Untergrundarmee vorführte, wurde nach seinem Plädoyer von seiner eigenen Vergangenheit eingeholt: Aus dem West-Berliner US Document Center ließ Reinhard Gehlen dessen NS-Dossier heraussuchen und die NS-Personalie als Kopie dem obersten DDR-Ankläger Melsheimer an seine Ost-Berliner Privatanschrift in Pankow zustellen.[2] Frankenberg wurde daraufhin augenblicklich aus dem öffentlichen Verkehr gezogen.*

---

* Egbert von Frankenberg und Proschlitz kam 1909 als Sohn eines Offiziers im elsässischen Straßburg zur Welt. Er ließ sich 1931 zum Piloten ausbilden, trat im selben Jahr der NSDAP bei, ein Jahr später der SS, meldete sich freiwillig zur Legion Condor, geriet im Januar 1943 als Kommandeur des Edelweiß-Geschwaders im Kaukasus in sowjetische Gefangenschaft. Er zählte zu den Gründungsmitgliedern des Bundes Deutscher Offiziere. In der DDR avancierte er für die NDPD zum Abgeordneten der Volkskammer und zum militärpolitischen Kommentator des Deutschlandsenders. Frankenberg arbeitete für die GRU, anschließend für die HVA. Noch im Jahr der Wende lobte ihn das „Neue Deutschland": Er habe zu „patriotischer Haltung und sozialistischem Staatsbewußtsein beigetragen". Frankenberg starb im März 2000.

Den Medienrummel um Reinhard Gehlen hatte Moskau eigentlich gar nicht nötig. Egal, was der Org-Dirigent auch immer im Schilde führte, es schien, der Kreml kannte seine nachrichtendienstlichen Überlegungen bereits im Vorfeld. Den Grundstock dazu hatte Adolf Hitler gelegt. Am 22. Juni 1941.

Wehrmacht und Waffen-SS fielen in die Sowjetunion ein. Doch am Ende produzierte der nationalsozialistische Feldzug gegen die „Untermenschen" mehr als drei Millionen deutsche Sklaven. Darunter befand sich die noch intakte Heeresgruppe Kurland – ungeschlagene Divisionen mit rund 300.000 Mann.[3] Vor allem mit dieser Armee hatten die Russen alte Rechnungen zu begleichen. Wie keine anderen schürten gerade die „Kurländer" den „Bandenkrieg": auf dem Baltikum, in Weißrussland, in der Ukraine. Schließlich waren sie für das unendliche Leid im eingeschlossenen Leningrad verantwortlich.

Nach Moskau galt Leningrad als das bedeutendste politische, ökonomische und kulturelle Zentrum der Sowjetunion. Beide Städte in der Hand Hitlers – das hätte die psychologische Kapitulation nach sich gezogen. Doch wider Erwarten zwangen russische Verbände den Generalfeldmarschall Wilhelm Ritter von Leeb zum Stellungskrieg. Bei Moskau trieben sibirische T-34-Panzer die Aggressoren in die Flucht, das Ausharren in Leningrad spielte eine fast mystische Rolle: Die „Besiegbarkeit" der Deutschen weckte die Widerstandskraft der Russen und bescherte Stalins Vaterländischem Krieg letztendlich dessen Triumphe. Die deutsche Umklammerung Leningrads währte exakt 900 Tage und kostete rund 900.000 Zivilisten das Leben. Opfer waren freilich noch an anderen Fronten zu beklagen – an der unsichtbaren.

Die Abwehr des Admirals Canaris und die Fremde Heere Ost (FHO) Reinhard Gehlens sollten nun die Eroberung des alten St. Petersburg nachholen. Hinter der Frontlinie. Tief im Hinterland des Feindes. Die Deutschen setzten dabei auf „Fremdländische".[4]

Mit dem Aufbau solcher Kommandos wurde der Abwehr-Oberstleutnant Bernhard Klamroth* beauftragt, der Claus Schenk von Stauf-

---

* Gemeinsam mit Albrecht von Hagen organisierte Bernhard Klamroth im Mai 1944 den Sprengstoff für das Attentat auf Hitler. Am 21. Juli 1944 wurde Klamroth verhaftet, am 15. August 1944 vom Volksgerichtshof zum Tode verurteilt und noch am selben Tag in Berlin-Plötzensee durch Erhängen hingerichtet. Die ehemalige „Stern"-Journalistin Wibke Bruhns ist die Tochter Klamroths.

fenberg den Sprengstoff für das Hitler-Attentat besorgt hatte.[5] Klamroth schuf den „Sonderstab R" („Rußland"), einen Tross, den die Abwehr dem Kommando „Walli" (I, II, III) unterstellte. Bei „Walli" gab auch Gehlen den Ton an.

Im „Sonderstab R" tummelten sich der „Russische Faschistische Bund" (RFB), die „Russische Befreiungsarmee" (ROA), verstärkt durch weißgardistische Emigranten mit ihren „Selbstverwaltungen"; armenische, aserbeidschanische, georgische, nordkaukasische und kalmückische „Nationalkomitees" kamen hinzu, während die „Ukrainische Militärische Organisation" (UWO) bereits spektakuläre Erfolge erzielt hatte.[6] An der Leningrader Front unterhielten Abwehr wie FHO exakt 130 Operationsstützpunkte mit rund 60 Ausbildungscamps.[7]

Walter Schellenberg, erinnerte sich ein GRU-Offizier, „gab (Ende 1944) der Abwehr die Anweisung, alle Reserven an ausgebildeten Agenten sowie alle Helfershelfer der Faschisten für den Geheimkrieg im Rücken der vorrückenden Sowjetarmee zu mobilisieren". Das missfiel dem GRU-Oberst Valentin F. Markow. Seine Kundschafter hatten ihm einen Teil der „Banden"-Standorte ohnehin bereits gemeldet. Jetzt stellte Markow „Tschekisten"-Stoßtrupps zusammen. Diese sprachen perfekt Deutsch und waren mit Dokumenten der Wehrmacht bestückt. Sie sollten die „Banden"-Initiatoren in ihren Befehlsbunkern liquidieren. Fritz Brennecke, Leiter des Abwehr-Kommandos 204, erlebte so eine tödliche Überraschung. Unmittelbar vor dem sowjetischen Angriff auf Riga entführten Markows Männer den Chef der „faschistischen Spionage" Spyridon Langas. Dessen „wertvolle Aussagen" leiteten ein Szenario à la James Bond ein.

Unter dem Befehl des GRU-Hauptmanns Michail N. Pospelow schlichen im Oktober 1944 fünf „tapfere Tschekisten" in das von den Deutschen noch gehaltene Riga. Der mitgeführte Gefangene Langas wies auf ein zweigeschossiges Gebäude in der heutigen Kojusales-Straße. Dort residierte die „Abwehrstelle Ostland". Rücksichtslos schoss der Trupp das Personal nieder, sprengte Panzerschränke und raffte „Streng Geheim"-Dokumente zusammen.[8] Die Russen waren stets im Vorteil.

Die GRU hatte unzählige Überläufer zur Heeresgruppe Kurland entsandt, todesmutige „Maulwürfe" platziert. Die Abwehr wie FHO suggerierten, die Rote Armee sei militärisch erschöpft. Der letzte Kurland-Befehlshaber, Generaloberst Carl Hilpert, entschied sich daraufhin für einen Ausbruchsversuch und fiel prompt auf einen teuflischen Plan herein: Jede Hoffnung, so schätzte die GRU die deutsche Stimmungslage ein, die West-Alliierten doch noch zu erreichen, würden FHO- und Abwehr-Bedienstete vom Vernichten des „Banden"-Materials abhalten. Doch die Heeresgruppe Kurland war längst eingeschlossen. Als sie kapitulierte, fanden die Russen einige „Banden"-Lager unversehrt vor. Das sowjetische Manöver hatte einer nicht durchschaut: Reinhard Gehlen. Unzählige seiner „Waldbrüder" liefen in Fallen der GRU.[9]

„In dem Bestreben, möglichst viele Menschen vor den Sowjets zu retten", so Ulrich de Maizière, Erster Generalstabsoffizier im Generalstab im Oberkommando des Heeres (OKH), in seinen Erinnerungen*, „erhielt ich den Auftrag, am 4. Mai 1945 … in den Kurland-Kessel zu fliegen." Dort kam er mit dem Chef des Generalstabs, Generalleutnant Friedrich Foertsch, zusammen. Vier Tage später kehrte er zurück. De Maizière überbrachte der Dönitz-Regierung den schriftlichen Befehl, bedingungslos zu kapitulieren. Die Bedenkzeit, die der Kurland-Bezwinger, Marschall L. A. Goworow, dem Befehlshaber Carl Hilpert gegeben hatte, war soeben abgelaufen. Jetzt begann die hektische Beseitigung sensibler NS-Dokumente. In einigen Fällen zu spät.

Die Kapitulationsurkunde legte fest, dass alle operativen Unterlagen des Heeres, der Marine und Luftwaffe den Russen auszuhändigen seien. Abwehr und FHO waren Diensteinheiten der Wehrmacht. Auf ebendiese Papiere hatten es die Russen abgesehen. So landete der FHO-Oberstleutnant Fritz Scheibe, von Flensburg kommend, in Berlin-Tempelhof. Marschall Georgi K. Schukow aber ignorierte Scheibe. Er weigerte sich, den Deutschen zu empfangen. Diese Abfuhr war ein nachrichtendienstliches Unternehmen – nur Ulrich de Maizière sollte der Bote sein. Warum? Scheibe überblickte das Kurland-Offizierskorps nicht, aber de Maizière.

In Uniform traf Ulrich de Maizière am 12. Mai 1945 mit einer britischen Militärmaschine in Berlin ein. Ein sowjetischer Oberst, der im Übrigen „genau so aussah, wie man sich bei uns einen hohen NKWD-

---

* Thomas de Maizière, Bundesverteidigungsminister unter Angela Merkel, ist der Sohn des ehemaligen Generalinspekteurs der Bundeswehr Ulrich de Maizière und Cousin des letzten DDR-Ministerpräsidenten Lothar de Maizière. Das Interesse der GRU an Ulrich de Maizière folgte zwangsläufig, schließlich nahm er an den Lagebesprechungen Hitlers teil.

Offizier vorgestellt hatte", chauffierte ihn in einer schwarzen Limousine nach Köpenick. Die Gespräche blieben de Maizière unvergesslich – noch 1990: „Es zeigte sich … daß die Russen erstaunlich genaue Informationen über die Wehrmacht besaßen. Auffallend war die beachtliche Namenskenntnis." Die Sowjets hielten de Maizière, der – nach seiner Rückkehr – „wie ein verlorener Sohn empfangen" wurde, vier Tage in Gewahrsam.[10] Für den ausgedehnten Aufenthalt hatten wieder einmal gewitzte Geheimdienstler in Moskau gesorgt, die de Maizière nach allen Regeln der Kunst aushorchten. Selbst auf die nebensächliche Frage, was denn wohl aus der Familie der de Maizières geworden sei, gab der arglose Generalstäbler diese Auskunft: „Sie (alle) leben in dem von britischen Truppen besetzten Gebiet."[11] Moskau wusste es besser: Bruder Clemens, Mitglied der NSDAP seit 1937, in der DDR Zuträger des Ministeriums für Staatssicherheit (MfS), ängstigte sich währenddessen in einem sowjetischen Kriegsgefangenen-Camp vor der Zukunft.

Die personelle Hierarchie der Mausefalle Heeresgruppe Kurland herauszufinden – von de Maizière gegenüber sowjetischen Gesprächspartnern bestätigt wie ergänzt –, war für die Fahndung nach Mitarbeitern der FHO und/oder der Abwehr dringend erforderlich, denn nur ein solider Kenntnisstand garantierte schließlich die Verifikation der „Banden"-Offiziere. Als am 9. Mai 1945 ein sowjetisches Vorauskommando den Stab des Oberkommandos der Heeresgruppe Kurland besetzte, entdeckten Rotarmisten in einem Gutshaus mehrere Stellen, an denen Papiere verbrannt worden waren. Der Abwehr-Oberstleutnant Rolf Lisong musste daraufhin seinen „Banden"-Alltag aus dem Gedächtnis rekapitulieren.

Kiloweise hatten sowjetische FHO-Experten dank des Kurland-Erbes „Banden"-Dossiers auswerten können. Noch 1971 triumphierte die GRU: „Unsere Genossen von der Spionageabwehr kannten viele Mitarbeiter der Abwehrkommandos und Abwehrtrupps der Heeresgruppe mit Namen, kannten ihre Arbeitsmethoden, die Quellen, aus denen sie ihr Agentennetz auffüllten, und die Kanäle, durch die sie ihre Spione bei uns einschleusten."[12] In GRU-Hände gerieten aber auch Kurland-Prominente: Der Stabschef der 563. Grenadier-Division Ernst Keitel, Sohn des Generalfeldmarschalls Wilhelm Keitel. Oder Boris Wrangel, Neffe des weißrussischen

Generals. Dann fanden „Banden"-Fahnder die Panzerschränke des SS-Hauptsturmführers Paul Jankus, dessen „Banditen"-Regimenter noch im März 1945 hinter die sowjetischen Linien befohlen wurden, unversehrt vor. Jetzt schwärmte die GRU gen Westen aus.

Bei Kassel räumte sie eine SD-Schule aus, auf der Jugendliche als Perspektiv-Terroristen für den Einsatz in der Sowjetunion ausgebildet wurden. In den westlichen Besatzungszonen zerrten Rollkommandos Abwehr-Angehörige aus ihren Wohnungen, reihenweise entführte die GRU Mitarbeiter der FHO, mehr als 80 „Banden"-Kenner. Auf einen Fang war die GRU besonders stolz: auf den Oberst i. G. Erwin Stolze, der am 31. Mai 1945 in seiner Villa in Berlin-Lichterfelde (Lindenstraße 5) verhaftet wurde. Die Hatz ausgelöst hatte Franz Eccard von Bentivegni, bis 1944 Chef des Abwehr-Ressorts III („Spionageabwehr") unter Wilhelm Canaris und als Generalleutnant der Kurland-Armee in sowjetische Gefangenschaft geraten. Bentivegni denunzierte Stolze bereits während des ersten Verhörs.

Was war das Geheimnis des Erwin Stolze, der 22 lange Jahre für die Abwehr tätig war, der russische Emigranten-Gruppen gegen die Rote Armee in Marsch setzte, der in der Ukraine über ein Heer von 100.000 „Nationalisten" gebot, das den Russen noch bis weit in die Fünfzigerjahre hinein wüste Schlachten liefern sollte? Im deutsch-sowjetischen Geheimdienst-Krieg spielte Stolze als Vormann eine zentrale Rolle.

Erwin Stolze, 1891 als Sohn eines Angestellten in Berlin geboren, kämpfte im Ersten Weltkrieg als Artillerist an der Ostfront. Den „verwilderten" Russen galt fortan seine Aufmerksamkeit. Ob Zarist oder Bolschewik – für Stolze zählten ethische Gesetze. Für ihn waren die Völker des Ostens bereits lange vor Hitlers Machtergreifung „Untermenschen".

Das Volkswirtschaftsstudium finanzierte er sich mit Nebenjobs, etwa als Hilfskraft einer Papierwarenhandlung. Seine erste Anstellung fand er beim Berliner Magistrat. Es war die Zeit der Rezession. Stolze hockte in verqualmten Kneipen und versuchte nebenher, nationales Schrifttum zu verkaufen, vor allem das Erich Ludendorffs. Im März 1923 rückte er über den Reichsarbeitsnachweis für Offiziere in die „Heeres-Organisations-Abteilung" des Reichswehrministeriums ein. Einen Monat später saß er bei der Abwehr.

Als Hitler Wilhelm Canaris 1935 zum Chef der Abwehr bestellte, guckte sich der Kapitän zur See Stolze als einen seiner Adjutanten aus.

Auf den erfahrenen Abwehr-Mann, der den Apparat bereits seit zwölf Jahren kannte, wollte Canaris nicht verzichten, bis Stolze 1936 zum Regisseur für die Sabotage in Ost- und Südosteuropa reüssierte, die Sowjetunion eingeschlossen. Dann holte Hitler die Ostmark, Österreich, „heim" ins Reich. Mit Stolze als einem der Geburtshelfer.

Der Canaris-Partner auf österreichischer Seite, Erwin Edler von Lahousen-Vivremont, arbeitete seit Jahren für die Abwehr, Stolze war dessen „Führungsoffizier". Das Wiener Abwehr-Pendant, die „Nachrichtenabteilung", in der Lahousen-Vivremont den Ton angab, schien ein Depot der Abwehr.[13] Lange vor dem Einmarsch der Wehrmacht hatte Lahousen-Vivremont also mit den Deutschen kooperiert. Nach dem Anschluss beorderte Canaris seinen „Doppelagenten" in die Berliner Abwehr-Zentrale, wo er die Abteilung II übernahm, nunmehr verantwortlich für die geheimen Interventionen im Osten. Sein Stellvertreter: Erwin Stolze.

Das Duo Lahousen/Stolze machte den Russen bereits vor Hitlers Überfall auf die Sowjetunion die Hölle heiß. Es legalisierte den staatlichen Terror, es ließ Dörfer niederbrennen. Ihm zur Seite standen politische Desperados, die nach dem Ende des Zweiten Weltkriegs dem Untergrund noch ein Jahrzehnt erhalten blieben. Auf eine besonders aktive Mordgesellschaft konnte sich – vor und nach 1945 – auch Reinhard Gehlen verlassen: auf die „Bandera-Bande", einen Block, der unter der Anleitung Erwin Stolzes während des Dritten Reiches seinen Höhepunkt erfuhr, unter der Führung des Gründers des Bundesnachrichtendienstes (BND) aber aufgerieben wurde.

Den Gehlen-Vertrauten Stepan Bandera, Leitfigur der „Organisation der Ukrainischen Nationalisten" (OUN), einziges Vorbild der „Ukrainischen Aufständischen Armee" (UPA) und Idol des „Ukrainischen Hauptbefreiungsrates" (UHWR), ließ das KGB 1959 in München ermorden.[14] Der Widerstand in der Ukraine war erloschen, Erwin Stolze zu diesem Zeitpunkt in Moskau längst erschossen.

Als der Reichsführer-SS Heinrich Himmler im Februar 1944 das OKW-Amt Ausland/Abwehr als Mil-Amt VI in das Reichssicherheitshauptamt (RSHA) integrierte, Wilhelm Canaris durch Walter Schellenberg ersetzt wurde, unterstand Stolze das „Meldegebiet Berlin". Anfang März 1945 befahl Schellenberg das Verbrennen aller Dokumente, die „Banden"-Einsätze im Osten belegen konnten. Rädelsführer, Emigranten und Agenten möge er, Erwin Stolze, so sie sich noch in der Reichshauptstadt aufhielten, mit falschen Pässen ausstatten. Doch Stolze hatte, ein erstes Mal, eigene Pläne. Er wollte, wie Reinhard Gehlen, mit „Banden"-Effekten zu den Amerikanern überlaufen. Während Gehlen bereits die bayerischen Alpen erreicht hatte, versuchte Stolze an die ausgelagerten Archive der Abwehr heranzukommen.

Das Material stapelte sich im unterirdischen Bunkersystem in Zossen, dem Ausweichquartier der Rest-Abwehr. Stolze aber scheiterte. Daran, dass auf der Flucht befindliche SS-Männer seinen Wagen „beschlagnahmten", daran, dass sie ihm sein Filmmaterial samt seiner Leica-Kamera III d stahlen. Nun saß er unschlüssig in seinem Lichterfelder Domizil und überlegte, wie er sich ohne Dokumente aus dem eingeschlossenen Berlin absetzen könnte. Stolze ahnte nicht, dass der Canaris-Mitarbeiter und Kurland-General Franz Eccard von Bentivegni den sowjetischen Vernehmern längst seine Adresse verraten hatte. Die GRU stellte also einen Stolze-„Haft-/Suchbefehl" aus.

Der im Juni 1945 nach Moskau geflogene Erwin Stolze gab seinem Vernehmer, dem GRU-Oberstleutnant Iwan A. Buraschnikow, in der Isolationshaft alles preis. Stolze schonte keinen Freund, keinen Kameraden. Detailliert schilderte er die von ihm inszenierten „Sonderoperationen", erklärte Beuteakten von Abwehr und FHO. Erwin Stolze bereitete, ohne es zu ahnen, den Nährboden für die späteren Triumphe von KGB und GRU in der Bundesrepublik. Bis zum Herbst 1951 hatte er auf nahezu 500 DIN-A4-Seiten die Agenten von Abwehr wie FHO enttarnt. Und als Gehlen die nachrichtendienstliche Tätigkeit gegen die Sowjetunion für die Amerikaner fortsetzte, wurde sie von Stolze kommentierend begleitet, bis er im Januar 1952 liquidiert wurde. Gehlen durfte niemals erfahren, auf welche Spuren Erwin Stolze die Russen geführt hatte.

Auch andere hochkarätige NS-Beamte beschrieben sich und ihr Umfeld.[15] Hans Piepenbrock, unter Canaris Chef I („Geheimer Meldedienst") und Führungsoffizier des Hermann J. Abs von der Deutschen Bank, ergab sich im März 1943 einem sowjetischen Spähtrupp. Rudolf Bamler*, Vorgänger von Franz Eccard von Bentivegni, kapitulierte im

_____

* Rudolf Bamler, 1896 im ostpreußischen Osterburg als Arzt-Sohn zur Welt gekommen, wurde am 24. Mai 1938 Leiter der Abwehr-Abteilung III, im September

Juni 1944 vor der russischen Übermacht. Nicht nur Abwehr-Führer legten Rechenschaft ab, das Kriegsglück bescherte den Russen auch einflussreiche Chargen der SS: Bruno Streckenbach, Leiter der Hamburger Gestapo, anschließend Befehlshaber der Sicherheitspolizei und des SD in Polen, stellte sich als Kommandeur einer Lettischen SS-Division in Kurland. In der Lubjanka, dem Moskauer Geheimdienst-Knast, bangte der SS-Standartenführer Friedrich Panzinger um sein Leben. Er hatte die Rote Kapelle zerschlagen, die 20.-Juli-Attentäter gejagt.

Jeder Kriegsgefangene, ausnahmslos, verriet Kameraden, wies die eigene Schuld weit von sich. Piepenbrock, von Bentivegni, Streckenbach, Bamler oder Panzinger – sie alle bejammerten ihr eigenes Schicksal, aber niemals das der von ihnen denunzierten Kameraden.

Die Sowjets fügten Mosaikstein an Mosaikstein. Die deutschen Plaudertaschen entwarfen, oft für einen Teller Brotsuppe, inhaltsschwere Psychogramme. Sie gaben Eheprobleme ihrer Gefährten preis, sie beschrieben den Charakter eines Freundes. Und wenn die Russen diese Angaben mit denen jener Ex-Nazis verglichen, die in der Bonner Republik zu ihrem zweiten Karrieresprung ansetzten, befanden sie sich in einer wunderbaren Situation, denn den einen oder anderen einst arroganten NS-Offizier hatten sie längst in die geheimdienstliche Pflicht genommen, wie jene der Heeresgruppe Kurland.

Der Generalleutnant Walter Risse unterschrieb eine Verpflichtungserklärung, so auch der General der Artillerie Siegfried Thomaschki, der Infanteriegeneral Hans Gollnick, der Panzerbefehlshaber Dietrich von Saucken, der Fliegergeneral Kurt Pflugbeil, der Oberst Paul Stahl. Der Generaloberst Carl Hilpert hingegen, erst seit dem 10. März 1945 Oberbefehlshaber der Heeresgruppe Kurland, weigerte sich. Der 56-Jährige wurde daraufhin zwei Jahre später wegen „Kriegsverbrechen" erschossen. Die Hinrichtung diente aber einem anderen Zweck: Über Hilperts Tod, mit einer Schmalfilmkamera festgehalten, wurden angehende Agenten „weichgekocht". Das Ende des bei der Truppe beliebten Generals erlebten Wankelmütige als Wochenschau auf der Leinwand. Der Hinweis, ihnen werde es ebenso ergehen, zeigte Wirkung. Nun willigten

---

1939 Chef des Generalstabs Militärbefehlshaber Danzig-Westpreußen, 1942 zum Generalstab in Norwegen versetzt, bis er als Kommandeur der 12. Infanterie-Division in sowjetische Gefangenschaft geriet. In der DDR avancierte er zum Chefinspekteur der Volkspolizei.

Deutsche quasi im Fließbandverfahren in den nachrichtendienstlichen Handel ein.[16]

Die geheimdienstliche Vergewaltigung beinhaltete einen standardisierten Text: „Ich, der ehemalige (Dienstgrad, Name) der Deutschen Wehrmacht, erkläre mich freiwillig bereit, für das NKWD (später: NKGB, MWD, KGB) zu arbeiten …" Nur dieses Papier allein, so waren sich Moskauer Dunkelmänner einig, reichte für eine Erpressung nicht aus. Als effizient galt daher der eigenhändig geschriebene Bericht, der erfundene Untaten an den Pranger stellte. Ein beliebter Wortlaut behandelte Kameradendiebstähle. Derartige „Geständnisse", deutschen Gefangenen diktiert, wogen schwer. Wer wollte sich von seinen Kameraden wegen solch eines Treuebruchs verstoßen lassen? Wer würde die Wahrheit glauben?

Moskau hatte in der Tat allen Grund, sich um die „Banden"-Experten zu bemühen. In der Ukraine, in Weißrussland, vor allem auf dem Balitkum – überall fanden nach Beendigung des Zweiten Weltkriegs gnadenlose Untergrundkriege statt, ein von Historikern bis heute gemiedener Stoff. Dieses Blutvergießen wäre ohne die logistische Unterstützung durch US-Geheimdienste nach 1945 nicht zustande gekommen. Als Ukrainer am 29. März 1947 den stellvertretenden polnischen Verteidigungsminister wie NKWD-Agenten Karol Wacław Swierczewski massakrierten, dessen Gesicht später eine 50-Złoty-Banknote zieren sollte, wurde das Attentat von Gehlen als grandioser Coup gefeiert. Noch am 20. Mai 1956 sprengten Aufständische einen sowjetischen Munitionszug in die Luft – mit geschärften Zündern aus Pullach.[17]

Die wahren Feinde, so erkannte die sowjetische Führung, seien nicht die „irregeleiteten" Völker Russlands, die Drahtzieher säßen vielmehr im Westen. Diese galt es auszumerzen. Reinhard Gehlen, das „amerikanische Werkzeug", das die Sowjetunion über ukrainische Verschwörer aus den Angeln heben wollte, wurde zum erklärten Hauptfeind Moskaus, denn die Org erschütterte das Sowjet-Reich tatsächlich, zumal auf Mord und Totschlag spezialisierte Ex-Nazis reihenweise Arbeitsverträge bei der Org unterschrieben. Selbst russischen Geheimdienst-Debütanten war bewusst, dass die „Aufstände" westlicher „Terroristen" nur dann ein Ende nehmen würden, wenn in Pullach eingeschleuste Maulwürfe geplante Aktionen rechtzeitig melden würden.

Erfahrene FHO-Handwerker, Abwehr-Routiniers, RSHA-Praktiker – alte Kameraden standen wieder in Lohn und Brot. Wo sollte Gehlen seine Arbeitskräfte auch sonst hernehmen? Schließlich existierte nur NS-Sachverständigkeit. In seinen Memoiren verharmloste Gehlen die personelle Alternativlosigkeit: „In den Anfangsjahren (mussten) Mitarbeiter des Stammpersonals" gewonnen werden, aber er habe niemanden beschäftigt, der „aus dem kommunistischen Machtbereich in die Bundesrepublik gekommen" sei.[18] Eben doch. Genau dies hatte Reinhard Gehlen getan, denn er war, ohne es zu ahnen, an einen überragenden Gegenspieler geraten: an den KGB-Oberst Alexander M. Solomatin, Spross einer Bauernfamilie von der Krim. Zeit seines Lebens hat Solomatin den BND lahmgelegt, in einem Fall hat sogar der „Spiegel" nachgeholfen.

Im Herbst 1962 erschien das Nachrichten-Magazin mit einer Geschichte über eine lahmende Bundeswehr mit dem Titel „Bedingt abwehrbereit", in der die Stabsrahmenübung „Fallex" als dem Warschauer Pakt unterlegen gerügt wurde. In Bonn und Pullach brach daraufhin Panik aus, denn bei der Klärung von „Sachfragen" hatten BND-Bedienstete dem „Spiegel" zugearbeitet.

Im Mittelpunkt stand der von den Sowjets gefangen genommene Kurland-General Friedrich Foertsch, die überschätzte „Fallex"-Hauptperson, dessen einstige NS-Befehle, so befanden die Sowjets, Dörfer und Städte ausradiert hätten, zudem sei ihm die Verantwortung für den Tod von 200.000 russischen Kriegsgefangenen anzulasten, schlimmer: Als Stabschef der Kurland-Armee habe er für das Trommelfeuer auf Leningrad geradezustehen. 1948 wurde er vor Gericht gestellt. In seinem – von den Russen diktierten – Schlusswort sagte Foertsch: „Ich gebe zu, die erwähnten Befehle ... gegeben zu haben." Normalerweise bedeuteten selbst manipulierte „Geständnisse" das Todesurteil, doch Foertsch sollte, wie unzählige seiner Kameraden, seine „Schandtaten" wiedergutmachen – als sowjetischer Kundschafter.

Am 9. Oktober 1955 stieg in Helmstedt ein apathisch wirkender Friedrich Foertsch aus einem entplombten Zug. Konrad Adenauer hatte Nikita S. Chruschtschow während seines Moskauer Staatsbesuches die Freilassung aller noch lebenden Kriegsgefangenen abgerungen. Foertsch wurde bereits sehnsüchtig erwartet, von seinem Bruder Hermann, der einst – als Generalstäbler Südosteuropa – griechische Partisanen zur Strecke gebracht hatte.

In der Bundesrepublik fasste Friedrich Foertsch wieder Fuß. Erst ackerte er für die Org, dann im Vorläufer des Verteidigungsministeriums, dem Amt Blank. 1961 erreichte er den Gipfel seiner Wiederauferstehhung: Generalinspekteur der Bundeswehr. Bis dahin hatte sich kein Russe an Friedrich Foertsch erinnert, keiner scheint sich nach dem Stand der „Wiedergutmachung" erkundigt zu haben. Wäre der „Spiegel" nicht mit Franz Josef Strauß aneinandergeraten – Foertsch wäre in Moskau vermutlich vergessen worden. Solomatin forderte also das Foertsch-Dossier an.

Die Drangsalierungen durch russische Vernehmer, so setzte sich Solomatin ins Bild, hatten aus Foertsch einen verbissenen wie überzeugten ideologischen Gegner werden lassen; der General werde sich wohl niemals erpressen lassen. Vielmehr unterstrich die Nachkriegs-Vita, dass Foertsch blindlings amerikanische Positionen vertrat. Nur über eine „falsche Flagge" ließe sich eine nachrichtendienstliche Anbindung herstellen. Und wahrhaftig: Ein durch und durch „amerikanisierter" KGB-Emissär konnte Foertsch überzeugen, der CIA zur Seite zu stehen.[19] Plumpe Nachwerbungen gehörten in den Jahren des Kalten Krieges zum ordentlichen Alltag vor allem der GRU. Solche Sternstunden bestätigte gesondert der Bundesgerichtshof (BGH).

Im April 1959 delegierte die GRU Valentin A. Pripolzew in die sowjetische Handelsvertretung nach Köln. Seine Aufgabe: Kriegsgefangene an ihr nachrichtendienstliches „Gelübde" zu erinnern. Zwei Jahre lang durchstreifte Pripolzew die Bundesrepublik. Dann flog er auf, ausgerechnet im August 1961 während des Mauerbaus. Der Bundesgerichtshof verurteilte ihn zu vier Jahren Zuchthaus.

„Rücksichtslos", so die weltfremde Begründung des BGH, habe sich Pripolzew „an Personen herangemacht, die vor 15 Jahren unter dem Druck der schweren Lebensumstände in sowjetischer Kriegsgefangenschaft Verpflichtungserklärungen unterschrieben haben". Diese „Methoden seien verwerflich", und wäre der Angeklagte „nicht an mutige und staatstreue Personen geraten, so hätte er leicht zu Erfolgen kommen können".[20]

Pripolzews Auftraggeber werden die Karlsruher Richter schwerlich über die Trefferquote informiert haben. Auch bei George Blake kam niemand auf die Idee, dass er sich während seiner Gefangenschaft in Korea den Russen zur Verfügung stellte. Warum sollten ausgerechnet Angehörige der Wehrmacht weniger erpressbar gewesen sein? Selbst Reinhard Gehlen ging dieser Problematik – überraschenderweise im Gegensatz zum BGH – nicht aus dem Weg:

„Es bestätigte sich immer wieder, daß der sowjetische Geheimdienst …
versucht hatte, Kriegsgefangene … durch Drohungen … oder durch
Versprechungen für eine nachrichtendienstliche Tätigkeit … zu gewinnen." Aber: „Es spricht für die Charakterstärke und Vaterlandsliebe der
unter Druck gesetzten Offiziere, daß die allermeisten in der einzig möglichen Weise reagiert und die Vorfälle nach ihrer Rückkehr den zuständigen deutschen Stellen gemeldet haben."* Und die „allermeisten", die
das nicht getan haben? Noch im Mai 1971 hielt ein obergeheimer BND-
Vermerk fest: „Danach ist bekannt, daß (es) zwei Versuche des KGB
(gegeben habe), davon einen in jüngerer Zeit, (einen BND-Mitarbeiter)
an (dessen) alte Verpflichtung" zu erinnern.[21]

Franz Eccard von Bentivegni, Intimus von Canaris und als Kurland-
Generalleutnant seit 9. Mai 1945 in sowjetischer Isolationshaft, gab
preis, was preiszugeben war: jeden Namen seiner Spione, Adressen von
Kollegen und Gehlen-Verschworenen – Bentivegni ließ nichts aus, selbst
Nebensächliches plauderte er aus.

Über Oberst Joachim Rohleder sagte er: „Wohnt … Berlin-Grunewald,
Salzburger Str. 42", er sei „mittelgroß, etwa 170 cm, schlanke, sehnige
Figur, graumeliertes, schütteres Haar, helle Augen."[22] Als der „Kriegsverbrecher" Bentivegni aus der Sowjetunion heimkehrte, war sein Rückgrat
gebrochen. Gehlen, aufopfernd um alte Kameraden bemüht, unterbreitete
auch ihm das Angebot, in seine Organisation einzutreten.[23] Da arbeitete
bereits Filius Klaus-Jürgen von Bentivegni für Gehlen, seine Gattin später
im „Strategischen Dienst". Frau von Bentivegni versorgte BND-hörige
Journalisten mit BND-genehmem Desinformationsmaterial. Rührend kümmerte sich Gehlen auch um die NS-Familie Foertsch.

Hermann Foertsch klagte Gehlen sein Leid wegen seines Sohnes.
Dieser wisse nichts Rechtes mit sich anzufangen. Er sei sehr still, ver-

---

* Geschichte wiederholt sich. Reinhard Heydrich erklärte am 10. Juni 1941, an Heinrich Himmler adressiert, die „sowjetische Spionage" während des deutsch-sowjetischen Nichtangriffspakts: „Besonders die GPU-Methode, volksdeutsche Umsiedler" als Agenten zu verpflichten, sei ein „Schandmal … der sowjetischen
Machthaber" gewesen. So kommentierte Heydrich das Unternehmen „Heim ins
Reich", die Umsiedlung von 93.000 Volksdeutschen: Die GPU hätte Tausende
Umsiedler nachrichtendienstlich „zwangsverpflichtet", aber angeblich „kaum
praktische Erfolge zu verzeichnen", da „die meisten … auf deutschem Boden hier-
von sofort Mitteilung gemacht haben". Mit der Anwerbung von Agenten betrat
Moskau also kein Neuland, sondern es erinnerte sich lediglich an einen alten Hut.

151

bringe seine Freizeit zurückgezogen. Hermann Foertsch, bei Gehlen hochgeachtet, kannte einen Ausweg: Die Org wäre ein vorzügliches Forum, denn in Pullach werde nachdenklicher Nachwuchs geradezu gefördert. Seinen Dienst trat Volker Foertsch sodann in West-Berlin an, dem Zentrum des Kalten Krieges. Noch heute gilt er als der jüngste Nachrichtendienstler. Er war erst 19 Jahre alt und sollte den BND, vier Jahrzehnte später, in eine tiefe Krise stürzen.

Die Vetternwirtschaft – der Bruder empfahl seinen Schwager, der Vater seinen Sohn, der Ehemann seine Gattin, der Kamerad seinen Kumpel – traf den Geschmack Moskaus. Denn je konzentrierter die Verwandtschaft auf einem Fleck, desto leichter der Überblick.

Das Oberkommando der Wehrmacht hatte Reinhard Gehlen in Berlin-Steglitz eine Fünfzimmerwohnung in der Flemmingstraße 12 zugeteilt. Die Adresse stand nicht im Telefonbuch, dennoch hatte der sowjetische Geheimdienst Gehlens private Gemächer ausgemacht. Tagelang horchten Deutsch sprechende Späher die Nachbarschaft aus, während die GRU in zäher Kleinarbeit eine Art Gehlen-„Gotha" anfertigte, einen Stammbaum, der bis ins 17. Jahrhundert zurückreichte, schließlich war Gehlens Gattin Hertha eine geborene von Seydlitz, somit entfernt verwandt mit dem in Stalingrad in Gefangenschaft geratenen Walther von Seydlitz. Als hilfreich erwies sich der kriegsgefangene Walther von Seydlitz selbst, der die Seydlitz-Linien „Georg Friedrich" und „Joachim Friedrich" auseinanderhielt.[24]

Die Bundesrepublik Deutschland finanzierte 16 Gehlen-Angehörigen ein munteres, sorgenfreies Leben. Wer einmal von den nicht zu kontrollierenden Etats des BND gekostet hatte, mochte diese Füllhörner nicht mehr missen. Gehlens Töchter (Katharina, Maria-Therese und Dorothea) ehelichten BND-Bedienstete und arbeiteten bei ihrem Vater. Gehlens Sohn Felix Christoph avancierte zum Verwaltungsangestellten, dessen Gattin Gisela zur Dolmetscherin, während der Schwiegersohn Alfred Dürrwanger den BND in Washington vertreten sollte. Doch die CIA lehnte ihn als Sicherheitsrisiko ab. Daraufhin fand sich ein Plätzchen in Paris.[25] Gehlens Schwager, Brinkhard von Seydlitz-Kurzbach, leitete bis zum Tag der Enttarnung Heinz Felfes das Personalressort und hatte damit, wie Heinz Felfe später festhielt, „für (Gehlen) bedeutende Schlüsselpositionen fest in der Hand".[26]

Eines interessanten Tages erreichte Markus Wolf die Information, dass Katharina Gehlen im Portugal des Diktators António de Oliveira Salazar „studierte". Daraufhin entsandte er die Nachwuchs-Kundschafterin „Wanda" nach Lissabon, um das Unmögliche möglich zu machen: sich mit Katharina Gehlen anzufreunden. Die Operation klappte. „Wanda" durfte Katharina sogar zu Hause am Starnberger See besuchen. So erfuhr die Ost-Berliner Hauptverwaltung Aufklärung (HVA), „was den Geheimdienstchef politisch bewegte", obwohl der sich inzwischen im Ruhestand befand und sich grässlich langweilte.[27] „Wanda" muss derart ergiebig gewesen sein, dass sie eine noch delikatere Aufgabe erhielt: Seit Ende der Siebzigerjahre besorgte sie in Frankfurt am Main für den DDR-Geheimdienst bei einer Großbank Kontoauszüge hochsensibler Kunden. Ihr Führungsoffizier, ein 45-jähriger HVA-Offizier, durchlebte die Wende wirtschaftlich gestärkt.*[28]

Nur selten entging den Russen, mit wem Gehlen die Zukunft plante und mit wem nicht. So wechselte der vormalige FHO-Major Hagen Ehlert die Seiten. Er wollte, wie sein Chef, für die Amerikaner arbeiten. Doch Gehlen wollte ihn nicht. Ehlert war sauer und passierte wütend die Zonengrenze. Dort breitete er sein Wissen vor den Sowjets aus.[29]

Org / BND bekamen die nachrichtendienstlichen Kriegserklärungen, die da unablässig in Moskau ausgerufen wurden, zwar mit, aber ausgerechnet der Spiritus Rector verdrängte die Maulwurfgefahr, obwohl gerade er hätte wissen müssen, dass er – nicht nur wegen der „Banden"-Untaten – Gefahr lief, dass die Kommunisten seine Organisation mit Kundschaftern vollstopften. Seit 1946 blies der Kreml zum Sturm auf die Pullacher Festung. Doch Gehlen redete sich ein, für eine Eroberung reiche der russische Verstand nicht aus. Gerade der aber fraß sich wie eine Made im Speck durch das Pullacher Camp. Gehlen maßte sich an,

---

*   „Wanda" wurde vorübergehend von Matthias Warnig angeleitet, Major des HVA-„Sektors Wissenschaft und Technik" (SWT). Warnig agierte 1988 in der Düsseldorfer DDR-Handelsvertretung (Decknamen: „Ökonom" und „Arthur"). Im Oktober 1989 wurde er nach Dresden versetzt, wo er Wladimir Putin kennen und schätzen lernte. Dann fiel die Mauer. KGB, HVA / MfS organisierten sich neu. Unternehmensberatungen schossen wie Pilze aus dem Dresdner Stollen. Im März 1990 wurde Warnig von der Dresdner Bank in die Pflicht genommen, im August 1991 nach Leningrad beordert. Heute dirigiert er, zusammen mit Ex-Kanzler Gerhard Schröder, die „North European Gas Pipeline Company" (NEGPC). Dieses Konsortium verantwortet die Ostsee-Gas-Pipeline.

nur er könne die Gegner im Osten aufreiben. Die altbackene Affäre Heinz Felfe stellt sich heute daher in einem anderen Licht dar. Der SS-Obersturmführer Heinz Felfe wollte im Dritten Reich über Probleme der Jugendkriminalität promovieren. Doch in Wahrheit drängte es ihn, im August 1943, in die Abteilung „Westeuropa" des RSHA, wo er im Referat VI B 3 („Schweiz/Liechtenstein") seine ersten Agenten führte: den Direktor einer thüringischen Waffenfabrik, der sich Felfe gegenüber – zumal intimer Freund des Chefs der Schweizer Fremdenpolizei Heinrich Rothmund* – überaus „gesprächsbefähigt" zeigte.

---

* Die Schweiz gewährte, von 1939 bis 1945, lediglich 28.500 Juden Asyl. Abertausende hätten indes gerettet werden können. Doch zwei Schweizer Bürokraten verhinderten das: Eduard von Steiger, Leiter des eidgenössischen Justiz- und Polizeidepartements, und sein Untergebener, Heinrich Rothmund, Chef der Zentralstelle Fremdenpolizei. Rothmund, der öffentlich wie anhaltend vor einer jüdischen „Überfremdung der Schweiz" warnte, reiste am 27. September 1938 nach Berlin, um sich mit dem SS-Standartenführer Werner Best zu treffen, Personalchef wie „Justiziar" der Gestapo; nebenher stattete Rothmund dem KZ Oranienburg einen Besuch ab. Nach drei Tagen pedantischer Verhandlungen hatte die Schweiz ihr leidiges Problem gelöst. „Die Deutsche Reichsregierung wird dafür Sorge tragen", notierte Best, „daß alle Pässe von reichsdeutschen Juden ... möglichst beschleunigt mit einem Merkmal versehen werden, das den Inhaber als Juden kennzeichnet." Friedrich Gaus, Leiter der Rechtsabteilung des Auswärtigen Amtes, gab daraufhin zwei Wochen später einen „Runderlaß" heraus: „Das Merkmal besteht in einem roten drei cm hohen ‚J', mit dem der Paß auf Seite 1 links oben durch einen Stempel versehen wird. Auf oder unmittelbar über dem Längsbalken des ‚J' ist von unten nach oben mit unzerstörbarer Tinte handschriftlich der Tag anzugeben, an dem das ‚J' in den Paß eingetragen worden ist." Der „Völkische Beobachter" sprach Bern aus der Seele: „Juden preiswert abzugeben. Wer will sie? Niemand. Keiner will die Mischpoke." Die Schweiz, und nur die, hat das „J" initiiert. Wollten fortan „J"-Deutsche die Schweizer Grenze passieren, ließen die sich nun abfangen und sich ihr „Zuzug" abwehren. Weiterer Verhandlungspartner Heinrich Rothmunds: Hans Maria Globke. Als Ministerialrat und Referent für „Staatsangehörigkeitsfragen" war Globke im Reichsinnenministerium für das „J" zuständig. Dann bestimmte der Schweizer Bundesrat: „Juden sind zurückzuweisen." Flüchtlinge ohne Aufenthaltserlaubnis wurden jetzt in Internierungslager abgeschoben. Begründung, beispielsweise des Kantons Bern: Juden würden „das Landschaftsbild stören". Im Oktober 1942, auf dem Höhepunkt der Judenverfolgung, ließ Steiger die wichtigsten Fluchtwege durch Stacheldraht versperren. Im Deutsch der Schweizer Polizei klang das abfällig so: „Die schleichen sich da irgendwo über die Grenze im Jura, in die Kantone Genf und Wallis. Sie lassen sich in unseren Städten nieder, ohne vorherige sanitäre Kontrolle. Sie wollen essen, nehmen uns die Arbeitsplätze weg und überfremden das Land. Sie geben den Nazis Handhabe für ein Wa-

Oder die Geliebte des Militärattachés der polnischen Exilregierung in Bern. Felfes Ressort verfügte 1943 aber auch über eine Quelle beim späteren CIA-Chef Allen W. Dulles, dem damaligen US-Residenten bei den Eidgenossen. Bei dem Informanten Felfes habe es sich überdies um einen „jungen Deutschen" gehandelt, „der sich zur Tarnung als jemand ausgab, der dem Regime kritisch gegenüberstand, aber in seiner Haltung schwankte".[30] Ein erst 26-Jähriger hatte es weit gebracht.

Im Herbst 1944 lernte Felfe, im Zug auf der Fahrt in seine Heimatstadt Dresden, den SS-Oberführer und Oberst der Polizei Wilhelm Krichbaum kennen.[31] Krichbaum war nicht irgendwer, er befehligte einst die Geheime Feldpolizei und dann, als Stellvertreter, die Gestapo, bis ihn der sowjetische Geheimdienst als Spion verpflichtete.[32] Als braune Honoratioren die Bundesrepublik Deutschland mit aufbauten, suchte Krichbaum, nun Leiter einer Org-Bezirksverwaltung, Felfe auf.

Felfe: „Es zahlte sich aus, daß ich soviel neue Bekanntschaften geknüpft hatte."[33] Obwohl vom gerade gegründeten Bundesamt für Verfassungsschutz und den Engländern als Sicherheitsrisiko erkannt, erbarmte sich Reinhard Gehlen. Am 15. November 1951 trat Felfe seinen Dienst bei der Org-Generalvertretung L in Karlsruhe an. Felfes Chef: ein Ex-Untergebener Krichbaums, Alfred Benzinger, ein vormaliger Feldwebel der Feldpolizei.

Auf den früheren Leiter der SD-Außenstelle Dresden in der Zirkusstraße 13, auf den SS-Hauptsturmführer Johannes Clemens, wurde Rudolf Emilius von den Russen aufmerksam gemacht, der für sie Agenten-Nachwuchs rekrutierte. In den Sechzigerjahren lief Emilius Markus Wolf den Rang ab und baute seine MfS-Hauptabteilung II zu einem Konkurrenzunternehmen zur Hauptverwaltung Aufklärung (HVA) aus. Emilius warb Clemens Ende Mai 1946 an, als der in seiner Dresdner Wohnung am Lichtenbergweg 7 saß. Über Clemens konnte Emilius den Rechtsanwalt und Dresdner NS-Ratsherrn Max Erwin Triebel als Agenten gewinnen.[34] Über Emilius hatten die Russen – in nur kurzer Zeit – einen Maulwurfshügel geschaffen.

renembargo gegen uns und Grund für eine Intervention." Die Mehrheit der Schweizer muss Eduard von Steigers „Jews remain at home" („Juden bleibt zu Hause") dankbar aufgenommen haben. Schließlich amtete Steiger 1945/46 und 1950 als Schweizer Bundespräsident. Er starb am 10. Februar 1962. Eduard von Steiger ruht, noch heute verehrt, auf dem Friedhof Schoßhalden in Bern.

Felfe will, „im Verlauf meiner Zusammenarbeit mit den sowjetischen Partnern", die „moralische Überlegenheit der Sowjetunion" erkannt haben, zudem sei ihm über die „Politik der Sowjetunion" klar geworden, dass „dem Kommunismus die Zukunft" gehörte.[35] Doch Felfe trieb kein Idealismus zum Verrat, der schnöde Mammon hatte ihn bekehrt.

Der KGB-Oberst Wassili Mitrochin rückte Felfes Beweggründe zurecht: Es „hatte mehr mit Eitelkeit zu tun als mit Ideologie", weshalb das KGB bemüht gewesen sei, „sein Ego zu befriedigen und ihn glauben ließ, seine Leistungen würden sogar die eines Richard Sorge übertreffen".[36]

Das KGB hatte Felfe nicht nur mit Spielmaterial, sondern – allemal wichtiger – mit echten nachrichtendienstlichen „Fakten" versorgt. Gehlen soll es vermieden haben, Felfe nach seinen Quellen zu fragen. Erst nach Felfes Auffliegen, ja, da sei ihm, Gehlen, plötzlich bewusst geworden, in welch „skrupelloser Weise (Felfe) von Organen des sowjetischen Geheimdienstes aufgebaut und geführt worden" sei.[37] Wenn Gehlen in der KGB-Zentrale je ein Felfe-Pendant hätte installieren können, wäre Gehlen dann nicht gleichermaßen in „skrupelloser Weise" über Leichen gegangen? Dass Felfe überhaupt hatte aufgespürt werden können, hing zusammen mit dem Hochmut eines sowjetischen Nachrichtendienstlers.

Der KGB-General Oleg Gribanow erklärte sich 1958 in Moskau vor handverlesenen Genossen der Bruderdienste. Minutenlang brüstete er sich, im BND würden mehrere „Heckenschützen" tätig sein. Einer der Anwesenden, der stellvertretende Chef des polnischen Militärgeheimdienstes, der Oberstleutnant Michail Goleniewski (Deckname: „Heckenschütze"), war freilich ein Agent der CIA. Den Andeutungen entnahm er, dass Moskau den BND-Bereich „Sowjetunion" kontrollierte. Im Januar 1961 floh Goleniewski mit seiner Geliebten nach West-Berlin. Die Amerikaner informierten Pullach. Dort stießen Rechercheure auf den Namen Heinz Felfe.[38] Schieres Entsetzen.

Am 3. November 1961 wurde Felfe vom BND-Generalmajor und Chef-Beschaffer Wolfgang Langkau in sein Büro gebeten. Als Felfe das Vorzimmer betrat, bedeutete ihm die Sekretärin, er werde für sein zehnjähriges Dienstjubiläum mit der St.-Georgs-Medaille ausgezeichnet, dereinst von Luitpold von Bayern gestiftet. Felfe wartete. Nichts geschah. Nach 30 Minuten erschien Walrab Rudolf von Buttlar, der Direktor der „Sicherheit". Ihm folgten drei Zivilisten. „Das ist Herr Felfe", sagte von

Buttlar mit versteinerter Miene. Ein grauer Volkswagen überführte Felfe in das Münchner Polizeipräsidium.[39]

Bis dahin hatte Gehlen den amtierenden Leiter des Referats „Sowjetunion" („Gegenspionage") mit Lob überhäuft. In Felfe, dem Regierungsrat auf Probe, erblickte er das Spionage-As, das die sowjetische Botschaft in Bonn-Rolandseck verwanzte, über Spione in der Sowjetunion verfügte und russische Agenten in der Bundesrepublik entlarvte. Zudem redete Felfe seinem Chef nach dem Mund, etwas, das Gehlen besonders liebte. Als der Günstling aber enttarnt war, griff Gehlen zu seiner größten Lebenslüge. Er tat so, als ob er höchstpersönlich hinter Felfes Doppelspiel gekommen sei. Und zwar angeblich frühzeitig: „Unter meiner persönlichen Leitung setzte eine kleine Gruppe auserwählter Mitarbeiter *die Überprüfung fort*, bis sich … die Verdachtsmomente zu einem Gesamtbild fügten." Überhaupt: „Das Ausmaß des Verratsfalles wurde (vom BND) ermittelt."[40] Nichts da!

Jenen Wühlmäusen, die Felfe bereits seit Jahren misstrauten, entzog Gehlen in Wahrheit seine Gunst. Oder er ließ sie – als „Landesverräter" – hinter Schloss und Riegel bringen. Die frühen Felfe-Recherchen, weiland von mehreren BND-Bediensteten betrieben, von Gehlen freilich hartnäckig blockiert, wurden nun hervorgekramt – wie sonst hätte die Felfe-Fahndung nach Goleniewskis Flucht laut Gehlen *„fortgesetzt"* werden können?

Der Danziger Polizeioffizier Oscar Reile, seit 1934 Abwehr-Mitarbeiter und 1943/44 Chef der Abwehr-Leitstelle Frankreich, ließ sich 1950 überreden, in die Org einzutreten. Er bezog ein Büro in der Karlsruher Hedwigstraße 36, getarnt als „Ernst Meißner & Co., Grob- und Feinmechanik", wo ihm Felfe über den Weg lief. Zum Jahreswechsel 1952/53 leitete Reile zwei Meldungen des nordrhein-westfälischen Landesamtes für Verfassungsschutz weiter, welche die Org eigentlich hätten aufschrecken müssen: Ein ehemaliger SS-Obersturmführer „namens Felfe" würde für die Russen arbeiten. „Mein Stern beim hohen Chef begann zu sinken", erinnerte sich Reile. Er habe – auch „aufgrund einiger anderer Vorkommnisse" – „den Eindruck, daß bei General Gehlen gegen mich intrigiert würde". Reile resignierte und verließ angewidert den BND.[41]

Das tat ein anderer nicht: Fritz Scholz. Der wähnte, wie Reile, die gesamte Aufklärung des BND durch Heinz Felfe gefährdet. Doch je

157

dramatischer seine Mahnungen vor dem möglichen Maulwurf klangen, desto lästiger wurde er Gehlen. In einer unglaublich primitiven Aktion ließ Gehlen Scholz aus dem Verkehr ziehen. Es hatte den Anschein, das KGB hätte die Oberaufsicht geführt. Wer war dieser instinktsichere Mann?

Fritz Scholz, Jahrgang 1917, wollte, wie der Vater, Offizier werden. 1935 ließ er sich einberufen. Er brachte es bis zum Major, drei Monate vor der Kapitulation wurde ihm das Ritterkreuz des Eisernen Kreuzes verliehen. Am 21. Juli 1946 hatte Scholz einen neuen Job; in Karlsruhe begann er eine Karriere als Geheimdienstler, wo er Heinz Felfe kennenlernte. Da präsentierte das Ministerium für Staatssicherheit öffentlich einen Maulwurf: Hans-Joachim Geyer, Gehlens Vertreter in West-Berlin.

Bis dahin hatte Geyer, unter dem Pseudonym Henry Troll, dem Romanhelden „John Kling" zum Auftritt verholfen; er ging auch dem bereits im Delirium steckenden Hans Fallada zur Hand, der in Berlin-Niederschönhausen am Alkohol und seinem letzten Roman „Jeder stirbt für sich allein" zerbrach. Geyer wohnte in Falladas Nähe, spazierte regelmäßig über die Sektorengrenze, um seine Manuskripte der Verlagsagentur Werner Dietsch in Charlottenburg auszuhändigen, was ihn für das MfS interessant werden ließ. Dann gelang der Staatssicherheit ein Coup: Sie warb Geyer an und lancierte ihn in die Org. Erst wurde Geyer Kurier, schließlich Org-Stellvertreter – bis er eine Sekretärin suchte.

Die Vorstellungsgespräche fanden in einem Café in Lichterfelde-West statt. Einer Bewerberin kam das Umfeld freilich nicht geheuer vor, sie wähnte einen „Mädchenhändler" vor sich zu haben und informierte die Polizei. Geyer, inzwischen Untermieter in Lichterfelde-Ost, erhielt prompt Kripo-Besuch. In diesem Augenblick befand er sich aber auf Org-Tour. Als ihn, am 29. Oktober 1953, seine Wirtin über den amtlichen Besuch informierte, geriet er in Panik. Geyer setzte sich nach Ost-Berlin ab. Reihenweise kam es daraufhin zu Verhaftungen: Volkspolizisten, ein Journalist der Ost-„Berliner Zeitung"[42] – mindestens 20 Org-Spione wurden Opfer der laxen Sicherheitsvorkehrungen Gehlens.[43]

In Ost-Berlin gab Geyer eine Pressekonferenz, mit der Folge, dass weitere Spitzel, die bis dahin eisern an den Mythos Gehlen geglaubt hatten, ihre Kündigungen einreichen. Denn nicht nur Geyer warnte („Es ist schwer, in der Deutschen Demokratischen Republik Agent zu sein"), im selben Moment verlor die West-Berliner Org einen weiteren Maulwurf: Wolfgang Höher, Wehrmachts-Offizier und MfS-Spion. Über eine Broschüre mit dem Titel „Agent 2996 enthüllt" erklärte auch er sich der Öffentlichkeit.* Über Höher lancierten MfS und KGB einen geheimdienstlichen Krimi.

Die Generalvertretung L in Karlsruhe sei die wichtigste „Abwehrstelle" der Org. Dort regierten „ehemalige Angehörige der deutschen Abwehr, des nazistischen Sicherheitsdienstes (SD) und der Gestapo", deckten die Höher-Autoren auf. In Karlsruhe amtierte im Übrigen, unter dem einstigen SS-Oberführer und RSHA-Angehörigen Hermann Althaus, der „enge Mitarbeiter Friesen, ebenfalls ein ehemaliger SS-Offizier aus den Kreisen des faschistischen Sicherheitsdienstes". Friesen verantworte „die Aufklärung gegen die Staatssicherheitsdienste der Deutschen Demokratischen Republik, der Sowjetunion und der volksdemokratischen Länder".[44]

Das Propaganda-Heft lag auf dem Schreibtisch von Fritz Scholz. Nach der Auswertung war er wie elektrisiert: Die „Friesen"-Details stimmten; auch der Deckname „Friesen", das Pseudonym von Heinz Felfe bei der Org. Aber was warf Scholz aus der Bahn? Höher hatte die Gehlen-Mitarbeiter alle beim Klarnamen genannt, nur einen nicht – „Friesen".

In seiner Freizeit, über Wochen, überprüfte Scholz immer wieder jedes Detail der Höher-Novität. Und tatsächlich, ein Irrtum schien ausgeschlossen: „Friesen" blieb der einzige Tarnname. Warum? Für Scholz gab es nur eine Erklärung. Das MfS bediente sich – im Auftrag Moskaus – des Wolfgang Höher, um sich der Karlsruher Org zu entledigen, aus naheliegenden Gründen: Das dortige Org-Team fahndete nach Doppelagenten. Die Höher-Publikation sei erschienen, mutmaßte Scholz, um diese Truppe, die Verräter in den eigenen Reihen aufspüren sollte, „auszuschalten".

Scholz versetzte sich in die östlichen Gegenspieler. Bei der Zusammenstellung der Namensliste, unter Zeitdruck betrieben, sei plötzlich Heinz Felfe aufgetaucht. Das Verzeichnis musste höheren Orts allerdings abgesegnet werden. Bei diesem Abgleich wird irgendwer in Moskau Felfe als Kundschafter wiedererkannt haben. Dies sei nun jene span-

---

* Höhers Enthüllungen schienen derart brisant, dass der damalige Chef des West-Berliner Landesamtes für Verfassungsschutz, Martin Großmann, das CIC umgehend informierte. Die Amerikaner gaben daraufhin eiligst eine Übersetzung in Auftrag. Sie lag bereits vier Tage später vor.

nende Situation gewesen, die dem Verantwortlichen eine komplizierte Entscheidung aufnötigte. Aber welche auch immer – falsch wäre sie ohnehin gewesen:

Werde Heinz Felfes Klarname nominiert, sei er a) „öffentlich" und somit ebenfalls „verbrannt", werde Felfe b) hingegen verschwiegen, müsste dies umso mehr Verdacht erregen. Nachrichtendienstliche Gedanken sind kompliziert und nicht für jeden nachvollziehbar. Fritz Scholz aber schien die Kalamitäten der Verfasser erkannt zu haben: Da a) und b) die riskantesten Varianten gewesen seien, sei ein „Kompromiß" verfügt worden, der a) wie b) in den Schatten stellte: Statt Heinz Felfe zu nennen, sei Felfe als „Friesen" vorgestellt worden. Scholz spekulierte: Dieses „Manöver" sei Moskau als „geringeres Übel" vorgekommen.[45] Scholz entdeckte weitere Spuren:

Nicht alle Org-Agenten, die Geyer und Höher enttarnten, hätten sie kennen können. Scholz studierte jeden Namen, mit dem Ergebnis: Ein anderer müsse hier zugearbeitet haben. Für Fritz Scholz kam da nur einer in Frage: Heinz Felfe höchstselbst, der Mann, dem das Org-Umfeld vertraut war. Seinen „Auswertungsbericht" ließ er Gehlen zustellen, in der Hoffnung, „alsbald Vortrag halten" zu können. Doch Scholz erhielt kein Lob für seine Fleißarbeit. Stattdessen ereilte ihn eine Versetzung: Auf der Org-Schule Schloss Weidenkam hatte er fortan nachrichtendienstliche Anwärter zu unterweisen.

Die Kursanten erfuhren zwar den Grundstock des geheimdienstlichen Abc, Scholz vermittelte ihnen indes ebenso Brisantes: Jeder Geheimdienst müsse mit Maulwürfen rechnen. Die Geschichte der Org lehre, dass dem Gegner stetig „Einbrüche" gelungen seien. Neugierige erkundigten sich nach Fallbeispielen. Scholz beantwortete solche Fragen aber nicht, obwohl er einen Spion am liebsten laut und vernehmlich herausgeschrien hätte: Heinz Felfe. Solche Vorlesungen reizten Gehlen. Selbst auf dem Abschiebeposten entpuppte sich Scholz als Störenfried. Was tun? Die Bundeswehr solle ihn übernehmen. Immerhin sei Scholz Soldat.

Im März 1957 wechselte Fritz Scholz, Gehlen hatte ihm die berufliche Veränderung „sehr nahelegen" lassen, die Diensteinheit. Er wurde in seinen alten Rang versetzt, ein Jahr darauf zum Oberstleutnant befördert und Ausbilder beim Militärischen Abschirmdienst (MAD) in Bad Ems. Doch in dieser Position lief Scholz zur Höchstform auf: MAD-Rekruten verdeutlichte er das östliche Damoklesschwert, das über Gehlens Dienst schwebe. Vieldeutig sprach er von „ungeklärten Fällen", ebenso verfänglich schwieg er sie tot.[46]

Eine derartige Hartnäckigkeit konnte auf Dauer nicht gutgehen. Pullach war genervt, verständlicherweise ebenso das KGB, das sich zunehmend um seine Spitzenkraft Felfe sorgte. Fritz Scholz, diese nachrichtendienstliche Landplage, musste weg. In einem ungeschriebenen Kapitel west-östlicher Geheimdienste wurde ein ungewöhnliches „Bündnis" zementiert: Ost wie West mussten ihren „Unruhestifter" loswerden.

Am 14. Oktober 1959 stürmten sechs Kripo-Beamte die Scholz-Wohnung in der Münchner Regerstraße 9. Sie führten sich auf wie ein Rollkommando des MfS: Die Tochter wurde brutal gegen die Garderobe gedrückt, die mit Fieber daniederliegende Gattin aus ihrem Bett gezerrt, Scholz wie ein Schwerstkrimineller über Minuten auf dem Bauch liegend auf den Fußboden gepresst. Die Hausdurchsuchung dauerte. Einen ganzen Tag. Belastendes fand sich freilich nicht.

Scholz zermarterte sich den Kopf: Warum? Wieso? Weshalb? Selbst sein Anwalt fand keine Antwort. Für wen oder für was musste Scholz seinen Kopf hinhalten? Am 15. November 1959, der Arrest währte inzwischen über einen Monat, kam es zum Haftprüfungstermin, wider Erwarten mit einer geradezu schallenden Ohrfeige für Reinhard Gehlen. Der Ermittlungsrichter verwies die Pullacher Anschuldigungen in das Reich der Fabel und setzte Scholz umgehend auf freien Fuß.[47] Die Belege des BND waren in der Tat an den Haaren herbeigezogen. Sie glichen einer fünftklassigen Schmierenkomödie. Der BND „dokumentierte":

1955, vier Jahre vor der Scholz-Festnahme, sei ein Mann namens „Weinmann" wegen geheimdienstlicher Tätigkeit für die DDR festgesetzt worden. Dieser „Weinmann" habe nun, gegenüber wem und wann auch immer – zwei Jahre nach seiner Enttarnung (1957!) –, einen BND-Angehörigen als Ost-Spion denunziert. „Weinmanns" Personenbeschreibung („große Sonnenbrille, Schmisse im Gesicht") „passte" vorübergehend zu Günther Holzapfel, einem weiteren Felfe-Deuter.* Auch er geriet vorübergehend in U-Haft.[48]

---

* Holzapfel, geboren am 3. April 1916, Mitglied der NSDAP (3.409.491), der SS (181.009), Ausbildung auf der SS-Führerschule Braunschweig, brachte es zum SS-Untersturmführer im SD-Hauptamt.

Statt „Weinmann" eilig zu den Akten zu legen, erinnerte sich der angebliche „Weinmann" an einen Uralt-Vorgang, der sich zwei Jahre vor seiner Verhaftung (1953!) abgespielt haben soll: „An einem Montag morgens etwa 8 Wochen vor dem 15.6.1953" habe er, „Weinmann", „einen Mitarbeiter der ‚Organisation Gehlen' mit dem Pkw von München … in die Nähe des Schlosses Weidenkamp" chauffiert. Dieser Fahrgast habe „nachrichtendienstlich für das MfS oder den SND (sowjetischer Nachrichtendienst)" gearbeitet. „Weimann" habe Scholz, so der BND, „anhand von Lichtbildern und bei Gegenüberstellungen" wiedererkannt.[49]

Zwar hatte der angebliche BND-Kronzeuge niemanden darüber aufgeklärt, warum er Fritz Scholz transportierte, dazu fehlte generell die Erläuterung, wie er Scholz kennenlernte, vor allem durch wen. Gleichwohl sah der BND-infizierte Generalbundesanwalt und das vormalige NSDAP-Mitglied Max Güde in „Weinmann" einen soliden Gewährsmann, denn „in zahlreichen anderen Fällen, in denen eine Identifizierung der Täter (durch „Weinmann") nicht möglich war … haben sich seine Angaben zum Tatsächlichen als richtig erwiesen". In diesem wirren Deutsch steckte auch der noch nicht aufgeflogene Heinz Felfe, der Auslöser der Scholz-Affäre: „Die gegen … Felfe geführte Voruntersuchung hat hinsichtlich des Beschuldigten Scholz keine weitere Klärung herbeiführen können."[50] Da „Weinmann" als Bürge nicht zum Erfolg führte, griff der BND zu brutaleren Mitteln. Er lastete Scholz den Mord an einem seiner Untergebenen an, dazu beschuldigte er ihn eines Attentats – auf Reinhard Gehlen.

Am 24. Januar 1957 reiste Gerhard Zinecker, vormals SS-Sturmbannführer beim Prager SD-Leitabschnitt, mit der Bundesbahn dienstlich von München nach Frankfurt am Main. Auf der Höhe Donauwörth stürzte er auf den Bahndamm. Als seine Leiche Stunden später gefunden wurde, herrschte in Pullach hektische Betriebsamkeit, denn Zinecker gehörte dem BND an, auf der Pullacher Schule war er der Stellvertreter von Fritz Scholz.

„Ein Unfall", so Scholz, „schien mir bei diesem sportlich durchtrainierten Menschen, Bergwanderer und guter Skifahrer, ausgeschlossen", weshalb er vom BND die „Hinzuziehung eines Toxikologen" forderte, da „ich die Anwendung von Betäubungsmitteln vermute." Doch zu einer Obduktion kam es, auf ausdrücklichen Befehl des BND-Präsidenten, nicht. Wozu dann?

Der Sicherheitschef Walrab Rudolf von Buttlar war in Pullach als „Roter Baron" gefürchtet. Er teilte Zineckers Ehefrau den Tod ihres Gatten kaltschnäuzig mit. Woraufhin sie hemmungslos heulte. Aber auf Gefühle nahm von Buttlar wenig Rücksicht. Er hatte der Witwe vielmehr die Verpflichtung abzuringen, gegenüber der Kripo keine Angaben über die Zugehörigkeit ihres Mannes zum BND zu machen, da – „sonst die Rentenfrage infrage" gestellt werde. Dann wurde sie nach Donauwörth gekarrt, wo sie die Leiche ihres Gatten identifizieren musste. Unterdessen eilte Hans Gert Meyer von der Sicherheitsabteilung nach Donauwörth, um sich der polizeilichen Ermittlungsakte zu bemächtigen.[51] In Pullach wurde sie „abgelegt". BND-Diagnose: „Selbstmord". Zinecker war – wie Scholz – von Felfes Doppelrolle überzeugt.

Weil im Fall Zinecker der „Täter" fehlte, hatte Gehlen die absurde Idee, Fritz Scholz als Mord-Buben zu denunzieren, ein Unternehmen, das allerdings intelligente Drahtzieher erforderte. Die strafwürdige Operation lief daher aus dem Ruder.

Scholz konnte nachweisen, dass er in dem Augenblick, in dem Zinecker aus dem Zug fiel, in München weilte. Diese Idiotie brachte selbst Pullacher Juristen gegen von Buttlar auf, die ihn gerade noch von einer anderen Übeltat abhalten konnten. Fritz Scholz soll, laut von Buttlar, auf „den (BND-)Präsidenten ein Pistolenattentat" verübt haben. Dass Gehlen der Pullacher Gemeinde schließlich erhalten blieb, sei, laut von Buttlar, lediglich „der Panzerglasscheibe zu verdanken" gewesen.[52]

Kantine, Flur, Parkplatz, Alkoholgelage – unentwegt wurde das Schicksal des armen Fritz Scholz diskutiert, dabei zunehmend die fehlende Orientierung des Präsidenten beklagt. Dass Scholz wegen Gehlens Schutzbedürfnis für Felfe ins Abseits katapultiert wurde, blieb dem Buschfunk verborgen, aber auch, dass Scholz von Gehlen weiter verfolgt wurde.

Am Neujahrstag 1960 führte Scholz seinen Hund über den Münchner Regerplatz. Da fiel ihm ein „untersetztes, rundes Gesicht" auf, das sich alsbald als BND-Observant entpuppte. Die kommenden Monate dieselbe Treibjagd: einmal ein „Trachtenhut mit grünem Band, schwarzer alter Mantel, graue Hose aus armseligem Stoff", anderenorts folgte ihm ein Mercedes (M-MK 264), ein Opel Caravan (M-AK 306), ein VW mit Funkantenne (M-NX 742).[53] Was sollten die Steuergelder verschlingenden Aktionen bewirken?

Der BND signalisierte Scholz, dass er ihn „unter Kontrolle" habe, womit er ihn unter psychologischen Druck setzte. Die Initiative der Beobachtung ging – von Heinz Felfe aus, der Kumpel und Maulwurf-Kollege Johannes Clemens dirigierte sie „vor Ort". Sowohl das KGB als auch der BND waren über jeden Schritt von Fritz Scholz informiert. Bis zum Herbst 1961, bis Felfe und Clemens – dank des polnischen Überläufers Michail Goleniewski* – als sowjetische Kundschafter entlarvt werden konnten.⁵⁴

Fritz Scholz wurde nie rehabilitiert. Auch der Hoffnungsschimmer, der Bundesbeauftragte für die Unterlagen des Staatssicherheitsdienstes der Deutschen Demokratischen Republik würde die Affäre aufhellen, auf die wahren Hintermänner verweisen, erfüllte sich nicht. Zwar stellte Scholz 1992 einen Antrag, eine Antwort erhielt er bis zu seinem Ableben fünf Jahre später indes nicht. Das war zu erwarten, denn im Fall einer Veröffentlichung der Belege hätte der BND sein wahres Gesicht zeigen müssen. Hatte sich der BND bei Gauck bedient? Etwa über Hansjörg Geiger?**

In seiner Verzweiflung wandte sich Scholz, in seinem Todesjahr 1997, an ein „Institut für Archivauswertung" in Bonn, das in Moskau angeblich unbeschränkten Zugang zu Akten deutscher Kriegsgefangener wie Internierter hatte. Der „Direktor", Günther Wagenlehner, schien

---

* Goleniewski, Vize-Chef des polnischen Militärgeheimdienstes, setzte sich am 4. Januar 1961 in das West-Berliner US-Konsulat ab.

** Nachdem die CIA dem BND Goleniewskis Verdachtsmomente eröffnet hatte, erinnerte sich Gehlen plötzlich an die Scholz-Recherchen. Nach dem Studium der Scholz-Akten ordnete er die telefonische Überwachung Felfes an. Aber nur ein dummer Zufall entlarvte den Gehlen-Protegé als KGB-Agenten: Jeden Samstag (um 14 Uhr) sendete die KGB-Zentrale Felfe und Clemens – identische – A-3-Funksprüche. Drei Wochen vor der Festnahme konnte Felfe seinen Code (5er-Zahlenreihe) nicht mehr entziffern; er hatte seine „Schablone verbraucht". Daraufhin rief er Clemens an. Clemens möge ihm die seine „ausleihen", ihm diese bitte per Post zustellen. Das Beweisstück wurde vom BND abgefangen. Doch unbeirrt verlangte der Felfe-gläubige Gehlen „zusätzliche Fakten". Angeblich will Volker Foertsch die herangeschafft haben. Clemens hatte in seinem ersten Lebenslauf (von insgesamt vier) für den BND erklärt, dass er sich von seiner Gattin Gerda in Dresden vor seinem „Wechsel in die Westzone" getrennt hätte. Unglaublich: Clemens wurde nach seiner vorgeblichen „Scheidung" noch einmal Vater. Für dieses (in der DDR) heranwachsende Kind zahlte erst die Org, dann der BND – Kindergeld.

indes der falsche Mann.[55] Scholz erkundigte sich, ob er, Wagenlehner, bei den Russen einmal nachfragen könnte.

Er verfüge zwar, so Wagenlehner selbstgefällig, „in der Lubjanka über ein Arbeitszimmer", auch habe er „ständig mit MWD und KGB zu tun", aber es sei schwer, solche „delikaten Aspekte" zu rekonstruieren, zumal er den „Datenschutz" berücksichtigen müsse.[56] Hätten sich Mosaiksteine gefunden, hätte der gefallsüchtige Wagenlehner diese Scholz tatsächlich zugänglich gemacht? Oder hätte er Pullach informiert? Damit war Scholz endgültig gescheitert. Sein Versuch, seine Redlichkeit zu guter Letzt doch noch unter Beweis zu stellen – zerplatzt, wie eine Seifenblase.

Ein Geheimdienstler, der für den Gegner arbeitet, lebt gefährlich. Er muss jederzeit bei klarem Verstand sein. Er darf sich keinen Fehler leisten. Er muss seine Familie belügen, Freunde verraten, täuschen, vorspiegeln, sich den Anschein geben, so tun als ob, sein Umfeld zum Narren halten. Solch ein Spionage-Alltag regt die Fantasie an, beispielsweise die John le Carrés, dessen „Spion, der aus der Kälte kam" die Branche 1963 weltweit aufhorchen ließ.

Ein Maulwurf wird für jeden Dienst zum schrecklichsten vorstellbaren Szenario, zum absoluten Mega-GAU. Wird er enttarnt, kann sich der Dienst im günstigsten Fall neu formieren, selbst dann, wenn dieser Prozess Jahre dauern wird. Bleibt der Doppelagent aber ungeschoren, legt er seine Behörde auf lange Zeit lahm, vorausgesetzt, ihr liegen Anhaltspunkte für die Existenz eines Fahnenflüchtigen vor, ohne ihn freilich überführen zu können. NS-Seilschaften hatten dem KGB die Trophäe Heinz Felfe beschert, die Sehnsucht von Alt-Nazis nach einem „Vierten Reich" den Russen Spione zugeführt.

Heidrun Hofer, BND-Sekretärin mit Sitz in Paris, lernte 1970 einen Hans Puschke kennen. Der hielt nach Nachwuchstalenten für das KGB Ausschau. Eines romantischen Tages gestand Puschke seiner Gespielin, sich in Südamerika einer Gruppe ehemaliger Offiziere der Wehrmacht angeschlossen zu haben, den „Deutschen Patrioten", die sich nun in der Bundesrepublik etablieren wollten. Informationen aus Pullach würden den „Patrioten" dienlich sein. Sie sei doch die Tochter eines Kapitänleutnants, der die Niederlage des Dritten Reiches nicht verwinde, dessen Interesse ebenfalls die Wiedererrichtung eines „Großdeutschland" sei[57], zumal ihr Vater Admiral Wilhelm Canaris zugearbeitet habe.[58] Die konservativ erzogene Heidrun Hofer willigte ein. Dann wurde sie in die BND-Zentrale versetzt.

Zwar beendete Hofer ihr Verhältnis mit Puschke, sie verliebte sich in einen BND-Offizier, auch hatte sie inzwischen erfahren, dass sie unter „falscher Flagge" zum Verrat getrieben wurde, ihre Mitarbeit für das KGB stellte sie indes nicht ein. Und sich offenbaren? Die Angst, ihren Verlobten zu verlieren – berechtigt. Als sie am 21. Dezember 1977 verhaftet wurde, nahm ihr Schicksal einen tragischen Verlauf. Ihr zukünftiger Ehemann löste die Verbindung, woraufhin sie während einer Vernehmung aus der sechsten Etage des Münchner Polizeipräsidiums sprang.[59] Aufgrund ihrer schweren Verletzungen blieb ihr die Anklage erspart. Das Verfahren wurde 1987 wegen Verjährung eingestellt.[60] Der Mann, der Heidrun Hofer auf dem Gewissen hatte, war eine Geheimdienst-Legende. Sie hieß Juri I. Drosdow.

Über Drosdow ist nur wenig bekannt. Sein Onkel, Viktor Alexandrowitsch, befehligte zu Beginn des Zweiten Weltkriegs (als stellvertretender Kommandeur) die Moskauer Miliz, von dort wechselte er zum Geheimdienst.[61] Diese Stellung schien ihm derart erträglich, dass er seinen Neffen Juri 1956 in das KGB protegierte. Juri I. Drosdow machte Karriere: 1968 KGB-Resident in London[62], von 1975 bis 1979 KGB-Vertreter in New York[63], schließlich Afghanistan. Zwei Tage vor dem Einmarsch der Sowjets (am 27. Dezember 1979) flog der nunmehrige KGB-Generalleutnant Drosdow nach Kabul. Sein Auftrag: Chafisulla Amin ausschalten. Da dieser freiwillig nicht abtreten wollte, musste er eben „konventionell" beseitigt werden. Drosdow ließ den Palast stürmen und Amin, der mit einem Revolver aus dem Schlafzimmer trat, niederstrecken.[64]

Doch Drosdow war nicht nur Rambo, seinen Genossen galt er als kundig, einer, der sich nach dem Zusammenbruch der Sowjetunion zur Ruhe setzte, seither über sich und das KGB ins Grübeln geriet, sich immerwährend nur die eine Frage stellte: War das eigentlich alles richtig gewesen, was er da an der unsichtbaren Front angestellt hatte? Andere taten es ihm gleich.

Der KGB-Oberst Wladimir Tschikow verschaffte sich 1989 Zugang zum KGB-Dossier „13.676", das wohl eines der größten Geheimnisse barg, das in 17 Kartons mit jeweils bis zu 400 Dokumenten ruhte und den Komplex der russischen Atom-Spionage in Los Alamos enthüllte. Tschikow interviewte Tatzeugen und griff auf einen kompetenten Kollegen zurück, der ihm dazu als Lektor zur Seite stand: auf Juri I. Drosdow. Der einstige Chef der KGB-Auslandsoperationen habe, so dankte Tschikow, „als mein Berater (gewirkt) und die Fakten und Details des … Manuskripts überprüft".[65] Zu dieser Zeit arbeitete Drosdow an seiner eigenen Bestandsaufnahme, nicht isoliert, sondern bewusst öffentlich. Ein heruntergekommenes Bürohaus nahe des Kreml gehörte zum Treffpunkt der KGB-Veteranen. Sie kamen regelmäßig zusammen. Jeder von ihnen hatte irgendetwas aufgezeichnet, jeder von ihnen sprach stets das gleiche leidige Thema an: Wie detailliert dürfen Enthüllungen verfasst sein? Anfang 1995 rückte Juri I. Drosdow als Erster spannende Leseproben heraus, die er seinen Kampfgefährten und der neuen Kundschafter-Generation gewidmet haben wollte. Trotz eines Allerweltstitels („Notwendige Arbeit") schienen sie brisant, denn sie behandelten das Trauma des BND – den Maulwurf nach Heinz Felfe.

Er, Drosdow, habe sich im Februar 1972 in Innsbruck (ausgewiesen als gestandener Offizier der Wehrmacht unter dem Namen „Baron von Hohenstein") mit einem BND-Mitarbeiter getroffen, dem er – wie Heidrun Hofer – die Mär der „Deutschen Patrioten" suggerierte. Drosdow, der perfekt Deutsch sprechende „Baron", dessen „deutsche" Manieren das untergegangene Preußen gegenwärtig werden ließen, entbot darüber hinaus Grüße an einen „alten Herrn", einen General: Er möge seinem Eid auf den Führer treu bleiben. Es folgten plumpe Andeutungen:

Damals sei dessen Sohn „Mitte 30" gewesen, dieser hätte jenem Referat vorgesessen, das Doppelagenten jagte.[66] Damit konnte nur einer gemeint sein: Volker Foertsch, zum Zeitpunkt der vorgeblichen Werbung 38 Jahre alt, seit Februar 1994 Chef der für Maulwürfe zuständigen Abteilung 5 („Sicherheit"), dessen Vater den Niedergang seines NS-Vaterlandes als General der Infanterie in Südosteuropa in der Tat betrauert hatte.

Die wenigen Freunde von Volker Foertsch erkannten eine primitive Desinformations-Kampagne: Der Fingerzeig („Mitte 30", Mitarbeiter einer „empfindlichen BND-Abteilung", Vater General der Wehrmacht) sei absichtsvoll in Umlauf gesetzt worden. Das einzige Ziel: einen der angeblich fähigsten Geheimdienstler des BND auszuschalten.

Die Aktion des KGB-Rentners sei durchsichtig, sie bedürfe keines Kommentars, resümierten Offizielle. Hermann Foertsch, Volkers Vater, stand bis dahin nicht im Verdacht, sich dem KGB verpflichtet zu haben.

Vielmehr sei er, wie sich nach der Wende herausstellen sollte, der CIA zu Diensten gewesen. Aber Drosdow kann einen Hermann Foertsch 1972 nicht getroffen haben, da er bereits seit elf Jahren tot war. Oder meinte Drosdow einen anderen? Friedrich statt Hermann Foertsch? Friedrich Foertsch starb mit 76 Jahren am 14. Dezember 1976. Nur ein Szenario erschien daher logisch: Sollten Drosdows Andeutungen Volker Foertsch in Wahrheit vor Maulwurf-Anfeindungen schützen?

Wer derart weltfremd denunziert werde, so das amtliche Pullach, könne schließlich niemand sein, der für die Gegenseite arbeite. Doch Volker Foertsch hielt den BND seit Jahrzehnten in Atem, spätestens seit dem Auffliegen Heinz Felfes. So sehr, dass einzelne BND-Bedienstete gegen ihn immer wieder ermittelten – „frosthart", als ihm die Leitung der (wichtigsten wie größten) Abteilung 1 („Operative Aufklärung") übertragen wurde, deren 29 Unterressorts die weltweite Material-Beschaffung betrieben. Die Erhebungen wurden im kleinen Kreis beschlossen, bis sie eskalierten und hochnotpeinlich auf Touren kamen, mit einem Quasi-Rauswurf von Volker Foertsch.* MfS-Überläufer der ins Siechtum gefallenen DDR brachten die Foertsch-Rebellen auf Trab.

Volker Foertsch habe sich ehedem, als einer der persönlichen Adjutanten Reinhard Gehlens, als loyaler Vollstrecker des Präsidenten erwiesen, erinnerten sich überzeugte Foertsch-Gegner. Der spröde Foertsch sei seinem Chef menschlich nähergekommen. Zugleich unterstellten sie ihm, dass der vor Felfe warnende Kollege Fritz Scholz von Foertsch desgleichen belastet worden sei.[67] Zu guter Letzt beflügelte sie der „Hinweis" eines Überläufers, der für die GRU gearbeitet habe: Frühzeitig habe Moskau Interesse an Foertsch gezeigt, anfangs nicht an Volker, sondern am Vater, an Hermann Foertsch. Den schrieb die GRU 1944 zur Fahndung aus. Begründung: Foertsch habe auf dem Balkan und in Griechenland

---

* Neben Volker Foertsch ermittelte die BND-„Sicherheit" auch gegen den Vizepräsidenten Rainer Kesselring, Sohn des Generalfeldmarschalls Albert Kesselring. BND-Ermittler wollen angeblich festgestellt haben, dass Albert Kesselring seinen Sohn 1943 (als ein aus Polen „eingedeutschtes" Kind) adoptiert hätte. In der Kesselring-Sicherheitsakte des BND ist darüber hinaus vermerkt, dass Hitler dem Vater von 1941 bis 1945 (auf das Konto bei der Reichs-Kredit-Gesellschaft A. G.) jährlich eine Sonder-„Dotation" in Höhe von 100.000 Reichsmark hatte überweisen lassen. Albert Kesselring war bis zu seinem Tod (im Juli 1960) „Bundesführer" des „Stahlhelms". Wegen eines Gehirnschlags wurde Rainer Kesselring im August 1998 vorzeitig pensioniert.

„Freiheitskämpfer" als „Banden"-Mitglieder erschießen lassen.[68] Durch höfliche Umgangsformen waren diese Jahre wahrlich nicht geprägt.

Hermann Foertsch kam am 4. April 1895 in Drahnow im westpreußischen Kreis Deutsch-Krone zur Welt. Seine Erziehung muss wie im Offiziersklub erfolgt sein: streng, kalt, ohne Wärme, denn Papa Friedrich hatte es bei den Königlichen Dragonern bis zum Major gebracht. Hermann tat es seinem Vater gleich. Sein Weg führte ihn am 20. März 1913 zur Armee nach Graudenz, wo er seine künftige Ehefrau Hildegard kennenlernte. Bereits fünf Monate später war er Unteroffizier, am Ende des Ersten Weltkriegs endlich schneidiger Oberleutnant.

Deutschland lag am Boden, militärisch wie ökonomisch. Es hatte ein Siebtel seines Staatsgebietes verloren, zehn Prozent seiner Bevölkerung, ein Drittel seiner Kohle- und Erzvorkommen. Die Schmach der Kapitulation riss tiefe Wunden in das nationale Herz der Familie Foertsch. Der als Unrecht interpretierte Versailler Vertrag „verstümmelte" die geliebte Reichswehr auf 100.000 Mann, zudem verlangten die Siegermächte Milliarden an Reparationen, lasche Politiker der Weimarer Republik würden darüber hinaus aufrührerische Kommunisten tolerieren.

Hermann Foertsch brannte auf einen „Ordnungsfaktor". Seine Hoffnung erfüllte sich am 30. Januar 1933: Adolf Hitler wurde Reichskanzler. Diesen wunderbaren Augenblick erlebte Hermann Foertsch als Pressechef des Reichswehrministeriums. Der „Umbruch" erschien ihm als ein geschichtsträchtiges Ruhmesblatt. Als „die Partei Adolf Hitlers Macht gewann über die Geister", so steigerte sich Hermann Foertsch in sein Drittes Reich hinein, als „die Wucht der nationalen Revolution alles hinwegfegte", da „schlugen die letzten Soldatenherzen dem Manne entgegen, der ja aus ihren Reihen gekommen war". Selbst als der Diktator KZ errichten und politische Gegner ermorden ließ, stand er ihm charakterfest zur Seite:

Der Diktator habe in der Reichswehr, so strahlte Hermann Foertsch, „ein unversehrtes, innerlich sauberes und in sich geschlossenes Werkzeug" vorgefunden, Hitlers „begnadete Fähigkeit, als Soldat im rechten Augenblick die notwendigen militärischen Entschlüsse zu fassen" – die „Wiederbesetzung der Rheinlande (sei) allein und ausschließlich das Werk des … Soldaten Adolf Hitler" gewesen. Und wenn er, Hermann Foertsch, in der Nähe des braunen Sklavenhalters weilte, leuchteten nicht nur seine Augen. Bei jedem Kameraden „schwingt … eine Welle dankbaren Vertrauens und freudiger Verehrung zu dem Manne (mit), dem die neue deutsche Wehrmacht ihr Entstehen und ihr Werden verdankt", denn Hitler „ist nicht nur Oberster Befehlshaber, sondern ihr ... bester Soldat", und „ein Volk kann nur leben, wenn es gelernt hat ... sich zu wehren ... (um) sein Dasein und seine Lebensräume zu kämpfen" – „bis zum Äußersten", versteht sich.[69] Nach der Eroberung Polens hatte Hitler den Höhepunkt seiner Macht erreicht, die Wehrmacht den ihren. Es war die Periode der braunen Euphorie, die des Hermann Foertsch. In dieser Gemütslage schuf er ein in mehrere Sprachen übersetztes militärisches Standardwerk, eines der „Kriegskunst heute und morgen", in dem Foertsch auch „das Ziel der Auslese" beschrieb: „Das Starke soll siegen, leben und sich fortpflanzen. So will es ein gewaltiges Naturgesetz."[70] Hermann Foertsch mündelsicher: „Wer glaubt, dem politischen Geschehen unserer Zeit gleichgültig gegenüberstehen zu können, wer sich den tragenden Gedanken unseres politischen Lebens verschließen zu sollen meint, hat die großen Zusammenhänge des ... Völkerringens nicht erkannt."[71] Selbst des Führers anstehende „Feldzüge" sagte Hermann Foertsch treffsicher voraus: Sie würden – „ohne offizielle Kriegserklärung durch einen Überfall eingeleitet".*

Ein künftiger Krieg, so prognostizierte Foertsch aufrecht, mache „die Anwendung der äußersten Mittel" erforderlich, „der Besitz einer übermächtigen Waffe technischer oder chemischer Art ... (berechtige) zu der Hoffnung auf einen kurzen Kriegsverlauf".[72] Wunderwaffen gab es allerdings erst in der Endphase des „Totalen Krieges" auf dem Reißbrett, ansonsten galt das erprobte Mittel des Terrors: Mordend begegneten Wehrmacht und SS dem Widerstandswillen ganzer Völker, mit Hermann Foertsch in Griechenland an vorderster Front. Acht Monate lang, vom August 1943 an, diente er dem späteren Generalfeldmarschall Maximilian Reichsfreiherr von und zu Weichs an der Glon, Oberbefehlshaber der Heeresgruppe F, als Chef des Generalstabs und – als nationalsozialistischer Musterschüler.

---

* Weitere Foertsch-Titel: „York. Das Leben eines altpreußischen Generals" (1932), „Im gleichen Schritt und Tritt!" (1934), „Der deutsche Soldat" (1934), „Unsere deutsche Wehrmacht" (1935), „Die Wehrmacht im nationalsozialistischen Staat" (1935), „Der Offizier der neuen Wehrmacht" (1936; überarbeitete Auflage 1940), „Wehrpflicht-Fibel" (1937), „Die Fritsch-Krise im Frühjahr 1938 als Wendepunkt in der Geschichte der nationalsozialistischen Zeit" (1951).

Griechenland galt militärisch als kritisches Terrain; das Führerhauptquartier befürchtete eine Invasion. Partisanen sollten den Weg bereiten, die Deutschen demoralisieren. Entkräftete Truppen, so das Kalkül der Aufrührer, würden landenden Alliierten weniger Gegenwehr leisten. Diese Strategie empörte Hermann Foertsch.

Im Oktober 1943 fielen zehn Landser einem Hinterhalt zum Opfer. Als Vergeltung wurden 150 griechische Bauern erschossen, was, wie Hermann Foertsch nach seiner Internierung gegenüber US-Vernehmern begründete, allemal rechtens gewesen sei, da „es (sich um) Menschen aus bestimmten Doerfern, in welchen diese Ermordungen vorgekommen sind", gehandelt hätte.[73] Dass die Siedlungen daraufhin niedergebrannt wurden, seien „Dinge" gewesen, die „aufgrund von Feldgerichtsurteilen" zustande gekommen seien, eine Maßnahme der „Abschreckung", eine „taktische Notwendigkeit", schließlich sei „die Zahl der Aufstaendischen verringert" worden.[74] Doch die Strafexpedition spielte sich derart grausam ab, dass „eine kommunistische Bande" wiederum einen deutschen Kommandostab überrannte, wobei acht Deutsche und Bulgaren fielen. Die Rache des Hermann Foertsch war fürchterlich: 400 Zivilisten verloren ihr Leben.[75]

Nach dem Verständnis des Hermann Foertsch hatte die „Suehnemassnahme" nicht gegen das Völkerrecht verstoßen. Um der Anklage eines Kriegsverbrechens zu entgehen, redete er sich seine Willkürherrschaft klein: Da die Untergrundkämpfer ihre „Patronengurte ueber Kreuz trugen und andere Aufstaendische ein Koppel um den Leib", seien sie „irgendwie kenntlich im Sinne einer Truppe", somit Angehörige einer Armee gewesen.[76] Sie „hatten Nummern, waren Divisionen", das „war ein richtiger Krieg", Geiselerschießungen daher „voelkerrechtlich statthaft".[77] Foertsch, der Offiziere, die den „nationalsozialistischen Staat nicht aus der Fülle (ihres) Herzens heraus bejaht(en)"[78], nicht duldete, erteilte Befehle im Zeitgeist, sogleich nach seinem Dienstantritt in Griechenland:

Auf die ständigen „Sabotageangriffe gegen E(isenbahn)-Transportzüge durch Verlegen von Minen oder Überfälle" sei mit „schärfsten und rücksichtslos durchzuführenden Gegenmaßnahmen" zu antworten: „In jedem Transportzug ist als erster Wagen hinter der Lok ein verriegelter G(üter)-Wagen zur Mitnahme von gefangenen Banditen und Geiseln mitzuführen, die im Falle eines Anschlages ... ob er gelingt oder nicht, sofort zu erschießen sind." Und wenn „Banditen" die Faustpfänder zu befreien suchten, „muß Vorsorge getroffen werden", dass „keiner lebend davonkommt", was durch das „geschickte Anbringen geballter S(preng-)Ladungen" zu garantieren sei. Die Foertsch-Weisung war geradezu perfide. Da es unerlässlich sei, „Banditen und Geiseln zu mischen", sollten sie „im Laufe der Zeit in ausreichendem Maße zur Verfügung stehen", somit sei die „Einrichtung gut bewachter Gefangenenstellen" zwingend vorgeschrieben, um „Bandenmitglieder" an „Lok-Wechselstationen" anketten zu können.[79]

Als Italien, im Juli 1943, das Achsenbündnis mit Hitler aufkündigte, ließ sich nicht jeder italienische Verband entwaffnen. Jene, die den Deutschen „Ungehorsam" leisteten, wurden zusammengetrieben und mit Maschinengewehren niedergemäht. In einem Fall am 20. September rund 4.000 Offiziere auf der griechischen Insel Kefallenia.[80] Wer sich allerdings zum „Mitkaempfen" bereit erklärte, so Foertsch gegenüber den Amerikanern, habe sich („wie ich nicht anders erwartet habe") „in kürzester Frist als ungeeignet erwiesen", deshalb seien Italiener im „wesentlichen zum Arbeiten" abkommandiert worden, von dort aber plötzlich angeblich ganze Divisionen „zu den Partisanen uebergelaufen", sodass sie „als Freischaerler angesehen" werden mussten, die („wenn sie … gefangen") „auch entsprechend behandelt" worden seien. Wie? Foertsch: „Sie wurden erschossen."[81] Jedes mörderische Detail erfuhren US-Ermittler nicht. Aber der Geheimdienst der Roten Armee, die GRU.

Anfang 1943 hatte Adolf Eichmann mit der „Endlösung der Judenfrage" in Griechenland begonnen. Er entsandte den SS-Hauptsturmführer Dieter Wisliceny nach Thessaloniki und Mazedonien, nun „Judenreferent" beim Befehlshaber der Sicherheitspolizei und des SD in Athen.*

---

* Befehlshaber der Sicherheitspolizei und des SD in Athen war zu diesem Zeitpunkt der SS-Standartenführer Walter Blume. Blume wurde im Dezember 1939 Chef der Gestapo Berlin, im März 1941 Leiter der Personalabteilung (Gruppe I A) im RSHA. In dieser Position hatte Blume auf Befehl Heinrich Himmlers die Offiziere für die Einsatzgruppen zusammenzustellen. Im Juni 1941 Führung des Sonderkommandos 7a (in der Einsatzgruppe B). Bis Mitte September hatte Blume nach eigenen Angaben 24.000 Juden in Weißrussland ermordet. Im Juni 1942 wurde er zur „Bandenbekämpfung" von Partisanen in Slowenien eingesetzt. Blume wurde 1948 zum Tode verurteilt, 1951 zu 25 Jahren Haft begnadigt, 1955 entlassen. Er starb am 13. November 1974 als Inhaber eines florierenden Handelshauses in Soest. Seine Firma handelte ausschließlich mit dem Nahen Osten.

Wisliceny sollte die „Verfrachtung" von mindestens 48.000 Juden nach Auschwitz organisieren.* Die Logistik besorgte ihm die Heeresgruppe F, die darüber hinaus sogar ein Regiment zur Säuberung des Thessaloniker Ghettos abstellte.[82]

Die „Militärverwaltung", so erinnerte sich Wisliceny während des Nürnberger Kriegsverbrecherprozesses, habe „die Maßnahmen vorbereitet und durchgeführt": „Die Zuggarnituren, die zum Abtransport notwendig waren, wurden bei dem Transportkommandeur der Wehrmacht angefordert", alles habe beispielhaft funktioniert, er lediglich angeben müssen, „wie viele Waggons und zu welchem Zeitpunkt". Das den Juden geraubte Bargeld sei auf „ein Sammelkonto der Militärverwaltung" geflossen, offiziell 280 Millionen Drachmen (etwa 15 Millionen Reichsmark).[83] Dieses Vermögen betreute der Kriegsverwaltungsrat Max Merten. Der sollte Hermann Foertsch unvermutet gefährlich werden.

Max Merten stand auf der griechischen Kriegsverbrecherliste. Athen verzichtete allerdings – vorerst – auf eine Auslieferung. Ostern 1957 reiste Merten daher nach Thessaloniki, wo er jetzt verhaftet wurde. Begründung: „Plünderung griechischer Juden und gewaltsame Wegnahme griechischen und insbesondere jüdischen Vermögens im Werte von über eineinhalb Millionen Goldpfund." Die Medien erklärten ihn daraufhin zum „Ungeheuer von Saloniki", zumal ihm zudem die Verantwortung für die Hinrichtung von 600 Griechen angelastet wurde. Doch Merten wies jede Schuld von sich. Und er hatte gute Karten.

Er führte den Nachweis, dass seine „griechenfreundliche Haltung" eine Kriegsgerichtsverhandlung samt seiner Abberufung nach sich gezogen habe. Ihm gelang überdies, prominente Zeugen aufzubieten, die für ihn aussagten, einschließlich der Mönche vom Berg Athos.** In einigen

---

* Am 6. Februar 1943 traf Wisliceny gemeinsam mit Alois Brunner in Griechenland ein. Dort leitete er das „Sonderkommando für Judenangelegenheiten" in Thessaloniki. Von April bis Oktober 1944 ließ er über 400.000 ungarische Juden nach Auschwitz deportieren. Am 12. Mai 1945 wurde Wisliceny in Altaussee in Österreich festgenommen, an die Tschechoslowakei ausgeliefert und am 27. Februar 1948 in Bratislava hingerichtet.

** Die Mönche vom Berg Athos bescheinigten Merten, dass er um die Versorgung der Klosterinsassen bemüht gewesen sei, sie vor den einmarschierenden Bulgaren schützte und die Beauftragten des Stabes Rosenberg daran hinderte, Kunstschätze zu rauben: „Trotzdem er eine leitende Beamtenstellung inne hatte, und zweifels-

griechischen Zeitungen wurde Merten daraufhin wie ein Oskar Schindler gefeiert. Doch als ob eine heimliche Macht die Regie übernommen hätte – Max Merten wurde am 5. März 1959 gleichwohl zu 25 Jahren Gefängnis verurteilt.[84] Warum galten seine lauteren Bürger nicht? Führte das hohe Strafmaß der griechische Militär-Nachrichtendienst herbei, Pullachs Partner KYP („Zentraler Informationsdienst")? War die Merten-Affäre vom BND ausgelöst worden? Dabei befolgte Merten lediglich Dekrete, deren Grundstock einst der Generalleutnant Hermann Foertsch zu verantworten hatte. Dann die Überraschung: Acht Monate nach der Urteilsverkündung wurde Merten auf freien Fuß gesetzt.* Kaum in München gelandet, zerrten ihn am 5. November 1959 Kripo-Beamte an der Passkontrolle in einen separaten Raum, um ihm zu verkünden: Wegen Kriegsverbrechen, „begangen am griechischen Volk", läge ein Haftbefehl der West-Berliner Justiz vor. Merten kam in U-Haft nach Stadelheim.[85] Dort saß – welch ein Zufall – bereits der Felfe-Rufer Fritz Scholz ein.

Merten, so mag Gehlen befürchtet haben, könnte einen seiner Sekundanten, eben Hermann Foertsch, durch das „Vergangenheitsgerede" in die Öffentlichkeit zerren. Nicht auszudenken, es werde auch noch bekannt, dass Foertsch sein konspiratives Handwerk beim Institut für Zeitgeschichte in München erlernte, dessen Gründung Gehlen veranlasste, um über den Umweg der „historischen Forschung" an jene NS-Personalakten heranzukommen, die seine NS-belasteten Gehilfen betrafen, vor allem an NS-Dokumente, die ihn selbst und seine Fremde Heere Ost berührten.**

---

ohne entgegen den strengen Befehlen, die er hatte, hat er menschenfreundlich und positiv für unser Heiliges Gebiet gewirkt und größte Milde und Güte gezeigt."

* Griechenland hatte am 3. November 1959 das Gesetz 4016 erlassen, das die juristische Verfolgung deutscher Kriegsverbrecher aufhob. Von dieser Verfügung profitierte Max Merten.

** Reinhard Gehlen hatte wiederholt den Versuch unternommen, NS-Personalakten und NS-Verschlusssachen von den USA zu erhalten. Vergeblich. Das hatte ihm der zunehmend misstrauischer werdende US-Armee-Geheimdienst CIC grundsätzlich verweigert. Daraufhin initiierte Gehlen – 1947 abgedeckt über einen „Beschluss" der Ministerpräsidenten von Bayern, Hessen und Württemberg-Baden – das „Deutsche Institut für Geschichte der nationalsozialistischen Zeit", das die Alliierten mit Papieren aus den Nürnberger Prozessen auffüllten. Zu seinem „Verbindungsoffizier" beim „Deutschen Institut" bestellte Gehlen den ehemaligen Chef der Operationsabteilung im Generalstab des Heeres, Generalleutnant

In diesen Wochen tagte ein „Familienrat": Friedrich Foertsch, nach seiner Entlassung aus der sowjetischen Kriegsgefangenschaft vorübergehend Org-Berater, der im Merten-Fall involvierte Hermann Foertsch und Erfinder der griechischen Geiselzüge. Vielleicht war auch Hermanns Sohn Volker dabei, seit dem 1. Juni 1959 einer der Assistenten Gehlens. Der Foertsch-Clan habe, so das Pullacher Gerücht, die Hatz auf Max Merten in Absprache mit dem BND-Präsidenten ausgelöst. Eine Strafanzeige, weiland vielleicht von einem Strohmann auf den Weg gebracht, setzte die Staatsanwaltschaft zuverlässig in Bewegung. Schlimmer noch:

Merten beschuldigte Adenauers Kanzleramts-Chef Hans Maria Globke, nicht nur von den Deportationen der griechischen Juden gewusst zu haben, sondern Adolf Eichmann persönlich empfangen zu haben. Eine peinliche Situation, denn Globke hätte über Eichmann seinerzeit tatsächlich stürzen können, schließlich war dem BND Eichmanns Exil in Südamerika längst bekannt, die Festnahme des Holocaust-Bürokraten ließ Gehlen allerdings torpedieren. Globke, Kommentator der Nürnberger Rassengesetze, blieben Angriffe durch die Medien daher noch erspart. Erst als Israel den durch den Mossad entführten Eichmann in Jerusalem vor Gericht stellte, geriet Globkes NS-Vita in Bewegung, wegen der Wiedergutmachungs-Zahlungen an Israel allerdings anfangs verhalten.*[86]

Adolf Heusinger. Heusinger leitete von 1948 bis 1950 die Auswertungs-Abteilung der Org, dessen eigentliche Aufgabe indes darin bestand, NS-Papiere aus dem „Deutschen Institut" nach Pullach zu karren, wo Kopien angefertigt wurden. Die Plünderung innerhalb des „Deutschen Instituts"-Archivs besorgte Hermann Foertsch. 1952 erhielt das „Deutsche Institut" seinen heute gültigen Namen: Institut für Zeitgeschichte.

* **Erstens:** In Luxemburg wurde 1952 das „Wiedergutmachungsabkommen" mit Israel unterzeichnet. Die Bundesrepublik verpflichtete sich zur Lieferung von Waren und Dienstleistungen im Wert von drei Milliarden DM als „Eingliederungshilfe für die aufgenommenen jüdischen Flüchtlinge" (heutiger Wert: rund sieben Milliarden Euro). Gleichzeitig erhielt die jüdische Claims-Conference 450 Millionen DM. Die „Sühne"-Zahlungen an Israel endeten – offiziell – 1965. **Zweitens:** Globke verfasste, im Oktober 1935, einen Kommentar zu den „Nürnberger Gesetzen" („Gesetz zum Schutze der Erbgesundheit des deutschen Volkes"). Laut Globke war nicht nur der eigentliche Geschlechtsverkehr, sondern bereits „beischlafähnliche Handlungen, z. B. gegenseitige Onanie" mit Juden bei Strafe verboten, grundsätzlich alle Personen „fremden Blutes" rassisch minder-

Elf Tage nach Mertens Festnahme wurde er entlassen, aber die Ermittlungen wegen „Kriegsverbrechen" dauerten – bis zum Februar 1968.[87] Der BND hatte sein Ziel erreicht: Merten war ein gebrochener Mann. Er schlug sich, mehr schlecht als recht, in West-Berlin als bei Amtsgerichten Zahlungsbefehle beantragender Advokat durch. 1970 schloss der BND sein Dossier: „MERTEN ist als Heimkehrer anerkannt.

wertig. Kaum hatte sich das Dritte Reich die Slowakei als „Schutzstaat" unterstellt, erarbeitete Globke dazu den „Kodex des jüdischen Rechts" für die Slowakei. Globkes „Kodex" leitete die Entrechtung und Enteignung der jüdischen Bevölkerung in der Slowakei ein. Unter Adenauer stieg er zunächst zum Ministerialdirigenten auf, 1953 dann zum Staatssekretär im Bundeskanzleramt. **Drittens:** Der US-Historiker Timothy Naftali (University of Virginia) hatte im Juni 2006 der „New York Times" ein Interview gegeben. Tenor: Die Bundesregierung unter Konrad Adenauer hätte den Aufenthaltsort Eichmanns in Argentinien mindestens seit 1958 gekannt. Auch das damalige Kongressmitglied Elizabeth Holtzman verriet der „New York Times", dass die CIA „keinen Finger gerührt hat", um Eichmann verhaften zu lassen. **Viertens:** Die deutsch-argentinische Journalistin Gaby Weber bat den BND um die Freigabe seiner Eichmann-Akten. Pullach lehnte ostentativ ab, mit tatkräftiger Unterstützung der Bundeskanzlerin Angela Merkel. Begründung: Die Unterlagen seien „nach wie vor schutzwürdig". Auf dem Spiel stünden schließlich: „Übergeordnete Sicherheitsinteressen der Bundesrepublik Deutschland", „Belange der Zusammenarbeit mit anderen ausländischen Stellen" sowie „Informantenschutz" und angebliche „Persönlichkeitsrechte". Anfangs teilte der BND Gaby Weber (wohl aus Dummheit) mit, ihm lägen 4.500 Seiten zu Eichmann in Argentinien und zu „nuklearer Zusammenarbeit der Bundesrepublik, Argentiniens und Israels" vor, dann reduzierte Pullach das Volumen wenig später auf 3.400 Seiten. Merkwürdig: Gaby Weber flog im August 2010 nach Washington, um in US-Archiven nach NS-Kriegsverbrechern zu fahnden, zuvörderst nach Eichmann. Die Amerikaner bugsierten sie stattdessen in einen Nebenraum – zum Verhör. Webers bereits genehmigte Anträge auf Akteneinsicht wurden fotokopiert und ihr – die Einreise verweigert. Da der BND bei US-Geheimdiensten nach wie vor einen miserablen Ruf genießt, wird hier wohl statt des BND der israelische Mossad seinen Einfluss ausgeübt haben. **Fünftens:** 1961 stand Adolf Eichmann in Jerusalem vor Gericht. Da schickte sich Reinhard-M. Strecker an, über Adenauers Intimus Globke eine Biografie zu schreiben. Gehlen schaltete daraufhin einen seiner Agenten zu: Günther Heysing (BND-Deckname: „Hecht"), ehedem Angehöriger der Propaganda-Kompanie (PK), am Ende Herausgeber der „Wildente", dem Sprachrohr altgedienter PK-Offiziere. Pullach galt er als gewichtig, schließlich weihte Heysing den BND in die Geheimnisse der hanseatischen Medien-Szene ein. Beispielsweise so: Heysing postierte sich vor dem von KZ-Häftlingen erbauten Hamburger Pressehaus, dem Sitz der „Zeit", „Hamburger Morgenpost", des „Hamburger Echo" und des „Spiegel". Mittags, wenn die Journalisten in umliegende Restaurants strömten,

Er erhält allerdings keine besondere Entschädigung aus Härtefallgründen."[88] Nach Fritz Scholz hatte der Bundesnachrichtendienst einen weiteren „Querulanten" mundtot gemacht.

Reinhard Gehlen war es egal, welcher Verbrechen gegen die Menschlichkeit seine „Generale" beschuldigt wurden, schließlich erreichte die „19. Ausfertigung" des berüchtigten „Kommissarbefehls"* ebenfalls

wie in das koreanische „Arang" in der Kleinen Reichenstraße, zielte Heysing mit einem 400-mm-Teleobjektiv auf „linke" Redakteure des Nachrichten-Magazins und auf die des „Hamburger Echo". Die Fotos ergänzten Gehlens Journalisten-Dossiers. Nun erreichte Heysing eine Eildepesche: In der Hansestadt würde ein Reinhard-M. Strecker ein Buch („Acta Dr. Hans Globke") vorbereiten. Heysing sollte die Fahnen besorgen. Für ein Handgeld von 30.000 Mark (eine andere Quelle nennt 50.000 DM) gelang ihm das auch. Das Taschenbuch erschien dann bei Rütten & Loening. Pikanterweise gehörte der Verlag zu Bertelsmann. Globke suchte die Veröffentlichung per einstweiliger Verfügung zu stoppen, in erster Instanz vergeblich. Doch im Berufungsverfahren verboten zwei lächerliche Fehler die weitere „Acta"-Auslieferung. Der Bertelsmann-Konzern verzichtete auf eine Neuauflage. Da wird möglicherweise die Drohung nachgeholfen haben, amtlicherseits Bertelsmann-Publikationen nicht mehr palettenweise aufzukaufen.
Sechstens: Während des Eichmann-Prozesses in Israel klaute der „Bild"-Reporter Frank Lynder (Zuträger des britischen Secret Intelligence Service) im „King David"-Hotel in Jerusalem aus dem Zimmer des „Nebenklägers", des DDR-Rechtsanwalts Friedrich Karl Kaul, dessen Eichmann-Dokumente. Adenauer wollte während des Eichmann-Verfahrens wohl erfahren, welche weiteren westdeutschen Politiker wegen ihrer NS-Vergangenheit von der DDR belastet würden? Logistische Unterstützung gewährte Lynder ein Reserveoffizier der Bundeswehr: Rolf Vogel, zuständig für die psychologische Kriegsführung. Der Diebstahl erfolgte am Abend des 29. Juni 1961. Währenddessen trank Kaul in der „King David"-Bar Highland-Whiskey der Marke „Midleton Very Rare". Der wurde Kaul, über Alexander Schalck-Golodkowski, bis zum Ende seiner Tage im April 1981, an seine Privatadresse in der Wilhelm-Pieck-Straße 11 per Kurier angeliefert.
* Die „Richtlinien für die Behandlung politischer Kommissare" waren eindeutig: „Im Kampf gegen den Bolschewismus ist mit einem Verhalten des Feindes nach den Grundsätzen der Menschlichkeit oder des Völkerrechts nicht zu rechnen. Insbesondere ist von den politischen Kommissaren aller Art als den eigentlichen Trägern des Widerstandes eine haßerfüllte, grausame und unmenschliche Behandlung unserer Gefangenen zu erwarten. Die Truppe muß sich bewußt sein: 1. In diesem Kampf ist Schonung und völkerrechtliche Rücksichtnahme diesen Elementen gegenüber falsch. Sie sind eine Gefahr für die eigene Sicherheit und die schnelle Befriedung der eroberten Gebiete. 2. Die Urheber barbarisch asiatischer Kampfmethoden sind die politischen Kommissare. Gegen diese muß daher sofort und ohne weiteres mit aller Schärfe vorgegangen werden. Sie sind daher, wenn im

seine Fremde Heere Ost. Solange der „Kampf gegen den Bolschewismus" auch nach 1945 nicht erlahmte, so lange stellte er sich hinter jeden „Kriegsverbrecher". Auf Gehlens Ermunterung ging sogar die „Himmeroder Denkschrift" zurück, die im Oktober 1950 die öffentliche Rehabilitierung in Nürnberg angeklagter Wehrmachts-Offiziere einforderte. Ein Gesellenstück. Das Papier strahlte bis zum NATO-Oberbefehlshaber Dwight D. Eisenhower. Der nachfolgende US-Präsident gab für Angehörige der Wehrmacht eine Ehrenerklärung ab, anschließend durften rund 300 Ex-Generale und Stabsoffiziere in der „Historischen Abteilung" der U.S. Army tendenziöse kriegsgeschichtliche Studien in die Welt setzen.*[89] An der „Himmeroder Denkschrift" wirkte Hermann Foertsch mit, beileibe nicht sein entbehrlichster Textbeitrag – den hatte er 16 Jahre zuvor „verfasst": jenen Eid, den jeder Soldat auf den Oberbefehlshaber der Wehrmacht ablegen musste, auf Adolf Hitler.**[90] Dieses Rückgrat schlug sich in den „Beurteilungsnotizen" seiner Personalakte nieder: „Führerpersönlichkeit. Nationalsozialist." Ein feierlicheres Vertrauen hatte das Dritte Reich einem Nicht-NSDAP-Mitglied selten entgegengebracht. Dennoch betrachtete Volker Foertsch seinen Vater wehrhaft „nie (als) ein(en) Anhänger Hitlers".[91]

Kampf oder Widerstand ergriffen, grundsätzlich sofort mit der Waffe zu erledigen."

* Die „Himmeroder Denkschrift" wird von Historikern als „Magna Charta" der Bundeswehr bezeichnet. Das Dokument entstand während einer Klausurtagung im Eifelkloster Himmerod vom 5. bis 9. Oktober 1950. Den Vorsitz über die insgesamt 15 Teilnehmer – ehemalige Generale der Wehrmacht – führten die Gehlen-Vertrauten Hermann Foertsch und Hans Speidel.

** Noch am Tag des Todes Paul von Hindenburgs schuf Hitler am 2. August 1934 das „Gesetz über das neue Staatsoberhaupt". Die Verordnung vereinigte das Amt des Reichspräsidenten mit dem des Reichskanzlers. Zugleich wurde – mit sofortiger Wirkung – die Vereidigung der Wehrmacht auf den Führer vorgenommen. Der Text lautete: „Ich schwöre bei Gott diesen heiligen Eid, daß ich dem Führer des Deutschen Reiches und Volkes, Adolf Hitler, dem Oberbefehlshaber der Wehrmacht, unbedingten Gehorsam leisten und als tapferer Soldat bereit sein will, jederzeit für diesen Eid mein Leben einzusetzen." Nach der Blomberg / Fritsch-Affäre übertrug sich Hitler am 4. Februar 1938 die alleinige Befehlsgewalt über die Wehrmacht. An die Stelle des Reichskriegsministeriums trat nun das Oberkommando der Wehrmacht.

In diesem geistigen Klima entwickelte sich die Organisation Gehlen zum Bundesnachrichtendienst. Von Pullach aus unterwanderten Gehlens militärische Sippschaften erst den Vorläufer des Bundesverteidigungsministeriums, das Amt Blank, dann besetzten 470 alte Kameraden die Bundeswehr, darunter Hermann (als Berater) und Friedrich Foertsch, die beide ihrem Mentor Gehlen dankbar ergeben blieben: als Spitzel wie Vollstrecker seiner Politik. Die im August 1955 erlassenen „Grundsätzlichen Richtlinien für Beurteilungen und Auswahl der ehemaligen Offiziere" legten die „moralischen" Kriterien der zukünftigen Verteidiger des demokratischen Deutschland fest, als ob das NS-Regime nur ein Missverständnis gewesen sei:

– „Bewährung im Kriege"
– „Bewährung während der Gefangenschaft"
– „Bewährung als Zivilist nach dem Kriege"[92]

All dies traf selbstredend auf Friedrich Foertsch zu, ein Teilstück ausgenommen: Nach der „Spiegel"-Affäre erinnerte sich das KGB an die Foertsch-Unterschrift unter die nachrichtendienstliche Verpflichtung, die er während seines sowjetischen Arrestes geleistet hatte. Erst 1990 erfuhr der BND davon – über den Geheimdienst-Koordinator im Bundeskanzleramt, Bernd Schmidbauer. Der kam schnell auf den Punkt: In Wahrheit sollte dieser peinliche Vorgang einen seiner loyalsten Zuarbeiter abstrafen, halt Volker Foertsch. Schmidbauer reagierte daher kühl: Für die längst verjährte Tat des Onkels könne der Neffe Volker schließlich nicht in „Sippenhaft" genommen werden.*[93] Aha.

---

* Wie gravierend nachrichtendienstliche Verstrickungen im Kalten Krieg sein konnten, dokumentiert der tragische Fall des Ritterkreuzträgers Vinzenz Müller, der im Juli 1944 als Kommandierender General des XII. Armeekorps in sowjetische Kriegsgefangenschaft geriet. Müller wurde Mitglied des Bundes Deutscher Offiziere wie des Nationalkomitees Freies Deutschland und Agent der GRU, die ihn auf den Generalfeldmarschall Friedrich Paulus ansetzte, mit dem er das Quartier teilte. In der DDR avancierte Müller zum Chef des Stabes der Kasernierten Volkspolizei, mit Gründung der Volksarmee zu einem stellvertretenden Verteidigungsminister. 1950 warb ihn das MfS als IM an („Heinrich"). Doch die Staatssicherheit musste diese Verbindung auf Veranlassung der GRU wieder lösen. Zu Müller baute Gehlen (über den vormaligen FHO-Oberst Hermann Teske) eine nachrichtendienstliche Verbindung auf, was der GRU nicht verborgen geblieben war. Während Gehlen Teske als Leiter in das Freiburger Militärarchiv

BND-Angehörige, im Maulwuf-Kesseltreiben gegen Volker Foertsch verfangen, mochten sich mit dem Verdrängungsprozess Schmidbauers nicht anfreunden. Im Gegensatz zu ihm zeichneten sie die Lebensbahn der gesamten Foertsch-Familie nach dem Mauerfall gründlich nach. Sie verfolgten verfängliche Spuren, die sie im Dritten Reich hinterlassen hatten und die KGB oder GRU in die Lage einer erpresserischen Anwerbung hätten versetzen können.

Sie taten es auf eigene Rechnung, außerhalb ihrer Dienstzeiten: im Institut für Zeitgeschichte in München, im Nürnberger Staatsarchiv, im Bundesarchiv in Koblenz. Sie nutzten ihre Verbindungen zum Amt des Pfarrers Gauck, einige verbrachten ihren Urlaub nicht auf den Kanarischen Inseln, sondern wählten Prag als Erholungsziel. Dort stöberten sie in Dokumenten des aufgelösten kommunistischen Dienstes StB, in Warschau kontaktierten sie die drei ehemals gegnerischen Geheimbehörden (SB, UB, VKR), sie konspirierten in Moskau mit Mitarbeitern des KGB-Nachfolgers SWR, in Washington studierten sie in den National Archives Mikrofilme, zwei verbrachten ihre Ferien in Athen. Doch niemand von ihnen fragte nach dem Namen Foertsch. Um nicht aufzufallen, erklärten sie ihren Forschungstrieb mit einem demnächst erscheinenden Buch. Wenn sie Hermann Foertsch meinten, war von der deutschen Besatzungszeit in Griechenland die Rede, im Fall von Friedrich Foertsch betraf es die Belagerung Leningrads. Der gigantische Zeitaufwand betrug annähernd zwei Jahre.

Blieben Volker Foertsch diese Recherchen etwa verborgen? Fühlte er sich eingekreist? Wurde er unsicher, nervös, wehrlos? Konnte er abschätzen, was da auf ihn zukommen würde? Volker Foertsch war ohnehin nicht zu beneiden. Dauerstress im Dienst, Ausnahmezustand in den eigenen vier Wänden. Wenn ihm jetzt die Nerven versagten, würde ihn der Schicksalsschlag dann noch unerbittlicher treffen?

In solchen Momenten wird Volker Foertsch viel nachgedacht haben. Je länger er sich mit diesem Albtraum befasste, desto bedrohlicher muss ihm die Gegenwart erschienen sein. Mit wem konnte er sich ausspre-

lancierte, sprang der GRU-Mann Müller am 12. Mai 1961 aus dem Fenster seiner Wohnung in der Windwallstraße 9 in Berlin-Schmöckwitz in den Tod. Grund: Der BND hatte Müller zum „Überlaufen" genötigt – über seine Geliebte, die Haushälterin Marianne Scholz, eine Agentin des BND, die freilich in Wahrheit von der GRU verpflichtet war.

chen? Mit seinen Brüdern? Mit Hans-Jürgen, mit Joachim? Oder sollte er seine ältere Schwägerin Susanne zu Rate ziehen, zu der er ein ungetrübtes Verhältnis pflegte? Seine Frau war alkoholkrank, litt an Brustkrebs und hatte ihren Gatten durch einen missglückten Suizid ins menschliche Abseits befördert; sein drogensüchtiger Adoptivsohn verübte im Sommer 1996 Selbstmord, sein zweiter, der behinderte Gregor, wollte dem häuslichen Elend ohnehin entfliehen und suchte in München eine bezahlbare Wohnung.[94]

Volker Foertsch wurde am 2. Juli 1934* als jüngster Foertsch-Spross im Zehlendorfer Krankenhaus Waldfriede geboren. Die Eltern lebten in der Hochburg des preußischen Militäradels, in Potsdam-Babelsberg, nahe den UFA-Studios in der Ufastraße 104. Es war das Jahr der Konsolidierung des Dritten Reiches, es waren die gezählten Tage des SA-Chefs Ernst Röhm, dessen Machtanspruch die Reichswehr immer mehr verunsicherte. Das Massaker gegen die SA wurde in der Zentrale der Geheimen Staatspolizei und in der des Reichswehrministeriums entschieden, mit Hermann Foertsch möglicherweise nicht als Mitwirkendem, aber vielleicht als eingeweihtem Komplizen.

Röhms Schlägerarmee verfügte über eine halbe Million Mann, fünfmal so stark wie die Reichswehr. Die SA war bis in das kleinste Detail militärisch gruppiert. Ihre Dienstvorschriften orientierten sich an Heeres-Erlassen, die Nummerierungen der Standarten waren Regimenten der kaiserlichen Truppen entliehen. Argwöhnisch beobachteten die Berufssoldaten die „Militärspiele" der SA. Erst forderte Röhm die Kontrolle über die Waffenlager der Reichswehr, dann beanspruchte er die Landesverteidigung als seine „Domäne". Schließlich fiel er vom Glauben an seinen Führer ab, den er plötzlich einen „lächerlichen Gefreiten" nannte, bis er während eines seiner Trinkgelage die „Zweite Revolution" des Nationalsozialismus verkündete. Walter von Reichenau, Stabschef des Reichswehrministers Werner von Blomberg, verbündete sich daraufhin mit Reinhard Heydrich. Beide stimmten in einem Punkt überein: In Ernst Röhm erblickte jeder seinen Todfeind. Doch noch hielt der Führer zu seinem alten Weggefährten.[95]

---

* Dieses Geburtsdatum steht in der Wehrmachts-Personalakte von Hermann Foertsch, während Volker Foertsch – laut BND-Sicherheitsakte – am 30. Juni 1934 zur Welt gekommen sein will.

Heydrich: Wie könnte Hitler von einem „Hochverräter" Röhm überzeugt werden? Vielleicht durch einen von Röhm geplanten Staatsstreich? Genau. Die „Beweise" waren alsbald produziert, somit die letzten Zweifel des Führers ausgeräumt, beispielsweise eine die Reichswehr betreffende „Liquidierungsliste", auf der die erste Offiziers-Garnitur stand.* Die Namen ließ Heydrich mit Bedacht in Umlauf setzen, wobei er vor allem solche berücksichtigte, die auf die SA ohnehin nicht gut zu sprechen waren, wodurch die Ressentiments gegenüber der SA zwangsläufig zunahmen.[96] Auch Hermann Foertsch schien zum Abschuss freigegeben, denn dessen Sohn Volker wähnte ihn „in einer etwas schwierigen Situation": „Es kursierte das Gerücht, bei der SA würden schwarze Listen aufgestellt."[97] Volker Foertsch bemühte ein übles Heydrich-Falsifikat zur Ehrenrettung seines NS-verstrickten Vaters.

Die Reichswehr stellte dem SS-Mordorchester Pkw wie Lkw zur Verfügung. Eingeweihte Offiziere hatten sich im Ministerium mit entsicherten Pistolen ausgerüstet. Die „Verräterbrut" wurde am 30. Juni 1934, einem Samstag, ausgemustert. Mindestens 83 SA-Angehörige fanden den den Tod.[98]

Der erste Massenmord in der Geschichte des Dritten Reiches wurde mit Duldung der Generalität ausgeführt. Zwar war sie jetzt ihren Konkurrenten los, freilich vier Jahre später auch ihre Dienstherren. Die Affäre um den Reichswehrminister Werner von Blomberg und den Oberbefehlshaber des Heeres, Werner Freiherr von Fritsch, enthielt alle

---

* Anfang 1934 hatte der Dachauer KZ-Kommandant, der SS-Oberführer Theodor Eicke, eine sogenannte „Reichsliste" jener „unerwünschten Personen" aufgesetzt, die am Tag „X" liquidiert werden sollten. Das Papier enthielt anfangs nur Namen von SA-Führern. Doch dann ließ Heydrich sie um weitere Regimegegner ergänzen. Sie wurde also länger und länger. In fast allen SD-Oberabschnitten entstanden daraufhin weitere „Abschusskataloge", die Gestapo nannte immer neue Opfer. Dann erschien der SS-Gruppenführer Sepp Dietrich, Kommandeur der Leibstandarte SS „Adolf Hitler", im Reichswehrministerium und bat den Chef der Organisationsabteilung des Heeres, Ludwig Beck, ihm Waffen für einen „geheimen und sehr wichtigen Auftrag des Führers" bereitzustellen. Sie wurden ihm ausgehändigt. Der Chef der Heeresleitung, General Werner Freiherr von Fritsch, wies daraufhin alle Wehrkreisbefehlshaber an, sich auf einen drohenden SA-Putsch vorzubereiten und unauffällig Truppen zusammenzuziehen. Sepp Dietrich hatte das Reichswehrministerium zuvor mit Röhms „Liquidierungsliste" konfrontiert, während SS-Offiziere Wehrkreis- und Stadtkommandanturen über die angebliche Todesliste der SA in Kenntnis setzten.

Elemente eines drittklassigen Kolportagestücks: Kabale und Liebe, Sex und Verbrechen, Intrigen und Lügen. Auslöser: einer der gefürchteten Führer-Monologe.

Hitler hatte, im November 1937, einem kleinen Kreis, darunter Blomberg und Fritsch, sein nächstes politisches Ziel erklärt: Er werde den Lebensraum deutscher Volksgenossen erweitern, das Sudetenland eines glücklichen Tages mit dem Reich vereinigt sein. Blomberg erhob Bedenken, auch Fritsch widersprach: Die tschechischen Befestigungen seien nur schwer zu nehmen, zudem könnten die Franzosen eingreifen, deren Armee nicht zu unterschätzen sei. „Bremser" passten dem Führer indes nicht ins Konzept. Der Historiker Heinz Höhne: „Mit solchen Militärs konnte der Start in die kriegerische Risikozone nationalsozialistischer Außenpolitik nur zu einem Fehlstart werden."[99] Da traf es sich, dass Reinhard Heydrich wieder einmal „vorgesorgt" hatte.

Blomberg lernte, während eines Spaziergangs im Berliner Tiergarten, die ehemalige „Prostituierte" Erna Gruhn kennen. Die junge Dame war einfacher Herkunft, als Modell „grobunzüchtiger" Fotos bei der Sittenpolizei registriert. Als diese Motive von der Gestapo ans Tageslicht befördert wurden, hatte sich Blomberg mit seiner Zufallsbekanntschaft bereits vermählt. Und der ledige Fritsch? Er wurde das Opfer einer raffinierten Intrige: Fritsch habe sich seine sexuelle Entspannung von einem Strichjungen besorgen lassen, ließ die Gestapo in die Akten schreiben. Nach der Pflichtenlehre des Offizierskorps, nach den Regeln preußischer Ehrbegriffe verloren Blomberg und Fritsch den „Anspruch auf die Achtung (ihrer) Mitmenschen, besonders (ihrer) Kameraden".[100] Am 4. Februar 1938 gab Hitler beider Rücktritt bekannt.* Nun war der Führer Oberbefehlshaber der Wehrmacht.

Nach der Kapitulation eignete sich die Legendenbildung um die Affäre Blomberg/Fritsch vorzüglich für eine weitere Inszenierung: Der Widerstand deutscher Offiziere gegen Hitler sei lange vor dem Stauffenberg-Attentat auferstanden, überdies habe er eine lange Tradition gehabt. Verfechter solcher geschönten Widerrufe: Hermann Foertsch, Kaderschmied im Ressort „Gefüge" der Wehrmacht, verantwortlich für die Verbreitung der NS-Ideologie. Noch 1952/53 überzog er die Öffent-

---

* Blomberg starb am 14. März 1946 in US-Haft, Fritsch fiel am 22. September 1939 in der Warschauer Vorstadt Praga.

lichkeit mit der Mär widerstandsgefestigter Wehrmachts-Offiziere und meinte – sich zuallererst.[101]

Nach der Entmachtung von Blomberg/Fritsch wurde Foertsch zum Oberst befördert. Dass Hitler die Rangerhöhung als Belobigung verstanden haben wollte, gilt Kennern als ausgemacht. Hatte sich Hermann Foertsch dem Gestapo-Chef Reinhard Heydrich etwa mit Belastungsmaterial aus dem Ministerium angedient? Ebenso mysteriös ging Hermann Foertsch in amerikanische Gefangenschaft. Die Demütigung seiner Heimat erlebte Hermann Foertsch nach 1918 nun ein zweites Mal: am 5. Mai 1945 als Oberbefehlshaber der 1. Armee in Haar bei München. Generalfeldmarschall Albert Kesselring, Chef Südwest, hatte Foertsch als Unterhändler zum legendären US-Panzergeneral George S. Patton beordert, um die Kapitulationsmodalitäten entgegenzunehmen. Die Waffenruhe trat am darauffolgenden Tag um 14 Uhr in Kraft.[102]

Die Kontrahenten seien betont freundschaftlich miteinander umgegangen, nahm Volker Foertsch auf seinen Eid. Und dazu das: „Patton wußte, daß meine Mutter und ich in Thüringen waren, so weit ging die persönliche Anteilnahme am Schicksal seines Gefangenen. Er informierte meinen Vater, in den nächsten Tagen werde Thüringen an die Russen übergeben." Das musste Patton indes gar nicht tun, denn der Rückzug der Amerikaner beherrschte seinerzeit die Schlagzeilen – ganze Zeitungsseiten. Am 10. Juni 1945 „tauchte der Vater tatsächlich in Thüringen auf, in Generaluniform mit allen Orden, und holte Mutter und Sohn im frühen Morgengrauen ab".[103] Patton ein Freund NS-verstrickter Offiziere, der Mordkommandos der SS mit denen der Wehrmacht nicht in einen Topf warf?

Der US-General war ein ichbezogener Haudegen, berüchtigt für seine unkonventionellen Vormärsche. Er zeigte kein Gefühl. Doch einmal deutete er Tränen an: beim Anblick der Leichenberge im KZ Bergen-Belsen. In Buchenwald hörte er, wie Ratten entkräftete KZ-Häftlinge anfielen, dass Geschundene menschliche Leichenteile aßen, um zu überleben. Da soll er sich erbrochen haben[104], einer der Gründe, weshalb Patton jedem Deutschen seinen Vergeltungsdrang spüren ließ, zumindest anfangs.

Doch dann, Monate nach der Kapitulation, wandelte sich Pattons Weltbild. Nun wollte er mit schlachtenerprobten Wehrmachts- und SS-

Offizieren gegen Stalin marschieren. Dem noch zarten Pflänzchen des Kalten Krieges erwuchs ein weiteres Sprösslein. Zu dieser Zeit verfügte der US-Abwehrdienst CIC über lediglich sieben Ost-Experten, bis – am 20. Mai 1945 – Reinhard Gehlen gegenüber einem CIC-Vertreter in Miesbach diese Erklärung abgab: „Ich habe Mitteilungen zu machen, die von höchster Wichtigkeit für Ihre Regierung sind." Acht Wochen später hockte Gehlen in Washington.[105]

Die FHO mutierte zur Org, die Org zum BND, mit Hermann Foertsch als Vertrautem Gehlens[106], der in Nürnberg zwar im Fall VII (Südost-Generale) wegen Massenmord, Plünderungen, Raub, völkerrechtswidriger Hinrichtungen, Zwangsarbeit wie Deportationen angeklagt war, am 19. Januar 1948 jedoch freigesprochen wurde.[107] Jetzt ging es wieder aufwärts. Auch mit dem jüngsten Foertsch-Kind, mit Volker Foertsch. Denn Reinhard Gehlen suchte händeringend „Führungs-Nachwuchs" für seine Org, wie Volker Foertsch am Ende seiner Karriere den Beginn seines beruflichen Aufschwungs deutete.

„Ich lernte, mich lautlos zu bewegen", begründete Volker Foertsch seinen Hang zum konspirativen Metier, denn wenn er im fränkischen Dorf Heinersreuth nahe Bayreuth verkehrte – dort sei er mit seiner Mutter provisorisch untergekommen –, wenn er dort im Wald Pilze sammelte, dann stieß er prompt auf allerlei „Gesindel". Also mied Foertsch knackende Äste: „Wenn ich meinte, irgendwo lauere Gefahr, war es entscheidend, nicht gehört zu werden. Der andere mußte sich bewegen." Und der stille Gehlen? Der kam Foertsch als lustiger Poltergeist daher, als „sehr lebendiger Mann" („blaue Augen", mit einem „etwas fuseligen Oberlippenbart, wenig Haare, zierlich, unglaublich beweglich"). Gehlen habe über „eine Gegensprech-Anlage mit etwa 20 Tasten (verfügt), über die er alle wichtigen Leute im Dienst erreichen konnte. Wenn er richtig in Fahrt geriet, nahm er ein Lineal, drückte alle Tasten gleichzeitig, brüllte in die Anlage hinein." Gelegentlich sprang er angeblich sogar „rücklings auf ... einen Aktentresor in seinem Zimmer, baumelte mit den Beinen und schien vor Ungeduld zu platzen". Derart impulsiv gerierte sich der BND-Chef allerdings nicht.[108]

Im Jahr des Volksaufstandes, 1953, legte Volker Foertsch das Fundament seiner Karriere. Erst in West-Berlin, hernach in Hamburg, zum guten Schluss in München, wo sich die Foertsch-Familie anfangs auf dem Pullacher Camp häuslich niedergelassen hatte.

Berlin, das heiße Frontstadt-Pflaster, war für nachrichtendienstliche Anfänger eigentlich ein verbotenes Terrain, vor allem für prominente Org-Mitglieder wie Volker Foertsch, dessen Vater in der Org-Zentrale saß, dessen Onkel Friedrich noch in sowjetischer Kriegsgefangenschaft ausharren musste. Zu plump und zu stümperhaft agierten US-finanzierte Organisationen wie die Kampfgruppe gegen Unmenschlichkeit (KgU)[109], die – neben den Amerikanern – Pullach exklusive Hausrechte eingeräumt hatte. Dass das MfS bei der KgU reihenweise Spitzel platziert und KgU-Mitarbeiter permanent in den Ost-Sektor entführt hatte, erfuhr der überraschte BND erst nach dem Mauerfall.[110]

Die Noten, die Foertsch während seines geheimdienstlichen Praktikums erzielte, behielt er für sich, bis auf zwei Ausnahmen: Die DDR gab im Herbst 1953 eine „Verordnung über die Ausgabe von Personalausweisen der Deutschen Demokratischen Republik" heraus, nach der alle Personen, die den Arbeiter- und Bauernstaat verlassen wollten, ihre Dokumente bei der Volkspolizei abgeben mussten. Dafür erhielten sie einen „entsprechenden (Ersatz-)Ausweis". Klar, dass die Org so eine Legitimation sofort haben musste. Volker Foertsch beschaffte die Bescheinigung, die Flüchtlinge – tausendfach – mit sich führten. Vorzugsweise aber wohnte er Befragungen von DDR-Überdrüssigen bei, damit er seinen Geruchssinn in Sachen MfS entwickeln konnte. Foertsch, Gehilfe des West-Berliner Org-Chefs*, schwärmte: „Also, wenn man den Bäcker hatte, der das Brot lieferte, konnte man ungefähr hochrechnen, wie viele Leute in (einer sowjetischen) Kaserne waren." Über seine Berliner Abenteuer hüllte er sich ansonsten in Schweigen. Er tat sie als „Zwischenstation" ab. Eine seltsame Begebenheit wollen Foertsch-Rechercheure allerdings ermittelt haben:

Im West-Berliner Notaufnahmelager Marienfelde habe Volker Foertsch angeblich einen Gerfried Pachmann kennengelernt. Der 42-jährige Pachmann, Tscheche von Geburt, hätte sich als Journalist ausgegeben, was den 19-jährigen Volker wohl faszinierte und seinen späteren paranoiden Hang zu den Medien möglicherweise erklärt.

---

* Dabei handelte es sich um Klaus Emmerich. Emmerich residierte in der Paulinenstraße 12 in Lichterfelde-West, intern als „Pannen- und Schutzhaus" diskriminiert. Emmerichs Sekretärin Traute Jansen hatte, im Auftrag Gehlens, Volker Foertsch zu „überwachen".

Foertsch und Pachmann hätten sich regelmäßig im Restaurant „Hardtke" in der Meinekestraße getroffen, Pachmann das Kriegsgefangenen-Schicksal des Onkels Friedrich angesprochen, wollen Foertsch-Fahnder ermittelt haben. Wenn das tatsächlich zutraf, hätten bei dem Org-Volontär spätestens jetzt, so die Ermittler, die Alarmsirenen lärmen müssen.

Pachmann soll dem jungen Mann versprochen haben, sich – über seine Beziehungen zur Sowjetischen Militäradministration in Deutschland (SMAD) – für eine vorzeitige Entlassung des Onkels einzusetzen. Tatsächlich: Ein Pachmann existierte. Er residierte am Schmollerplatz im Ost-Berliner Treptow und soll ein Emissär des sowjetischen Geheimdienstes GRU gewesen sein, dessen Führungsoffizier Alexander D. Sacharow hieß. Sacharow – er hat nichts mit dem gleichnamigen Friedensnobelpreisträger zu tun – wurde später an die sowjetische Botschaft nach Bonn versetzt.[111]

Hingegen der Aufenthalt in Hamburg – wider Erwarten zeigte sich Foertsch in diesem Fall aufgekratzt. Er habe im Rotlicht-Milieu gelebt, mitten auf dem Strich am Pilatuspool, selbstredend unter falschem Namen. Doch der Pilatuspool lag nicht in St. Pauli, sondern nahe der Shoppingmeile Jungfernstieg. Er sei, so seine Legende für die Nachbarn, von zu Hause durchgebrannt, was suggerieren sollte, weshalb ihn weder Post noch Besuch erreichten. Foertsch erinnerte sich des Mitgefühls, das ihm dieserhalb allenthalben entgegengebracht worden sei: „Dafür hatte ich das Mitleid und die Zuwendung aller."[112] Welche nachrichtendienstliche Beute bescherte ihm die Trümmerlandschaft der Hansestadt? Wenn überhaupt, kümmerliche, denn in Pullach wurde der Strom rückkehrender Emigranten über den Hamburger Hafen überschätzt. Sollte sich Volker Foertsch einen Überblick verschaffen?[113] Doch da die meisten Flüchtlinge entweder bereits da waren oder nicht mehr zurückfinden wollten, wird ihn Gehlen wohl abgezogen haben.

In Pullach, so Foertsch, „sagte man mir, ich müsse nun studieren". Wozu? Um bei der Org „eine führende Position" anzutreten.[114] Wählte er ein Fach, das die Voraussetzungen erfüllt hätte, vielleicht Jurisprudenz? Foertsch entschied sich für ein Examen, das im Prinzip blind bestanden wird: Volkswirtschaft. 1956 unterschrieb er seinen regulären Arbeitsvertrag mit dem BND. Jetzt begannen die wirklichen Lektionen, im „Strategischen Dienst". Der nahm sich des nachrichtendienstlichen Mülls an.

Dieser Bereich, mit Gründung des BND ins Leben gerufen, betrieb politische Aufklärung im Westen, zugleich steuerte er Bonner Politiker jedweder Couleur, was wiederum Adenauers Staatssekretär Hans Maria Globke zugute kam. Schließlich unterhielt der zu Gehlen ein intimes Vertrauensverhältnis.* Ebenso unerlässlich: der Kontakt zu Journalisten, die vom Referat „Publizistische Gegenwirkung" Themen ausgehändigt erhielten, an deren Veröffentlichung Gehlen brennend interessiert war.[115] Die Bearbeitung dieser Felder löste bei Mitarbeitern ein Hochgefühl aus, denn Termine mit Medien-Vertretern verlieh Pullachern Bedeutung. In dieser Umgebung, in der die eigene Geltung zum alles entscheidenden Kriterium mutierte, geriet der geheimdienstliche Alltag notwendigerweise zum Nebenschauplatz.

DDR-Zeitungen, vor allem die aus der Provinz, stapelten sich unausgewertet in den Büros. Und wenn Meldungen auf personelle Veränderungen in DDR-Bezirken hinwiesen, wurden die zwar zur Kenntnis genommen, aber dem zuständigen Referat vorenthalten („... wen interessiert Karl-Marx-Stadt?"). Es sah traurig aus im „Strategischen Dienst": Analysen aus Fachzeitschriften des Ostblocks, deren Auswertung gelegentlich Agenten vor Ort ersetzten, unterblieben, weil sie den Spezialisten erst nach dem Mittagessen vorgelegt wurden. Da war es zu spät, der Feierabend längst eingeplant. An den darauffolgenden Tagen blieben die Druckwerke weiter unangetastet, samt nachfolgenden Ausgaben.

Die Chiffren des „Strategischen Dienstes" waren befremdlich, denn wenn BND-Emissäre ihre „Informationsgespräche" per „Aktennotiz" oder zur „Information" erstellten, in deren Verlauf sie die Unterhaltung mit einem Politiker oder Journalisten in epischer Breite erläuterten, konnte nicht ausgeschlossen werden, dass Geheimdienstler hin-

---

* In seinen Memoiren enthüllte Heinz Felfe, dass Gehlen eine der Sekretärinnen Globkes höchstpersönlich als Agentin hatte anwerben können. Der Lebensgefährte der Globke-Mitarbeiterin wurde darüber hinaus auf die Gehaltsliste des BND gesetzt, „ohne dort jedoch echte Arbeit leisten zu müssen, und sie bekam ein monatliches Taschengeld, das ich aus meinen Mitteln der Gegenspionage bereitzustellen und bar (über den Adjutanten von Franz Josef Strauß, Werner) Repening zur Weitergabe auszuzahlen hatte". Nach Abschaltung der Informantin finanzierte der BND ihr ein Bordell (Felfe: „Fremdenpension"), das Pullach nachrichtendienstlich selbstredend nutzte. Dort verkehrte Bonner Polit-Prominenz – zu „Sonderkonditionen", versteht sich.

zudichteten: Dinge, die Gehlen – wenn er es denn überhaupt tat – lesen sollte, was der Karriere schließlich nicht schaden konnte. Solche Anschauungen lenkten vom eigentlichen Tun ab, mit der Folge, dass (wie bei der Staatssicherheit) Erfundenes in Serie produziert wurde.[116] Mit diesen Eindrücken wechselte Volker Foertsch am 1. Juli 1959 in das Büro des BND-Präsidenten. Dort überstürzten sich die Ereignisse.

Warschau, Prag, Budapest, Ost-Berlin, Bukarest, Sofia, Moskau – in der kommunistischen Wildnis schienen BND-Spione gefährdet wie nie. Das MfS zog seinen Maulwurf Ernst Schwarzwäller nach Ost-Berlin ab, zeitgleich lancierte die Staatssicherheit Dokumente, in denen Kurt Fechner, Prinzipal des österreichischen militärischen Geheimdienstes, als Gehlen-Agent präsentiert wurde. In Danzig standen zwei Spione vor Gericht, in der ČSR sieben, in Ungarn fünf, in Rumänien sieben, in Bulgarien zwei, in Moskau acht.

Einige Festnahmen, so ermittelte der BND, seien nur durch Verrat möglich geworden. In solchen Augenblicken brach im Sekretariat Gehlens die Hölle aus.[117] Und mittendrin in diesem Chaos kniete der 26-jährige Volker Foertsch, der seine Ohren spitzte, dessen Ungläubigkeit schließlich Annelore Krüger faszinierte, die Sekretärin des von ihm verehrten BND-Präsidenten.*

Krüger, die sich mit dem Decknamen „Kunze" anreden ließ, obwohl jeder wusste, dass sie nicht „Kunze" hieß, sondern Krüger, war keine liebenswerte Frau. Ihre Leidenschaft beschränkte sich auf den Dienst. Von einem Mann – außer Gehlen – ließ sie sich nur dann fesseln, wenn der ihr die „Lage der Quelle(n)" demonstrierte. Wenn ihr irgendwas nicht passte, konnte sie hysterisch werden. Und wer es wagte, ihren geliebten Chef zu kritisieren, erlebte sie als Furie.

Sie hatte keinen Charme, weder Zierlichkeit noch Süße, weder Grazie noch Leichtigkeit. Sie schien sich damit abgefunden zu haben, dass ihr viele aus dem Weg gingen, bis sie eines erfüllten Tages einen Außenseiter in ihre Arme schloss: Volker Foertsch. Der Neuankömmling galt den Kollegen als Eigenbrötler, als Sonderling. Annelore Krüger verhielt

---

* Annelore Krüger, geboren am 17. März 1917, war eine der Sekretärinnen bereits zu Zeiten der FHO (Spitzname „Alo"). Laut Oscar Reile sei sie die Geliebte Gehlens gewesen und habe im Dezember 1944 eine gemeinsame Tochter (Marianne) zur Welt gebracht.

sich wie eine Glucke, die meinte, von Volker Foertsch einen Hilferuf empfangen zu haben.

Sie schaffte es wohl in der Tat, den wortkargen Foertsch aufzurichten, ihm Selbstbewusstsein zu verleihen, das er dringend benötigte, um im Haufen Altgedienter bestehen zu können, die sich vor Gehlen militärisch aufpflanzten, um – wie auf dem Kasernenhof – ihre Meldungen herunterzuknarren.

Im Freundeskreis der Quartiermeister war es schwer, sich als „Milchgesicht" durchzusetzen. Erst Annelore Krüger wird Volker Foertsch das Verständnis für dieses Gebaren erschlossen haben.[118] Und als Annelore die Fahndung nach Heinz Felfe koordinierte, glänzte auch Foertsch, denn an der Einkreisung will er sich beteiligt haben, zugleich habe er Johannes Clemens mit zur Strecke gebracht, obwohl ihm als Vorname nur „Hans" in Erinnerung blieb.[119]

Das Felfe-Desaster hinterließ tiefe Spuren. Gehlen geriet in die Isolation. Selbst sein Förderer Globke mochte ihm anfangs nicht mehr beistehen. Jetzt nutzte Kunze/Krüger Gehlens schwere Stunden: Sie wechselte als Prinzipalin zur „Sicherungsgruppe" und nahm Foertsch mit, der offiziell in Gehlens Vorzimmer tätig blieb.[120] Foertsch verfügte über das Vertrauen von Annelore, das des BND-Gründers hatte er sich ohnehin erarbeitet.

„Karrieren aus eigener Kraft, auf eigener Leistung beruhend ... sind mir eigentlich nicht bekannt geworden", enthüllte der BND-Mann Waldemar Markwardt. Unter Gehlen spielte sich die Ochsentour nach immer demselben Muster ab: Geheimdienstler, die „von der Pike auf gedient" hätten, seien „nur selten ... auf der hierarchischen Leiter hochgeklettert".[121] Auf Volker Foertsch traf das nicht zu.

Gehlen delegierte den gerade einmal 31-jährigen Foertsch am 1. Juli 1965 in das Dezernat „GS-Aufklärung" („Gegen-Spionage"). Seit März 1970 fahndete er im Namen des Gehlen-Nachfolgers Gerhard Wessel für die „Personelle Sicherheit" bei BND-Kollegen nach menschlichen Schwachstellen. Im August 1971 wurde er Referent in der Gruppe „Auswertung Gegnerische Dienste", im April 1975 Führungsstellenleiter „Aufklärung Westeuropa", bis ihn Klaus Kinkel im Juni 1981 zur BND-Disziplin „Gegnerische Dienste" versetzte, Eberhard Blum ihn im April 1985 zur für die Sowjetunion zuständigen Unterabteilung 12 abstellte. Höhepunkt der beruflichen Gipfelfahrt: Hans-Georg Wieck übertrug

Foertsch am 1. Juni 1989, kurz vor dem Zusammenbruch der DDR, das inhaltsschwerste BND-Ressort – die „Operative Aufklärung".[122] Pullacher waren entsetzt.

Foertsch, der „Stubenhocker", ließ sich, wenn überhaupt, nur gelegentlich auf einem Betriebsfest sehen. Er beteiligte sich nicht an Alkoholexzessen, erzählte nichts über sich. Er galt als „chamäleonhafter Charakter", als Mann mit dem „Bernhardinerblick", der mit demütigender Rücksichtslosigkeit BND-Spitzen von heute auf morgen austauschte. Volker Foertsch schottete sich ab.

Sein fast höriges Verhältnis zu Gehlen hatte seinen Ruf ruiniert, zumal in jenem Augenblick, als der Ursprung seines Decknamens („Flemming") herauskam, den er von Gehlens vormaliger Wohnung in der Reichshauptstadt abgeleitet hatte (Flemmingstraße). Nach dem Ausscheiden des BND-Gründers glänzte der mit Ausstrahlungskraft unterversorgte Foertsch durch Kotaus. Egal, ob Karl Carstens, Horst Ehmke, Manfred Schüler, Lutz Stavenhagen, Bernd Schmidbauer oder wie die für den BND zuständigen Aufseher des Bundeskanzleramtes auch immer hießen – er diente allen, er salutierte vor jedem.

Es gehörte zum guten Ton, in Pullach über die Foertsch-Bücklinge nachzudenken, mit denen er jeden neuen BND-Präsidenten und -Aufseher willkommen hieß. Dabei hatten es die Nörgler ihm zu verdanken, dass der BND seine größte Krise heil überstand, denn im Herbst 1974/75 drohte Pullach die Versenkung.

Die sozial-liberale Koalition hatte der Außenpolitik einen „Wandel durch Annäherung" verordnet. Daraufhin veröffentlichte die „Quick" serienweise geheime Dokumente zur Ostpolitik. Schlagzeilen wie „Bonn will Berlin verschenken" oder der Nachdruck des Vier-Mächte-Protokolls, zuvor das Bahr-Papier – fast jede Woche „Ausverkaufs"-Enthüllungen. Auf Karl Schillers Rücktrittsbrief folgte in der „Quick" das Geständnis von Julius Steiner, für 50.000 Mark aus dem Etat von Markus Wolf gegen das Misstrauensvotum Rainer Barzels gestimmt zu haben. In derselben Ausgabe stellte die Illustrierte unentdeckte ehemalige DDR-Nazis vor. Dann die Reportage über den mysteriösen Unfalltod des Osthändlers Horst Bosse auf der Inter-zonen-Autobahn, ein Freund des Karl Wienand, beide Spitzel der HVA. In Bonn herrschte „Bürgerkrieg". Das Ost-Berliner Politbüro glich einem Tollhaus. Erich Mielke tobte. Der Albtraum „Quick" musste gestoppt werden. Deutsch-deutsche Geheimdienste vereinigten sich.

Der HVA-Oberst Rolf Wagenbreth, von Markus Wolf wegen seiner ergiebigen Verbindungen zu West-Medien hochgeschätzt, hatte den „Stern" im September 1972 mit unangenehmen Informationen über den „Quick"-Chefredakteur Heinz van Nouhuys bestückt. Die wiesen den Journalisten als Spion für jede Seite aus.[123] Im Herbst 1972, so blickte der Reporter des „Stern" Sepp Ebelseder zurück, habe „mir ein Bundestagsabgeordneter" erzählt, dass „Herr van Nouhuys ... zumindest in den 50er Jahren für den Geheimdienst der DDR gearbeitet" hätte. Ob Horst Ehmke sein Einflüsterer gewesen sei, mochte er nicht preisgeben. Ebelseder: Es habe sich um einen gut informierten Politiker gehandelt, nicht um einen „Hinterbänkler", sondern um einen, der wusste, „was läuft". Die Recherchen aber zogen sich hin. Erst ein Jahr später lernte Ebelseder in Ost-Berlin endlich jenen Mann kennen, mit dessen Hilfe er den Konkurrenten van Nouhuys auszuschalten gedachte: den sauflustigen HVA-Offizier Herbert Brehmer, der sich ihm als „Buchner" vorstellte und alsbald mit einem anderen „Stern"-Redakteur sogar Brüderschaft trinken sollte – mit Thomas Walde. Ebenden stufte Pullach als Sicherheitsrisiko ein, weshalb Waldes Bewerbung als hauptamtlicher BND-Bediensteter prompt abgelehnt wurde, woraufhin Walde in die Redaktion des „Stern" flüchtete und fortan als gekränkte Diva tüchtig gegen den BND anschrieb.

Im Restaurant der Stasi-Herberge „Hotel Berlin" kamen die Herren zur Sache. Er, Brehmer, habe die „betreffenden Unterlagen" in einem Zimmer im nahen Hotel „Johannishof" deponiert, dort würde Ebelseder sie studieren können.

„In dem Aktenband befanden sich ... 50 Agentenberichte mit mehreren 100 Seiten und rund 20 Quittungen", quittierte der Mann vom „Stern", um hinzuzufügen: „Herr van Nouhuys (habe) in der Zeit von Anfang 1954 bis Dezember 1960 bei 123 Treffs ... für seine nachrichtendienstliche Tätigkeit fast 200.000,– DM bekommen." Brehmer erweiterte den Warenkorb des MfS: Vor Ebelseder lagen „Abhörprotokolle" („sehr indiskrete Sachen")[124], ein Vorgang, dessen Tragweite der „Stern" erst nach der Wende einzuordnen verstand.

MfS-Originale wurden Ebelseder nicht ausgehändigt: „Das sähe ja so aus, als ob der ‚stern' einen direkten Zugang zu den Panzerschränken des Ministeriums für Staatssicherheit hätte."[125] Freilich gäbe es eine Alternative, versicherte Ebelseders einfühlsamer Partner. Brehmer, so enthüllte der „Stern"-Reporter, habe ihn auf einen BND-Mitarbeiter, auf einen „Herrn von Buttlar … aufmerksam gemacht, der über van Nouhuys alles wissen müßte".[126] Jetzt war sie ausgesprochen, die zweite Denunziation: Die „Quick" werde von einem ehemaligen Ost-Spion („Nante") geleitet, der sich gleichzeitig als „Handwerker" Reinhard Gehlen unterstellt hätte. Brehmer strahlte über das ganze Gesicht und dachte, was Ebelseder dachte: Das sei ja eine beachtliche Leistung, dass Ost-Berlin über den Pullacher Archiv-Schlüssel verfügte.

Das Hamburger Bilderblatt, diese „Eingreifreserve der Bundesregierung", wie Hermann Schreiber das „Dreieck Stasi/Stern/Bundesregierung" in seiner Nannen-Biografie beschrieb[127], wurde aktiv: „Wir haben gecheckt und gegengecheckt – und siehe da, es paßte", bemerkte Ebelseder süffisant.[128] Ohne die Unterstützung des BND wäre der Nouhuys-Abschuss „im Interesse der Bundesrepublik" undenkbar gewesen, gestand schließlich der Chef des Bundeskanzleramtes Horst Grabert ein, der Ehmke inzwischen nachgefolgt war.[129] Der Kniefall Pullachs schien bei den Geheimdienstlern umstritten, selbst Herbert Rieck, Chef der BND-Abteilung IV („Zentrale Aufgaben"), fühlte sich nicht wohl: „Ich war von dem Auftrag nicht begeistert … es handelte sich um einen … (von) Herrn Staatssekretär Grabert."[130] Um einen kostspieligen dazu.

Mal flog Ebelseder nach München, mal Grabert und der BND-Vize Dieter Blötz nach Hamburg. Stets herrschte eine hektische Atmosphäre. Verständlich, denn die Chefredaktion des „Stern" hatte versprochen, Pullach jede Recherche zu melden. Mal rief Blötz von Nannens Büro aus Grabert privat an, mal stimmte sich der Bonner Korrespondent mit Grabert in dessen Haus ab.[131] Doch plötzlich verkomplizierte sich die Lage, das wichtigste BND-Dokument ließ sich nicht auffinden – die Nouhuys-„Registrierkarte". Hatte die konzertierte HVA-BND-Aktion einem BND-Mann etwa missfallen? Es habe daraufhin eine „große Untersuchung stattgefunden", beobachtete Ebelseder.[132] Der Verdacht fiel auf Walrab Rudolf von Buttlar, auf jenen Mann, der den Felfe-Mahner Fritz Scholz ausschaltete und nun wegen der „Beseitigung" von Dokumenten in der Schusslinie stand. Wer sollte ihn überführen? Volker Foertsch, zu diesem Zeitpunkt Mitarbeiter im Ressort „Auswertung Gegnerische Dienste" und nebenher Leiter der Nouhuys-„ad hoc"-Arbeitsgruppe.

Von Buttlar, Gegner der Ost-Politik, mochte „seinen" Dienst politisch nicht missbrauchen lassen. Er, wie zahlreiche Kameraden, behinderte die Nachforschungen in der Tat. Wann immer Volker Foertsch eilig Nouhuys-Nachschub orderte, stellten sich einige Mitarbeiter in den Archiven taub und meldeten null Ergebnisse. Sie wollten nicht akzeptierten, ausgerechnet Markus Wolf zuarbeiten zu müssen, der das nachrichtendienstliche Gesetz, niemals einen Agenten preiszugeben, aufgehoben hatte und nun – über Grabert, Blötz und Foertsch – dem BND dasselbe abverlangte. Pullach, so blickte der MfS-Offizier Herbert Brehmer zurück, grub „den versunkenen Schatz" dennoch aus.[133]

Die „Quick" klagte – 14 lange Jahre quer durch die Instanzen. Erst 1989 fanden die Mammut-Prozesse ihr Ende: Der „Stern" konnte den juristischen Nachweis, Nouhuys sei ein Doppelagent, nicht führen, ebenso wenig Nouhuys das Gegenteil dokumentieren. Henri Nannen hatte sich zu sehr auf den BND und die HVA verlassen: „Hier sind wir hängengelassen worden, wie es schlimmer nicht geht."[134]

Auf die Frage, ob Ebelseder den „Stern" mit Nouhuys-Material versorgt habe, gab Foertsch als Zeuge diese Auskunft: „Dazu sage ich nichts."[135] Der Anwalt der „Quick" erkundigte sich, ob er, Foertsch, die HVA-Dokumente auf ihre Echtheit hin untersucht habe. Foertsch: „Unter welchen Gesichtspunkten ich das Material überprüft hatte, kann ich im Hinblick auf die Beschränkung meiner Aussagegenehmigung nicht beantworten." Der Advokat hakte nach. Foertsch: „Ich kann (die Frage) einfach damit beantworten, daß ich, da ich nicht aussagen kann über meine Tätigkeit, in diesem Zusammenhang auch diese Frage nicht beantworten kann."[136] Dieter Blötz und Herbert Rieck zeigten sich gesprächiger.

Es sei „nicht um ein inhaltliches Billigen oder Genehmigen der Artikel" gegangen, erklärte Blötz vor dem Oberlandesgericht, sondern „unser Auftrag (bezog) sich auf die Überprüfung sicherheitsrelevanter Aspekte". Auch Rieck wies eine Eigeninitiative weit von sich: Er habe lediglich „den Sicherheitsaspekt vertreten", für die „Richtigkeit des Artikels (sei er) nicht verantwortlich". Doch dann schoss Graberts Nachfolger im Kanzleramt, Manfred Schüler, den Vogel ab. Er ließ das Gericht wissen, dass sich weder die deutsch-deutschen Decknamen von Nouhuys belegen ließen noch dessen Rolle als deutsch-deutscher Spion, schon gar nicht irgendwelche Zahlungen.[137]

Partnerdienste, vor allem die CIA, stuften Pullach wie gehabt als Sicherheitsrisiko ein: Wer sich als Handlanger des Ostens betätige, wer sich darüber hinaus von Journalisten in die Karten schauen lasse, der werde auch Wiederholungstäter sein.* An diesem Desaster sei nur einer schuld, raunten BND-Mitarbeiter: Volker Foertsch. In diese Auseinandersetzung platzte indes ein Ereignis, das fast zu einer anhaltenden Staatskrise geführt hätte: die Verhaftung des Kanzleramts-Spions Günter Guillaume im April 1974 samt dem Rücktritt Willy Brandts, auf den Tag genau ein halbes Jahr nach der Nouhuys-Doppelagenten-Geschichte im „Stern".

Die Enttarnung kam Pullach gerade recht, lenkte sie doch von der Nouhuys-Misere ab. Zudem revanchierte sich der BND jetzt für jene Häme, mit der ihn die Kollegen vom Bundesamt für Verfassungsschutz (BfV) nach dem Felfe-Unfall bedachten. Auf die laxen Sicherheitsüberprüfungen der Verfassungsschützer, so setzten BND-Geheime in Umlauf, hätten sie immer hingewiesen. Aber Guillaume betraf sie selbst: Welche von Pullach an das Bundeskanzleramt adressierten Geheimnisse hatten Guillaume erreicht? Was gelangte durch ihn auf den Schreibtisch von Markus Wolf, auch wenn sich dessen Lesefreudigkeit – wie bei Gehlen – in Grenzen hielt? Noch während der Spurensuche brach über den BND ein weiteres Gewitter herein.

Es wurde bekannt, dass der BND a) zu einem Waffenhändler intime Geschäftsbeziehungen unterhielt, damit der Dienst über „ein unkontrolliertes Eigenvermögen" verfügen konnte, wie die „F.A.Z." verbreitete[138], dass Gehlen b) Dossiers über namhafte Politiker anlegen ließ, dass bei ihm c) Journalisten unter Vertrag standen und die vom BND ein zweites Gehalt bezogen. Neben diesen Enthüllungen, ohne Not im Guillaume-Untersuchungsausschuss von Horst Ehmke preisgegeben, erwartete Pullach d) täglich die Veröffentlichung des „Mercker-Berichts", eines politischen Horror-Dokuments, das einer Pandorabüchse glich.**

---

* Auch der „Stern"-Redakteur Thomas Walde verließ sich auf einen Geheimdienst – auf die Ost-Berliner Hauptverwaltung Aufklärung. Der HVA-Oberstleutnant Herbert Brehmer war Walde (ebenfalls unter dem Decknamen „Buchner") bei der Suche nach der bei Börnersdorf abgestürzten „Führer"-Maschine behilflich, die angeblich Hitlers Tagebücher aus der Reichshauptstadt nach Bayern ausgeflogen hätte. Dazu verfügte Walde über eine konspirative HVA-Telefonnummer (Ost-Berlin: 00372-5082614), die er nicht nur einmal angewählt hat.

** Nach dem Ausscheiden Gehlens wollte Kiesingers Staatssekretär, Karl Carstens, den BND reformieren. Im Sommer 1968 beauftragte er den Staatssekretär Rein-

Unheilvolle Wochen, Monate voller Stress – am liebsten hätte sich Gerhard Wessel krankschreiben lassen. Die Zukunft des BND stand auf dem Spiel. Wer könnte diesen Zündstoff entschärfen? Wessel entschied sich für Volker Foertsch, denn ihm waren die Skandal-Unternehmen schließlich nicht unbekannt. Der BND-Präsident löste Foertsch im September 1974 aus dem Ressort „Auswertung Gegnerische Dienste" heraus und bestellte ihn am 1. Oktober (bis Ende März 1975) zum „Sonderbeauftragten", formal abgedeckt von der Unterabteilung „Sicherheit" unter Friedrich Merz.

Volker Foertsch war nicht zu beneiden. Er opferte nicht nur seine Freizeit, sondern in diesem halben Jahr geriet möglicherweise auch seine Ehe aus den Fugen; seine Gattin griff zum Alkohol. Nachts, fast jeden Tag – im Foertsch-Büro brannte immer Licht. Und nahten die Wochenenden, wuchs seine Spannung ins Unermessliche, stets aus demselben Anlass: Der „Spiegel" ging in Druck. Der lag Foertsch nicht erst montags vor, sondern ihn interessierende Beiträge erreichten ihn über die Hamburger BND-Filiale per Fernschreiber bereits am Samstagabend. Das Original hielt er gelegentlich sonntags in der Hand. Das Nachrichten-Magazin fuhr in der Tat schwere Geschütze auf. Eines wurde im Oktober 1974 geladen.

Das Waffenhandels-Unternehmen „Merex AG" des Gerhard Georg Mertins*, so enthüllte der „Spiegel", habe vor und während der Großen Koalition ausrangiertes Gerät der Bundeswehr, darunter rund hundert Kampfjets, illegal ins indisch-pakistanische Spannungsgebiet exportiert, nach Saudi-Arabien Raketen jeweils „im jeweiligen Einvernehmen mit dem Bundesnachrichtendienst".[139] Nicht einmal zwei Wochen später

---

hold Mercker, Pullach zu „bilanzieren". Die Recherchen, im sogenannten „Mercker-Bericht" festgehalten, existierten lediglich in drei Exemplaren.

* Gerhard Mertins, Fallschirmspringer, diente unter Otto Skorzeny. Er gehörte jenem SS-Kommando an, das am 12. September 1943 den internierten Benito Mussolini auf dem Gran Sasso d'Italia befreite. Nach 1945 arbeitete Mertins vorübergehend bei Volkswagen. Dann betrieb er ein Busunternehmen. In Bremen wurde er Führer der „Grünen Teufel", einer Vereinigung ehemaliger Fallschirmjäger. Er trat, gemeinsam mit Otto Ernst Remer, auf Veranstaltungen der HIAG („Hilfsgemeinschaft auf Gegenseitigkeit der Soldaten der ehemaligen Waffen-SS") auf, zudem gehörte er zu den Finanziers der ultra-rechten Sozialistischen Reichspartei; in Kairo organisierte er die ägyptische Luftlandetruppe, in der Schweiz gründete er zusammen mit Skorzeny schließlich die Merex AG.

leitete die Bonner Staatsanwaltschaft ein – alsbald wieder eingestelltes – Ermittlungsverfahren wegen des Verdachts der „Verbreitung von Staatsgeheimnissen" gegen den „Spiegel" ein, weshalb die Chefredaktion auf eine zweite „Spiegel"-Affäre hoffte.[140] Foertsch war alarmiert, denn in Mertins' konspirativem Gefüge hatte er sich verfangen.

Der ägyptische Geheimdienst Mukhabarat-al-Amma hatte, 1967 nach dem furios verlorenen Sechs-Tage-Krieg, seinen Dienst auf allen Leitungsebenen neu besetzt. Nach der Säuberung suchte er allerdings erneut Kontakt zum BND. Mertins sollte es richten. Die Gelegenheit dazu bot sich ihm am 8. Oktober 1970, anlässlich eines Besuches bei der CIA.

In Washington traf Mertins „per Zufall" Volker Foertsch, der sich über das ägyptische Ansinnen mehr als entzückt zeigte. Kaum nach Pullach zurückgekehrt, ließ sich Foertsch von Dieter Blötz die „Aktivierung" genehmigen und den Deal absegnen – und das, obwohl sich die Anklageschrift gegen Mertins wegen Vergehens gegen das Außenwirtschaftsgesetz wie Steuerhinterziehung bereits in Vorbereitung befand. Foertsch hatte an einer Abschaltung Mertins kein Interesse. Im Gegenteil. Schließlich hielt Mertins noch bei Schlapphüten in Syrien, Saudi-Arabien und im Libanon Hof.[141] Auch diese Dienste hatten nach dem Sieg Israels Offiziere hundertfach entsorgt. Erneute Verbindungen dorthin waren für den BND unbezahlbar, aber auch umgekehrt. Herstellen schien sie in der Tat nur Mertins zu können. Was, wenn im anstehenden Mertins-Prozess das Pullacher Doppelspiel herauskäme und, nicht auszudenken, der „Spiegel" auch zu diesem Thema eine bitter-böse Titelgeschichte produzieren würde?

Den Staatsanwälten wurde Akteneinsicht in die BND-Papiere verweigert, Angehörigen des BND keine Aussagegenehmigung erteilt, dann mit Mertins „verhandelt". Zwar stand Mertins vor Gericht, gleichwohl endete das Verfahren mit einem Freispruch.[142] Mertins hielt heikle, den BND belastende Beweisstücke zurück und profitierte von seiner Gefälligkeit: Der Steuerzahler vergoldete ihm die freundliche Geste mit fünf Millionen Mark Schadensersatz.[143]

Die routinierte Strategie im Fall Mertins verschonte den BND zwar nicht vor unangenehmen Schlagzeilen, aber es zeigte sich, dass sich der Dienst mithilfe von Spitzfindigkeiten und Steuergeldern hatte freikaufen können. Volker Foertsch führte die Entlastung mit dem BND-Justiziar Rolf Müller-Wagenetz herbei. Dann galt es, die fragwürdige Inlandsaufklärung des BND als die Tat eines wirren Einzelgängers darzustellen.

Ein Jahr durchforstete Mercker (zusammen mit dem Ministerialdirektor im Bundesinnenmisterium Raab und dem Bundeswehr-Generalleutnant a. D. Alfred Zerbel) Panzerschränke des BND. Die Rechercheure, ausgestattet mit allen Vollmachten, ermahnten jeden Befragten, die ganze Wahrheit zu sagen, bei Vorgesetzten kein Auge zuzudrücken.

Die Bestandsaufnahme enthüllte, Zeile für Zeile, die Vetternwirtschaft („Vater jagt Spione, Mutter schreibt Berichte, Söhne, Töchter, Bruder und Schwager sammeln im Archiv Zeitungsausschnitte"). Sie dokumentierte den absoluten Führungsmangel des Präsidenten und seiner Abteilungsleiter, sie sicherte Beispiele der persönlichen Bereicherung, sie stieß auf die Ausgrenzung junger BND-Bediensteter. Das Fazit glich einem Schandurteil: „Ein korruptes Unternehmen."[144] Dieses Sittengemälde, auf den Weg gebracht von einer CDU/CSU-Regierung, lag jetzt der sozial-liberalen Koalition vor. Wer im BND hatte sich dereinst an der Aufdeckung Pullacher Untugenden beteiligt?

Ein mundfertiger Informant Reinhold Merckers, so kolportiert ein unwirscher Flurfunk noch heute, soll Volker Foertsch gewesen sein. Wollte er seine Karriere ungeschoren fortsetzen, mag Foertsch spekuliert haben, müsste er umdenken. Seinem auf das Altenteil abgeschobenen Ziehvater Gehlen stellte er daher wohl kein gutes Zeugnis mehr aus, stattdessen schlug er – bis dahin von ihm niemals geforderte – Struktur-Reformen vor, schlagfertig begegnete er Vorhaltungen von Kollegen, die ihn nicht nur der Gefolgschaft Gehlens ziehen, sondern ihm aktives Mitwirken an Gesetzesbrüchen unterstellten.[145] Nun wollte Helmut Schmidt den BND zerschlagen, ihn mit dem BfV fusionieren lassen, so sehr wühlte der alte „Mercker-Bericht" den Kanzler auf, so unglaublich klangen die Abenteuer des BND. Diese Situation weckte freilich auch Begehrlichkeiten beim MfS.

Rolf Grunert, der Vorsitzende des Bundes Deutscher Kriminalbeamter, plädierte für eine Zusammenlegung der Geheimdienste. Und wer sollte diesem vorstehen? Grunert: selbstverständlich ein Kripo-Mann, „denn im Bereich der Kriminalpolizeien gibt es eine Vielzahl von Beamten, die für einen solchen Posten geradezu prädestiniert sind", beispielsweise Rolf Grunert höchstselbst – Agent der MfS-Hauptabteilung II.[146]

In diese Überlegungen krachte eine weitere Hiobsbotschaft: Ausgerechnet das von Gehlen ins Leben gerufene Institut für Zeitgeschichte hatte, im November 1974, die Prognosen seiner Fremde Heere Ost als eine große Mär publiziert. Dieser Beitrag kam den BND-Kritikern wie gerufen, ließ er doch Rückschlüsse auf die Gegenwart der Gehlen-Truppe zu.

Die Historiker Louis de Jong und Hans-Heinrich Wilhelm stießen das selbsternannte FHO-Denkmal gnadenlos vom Sockel, dessen „Beurteilungen der Feindlage" an der deutsch-sowjetischen Front reiner Pfusch gewesen seien. Da sei Gehlen nicht nur von „falschen Prämissen" ausgegangen, sondern, weit erschreckender, seine Analysen zeigten – wie bei seinem Dienstherrn Adolf Hitler – einen dramatischen „Mangel an Realitätssinn". Sie enthielten „überhebliche Pauschalurteile" und seien „durch die Ereignisse glatt widerlegt". So wollte der FHO-Chef auf einer kilometerlangen Frontlänge – „unter energischer Heranziehung der Zivilbevölkerung" – ein Stellungssystem anlegen und dort Reserven konzentrieren. Wo Gehlen die allerdings hernehmen wollte, „hat er nicht verraten". Der spätere BND-Präsident, so das unfreundliche Fazit, habe seine Auswertungen mit „unvorstellbaren Verblendungen" zu Papier gebracht, mit Schaubildern, dicken Denkschriften – nur der Wahrheitsgehalt sei auf der Strecke geblieben.[147]

Nouhuys-Skandal, Waffen-Debakel, Politiker-Dossiers, BND-honorierte Journalisten – für Schmidts Kanzleramts-Chef Manfred Schüler stand schließlich nur noch zur Debatte, wem der BND zugeschlagen werden sollte. Dem Auswärtigen Amt? Dem Bundesinnen- oder dem Bundesverteidigungsministerium? Und: Sollte der BND von München nach Bonn umziehen, werde das Personal, im Falle einer Eingliederung in das BfV, dann auf ein Minimum heruntergefahren? Das Für und Wider lähmte Pullach. Nur Foertsch schien die Nerven zu behalten. Sein Stab entwickelte ein simples Verteidigungskonzept:

Die Räumung in Pullach werde rund 150 Millionen Mark kosten, eine Übersiedlung an den Rhein ohnehin nur von wenigen BND-Angehörigen mitgetragen. Während BND-Aktionen in einer Millionenstadt weniger auffielen, werde jede Tarnung in der Bonner Provinz vom Gegner erkannt werden. Dazu verhindere das Bonner Funkloch konspirative Kommunikation, überhaupt: Nach Berlin sei München die geheimdienstliche Hauptstadt, dort böten die Alpen eine vorbildliche Deckung.

Tatsächlich überzeugten die Einwände das Bundeskanzleramt. Die Entscheidung fiel Ende 1974: Der BND durfte in Pullach und somit alles beim Alten bleiben.

Volker Foertsch – Großvater, Onkel und Vater jeweils völkische Militärs – repräsentierte im BND das Lager gestandener Wehrmachts-Offiziere, ehemalige SS-Obersturmführer oder SS-Standartenführer im BND hingegen Heinrich Himmlers Schwarzen Orden. Beide Gruppen bekämpften sich bis aufs Messer, zumeist aus denselben Anlässen: Während sich vormalige Angehörige der Wehrmacht vom Holocaust distanzierten, setzten SS-Männer die „Zögerlinge" um Feldmarschall Wilhelm Keitel auf die Anklagebank; sie gaben ihnen die Schuld am verlorenen Zweiten Weltkrieg. Oder: Wie sei die geheime Information des einen oder anderen einzuordnen? Dabei ging es um viel – ums Geld, denn je vermeintlich hochkarätiger die Meldung, desto teurer der Spion, desto höher der Spesensatz des V-Mann-Führers.* So sah sie in Wahrheit aus, die geheime Welt des Reinhard Gehlen.

Intrigen, Fallgruben, Verschwörungstheorien, Vetternwirtschaft – eskalierte der Streit, warf einer dem anderen vor, für eine fremde Macht zu arbeiten. Mit solchen Anschuldigungen wurde Volker Foertsch nicht nur einmal konfrontiert. Es mag an seinen Inszenierungen, an dem selbst auferlegten Schweigegelübde gelegen haben, das Foertsch wie ein Kartäuser praktizierte. Weil Volker Foertsch darum auch nicht mit dem „Tagesspiegel"-Journalisten Jürgen Schreiber reden wollte, inspizierte der kurzerhand dessen Münchner Privatquartier, die Geiselbrunner Straße 68. Schreibers Beobachtung – eine Satire: Wäre „der Russe je bis München gekommen, hätte der BND-Kämpe in den Forst flüchten können". In der „furchtbar aufgeräumten Schlafsiedlung" sei das Foertsch-Anwesen gut getarnt: „Heckenrosen, Knöterich." Schreiber zeichnete das Bild eines Biedermanns, den Foertsch in der Tat spielte. Dass in Pullach wegen des Foertsch-Clans ein (Eis-)Kalter Krieg herrschte, blieb Schreiber verschlossen.[148]

---

* Die Amerikaner statteten Reinhard Gehlen 1946/47 mit 2,5 Millionen Dollar aus. Dieser Betrag (heutiger Wert: rund acht Millionen Euro) ließ sich eigentlich bei anfangs lediglich 200 vormaligen FHO-, Abwehr- wie RSHA-Offizieren gar nicht ausgeben (ein Tischler verdiente seinerzeit wöchentlich umgerechnet 35 Euro). So wurden Agenten erfunden. Mit deren „Lohn" ließen sich beispielsweise am Starnberger See protzige Villen errichten.

Volker Foertsch war der „Dritte Mann" des BND. Selbstgefällig verstand er sich als nachrichtendienstliche Institution, obwohl er Kim Philby den bevorstehenden deutschen Angriffstermin auf die Sowjetunion melden ließ, der allerdings nicht Philby, sondern Richard Sorge hieß. Foertsch fühlte sich dennoch zur Elite des BND gehörend. Den „Strategischen Dienst", wo sein Aufstieg begann, begriff er als den „bißchen feineren Laden". Und da er für die östlichen Konkurrenten immer „ein langjähriges Ärgernis" gewesen sei, habe ihn Juri I. Drosdow KGB-belastet, habe Drosdow den BND nur über den Umweg über seine Person bloßstellen können. Im vollem Ernst begründete Foertsch das so: Sein „gutes Fachwissen" und seine „Prominenz" hätten den KGB-Rentner dazu inspiriert.[149] Fachwissen?

Volker Foertsch war einer der engsten Vertrauten Gehlens, sechs lange Jahre unentbehrlicher Helfer im „Persönlichen Büro" des Präsidenten. In dieser Zeit blätterte Foertsch begierig in jenen Dossiers, die Gehlen über Politiker anlegen ließ. Heraus kam die Sammelwut 1974 im Guillaume-Untersuchungsausschuss, vor dem der Gehlen nachgefolgte Gerhard Wessel Farbe bekennen musste und sich zumindest an „sechs, sieben Leitz-Ordner" erinnern konnte, während Horst Ehmke ins Detail ging: „Das war ein dolles Sammelsurium", da „gab es Sauf- und Weibergeschichten. Gehlen brauchte das, um sich allen Versuchen, den Dienst unter Kontrolle zu bringen, entziehen zu können." An ein Mitwirken will sich Foertsch nicht erinnern, freilich daran: Hans Maria Globke habe sich aus den geheimen Akten bedient.[150] Ließen sich Bonner Politiker tatsächlich erpressen? Eine Antwort blieb Volker Foertsch schuldig. Dafür gab er eine andere.

Um Felfe enttarnen zu können, hatte Gehlen eine „Arbeitsgruppe" gebildet, der Foertsch angehörte, weshalb er an dessen Enttarnung „maßgeblich ... beteiligt" gewesen sein will.[151] Alle „ehemaligen Ic's", so Foertsch, „Leute, die mit fremdländischen Verbündeten wie Wlassow zu tun hatten", „Angehörige des RSHA ... der Geheimen Feldpolizei", sie alle, „die durch ihre Tätigkeit im Dritten Reich kompromittiert waren", galten plötzlich als „Sicherheitsrisiko". Das Doppelspiel Felfes habe „zu einer Reinigung" geführt und der BND habe sich „von NS-Belasteten im Kaderpersonal" getrennt. Und die, die blieben? Foertsch: Nicht alle „Metastasen" seien entfernt worden, sodass die Unentdeckten weiter „für's KGB arbeiteten".[152] Wie gehabt: Im BND verdächtigte jeder jeden.

Was treibt einen Doppelagenten? Erstaunlich: Foertsch konnte sich in einen solchen hineindenken: „Er ist sehr intelligent, sehr geschmeidig, im Grunde kalt, sehr ehrgeizig, sehr auf sein Fortkommen bedacht, nicht so sehr auf das Materielle, ihm geht es um das Spiel, um den Einfluß." Im simplen Weltbild des Volker Foertsch war Felfe, der Verräter aus den eigenen Reihen, ein unmoralischer Schuft, Überläufer der Gegenseite erschienen ihm hingegen wie Heilige. So beispielsweise die Quelle „Viktor" (Operation „Matterhorn"), die direkt in der KGB-Zentrale saß. 1967 will sich „Viktor", laut Volker Foertsch, beim BND beworben haben.*

Zu dieser Zeit herrschte im Moskauer Politbüro Anspannung. Erste Scharmützel am russisch-chinesischen Grenzfluss Ussuri, Stalins Tochter Swetlana durfte ausreisen und wurde im Westen zum Medien-Ereignis. War „Viktor" Jude, war er darüber entsetzt, wie hysterisch-einseitig der Kreml – nach Israels triumphalem Sieg im Sechs-Tage-Krieg – für die unterlegenen Araber Partei ergriff? Oder wechselte „Viktor" genau in dieser politischen Situation auf Befehl die Seiten? Sollte „Viktor" in Wahrheit herausfinden, was der BND über das KGB wusste? Ein nachvollziehbarer Gedanke. Die Spuren dorthin legte Foertsch höchstselbst: „Viktor" habe „Zugang zur Deutschlandabteilung des KGB gehabt", enthüllte Foertsch, er habe „uns KGB-Offiziere genannt ..., die Probleme mit ihren Frauen hatten, überschuldet und Säufer waren". Solche Einzelheiten eigneten sich vortrefflich als „Einstiegsmöglichkeit, neue Quellen" zu gewinnen. „Viktor" eröffnete dem BND überhaupt neue Einsichten, denn bis dahin blieb ihm das Innenleben des Gegners verborgen, erst „Viktor" habe Pullach den „ganzen inneren Betrieb des KGB" transparent gemacht.[153] Ein verdrießliches Eingeständnis. Denn zum ersten Mal wird die jahrzehntelange Inkompetenz des BND ordentlich dokumentiert. Die Kapitulation ganzer BND-Generationen vor dem KGB und der GRU wurde festgeschrieben – von Volker Foertsch.

---

* Foertsch arbeitete mit dem britischen Geheimdienst Secret Intelligence Service (SIS) zusammen, der Foertsch unter dem Decknamen „Benny" führte. „Viktor" aber meldete sich nicht beim BND, wie Foertsch behauptete, sondern beim SIS. Der Verdacht, „Viktor" sei vom KGB „geschickt" worden, erhärtete sich zunehmend. Der SIS reichte „Viktor" also weiter an den BND. Eine vom SIS gesteuerte Foertsch-Bekannte in Salzburg erhielt vom SIS einen „Tipp". Erst daraufhin lernte Fortsch „Viktor" kennen.

Foertsch will sich mit der „längsten im KGB existierenden Quelle" zehn Mal in Wien getroffen haben.[154] Bei diesen Gelegenheiten erhielt der KGB-Oberst „Hilfsmittel" zur Kommunikation überreicht, „von anderer Hand geschriebene Briefe", die „zu bestimmten Zeiten abgeschickt werden mußten", die sich auf „Ereignisse, die vorhersehbar waren, bezogen". Diese Briefe seien „in einer sehr unansehnlichen deutschen Packung von Weizenkeimen" versteckt worden, die letzte wurde „Viktor" aber geklaut.

Ist dieser Diebstahl, wenn überhaupt, und von wem auch immer begangen, nachrichtendienstlich logisch? „Viktor" gelang Ende 1984 die „Flucht", allerdings ohne Beistand des BND, laut Foertsch wohl in letzter Stunde, denn soeben schickte sich angeblich ein anderer Maulwurf an, dem KGB jenen des BND anzuzeigen: Aldrich Hazen Ames, Fallführer der CIA in Langley und zuständig für die russischen Dienste. Foertsch: Er „wußte, daß die Deutschen eine Quelle (im KGB) haben".[155] Doch was, wenn „Viktor" tatsächlich im Auftrag des KGB übergelaufen war? Ungereimtheiten somit während der Wende im November 1989.

Ein Schock für das in Ost-Berlin in der Normannenstraße residierende MfS gleichermaßen wie für die Pullacher Heilmannstraße, wo Volker Foertsch seit fünf Monaten die „Operative Aufklärung" führte, das heikelste BND-Ressort.

Was ihm sein Stellvertreter Jakob Merker da im Juli 1990 vorschlug, sprengte das Vorstellungsvermögen von Foertsch – er solle sich mit dem Widerpart des BND, Werner Großmann, dem letzten Ex-Chef der Hauptverwaltung Aufklärung, treffen. Vielleicht wolle der Interessantes erzählen. Doch Foertsch sträubte sich – vehement dazu.

Dem BND sei es verboten, so Foertsch, DDR-Terrain zu betreten. Merker zerriss dieses Argument in der Luft, schließlich interviewte er in Ost-Berlin laufend MfS-Offiziere. Nun befürchtete Foertsch, entführt zu werden. Jakob Merker grübelte: Hatte sein Vorgesetzter etwa etwas zu verbergen? Prompt kamen sie in Pullach wieder hoch, die Gerüchte: Volker Foertsch kein Mann des KGB, sondern ein Vertrauter Werner Großmanns, des Nachfolgers von Markus Wolf? Schließlich musste Foertsch einlenken und sich in die völkerrechtlich noch intakte Hauptstadt der DDR quälen.

Am 30. August 1990, einem Donnerstag, passierten drei Mercedes-Limousinen den Sektorenübergang Invalidenstraße. Auf der Frankfurter

Allee vorbei am Plattenbau des inzwischen beerdigten Ministeriums für Staatssicherheit, vorbei an der alten MfS-Kreisdienststelle Lichtenberg, dann das Ziel: das HO-Hotel „Am Tierpark", gegenüber dem Ost-Berliner Zoo. Sechs grimmige BND-Bodyguards sicherten den Parkplatz bei 27 Grad im Schatten.[156]

Großmann war zufrieden. Schließlich blieb ihm der „inkompetente Puff-Paule" erspart, der BND-Vizepräsidenten Paul Münstermann. Werner Großmann kannte den BND aus dem „Effeff". Sie gaben sich die Hand. Großmann: „Wir sind von ähnlicher Statur und begegnen uns in gleicher Augenhöhe." Anders kommentierte ein BND-Begleiter die historische Zusammenkunft: reserviert-frostig der eine, verschlossenschroff der andere.[157] Sie schlenderten in den Tierpark.

Vor dem Bärengehege wurde Großmann wehleidig; er vermisste das „Metallschild, auf dem stand, daß die Mitarbeiter des MfS diese Anlage dem Tierpark geschenkt haben". Das interessierte jetzt nicht. „Die Zeit ist gekommen", so Foertsch, „um über (eine) Zusammenarbeit zu sprechen." Großmann schaute ungläubig. Foertsch erklärte sich: Die Amerikaner würden Deutschland überrollen und den BND „künftig mehr beschäftigen als die Aktivitäten des ... KGB". Hörte Großmann da etwa richtig? Der Partnerdienst des BND, die CIA, ein „Feind" des BND? Großmann staunte ein weiteres Mal.

Foertsch schien sichtlich erleichtert, dass alle HVA-Akten dem Reißwolf zum Opfer gefallen seien. „Offensichtlich möchte er nicht, daß die lange Liste der Pleiten und Pannen in falsche Hände kommt", resümierte Großmann, der mehr von Foertsch als Foertsch von ihm erfuhr. Plötzlich, so der Ex-Generaloberst, „klickt ... der Auslöser eines Fotoapparates. Wer sammelt hier Beweise?"[158] Der „Reporter" hieß Wolfgang Thomas; er gehörte einstmals zum Stab von Mielkes Stellvertreter und KGB-Vertrauten Bruno Beater. Die historischen Motive liegen heute in Moskau, im Archiv des KGB-Nachfolgers SWR.[159]

Drei Wochen später lud Foertsch, der Erste Direktor des BND, außerhalb Pullachs zu Tisch. Dieses Mal sein Gast: Karl Großmann, mit Werner Großmann nicht verwandt, der Maulwurf-Experte der HVA. Es wurde aneinander vorbeigeredet, stockend kam das Gespräch in Gang. Foertsch vermied den direkten Blickkontakt. Beim doppelten Espresso stellte er endlich die ihn wohl peinigende Frage: Was er, Karl Großmann, über seinen Onkel Friedrich und seinen Vater Hermann wüsste? Die

Antwort „Viel!" wirkte wie ein Nudelholz. Als die Serviererin die Rechnung brachte, so erinnerte sich Großmann, „zitterten seine Hände".[160] Die mögliche Begründung für das Verhalten erreichte den „kleinen" Großmann Jahre später.

Im August 1997 standen zwei BND-Geheime vor der Haustür des „großen" Werner Großmann in der Berliner Grevesmühlener Straße 18. Eine „Frau Wagner", ein „Herr Dietz". Im vormaligen Kinderzimmer sollte er den Besuchern helfen, „einen Maulwurf zu enttarnen, den sie in der unmittelbaren Führungsspitze des BND vermuten". Aha, überlegte Großmann, die „kommen aus der Abteilung 5 (,Sicherheit'). Und der Leiter ... ist Volker Foertsch. Die sind ihrem eigenen Chef auf der Spur!" Großmann: „Ich äußere meine Gedanken natürlich nicht." Darauf Einladung zum Essen in das „Reinhard's" im Nikolai-Viertel. Großmann sagte nichts.

Er schwieg im November 1998, im Januar 1999, im Februar, im Mai, im Herbst 1999.[161] Die Fahndung sprach sich in Kreisen ausgegrenzter MfS- und HVA-Offiziere allerdings in Windeseile herum, nur bei Volker Foertsch selbst schienen die konspirativen Recherchen gegen ihn noch nicht angekommen zu sein.

Die Hatz ausgelöst hatte der im Groll aus dem BND geschiedene Norbert Juretzko, der Mann, der – unter der Vormundschaft von Volker Foertsch – sowjetische Militärdepots abräumen ließ.

Juretzko will von einem russischen Geheimdienstler einen „Rapport" erhalten haben, der auf einen Maulwurf im BND hinwies. Volker Foertsch? Dafür spräche viel, erläuterte Juretzko, denn seit 1995 sei die Zahl festgenommener BND-Agenten in Russland kontinuierlich gestiegen. Auch der Moskauer KGB-Veteranen-Klub „Würde und Ehre" bestätigte einen „zweiten Felfe".[162] Foertsch sollte durchleiden, was vor ihm bereits ein Kollege in Pullardistan ertragen musste.

Im April 1976 setzte die CIA den BND in Kenntnis: Ein Abteilungsleiter liebe Bordelle und Geld, den aufwendigen Lebensstil finanziere der kommunistische Gegner. Die Wahl fiel auf Jürgen Magnus von Alten, Leiter der Auswertung des BND. In seinem Büro eröffnete ihm das Bundeskriminalamt (BKA) das Delikt: Verdacht auf Spionage. Im selben Augenblick trieben BKA-Beamte von Altens Gattin aus der Badewanne. Zwei Tage lang stellten sie die Dienstwohnung auf den Kopf, fanden aber keine „nachrichtendienstlich relevanten Beweismittel". Obwohl rehabilitiert, erhielt von Alten seine Entlassungsurkunde. Karriere, Reputation – dahin.[163]

Jetzt aber traf es Volker Foertsch. Seine Nervosität, seine Wutausbrüche ließen ihn in Pullach suspekt werden. Seine überzogenen Reaktionen entschuldigte er mit privatem Stress: Selbstmord des Sohnes, Suizid-Versuch der Ehefrau unter Alkoholeinfluss mit Tabletten.[164] Für den Geheimschutzbeauftragten und Stellvertreter von Foertsch, Klaus von Weitershausen, blieben solche Ereignisse ein Nebenschauplatz. Er hielt es mit seiner Schwester Gila. Während er die Vita seines Dienstherrn freilegte, mimte sie in einem TV-Drama eine Politikerin, die sich mit Filz, Korruption und Klüngelwirtschaft auseinandersetzen musste. Passender Titel: „Nervenkrieg". Ebender war wieder einmal in Pullach ausgebrochen.

Volker Foertsch will nichts bemerkt haben. Weder sein verwanztes Büro noch die Video-Überwachung, noch die 24-stündige Observation, noch die ihm gegenüber reserviert auftretenden Präsidenten Konrad Porzner wie Hansjörg Geiger. Dabei hatte Porzner in Gegenwart leitender BND-Beamten eine ungeheuerliche Maßnahme ergriffen – einen Steckbrief „Foertsch" plakatiert:

Wer ihm, Porzner, nur das „kleinste Beweisstück" liefere, das den BND-Sicherheitschef Volker Foertsch annähernd in Rufweite des KGB rücke, der werde mit einer Prämie in Höhe von 100.000 Mark aus der Staatskasse belohnt. Eine wenig durchdachte Strategie, denn jeder wollte sich nun das Zubrot verdienen, woraufhin Gerüchte zu „Zeugnissen" mutierten, Raunen zu „Dokumenten", Klatsch und Tratsch zu „Fakten". Blieb Porzners Preisgeld Volker Foertsch etwa verborgen?[165] Dann erschien bei Foertsch die Bundesanwaltschaft.

Er gab zu, über Verschlussakten verfügt zu haben, „handschriftliche Notizen über Personen und Operationen, die heikel, sensitiv, hypothetisch sind": „Wenn Außenstehende in dieser Sammlung vorkommen, dann nur, weil ein sicherheitlicher Bezug zum BND gegeben ist."[166] Da ließ die Sammelwut seines Mentors Reinhard Gehlen grüßen.

Die Kommissare durchwühlten die Spesenabrechnungen von Foertsch. Prompt stießen sie – offiziell – auf auffällige Treffen mit vormaligen Rivalen: auf Tschechen, Ungarn, Rumänien, Polen, schließlich elektrisierten angeblich „zwei oder drei Besuche" in Moskau. Für die lieferte Foertsch eine hübsche Begründung. Er habe für einen „Verhaftungsunfall" Hafterleichterungen erreichen wollen, für eine verurteile BND-„Quelle" im Inlandsgeheimdienst FSB.

Wie mag der damalige FSB-Chef Nikolai D. Kowaljow darauf reagiert haben? Sollte er dem der Spionage für den BND überführten und in der Strafkolonie Varnavino in Zentralrussland schmachtenden Major Lawrentiew vielleicht ein Care-Paket zustellen? Weder der Bundesanwalt Schulz noch der Oberstaatsanwalt beim BGH, Steudl, hinterfragten den Fall. Stattdessen: „Waren Sie im Mai 1997 ... dienstlich oder privat in Moskau?" Welcher Pass sei benutzt worden? „Peter Temm", „Benedikt Nimmen"? Um diese Zeit sei er nicht dort gewesen, da „meine Frau an Brustkrebs operiert worden ist".[167]

Bemerkenswert ist die Unterscheidung „dienstlich" oder „privat". Wieso durfte einer der höchsten Geheimnisträger der Republik „privat" zum nachrichtendienstlich wiedererstarkenden Gegenspieler ausschwärmen? Warum verhörte der Bundesanwalt nur oberflächlich? Wieso umging er einen „Kurzurlaub" von Foertsch in Prag im Dezember 1996? Dort wollte er sich mit dem Leiter des Sicherheits- und Informationsdienstes BIS treffen. Der sei aber angeblich unpässlich gewesen. Dann: Für den Juli 1997 hatte Foertsch im Terminkalender eine „Privatreise" in die Ukraine gebucht. Ja, „um sie gegenüber dem ukrainischen Dienst nur einem kleinen Personenkreis bekannt werden zu lassen", um „den SBU nicht größeren protokollarischen Verpflichtungen auszusetzen". Eine wahrlich komische Geschichte. Hakte der Bundesanwalt hier nach? Kein Gedanke. Nicht einmal aus Neugier.

Selbst ein absolut fesselndes Detail wurde ignoriert. Norbert Juretzkos sogenannter „Rapport" enthielt Einzelheiten, die nur der Foertsch-Sicherheitsakte hätten entnommen werden können. So die Erkrankung der Gattin, der Tod des Sohnes. Es müsse, entgegnete Volker Foertsch, „tatsächlich eine Quelle eines russischen Dienstes im BND geben, die die Informationen über meine persönliche Situation an den russischen Dienst gab". Dann setzte Foertsch noch drauf: Nicht er sei der Maulwurf, sondern – ein „Dritter, den ich nicht näher identifizieren kann".[168] Rums. Stand die Bundesanwaltschaft daraufhin Kopf? Mitnichten.

Das Kreuzverhör, das keines war, fand lediglich am 26./27. März 1998 statt. Bereits sechs Wochen später paraphierte der Generalbundesanwalt Kay Nehm den Einstellungsbeschluss: Es sei „festzustellen, daß der gegen ... Volker Foertsch entstandene Verdacht, von 1993 bis 1997

Agent des FSB und zuvor etwa 16 Jahre lang geheimer Mitarbeiter entweder des MfS oder des KGB gewesen zu sein, nicht zutrifft".[169] Diesen Freispruch mochte nicht jeder akzeptieren. Im Geheimen wurde weiter ermittelt – wieder und wieder bei Werner Großmann vorgesprochen, das letzte Mal 15 Monate nach dem Foertsch-„Ablass" (!). Wesentliche Fakten seien unterschlagen worden, begründeten BND-Angehörige ihre Wut über die „bewußte Schlamperei" der Karlsruher Ermittler.[170] Volker Foertsch setzte sich häufig allein ins Tiroler Leutasch ab. Wollte er dem tristen Ehealltag entkommen? Vielleicht. Letztendlich aber erschien ihm die Geisterklamm in Leutasch möglicherweise als herausragender Ort für konspirative Verabredungen. Weil dort allerlei Geister, Kobolde und Wasserzwerge ihr Unwesen trieben?

Foertsch-Jäger murmelten: Wer sei der Mann gewesen, der nahe dem „Jörgelerhof" auf Foertsch zuging? Schließlich die vielfachen Dienstreisen nach London – vorgeschoben, raunten Eingeweihte. Mit wem traf sich Foertsch im Londoner Pub „Reliance" in der Old Street? Der Mann soll angeblich Jakow A. Lubiakow gewesen sein. Dessen Vater Igor M. Lubiakow war – unbestritten – einst KGB-Resident in Washington.[171]

Betr.: "SPIEGEL"-Serie "Pullach intern";
hier: Besprechung VPr/RefPr mit Herrn HÖHNE am 13.5.71

I. Herr HÖHNE hat nach seinen Angaben wegen des krankheits-
    bedingten Ausfalls ZOLLING die Bearbeitung der letzten
    Teile der Serie "Pullach intern" selbst übernehmen müs-
    sen. Aufgrund des dadurch entstandenen Zeitdrucks bat
    er, auch die Besprechung des Teils XII in Hamburg durch-
    zuführen. Seinem Vorschlag entsprechend fand die Unter-
    redung in seinem Privathaus in Hamburg, ...Str. ,
    statt.

II. Wesentliche Punkte des allgemeinen Teils

    1. Die Mitwirkung HÖHNEs war zunächst auf eine techni-
       sche und formelle Tätigkeit beschränkt. Da sich je-
       doch sehr schnell herausstellte, daß ZOLLING die
       "Dramaturgie einer Serie" nicht beherrschte, mußte
       sich HÖHNE intensiver mit dem Thema befassen. Er
       hat deshalb nicht nur den Teil "Fremde Heere Ost"
       bearbeitet, sondern weitere Arbeiten übernommen.
       Nach dem Gespräch Minister EHMKE mit ZOLLING drängte
       die "SPIEGEL"-Redaktion ZOLLING weiter in den Hinter-
       grund und übertrug Herrn HÖHNE die alleinige Verant-
       wortung für die Gestaltung der Serie.

                                                    - 2 -

BND-Vermerk (Mai 1971): „Tips für Enthüllungsstories stammen ohne Zutun der Redaktion von Eingeweihten"

„Spiegel"-Titel (September 1954): „Gehlen ist in der Praxis der Abwehr-
chef des östlichen Kriegsschauplatzes gewesen"

Maulwürfe treiben es bunt

Die Meldung schien geradezu grotesk. Dennoch rieben sich intime Weggefährten Heinrich Himmlers die Augen. Sie verständigten sich mit ihren alten Kameraden und begehrten immerzu dieselbe Auskunft: Träfe es tatsächlich zu, was der „Spiegel" da in Umlauf gesetzt habe? War einer der ihren tatsächlich beauftragt worden, den Geheimdienst der Deutschen Demokratischen Republik mit Leben zu erfüllen?

Am 8. Februar 1950, so kolportierte der „Spiegel", habe sich „Walter Ulbrichts Volksdemokratie ein 15. Ministerium eingegliedert" – eines für Staatssicherheit, vom „Spiegel" fantasielos abgekürzt: „Mistasi" („Ministerium Staatssicherheit") statt MfS (Ministerium *für* Staatssicherheit). Das geheime Unternehmen sollte, laut „Spiegel", kein gestandener Kommunist befehligen, nein, vielmehr ein „Herr mit zwei Schmissen auf der Backe", halt ein vormaliger SS-Standartenführer mit „Liquidations-Renommé im polnischen Generalgouvernement", ein „Fachmann aus Himmlers Stab". Sein Name: Adalbert Bäumler.[1]

Ausgerechnet ein Schlagetot des Schwarzen Ordens ein Vertrauter des Tischlergesellen Walter Ulbricht? Prompt stellte sich heraus, dass ein Adalbert Bäumler nicht einmal existierte. Das Dementi folgte zwangsläufig. Der „Spiegel" selbst hatte sich berichtigt, allerdings beharrlich halbherzig. Des Reichsführers-SS „Nachfolger als Minister für Staatssicherheit", so hob Rudolf Augstein zwei Wochen später ins Blatt, sei nun doch „ein Berufsrevolutionär", überdies einer, „der aus dem Halbdunkel des alten illegalen KP-Apparates kommt: Wilhelm Zaisser".

Zaisser wurde in der Tat der erste Geheimdienst-Chef der DDR. Dessen ungeachtet begeisterte der imaginäre Adalbert Bäumler den „Spiegel" nach wie vor: „Im Wettlauf um das fünfzehnte Ministerportefeuille (belegte Bäumler) nur einen dritten Platz als Dienststellenleiter."[2] Die Veröffentlichung auch dieser Mär hätte vermieden werden können, wenn sich Augstein bei seinen damals wohl wichtigsten Zuarbeitern rückversichert hätte – just bei jenen SS-Führern, die die Ära eines enthüllenden „Spiegel" schließlich erst begründeten.

211

Einer dieser Sachverständigen hieß Franz Alfred Six, im Nürnberger Einsatzgruppen-Prozess zu 20 Jahren Haft verurteilt, aber 1952 vorzeitig entlassen. Der aufflammende Kalte Krieg machte es möglich. Six hofierte die Organisation Gehlen, nebenher stellte er sich dem „Spiegel" als Zuträger zur Verfügung. Zeitgleich diente er als sowjetischer Kundschafter an der unsichtbaren Front.

Der vormalige SS-Brigadeführer und Doppelagent, Sohn eines Möbelhändlers, förderte das deutsche Nachrichten-Magazin, denn zwei seiner Schützlinge verhalfen dem „Spiegel" zum Aufstieg, der ohne die Leitenden Redakteure Horst Mahnke und Georg Wolff wohl nicht zum „Sturmgeschütz der Demokratie" hätte mutieren können. Horst Mahnke war SS-Hauptsturmführer, Georg Wolf SS-Obersturmführer. Der „Spiegel", so kommentierte der Medien-Historiker Lutz Hachmeister die unangenehmen Personalien, habe sich daraufhin in eine „SD-Mailbox" veredelt.[3]

„Sterben kann nur", so erläuterte Franz Alfred Six seine erotische Beziehung zum Dritten Reich, „wer die Größe einer Idee vor sich hat." Der Intellektuelle, der sich als „das äußere Gesicht der nationalsozialistischen Weltanschauung" betrachtete[4], begann seinen NS-Aufstieg an der Heidelberger Universität. Vor der Machtübernahme Adolf Hitlers redigierte er den fanatisch-völkischen „Heidelberger Student(en)", dann avancierte er zum Assistenten am Institut für Zeitungswesen[5], bis ihn im August 1934 die Berufung zum Hauptamtsleiter für Presse, Buch und Propaganda der Reichsführung der Deutschen Studentenschaft erreichte. Als Six, NSDAP-Mitglied bereits seit dem 1. März 1930, fünf Jahre später in die SS eintrat, ging es mit ihm temporeich vorwärts.

Im SD-Hauptamt wurde ihm, der mit seiner Dissertation zum Thema „Die politische Propaganda der NSDAP im Kampf um die Macht" nicht nur bei Joseph Goebbels einen bleibenden Eindruck hinterlassen hatte, die Zentralabteilung II/1 anvertraut, zuständig für die weltanschauliche Beobachtung wie Bekämpfung der politischen Gegner („Juden, Kirche, Freimaurer"), ein Ressort, in dem auch ein anderes Gefolgschaftsmitglied seine berufliche Gipfelfahrt begann: Adolf Eichmann, der sich unter dem Patronat seines Quasi-Vorgesetzten Six strebsam auf die Ausrottung des jüdischen Volkes vorbereitete.[6]

Six war kein politischer Romantiker. Er gehörte vielmehr jener verlorenen Generation an, die im Nationalsozialismus ihr ausschließliches Wohlergehen erblickte. Deutschland sollte endlich Weltmacht werden,

in der sich Six eine führende Rolle zugedachte. Das Rüstzeug dazu hatte
er sich an der „Stoßtrupp"-Universität in Königsberg verschafft, wo er
sich, manisch arbeitswütig, auf die Suche nach einem „wissenschaft-
lichen Nationalsozialismus" begab, wie Hachmeister anmerkte.[7] Six errichtete ein Zeitungswissenschaftliches Institut. Dort verbrüderte er sich
mit einem seiner Studenten, mit Horst Mahnke.* Zwischen beiden entwickelte sich eine tiefe Freundschaft, derart, dass Six dem SD seinen
gelehrigen Schüler als hauptamtlichen Mitarbeiter zuführte.

Im SD, einem Gemisch aus „Time" und Secret Service, analysierte
Six die „Verschwörungs"-Theorien der Freimaurer und die der Juden.
Dies tat er so beeindruckend, dass Reinhard Heydrich ihm den Aufbau
einer „Auslandswissenschaftlichen Fakultät" an der Berliner Universität
ans nationalsozialistische Herz legte. Ziel dieser absurden Disziplin: die
Vertiefung einer „nationalsozialistischen Geländekunde".[8]

Egal, welche Gruppe sich das Dritte Reich zum Feind wählte – jede
vermeintlich gegnerische Institution ließ Six erfassen, zudem favorisierte
Six die Aussiedlung der Juden nach Palästina.** Six habe, so resümierte
der „Spiegel"-Kritiker Volker Lilienthal, „letztendlich (die) … industrielle
Vernichtung jüdischen Lebens" vorgegeben, mit Horst Mahnke als ver-
lässlichem Partner an seiner Seite[9], der unter seinem Mentor über die
„Freimaurer-Presse in Deutschland" promovierte und später zum Sach-

---

* Mahnke trat 1937 der NSDAP und der SS bei. In dem berüchtigten „Badehaus
 Bad Nenndorf" wurde er von den Engländern interniert, wo die SS zuvor KZ-
 Häftlinge „ausgesondert" hatte. Ihm war vom Entnazifizierungs-Ausschuss der
 Stadt Hannover am 16. Juli 1949 untersagt worden, als „Lehrer, Jugendpfleger,
 Journalist, Redakteur" tätig zu werden, da er „den Nationalsozialismus we-
 sentlich gefördert" habe. Mahnke arbeitete, bis ihn Rudolf Augstein einstellte, im
 Hamburger Freihafen als „Kaffee-Importeur". Ausgerechnet Mahnke verantwor-
 tete im Spiegel" das Thema NS-Kriegsverbrechen mit.
** Six war auch für diese „Geheime Kommandosache" zuständig: Vom 26. Februar
 bis zum 2. März 1937 weilte der Hagana-Kommandeur Feivel Polkes in der
 Reichshauptstadt, wo er auf den SS-Hauptscharführer Adolf Eichmann stieß.
 Polkes bot dem SD eine nachrichtendienstliche Zusammenarbeit an. Im Gegenzug
 sollte die SS „die jüdische Einwanderung nach Palästina stärken, damit Juden …
 das Übergewicht über die Araber erhielten". Six notierte: „Auf die Reichsvertre-
 tung der Juden in Deutschland wird ein Druck dahingehend ausgeübt, daß sich
 die aus Deutschland auswandernden Juden verpflichten, ausschließlich nach
 Palästina, nicht aber in irgendein anderes Land zu gehen." Die Hagana brachte es
 somit zu einem Spitzeldienst der SS. Dann lud Feivel Polkes Eichmann – als Gast
 der Hagana – nach Palästina ein.

bearbeiter „Marxismus" im Reichssicherheitshauptamt (RSHA) abheben sollte. Dann wollte Hitler Großbritannien in die Knie zwingen.

Im Herbst 1940 wurde Franz Alfred Six zum Vertreter des Chefs der Sicherheitspolizei und des SD in London bestimmt, sein Intimus Horst Mahnke übernahm als „Stabsleiter" die antibritische „Gegnererforschung". Mahnkes Position klang auf den ersten Blick harmlos, doch sie war gewichtig: Er erstellte Verhaftungslisten von englischen Freimaurern und Juden, ergänzt um Politiker jedweder Couleur, um dortige NS-Opponenten für den Fall einer erfolgreichen Invasion in Konzentrationslager sperren zu können. Die Überwindung des Ärmelkanals erwies sich logistisch allerdings als nicht machbar, zumal der Führer inzwischen die Front gegen die Sowjetunion eröffnet hatte – erneut mit Six und Mahnke als tragenden Dienstleistern.

Six führte ein „Vorauskommando ‚Moskau'", das nach einer Unterwerfung der sowjetischen Hauptstadt geheimdienstliche Dokumente sichern sollte. Doch der mit annähernd 30 Mann besetzte Zirkel kam lediglich bis Smolensk. Beschäftigungslos blieb der Freundeskreis um Franz Alfred Six freilich nicht. Er bestellte einen Acker, den die Einsatzgruppe B unter dem Befehl des Chefs des Reichskriminalpolizeiamtes, Arthur Nebe, kultivierte.[10] Mit Krumen für Six als einem seiner Vertreter im Amt.[11] Es durfte „gesäubert" werden. Endlich.

Nach der Kapitulation wähnte Six die „Judengeschichten", wie er die staatliche Mordlust verflachte, als ohne ihn stattgefunden. Seine Verteidigung gegenüber alliierten Vernehmern war dreist: „Ich war der Auffassung, daß es nicht zu den uns Nationalsozialisten gestellten Aufgaben gehörte, die Juden vom Diesseits ins Jenseits zur bringen", und: „Ich habe auch während des Krieges Massenerschießungen ohne gerichtliches Verfahren nicht für rechtmäßig gehalten." Dafür, dass es ihm „nicht gerade sehr sympathisch (gewesen sei), Menschen umzubringen", benannte er einen „Kronzeugen" – ausgerechnet Reinhard Heydrich: „Bis zu seinem Tode lebte ich in einem persönlichen Zerwürfnis mit ihm."[12] Das Gegenteil war der Fall.

Ohne Heydrich hätte Six im SD niemals reüssieren können. Nach dem verpatzten Endsieg gehörte die plumpe Distanz zum Dritten Reich bei den Erbauern des Dritten Reiches halt zur Überlebensphilosophie.

Exekutionen, so verteidigte sich Six in Nürnberg, seien ihm erst bekannt geworden, als er dieses Amt am 20. August 1941 niedergelegt habe.

Und abermals stand ihm ein „Bürge" zur Seite: der ebenfalls SS-involvierte Horst Mahnke. Über eine eidesstattliche Erklärung sprach dieser seinen Ex-Chef von der Beteiligung an Massakern frei. Dabei existierte ein Dokument, das Six und seinem „Vorauskommando Moskau der Einsatzgruppe B – Sicherheitspolizei und SD" bescheinigte, mindestens 46 Russen liquidiert zu haben. Darunter: 38 jüdische Akademiker.[13] Am 29. Mai 1942 verübten Exil-Tschechen in Prag auf den stellvertretenden Reichsprotektor von Böhmen und Mähren ein Attentat. Reinhard Heydrich starb Tage später. Six war augenblicklich seinen Beschützer los. Und jetzt büßte er für seine herablassende Art, die er im Windschatten Heydrichs jedermann hatte spüren lassen. Six wurde im SD an den Rand gedrängt. Da traf es sich, dass das – durch Einberufungen ausgedünnte – Auswärtige Amt nach klugen Köpfen Ausschau hielt. Six wechselte den Arbeitgeber. Er sollte sich um die Ausbildung des diplomatischen Nachwuchses kümmern. Doch nach dem Stalingrad-Desaster galt die Debütanten-Pflege im AA als überholt. Als Gesandter übernahm Six daher die Aufsicht über die auch längst entbehrliche Kultur- und Informationsabteilung des AA. Und wieder tauchte Horst Mahnke bei Six als dessen Referent auf. Beide, Six wie Mahnke, waren abermals am Ausgangspunkt ihrer Karriere angekommen.

Im AA wachte Mahnke fortan über den Verteilerschlüssel der geheimen „Informationsberichte zur Judenfrage" aus dem Reichssicherheitshauptamt (RSHA). Dann kümmerte er sich um einen „Zettelkasten", den er mit Namen von in Konzentrationslagern vegetierenden Wissenschaftlern füllte, auf die Rüstungskonzerne, etwa die Unternehmer Friedrich Flick oder Günther Quandt, dringend angewiesen waren. In allen Bereichen fehlten fachkundige Kapazitäten[14], während Six als Präsident des Deutschen Auslandswissenschaftlichen Instituts die Alliierten atomisierte. Allen voran die USA.

In einer „weltpolitischen Entwicklungstendenz" skizzierte Six die Amerikaner als Blindgänger. Obschon die „wachsende Weltaggression" der Vereinigten Staaten beachtlich sei, würden sie – dank des „einheitlichen Abwehrwillens der Völker des europäischen Kontinents" – an der „strategischen Überlegenheit des Führers" scheitern. Daher werde der Sieg „unser" sein, mutmaßte Six Ende 1943, denn der „schlechte Start des us-amerikanischen Kriegseintrittes und die verpfuschte us-amerikanische Kriegsführung nahmen … der überseeischen Offensivkraft … die Spitze".[15]

Die analytischen Fehlgeburten des Verdrängungskünstlers betrafen den Vernichtungsfeldzug gegen die Juden nicht. Am 3. April 1944 hielt Six im Ausweichquartier des AA (Krummhübel im Siebengebirge, Hotel „Sanssouci") vor den Judenreferenten der deutschen Gesandtschaften und „Arisierungsberatern" Vortrag. „Die physische Beseitigung des Ostjudentums", so folgerte Six laut Protokoll, „entziehe dem Judentum die biologischen Reserven", denn „das Judentum in Europa habe seine biologische und gleichzeitig seine politische Rolle ausgespielt." In Nürnberg tat er diese Niederkunft notgedrungen als böse Fälschung ab.[16]

Während die von Six verhöhnten Amerikaner bereits im Oktober 1944 Aachen besetzten, marschierte die Rote Armee Tage später in das nördliche Norwegen ein, in die Provinz Troms. Weiter südlich, in Oslo, verlor daraufhin der SS-Obersturmführer Georg Wolff jede Hoffnung.* Das menschenverachtende NS-Regime, für das er „in jeder Hinsicht" mit seinem Leben einstehen wollte, war am Ende. Wolff, wie Mahnke Schüler von Six und von diesem ebenfalls zum SD protegiert, hatte – parallel zu seinem Studium in Ostpreußen – das für Observationen zuständige Referat III A-C des Königsberger SD-Abschnitts geleitet, anschließend in Norwegen als SD-Befehlshaber vergeblich den Widerstand der „Heimwehr" zu brechen versucht.[17]

Wo war sie nur geblieben, die Vorsehung Hitlers? Six, Mahnke und Wolff – nun haderten sie mit ihrem Führer. Bittere Erkenntnis: Ausgerechnet ihr Vorbild hatte ihnen ihre strahlende, ihnen ihre nationalsozialistische Zukunft ruiniert.

Fluchtartig verließ Mahnke im Frühjahr 1945 sein privates Berliner Domizil in der Emser Straße 37/38, das ehedem den Freimaurern gehörte, bis sich die SS-eigene „Gemeinnützige Siedlungs- und Wohnungsbaugesellschaft m.b.H." das Jugendstil-Haus sicherte. Er setzte sich mit Six in den Westen ab. Mahnke nannte sich „Georg Groke", Six „Georg Becker". Der eine (Six) tauchte bei Kassel ab, der andere (Mahnke) in Hannover unter, Georg Wolff hielt sich in Hamburg bedeckt. Was tun?

---

* Georg Wolff, am 14. März 1914 in Potsdam-Wittenberge geboren, avancierte nach seinem Volontariat beim „Nordischen Kurier" in Itzehoe (damalige Auflage: 5.800 Exemplare) zu dessen Hauptschriftleiter. Wolffs Vorgesetzter im SD-Leitabschnitt Königsberg, der SS-Sturmbannführer Kurt Gritschke, bescheinigte dem NSDAP-Mitglied (4.982.494) „ausgezeichnete Leistungen", dazu sei Wolff „ein wahrer Nationalsozialist".

Das SD-Trio fürchtete sich – vor den Alliierten, vor den Kommunisten, vor den Juden.

In der hannoverschen Wohnung der Six-Gattin Ellen in der Helmholtzstraße 8 betrauerten die SS-Führer ihr trostloses Schicksal. Und je mehr sie die Sterne deuteten, desto verschwommener kamen sie ihnen daher. Unaufhaltsam rückte sie aber näher, die Stunde der Wahrheit.

Die Amerikaner hatten die Six-Sozietät inzwischen als Kriegsverbrecher-Gang zur Fahndung ausgeschrieben, Verrätertum hatte ihnen zu guter Letzt die Spur gewiesen. Am 17. Januar 1946 überführte die US-Abwehr CIC erst Six in die Gefangenschaft, elf Tage darauf Mahnke. Über die dramatisch verlaufenden Festnahmen informierte auch der „Spiegel" – allerdings Jahre nach dem Ereignis. Da unterhielt Mahnke längst enge Kontakte zur Redaktion. Der „Spiegel" stellte indes nicht die Six-Kameraden an den Pranger, sondern den Six-Fahnder – per Steckbrief so, als hätte sich das Nachrichten-Magazin an den antisemitischen Schmierfink Julius Streicher samt seinem „Stürmer" erinnert.

Der SS-Untersturmführer Walter Hirschfeld hatte sich gegenüber dem US-Armee-Geheimdienst CIC verpflichtet, Aufenthaltsorte untergetauchter SS-Chargen auszukundschaften. Rastlos durchstreifte er seine zerstörte Heimat. Er sprach bei den Familien der NS-Rädelsführer mit stets der gleichen Legende vor: Er, Hirschfeld, sei der Beauftragte einer aus Österreich operierenden Fluchthelferorganisation, er könne nicht nur falsche Papiere beschaffen, sondern zugleich den NS-involvierten Vater, Bruder oder Sohn ins südamerikanische Exil überführen. Kaum krochen die NS-Helden daraufhin aus der Deckung, gingen sie den Amerikanern ins Netz. Für solche Leistungen zeigte Rudolf Augstein wenig Verständnis. Unter der Überschrift „Merkt euch den Namen Hirschfeld" erreichte der „Spiegel" nun das Niveau des „Stürmer".

Das Nachrichten-Magazin ekelte sich vor Walter Hirschfelds „Blutwarze auf der Knollnase" in seinem „versoffenen Gesicht"; dessen Gattin Josephine trüge nicht mehr „wasserstoff-blonde" Haare, schlimmer noch, die seien plötzlich „brandrot". Dazu lebte der „Agent provocateur des amerikanischen Nachrichtendienstes" in einem Haus, das nur über einen „Hinterhof links über einen dunklen Schuppen und zwei steile Holztreppen" zu erreichen sei, trotzdem habe es sich um eine „Feudalwohnung" gehandelt („Hirschgasse Nr. 16, 3mal läuten"). Es folgte Hirschfelds Telefonnummer („Hdlbg 5833") und das Kennzeichen seines

„uralten 2-Liter-Adlers" („AW 66-4443"). Wollte die NS-besetzte Redaktion des Nachrichten-Magazins „anständige" Deutsche etwa zur Lynchjustiz animieren?

Walter Hirschfeld, so zitierte der „Spiegel" den gelernten Polstermeister Alfred Six senior, habe seine Tochter Marianne ermordet. Damals will der „Spiegel" die angebliche Ermittlungsakte („Gewaltsamer Tod der Marianne Six") aufgetrieben haben.[18] Die hochsensible junge Frau hatte sich jedoch selbst gerichtet. Sie konnte nicht verwinden, dass sie ihren Bruder in gutem Glauben ausgeliefert hatte. Den unfreiwilligen Verrat empfand sie als Treuebruch. Mit einer Überdosis Schlaftabletten zog sie daher ihre Konsequenzen.[19] Solche Fakten passten freilich nicht in Augsteins Konzept. Hätten ihm SS-Prätorianer sonst etwa die Zuarbeit aufgekündigt?

Die Hirschfeld-Affäre ist ein beispielloser Vorgang in der facettenreichen Geschichte der deutschen Nachkriegs-Medien. Gnadenlos hatte der „Spiegel" einen Hatz-Aufruf fabriziert. Lutz Hachmeister beobachtete bei Rudolf Augstein darum nicht nur „deutliche Antipathien gegen die ‚Besatzer'", darüber hinaus diente er „den SD-Leuten als Relaisstation"[20], ein Vorwurf, den der beständig besser wissende „Spiegel" bis heute nicht aus der Welt geschafft hat. ‑

Welchen Kurs aber hätte das Nachrichten-Magazin ohne die SS-Intellektuellen einschlagen können? Wäre Rudolf Augstein gleichwohl zur journalistischen Lichtgestalt auferstanden? Um dorthin zu kommen, benötigte er die in Nürnberg zur Verbrecherorganisation erklärte Schutzstaffel ebenso dringend wie die ihn.

Über den „Spiegel" betrieben SS-Angehörige ihre öffentliche Rehabilitierung, den packenden Stoff, den das Dritte Reich nun einmal garantierte, erhielt das Magazin von der verschworenen Himmler-Garde frei Haus geliefert. Die beschönigende „Vergangenheitsbewältigung", unabdingbare Voraussetzung für einen Informationsfluss aus Kreisen der SS, brachte Rudolf Augstein schließlich das ein, was er dringend benötigte: Auflage.*

1949/50 bestand der „Spiegel" mit einer Serie über den ersten Gestapo-Chef Rudolf Diels und einer über Arthur Nebe seine Bewährungsprobe. Der SS-Hauptsturmführer Bernhard Wehner hatte Rudolf Augstein das Material geliefert. Wehner hatte bis dahin im Auftrag britischer

---

* 1956 verkaufte der „Spiegel" 218.981 Exemplare, 1959 dann 382.750, 1966 schließlich 909.905, die erste Million erreichte das Nachrichten-Magazin 1986.

Besatzungsoffiziere Schwarzmärkte abgeräumt, unter dem Leiter des Reichskriminalpolizeiamtes, Arthur Nebe, war ihm das Ressort „Kapitalverbrechen" nachgeordnet. Er galt als exzellenter Kriminalist, klärte das Heydrich-Attentat mit auf und deutete bei dieser Gelegenheit dessen Totenmaske: „Täuschende Züge unirdischer Vergeistigung von unendlich verderbter Schönheit, wie von einem Kardinal der Renaissance."[21] Gewendete Nationalsozialisten wollten Wehner wegen seiner „englischen Erfahrungen" (noch) nicht einstellen. Da begegnete ihm in den Wirren der chaotischen Nachkriegszeit ein NS-Kamerad. Wehleidig rühmten beide alte Zeiten, bis dem notleidenden Wehner eine lukrative Verdienstquelle eröffnet wurde: Es gäbe da einen „Spiegel", der um Themen verlegen sei. Er, Wehner, möge sich doch bitte einmal Gedanken über Arthur Nebe machen, ein Exposé schreiben. Das werde sodann Rudolf Augstein zugestellt.* So geschah es. Augstein kabelte Wehner: „Ich komme."[22]

---

* Wehner, seit 1931 NSDAP- und SA-Mitglied, hatte als Chefermittler die Korruptions-Affären innerhalb der SS und Konzentrationslager aufzuklären. Erst 1954 fasste er wieder Fuß: als Kriminaldirektor und Leiter der Düsseldorfer Kripo. In dieser Position „recherchierte" Wehner gelegentlich inoffiziell für die Redaktion des „Spiegel". Auch Erich Fischer, SS-Sturmbannführer, seit 1927 NSDAP-Mitglied, erst Wegweiser des „Presse- und Propagandaamtes", schließlich Ministerialrat und Prinzipal der Abteilung „Deutsche Presse" unter Goebbels, hatte Rudolf Augstein seine Nachkriegs-Karriere zu verdanken. Als „Werbeleiter" des Düsseldorfer „Spiegel"-Büros akquirierte Fischer an Rhein und Ruhr Anzeigen, wo NS-Fraktionen bereits wieder Vorstandsetagen besetzt hielten. Der ehemalige Pressechef des NS-Außenministers Joachim von Ribbentrop, SS-Obersturmbannführer Paul Karl Schmidt (journalistisches Pseudonym anfangs Paul Karell, später Paul Carell), arbeitete dem „Spiegel" ebenso zu wie der erste Gestapo-Chef Rudolf Diels. Die Kontakte zum „Spiegel" stellte Fritz Tobias her. Den hatte der britische Secret Intelligence Service (SIS) Ende 1945 in das niedersächsische Innenministerium bugsiert, wo er im Auftrag der Engländer hohe SS-Offiziere verhörte. Hintergrund: Tobias sollte dem SIS kompetente NS-Nachrichtendienstler empfehlen, beispielsweise Horst Kopkow. „Beutedeutsche" konnten ihre Karriere also übergangslos fortsetzen. Tobias zur Seite im Innenministerium in Hannover stand Fritz Zirpins, SS-Sturmbannführer im Reichssicherheitshauptamt, Amt IV („Gegnererforschung und -bekämpfung"), der den Reichstags-„Brandstifter" Marinus van der Lubbe vernommen hatte. Aus dieser zufälligen Konstellation schlug Rudolf Augstein mit seiner spektakulären „Spiegel"-Serie über den Reichstagsbrand Kapital („Stehen Sie auf, van der Lubbe"). Koautor: Fritz Tobias. Tenor: Nicht die Nazis seien die Brandstifter gewesen, sondern allein Marinus van der Lubbe hätte den Reichstag angezündet. Als Kripochef in Lodz hatte Zirpins

Monatelang reiste Wehner quer durch die westlichen Besatzungszonen. Er spähte vormalige Gefährten aus, griff in Fotoalben, lieh sich Dokumente aus. Als „Glanz und Elend der deutschen Kriminalpolizei" auch aus Augsteins Feder nach der 29. Woche beendet war, hatte der „Spiegel" sein Enthüllungs-Image erworben, indes zugleich nebenher einen Teil der SS von ihren NS-Verbrechen „gereinigt" und Wehner – wegen seiner Zuarbeit – vorübergehend mit der Position eines „Polizeireporters" abgefunden.

Der Nebe-Text, so Hachmeister, führte beim Leser zwangsläufig dazu, „daß sich die legendären Untaten der Massenmörder Kürten, Seefeld oder Ogorzow ... mit den Einsatzgruppenverbrechen Nebe(s) ... zum surrealen großen Pandämonium (in der griechischen Mythologie: „böse Geister") mischten".* Selbst Heydrichs gemütsloser Nachfolger Ernst Kaltenbrunner marschierte dank des „Spiegel" plötzlich als ausgesucht netter Zeitgenosse daher. Augstein erkannte ihn als einen „Mann mit Manieren" und erhöhte den nationalsozialistischen Himmelsstürmer zum „glänzenden Logiker"[23], während er die Hauptperson als labilen Jammerlappen beschrieb: „Allen, die mit Nebe zu tun hatten, hat er Unglück gebracht, nicht aus Bosheit, sondern aus Schwäche." Um diese Einschätzung zu untermauern, ließ Augstein – zweispaltig – ein denunziatorisches wie vernichtendes grafologisches Gutachten abdrucken, das an dem in den 20. Juli verstrickten Nebe kein gutes Haar ließ: Nebe sei „in den Bann von Angst und Unsicherheit (geraten) und wird zum Lavieren gezwungen, das ihm jedoch auch nicht liegt, da ihm bei seiner Kleinbürgerlichkeit die diplomatische Eleganz fehlt".[24]

Nach dem 20.-Juli-Attentat auf Hitler war der Reichsführer-SS auf Wehners erfahrenen Sachverstand angewiesen. Wehner begutachtete den Tatort in der Wolfsschanzen-Baracke, bis er schließlich seinen Chef Arthur Nebe als Mitverschwörer des 20. Juli entlarvte. Diese Erkenntnis wird ihn innerlich aufgewühlt haben. „Der einzige Revolutionär unter

---

den Raub jüdischen Vermögens organisiert. Er stand auf der polnischen Kriegsverbrecherliste. Die Briten verhinderten indes seine Auslieferung.

* Peter Kürten brachte innerhalb eines Jahres neun Frauen um. Er wurde am 2. Juli 1931 in Düsseldorf hingerichtet. Der Uhrmacher Adolf Seefeld (Spitzname „Onkel Tick-Tack") ermordete zwischen 1933 und 1935 mindestens 19 Knaben. Er endete am 24. Mai 1936 unter dem Fallbeil. Das NSDAP-Mitglied und SA-Oberscharführer Paul Ogorzow ging in die Kriminalgeschichte als Berliner „S-Bahn-Mörder" ein. Der Reichsbahner hatte mehrere Frauen erwürgt. Er wurde im Juli 1941 als „Lustmörder" in Plötzensee enthauptet.

den Putschisten, der Graf Stauffenberg", so erlag Augstein wohl Wehners Suggestionskraft, „war bei allen menschlichen und geistigen Qualitäten ein politischer Wirrkopf." In Verkennung der militärischen Lage befand Augstein: „Die Russen (würden) heute nicht an der Elbe, sondern mindestens am Rhein" stehen.[25] So und nicht anders sah er aus, der Journalismus des „Spiegel". Und so:

In den Köpfen der Redaktion geisterten deutsch-nationale Empfindsamkeiten. Geprägt durch Kriegserlebnisse, durch HJ, Wehrmacht, NS-Alltag und alliierte Besatzungspolitik – „Spiegel"-Journalisten folgten Stammtisch-Parolen. Eine politische Strategie gab es nicht, aber dennoch etwas richtig Neues: die „enzyklopädische" Berichterstattung.

Hans Dieter Jaene, „Spiegel"-Redakteur der ersten Stunde, gab die simple Methode preis: „Ist der richtige Feind richtig im Visier? Wird nichts übersehen, was anzuschießen wäre? Reicht der Sprit bis zum Ziel? Hat man die richtige Munition? Nicht nur Platzpatronen?" So seien denn Leute wegen ihrer Schreibe eingestellt worden, bemerkte Jaene süffisant, aber mit Sicherheit „nicht wegen (ihrer) Gedankentiefe".[26]

Lutz Hachmeister beklagte die Gesinnung als „publizistisches Abenteurertum im Stil eines gehobenen Studentenblattes".[27] Da kannte er Horst Mahnke nicht, der später vom „Spiegel" als Chefredakteur zur „Kristall" wechselte.* Dort wollte sein Autor Winfried Martini 1966 wohl eine noch offene Rechnung mit Carl von Ossietzky begleichen, dessen „Weltbühne" er – ohne Aufschrei des „Spiegel" – „zur wöchentlichen Beleidigung des deutschen Volkes" erklärte.[28]

Die Alt-Nazis, die sich da im „Spiegel" artikulierten, mochten ihr Drittes Reich nicht aus dem Gedächtnis streichen. Besonders Horst Mahnke und Georg Wolff (Ersterer Ressortchef „Ausland", der andere sein Stellvertreter) blickten melancholisch auf die schrecklich-schönen braunen Zeiten zurück. Denn alles, was die NS-Nation hervorgebracht habe, sei letztendlich so schlecht nicht gewesen, vornehmlich Hitlers Idee eines „vereinigten" Europas, laut NS-Sprachregelung konzipiert als „genossenschaftlicher Zusammenschluß". Unter Vormundschaft des Großdeutschen Reiches, versteht sich.

---

* Als die „Kristall" 1966 von Axel Springer eingestellt wurde, protegierte der Verleger seinen nun arbeitslosen Horst Mahnke als Hauptgeschäftsführer zum Verband Deutscher Zeitschriftenverleger (VDZ); 1980 wurde Mahnke ehrenhaft pensioniert.

England und Frankreich hätten „Drittstaaten" an sich „gekettet", nur „um Deutschland niederzuhalten", stellte Friedrich Zimmermann 1942 unter dem Pseudonym Ferdinand Fried fest. Der Ex-Chefredakteur der „Münchner Neuesten Nachrichten" entpuppte sich als Vorkämpfer des Euro, denn eine „einheitliche europäische Verrechnung, die dem Währungswirrwarr und dem Währungskampf ... ein Ende setzt", würde „die Grundlage dafür schaffen, Europa zu einem geschlossenen wirtschaftlichen Gebilde zu entwickeln". Zimmermann: „Ein derart ... geschlossenes (Europa) stellt dann in dem neu aufzubauenden Welthandel eine ganz andere Macht und Kapazität dar."[29] Auch Franz Alfred Six beschäftigte sich mit einer Europäischen Union – allerdings unter der Zuchtrute des Dritten Reiches, mit seinem geliebten Führer als Rädelsführer.

1944 veröffentlichte Six „Europa, Tradition und Zukunft".[30] An dem schwergewichtigen Stoff wirkte Horst Mahnke als Skalde mit. Aus Norwegen lieferte wohl auch Georg Wolff zu. Ohne Mahnkes besessene Zuarbeit hätte das letzte NS-Six-Werk niemals die wenigen noch intakten Buchhandlungen im Dritten Reich erreicht. Zehn Jahre später erschien der gleiche NS-Stoff – abgewandelt – unter einem neuen Titel: „Der Frieden hat eine Chance".

Die nunmehrigen „Spiegel"-Redakteure Mahnke und Wolff empfahlen den „Spiegel"-Leser 1954 ihr aufgefrischtes NS-Produkt, freilich um eine militärpolitische Variante ergänzt: Die „Hilfsvölker" der „Weltmacht-Giganten" würden an „strategischer Bedeutung" verlieren, Moskau wie Washington ihre Armeen in Zukunft derart gruppieren, „daß sie die Schläge auf das Zentrum des Gegners" ansetzen würden. Ähnlich hatte Six das bereits in seinem „Jahrbuch der Weltpolitik 1942" erkannt – mit einem Sklavenhalter Adolf Hitler als Feldherrn.[31] Der „Spiegel" über die „neue" Six-Botschaft: „Die Autoren haben einen Typ globaler strategischer Buch-Reportage entwickelt, der von der Kritik durchweg freundlich aufgenommen worden ist."[32] Und wer lieferte den nationalsozialistischen Ladenhüter aus? Der Darmstädter Verlag C. W. Leske, wo Franz Alfred Six den Geschäftsführer gab.*

---

* Im Dritten Reich publizierte Six in der Hanseatischen Verlags-Anstalt in Hamburg: „Pressefreiheit und internationale Zusammenarbeit" (1937), „Freimaurerei und Judenemanzipation" (1938), „Freimaurerei und Christentum" (1940), „Reich im Westen" (1940), „Studien zur Geistesgeschichte der Freimaurerei" (1942), „La fine delle guerre civile europee" („Das Ende der europäischen Bürgerkriege", 1942).

Wolff, der sich in Hamburg am Eppendorfer Weg vorübergehend als Tankwart über Wasser hielt, war seit seiner Jugend mit Carolus Otte liiert, einem hanseatischen Gauwirtschaftsführer, der sich dank der Arisierungswelle eine jüdische Delikatessenkette hatte einverleiben können und es so zu Geld und NS-Ruhm brachte – am Ende als SS-Oberführer im SD. Nun aber hortete Otte einen raren Artikel: Kaffee.

Die Bohnen waren kostbar, denn das Bundesfinanzministerium legte eine Steuer von zehn Mark pro Kilo fest, was einen Schmuggler-Boom zur Folge hatte, sodass dem Fiskus jährlich annähernd eine Milliarde Mark verloren ging. Da sich Otte an den illegalen Unternehmungen wegen seiner verschwiegenen NS-Vergangenheit nicht beteiligen mochte, schließlich drohte ihm die böse Konkurrenz mit der Enttarnung seiner NS-Vita, fuhr sein „Hamburger Kaffee-Einfuhrkontor" in der hanseatischen Speicherstadt zwangsläufig immer weniger Umsatz ein. In dieser Phase hatte Wolff, der nach der Zapfsäule bei Otte in Lohn und Brot stand, einen Einfall: Um die kriminelle Konkurrenz auszuschalten, müsse sie enttarnt, deren Logistik in die Öffentlichkeit gezerrt werden.[33] Aber wie? Über den „Spiegel"? Genau.

Wolff setzte sich mit seinem alten Kameraden und nunmehrigen „Spiegel"-Journalisten Horst Mahnke in Verbindung. Der sprach wiederum bei Augstein vor. Und erneut ging der „Spiegel" in Serie: „Am Caffeehandel betheiligt" erschien sogleich nach den Fortsetzungen über Arthur Nebe.

In eingeweihten Kreisen schlugen die „letzten Geheimnisse der neuesten, frechsten … Methoden der Schieberringe" ein wie eine Bombe. Viele Kaffee-Gauner kriegten wegen der aggressiven „Spiegel"-Datei einen großen Schreck und setzten sich ins Ausland ab.* Georg Wolff, der zusammen mit Mahnke den „Spiegel"-„Caffeehandel" beschrieben hatte, wechselte daraufhin – wie vor ihm Mahnke – vom Kaffeevertrieb

---

* In der „Caffeehandel"-Serie wurden vor allem jüdische Kaffeehändler beim Namen genannt, ihre Telefon-, Hausnummern und Kfz-Kennzeichen denunziert. Die antisemitische Tendenz des „Spiegel"-„Caffeehandels" veranlasste die Hamburger Jüdische Kultusgemeinde, Strafanzeige zu stellen. Rudolf Augstein beschrieb das Auftreten des Advokaten der Kultusgemeinde daraufhin so: „Der Anwalt der Judenheit … dieses Zwischending von einem römischen Volksredner und einem Teppichhändler aus Smyrna (heute: Izmir), dieser kleine dicke Mann … durchmaß mit Behendigkeit eines Waschbären und mit dem Habitus eines Pinguin den Gerichtssaal …" Trotz dieser Polemik wurde das Verfahren eingestellt.

zum Nachrichten-Magazin und brachte es später immerhin zum stellvertretenden Chefredakteur. Selbstredend profitierte auch Carolus Otte von den Enthüllungen. Anschließend wiesen seine Bilanzen endlich wieder Gewinne aus.[34] Wie kam der „Spiegel" sonst an seine Exklusiv-Geschichten?

„Tips für Enthüllungsstories", verriet Hans Dieter Jaene, „stammen in aller Regel ohne Zutun der Redaktion von Eingeweihten, die an einer publizistischen Erörterung interessiert sind. Ohne Honorar dafür haben zu wollen, sei es aus allgemeiner Liebe zur Sauberkeit im Staate, sei es aus persönlichen oder politischen Gründen."[35] Vielleicht, so grübelte der ehemalige „Spiegel"-Chefredakteur Claus Jacobi ergänzend, „treiben wir keinen guten, aber bestimmt den besten Journalismus, der heute gemacht wird".[36] Der schlechteste war er – ehedem – beileibe nicht.

Für das Nachrichten-Magazin arbeiteten Redakteure, die seinerzeit noch einen sensiblen Umgang zu Informanten pflegten. Rudolf Augstein stellte bewusst Schreiber ein, die über vertraute Beziehungen zu Personen der Zeitgeschichte verfügten. Dieses Prinzip war auf Augsteins närrisches Geschichtsinteresse zurückzuführen.[37] Bismarck, Erster oder Zweiter Weltkrieg – Augstein faszinierte der kommunistische Machtbereich, das Dritte Reich sowieso, der Papst, Jesus Christus. Und er initiierte im ersten Jahrzehnt des „Spiegel" mehr als 15 Serien, die ausschließlich das NS-Regime behandelten.[38]

Die NS-Themen-Vorreiterrolle ließ konkurrierende Journalisten die Nase rümpfen. Ein Auslandskorrespondent des „Spiegel" trug den Namen Wilfred von Oven, ehedem Freiwilliger der Legion Condor, schließlich Pressereferent bei Joseph Goebbels. Oven setzte sich 1951 nach Argentinien ab.* Dort fing ihn Rudolf Augstein ein. Weshalb?

---

* Wilfred von Oven, geboren am 5. Mai 1912 in La Paz (Bolivien), gestorben am 13. Juni 2008 in Buenos Aires, kehrte regelmäßig in die Bundesrepublik zurück, immer dann, wenn er auf Neonazi-Kundgebungen sprechen durfte. 1939 war Oven als Angehöriger der Propaganda-Kompanie Zeuge eines widerlichen Massakers an Polen. Als der „F.A.Z."-Korrespondent Walter Haubrich mit Oven 1974 in Buenos Aires zusammentraf, empfing ihn dieser mit dem „Deutschen Gruß": „Heil Hitler, junger Germane!" Haubrich zufolge schwadronierte Oven über die Juden, die inzwischen „die Macht in Bonn" ergriffen hätten. Oven schrieb für den neonazistischen „La Plata Ruf" und die „Deutsche National-Zeitung" des Gerhard Frey. Ein weiteres Beispiel: Im „Spiegel" berichtete Diethelm Schröder, als DDR-Agent noch nicht entlarvt, über den Aufenthalt des damaligen

Das Argentinien des Deutschland-Bekenners Juan Perón galt NS-Kriegsverbrechern als sicheres Exil. Adolf Eichmann und Josef Mengele sind markante Beispiele. Weil Wilfred von Oven in diesen braunen Kreisen verkehrte, avancierte er zum Südamerika-Korrespondenten des „Spiegel". Augstein nutzte ihn als Bindeglied zur NS-Kolonie. Dann hofierte das Magazin – auf Veranlassung der Six-Freunde Mahnke und Wolff – Karl Friedrich Grosse, NSDAP-Mitglied seit 1931, Chef des Auslands-Presseklubs des Auswärtigen Amtes unter Joachim von Ribbentrop.

Grosse residierte in West-Berlin und unterhielt zu DDR-Funktionären freundschaftliche Verbindungen, sodass Reinhard Gehlen ihn der „Spionage für den Osten" verdächtigte.[39] Auch Kurt Blauhorn wurde von Ost-Berlin umsorgt, der – vorübergehend zeitgleich – für den „Spiegel" und das „Neue Deutschland" schrieb, bis ihn Augstein in Hamburg zum Ressortleiter „Inlands-Dienst" bestellte. Da bekam es Blauhorn mit einer DDR-Kampagne gegen den Chef der Deutschen Bank zu tun.

Eberhard Czichon, ein DDR-Historiker, hatte eine Biografie über Hermann J. Abs arrangiert, die 1970 im Kölner Verlag Pahl-Rugenstein erschien, der zum geheimen Firmenimperium der SED gehörte. Doch Czichon stellte sein Manuskript schlampig zusammen, durchsetzt mit fehlerhaften und irreführenden Details. Dabei ging es nicht nur um NS-Vorwürfe, sondern eine Rüge betraf ein Ereignis, das Jahre zurücklag: Der Stahl-Konzern Krupp sei in Zahlungsschwierigkeiten geraten, der vormaligen NS-Waffenschmiede seien darauf Bankkredite gekündigt worden.

Dieser Geld-Boykott, so behauptete Czichon unter Berufung auf einen „Spiegel"-Aufsatz keck, sei von Abs ferngesteuert worden.[40] Das Geldinstitut verklagte Verfasser wie Verlag. Der DDR-Anwalt Friedrich Karl Kaul übernahm die Verteidigung. Die Chancen, aus dem Prozess heil herauszukommen, schienen gering. Kaul schaltete den „Spiegel" zu.

Im März 1971 empfing der „Spiegel"-Redakteur Kurt Blauhorn den DDR-Prominenten in seinem Haus in Berne bei Hamburg. Die beiden

---

Bundespräsidenten Heinrich Lübke in Argentinien. Schröder: Der „gegenwärtig prominenteste Nazi- und Eichmann-Bekannte" sei Wilfred von Oven gewesen. Oven arbeitete allerdings auch für die Organisation Gehlen (Decknamen: „Peter Berg", „Willi Oehm").

kannten sich. Kaul erkundigte sich, welcher Informant ihn über Krupps Liquiditätsengpässe unterrichtet hätte. Blauhorn gab den Zuträger preis: das Krupp-Aufsichtsratsmitglied Walter Hesselbach. Da Blauhorn Abs ebenfalls nicht leiden konnte, sagte er Kaul zu, die „Spiegel"-Dokumentation zu aktivieren, möglicherweise würden „Spiegel"-Archivare Czichons laue Beweiskette schließen können. Aber, so hielt Kaul nach seiner Rückkehr in Ost-Berlin für seinen Auftraggeber Ministerium für Staatssicherheit resignierend fest, Blauhorn mache sich keine „zu großen Hoffnungen, da das ‚Spiegel'-Archiv von Zeit zu Zeit gesäubert werden muß, weil man sonst neue Häuser mieten müßte, wenn man alles aufheben würde".

Welche rechtsrelevanten Entdeckungen der „Spiegel" Ost-Berlin hatte melden können, blieb im Dunkeln und spielte ohnehin keine Rolle mehr. Das MfS verlor seinen einzigen Rechtsstreit beim Klassenfeind. Czichon unterlag in mehr als 200 weiteren Punkten.[41]

Geheimdienste jedweder Couleur kamen am „Spiegel" nicht vorbei. Rot oder schwarz, West oder Ost – auf das konspirative Gewerbe wirkte das Magazin wie ein Magnet, denn beim „Spiegel" hatte sich versammelt, was die Lebensgeister jedes gestandenen Nachrichtendienstlers aktivierte: Alkohol, Schulden, Mätressen.

Politische, wirtschaftliche oder menschliche Fehltritte – Nötigungen bis hin zur Erpressung waren die Folge. So sah er aus, der Gesellenbrief der Agentenwerber. Aber es gab auch freiwillige Verpflichtungen, wie die des einstigen SS-Hauptsturmführers Horst Mahnke. Er arbeitete (seit 1948) für die Organisation Gehlen (Org). Unter dem Decknamen „Klostermann" transportierte Mahnke – nebenher Redakteur des „Spiegel" – jedes noch so abwegige „Spiegel"-Detail zur Org.[42] Dazu gelang ihm eine umwerfende Schöpfung: eine salbungsvolle Titelgeschichte über einen Mann ohne Gesicht.

Mahnke hatte sich mit dem späteren BND-Vizepräsidenten Hans-Heinrich Worgitzky angefreundet, der damals die Außenstelle Bremen / Hamburg („Zonenaufklärung") befehligte. Reinhard Gehlen, so Worgitzky zu Mahnke, würde endlich aus seiner Deckung hervorkriechen, seine Anonymität aufgeben und über seine einzigartigen nachrichtendienstlichen Taten berichten wollen.

Mahnke diente dieses Projekt dem Geschäftsführenden Redakteur Hans Detlev Becker an, der – seit er sich als Angehöriger der Funküberwachungs-Kompanie 612 Geheimdienstlichem gegenüber aufgeschlossen zeigte – bislang nur mit untergeordneten Schlapphüten verkehrte. Richtige Org-Köpfe? Becker hatte noch keinem gegenübergesessen. Horst Mahnke machte Hans Detlev Becker also mit Hans-Heinrich Worgitzky bekannt. Dieser stellte Hans Detlev Becker wiederum Reinhard Gehlen vor, standesgemäß in einem konspirativen Quartier in der Maximilianstraße in München.* Und nach dem Treffen? Da erfuhren „Spiegel"-Leser das:

„Je verhängnisvoller die Abwehr des Admiral Canaris zerfiel, desto mehr rundete sich der eigene Geheimdienst Gehlens" ab, der – selbstredend – „in der Praxis (der) Abwehrchef des östlichen Kriegsschauplatzes" gewesen sei. Keine Spur davon. Und Gehlens neue Rolle in der Bundesrepublik? Becker protokollierte einen halsbrecherischen „Spitzenstab", der sich zwar vordergründig „mit der Bearbeitung von V-Mann-Material" beschäftigte, vorzugsweise jedoch „wissenschaftliche Analysen" produzierte.

Die seltsame Erzählung erschien am 22. September 1954 auf 14 Seiten. Anschließend, dieses Mal in einer Org-Villa nahe Pullach, brachte Gehlen einem nicht minder stolzen Becker gegenüber seine Hochachtung ob dieser Titelgeschichte zum Ausdruck.[43] Der „Spiegel" hatte eine Legende produziert, die er allerdings eines zerrütteten Tages durch seine Serie „Pullach intern" wieder ad absurdum führen sollte.

Bis dahin tauschte Becker (nun Verlagsdirektor) mit Gehlen (jetzt Präsident seines Bundesnachrichtendienstes) Artigkeiten aus. Weihnachtsgrüße, gelegentlich ein gemeinsames Mittagessen, wobei alltägliche Bemühungen des BND zur Sprache kamen, „Spiegel"-Redakteure zur Spionage zu überreden. Becker verbat sich diese „Unhöflichkeit", die Gehlen allerdings tapfer ignorierte.[44]

Der „Anschluß" des „Spiegel" an den BND erhielt in Pullach unentrinnbar den Stempel „Geheim". Das Nachrichten-Magazin selbst wurde mit dem Decknamen „Rotweiss" versorgt, eine fantasielose Anspielung

---

* Eigentlich hätte sich Horst Mahnke den Umweg über Hans-Heinrich Worgitzky ersparen können, schließlich kannte er Gehlen persönlich. Diese Prozedur aber hätte Hans Detlev Becker möglicherweise hellhörig werden lassen. Um keinen Verdacht auszulösen, erschien Mahnke die Vermittlung über Worgitzky daher sinnvoller. Becker durfte niemals erfahren, dass Mahnke hauptberuflich für Gehlen arbeitete.

auf die Titelfarben, während Becker als „Detlev" durch Pullacher Akten gespensterte. Über kurz oder lang, so erinnerte sich Becker, schleppte der BND „auch Material zur Veröffentlichung" an. Becker: „Manchmal wollten sie auch irgend etwas erfahren."[45] Der „Spiegel" ein Verifikationszentrum geheimdienstlicher Vorgänge? Dass die Verbindungen funktionierten, stellte sich nach der „Spiegel"-Affäre heraus. Sie begann, als der vormals schneidige Fallschirmjäger Conrad Ahlers in das Büro Hans Detlev Beckers stürzte.

Ahlers hatte, wie gehabt, wieder einmal allerlei Zeitungen gelesen. Dabei war er auf die Stabsrahmenübung „Fallex" der Bundeswehr gestoßen. Ahlers schlug Becker vor, daraus könnte eine Gruselgeschichte entstehen. So eine Abhandlung, entschied Becker, gehöre schleunigst ins Blatt. Im September 1962 kündigte der „Spiegel" an: „Im nächsten Heft: Friedrich Foertsch. Der Generalinspekteur der Bundeswehr kann die von ihm mitentwickelten NATO-Forderungen nach einer Vermehrung der deutschen Heeresverbände nicht erfüllen, weil Verteidigungsminister Strauß Mittelstreckenraketen kaufen ... will."

Diese Botschaft führte den Hamburger BND-Mann Adolf Wicht zu Hans Detlev Becker, der – um „Näheres in Erfahrung zu bringen" – „Manuskripte oder Satzfahnen beschaffen" sollte (Becker). Wicht, er tarnte sich als Prinzipal eines imaginären „Terrapress"-Verlags, zeigte sich überrascht, als ihm Becker anvertraute: Die Story werde noch nicht erscheinen, denn Ahlers habe „trotz wochenlanger Zeit seine Arbeit nicht zu Ende gebracht".[46]

Friedrich Foertsch kam tatsächlich statt in der Ausgabe 39 erst in der 41. auf den Markt, denn Ahlers habe das Fallex-Unternehmen durch einen „entsetzlichen Druckschlamassel" und „eine Unzahl kaum lesbarer Korrekturen" beiläufig gefährdet. Nicht nur in der Redaktion des „Spiegel" brach daraufhin das blanke Chaos aus. In Pullach waren die Zustände ähnlich.

Ahlers hatte Becker einen Fragenkatalog überreicht, den dieser – zwecks „Begutachtung" – an den BND weiterzugeben versprach. Adolf Wicht schleppte diese „Sachfragen" zu seinen Dienstherrn nach Pullach.[47] Vier Tage darauf kehrte Wicht mit der Empfehlung lediglich einer einzigen Streichung zurück.[48] Bei dieser Gelegenheit erkundigte er sich, ob Becker über die „Arbeitsweise" des „Spiegel" vor einem auserwählten BND-Publikum referieren wolle. Selbstredend sagte Becker zu. In einem BND-eigenen Unterschlupf am Harvestehuder Weg an der Hamburger Außenalster berichtete Becker sodann hoheitsvoll über die Kunstfertigkeit journalistischer Recherchen. Ein leckerer Imbiss machte die Fachsimpelei zu einem schönen Ereignis.

Tage später erfuhr Becker Bedenkliches: Er, Conrad Ahlers, habe gehört, dass der Generalbundesanwalt in Sachen Fallex wegen Landesverrats ermittele, eine Warnung, die Becker allerdings löwenherzig boykottierte[49], bis sich der hanseatische Innensenator Helmut Schmidt gegenüber Rudolf Augstein beunruhigt zeigte: Da braue sich ein Albtraum zusammen.[50]

„Schöner Artikel", freute sich Adolf Wicht ob seiner eigenen Mitwirkung an der Fallex-Strecke, als er Becker gegenübersaß. „Das ist es nicht, was ich hören will", grantelte Becker zurück, um auf den Punkt zu kommen: „Was hat es mit den Ermittlungen auf sich?" Wicht wusste von nix. Stattdessen versprach er, sich umzuhören. 48 Stunden später hockte er erneut bei Becker, freilich mit gesenktem Haupt: Der BND könne „natürlich keine Verantwortung für den gesamten Artikel übernehmen". Aber er versicherte, für den Fragenkomplex von Ahlers geradezustehen. Nun dämmerte es auch Becker: Es würde ernst werden.

Becker fragte seinen Justiziar Armin Sellheim: „Was können sie uns vorwerfen?" Sellheim: „Landesverrat."[51] Und was tun? Die Idee schien schlüssig: Auf die Fallex-Details sei der fleißige Zeitungsleser Conrad Ahlers durch die Würzburger „Deutsche Tagespost" aufmerksam geworden, eröffnete Sellheim wahrheitsgemäß die Verteidigungsstrategie. Die habe zuerst eine kriegsunbereite Bundeswehr präsentiert, womit juristisch die „Geheimniseigenschaft ... materiell beseitigt" sei.

Franz Josef Strauß, Augsteins unentbehrlicher Gegner, ließ ein Gutachten erstellen, in dem 41 vermeintliche „Staatsgeheimnis"-Verletzungen aufgelistet wurden. Am 26. Oktober 1962 walzte der Bundesanwalt Siegfried Buback mit Beamten des Bundeskriminalamtes sowie Hamburger Polizisten durch die „Spiegel"-Redaktion. Becker: „Da ich die Zusammenarbeit bei der Durchsuchung ... leitete, lenkte ich die Reihenfolge der Durchsuchung ... so, daß der 2. Stock des ‚Neuen Pressehauses' (über „Spielzeug Rasch", nahe der Hamburger Mönckebergstraße), wo ich damals mein Büro hatte, so spät wie möglich durchsucht würde."[52] Der staatliche Handstreich geriet zur Parodie.*

Heinz Höhne und Leo Brawand, von wachsamen Schupos umstellt, verständigten sich über die Sprechanlage mit Claus Jacobi – auf Englisch, in der Annahme, die Gendarmen seien dieser Sprache nicht mächtig. Sie sollten recht behalten. Auch Buback hatte so seine Probleme. Er wurde unentwegt angerufen, dabei geriet er einmal in Erregung. „Hier ist Augstein", teilte ihm jemand mit, „ich bin bei meinem Freund Strauß; wir haben uns wieder vertragen. Deshalb können Sie aufhören und nach Hause gehen." Buback, der sich gerade das Rauchen abgewöhnt hatte, schnorrte nun wieder Zigaretten, zudem drohten ihm Depressionen: „Ich bin hier völlig allein und muß alle Akten selbst durchsehen." Der anwesende „Zeit"-Herausgeber Gerd Bucerius kalauerte: „Wenn Sie eine solche Aktion unternehmen ..., brauchen Sie ein Dutzend Staatsanwälte."[53] Das Trauerspiel verkam zur Lustbarkeit.

Bei der Hausdurchsuchung des Chefredakteurs Johannes K. Engel beschlagnahmten aufmerksame Kommissare eine Urlaubskarte sowie den Werbezettel eines Kindergartens, beim zweiten „Spiegel"-Chef Claus Jacobi erstreckte sich die Kontrolle von den Betten seiner Kinder bis zum Stroh im Ponystall. „Beweismittel": Zeichnungen seines Sohnes. Bei Rudolf Augstein stellten die Fahnder ein altes Schulaufsatzheft und private Briefe aus der Kriegszeit sicher. Auch der in Spanien festgesetzte Conrad Ahlers lernte hinzu: Um einen möglichen Suizid während des Fluges nach Frankfurt am Main zu verhindern, konfiszierten seine Bewacher Toilettenartikel

---

* Die „Spiegel"-Razzia leitete der stellvertretende Leiter der Sicherungsgruppe Bonn, Theodor Emil Saevecke, ehedem Angehöriger einer Einsatzgruppe in Polen. Saevecke wurde im März 1941 in das Referat V A 2 des Reichssicherheitshauptamtes versetzt („Vorbeugende Verbrechensbekämpfung"). Im Juli 1943 avancierte er zum Befehlshaber der Sicherheitspolizei und des SD in Verona, im September 1943 zum Chef der dortigen Gestapo, bis Saevecke im August 1944 auf der Mailänder Piazzale Loreto italienische Geiseln als „Vergeltung" erschießen ließ. Seit 1947 arbeitete Saevecke für die Amerikaner (Deckname: „Cabanjo"). Dem Bundesinnenminister Hermann Höcherl erschien Saevecke daher als „befähigter Beamter", dessen „SS-Zugehörigkeit als unfreiwillige Dienstgradangleichung" zu interpretieren sei, womit Saevecke, der „Henker von Mailand", „rehabilitiert" war. Eine Spruchkammer hatte Saevecke 1950 „entnazifiziert". Damit nicht genug: Der ZDF-„Historiker" Guido Knopp gewann den NS-Verbrecher Saevecke als seriösen „Zeitzeugen". Theodor Emil Saevecke trat im ZDF als „Experte" auf. Saeveckes SS-Vita wurde von Guido Knopp allerdings unterschlagen.

und deponierten die, neutral verpackt, in der Chef-Kanzel. Lufthanseaten missdeuteten den Karton prompt als geheime Diplomatenpost.[54] Der Vorwurf, der „Spiegel" hätte im Verein mit dem BND eine Front gegen Strauß eröffnet – nicht einmal ein um Einfälle verlegener Staatsanwalt hätte solch eine Beweiskette konstruieren können. Trotzdem: Hans Detlev Becker geriet in Haft, mit ihm Augstein, mit ihm Ahlers, mit ihm der BND-Partner des „Spiegel" Adolf Wicht, dem Becker schließlich aus alter Verbundenheit eine Art Gnadenbrot zureichte, offiziell als „Dokumentarist" des „Spiegel".*[55]

Das „hochverräterische Komplott zwischen Gehlen / Augstein und Offizieren im Verteidigungsministerium gegen Strauß und die Bundesregierung" machte Furore. Weltweit. Die Bundesrepublik Deutschland verarbeitete ihre erste Staatskrise. Becker: „Gehlen wurde mit Bedeckung zweier Offiziere nach Bonn geschafft, während Adenauer seine Verhaftung forderte." Zur selben Stunde durchsuchte das BKA die Büros des BND-Präsidenten. Letztendlich richtete sich der Initiator des Bubenstücks selbst: Franz Josef Strauß musste als Bundesverteidigungsminister zurücktreten.[56]

Die „Spiegel"-Affäre aber beförderte die Nähe des Nachrichten-Magazins zum BND. Jeder Redakteur wollte mit Pullach endlich irgendwie verschmelzen, jeder. Denn nur dort gab es die „heißen Geschichten". Wer geheimdienstliches Material exklusiv in Händen hielt, durfte fortan mit Gehaltserhöhungen rechnen. Spionage – ach, war das ein herrlicher Stoff, mit Sex and Crime garniert. Mancher „Spiegel"-Journalist recherchierte plötzlich wie im Rausch. Auslöser: eine Kette mysteriöser Todesfälle.

Der BND-Vizepräsident Horst Wendland erschoss sich, nur wenige Stunden später wurde sein Kamerad, der Flottillen-Admiral a. D. Hermann Lüdke, mit einer Kugel im Rücken tot aufgefunden. Dann erhängte sich der Regierungsdirektor Hans-Heinrich Schenk aus dem

---

* Die Wicht-Festnahme war eine einmalige Posse, denn eine überaus geheime Bundesbehörde (BND) wurde von Kollegen einer anderen, in geheimdienstlichen Dingen unerfahrenen Bundesbehörde, dem BKA, durchstöbert. Fünf Tage nach Wichts Einlieferung in das Untersuchungsgefängnis kam ein weiterer Akzent hinzu: Einem aktiven deutschen Offizier wurde von seinem Regierungschef, noch bevor er sich vor Gericht verteidigen konnte, eine unehrenhafte, strafbare Handlung unterstellt. Ein für damalige Verhältnisse politisch einmaliger Vorgang.

Verteidigungsministerium, schließlich schluckte Edeltraut Grapentin, Lektorin im Bundespresseamt, Schlaftabletten. Johannes Grimm, Oberstleutnant im Führungsstab der Streitkräfte, richtete sich selbst. Ihm folgte der Hardthöhen-Regierungshauptsekretär Gerhard Böhm. Sie alle schieden im Oktober 1968 aus dem Leben.[57] Der Pariser „Figaro" witterte „eine Spionageaffäre europäischen Ausmaßes", selbst Bundeskanzler Kurt Georg Kiesinger erregte sich: „Das ist ungeheuerlich."[58] Doch in Wahrheit war alles viel dramatischer: Im Herbst 68/Frühjahr 69 starben, auf unerklärliche Weise, insgesamt 22 Staatsdiener.[59] Diese Tragödien schienen wie gemacht für den „Spiegel". Die Chefredaktion kommandierte ihren Experten an die Geheimdienstfront: Hermann Zolling, seit 1966 beim „Spiegel". Dessen Kapital: ein Onkel, der den BND am Ende seiner Karriere als Militärberater in Ägypten vertreten hatte und auch nach seiner Pensionierung über vielfältige Kontakte zu Pullacher Kameraden verfügte.*

Zollings Ruf als Kenner der Agentenszene hatte sich aus Zufälligkeiten ergeben.

Das Bundesamt für Verfassungsschutz (BfV) wurde mit der Agenten-Hundertschaft der sowjetischen Botschaft und ihrer Handelsmission nicht mehr fertig. Der unterbesetzten Spionageabwehr fehlte es an unverdrossenen Observanten, Posten, die ohnehin niemand freiwillig anstrebte, da diese bei Wind und Wetter auch außerhalb der offiziellen Dienstzeit angetreten werden mussten. KGB und GRU konnten ihren Geschäften also annähernd ungestört nachgehen. Dem mussten die Staatsschützer ein Ende bereiten, die diesbezüglich einen netten Einfall hatten: Sie wollten ihre Gegner in der Öffentlichkeit vorführen.

In diesem Augenblick sondierte Hermann Zolling in Bonn ein Thema, das mit Schlapphüten absolut nichts zu tun hatte. Einer seiner Gesprächspartner, ein Ministerialrat des Bundesinnenministeriums, erkundigte sich, ob er, Zolling, Interesse an der Problematik russischer Untergrundtätigkeit habe. Die Frage war überflüssig. Sie sollte lediglich die emotionale Neugier des „Spiegel"-Redakteurs anheizen. So stieß Zolling auf einen leitenden BfV-Beamten.[60]

---

* Dabei handelte es sich um Ernst Zolling. Ernst Zolling war Abwehr-Beauftragter des „Wüstenfuchses" Erwin Rommel. Im frühen BND avancierte er zum Oberst und leitete dort das Ressort „Naher/Mittlerer Osten".

Zurück in Hamburg, legte Zolling brisantes Material auf den Tisch: Namen von Agentenführern, Treffpunkte und – hochnotpeinliche Observations-Fotos aus dem Fundus des BfV. Im Frühjahr 1969 enttarnte der „Spiegel", in zwei aufeinanderfolgenden Ausgaben, das dem BfV bekannte KGB-GRU-Netz. Und erneut unterstrich der „Spiegel", wem beim Enthüllungs-Journalismus der Rang des Platzhirsches gebührte.[61] Dieser Einstand verschaffte Zolling, der bis dahin das biedere Boulevard-Ressort „Panorama" des „Spiegel" geleitet hatte, das Ansehen eines „Geheimdienst-Experten". Der Nimbus hielt freilich nicht lange vor.

Eigentlich hatte der „Spiegel" nur eine Titelgeschichte über die Ost-West-Spionage plus der dort angesiedelten Todesfälle eingeplant. Zolling ermittelte aber über Gebühr lange. Ohne Exposé reichte er den Stand seiner Recherchen mündlich weiter. Und die stellten sich zunehmend fesselnder dar, nur – das Manuskript fehlte.

Da die Chefredaktion wegen des Sujets inzwischen Feuer gefangen hatte und eine Auflagensteigerung witterte, sollte aus der Titelgeschichte eine „Spiegel"-Serie entstehen. Heinz Höhne, Leiter des Ressorts „Serie", avancierte zum Koordinator. Das neue Konzept sah eine Geschichte des BND vor. Im Mittelpunkt sollte die Biografie Reinhard Gehlens stehen, die vernünftigerweise dort beginnen sollte, wo sie schließlich in Fahrt geriet – auf dem Höhepunkt der Machtentfaltung seines ersten Arbeitgebers Adolf Hitler. Während Höhne Gehlens Aufstieg bis 1945 zu Papier bringen sollte, hatte Zolling den Auftrag, Gehlens Karriere ab 1945 zu dokumentieren.

Zolling, nun mit einem „Vorturner" im Nacken, wähnte sich nicht mehr als sein eigener Herr, denn Höhne forderte Rechenschaft, Belege für die eine oder andere Behauptung. Da Zolling diese oft nicht herbeischaffen konnte, kam es zwischen beiden zu zeitraubenden Diskussionen. Nun mutmaßte Zolling, Höhne würde ihn seines „Lebenswerkes" berauben. Doch der Gescholtene blieb ihm weiter gewogen, zumal Zolling garantiert wurde, er werde mit einer fetten Namenszeile als Autor über dem „Spiegel"-Rapport stehen. Statt sich allerdings an die Schreibmaschine zu setzen, durchstreifte er frustriert die Redaktionsflure und äußerte gegenüber Dritten vernehmlich seinen Unmut. Kollegen trösteten Zolling, beispielsweise Horst G. Tolmein und Carl-Gidion von Claer.

Der Oberst Carl-Gidion von Claer war der Militärexperte des „Spiegel", allerdings abhängig von den üblen Launen seines Vorgesetzten Hagen Graf Lambsdorff, Bruder des späteren Bundeswirtschaftsministers Otto Graf Lambsdorff. Jetzt aber glaubte von Clear, diese lästige Hierarchie durch seine Beteiligung an der Serie abschütteln zu können. Vergleichbar das Stimmungstief Tolmeins. Er fühlte sich als das fünfte Rad am Wagen, dabei hatte ihn der Verlagsdirektor Hans Detlev Becker als investigativen Reporter eingekauft, freilich von seinem Neuerwerb diesbezüglich noch nicht viel gelesen.[62] So gestaltete sich die beschwerliche Ausgangsposition für das finanziell bis heute wohl aufwendigste Projekt des „Spiegel", das über zwei lange Jahre währte – jetzt mit Tolmein und von Claer als „Reservisten" im Hintergrund.*

Das Exposé nannte Hermann Zolling „Pullach intern", eine im Prinzip dröge Sachzeile, die freilich, als sie unter diesem Titel die Kioske erreichte, die Bonner Republik in Atem halten sollte. Doch bevor die Lunte zündete, wollte der BND, weit im Vorfeld, in die Entwürfe gucken. Diese nicht einfache Aufgabe übernahm Carl-Gideon von Claer. Im geheimdienstlichen Milieu kannte er sich schließlich aus.

Unzählige Organisationen, wie die Kampfgruppe gegen Menschlichkeit (KgU), hatten sich in der Frontstadt West-Berlin etabliert. Die KgU wollte die Sowjetische Besatzungszone „sprengen". Sie wurde 1948 von Heinrich von zur Mühlen mitbegründet, dessen intimer Verbündeter Carl-Gideon von Claer hieß.

Mühlen dirigierte einstmals, als Hauptmann der Abwehr in Brüssel, Agenten in Großbritannien. Als die KgU vom MfS zerschlagen wurde, setzte Mühlen seine Karriere in Pullach fort, wo er im Referat III B 5 („Kommunistisch regierte europäische Staaten ohne UdSSR und DDR", Deckname: „Dr. Mannhardt") hockte, während sein Vertrauter von Claer erst der Bundeswehr beitrat, bis ihn der Journalismus in Form des „Spiegel" traf. Das konspirative Metier pflegte von Claer allerdings munter weiter, denn der Kontakt zu Mühlen riss niemals ab.

---

* Hagen Graf Lambsdorff hatte dem BND unter dem Decknamen „Lave" zugearbeitet, ebenso wie der Münchner „Spiegel"-Korrespondent Otto von Loewenstern („Leo"). Der BND wies auch Horst G. Tolmein als „tragfähige Verbindung" aus (Deckname: „Tertius"). Tertius ist eine Sandbank vor der Helgoländer Bucht. Die friesischen Inseln waren Tolmeins bevorzugtes Urlaubsziel.

Claer bemühte sich, doch „Cicero", so sein Deckname beim BND[63], konnte noch keine Details beschaffen. „Pullach intern" stockte, denn Hermann Zolling schrieb „wenig gebrauchsfertig"; seine Texte mussten überarbeitet werden. Das kostete Zeit wie Nerven. Sorgenfalten darum nicht nur beim „Spiegel", sondern auch beim BND, der nun seine berüchtigte „ad hoc-Gruppe" aktivierte, in der Heinrich Rosenlehner den Vorsitz führte. Rosenlehner, soeben vom Adjutanten des Präsidenten Gerhard Wessel zum Leiter des Grundsatzreferats „Planung" aufgestiegen, sollte mit „vereinten Kräften" Textproben besorgen.[64] Vier Wochen nach Anlaufen der Serie meldete Rosenlehner Vollzug. Per Aktennotiz hatte er seinen Triumph paraphiert: „MA HELLMANN erhält durch MA REICHLIN Kenntnis, daß ehem. MA KORMANN gesamte Serie vorliegt ... MA WECK (ließ die) Serien kopieren."* Dabei handelte es sich allerdings lediglich um Text-„Ausschüsse".

Wenige (noch nicht redigierte) Manuskript-Teile, blaues Durchschlagpapier mit dem aufgedruckten Vermerk „Reserve", beschaffte Carl-Gidion von Claer. Grund genug, in Pullach eilig eine Sondersitzung auf höchster Ebene einzuberufen, die immer dann tagte, wenn Gefahr im Verzug schien. Im Pullacher Camp hießen solch geheimnisvolle Zusammenkünfte „Schlaue Stunden".[65]

Die aktuelle „Schlaue Stunde" diskutierte betreten. Einer aus der Herrenrunde empfahl eine Strafanzeige, ein Vorgehen, das Rudolf Augstein mit Sicherheit als „Werbetrommel mißbrauchen" würde, wie ein Diskutant zu Recht einwarf und eine zweite „Spiegel"-Affäre prophezeite, zumal: Der „Spiegel" hatte – über Hans Detlev Becker, Hermann Zolling und Heinz Höhne – wegen „Pullach intern" offiziöse Kontakte zum BND unterhalten, allerdings wisse niemand mehr, „was der BND (an Material) zur Verfügung gestellt", geschweige, wie es der BND mit der „Geheimhaltungsbedürftigkeit" gehalten habe. Zwar beschäftigte sich der Generalbundesanwalt Ludwig Martin vorrangig mit dem Thema, von einer strafrechtlichen Aufarbeitung sah der BND aus den erwähnten Gründen und aus Selbsterhaltungstrieb letzten Endes ab.[66]

„Pullach intern" spitzte sich zu – zu einer Anklageschrift gegen den BND, zu einem Sammelsurium aus Pleiten, Pech und Pannen. Der „Spie-

---

* MA: Mitarbeiter. Bei den Versalien handelt es sich um Decknamen hauptamtlicher BND-Mitarbeiter.

gel" hatte sich von seiner 17 Jahre zurückliegenden Titelgeschichte über Reinhard Gehlen gnadenlos distanziert. Der Lorbeerkranz, den ihm Hans Detlev Becker ehedem geflochten hatte, versehen mit angeblich serienweise erzielten nachrichtendienstlichen Trophäen, bis in die Machtzentren des Ostblocks hinein, zerstob in alle Winde. Endlich wurde die unglaubliche Vetternwirtschaft des Präsidenten entblößt, rücksichtslos das Pullacher Korruptions-Geflecht aufgedeckt.

Der damalige „Spiegel" hatte dem frühen „Spiegel" die rote Karte gezeigt. Diesen Fehdehandschuh musste Gehlen aufheben. Er kroch also aus seinem Unterstand und präsentierte sich einer staunenden Öffentlichkeit. Über den Hausverlag des BND, Hase & Koehler in Mainz, verteidigte sich Gehlen mithilfe seiner Memoiren („Der Dienst").

Ursprünglich sollten Gehlens Gedanken noch gar nicht veröffentlicht werden, aber der Hase-&-Koehler-Chef Volker Hansen witterte das große Geschäft. Nach wie vor beherrschten die BND-Skandale die Medien. So günstige Voraussetzungen würden sich seinem Marketing niemals wieder bieten. Im September 1971 begann der Feldzug gegen den „Spiegel" – per Vorabdruck in der „Welt". Dort kamen wieder verbrauchte Legenden aus dem „Spiegel"-Jahr 1954 zum Vorschein, beispielsweise: „Gehlens V-Leute meldeten aus Stalins Hauptstab." Dann hielt der BND-Gründer dem „bekannten Nachrichtenmagazin" vorsätzliche „schiefe Darstellungen und Verfälschungen" vor. Um diesen Vorwurf zu untermauern, konnte Gehlen sogar bissig werden: „Welchem ‚Spiegel' soll man nun eher glauben? Jenem von 1954 oder dem ‚Spiegel' von 1971?"[67] Eine Antwort ist nicht bekannt.

Die Auseinandersetzungen konnte die Hauptperson „Pullach interns" nur schweren Herzens verfolgen. Hermann Zolling erlitt einen Infarkt. Er starb am 24. Dezember 1971 im Alter von nur 47 Jahren. Die Querelen innerhalb der Redaktion werden wohl ihren Tribut gefordert haben. In einer Todesanzeige in der „Welt" verabschiedete sich der „Spiegel" erstaunlich kalt: Hermann Zolling habe „im nun zu Ende gehenden Jahr sein journalistisches Temperament noch einmal sehr deutlich beweisen können".[68] Momentaufnahmen, die anderenorts besonders aufmerksam registriert wurden, etwa in Ost-Berlin. Dort setzte sich die Hauptverwaltung Aufklärung (HVA) ins Bild.

Am 1. Januar 1969, zwei Jahre vor der Veröffentlichung „Pullach interns", teilte der IM „Erich" seinem Führungsoffizier von der MfS-

Hauptabteilung XX („Verhinderung, Aufdeckung und Bekämpfung politisch-ideologischer Diversion") mit: „Der ‚Spiegel' plant ... eine Serie über die Geheimdienste in Deutschland."[69] Diese bemerkenswerte Nachricht elektrisierte Markus Wolf, denn der Vorgang erreichte ihn lediglich „zur Kenntnisnahme". Wer war nur dieser „Erich", von dem Wolf noch niemals gehört hatte, weil dieser nachrichtendienstlich von einer fremden MfS-Abteilung erzogen worden war? Ein „Spiegel"-Redakteur in West-Berlin. Der hieß Dietrich Staritz. Seine Umwelt nahm er als Mehrfach-Agent wahr.

Als Sohn eines Philologen absolvierte Staritz bei der Bank für Handel und Industrie in Berlin eine Lehre. Er aber wollte die Welt verändern, kein Geld zählen, zumindest nicht das der anderen. Er schloss sich in West-Berlin der Deutsch-Sowjetischen Freundschaft an, gleichzeitig schrieb er sich bei der SED (Berlin-West) als Mitglied ein, nahm im Juli 1962 in Helsinki an den kommunistischen Weltspielen teil. Auf all das reagierte der BND allergisch.

Für Pullach war Staritz ein „sowjetzonaler Agent", im Gegensatz zum West-Berliner Landesamt für Verfassungsschutz, das Staritz wohl als V-Mann schätzte und ihn darum hartnäckig vor den „Verleumdungen" der missliebigen Konkurrenz abschirmte.[70] Während Staritz auf der anderen Seite, im September 1961, seinen Pakt mit dem MfS vollzog – der Ordnung halber erledigt über eine Verpflichtungserklärung –, entließ im Gegenzug das MfS seinen Bruder Jochen vorzeitig aus dem Brandenburger Zuchthaus, wo der seit 1958 aus politischen Gründen eigentlich eine neunjährige Strafe hätte verbüßen sollen.[71]

Der IM Staritz wurde „perspektivisch" verplant. Er hatte in linke Kreise einzudringen und dort zum Wohl der Staatssicherheit Karriere zu machen. Am Otto-Suhr-Institut promovierte er daher mit einer auffällig gefälligen Dissertation über eine DDR-Blockpartei („Die National-Demokratische Partei Deutschlands ...") und ließ bereits beim Vorläufer des „Republikanischen Clubs", der „Novembergesellschaft", den ersten Arbeiter- und Bauernstaat in der deutschen Geschichte hochleben. Dann rückte sie heran, die große Stunde des MfS:

Staritz schrieb sich für das „Berliner Extrablatt", das die Außerparlamentarische Opposition (APO) auf die Beine gestellt hatte, die Finger wund.[72] Inhaltlich lag er mit Rudolf Augstein auf einer Linie, der das „Extrablatt" seinerzeit vielleicht mehr als seinen „Spiegel" liebte.

Aus dem „Extrablatt" entwickelte sich der „Extra-Dienst", eine nachrichtendienstliche Hochburg des Markus Wolf, in die er mindestens 150.000 West-Mark investieren ließ.[*73] Es begann die hohe Zeit der Achtundsechziger. Die erfasste auch den „Spiegel".

Die 68er-Generation, der sich Augstein so verbunden fühlte, bescherte der Redaktion frischen Wind. Als Deckoffiziere betraten energiegeladene Journalisten das publizistische Schlachtschiff, welche mit fixen Ideen, vollgepumpt mit Marx und Engels, darunter (im Juni 1967) Dietrich Staritz. Doch statt die Spalten des „Spiegel" mit seinem Spezialgebiet DDR zu füllen, rief Staritz die „Revolution" mit aus. Staritz wollte Augstein „enteignen". Er nicht allein.

Staritz gehörte zu den Koautoren des „Spiegel"-Redaktionsstatuts, wie auch dessen Kumpel aus alten Unitagen, der „Spiegel"-Journalist Bodo Zeuner, der ein „Veto gegen Augstein" verfasste, ein aggressives Pamphlet, das irgendwer in Ost-Berlin mit „lektoriert" zu haben schien.[74] Den Akteuren dieser damals spektakulären „Mitbestimmungs"-Meuterei (sprich: „Redaktionsfreiheit" samt Gewinnbeteiligung) musste sich Rudolf Augstein schließlich unterwerfen, wollte er den endgültigen Niedergang seines „Spiegel" verhindern. 50 Prozent seiner Anteile schluckte daraufhin eine „Mitarbeiter KG". Aber jene, die ihm das eingebrockt hatten, flogen auf die Straße: Dietrich Staritz, Bodo Zeuner, Alexander von Hoffmann, Otto Köhler oder Hermann L. Gremliza.

Staritz, mehrmals im Monat zum konspirativen Treff in Ost-Berlin, auch um sein Handgeld in West-Mark nachzuzählen[75], war für die Staatssicherheit ein ergiebiger Zuträger.** Wolf ließ sich über den Stand

---

* Der „Extra-Dienst" wurde von Karl J. Guggomos begründet. Die HVA-Offiziere Günter Bohnsack und Herbert Brehmer gaben – ausgerechnet – im „Spiegel" zu Protokoll, dass Guggomos „ohne unsere redaktionellen Beiträge und ohne unser Geld" nicht hätte überleben können. Die Barschaften schleppte zumeist ein Kundschafter Wolfs zum „Extra-Dienst" – der FDP-Bundestagsabgeordnete William Borm. Mit Guggomos hatte Augstein die Herausgabe einer Tageszeitung geplant, ein Projekt, vor dem Augstein aber letztendlich wegen des Investitions-Risikos zurückschreckte. Stattdessen kam 1978 die unabhängige „tageszeitung" (taz) auf den Markt.

** Staritz, heute Professor an der Mannheimer Universität, blieb wegen seiner Agententätigkeit strafrechtlich unverfolgt. Zusammen mit Prof. Dr. Hermann Weber edierte er (im „Arbeitsbereich IV") beispielsweise die „Jugendpolitik in der DDR", er untersuchte „DEFA, Künstler und SED" oder schrieb mit an der „Geschichte der SED/DDR 1945–1972". Dazu verantwortete er das „Jahrbuch für Historische Kommunismusforschung".

„Pullach interns" auf dem Laufenden halten, wichtiger freilich: die Beeinflussung des Aufstandes eines Teils der „Spiegel"-Redaktion durch das MfS. Ein bislang ungeschriebenes Kapitel.

„Wenn hinter der Arbeitsweise des ‚Spiegel' zuweilen eine Systematik vermutet wird, die geheimdienstlichen Methoden nicht unähnlich ist", überlieferte Hans Dieter Jaene eine Sentenz Hans Detlev Beckers, „so trifft das zu."[76] Becker habe, bestätigte ebenso Hermann L. Gremliza, die eigenartige Praxis sanktioniert, sich „weitgehend mit Geheimdiensten ein(zu)lassen": „Er nutzt sie als Informanten, und er läßt sich von ihnen benutzen." Becker, vorübergehend als Kandidat für eine BND-Präsidentschaft im Gespräch, habe die „mannigfache Affinität zu Geheimdienstlichem" nicht nur eingeführt, resümierte Gremliza, sondern die Redaktion dazu angeregt, sie zu kultivieren.[77] Ein „Spiegel"-Redakteur schien seinen Verlagsdirektor indes übertreffen zu wollen – mit einem tot am Maschendrahtzaun hängenden „Spiegel"-Leser.

„Heimlich ist ein Schießautomat der DDR-Grenzsperranlage abgebaut worden", überraschte das Nachrichten-Magazin im April 1976. Der „lebensgefährliche Streich" wurde in einer „mondlosen Nacht" von einem von der Bundesregierung freigekauften politischen Häftling unweit Büchens verübt, von Michael Gartenschläger.[78] Erich Mielke stieg die Zornesröte ins Gesicht, denn nun konnte der SM 70 genannte Trichter zerlegt und das perfide Mordwerkzeug vor aller Welt im Detail vorgeführt werden. Wer jedoch sollte die Funktionsweise feststellen? Die Delaborierungsstelle der Bundeswehr in Meppen? Ebendie. Wie aber kam der Apparat dorthin?

Michael Gartenschläger lebte in Hamburg, mehr schlecht als recht, angewiesen auf jedes noch so bescheidene Zubrot. Da hatte er die Idee, sich an die Zonengrenze zu schleichen, sich zuvor freilich darüber Gedanken gemacht, mit wem er ins Geschäft kommen könnte. Die „Bild", eigentlich wie geschaffen für solch einen Deal, schien ihm zu risikoreich. Bei der personalstarken Redaktion, so rechnete Gartenschläger hoch, würden zu viele Mitwisser eingeweiht sein. Nicht auszudenken, ein unbedachtes Wort riefe das MfS auf den Plan. Nein, nur dem „Spiegel" traute er über den Weg. Der sei schließlich bekannt für seine geschlossene Gesellschaft. Der „Spiegel"-Redakteur Manfred Müller war begeistert. Für 10.000 Mark Honorar machte sich Gartenschläger ans Werk.

Am 30. März 1976, in den frühen Morgenstunden, hatte er das „Ding" demontiert, DDR-Grenzer hatten nichts bemerkt. Freudestrahlend schleppte Gartenschläger die Vorrichtung zum darüber euphorisierten „Spiegel". Das Staunen war echt, denn die Winzigkeit des Schießprügels mit der fatalen Wirkung schockierte sichtlich. Kaum war Gartenschläger gegangen, klingelte beim BND das Telefon. Irgendwer vom „Spiegel" erbat für den 2. April einen Termin. „Die Redaktion ,Der Spiegel' … (wolle dem BND) eine SM-70 Anlage überlassen", notierten die Pullacher trocken. Lediglich drei Tage nach dem SM-70-Coup reichte der BND das merkwürdige Gebilde an die Bundeswehr weiter.[79]

Der Wirbel nach der „Spiegel"-Veröffentlichung war groß, SM-70-Bildmaterial überall begehrt. Beispielsweise bei der „Quick" oder beim NDR-Fernsehmagazin „Panorama". Beide Redaktionen setzten sich mit dem „Spiegel" in Verbindung. Der wiederum informierte seinen BND-Kontakt „Adam".

Für die „Quick" bat der „Spiegel" den BND um die „Freigabe der Fotografien sowie um Rückantwort möglichst heute", für „Panorama" um die Genehmigung des BND „zum Zwecke von Fotoaufnahmen". Konnte das Zusammenspiel zwischen BND und „Spiegel" augenfälliger sein? Kaum. Nur wissen durfte es niemand. Sichtlich erleichtert vermerkte ein Pullacher Geheimdienstler: „Die Zusammenhänge mit dem BND seien vom ,SPIEGEL' auch ,PANORAMA' gegenüber verschwiegen worden."[80] Eine weise Entscheidung.

Der „Spiegel" blieb in Kontakt mit Michael Gartenschläger. Der Grenzgänger wollte dem DDR-Gatter allerdings ein zweites SM 70 entreißen, eines der letzten Generation, lediglich vier Wochen nach seiner ersten Parade, abermals bei Büchen. Ob ein „Spiegel"-Redakteur Gartenschläger dazu aufforderte, Gartenschläger gar in ein zweites SM-70-Abenteuer hetzte, ist keinem BND-Dokument zu entnehmen, hingegen deutete ein BND-Vermerk zumindest auf eine Mitwisserschaft hin: Der „Spiegel" werde eine weitere „Geschichte (nicht bringen), da sie ja nichts Neues enthalten werde".[81] Doch, doch.

Am 30. April 1976 wurde Gartenschläger von drei DDR-Grenzern erschossen. Das MfS hatte ihn längst erwartet. Wurde das MfS von einem „Spiegel"-Ressort informiert? Trieb ein „Spiegel"-Redakteur Michael Gartenschläger in den Tod? Irgendwer muss Gartenschläger denunziert haben. Wenn es keiner vom „Spiegel" war, wer dann?

Vereinbarungen zwischen dem „Spiegel" und dem BND waren personifiziert, anfangs entstanden als „Gegenseitigkeitsgeschäft", bis sich daraus menschliche Beziehungen entwickelten. Privates ließ sich vom Dienstlichen nur noch schwer trennen. Man freundete sich an, soff gemeinsam und – hinterließ seine Urlaubsadresse, beispielsweise aus Anlass einer packenden Spionage-Affäre.

Die BND-Sekretärin Heidrun Hofer wurde 1977, nach einem Hinweis des französischen Auslandsdienstes SDEC, als sowjetische Agentin verhaftet. Sie war unter „falscher Flagge" angeworben worden. Hofer sollte Informationen für eine angeblich konservative Gruppierung sammeln, die das Wiedererstarken eines NS-ähnlichen Deutschland betrieb. Hofer war pflichtbewusst erzogen worden; ihr Vater arbeitete vorübergehend für Wilhelm Canaris. Alsbald durchschaute sie den Hintergrund KGB. Doch statt sich zu offenbaren, schaffte sie für Moskau quirlig weiter an. Im Münchner Polizeipräsidium sprang sie nach ihrem Auffliegen aus dem Fenster. Sie überlebte den tiefen Fall.[82]

Die Medien vollstreckten ihre gnadenlosen Auftritte. Wochenlang. Jede Redaktion gierte nach jeder noch so beiläufigen Hofer-Besonderheit. Auch beim „Spiegel" traten Redakteure gegeneinander an, wobei sich einer, Klaus Wirtgen, im Vorteil befand. Bevor er ins norwegische Geilo in den Urlaub reiste, hinterlegte er die dortige Telefonnummer. Sollten sich die Ereignisse überstürzen, wollte er informiert werden, um dann eilig nach Pullach fliegen zu können.[83] Wirtgens Nähe zum BND hielt sich in Grenzen, während einer seiner „Spiegel"-Kollegen beizeiten den Überblick verloren zu haben schien und nicht mehr unterscheiden konnte, welches Geschäft er primär eigentlich betrieb. Das eines Journalisten? Oder das eines Geheimdienstlers? Diese Kreuzung hieß Peter Stähle.

Stähle hatte bereits allerlei nachrichtendienstliche Hintergründe publiziert. In der „Zeit", im „Stern". Er deckte die NS-Vergangenheit leitender Verfassungsschützer auf, grundsätzlich liebte er Agenten-Geschichten.[84] Die Quellen, die Stähle anzapfte, wurden Ost-Berlin zugeordnet, zuweilen dem BND, aushilfsweise dem BfV. Nur Mutmaßungen? Stähle nahm die Dienstleistung jeder nachrichtendienstlichen Fraktion in Anspruch.

Beim BND hatte sich der „Spiegel"-Redakteur Peter Stähle mit Sitz in Stuttgart (Deckname: „Stiehler") eine Art „Hausrecht" erarbeitet[85], verlässlich selbst Bedeutungsloses skizziert: Ein in Pullach auf Kritik gestoßener „Spiegel"-Beitrag über die Spionin Gerda Ostenrieder, ein Romeo-Opfer der HVA, sei „ohne Abstimmung mit zuständigen Ressorts" von Heinz Höhne verfasst worden, rechtfertigte sich Stähle, einfach so.[86] Wäre es nach ihm gegangen, hätte er dann etwa BND-Gedankengut einfließen lassen? Die Anbindung Stähles an den BND war energisch, frei von jeder Hemmschwelle. Anlässlich einer „Operation Müll" trat das intime Verhältnis demonstrativ zutage.

Im Frühjahr 1977 veröffentlichte der „Spiegel" einen illegalen Lauschangriff des BfV, nicht irgendeinen, sondern einen mit ungeheurer Brisanz. Dem Nachrichten-Magazin lag ein Teil der amtlichen BfV-Observations-Akte des Atomphysikers Klaus Robert Traube vor.* Die Chefredaktion, die Stähles enge Verbindung zum BND tolerierte, nutzte sie jetzt, um einem Kartell in Sachen Traube auf die Spur zu kommen. Stähle ließ sich in Pullach einweihen: Ja, der BND habe dem BfV Amtshilfe geleistet, da die „Dringlichkeit des Auftrages unabweisbar" gewesen sei. Über einen Nachschlüssel verschafften sich Verfassungsschützer Zugang zu Traubes Wohnung. Wer aber fertigte das Duplikat an? Die Antwort: Sollten „alle ... Mittel erschöpft" sein, werde der „Knetabdruck" für einen Zwilling durch den „Einsatz von Prostituierten" vermittelt.[87]

Als der „Spiegel" die Republik mit dem Titel „Der Minister und die ‚Wanze'" in Aufruhr versetzte, hatte das Nachrichten-Magazin in einem Halbsatz erwähnt, dass den Verfassungsschützern die Traube-Haustür von einem (BND-)Schlüsselfachmann erschlossen worden sei, woraufhin rührige BfV-Kollegen Wanzen installierten konnten und alle Gegenstände in der Wohnung „durchphotographierten", so Traube.[88] Stähle aber sollte vordringlich derart BND-belastende Recherchen seines Arbeitgebers zu verhindern suchen. Hocherfreut notierte der BND: „Zusage (Stähles), daß Fall TRAUBE in jeder Beziehung unberührt bleibt."[89]

Ja, so war er, der Peter Stähle: immer aufgeschlossen, immer guter Dinge. Vor allem nach Ausflügen in die Hauptstadt der Deutschen De-

---

* Klaus Robert Traube hatte, in einer privaten Angelegenheit, die Anwältin Inge Hornischer mandatiert. Hornischer wiederum kannte das RAF-Mitglied Hans-Joachim Klein. Beide erschienen zwischen Mai und Mitte Juni 1975 in Traubes Haus in Köln (Overath-Marialinden, Trötenberg 2). Eine RAF-Zugehörigkeit konnte Traube nicht nachgewiesen werden.

mokratischen Republik, wo sich nach der Wende HVA-Offiziere an ein besonderes Schelmenstück erinnerten: an den Sturz des BfV-Präsidenten Hubert Schrübbers.

Schrübbers hatte, im Juli 1971, wieder einmal auf die Wühltätigkeit der DKP hingewiesen, hausbackene Erkenntnisse, die, weil Jahr um Jahr wiederkehrend, auf wenig Resonanz stießen. Doch ein dummes Sommerloch lenkte kommunistische Aktivitäten überraschend in bundesdeutsche Schlagzeilen, sehr zum Ärger der DDR-Genossen. Hubert Schrübbers, so entschied Erich Mielke, müsse jetzt und gleich verschwinden, ein Auftrag, den Markus Wolf als einen der Ehre betrachtete.

An Versuchen, den BfV-Chef über seine NS-Vergangenheit in die Rente zu kippen, hatte es nicht gemangelt, denn während des Dritten Reiches wirkte Schrübbers als Staatsanwalt beim Oberlandesgericht Hamm. Zwar druckten DDR-Zeitungen 1966 nach einer „Internationalen Pressekonferenz" belastende NS-Dokumente ab, die „bürgerliche" Presse des Klassenfeindes interessierte sich für die freilich nicht. Sie beschäftigte sich zu diesem Zeitpunkt zuvörderst mit der Notstandsgesetzgebung.

Nun aber war Peter Stähle aus Ost-Berlin heimgekehrt, im Gepäck jede Menge NS-Anklageschriften von Schrübbers. Die Uralt-Story erschien also „neu" im „Spiegel", woraufhin Schrübbers am 1. Mai 1972 tatsächlich abtreten musste. Dass sich das Nachrichten-Magazin von der HVA munitionieren ließ, hat es nach der Wende tunlichst verdrängt. Ohne sich selbst einzubringen, stellte der „Spiegel" lediglich fest, Schrübbers sei durch West-Zeitungen aufgeflogen.[90] Im Fall Schrübbers, so hielten die HVA-Offiziere Günter Bohnsack und Herbert Brehmer allerdings dagegen, „wußten wir, was wir bewirken würden, wenn wir (dem „Spiegel") Informationen zukommen ließen".* Den Namen Stähle nannten sie ausdrücklich: „Im Frühjahr 1972 wurden ihm die Akten ... zugänglich gemacht."[91]

Das Nachrichten-Magazin im Sumpf einer geheimdienstlichen Schirmherrschaft? Von Stähles Ausflügen in die DDR lebte der „Spiegel" so gut wie der BND. „Vereinbarungsgemäß", hielt der BND-Vize Dieter Blötz im April 1976 fest, habe ihn Stähle „über (ein) weiteres Gespräch

---

* An der lancierten Schrübbers-Geschichte war auch der „Spiegel"-Redakteur Axel Jeschke beteiligt.

in Ostberlin ... informiert".[92] Vielleicht einer der Gründe, weshalb nur im „Spiegel" die Geschichte eines alkoholabhängigen DDR-Geheimdienstlers erscheinen konnte.

Ein „Admiral in der Abteilung für Auslandsaufklärung im Ministerium für Staatssicherheit in hohem Rang wollte sich mithilfe eines Agenten des westdeutschen Bundesnachrichtendienstes in den Westen absetzen", enthüllte der „Spiegel" im Spätsommer 1980. Zwei Jahre hätten sich „die Bemühungen des BND hingezogen, (denn der Admiral) galt als guter Freund von Abteilungsleiter Generalleutnant Markus Wolf und Chef Erich Mielke". Als „Beweis seiner Glaubwürdigkeit lieferte der potentielle Überläufer eine Namensliste von DDR-Agenten".[93] Diese gerieten vorübergehend in U-Haft. Wahre Spione waren sie indes nicht.

Der „Admiral" nannte sich Winfried Baumann, hieß eigentlich Zakrzowski (er hatte den Namen seiner zweiten Frau Ruth Baumann angenommen). In der Ehe flogen die Fetzen, gelegentlich leere Wodka-Flaschen. Noch vor seiner Scheidung (1974) stürzte Zakrzowski/Baumann endgültig ab. Er erklärte Hochprozentiges zu seinem Hauptnahrungsmittel und verlor seinen Job als Leiter der Operativen Abteilung 8 des Nachrichtendienstes der Nationalen Volksarmee („Aufklärung der Führungsstäbe und Teilstreitkräfte der Bundeswehr").

Da sich Zakrzowski/Baumann, so resümierte die MfS-Hauptabteilung II („Spionageabwehr"), „zahlreicher disziplinärer Vergehen schuldig machte, negative Charakterschwächen sich häuften und er schließlich vom Armeelazarett Bad Saarow als notorischer Alkoholiker für dienstuntauglich erklärt" worden sei, wollte er „sich nach dem Westen absetzen". Die Ausschleusung misslang. Der BND schien nicht das erste Mal am Ende seines Lateins.

Einmal, weil die Aktion unglaublich schlampig vorbereitet worden war, zum anderen aufgrund „eines inoffiziellen Hinweises aus dem Operationsgebiet".[94] Dank eines bis heute noch nicht erkannten Maulwurfes beim BND? Oder schnitten MfS-Abhörer ein unbedachtes Wort aus der Kölner BfV-Ruine mit?

Das Todesurteil wurde am 18. Juli 1980 vollstreckt, wegen Spionage. Und vier Wochen später? Da standen Zakrzowski/Baumann-Einzelheiten bereits im „Spiegel". Machte das Sinn? Es machte Sinn. Über das Nachrichten-Magazin hatte die Staatssicherheit ihrem Erzfeind BND eine Botschaft zustellen lassen: Einen zweiten Fall Werner Stiller werde die DDR nicht mehr dulden, jeder Abtrünnige, der sich mit dem BND einließe, werde seiner gerechten Strafe zugeführt. Der „Spiegel" ein Sprachrohr des MfS?

Der BND-Offizier Josef Zeller*, im Vorleben Landrat in Schongau, dessen Unverstand der DDR die Hinrichtung Zakrzowskis/Baumanns wohl mit ermöglichte, hatte nach dem Mauerfall heikle Papiere aus den MfS-Archiven verschwinden lassen. Niemand sollte die Pleite des BND rekonstruieren, niemand den damals verantwortlichen BND-Präsidenten Klaus Kinkel in die Zange nehmen können. Der „Spiegel", plötzlich bei der Sache: „Schon lange vor dem 3. Oktober 1990 fahndet (Kinkel) persönlich nach den (Zakrzowski-)Baumann-Akten."[95]

Auf welchem Weg erreichten den „Spiegel" 1980 die „Admiral"-Zusammenhänge? Über den BND? Niemals hätte der sein eigenes Unvermögen eingestanden. Dann über das BfV? Es war unterrichtet, oberflächlich, die Bezeichnung „Admiral" dem BfV indes unbekannt. Etwa über das MfS? Es allein profitierte von einer Anspielung auf einen „Admiral", denn erst mit dem Hinweis auf einen „Admiral" konnte Pullach darüber informiert werden, dass der Überläufer nicht mehr überlaufen konnte.

Nachrichtendienste begriffen den „Spiegel" – bis heute – als exklusives Forum, vorausgesetzt, die Kommunikation mit der Redaktion entwickelte sich beidseitig ertragreich. Einer aus einem solchen Kollektiv wählte das Nachrichten-Magazin zu seiner Plattform. Doch dieser Routinier führte ein Doppelleben. Während er im Westen als Oberst des Militärischen Abschirmdienstes (MAD) Sicherheitskonzepte entwarf, zahlte ihm die DDR ein zweites Gehalt. Im „Spiegel" zog dieser Mann, Joachim Krase, „Lehren aus dem Spionagefall Tiedge".

Im August 1985 setzte sich der Verfassungsschützer Hansjoachim Tiedge in die DDR ab. Wie Zakrzowski/Baumann machte auch Tiedge häusliches Elend zum menschlichen Wrack. Doch aus Tiedges jahrelangem Lotterleben zog der BfV-Präsident Heribert Hellenbroich keine Konsequenzen, im Gegenteil: Tiedge blieb auf Posten. Kaum dass Hellenbroich vom Präsidentenstuhl des BfV auf den des BND gewechselt

---

* Zeller war zeitgleich (während der Zakrzowski/Baumann-Operation) Vernehmer des übergelaufenen HVA-Oberstleutnants Werner Stiller, der sich am 19. Januar 1979 nach West-Berlin absetzte. Stiller löste über hundert Ermittlungsverfahren aus, 17 DDR-Agenten konnten verhaftet werden.

war, fuhr Tiedge per Eisenbahn in die DDR. Die Politik benötigte daraufhin ein Bauernopfer. Hellenbroich musste die Verantwortung für das Desaster übernehmen und sich verrenten lassen. Eine Entscheidung, die nicht jeder mittragen mochte, wie der MAD-Vize Joachim Krase, ein Maulwurf der DDR. Der „Spiegel" bot ihm ein Forum.

„Was hätte Hellenbroich denn tun können?", fragte Krase scheinheilig. „Er hätte den labilen, alkoholsüchtigen, verschuldeten Tiedge umsetzen müssen, heißt es. Und wohin? In die Terrorismusabwehr, in die Sicherheitsabteilung, wo dann das Sicherheitsrisiko T(iedge) die Sicherheitsüberprüfungen hätte bewerten sollen?" Krase: „Politiker sollten sich überwinden, künftig bei der Besetzung der Führungspositionen die Parteibuch-Politik beiseite zu lassen", denn: „Ein Blinder ist kein guter Augenarzt."[96] In der DDR detonierte der tollkühne „Spiegel"-Schwank daraufhin zur Lachbombe: Joachim Krase, der hochkarätige Agent des MfS*, hatte westdeutsche Geheimdienste verspottet, seinem Führungsoffizier Günther Kratsch, dem Vorsteher der MfS-Hauptabteilung II, am 5. September 1985 eine wilde Nacht beschert. Eine mit tüchtig viel Wodka.[97]

Jeder Geheimdienst, der etwas auf sich hält, verfolgt dieses Ziel: einen Vertrauten beim „Spiegel" zu platzieren. Wem das – in Ost wie West – gelang, stand – im Osten wie im Westen – im nachrichtendienstlichen Zenit. Der tschechische Nachrichtendienstler Ladislav Bittman floh 1968 nach dem sowjetischen Einmarsch in den Westen, enthüllte, dass er sich Zugang zum Archiv des „Spiegel" hatte verschaffen können, um „kompromittierendes Material über westdeutsche Politiker zum Anwerben neuer Agenten in die Hand zu bekommen".[98] Dieser trickreichen Variante, 1972 in New York als Buch das erste Mal veröffentlicht, zeigte das Nachrichten-Magazin inhaltlich allerdings die kalte Schulter.

Statt auf Spurensuche innerhalb des eigenen Hauses zu gehen, wurde Bittmans Hinweis ignoriert. Der „Spiegel" behielt stattdessen die

---

*   Anfang 1969 hatte sich Joachim Krase zur deutsch-deutschen Grenze Lübeck/Schlutup begeben und Grenzoffizieren seine nachrichtendienstliche Mitarbeit angeboten. Ein Glücksfall für die MfS-Hauptabteilung II. 1980 avancierte Krase zum stellvertretenden MAD-Chef, schließlich leitete er die Spionageabwehr der Bundeswehr und verabschiedete sich im April 1985 in den Ruhestand. Krase starb 1988. Während der Vereinigungsphase, Anfang 1990, wurde er durch mehrere MfS-Überläufer als Doppelagent enttarnt.

„anderen" im Auge: die Skandale der Konkurrenz, die Bloßstellung Bonner Politiker, die Verfolgung korrupter Beamter oder bestechlicher Manager. Das Schlachtfeld diktierte der „Spiegel". Und als es galt, nach dem Mauerfall Stasi-Rückstände zu analysieren, legte allein das Nachrichten-Magazin den Marktwert abgehalfterter MfS-Offiziere fest. Einmal erwartete die Redaktion sogar eine sie selbst betreffende Antwort. In einem hochdotierten „Spiegel"-Gespräch mochte Markus Wolf die Frage, ob er die Hamburger Zentrale mit Kundschaftern besetzt gehalten habe, nicht dementieren. Sein „Ja" fiel zwar deutlich aus, allerdings wollte er „das etwas einschränken", zumindest habe er sich im Archiv bedienen können: „Wo man mal was nachsehen kann, zum Beispiel über einen Mann, der ... uns ... interessiert."[99]

Die Voraussetzungen für das Wolf-Interview wurden in der West-Berliner Redaktionsvertretung geschaffen, die Diethelm Schröder leitete. Für Schröder war die Jahreswende 1989/90 eine unangenehme Zeit.

Da brach, direkt vor Schröders Haustür, ein ganzer Staat zusammen, deren Beschützer glaubten, sich rechtfertigen zu müssen. Sie traten an den „Spiegel" heran, und das machte Diethelm Schröder nervös. Ängstlich wird er sich die Namen jener ins Gedächtnis gerufen haben, die einst seinen Weg kreuzten. Jetzt aber hatten sie die Mauer passiert und waren auf dem Weg zur „Spiegel"-Dependance in der Kurfürstenstraße 72–74, verabredet zu einem Vorgespräch oder zur Vertragsunterzeichnung. Wann würde sich einer darunter befinden, der ihn, Schröder, an den Oktober 1956 erinnerte, als er – wie Günter Guillaume – in den Westen übersiedelte – als Perspektiv-Agent?

Schröder, am 3. September 1930 in Greifswald geboren, wurde von den Russen als „Werwolf" interniert. Er kam frei und wollte Journalist werden. Otto Zander, stellvertretender Chefredakteur der Ost-Berliner „National-Zeitung", ein vormaliger Abteilungsleiter der NS-Reichsjugendführung, der für den Geheimdienst der Roten Armee, die GRU, arbeitete (später folgte sein Wechsel zur HVA), unterhielt sich mit Schröder über die Modalitäten.

Ohne Studium, so beschied Zander, liefe nichts. Brav absolvierte Schröder daraufhin ein „kombiniertes Direkt- und Fernstudium" am Institut für Publizistik an der Leipziger Karl-Marx-Universität. Als „kollektiver Agitator, Propagandist und Organisator" vertrat er fortan die „siegreiche Weltanschauung der Partei der Arbeiterklasse".

Otto Zander hatte sich mit Wolfs Stellvertreter Hans Fruck angefreundet, dem wahren Kopf der HVA. In Zanders Wohnung, der Kniprodestraße 23, war Fruck regelmäßiger Gast, aber auch umgekehrt: Gab es Konspiratives zu diskutieren, erschien Zander privat bei Fruck in der Meyerbeerstraße 111, in der Fruck bis zu seinem Tod im Dezember 1990 lebte. Bei einer dieser Gelegenheiten stand Diethelm Schröder im Mittelpunkt.

Zander, so Fruck, möge Schröder in seiner „National-Zeitung" beschäftigen. Man wolle sehen, ob er sich nachrichtendienstlich bewähre. Schröder avancierte – zu einem von der Staatssicherheit geliebten Reporter.

Wenn der MfS-Pressechef Gustav Borrmann zu seinen düsteren Pressekonferenzen bat, war Diethelm Schröder für die „National-Zeitung" fortan immer dabei. Ein Privileg, das MfS-hierarchisch beachtliche Folgen hatte: Wer dort als DDR-Berichterstatter seinen Bleistift spitzen durfte, konnte schlechterdings kein Regimegegner sein, sondern der verkehrte mit MfS-Offizieren. Und wer, wie Schröder, mit 25 Jahren eine MfS-glorifizierende Spionageserie in die „National-Zeitung" heben konnte, durfte dies als Auszeichnung des MfS verstehen.

Unter dem Titel „Wer nicht schweigt, wird erschossen" schilderte Schröder die abenteuerliche Vita von Horst Hesse, der zum amerikanischen Heeres-Geheimdienst MID (Military Intelligence Division) in Würzburg vordringen konnte, um samt einem Panzerschrank nach Ost-Berlin zurückzukehren. In dem Tresor befand sich die MID-Agentenkartei, worauf 137 vorgebliche US-Spione verhaftet werden konnten.[100]

Der Kundschafter Hesse meldete sich am 20. Mai 1956 zurück[101], eine Woche zuvor übersiedelte Günter Guillaume in die Bundesrepublik[102], gut fünf Monate später folgte ihm Diethelm Schröder nach.[103] Beide gehörten jener legendären „Hundertschaft" von DDR-Flüchtlingen an, die Hans Fruck 1956/57 als Perspektiv-Agenten zum Klassenfeind entsandte. Als eine der Letzten schickte er Ulla Kirmße in den Westen. Sie enttarnte vom MAD in die DDR geschleuste Agenten.[104]

Die HVA führte Schröder als „Schrammel". Und er entwickelte sich: Erst Wahlhelfer des SPD-Schatzmeisters Wilhelm Dröscher, dann Mitarbeiter der Associated Press (AP), Chef des Bonner „Bild"-Büros, seit dem 1. Februar 1974 Redakteur des „Spiegel". Zwar geriet Schröder 1964 in den Verdacht einer nachrichtendienstlichen Tätigkeit, erneut in den

Siebzigerjahren, aber die klägliche Beweislage führte stets zur Einstellung der Ermittlungsverfahren. Erst die Wende holte Schröder ein.

Der zum BfV übergelaufene HVA-Oberst Werner Roitzsch, dem der DDR-Unterhändler Michael Kohl, Verhandlungsführer der Passierscheinverhandlungen, als Informeller Mitarbeiter (IM) Rechenschaft abzulegen hatte, deckte Schröders HVA-Beziehung auf.[105] Ein für das Nachrichten-Magazin unangenehmer Befund. Das BfV, wegen der vom „Spiegel" gedruckten einseitigen Stellungnahmen von HVA-Größen genervt, wollte das Nachrichten-Magazin „disziplinieren". Doch wer sollte die Keule schwingen? Der Doktor Joachim Wagner sollte es tun, Prinzipal des NDR-Magazins „Panorama".

„Immer dann, wenn (Wagner) … seine Zuträger beim BND in Pullach oder beim Kölner BfV anrief", berichtete ein Offizier des MfS-Abhör-Ressorts III, „bestätigte (sich) eine damals im MfS weitverbreitete Meinung: Westliche Geheimdienste und einige einflußreiche politische Journalisten arbeiten Hand in Hand."[106] Im Dezember 1990 ging Wagners „Panorama" mit Diethelm Schröder auf Sendung. Tags darauf beherrschte der „Spiegel" die Medien.

Die Häme der Kollegen brachte das Nachrichten-Magazin in Verlegenheit. Plötzlich stand der „Spiegel" selbst im Fadenkreuz einer lieblosen Berichterstattung. Ein ungewohnter Moment, aber ein erfreulicher für all jene, die bislang unter der Arroganz des „Spiegel" zu leiden hatten.

Das Nachrichten-Magazin titelte: „Betr.: Stasi. Der Fall Diethelm Schröder". Wer freilich glaubte, Schröder käme dem „Spiegel"-Leser nun als listiger Bösewicht daher, sah sich getäuscht. Der „Spiegel" fragte stattdessen kleinlaut: „Ein Täter oder ein Opfer, ein Verräter oder ein Verratener?" Der „Spiegel" druckte vorab Entlastungszeugen. Vor allem ausgerechnet jene, die der „Spiegel" einstmals wegen ihrer politischen „Untaten" persönlich angegriffen hatte.

Der FDP-Chef Otto Graf Lambsdorff „riet zur Zurückhaltung", imaginäre „Justizexperten sprachen nach der Lektüre der (Schröder-) Akte von einem ‚kleinen Licht'", Kohls halbblinder Berater Eduard Ackermann „kann sich ‚nicht vorstellen', daß es zu gewaltigen Geheimnisverrätereien gekommen" sei. Selbst der ansonsten vom „Spiegel" angeschossene Wolfgang Schäuble wurde plötzlich als Rettungsanker willkommen geheißen: „Kein Fall größerer Bedeutung." Während der

Staatssekretär Hans Neusel die Affäre „niedrig hängen" wollte, sei sie bei der wöchentlichen „Sicherheitslage" im Kanzleramt angeblich überhaupt nicht zur Sprache gekommen. Fröhliches „Spiegel"-Fazit: „Gibt es zwei Wirklichkeiten für Stasi-Helfer und für Stasi-Geschädigte, da doch die Grenze zwischen Opfer und Täter ohnehin verschwimmt?" Verstanden?

Hatte der „Spiegel" während seiner Kampagnen, beispielsweise gegen Lothar de Maizière, gegen Manfred Stolpe oder gegen Gregor Gysi, ähnlich differenziert? Kein Gedanke, denn: „Was ,Panorama' berichtet hat, entspricht scheinbar den Tatsachen, soweit es die Zeugenaussagen angeht."

Schröder, laut Impressum „beurlaubt", erkannte zwangsläufig eine Verschwörung „gegen mich oder vielleicht sogar gegen den SPIEGEL". Und um das Spiegelbild des „Spiegel" abzurunden, kam der vorgebliche Schröder-Kenner, der HVA-Oberstleutnant Uwe Bade, zu Wort: Schröders „Qualitäten" im „Einsatzgebiet" seien „nicht sonderlich hoch" gewesen.[107]

Tatsächlich stellte sich Schröder nachrichtendienstlich am Ende als wenig kooperativ heraus. Durch ihn kam Hans Fruck auf den Schreibtisch, was er überall nachlesen konnte: absatzweise mehr oder weniger witzige Artikel. Fruck faszinierten aber Geheimstempel, keine „Spiegel"-Schreibe. Er wollte Schröder loswerden und bot ihn dem militärischen Geheimdienst der DDR (Mil-ND) an, Schröder sollte gegen den IBM-Angestellten Wilhelm Paproth getauscht werden, der für den Mil-ND der Nationalen Volksarmee ganze Wagenladungen IBM-Papiere über die deutsch-deutsche Grenze transportierte.

Fruck übernahm die IBM-Quelle, der Mil-ND verzichtete allerdings auf den „lahmen" Schröder. Als Gegenleistung trat die HVA einen Kundschafter bei der Bundeswehr ab. Diethelm Schröder blieb der HVA somit erhalten. Und weil Schröders Informationen auch weiterhin irgendwie nie versiegten, zeichnete ihn Wolfs Vize Werner Großmann 1971 mit dem Vaterländischen Verdienstorden in Gold aus.[108] Dann, 19 Jahre später, verkaufte Werner Großmann, letzter Chef der HVA, dem „Spiegel" ein 20.000 Mark teures Interview. Mit dem Alt-Genossen mochte Schröder nicht zusammenprallen. Er hielt sich aus den Gesprächs-Vorbereitungen heraus und gab vor, mit wichtigeren Dingen beschäftigt zu sein.

„Bekanntlich liebt jeder den Verrat, aber keiner den Verräter", wusste Rudolf Augstein, „das ist wie bei der Prostitution, nur daß der Geheimdienstmann … seinen festen Platz in der Geschichte hat, während die Hure immer noch die Verachtung der Pharisäer erfährt." Beide Seiten, so der „Spiegel"-Herausgeber am Ende seiner Tage, „leben … von der doppelten Moral", denn das „schmuddelige" Gewerbe, das der Nachrichtendienste, werde von „Prinzipalen" angeführt, die das „Fußvolk" ausbeuten und mit „menschlichen Schwächen glänzende Geschäfte" machen. Ein weiser Augstein:

Die konspirative Branche „würde eingehen, wenn ihr Vorrat an Geheimnissen versiegt. Sie muß deshalb immer für Nachschub sorgen."[109]

BfV-Karikatur („Handelsblatt", 1967): „Das Deutsch unserer Berichte"

BfV-Karikatur („Neues Deutschland", 1965):
„Einmal Nazi, immer Nazi"

Doppelagenten bleiben unentdeckt

Seit 9/11, dem Terroranschlag auf das World Trade Center 2001, gehört die Intimsphäre nicht mehr dem Bundesbürger, sondern dem 1950 gegründeten Kölner Bundesamt für Verfassungsschutz (BfV) wie dem Bundeskriminalamt (BKA). Das BfV war während des Kalten Krieges in bürokratisch-verkrusteten Strukturen versunken. Über die Karriere eines Verfassungsschützers entschied der politische Proporz, der Klüngelwirtschaft war Tür und Tor geöffnet. Der pathologische inzüchtige Appetit spülte erstarrte Wasserköpfe in die Büros. Doch nach dem Zusammenbruch des Warschauer Paktes kam dem BfV das kommunistische Feindbild abhanden. Es musste sich auf die Suche nach einem neuen Beelzebub begeben.

Fortan warnt(e) das BfV vor Atomschmuggel und Wirtschaftsspionage, vor Terroristen sowieso, in Sommerlöchern vor Rechtsextremen. Den Politikern suggerieren Verfassungsschützer ihre Unentbehrlichkeit. Aber die Aufklärer sind immer wieder an ihrer eigenen Form gescheitert. Der Maulwurf im BfV, Klaus Kuron, brachte den Leerlauf seines ehemaligen Arbeitgebers auf den Punkt. Er enthüllte ein geradezu seltsames Betriebsgeheimnis: Während seiner Dienstzeit hätten ein „weißer Stock und eine schwarzgepunktete gelbe Binde" zur Grundausstattung gehört.[1] Die Kennzeichen aller Blinden sind im BfV bis heute präsent.

Seit DDR-Geheimdienste Geschichte sind, geriet das BfV in Vergessen- und in Verlegenheit, bis sich der islamische Fundamentalismus rührte. Hans Josef Horchem, ehedem Chef des Hamburger Landesamtes für Verfassungsschutz (LfV), hatte in seinen Memoiren seinem Dienstherrn kein freundliches Attest ausgestellt: „Ein Kollege, dessen Abwehrerfahrungen allenfalls darin bestanden haben konnte(n), daß er Admiral Canaris einmal den Wagenschlag geöffnet hatte, (sei) schon mit seiner Einstellung im BfV zum Regierungsrat ernannt" worden.[2] Und wenn sich Spione nicht fangen ließen, erfand das BfV eben welche, um, so Horchem, „die verlorene Reputation wieder herzustellen".

Ein BfV-Regierungsrat mit FDP-Parteibuch erinnerte sich an eine junge Frau, die einstmals mit einem polnischen Dienst zusammengearbeitet hatte. Sie hieß Maria und wurde „reaktiviert". Das BfV führte mit ihr „polnische" Anbahnungsgespräche, es bot ihr „polnisches" Geld an, lockte sie an einen „polnischen" toten Briefkasten. Dort fand Maria einen „polnischen" Auftrag vor. Prompt wurde sie verhaftet und der Bundesanwaltschaft überstellt. Doch ein aufmerksamer Karlsruher Ermittlungsrichter stieß auf merkwürdige Widersprüche. Ihm kam Polnisches plötzlich überaus deutsch vor.

Die Vernehmung des in den Fall Maria verwickelten BfV-Mitarbeiters förderte ein einzigartiges Geständnis zutage. Ja, gab der Verfassungsschützer kleinlaut zu, in Ermangelung echter Spione habe er diese Agenten-Affäre inszeniert. Horchem: „Der FDP-Freund wurde in einem Disziplinarverfahren mit einem Beförderungsverbot von einem Jahr belegt. Als ich nach Hamburg kam, fand ich ihn dort als meinen Vertreter vor."[3] Wer hatte Milde walten lassen? Horchem: Hans-Dietrich Genscher, der Bundesinnenminister, der „Pannen im Verfassungsschutz in der Regel mit einer öffentlichen Schelte" begleitete, aber im Innenverhältnis „bügelte er das dann wieder glatt, indem er ... für mehr und besser dotierte Stellen sorgte".[4] Horchems BfV-Alltag korrespondierte mit dem „Tagebuch" des in die DDR übergelaufenen Doppelagenten Hansjoachim Tiedge.

Der Vorgänger von NADIS („Nachrichtendienstliches Informationssystem"), so bemerkte Tiedge, sei die berüchtigte Hollerith-„Grabbelkartei" gewesen. Die habe Konrad Adenauer als „Adenauer, Vnu." („Vorname unbekannt"), Karl Marx sogar noch als lebend gespeichert.[5] Und wenn Verfassungsschützer auf die Pirsch gingen, irgendwelchen dreisten Verfassungsfeinden im Ausland auflauerten, taten sie es gesetzwidrig. Einen solchen Fall zeichnete nicht der Überläufer Tiedge nach, sondern Horchem:

Ein böser Kommunist habe die Finanzen für die illegale KPD verwaltet. Das Quartier dieses ärgerlichen Mannes war rasch ausgekundschaftet und dessen Putzfrau konnte zur Übergabe des Wohnungsschlüssels überredet werden. Einbruchserfahrene Verfassungsschützer fertigten eine Dublette an, dann „brachten wir ein Mikrofon unter". Im Nachbarhaus übernahm daraufhin ein staatstragender Kaplan den wichtigsten Part: Er wechselte „für uns die Aufnahmebänder". Ergebnis: Der KP-Mensch wollte sich mit Genossen in Österreich treffen. BfV-Observanten reichten Reiseanträge ein. Als Touristen getarnt, fielen sie nun über die „Alpenfestung" her.

Auf dem Wiener Hauptbahnhof beobachtete einer, wie ein furioser Kommunist auf einen abfahrenden Zug sprang. In letzter Sekunde gelang dies auch seinem Verfolger. Mithilfe einer Diners Card wies er sich daraufhin beim Schaffner als Bevollmächtigter von Interpol aus. Er verlangte die Pässe aller Schlafwagen-Reisenden. Die Dokumente wurden dem Deutschen tatsächlich ausgehändigt. Jetzt wusste er, in welchem Abteil sich der Verdächtige zur Ruhe begeben hatte. Doch die Kenntnis war bereits überholt, denn inzwischen hatte die österreichische Staatspolizei BfV-Spitzel außerhalb der Bahngleise aufgerieben, anschließend das gesamte BfV-Rudel.

Eine andere BfV-Gruppe stellte sich bei ihrer Verfolgungsjagd einer weiteren KP-Truppe, wieder in Österreich, derart dämlich an, dass die Polizei glaubte, es mit einer Autoschieberbande zu tun zu haben. Die BfV-Mitarbeiter wurden verhaftet. Die Entschuldigung sprach der damalige BfV-Präsident Günther Nollau im Wiener Innenministerium aus.[6] Auch Heribert Hellenbroich musste wiederholt Abbitte leisten, nachdem erneut ein illegales BfV-Unternehmen aufgeflogen war. Hansjoachim Tiedge enthüllte den Kotau: „Merken Sie sich, Herr Hellenbroich", schrie ihn sein österreichisches Pendant von der Staatspolizei wutschnaubend an, „die Zeiten der Ostmark sind endgültig vorbei. Wenn Sie noch einmal Ihre Streitkräfte ohne meine persönliche Zustimmung nach Österreich in Marsch setzen, läuft zwischen Ihrem und meinem Haus gar nichts mehr. Verstanden!?"[7] Natürlich nicht.

Ein anderes Mal schwärmte das LfV Baden-Württemberg in die Schweiz aus. In einem Restaurant in Basel wurde der Sachbearbeiter des LfV-Referats „Scientology" festgenommen, der eine Eidgenossin als Spionin anwerben wollte. Dafür hatte sich der Geheime die Mitarbeiterin der „Aktionsgemeinschaft gegen Scientology" ausgesucht, die umgehend die Behörden informierte.[8] Weil der LfV-Präsident beim Chef der Berner Bundespolizei zu Kreuze kroch, wurde sein Untergebener aus der U-Haft entlassen.[9]

Verfassungsschützer haben den allerbesten Ruf nicht. Sie waren (und: sind) an Gesetze gebunden. Eigentlich. Die aber scheinen die wenigsten zu kennen. Besonders dann, wenn sie zum Klassenfeind pilgerten, von dem sie glaubten, der läge unverweilt auf dem Totenbett.

Den 3. Oktober 1990, diesen kostbaren Tag der deutschen Vereinigung, erlebte der BfV-Regierungsdirektor Rolf Warbende in Moskau.

Warbende wollte wohl den ganz großen Coup landen, vielleicht einen gestandenen KGB-Offizier zum Seitenwechsel überreden. Er flog also ins Feindesland, legendiert als Kurier des Auswärtigen Amtes. Selbstverständlich ließ das KGB den aufdringlichen Gast nicht aus den Augen. Am Tag der Deutschen Einheit lud die deutsche Botschaft zum Umtrunk ein. Auf dem Empfang floss Alkohol in Strömen. Irgendwann verließ Warbende mit einem Kollegen torkelnd das erhebende Fest. In der Hotelbar gab's Absacker, und als Warbendes Kumpel in sein Zimmer wankte, baggerte ein kokettes Callgirl den Verfassungsschützer an. „Nastrovje!", immerzu „Nastrovje!". Warbende schien indes geschult trinkfest. Erst K.-o.-Tropfen setzten ihn außer Gefecht. Als der Verfassungsschützer morgens erwachte, bot sich ihm diese Szene: Er selbst – fast nackt. Um ihn herum standen KGB-Offiziere, die anzüglich grinsten. Warbende wurde „verhört", dann zur geheimdienstlichen Mitarbeit aufgefordert: Er, der deutsche Verfassungsschützer, eigne sich vorzüglich zum russischen Spion. Warbende will abgelehnt haben.[10]

Nach Köln zurückgekehrt, nahm die Chefetage des BfV dessen Geständnis geschockt zur Kenntnis und musste nun dringend einige Ungereimtheiten klären: Wie war Rolf Warbende enttarnt worden? Aus schierer Dummheit? Denunziantentum? Gab es in Köln etwa russische Maulwürfe? Hatte die KGB-Dame Warbende gar zum Samenerguss genötigt?

Eigentlich hätte der blauäugige Warbende „verbrannt" sein müssen. Doch der für die Medien des BfV zuständige Hans-Gert Lange wähnte seinen Dienstherrn nicht unter Zugzwang. Eine Anfrage beschied er so: Da es „keinen Hinweis und keinen Verdacht auf eine Dienstpflichtverletzung" gegeben habe, bliebe der Regierungsdirektor im Amt. Mehr noch: Rolf Warbende wurde zum Leiter ausgerechnet jenes Referats befördert, das russische Agenten aufspüren soll. Partnerdienste ballten die Fäuste, vorab die CIA.[11]

Pünktlichkeit, Präzision, Solidität – seltene Tugenden im BfV. Wer über keinen Gönner innerhalb des Hauses verfügte, blieb auf der Strecke, dessen berufliches Fortkommen war nicht vorgesehen. Und wenn sich dann jemand selbst versetzt, wie Hansjoachim Tiedge oder Klaus Kuron zum Gegner, ist der Jammer groß.

Sogar BfV-Präsidenten gerieten aus dem Ruder. Richard Meier, seit 1957 beim Verfassungsschutz, 1970 dem BND überstellt, bis er fünf

Jahre später als Präsident zum BfV zurückkehrte (die Nachwehen der Guillaume-Affäre hatten Günther Nollau in den Ruhestand katapultiert), stand sich selbst Weg. Zeit seiner Ämter erschauerten Untergebene wegen Meiers Arroganz. Rechthaberisch und zänkisch sei er gewesen. Diese Attribute galten einfältigen Politikern indes als Ausweis seiner Sachverständigkeit. Meiers Hochmut war gefürchtet. Als er seinen Posten als Erster Direktor und Leiter der Beschaffung beim BND antrat, stellte er diese Abteilung unverzüglich infrage: „Ich hatte den Eindruck, daß der BND gar nicht so recht wußte, was ihn eigentlich an Nachrichten interessierte. Für mich war die Einrichtung des BND ... eine Art Goethe-Institut, das nachschaut, wie es anderswo ausschaut."[12] Meiers 1992 erschienene Memoiren entlarvten den Autor indes als nachrichtendienstlichen Amateur. Seine Kompetenz? Dürftig.

Entsetzt zeigte er sich über die „hereinstürzende Flutwelle an Aufklärungen darüber, was die MfS-Leute alles vollbracht haben, daß erst eine Lähmung überwunden werden mußte, um die Ergebnisse zu ordnen. Erschüttert ... müssen unsere Abwehrleute ihre Hilflosigkeit gegenüber den DDR-Geheimdiensten zugeben." Der Westen, so Meiers Resümee, versuchte, „mit einem dressierten Hamster ein Rudel Wölfe" zu erlegen, „Wölfe, die ... ohne Rücksicht auf die Rechte einzelner ... ihrer Reißwut nachgehen konnten". Und sonst?

Das Gründungsjahr des MfS verlegte er von 1950 in das Jahr 1953, das des KGB datierte er auf 1949 statt 1954. Günter Guillaume sah er statt 1956 erst 1958 in den Westen geschleust, im Übrigen wertete er das BfV „zum zweitgrößten Sicherheitsdienst der westlichen Welt" auf, die personelle Überlegenheit amerikanischer oder französischer Geheimbehörden blieben ihm selbst als Rentner verschlossen. Die Meier entkommene NATO-Spionin Ursula Lorenzen war ihm lediglich als „Sabine" vertraut, HVA-Offiziere geisterten mit falschen Vor- und entstellten Nachnamen durch seinen „Geheimdienst ohne Maske".[13] Ein unterhaltsames Kapitel behielt Meier aber für sich: seine liebestollen Ausflüge.

Meier stellte seiner Geliebten falsche Papiere aus – auf den Namen seiner Ehefrau. So ließ sich ungezwungener durch die Lande schmusen. Doch eines jammervollen Tages stutzte ein österreichischer Grenzbeamter, als er den Führerschein von Meiers Gespielin prüfte. Meier war ein genierlicher Patzer unterlaufen: Er hatte vergessen, seiner Mätresse eine

Fahrerlaubnis auszuhändigen, die mit dem Pass-Namen identisch war. Das Pärchen wurde unter dem Verdacht, einer terroristischen Vereinigung anzugehören, überwältigt. Erst nach einem Anruf beim BND erhielten Romeo und Julia ihre Freiheit zurück.

Im August 1982 krachte Meier dann, jetzt Präsident des BfV, in einer regennassen Kurve in Österreich gegen einen holländischen Wohnwagen. Seine neben ihm sitzende Kokette – tot, drei niederländische Touristen im Krankenhaus. Das Landesgericht Innsbruck verurteilte den Verursacher wegen fahrlässiger Körperverletzung lediglich zu einer Geldstrafe. Im April 1983 wurde Meier darum in den vorzeitigen Ruhestand abgeschoben.[14] Erleichtert atmete die Geheimdienst-Szene auf. Gebeutelt war sie seit jeher.

Otto John, der erste BfV-Chef, gehörte der Peripherie des Widerstandskreises um den 20. Juli an. Seit die SS seinen Bruder Hans erschossen hatte, griff Otto beharrlich zum Cognac. Dazu erschöpften ihn Weinkrämpfe.[15] Nicht nur darum konnte Reinhard Gehlen seinen „Kollegen" nicht ausstehen. Für ihn war John ein „schurkischer Verräter", weil er während des Kriegsverbrecherprozesses gegen Erich von Manstein im Hamburger Curio-Haus den entscheidenden Beweis gegen den Feldmarschall gefunden hatte.*[16] In dieser depressiven Phase tauchte am 20. Juli 1954 der Arzt Wolfgang Wohlgemuth mit John in Ost-Berlin auf.

Markus Wolf schlussfolgerte „aus dem, was John mir bei mehreren Begegnungen … erzählt hat (wie) aus Akten, die ich 1990 einsehen konnte", dass John „tatsächlich entführt wurde". Ein zusätzliches Indiz

---

* Manstein, in Hamburg als Kriegsverbrecher angeklagt, will von den Juden-Morden erst nach Ende des Zweiten Weltkriegs erfahren haben. Doch John lag das Kriegstagbuch von Mansteins 11. Armee vor, in dem einige Zeilen überklebt waren. John legte sie frei. Und dort stand: „Der neue Befehlshaber (von Manstein) wünscht nicht, daß Offiziere bei der Erschießung von Juden zusehen." John erschütterte also die Glaubwürdigkeit von Mansteins. Das Urteil folgte zwangsläufig: 18 Jahre Haft. 1953 wurde von Manstein entlassen. Bis 1960 beriet er die Bundesverteidigungsminister Theodor Blank und Franz Josef Strauß. John floh nach dem gescheiterten Attentat auf Hitler über Madrid nach London. Unter Sefton Delmer arbeitete er ab November 1944 für den „Soldatensender Calais", nach der Kapitulation als „Screener" in britischen Kriegsgefangenenlagern, schließlich für die britische Entnazifizierungs-Behörde „Control Office for Germany and Austria".

für ihn sei das merkwürdige Verhalten seines KGB-Partners Wadim Kutschin gewesen, der „immer sehr einsilbig wurde, wenn ich ihn nach dem Fall John auszufragen begann".[17] Das BfV hatte ohnehin ein anderer im Griff: der Vizepräsident Albert Radke. Der vormalige Canaris-Mitarbeiter wurde von Gehlen nach Köln geschleust (Deckname: „Rüdiger"). Er sollte John über Intrigen stürzen, die Behörde vordringlich aber ausplündern. So einfach landeten Quellen und Dossiers des BfV in Pullach. Ein bärbeißiger Maulwurf, Albert Radke, hatte das Bundesamt um die Chance gebracht, sich auf eigene Füße zu stellen.[18] Das nachrichtendienstliche Los meinte es nicht gut mit dem BfV. Auch unter Hubert Schrübbers, Johns Nachfolger, versank ein vielgepriesener „Neuanfang" im pingeligen Chaos.

Schrübbers war ein wirklich netter Präsident, geheimdienstliche Attribute zeichneten ihn freilich nicht aus, dafür Fertigkeiten als Verwaltungsfachmann. Den trostlosen Zustand der Belegschaft wollte er über die Bürokratie abschaffen. Laut Hansjoachim Tiedge wirkte Schrübbers „wie die Inkarnation des Guten im Menschen. Leutselig, freundlich, aber immer mit einem Schritt verständnisloser Distanz gegenüber den Problemen seiner Mitarbeiter. Unangenehme Entscheidungen trafen und realisierten seine Stellvertreter." Diese Phase hielt an: 17 Jahre murkste das BfV unter Schrübbers vor sich hin. Die Zurückhaltung der Alliierten schien daher schlüssig.

Als Großbritannien im Herbst 1971 mehr als hundert sowjetische Diplomaten ausgewiesen hatte, erfuhren verantwortliche Verfassungsschützer dies während einer Spießbraten-Party mit Kameraden von der Sicherungsgruppe Bonn. Bier und „Widdersdorfer Korn" waren bereits in Strömen geflossen, nun aber wurde richtig gefeiert: Endlich habe es die Kommunisten folgenschwer getroffen. Die Spannung stieg, nachdem für den nächsten Tag, einen Samstag, der Resident des englischen Dienstes im BfV höchstpersönlich vorsprechen wollte. In Erwartung eines schwerwiegenden Inhalts herrschte gewaltige Aufregung. Der Lagevortrag mutierte freilich zur Posse.

Stehend verlas der Vertreter des britischen Empires, „betont würdig", wie Tiedge notierte, jene Note, die die Regierung Ihrer Majestät Moskau hatte zukommen lassen. Dann klappte er den Aktendeckel zu und erwähnte, nähere Einzelheiten nicht zu kennen. Das Ritual war beendet. Der „Durchreisende" verließ mit einem kurzen „Good bye!" den

Raum, woraufhin sich Verfassungsschützer die berechtigte Frage stellten, ob diese groteske Szene, dazu an einem arbeitsfreien Tag, den Aufwand gerechtfertigt hätte, denn der Ausweisungstext stand bereits in der „Süddeutschen Zeitung". Schrübbers gewann dem Akt freilich eine positive Seite ab: Die Bedeutsamkeit des Protokollverlesens sei das bedeutende Ereignis gewesen.[19] So war er eben, der Hubert Schrübbers: in keinem Fall anecken, sich vor jeder Konfrontation drücken. Diese Veranlagung kam nicht von ungefähr.

Schrübbers wuchs in einem strengen Elternhaus auf. Beruflich suchte er Sicherheit. Er wollte Beamter werden, nur diese Laufbahn schien ihm Schutz vor Wirtschaftskrisen und Inflationen zu garantieren. Volljuristen, so überlegte er, hätten stets ihr Einkommen gefunden. 1935, auf dem Höhepunkt des NS-Regimes, legte er den Eid auf den Führer ab. Das Oberlandesgericht in Hamm berief ihn daraufhin zum Staatsanwalt. Jetzt verfolgte er NS-Gegner, ließ sie wegen „Vorbereitung zum Hochverrat" ins Zuchthaus sperren, bis ihn die Wehrmacht einzog, bis er in britische Kriegsgefangenschaft geriet, bis ihn die Besatzer wieder einstellten, bis ihn Karlsruhe zum Bundesanwalt berief, bis er zum nordrhein-westfälischen Generalstaatsanwalt avancierte, bis er Otto John nachfolgte.[20]

Hubert Schrübbers blieb ohne politische Ambitionen, ein Grund mehr für das Bundesinnenministerium, ihm das BfV anzuvertrauen. Der Osten, der sich vor der Spionageabwehr eigentlich hätte fürchten sollen, verbuchte das BfV stattdessen als Unterhaltungswert. Über den Verfassungsschutz durfte dauerhaft gelacht werden.

In der Kölner Kneipe „Hamburg ahoi" (das Wirtshaus gehörte Hans Herbert Blatzheim, Romy Schneiders Stiefvater) hatten sich Verfassungsschützer tüchtig zugeschüttet. Lautstark lallten sie dabei allerlei Staatsgeheimnisse aus, erfreuten andere Gäste mit Fachchinesisch wie „Tipper" oder „Beschatter-Heim". Da versetzte plötzlich ein Schlapphut einem anderen eine Ohrfeige, in dessen Folge sich das gesamte konspirative Rudel prügelte. Die dem Handgemenge beiwohnenden Ehefrauen telefonierten Schrübbers und seinen Vize Günther Nollau aus dem Bett. Am nächsten Tag tat es den Beteiligten leid und sie gelobten Besserung.

Schrübbers nahm das Versprechen mit dem Hinweis auf eine alte „Faustregel" des Altvaters aller deutschen Geheimdienstler, Wilhelm Canaris, an: Der habe seinen Mannen das Trinken nach zehn Uhr abends verboten; danach werde „nur noch dummes Zeug geredet". Per Hauspost erreichte die entsprechende Dienstanweisung jeden Angehörigen des BfV:

Fortan sei es untersagt, „gruppenweise Wirtshäuser, Trinkstuben und Gaststätten" aufzusuchen, grundsätzlich seien „Dienstangelegenheiten in der Öffentlichkeit" nicht mehr zu diskutieren, es dürfe keine „Tätlichkeiten" mehr geben, künftig seien „Bierleichen rechtzeitig in Sicherheit" zu bringen. Diese Gebote druckte der „Spiegel". Gegen den Autor, Meinhardt Graf Nayhauß, wurde 1958 ein Ermittlungsverfahren eingeleitet – wegen „Landesverrats". Es wurde dann aber schleunigst eingestellt, schließlich galt es, eine erste „Spiegel"-Affäre zu verhindern.[21] Zwerchfellerschütterndes selbst im Knast:

Im Kölner „Klingelpütz" wurden fast zwei Jahre lang brisante BfV-Akten „verkollert". Durchschlagbogen in Rosé, in Weiß, interne Personal-Karteikarten mit Lebensläufen von vermeintlichen DDR-Spionen, Namen von Doppel- wie Dreifachagenten sowie die allseits bekannte Offenbarung, dass der Überblick über östliche Geheimdienste erhebliche Lücken aufweise.

Ein Strafgefangener, der wegen versuchter Brandstiftung und Erpressung einsaß und zur Vernichtung abgestellt war, entwendete einen Teil des Materials und händigte es dem Kölner „Express" aus. Es sollte 1971 der Lacherfolg des Jahres werden. Während Schrübbers wegen seiner Mitarbeiter verzweifelte, veralberte sein „Chef", der Bundesinnenminister Hans-Dietrich Genscher, die Panne: „Das ist doch wirklich vorbildlich. Da hat man einen Mann, der wegen Brandstiftung eingesessen hat, während seiner Haftzeit zum Heizer ausgebildet."[22] Die Skandale häuften sich.

Verfassungsschützer warben Minderjährige oder Rentner als Spitzel an; sie drangen gesetzwidrig in Wohnungen ein, sie verwanzten Universitäten, sie rechneten überhöhte Spesen ab, ihren Urlaub zahlte die Kostenstelle „Dienstreisen". Was nicht einmal Otto John gelungen war: Hubert Schrübbers schuf ein reines Tollhaus. Er musste weg. Dieser Ansicht war Markus Wolf ohnehin. Der Schrübbers-Abschuss klappte – freilich erst nach dem zweiten Anlauf.

Anlässlich der Diskussion um die Notstandsgesetzgebung hatte die DDR bereits versucht, Schrübbers wegen seiner NS-Vergangenheit zu kippen. Auf einer „Internationalen Pressekonferenz" präsentierte Albert

Norden, der DDR-Chefpropagandist, Schrübbers belastende NS-Dokumente.* Die Bundeshauptstadt qualifizierte solche Denunziationen seinerzeit gewohnheitsmäßig aber als „Propaganda" ab. Sechs Jahre später
schien die Zeit hingegen reif. Wenn der „Spiegel" seine Spalten mit dem
Hut von gestern füllen würde, spekulierte Wolf nach Nordens vergeb-
lichem Auftritt, werde der BfV-Präsident in der Rente enden. Und tatsächlich: Wolf triumphierte, noch in seinen Memoiren: „Es gelang uns,
Hubert Schrübbers ... in den vorzeitigen Ruhestand zu befördern." Wie
das?

Beim „Spiegel" standen HVA-dienstwillige Redakteure Gewehr bei
Fuß, beispielsweise Axel Jeschke oder Peter Stähle. Dem Letzteren bescheinigten die vormaligen HVA-Offiziere Günter Bohnsack und Herbert Brehmer darüber hinaus, dass er nicht nur einen effizienten „Draht"
zum BfV und BND gepflegt habe, sondern sogar, dass er „(unsere) Ideen
und Informationen in den Verfassungsschutz transportierte".[23]

NS-Anklageschriften, NS-Urteile – Wolfs Giftschrank füllte Spalten
des „Spiegel". Der HVA-Coup suggerierte zudem eine politische Botschaft: Wenn Schrübbers, der Garant des Grundgesetzes, im Dienst der
Bonner Republik Kommunisten – wie einst unter den Nationalsozialisten
– verfolge, hinterließe das international einen verheerenden Eindruck.[24]
Am 1. Mai 1972 trat Hubert Schrübbers zurück. Dessen Nachfolger
Günther Nollau versetzte ihm zum guten Schluss einen bösen Tritt:

Aus Termingründen war die Verabschiedung Schrübbers durch die
Bonner CIA-Filiale in den US-Botschaftsklub verlegt worden. Der schei-
dende Präsident bat Nollau, ihm für seinen schweren Gang einen Dienstwagen zur Verfügung zu stellen. Der lehnte freilich kurz angebunden ab:
Er, Nollau, leite schließlich keine Spedition für Rentner. Als die CIA
davon hörte, leistete sie sich eine hochherzige Geste: Ein US-Diploma-
tenfahrzeug samt Blaulicht-Eskorte holte Schrübbers ab. Diese ritter-

---

* Wegen einer Spende von 20 Pfennig für politische Häftlinge hatte Schrübbers
1934 einen Kommunisten angeklagt. Urteil: anderthalb Jahre Zuchthaus. Gegen
einen KPD-Hauptkassierer beantragte und erreichte Schrübbers 1941 viereinhalb
Jahre Zuchthaus wegen „Vorbereitung eines hochverräterischen Unternehmens".
Schrübbers, nun BfV-Präsident, verteidigte sich: „Ich kann nichts Unsittliches in
diesem Tatbestand als solchem finden." Überhaupt: Ihm sei es lediglich darum
gegangen, die NS-Gegner dem Zugriff der Gestapo zu entziehen, denn „im Ge-
richtsgefängnis waren die gut aufgehoben".

liche Szene bewegte das gesamte BfV.[25] Und über diesen Umweg signalisierte die CIA dem hartherzigen Nollau, wie sie ihn in Zukunft behandeln werde: mit bedingungsloser Nichtachtung.

Günther Nollau, so berichtete Tiedge, habe während seiner Zugehörigkeit zum BfV „nichts getan, die Zahl seiner Freunde zu mehren", da „seine kurze, ruppige, gelegentlich bleierne Sprechweise viele abstieß". Obwohl er, wie Tiedge differenzierte, „sehr gebildet und außerordentlich belesen war, dabei sehr charmant und ein ausgezeichneter Unterhalter sein konnte". Dennoch: Wen Nollau „einmal richtig in die Stiefel gestellt hatte, der mied ... jeden Kontakt zu ihm".

Der kleinwüchsige Nollau litt darunter, „zu den meisten seiner Untergebenen aufblicken zu müssen": „Was ihm an Körpergröße fehlte, kompensierte er mit schneidigem Auftreten und ruppigen Umgangsformen." Einmal wurde Richard Meier, noch BfV-Ressortchef, von Nollau in sein Büro zitiert. „Hören Sie mal, Herr Meier", blaffte Nollau, „Sie legen mir hier einen Entwurf vor, in dem steht: ‚In der Anlage wird übersandt.‘ In der Anlage wird gevögelt, Herr Meier, gevögelt, merken Sie sich das – ‚als Anlage‘ wird übersandt."[26]

Nollau sei ein Korinthenkacker gewesen, erinnerte sich Tiedge, engstirnig, unbelehrbar, unduldsam. Was Wunder, dass er – wochenlang – über einem Manuskript gebrütet habe, um BfV-Analphabeten mithilfe einer Stilfibel mit dem bemerkenswerten Titel „Das Deutsch unserer Berichte" auf die Sprünge zu helfen. Dann verpflichtete er die höheren Chargen, jeden Tag fünf Zeitungen zu lesen, darunter endlich die Postille des Klassenfeindes, das „Neue Deutschland". Nur wenn es um Nollaus Familie ging, näherte sich der Präsident Irdischem.

Eines überraschenden Tages sollte Hansjoachim Tiedge zum BND reisen, zuvor bei Nollau vorbeischauen. Tiedge war beeindruckt: „Ich fühlte mich schon als Kurier des Zaren, sah mich mit einer wichtigen, persönlich zu übergebenden, streng geheimen Mitteilung (vor dem) Präsidenten des BND (stehen), mich, den jungen Regierungsassessor." Nichts da. Nollau übergab Tiedge stattdessen zwei Kartons – mit Eingemachtem für seine in München lebende Tochter.[27]

Der Umgang mit seinem sächsischen Landsmann Herbert Wehner, der Nollau gegen den Widerstand selbst aus den Reihen der SPD als Präsidenten durchdrückte, hatte Kollegen misstrauisch werden lassen. Einem vor allem galt Nollau als Sicherheitsrisiko: Reinhard Gehlen.

Damals, so erklärte sich Tiedge die ungesunde Männerfeindschaft, sei „Nollaus abgrundtiefe Abneigung gegen den BND im allgemeinen und gegen dessen ersten Präsidenten … im besonderen" paranoid gewesen, Gehlen habe „als einer der ersten einen nachrichtendienstlichen Verdacht gegen Nollau geäußert".[28] Tiedge sprach eine unheilvolle Entwicklung an: Zwei Geheimdienste, BND und BfV, hätten sich erst unter John befehdet, unter Nollau dann bis aufs Messer bekämpft. Luzifer hockte also nicht im Osten, der zürnte für die Pullacher in Köln, für die Kölner in Pullach. Ein Aberwitz, aber einer mit schwerwiegenden Folgen.

Die Nollau-Dossiers des BND füllten ganze Aktenordner. Zwei Seltsamkeiten stachen allerdings hervor: Nollaus Arbeitsstelle während des Dritten Reiches und die in der Sowjetischen Besatzungszone, ein Stoff, den BND-Angehörige in John le Carrés Thriller „Der Spion, der aus der Kälte kam" wiederzuerkennen glaubten. Und als Nollau 1965 den Carré-Thriller in einer „Spiegel"-Rezension niederschrieb („Die Geschichte hat mit der Wirklichkeit wenig gemein"), er John le Carré außerdem zieh, mit den „Verhältnissen in der Sowjetzone noch weniger vertraut" zu sein, lief das Fass über.*[29] Gehlen erklärte Nollau endgültig den Krieg.

Nollau, in Leipzig geboren, Promotion in Dresden, wurde von der Wehrmacht dienstuntauglich geschrieben; der Hinterfuß eines Esels hatte ihm die linke Gesichtshälfte zerschmettert. Und obwohl ihm die NS-Reichs-Rechtsanwaltskammer 1937 die Zulassung versagte, will er seit 1942 in Krakau als Advokat praktiziert haben. „In der Hauptsache habe ich mich als Strafverteidiger in politischen Verfahren betätigt", begründete er die verblüffende Ausnahmeregelung.[30] Kenner lachten sich angesichts einer solch schrägen Karriere kaputt.

Krakau lag rund 40 Kilometer vom Vernichtungslager Auschwitz entfernt. Die Stadt – absolutes Interessengebiet der SS. Zwar residierte in

---

* John le Carré, am 19. Oktober 1931 als David John Moore Cornwell im englischen Poole geboren, ging als 16-Jähriger in die Schweiz, studierte in Bern Germanistik und Neue Sprachen. Dort schrieb er Kurzgeschichten und Gedichte, dort entstand auch der Kontakt zum britischen Nachrichtendienst, für den er erste Jobs erledigte. Le Carré blieb nachrichtendienstlich tätig. 1959 bis 1964 arbeitete er in Bonn und Hamburg, als Diplomat legendiert, weiter für den Intelligence Service. In Berlin erlebte er den Bau der Mauer, was ihn zu seinem Roman „Der Spion, der aus der Kälte kam" inspirierte. Günther Nollau war Carrés nachrichtendienstliche Anbindung sehr wohl bekannt.

der Burgstraße 52 ein ziviles Deutsches Obergericht, im selben Gebäude produzierten dazu die gefürchteten Sondergerichte Fließband-Todesurteile, eine polnische Justiz (Appellations- wie Bezirksgericht) stand hingegen lediglich auf dem Papier. Die „Rechtssprechung" im Generalgouvernement wurde ausschließlich von Hans Frank entschieden, dem Generalgouverneur und Chef des Reichsrechtsamtes der NSDAP. Allein Frank, er domizilierte wie ein Fronvogt auf der Krakauer Burg Wawel, war die „oberste Rechtssetzung".[31] Und in diesem Umfeld, wo Mordregimenter der SS gnadenlos wüteten, wo Hitlers Statthalter Frank das Recht mit Füßen trat, will Nollau als rechtsstaatlicher Verteidiger aufgetreten sein? Nicht nur Gehlen schüttelte den Kopf.

BND-Bedienstete befragten SS-Männer, die ehedem in Krakau/Lublin stationiert waren: den SS-Hauptsturmführer Julius Wohlauf, den SS- und Polizeiführer Konrad Rheindorf, den Gehlen in der Landespolizeidirektion Schwaben unterbrachte, sowie den SS-Obersturmführer Franz Brunke – sie alle konnten sich an einen Nollau tatsächlich erinnern, allerdings nur an einen, der sich in Strafverfahren niemals hervorgetan habe (BND: „… politische Rechtsfragen wurden per Exekution gelöst"), vielmehr habe Nollau – im Auftrag Franks – die Gesetzgebung des Generalgouvernements mit verfasst.

Beweise, wie etwa Nollau-Paraphen unter Frank-Erlassen, ließen sich indes nicht herbeischaffen, die wähnte Gehlen im polnischen Amt für Sicherheit (UB) archiviert – als Druckmittel, damit Nollau seine „nachrichtendienstlichen Verstrickungen" nicht aufkündigen könnte. Und als dann noch Nollaus NSDAP-Mitgliedsnummer 8.974.972 aus dem Jahre 1942 bekannt wurde, reimte sich Gehlen zusammen: „Doppelt erpreßbar."[32] Ebenso merkwürdig schien dem BND-Gründer der Werdegang seines Widersachers in der „russisch besetzten Zone".

In Dresden-Strehlen will Nollau ausschließlich „Sozialdemokraten verteidigt (haben), die sich der Zwangsvereinigung zwischen SPD und KPD widersetzten", bis ihn unangemeldet ein – „namenloser" – Bote der SPD aus West-Berlin aufsuchte. Er, Nollau, möge sich bitte in der SPD-Zentrale melden. Nollau tapfer: „Ich ging hin, eine riskante Sache." Der Kontakt zu Willy Brandt war hergestellt, der zu Wehner freilich erst 1960: „Meine Beziehung zu Herbert Wehner besteht … in Hochachtung und Dankbarkeit."[33] Pullacher erschauerten. Ebenso die Engländer und die Franzosen. Die Amerikaner sowieso. Auch aus diesem Grund:

Im Frühjahr 1946 soll sich Nollau, „im Gebiet oberhalb Glashütte (bei Dresden) an einer unerlaubten Jagd, Wilddieberei" beteiligt haben, bei der „angeblich ein Mann ermordet" worden sei: „In der Wohnung des NOLLAU wurde ein Hirschfänger gefunden, wodurch der Verdacht des Mordes auf NOLLAU fiel, da der Ermordete mit einer Stichwaffe getötet worden" sei. Später, laut BND, tauchte ein Beamter namens „MOHR von der Außenstelle der Staatssicherheit" auf, um Nollau zu einer „nachrichtendienstlichen Tätigkeit" zu bewegen. „Im Verlauf der folgenden Vernehmungen gelang es NOLLAU, am 18.3.1950 nach West-Berlin angeblich zu entflüchten." Zeugen will Gehlen aufgetrieben haben: „Der Jagdzwischenfall wird bestätigt durch den Kriminalkommissar HAAKE, Hermann, der Kriminalpolizei Dresden, und durch den Jagdbericht des SAHRE, Manfred, wohnhaft Mühlbach, Kreis Pirna."[34]

Nach kurzen Gastspielen beim Untersuchungsausschuss freiheitlicher Juristen (UfJ) und dem RIAS hatte Otto John den „Experten" Nollau zu sich geholt. Dieser avancierte 1957 zum Leiter des BfV-Ressorts III („Linksradikalismus"), zehn Jahre später zum Vizepräsidenten des BfV, bis ihn Herbert Wehner 1972 zum BfV-Chef bestellte. Das war der Moment, in dem der BND aufbegehrte, aber auch die HVA, die Nollaus nachrichtendienstliche Kompetenz fürchtete, weshalb sie ein wahrlich närrisches Papier in Umlauf setzte.

Der Briefkopf war echt, Namen, Absender, Empfänger aber frei erfunden. Inhalt: Der Rat des Dresdner Stadtbezirks Nord genehmigte am 16. Juni 1960 für einen Rechtsanwalt Pollack „das gewünschte Aus- und Einreisevisum" – für eine „Dienstreise zur weiteren Kontaktpflege mit Herrn G. Nollau".

Das plumpe Falsifikat hatte der bei der HVA für Desinformationen zuständige Oberst Rolf Wagenbreth dem „Verleger" Hans Frederik übergeben, dem das KGB in München einen Humboldt Verlag finanzierte. Als Frederik den Verlag in den Konkurs gewirtschaftet hatte, traten die Sowjets ihn entnervt an die HVA ab.* Für Markus Wolf publizierte

---

* Hans Frederik hatte in seinem Humboldt Verlag sechs Jahre lang einen „Politischen Informations- und Archiv-Dienst" unter dem Titel „PINAR" herausgegeben. Er behandelte die politische Vergangenheit Herbert Wehners und Willy Brandts, dazu enthüllte er NS-Biografien Bonner CDU-Politiker, beispielsweise die des Abteilungsleiters im Bundeskanzleramt, Karl Vialon, der während des Dritten Reiches in der Finanzabteilung des Reichskommissariats Ostland Wertge-

Frederik daraufhin das Anti-Wehner-Pamphlet „Gezeichnet vom Zwielicht seiner Zeit".[35] Dort stand, was der BND immer ahnte: einmal Kommunist, immer Kommunist. Diese Überzeugung schweißte Frederik mit konservativen BND-Offizieren zusammen. Auf der anderen Seite, auf der Ost-Berlins, freute sich die HVA wiederum über jedes BND-Dokument, das Frederik nach Ost-Berlin schleppte, eine Erkenntnis, die Pullach bis zur Wende verborgen blieb.[36]

Frederik, vom „Spiegel" als Nachrichtenhändler dauerhaft geschätzt und generös honoriert, konnte sich darüber hinaus ungestört im Archiv des Nachrichten-Magazins bedienen. Bei einer dieser Gelegenheiten legte er dem Nollau-Dossier einen gefälschten Brief des Dresdner Stadtbezirkes bei, eine tolldreiste Idee, die fast gezündet hätte: Eines Tages entdeckte ein „Spiegel"-Redakteur diesen Fund und wollte ihn „ins Blatt heben".[37] Doch die Konkurrenz kam ihm zuvor.

Nach der Verhaftung Günter Guillaumes breitete sich in der Republik eine Spionage-Hysterie aus. In jeder Amtsstube wurden DDR-Spitzel herbeigeredet. Diese Stimmung war gut fürs Geschäft. Die HVA übertrug Hans Frederik daher ein zusätzliches Mandat: Er sollte eine „CIA-Studie" in westdeutsche Medien streuen. Dieser HVA-Beleg war indes ein bewusst schlampig redigiertes Schelmenstück.[38] Im Mai 1974 platzte Frederiks Bombe:

Das Wirtschaftsmagazin „Capital", so zitierten vorab Agenturen, würde eine „private Studie über Sicherheitsrisiken und (die) politische Lage in Westdeutschland" der CIA veröffentlichen. Der brisante Inhalt, so sei der nächsten „Capital"-Ausgabe zu entnehmen, beträfe 40.000 in der Bundesrepublik aktive DDR-Agenten; bei der Entlarvung Guillaumes handele es sich lediglich um die Spitze eines Eisbergs, um von dem eigent-

---

genstände ermordeter Juden der „Reichskasse" zuführte. Frederiks größter Coup: eine „Dokumentation Kiesinger", in der er den Bundeskanzler 1967 mit bis dahin unbekannten NS-Papieren belastete. Ein Jahr darauf präsentierte dann das MfS der Öffentlichkeit Frederiks „Dokumentation in Sachen Kiesinger". Östliche Nachrichtendienste lancierten über Frederiks Verlag Politisches Archiv neben „Gezeichnet vom Zwielicht seiner Zeit" diese Titel: „Der aufhaltsame Aufstieg des Karl August Schiller", „Von Grotewohl bis Brandt", „Sozialismus ist das Ziel", „Mao Tse Tung", „Spuren der Breschnew-Doktrin", „Egon Bahr, der geheime Diener", „Guillaume, der Spion", „Deutschland, deine SPD" und, als Höhepunkt seiner „Verleger"-Karriere, im Auftrag des KGB das üble Anti-Otto-John-Pamphlet „Das Ende einer Legende".

lichen Mega-Spion abzulenken:[39] Fast hätte dessen Herz ausgesetzt, das von Markus Wolf vor lauter Freude.

Der Mann, der das elfseitige Machwerk von Hans Frederik – über einen Dritten – in Empfang genommen hatte, war der „Capital" Chefreporter Rienk H. Kamer, ein Holländer, den der „Spiegel" nach einem kurzen Gastspiel wieder vor die Tür gesetzt hatte, der aber „seinen Namen mit dem Flammenwerfer in die Mauern des Bonner Bundeshauses einbrennen" wollte, wie ein Kollege mutmaßte, und der heute als „investigativer" Wirtschaftsjournalist holländische Gazetten nach wie vor in Atem hält.[40] Warum aber hatte Markus Wolf das leicht als Falsifikat zu erkennende Dresdner Dokument produzieren lassen? Warum die in fehlerhaftem Deutsch gehaltene CIA-„Studie"? Die Erklärung ist simpel:

Der HVA-Chef wollte den Zank zwischen BND und BfV auf die Spitze treiben, den Klassenfeind gegeneinander aufhetzen, ihm eine nachrichtendienstliche Ladehemmung verpassen. Die HVA musste das „Dokument" also absichtsvoll verpfuschen, damit es sicher als Fälschung aufflog, und die Spur musste in Pullach enden. Und tatsächlich: Rechercheure erkannten den BND als Absender.[41] Bonn stand, zumindest vorübergehend, unter dem Einfluss einiger HVA-Offiziere. Bonner Politik wurde in diesem Augenblick nicht am Rhein, sondern im MfS-Plattenbau in der Ost-Berliner Normannenstraße betrieben.

Die SPD / FDP-Koalition ging in Deckung, denn ein als Spion demaskierter Abwehrchef hätte den SPD-Fraktionschef wie Nollau-Gönner Herbert Wehner mit in die Tiefe, vielleicht auch den Nollau-Vorgesetzten und Vizekanzler Hans-Dietrich Genscher, der soeben ins Auswärtige Amt gewechselt war, mit in den Abgrund gerissen. Während die Bundesregierung eine von der CDU / CSU initiierte Verschwörung witterte, die über den BND das Ende des sozial-liberalen Bündnisses herbeiführen wollte, klopfte sich Markus Wolf derweil auf die Schenkel. Da nach der Guillaume-Affäre nichts mehr unmöglich schien, stand der unschuldige Günther Nollau zeitweilig in der Tat mit dem Rücken zur Wand. Wie üblich, produzierten die Krisenmanager Hektik. Nollau, um den es ging, kurte unterdessen in Bad Tölz. Die Aufregung hatte ihn dorthin geführt.

Werner Maihofer, Nachfolger Genschers, ließ sich zwar telefonisch von Nollau von der Unhaltbarkeit der Vorwürfe ins Bild setzen, aber so recht glauben mochte er ihm nicht. Erst durch eine Ehrenerklärung der

US-Botschaft entspannte sich die Situation: An der „Story der Zeitschrift ‚Capital' (sei) kein Wort wahr". Dann meldeten sich „Experten" zu Wort, die die capitale Ente versachlichten: „Weitschweifige Formulierungen, unpräzise Feuilletonismen, Vermischung von Fakten und Wertungen sowie die unrichtige Wiedergabe von Daten und Tatsachen schließen aus, daß die Studie von Mitarbeitern eines westlichen Nachrichtendienstes verfaßt wurde."[42] Selten hatte Markus Wolf so viele West-Zeitungen auf seinem Schreibtisch aufgetürmt. Er konnte sich gar nicht sattlesen.

Als „Capital" erschien, fehlte die Münchhauseniade im Blatt. Der Ost-Berliner Anschlag aber hatte gezeigt, dass grobschlächtige Papiere zwei Geheimdienste zugleich außer Gefecht setzen konnten. Und das ist nur ein Teil der bisher ungeschriebenen Geschichte des Bundesamtes für Verfassungsschutz.

Ein durch Depressionen in Mitleidenschaft gezogener Otto John hatte das BfV in der Aufbauphase führerlos werden lassen, sein Vize Albert Radke aus der Behörde eine Filiale des Reinhard Gehlen gemacht.[43] Hubert Schrübbers veranlasste die Total-Bürokratisierung und rottete damit Eigeninitiativen aus. Günther Nollau schließlich war angetreten, dem Amt die Fähigkeit zurückzugeben, dem Osten Paroli zu bieten. Doch stattdessen wieherte auch unter seiner Regentschaft der Amtsschimmel. Nollau regierte das BfV lediglich drei Jahre, aber die reichten aus, dem BfV seine Rest-Autorität zu nehmen. Statt Hintermänner des Ostblocks aufzuspüren, wehrte Köln Pullacher Intrigen ab. Für die eigentlichen Aufgaben hatte Nollau keine Zeit. Und als Richard Meier 1975 nach Nollaus Abschied vom BND zum BfV wechselte, weil der Kanzler Helmut Schmidt das BfV aus den Schlagzeilen bringen wollte, fuhr Meier mit den Kölnern erst Schlitten, dann mit seiner Geliebten gegen einen Wohnwagen. Heribert Hellenbroich löste den geschassten Meier 1983 ab. Der desolate Status blieb zum Gaudium Moskaus und Ost-Berlins erhalten.

Um Agenten-Nachwuchs zu rekrutieren, bot das BfV über Zeitungsanzeigen „interessante Tätigkeiten im Rahmen einer Forschungsarbeit" an. Wenn sich daraufhin – auch alkoholabhängige – Arbeitslose meldeten, mussten die eine harte Probe bestehen, beispielsweise auf Tankstellen die Preise von Schokolade oder Benzin vergleichen. Dafür gab's auf jeden Fall 200 Mark.[44] Und als die Aufkleber „Atomkraft – nein, danke!" populär wurden, bewegten sich Verfassungsschützer, als ob ihnen bereits Osama Bin Laden erschienen wäre, denn der BfV-Abteilungsleiter Heinrich Degenhardt befahl, jedes Kfz-Kennzeichen mit dem Anti-Atom-Bekenntnis zu notieren. Die Halter ermittelte das Flensburger Kraftfahrtbundesamt. Diese „Staatsfeinde" verspeiste sodann NADIS, der geheime Computer. Einen hübschen Einfall hatte auch der BfV-Direktor Heinrich Weyde:

Im Köln-Bonner Raum ließ er einige chinesische Restaurants observieren, nur weil ihm die „Gelben" während seiner zahllosen Albträume als Fünfte Kolonne Pekings begegnet waren, während sich in den elektronisch gesicherten Räumen der Observationsgruppe ein Beobachter mit einer windschiefen Schreibkraft vergnügte. Tiedge: Die Liebenden seien „derart heftig zu Werke gegangen, daß die Alarmanlage ausgelöst wurde". Endlich gab's wieder Gesprächsstoff. „Ich verstehe das nicht", grübelte der selbst in Affären verstrickte Meier, „der hat doch wirklich eine attraktive Frau. Aber vielleicht liebt der Buckelige. Es gibt Abgründiges im Menschen, Abgründiges."[45]

Im Rahmen einer Sicherheitsüberprüfung wurde das Liebesleben einer BfV-Sekretärin erforscht. Dabei keimte ein schrecklicher Verdacht: Hatte ein DDR-Romeo das unschuldige Geschöpf ins Bett gezerrt? Monatelange Ermittlungen, bis sich der „Ostspion" als katholischer Gottesmann entpuppte. Solche Abenteuer trat regelmäßig ein Beamter los, der seinen Durst aus einer Flasche Apollinaris stillte, die indes mit Hochprozentigem gefüllt war. Ein Alkoholiker protokollierte also den Alkoholkonsum seiner Kollegen. Selbstredend erreichte der Schluckspecht sein Zuhause regelmäßig in Schlangenlinien. Konsequenzen musste er nicht fürchten. Die „Bullen" waren seine Kumpel. Mit ihnen hatte er nach irgendwelchen Razzien Freundschaft geschlossen, um sich schließlich um den Verstand zu saufen.

Als Heribert Hellenbroich die Präsidentschaft übernahm, versuchte er es wie vor ihm Schrübbers: mit Nettigkeiten. Gefällig, artig, hilfsbereit gab er sich. Tiedge, der 1966 gleichzeitig mit Hellenbroich seinen Dienst beim BfV antrat, blieb unvergesslich, wie Meier seinen Nachfolger kurz zuvor noch abqualifiziert hatte, denn: Hellenbroich würde „nicht den Erwartungen entsprechen, die an einen Beamten des höheren Dienstes zu richten" seien. Ein „Überflieger", zitierte Tiedge einen Kollegen, sei Hellenbroich nie gewesen. Der ganz normale Wahnsinn?

„Als Präsident", klagte Hellenbroich, „erfahre ich nicht vieles aus den Abteilungen. Alle Erfolge und einige Mißerfolge, aber was in den Abteilungen wirklich los ist, weiß ich überhaupt nicht." Bis Hellenbroich von seinem Antrittsbesuch in Washington zurückkehrte. Da schwärmte er plötzlich von „40 jungen Frauen mit Schlitzaugen, alles Amerikanerinnen chinesischer Herkunft". Diese würden im CIA-Auftrag die chinesische Botschaft „live" abhören: Der CIA-Computer werde mit Material „aus der Dauerobservation und der Telefonüberwachung sowie mit Aktenwissen gespeichert". Die CIA erhielt daher fortan den höchsten Stellenwert, Interessen der Amerikaner rangierten vor denen der Bundesregierung. Der Unfrieden im Amt wuchs:

Für jeden BfV-Agenten, den die DDR abgeurteilt habe, so überraschte Hellenbroich eines rührenden Tages, werde nach dessen Freikauf das Bundesverdienstkreuz beantragt. Diese Idee löste im BfV eine kleine Revolution aus: Ehrenzeichen würden, wenn überhaupt, die Verfassungsschützer selbst verdienen. Tiedge beteiligte sich an diesen Krisensitzungen nicht. Die einzigen Orden, für die er sich je interessierte, gab es im Überfluss und dekorierten längst seine Kellerbar: billiges Karnevalsblech.

Für einen Volljuristen, fiel Tiedge auf, seien Hellenbroichs „intellektuelle Fähigkeiten ... durchschnittlich gehalten", aber „sein Instinkt zum Handeln" beeindruckte. Stets habe der Präsident „immer das einzig richtige" getan, nur einmal nicht: als er ihm, dem Alkoholiker, eine Entziehungskur zu verordnen verabsäumte.[46] Als Hellenbroich dem BND gerade drei Wochen vorstand, rollte Tiedge per Eisenbahn in die DDR.*

---

* Am 22. August 1985 meldete die Nachrichtenagentur ADN, dass Tiedge in der DDR „politisches Asyl" beantragt habe. Handelte Tiedge „spontan"? Tiedge habe, so ein CIA-Papier, seine „Flucht" der HVA zuvor angekündigt, denn er wollte sich bereits am 15. August 1985 in die DDR absetzen und hatte offiziell Urlaub beantragt. An diesem Tag wechselte Tiedge aber nicht die Seiten, doch die HVA rechnete fest mit seiner Ankunft für den 15. August, weshalb sie das für das BfV tätige DDR-Ehepaar Garau verhaften ließ. Die Festnahme sollte mit Tiedges Seitenwechsel erklärt werden. Tiedge kam allerdings erst vier Tage später (am 19. August). Nach Erkenntnissen der CIA soll Tiedge den Kontakt zur HVA bereits Monate zuvor hergestellt haben. Für diese These spricht die Affäre um den Doppelagenten Horst Garau in der Tat, einen Cottbuser Kreisschulrat und SED-Mitglied, der (wie Gattin Gerlinde) erst für die MfS-Bezirksverwaltung Cottbus arbeitete, dann für die HVA VI („Illegale Übersiedlung"): Garau reiste regelmäßig in den Westen, um Agenten-Schleusungen ins „Operationsgebiet" vorzubereiten. Dazu führte er den in London platzierten Dolmetscher Elmar Rothe. Als Rothe

Die Medien warfen dem CSU-Bundesinnenminister Friedrich Zimmermann daraufhin Versäumnisse als Dienstherr Tiedges vor. Zimmermann musste um seinen Machterhalt im Kabinett bangen. Falls er über Tiedge stolpere, drohte Zimmermann dem inzwischen entnervten Kanzler Helmut Kohl, wäre die Koalition in Gefahr. Wer wollte das riskieren? Heribert Hellenbroich avancierte also zum wohlfeilen Bauernopfer. Als Pensionär konnte er im Detail verfolgen, zu welchen Leistungen sein Amt fähig war.

Der Bonner Schalck-Untersuchungsausschuss hatte das Berliner LfV gebeten, ihm Erkenntnisse über MfS-, HVA- und Persönlichkeiten der „Kommerziellen Koordinierung" (KoKo) mitzuteilen. Der Vorsteher Heinz Annußek blamierte sich allerdings bis auf die Knochen – selbst drei Jahre nach der Vereinigung:

Der DDR-Außenhandelsminister Gerhard Beil existierte, laut LfV, nicht, lediglich ein Deckname „Beil", weshalb ein „KoKo-Bezug" nicht feststellbar sei. Zu Hans Fruck, dem einstigen Stellvertreter von Markus Wolf, sei „lediglich eine Hinweissammlung" vorhanden, „ferner Zeitungsausschnitte". Über den MfS-Oberst Heinz Volpert, den getreuen Weggefährten des DDR-Advokaten Wolfgang Vogel, meldete das LfV „keine Fundstelle", weshalb es Vogel ebenso erging („keine Fundstelle"). Über Oberst Hans-Joachim Kahlmeyer, der im HVA-Auftrag mit Alexander Schalck-Golodkowski Bargeldgeschäfte in Millionenhöhe tätigte, gäbe es „keine Fundstelle beim LfV Berlin", keine zu Ruth Lerche, ehedem Sekretärin des vormaligen Ministers für Staatssicherheit Ernst Wollweber wie Agentin im Bundesgebiet.

---

nach Argentinien „versetzt" werden sollte, um auf Friedhöfen Daten von Toten zu sammeln, damit mit diesen Angaben HVA-Agenten legendiert werden konnten, wollte Rothe aussteigen. Er stellte sich dem Verfassungsschutz. Der freilich überredete ihn, als Doppelagent zu arbeiten. Das tat er unter dem Decknamen „Martin". Sachbearbeiter: ausgerechnet Klaus Kuron, der auch über Garaus BfV-Anbindung unterrichtet war. Klaus Kuron hatte Garau der HVA denunziert, aber nur unter der Bedingung, dass dieser nicht festgesetzt werde. Wolf gab sein „Ehrenwort". Als Tiedge sein Kommen aber für den 15. August ankündigte, wurden die Garaus noch am selben Tag festgenommen, also vier Tage vor Tiedges Übertritt. Bis zur Wende war das BfV-Ressort IV („Spionageabwehr") im Übrigen damit beschäftigt, den durch Tiedge angerichteten Schaden zu sichten. Bis zu zehn Verfassungsschützer überprüften unter der Deckbezeichnung „TITUS" all jene Papiere, auf denen Tiedge eine Paraphe hinterlassen hatte. Garau erhängte sich während seiner von Markus Wolf verordneten Haft.

Um der deutsch-deutschen Vereinigungs-Kriminalität auf die Spur zu kommen, wurde das BfV eingeschaltet. Im Februar 1991 (!) meldete das BfV seinem Dienstherrn Bundesinnenministerium in einer „Einzige(n) Ausfertigung" auf 33 Seiten die „aktuelle Entwicklung" der „ehemaligen Firmen der HVA des MfS" und „Firmengründungen durch ehemalige MfS-Mitarbeiter". Eine unangenehme Vorstellung: Dieter Uhlig, Schalck-Golodkowskis Waffen-Schieber, „soll sich ... einen Posten in der Treuhandanstalt gesichert haben". Nichts da. Stattdessen gründete er mit Erhard Wiechert in Karlshorst die „UWIMEX GmbH". Das „U" stand für Uhlig, das „W" für Wiechert. Dann sei zu „vermuten", dass die „Berliner Handels- und Finanzierungsgesellschaft mbH mit dem Ziel gegründet worden sei, alte GOLODKOWSKI-Vertraute zu versorgen". Kein Gedanke. Die Treuhandanstalt hatte sie etabliert. Die „Kunst und Antiquitäten GmbH" existierte „vermutlich unter dem Namen ‚Internationale Beratungs- und Vertriebs GmbH'" weiter. Richtig. Welchen Weg beschritt aber deren Tochter, die „Philatelie Wermsdorf"? Sie hieße jetzt „Deutsche Postphilatelie". Doch wie der neue Eigentümer? Das BfV kannte ihn nicht. Dabei saß der in Bonn – der Bundespostminister höchstpersönlich hatte das wertvolle Briefmarken-Archiv für sich sichergestellt.

Grundsätzlich „kann davon ausgegangen werden", so resümierte das BfV, „daß ... (aus) ehemaligen Firmen und Diensteinheiten des MfS neue Firmen mit anderen Namen hervorgegangen sind, wobei man davon ausgehen kann, daß sowohl Gelder als auch andere Vermögenswerte des MfS wie Immobilien, Computer und sonstige elektronische Ausrüstungen übernommen wurden". Hätte das BfV der „Berliner Zeitung", dem „Spiegel" oder „Focus" statt hochbezahlter Spione vertraut, es wären mit Sicherheit mehr Fakten zusammengekommen. Stattdessen dominierte ein überraschendes Solo-Vokabularium:

- permanent der Fingerzeig „laut SCHALCK",
- unausrottbar die Bemerkung „soll",
- laufend die Information „Geschäftsführer: Unbekannt",
- anhaltend die Erklärung „Verbleib: Unbekannt",

doch konkurrenzlos in der Gebärdensprache des BfV die Worte

- „zu vermuten",
- wegen ununterbrochener Wiederholungen schließlich das Kürzel: „Vmtl" („Vermutlich").[47]

273

Der Professor für Politikwissenschaften der Gießener Universität Claus Leggewie hatte sich mit dem Status des BfV wie mit dem der Landesämter beschäftigt. Im Prinzip, so analysierte er, handele es sich um „nutzlose Ämter", die „sich öffentlich unsichtbar und selten machen". Leggewie: „Wie man unter optimaler Nutzung reichlich zugeteilter Kapazitäten ein Minimum an äußerer Wirkung unter Vorspiegelung eines Maximums an ‚innerer Sicherheit' erzeugt", sei eine Kunst, denn „es ist schließlich eine beachtliche Leistung ... einen Apparat in Bewegung zu halten, ohne dass Nennenswertes geschieht".[48] Derart gebeutelt, holte sich die Politik einen Rentner.

Als Gerhard Boeden, der vom einfachen Straßenpolizisten zur Integrations- und Identifikationsfigur des Bundeskriminalamtes aufgestiegen war, sich in seinen wohlverdienten Ruhestand verabschiedet hatte, ließ er sich im April 1987 überreden, als „Interimslösung" die Geschäfte des BfV zu übernehmen. Dann lag die DDR im Koma. Nun meinte Boeden, MfS-Überläufer würden ihm jetzt die Tür einrennen und ihm westdeutsche Agenten zuhauf präsentieren. Die blieben aus, zumindest anfangs. Selbst der DDR-Innenminister Peter-Michael Diestel versagte als Hoffnungsträger Boedens.

„Herr Wolf", lockte Diestel, „Gerhard Boeden ist gerade in West-Berlin. Zehn bis zwölf Namen und ein paar Angaben zu den die Sicherheit der Bundesrepublik betreffenden Aktionen Ihres Dienstes, und Sie brauchen sich wegen einer etwaigen Strafverfolgung keine Gedanken mehr zu machen." Boeden habe freies Geleit zugesagt. Markus Wolf lehnte ab. Diestel gab nicht auf: „Herr Wolf, Sie wissen so gut wie ich, daß wir alle der Kriegsgefangenschaft entgegensehen. Die einzige Möglichkeit, die uns noch verbleibt, ist die, daß wir über unsere Unterkunft und die Verpflegungssätze mitbestimmen."[49] An Wolf biss sich Diestel allerdings die Zähne aus. Doch wie dann an MfS-Dossiers herankommen, vor allem an jene, die Bezüge zur Bonner Prominenz hatten? Die Fragen klärte vor Ort, in Ost-Berlin, Eckart Werthebach[50], Diestels „Berater in geheimdienstlichen Dingen".[51] Am Ende brachte der „Spiegel" dessen einzige Leistung auf den Punkt: „Während vorn die Bürgerkomitees wachten, schleppten Werthebachs Helfer hinten die Akten heraus."[52] Das brachte Werthebach 1991 immerhin die BfV-Präsidentschaft ein. BfV-Recken erkannten im neuen Chef einen alten wieder: Richard Meier.

Weil Journalisten auf Werthebachs Stasi-Geschäfte stießen und es ihn wohl auch nach Pullach drängte, wuchs er für den BND, wie einst Günther Nollau, zum Sicherheitsrisiko heran. Der BND setzte daraufhin über Werthebach wenig Erbauliches in Umlauf. Seine Karriere geriet tatsächlich ins Stocken; er wurde als Staatssekretär ins Bundesinnenministerium abgeschoben. Dort würde er weniger Schaden anrichten, spekulierten Eingeweihte.[53] Es folgte Hansjörg Geiger, ein vormaliger Datenschützer, der – als Direktor der Gauck-Behörde – dem Staatsschutz bei der Fahndung nach übersehenen MfS-Akten behilflich war. Lange blieb auch Geiger nicht, nicht einmal zwei Jahre. Das war die Chance für Peter Frisch, den Dauer-Vize des BfV.

Die Frisch-Karriere kam nur mit Verzögerung in Schwung: Lehre als Versicherungskaufmann, Schadensregulierer, hierauf Studium der Rechtswissenschaften, zum guten Schluss – mit 34 Jahren – Anstellungsvertrag bei einer Bundesbehörde, die unter westdeutschen Ämtern über den schlechtesten Leumund verfügt(e):[54] dem Bundesverwaltungsamt in Köln, der Auffangstation auch für abgehalfterte Verfassungsschützer, die wegen Alkoholproblemen oder geistiger Überforderung ihren Dienst beim BfV quittieren mussten.* Hansjoachim Tiedge kommentierte die freundliche Entsorgung überanstrengter Verfassungsschützer nur kurz: „Die Liste ist lang."[55]

Im Bundesverwaltungsamt grübelte Frisch über Fragen der Wiedergutmachung nationalsozialistischen Unrechts. Irgendwie müssen seine Antworten im Bundesinnenministerium auf positive Resonanz gestoßen sein. Es bot Frisch den Posten eines Hilfsreferenten an. Prompt arbeitete der Debütant die Gefahr des linken Spektrums heraus, dem er wohl auch die Befähigung zum Staatsstreich unterstellte. Der im Januar 1972 beschlossene „Radikalenerlass", die Überprüfung von Bewerbern für den öffentlichen Dienst auf ihre „Verfassungstreue" hin, betraf vordergründig DKP-Mitglieder.** Koautor: Peter Frisch, der, einmal im Thema, so-

---

* Im Bundesverwaltungsamt müssen Trinkgelage zu reinsten Exzessen verkommen sein, denn der § 75 der „Geschäftsordnung" legte fest, dass „der Genuß alkoholischer Getränke während der Arbeitszeit grundsätzlich verboten" sei, allerdings: Während der „Mittagsmahlzeit kann im Restaurant eine kleinere Menge Bier oder Wein getrunken werden". Und sollte es nach dem Dessert wieder mehr werden, könnte nachfolgend – in „Ausnahmefällen" – die „Behördenleitung oder der Abteilungsleiter (das Trinken) zulassen".

** Von August 1972 bis März 1976 wurden annähernd eine halbe Million „linke" Bewerber überprüft, 428 wegen „politischer Bedenken" abgelehnt.

gleich die „Regelanfrage" (Fernhalten von Verfassungsfeinden) mit auf den Weg brachte und den Konservativen damit ihren Katechismus bescherte.[56] Den sollte Willy Brandt später als einen seiner großen „Irrtümer" eingestehen.

Als das niedersächsische Innenministerium 1975 Personal für das „Grundsatzreferat Verfassungsschutz" suchte, bewarb sich Frisch. Erfolgreich. Nun gelang ihm der Aufstieg: erst LfV-Stellvertreter, dann Chef des LfV. In der Provinz ging es freilich hoch her. Skandal folgte auf Skandal, bis einer explodierte. Die Staatsbombe „Aktion Feuerloch" („Celler Loch") erschütterte die Bonner Republik.

Mithilfe eines in die Mauer der Strafvollzugsanstalt in Celle gesprengten Durchbruchs hatten Geheimdienstler im Juli 1978 versucht, einen Vorwand für verschärfte Haftbedingungen jener Häftlinge herbeizuführen, die als RAF-Sympathisanten verdächtigt wurden, dazu sollte über den Bums ein vom LfV angeworbener Spitzel mit krimineller Energie in die terroristische Szene eingeschleust werden. Die niedersächsische Staatsschutzabteilung stellte für diese Aktion einen Sprengstoff-Experten ab, einen Mann der GSG 9, während der mysteriöse Werner Mauss für das LfV des Peter Frisch einen Mercedes 350 SL organisierte, damit der Wagen samt gefälschten Papieren von ahnungslosen Polizisten als „Beweismittel" sichergestellt werden konnte. Ein solches Unternehmen, so erklärte Frisch, sei ihm niemals zu Ohren gekommen, obwohl er diese Aktion in der Zeitschrift „Unsere Sicherheit" im Detail behandelte und sie mit keinem Wort kritisierte.[57] Leicht hatte es Peter Frisch nie.

Ein Anonymus sandte monatelang Faxe an den Chef des Kanzleramtes wie an zahlreiche Bundestagsabgeordnete. Sie betrafen ein und dieselbe Person: die des BfV-Präsidenten Peter Frisch. Der Absender warf Frisch schlampige Amtsführung vor, zudem habe er sich zu Lasten der Staatskasse persönlich bereichert. Frisch kämpfte um seine Reputation. Den Täter stellte ein BfV-Observationskommando in einem Telekom-Laden. Die Ohnmacht schien echt, als die Fahnder auf einen allseits anerkannten Kollegen stießen, auf Wolfgang Deckenbrock, den höchsten Geheimnisträger des Amtes, den hauseigenen Sicherheitschef, der über jede Unpässlichkeit eines jeden BfV-Angehörigen im Bilde war. Warum Deckenbrock?

Der Leitende BfV-Regierungsdirektor zeigte Zerfallserscheinungen, etwas, das ihn nicht allein betraf. Das Interesse an seinem Arbeitgeber hatte Deckenbrock wegen absurdester Querelen längst verloren. Er kam sich überqualifiziert vor, zudem muss ihn sein Chef aus der Bahn geworfen haben (Frisch: „Es ist eine schöne und befriedigende Aufgabe, unserem Volk und der Freiheit zu dienen"). Flog der überführte Verfassungsschützer daraufhin etwa raus, wurde ihm gar der Beamtenstatus entzogen? Kam er vielleicht in die Psychiatrie, vor Gericht und anschließend in den Knast? Kein Gedanke. Immer, wenn die Öffentlichkeit ausgeschlossen bleiben soll, tritt die Verwahranstalt des BfV in Kraft: der Recyclinghof Bundesverwaltungsamt. Dort schützte Deckenbrock sodann die freiheitlich-demokratische Verfassung – als „Revisor" obliegt ihm, nun Leitender Regierungsdirektor, die Kontrolle der Vergabe von Fördermitteln.[58]

Nach wie vor befindet sich das BfV auf Sinnsuche. Seine Präsidenten haben Steuergelder in Milliardenhöhe für Nonsens verpulvert, MfS, HVA, GRU und KGB haben das System Verfassungsschutz in die Knie gezwungen. Als Peter Frisch noch Präsident war, forschte er, wie der „Spiegel" höhnte, nach „Gründen, warum es (das BfV) auch künftig geben muß". Die umwerfende Antwort, laut Frisch: „Kreativität", „Dialog" und „Service".

Bis zum 11. September 2001 wurde Nachwuchs im BfV selten eingestellt, mit der Folge einer bedenklichen Überalterung. Die verbliebenen Betonköpfe beweinten ihr altes Feindbild, denn seit der Vereinigung müssen sie sich mit einem unwirtlicheren Feind beschäftigen: mit Extremisten. Doch wie soll das gehen? In welcher Sprache will das BfV V-Leute anwerben, in welcher Mundart Terroristen enttarnen, in welchem Dialekt Mails mitlesen?

Wer im BfV spricht Türkisch? Wer Farsi? Wer wirkliches Paschtu? Wer Albanisch? Wer das ursprüngliche Azeri? Wer Hocharabisch? Wie will das BfV global organisierten oder unabhängig agierenden Bombenlegern zu Leibe rücken, wenn sich der Kurier georgisch verständigt, der Fundamentalisten-Führer aber tadschikisch? Die Zukunft des Dienstes, offenbarte der Ex-Präsident Peter Frisch, hänge daher „von einer gut gemachten Öffentlichkeitsarbeit ab". Und wie stellte sich dessen Nachfolger Heinz Fromm Perspektiven vor? Auf die Frage, welche Erfolge das BfV bei der Spionage-Abwehr vorzuweisen habe, gab Fromm, der Frisch 2000 nachgefolgt war, anlässlich des 50-jährigen Jubiläums des BfV diese Auskunft: „Hier kann das BfV spektakuläre Erfolge nachweisen."

Und welche? Na, die „Aktion Anmeldung".[59] Die hätte es aber fast gar nicht gegeben.

Der Verfassungsschützer Heinrich Marx, seit 1966 zuständig für gegnerische „Funkfälle", hatte eines gescheiten Tages enttarnte DDR-Agenten erfasst, indem er plötzlich über die Einschleusungsmethode der HVA verfügte. Diesen Zufallstreffer meldete er umgehend seinem Vorgesetzten Hans Watschounek. Der reagierte ablehnend, ebenso der Chef der BfV-Spionageabwehr, Albrecht Rausch, denn um die „Aktion Anmeldung" eröffnen zu können, hätte eine Handvoll BfV-Bediensteter freigestellt werden müssen. Schließlich litt das Amt unter akutem Personalmangel. Jahrelang verstaubte die „Aktion Anmeldung" daher im Panzerschrank. Erst als Marx zum Leiter einer eigenständigen Ermittlungsgruppe avancierte, verfügte er über „eigenes" Personal. Ebendas schwor er auf seine Idee ein und ließ, ohne Genehmigung der Amtsleitung, das Puzzle zusammensetzen, bis ein erster „Probelauf" zum Erfolg führte.

Albrecht Rausch, der von der „Aktion Anmeldung" anfangs gar nichts hielt, brach jetzt in wahre Begeisterungsstürme aus. Was tun? Verhaften lassen? Würde er, Rausch, die Wolf-Spione spontan aus dem Verkehr ziehen, entgegnete Marx, würde Ost-Berlin das Schleusungs-Programm flugs ändern. Die Kundschafter liefen also weiter frei herum, wenngleich angeblich unter „Beobachtung". Doch dann löste Heribert Hellenbroich 1975 Albrecht Rausch als Abteilungsleiter ab. Hellenbroich wollte mit einem Paukenschlag reüssieren und übergab der Exekutive zwölf von Heinrich Marx erkannte „Aktion Anmeldungs"-Fälle.* Die Lorbeeren ernteten allerdings weder Hellenbroich noch Marx, sondern der Präsident Richard Meier nahm sie für sich in Anspruch. Und 25 Jahre später stärkte sich auch Heinz Fromm mit dieser alten Kamelle. Existierten weitere Ruhmesblätter? Dirk Dörrenberg fiel eines ein. Auf einer Tagung („Stasi im Westen") in Berlin blickte auch er zurück auf die „Aktion Anmeldung".

Dörrenberg: Das BfV habe das Funknetz der HVA erkannt und „bis zu 90 Agenten verhaften" können. Doch nicht das BfV knackte das Funk-

---

* Marx hatte rund 280 mögliche HVA-Agenten identifiziert. Als die HVA davon erfuhr, zog sie ihre Kundschafter ab. Einige kehrten aber mit einer neuen Identität ins „Operationsgebiet" zurück.

netz, sondern Partnerdienste. Zwar existierte ein (Hans Watschounek unterstehendes) Funkreferat, das wurde indes nur von einer einzigen Sekretärin „bewacht". Diese Schreibkraft hütete die „streng geheimen Funkfälle", freiwillig rückte sie an Dritte nichts heraus, zumal die armselige Funktechnik lediglich von einem vormaligen Marinefunker (mithilfe des Bundesgrenzschutzes) hatte installiert werden können. Im BfV gab es nicht einen chiffrier-erfahrenen Sachbearbeiter. Das änderte sich erst, als der BND in Zusammenarbeit mit Amerikanern und Briten den „Buchschlüssel" öffnen konnte, der auf einem Code des KGB basierte.* Ohne deren Zuarbeit hätte das BfV so schöne Fallbezeichnungen wie „TURBO I", „TURBO II" oder „URSUS I" nicht auf den Weg bringen können.[60] Und das BfV im Online-Zeitalter?

„Das Internet ist für Rechtsextremisten ein bedeutendes Medium zur Agitation geworden", ließ die PR-Abteilung des BfV mediengerecht verkünden. Für diese Kreise entwickelte das Kölner Amt eine Art Kumpel-Homepage: „Geh Rechtsextremisten nicht ins Netz!" Doch gegen Neonazis findet das BfV kein Mittel, wie zuvor keines gegen das KGB, keines gegen die GRU, keines gegen die HVA, keines gegen das MfS. Selbst dem amerikanischen Auschwitz-Leugner Gerhard Lauck war es vorübergehend gelungen, das BfV vorzuführen: Gab jemand in seinen Bowser www.verfassungsschutz.org ein, landete er automatisch auf Laucks Website („Nazi Lauck NSDAP/AO"). Und wer sich nach der aktuellsten Orwell-Fassung des Bundesinnenministers erkundigte, fand unter www.bundesinnenministerum.de das, wozu Lauck bereits über www.verfassungsschutz.org aufrief: „Zeige Deine Meinung durch NS-Handylogos!"[61] Dann überfiel Bin Laden die heile Welt.

Der ehemalige Chef des Hamburger Landesamtes für Verfassungsschutz, Hans Josef Horchem, malte acht Jahre vor dem Terroranschlag auf das World Trade Center den Teufel an die Wand. Horchem erwies sich als Prophet, in seinen 1993 erschienenen Memoiren („Auch Spione werden pensioniert") hatte er die Niederkunft eines „Gotteskriegers" bereits angekündigt. Nur dass dieser Osama Bin Laden heißen würde, konnte er noch nicht wissen: „Der Zusammenbruch der Sowjetunion hat den Fundamentalismus gestärkt", denn „nun können sich die Ener-

---

* Über Funksprüche flogen beispielsweise Günter Guillaume und der Gewerkschafter Heinz Dürbeck auf.

gien des Islam auf den verbliebenen ‚Großen Satan' konzentrieren", sprich „auf die Vereinigten Staaten von Amerika und auf dessen Bündnispartner Israel". Horchem: „Von Marrakesch und Algier bis Peschawar und Kabul wurde die islamische Welt überschwemmt von einer Welle neuer Gläubigkeit, deren Militanz voller Siegeszuversicht war, deren Fanatismus von Minderwertigkeitskomplexen gespeist" sei. In Zukunft werde „der gemeinsame Haß auf den Westen" dominieren, sich „die Neigung, die Methode des Terrorismus als Ersatzkrieg anzuwenden, verstärken": „Wenn man den Westen … nicht mit den von ihm gelieferten Waffen schlagen kann, dann muß man auf die Waffen der Assassinen zurückgreifen, nämlich auf Attentat und Mord."*

Horchem muss geahnt haben, dass seine Voraussagen boykottiert würden. Daher stellte er ein Zitat des Ayatollah Chomeini in den Mittelpunkt, der bereits 1973 den „Dritten Weltkrieg" angekündigt hatte, der sich „aus dem Gegensatz zwischen Christentum und Islam" ergeben werde. Der Westen, so Chomeinis frühes Orakel, werde zwar „die Gewehre haben", die „Gotteskrieger" aber „die Erleuchtung … des Märtyrertums". Horchem zog eine beängstigende Bilanz: Das politische Klima der Zukunft werde derart vergiftet sein, dass „sich der Kalte Krieg wie der Prager Frühling ausnehmen" werde.[62]

Bis 1970 existierte im BfV keine einheitliche Organisationsform, die sich generell mit Extremismus beschäftigte, lediglich die Abteilung III („Linksextremismus") blinzelte der „Neuen Linken" oder irgendwelchen „Sponti"-Gruppen hinterher. Obwohl Palästinenser längst Flugzeuge entführten, verharrte das BfV bei einem vorgeblich sowjetischen und jugoslawischen „Staatsterrorismus". Als dann Hausbesetzungen Furore machten, die RAF in Stellung ging, das Olympia-Attentat in München das BfV in Sprachlosigkeit versetzte, orientierte sich das BfV neu. Bis dahin hatten BfV-Arbeitskräfte vorhersehbare Aktionen biederer Kommunisten verfolgt, eine gemütliche Tätigkeit, ohne Stress, mit vielen Freizeitmöglichkeiten für Observanten während der Dienstzeit.[63]

Um im linken Räderwerk mitmischen zu können, musste das Personal aufgestockt werden. Woher es aber nehmen? Der BfV-Präsident

---

* Im Mittelalter waren Assassinen Meuchelmörder. Sie gehörten einer mohammedanischen religiösen Sekte an; im Arabischen bedeutet „Assassin": „Basis des Glaubens".

Günther Nollau schuf Abhilfe: Er verschickte Stellenangebote an andere Behörden. Alsbald überfluteten die Kölner Amtsstuben: Bundesgrenzschützer mit wenig hilfreichen Erfahrungen aus der Stille der Zonengrenze, Beamte, die zuvor Strafgefangene drangsalierten oder bei der Bundesbahn Fahrkarten kontrollierten, frustrierte Sachbearbeiter aus Einwohnermeldeämtern und Ausländerverwaltungen, nicht zu vergessen diejenigen, die in Pförtnerlogen dösten und deren aufregendste Beschäftigung sich im Nasenbohren erschöpfte. Auf diese Weise instandgesetzt, lockte nun die Piste. Plötzlich galt es, die Baader-Meinhofs samt ihrer Unterstützer und Sympathisanten einzukreisen.

Ehemalige Vollzugsbeamte betraten, das erste Mal in ihrem Leben, Universitätsgelände. Ihr unauffälliges Werkzeug: Schreibblock, Bleistift. Sie sollten die Reden verbohrter Studenten mitschreiben, zugleich Psychogramme trotziger „Provokateure" entwerfen. Die Aufgabe ließ sich aber nicht bewältigen: Die BfV-Debütanten scheiterten an der Politsprache, deren Schreibweise ihnen überdies verschlossen blieb. Pannen allüberall: Ehemalige Einwohnermeldeamts-Mitarbeiter fahndeten, über Wochen und Monate, bei Einwohnermeldeämtern nach Wohngemeinschaften oder Kommunen, halt nach „Anarchisten". Nicht ein einziger ließ sich finden. Die Erkenntnis, dass sich „Sektierer" behördlich weder ab- noch anmeldeten, reifte erst mit Verspätung heran. Am grausamsten entwickelte sich das Experiment, Spitzel im Spektrum der RAF anzuwerben.

Wer würde für einen Test-Einsatz in Frage kommen? Die Wahl fiel auf jemanden, dessen ausgeprägter Rechtsradikalismus leitende BfV-Herren als Motivationsschub verstanden. Der rückte nun zum ersten „Anbahnungsgespräch" aus. Das fand in einer Wohnung statt. Kaum, dass der BfV-Kommis im Sessel der „Zielperson" hockte, eilten Gesinnungsgenossen herbei, die den Besucher mit Hodenquetschung folterten. Dann „beschlagnahmten" sie Adressbuch und Notizen, aus denen sein Auftrag deutlich hervorging. Der Ärmste starb, mit 36 Jahren, an den Spätfolgen. Ein Kollege sollte sogar entführt werden.

Auf einem Autobahn-Rastplatz, nahe des Frankfurter Kreuzes, hatte sich ein BfV-Mann mit einem RAF-Komplizen verabredet. Der begrüßte den Staatsdiener neben einem geparkten Ford-Kastenwagen, aus dem plötzlich einige „Irrgläubige" heraussprangen, um den Beamten ins Innere zu zerren. Ein aufmerksamer Tankwart verhinderte den Coup.

Beherzt richtete er den Benzinhahn wie eine Pistole auf das Kommando, das daraufhin die Flucht ergriff. Eigentlich hätte diese Parodie nicht geschrieben werden dürfen, denn das Gelände war durch eine Observations-Gruppe „abgesichert". Als es allerdings ernst wurde, drosch die Eskorte Skat und schluckte Bier aus Dosen.

Als der „Rambo" Richard Meier zum BfV-Präsidenten avancierte, wurmte ihn der vorgefundene Scherbenhaufen. Klar, in Leitungskonferenzen bekam jeder sein Fett weg. Begriffe wie „Flickwerk" fielen, Vorwürfe wie „Halbbildung" taten weh, „Dilettantismus" zerrte am Selbstbewusstsein. Meier, ein Meister der Selbstinszenierung, trat nun auf, als ob er das Arbeitsfeld eines Geheimdienstes neu erfunden hätte. In der Tat schien er eine „Marktlücke" aufgetan zu haben: Um linksextreme „Außenseiter" langfristig unter Beobachtung zu stellen, sollten Abiturienten angeworben werden. Wenn die für die Außenwelt ein besonders linkes Glaubensbekenntnis ablegten, würden sie vom „Linksprofil" akzeptiert und in Serie ins „linke Innere" vorstoßen. Der eine oder andere Szene-Kenner äußerte, voller Respekt, Vorbehalte. Beispielsweise, dass solch ein Unternehmen sehr aufwendig betrieben werden müsse – Kandidatensuche, Beschaffung einer Legende und so weiter. Es werde aberwitzige Beträge verschlingen und unendlich viel Zeit kosten. Egal. Der Aktion „Abiturient" wurde Vorrang eingeräumt.

Schulabgänger ließen sich für den Job tatsächlich gewinnen. Das Argument, das ihnen die Zusage erleichterte, war schließlich von bestechender Beschaffenheit: Statt sich in Kneipen als Kellner für einen Hungerlohn das Studium zu finanzieren, könnten sie sich stattdessen in ebendiesen Lokalen bedienen lassen – auf Kosten des BfV, das sich bereit erklärte, den gesamten Lebensunterhalt zu bezahlen. Sie müssten lediglich die Ohren spitzen und die Augen offen halten. Doch die Kundschafter versagten. Nicht, weil sie etwa konspirative Regeln verletzten, sondern: Kaum hatten sie Bekanntschaft mit dem „Objekt" hergestellt, entfalteten sie eine bemerkenswerte Affinität zu linkem und antiautoritärem Gedankengut, womit das BfV „Autonomen" ein sorgenfreies Studium ermöglichte.

Aber: Einem BfV-Agenten war es gelungen, in ein linksextremistisches Forum vorzudringen. Während die – eingeweihte – Gattin im Kölner BfV-Ghetto Merheim mit der Tochter spielte, studierte ihr Mann in Frankfurt am Main, wo er nun seinen nachrichtendienstlichen Geschäften nachging. Wochenends trieb es ihn brav zur Familie – ein entscheidender Nachteil: Wenn er kam, fuhr er mit seinem bunt bemalten VW-Bus vor und eskalierte zur „Karikatur der Konspiration". Das BfV musste den Hoffnungsträger abschalten. Da sich der Paradiesvogel aber „loyal zum Grundgesetz" verhielt, wurde der „Verbrannte" in der BfV-Zentrale beschäftigt, freilich mit der Auflage, sich seines farbenprächtigen Vehikels zu entledigen. Fortan flitzte er stattdessen auf Rollschuhen zum Dienst – entlang der Hauptverkehrsader auf der Inneren Kanalstraße, eine seinerzeit exotische Angelegenheit. Spätestens jetzt wusste auch der letzte Revolutionär, dass der „Genosse" nicht zu ihnen gehörte.

Konfusion auch nach der Aufnahme diplomatischer Beziehungen zur Volksrepublik China: Das BfV hörte, rund um die Uhr, die Pekinger Botschaft ab. Auf den unzähligen Bändern war ein Gewirr von Stimmen gespeichert. Niemand verstand eine Silbe. Es musste schleunigst ein Übersetzer gefunden werden. Die um Hilfe gebetenen Amerikaner vermittelten einen Südvietnamesen. Als der in Köln eintraf, zuckten BfV-Sachbearbeiter zusammen: Es gäbe rund 55 chinesische Sprachebenen, erklärte der Dolmetscher, er aber verstünde nur Putonghua, ein zwar häufig verbreiteter Dialekt, dummerweise werde dieser von den Bonner Chinesen nicht gesprochen.[64] Ob das BfV seine Lauschoperation daraufhin einstellte, ist nicht bekannt geworden. Wie so vieles.

„Alle bisher vorliegenden Informationen bestätigen erneut", enthüllte einen Monat vor dem Fall der Mauer die (letzte) „Jahresplanung 1990" der für Terroristen zuständigen MfS-Hauptabteilung XXII, „daß es dem Gegner auch 1989 noch nicht gelungen ist, in terroristische Strukturen … einzudringen." Die Staatssicherheit gerierte sich als Klassenlehrer, ihrem Schüler Klassenfeind schrieb sie ein vernichtendes Ungenügend ins Zeugnis: Während BfV und BND die Stärke der RAF mit „ca. 20–25 Personen" bezifferten, seien es in Wahrheit „nur etwa 10–15"; während West-Dienste den Autonomen einen gelungenen Aufbau „überregionaler Strukturen" bescheinigten, erkannte Ost-Berlin lediglich ein „zusammenhangloses, von Aktionismus geprägtes, nur bedingt kalkulierbares Spektrum ohne langfristige politische Konzeption". Jammervoll desgleichen die Kenntnisse über das „Kräftepotential des internationalen Terrorismus".

„Islamisch fundamentalistische Kräfte", warnte das MfS, „werden zunehmend aktiver." Sie rekrutierten sich aus der Moslembruderschaft* und würden – über ihr „Hauptoperationsfeld Libanon" hinaus – weitere „Stützpunkte aufbauen". Bereits im Oktober 1989 hatte das MfS die neuen Logistik-Zentren der „gewaltbereiten Kräfte sowie Verbindungspersonen" ausgemacht. Nicht nur Hans Josef Horchem warnte vor einer bevorstehenden fundamentalistischen Verschwörung, sondern vor allem das MfS: Der Islam befände sich auf dem Weg der „Erneuerung", er werde zur „Befreiung" korrupter islamischer Länder schreiten und „terroristische Operationen in verschiedene Regionen der Welt" tragen – bis „in die USA". Lasen westdeutsche Anti-Terror-Spezialisten Terror-Analysen des MfS, wenn überhaupt, etwa nur quer?

Als im April 1990 der DDR-Innenminister Peter-Michael Diestel zum Vorstellungsgespräch nach Bonn hastete, empfing ihn Wolfgang Schäuble. Dem war an einer raschen Amtshilfe gelegen. „Altlasten" aus den Bereichen Spionage und Terrorismus sollten aufgearbeitet werden. Beim Agenten-Unwesen konnte Diestel nicht helfen, aber Schäubles Kollege beantwortete Fragen nach arabischen Bombenlegern, eine Aktion, die geheim gehalten wurde, weshalb der BKA-Kommissar Werner Löw verdeckt nach Ost-Berlin stürzte, um nach der ersten Sichtung des Materials in Jubel auszubrechen: „Alles, was wir seit Jahren suchten." Das weitere diskrete Prozedere folgte notwendigerweise: Ein verhüllter Lkw ächzte überladen aus der Normannenstraße in die MfS-Haftanstalt Hohenschönhausen, wo im unterirdischen Labyrinth deutsch-deutsche Ermittler gemeinsam die Papiere unter dem Siegel der Verschwiegenheit auswerteten. Kenner verspotteten das Versteckspiel als „Pioniertat in einem rechtsfreien Kellerraum".[65]

Die westdeutschen Terroristen-Sachwalter waren fassungslos, als sie von DDR-Polizisten über die in der DDR „aufhältigen" RAF-Angehörigen informiert wurden. Seither elektrisierte sie nur noch ein Thema: die RAF. Dadurch nahmen sie wesentlich brisantere MfS-Einsichten nicht zur

---

* Die Moslembruderschaft hatte sich 1928 in Ägypten gebildet, als eine „Gemeinschaft Gläubiger", die die Säkularisierung verhindern wollte. Die Ideologie wurde damals von Sayyid Outb mitgeprägt, dem – nach einem zweijährigen Aufenthalt in den USA – die „Minderwertigkeit" der westlichen Gesellschaft klar geworden sei.

Kenntnis. Hätten sie dies getan, sie wären den Anfängen des Netzwerkes des internationalen Terrorismus auf die Spur gekommen.

Am 2. Mai 1986, einem Freitag, gegen Mitternacht, entdeckte der Wodka-selige Passant Volker Stempor auf einem Ost-Berliner Parkplatz in einem Opel Kadett aus West-Berlin (B-ZZ 762) einen Mann „mit einer Schußverletzung am Kopf". Der Tote, Mohammed Ashur, protokollierte das MfS, sei „im Besitz eines gültigen Visums sowie einer Aufenthaltsgenehmigung der DDR" des libyschen Volksbüros (Botschaft) gewesen. Auch die letzten Stunden Ashurs ließen sich rekonstruieren: nachmittags Besuch des libyschen Volksbüros in der Hermann-Duncker-Straße 26, anschließend Interhotel „Berolina", wo Ashur den „La Belle"-Attentäter Musbah Omar Abulgasem Eter traf. Ashurs Spur verlor sich abends in der Pankower „Partythek"-Bar.

„Inoffizielle Hinweise gegnerischer Staatsschutzorgane", hielt das MfS fest, hätten ergeben, „daß ASHUR … für eine Verfassungsschutzdienststelle tätig war", um sodann „La Belle"-Tatbeteiligte aufzuzählen: die Mitarbeiter des Sicherheitsdienstes des libyschen Volksbüros (Ali Keslaf und Ibrahim Hamuda), einen der kuweitischen Außenhandelsfirma „Al-Khobar" mit Sitz im Internationalen Handelszentrum (Tarik Salameh) und den „Journalisten" Musbah Omar Abulgasem.[66] Von wem war Ashur aus dem Weg geräumt worden? Diese Frage stellte sich, unablässig, Silvan Becker, der „La Belle"-Untersuchungsführer im Bundesamt für Verfassungsschutz im Referat „Arabische Extremisten". Die Antwort blieb er schuldig. Er wurde, wie Ashur, ermordet.

Becker, so erinnerte sich ein Kollege vom BND, habe permanent vor der Ausbreitung eines islamischen Totalitarismus gewarnt. Stetig sei er bei seinem Chef Klaus Grünewald, dem Leiter der Abteilung „Ausländerextremismus", vorstellig geworden. Doch der horchte nur bei Kommunisten auf, seine Ohren strapazierte er vielleicht noch beim Thema Neonazis. Beckers Appelle blieben ungehört. Er fühlte sich missverstanden und begann, an der Legitimation des Kölner Amtes zu zweifeln, mit unheilvollen Folgen: Becker entschloss sich zu Alleingängen. Der Mann, der die „La Belle"-Bombe und die Lockerbie-Katastrophe als Vorboten einer fundamentalistisch-islamischen Terrormaschinerie erkannte, lernte in seiner Freizeit Maghreb-Dialekte. Libyen, so vertraute er einem Bekannten vom BND an, sei das Zentrum allen islamischen

Übels. Eines Tages aber werde ein anderer in die Rolle Gaddafis schlüpfen.[67] Becker sollte sich nicht irren.

Als die Mauer gefallen war, der DDR-Innenminister Peter-Michael Diestel MfS-Akten der „Befreiungsbewegungen" in den Westen karren ließ, war Silvan Becker einer der Ersten, der die geheimen Papiere auf seinem Schreibtisch liegen hatte. Elektrisiert sah er seine schlimmsten Befürchtungen bestätigt. Er stieß auf ein libysches Netzwerk, das sich anschickte, sich mit palästinensischen Gruppen zu vereinigen. Dann irritierte ihn der Fall Mohammed Ashur. Eine so brisante Exekution mitten in der abgeschotteten DDR-Hauptstadt? So etwas hielt er für ausgeschlossen. Der Einzelkämpfer machte sich auf den Weg in die real noch existierende DDR. Er hatte sich die Adressen kompetenter MfS-Offiziere beschafft. Würde ihm irgendwer Ashur-Zusammenhänge erklären können?

Im August 1990 fuhr Silvan Becker nach Ost-Berlin. Zwischen Rauchfangswerder und Karolinenhof traf er einen versierten MfS-Mann, dessen Terror-Erfahrungen mit seinen Erkenntnissen korrespondierten. Experten unter sich. Gab es eine schlüssige Erklärung für die Bluttat Ashur? Stand dieser im Mittelpunkt einer nachrichtendienstlichen Operation? Und wenn, welcher und für welche Seite? Beckers Recherchen schienen ins Leere zu laufen. Auch die Aufklärung des Todes von Uwe Barschel, von Becker ebenso außerdienstlich betrieben, endete ergebnislos.

Becker mahnte weiter. Die fundamentalistische Finsternis, so diagnostizierte er nach seinen Ost-Berliner Ausflügen und nach dem Studium der MfS-Akten, werde die Menschheit eines fernen Tages in Schrecken versetzen. Hartnäckig und lauthals vertrat Becker seinen Glaubenssatz. Aber er wurde nicht ernst genommen, vielmehr als Querulant abgestempelt. Dann wurde ihm sein Arbeitsgebiet entzogen und ihm das der separatistischen Tamil-Tiger im Norden Sri Lankas zwangsverordnet. Jetzt war er kaltgestellt – vom BfV-Präsidenten Eckart Werthebach. Becker aber fahndete weiter. Inkognito. Dann beantragte er Urlaub. Seinen letzten.

Im März 1994 flog Silvan Becker mit Gattin Vera nach Tunesien. Von dort aus überschritt das Ehepaar die Grenze nach Libyen, angeblich, um archäologische Fundstätten aufzusuchen. Dass sich die Beckers für die Antike nicht interessierten, übersah der später in Erklärungsnot geratene BfV-Chef Eckart Werthebach. Sie seien, so sein offizieller Bescheid, von Banditen erschlagen worden.[68]

Becker hatte, möglicherweise nach einem doch ergiebigen Gespräch mit einem MfS-Angehörigen, Beziehungen zum libyschen Terror-Sumpf hergestellt. Hoffte er, das Netzwerk aufklären zu können, das den Ashur-Mord ausführte? War er der CIA auf die Spur gekommen oder welchem Geheimdienst? Der Verfassungsschützer, so ein BND-Bediensteter, sei in die Terroristenoase Gaddafis gelockt worden, derart, dass er nicht um sein Leben fürchten musste. Hätte ihn sonst seine Ehefrau in die „Ferien" begleitet? Schwer vorstellbar.

Die Wirklichkeit sah so aus: Verzweifelt suchten BfV-Angehörige bei MfS-Offizieren nach Terroristen-Spuren. Zwölf Jahre nach den Fußtritten durch den Klassenfeind. Der unverhoffte Zuwachs an Ansehen begegnete MfS-Angehörigen nach dem 11. September an ihren Haustüren: Äh, so begann sich ein schüchterner Verfassungsschützer unter irgendeinem Namen vorzustellen, er würde ein dringendes Gespräch führen wollen. Der MfS-Mann bat ins Wohnzimmer. Im Bücherschrank symbolisierte eine holzgeschnitzte Arbeiterfaust die längst vergangene Ära Schild und Schwert. Tja, druckste der Besucher umständlich herum, es ginge um diesen entsetzlichen Vorgang in New York, „um diesen Osram Laden". Die Sicherheitsbehörden seien angehalten, den Amerikanern zu helfen. Die „Stasi" hätte sich auf diesem Gebiet doch als ausgesucht kompetent erwiesen.

Nun ja, entgegnete der Umschmeichelte, dies sei richtig, falsch lediglich der Begriff „Stasi": „Ich gehörte dem Ministerium für Staatssicherheit an." Derart in handwerkliche Verlegenheit gebracht, erfuhr der Fremde Unerfreuliches in Fortsetzung: „Ihr habt uns mit 800 Mark Rente auf die Straße gesetzt", „ihr habt uns mit Ermittlungsverfahren überzogen", „ihr habt uns jede Chance auf einen beruflichen Neuanfang genommen", „ihr habt uns kriminalisiert", „ihr habt uns mieser traktiert als jeden Auschwitz-Nazi", „ihr habt uns behandelt wie Leprakranke". Und nun, „wo ihr in der Scheiße sitzt, sind wir auf einmal gefragt"? Der Ausgegrenzte komplimentierte den sprachlos gewordenen Eindringling hinaus.[69] Die Situation schien hoffnungslos. Auch die jährlichen „Verfassungsschutzberichte" fielen aus dem Rahmen: Terroristische „Basisdaten für Deutschland" gab es vor dem 11. September nur mit dicken Fragezeichen.

Welche Fundamentalisten beispielsweise die ägyptische „Islamische Gemeinschaft" anführten, blieb dem BfV verborgen („Leitung: Funktionärsgruppe"). Dieselbe Not beim „Islamischen Bund Palästina" („Leitung: Führungsfunktionär"), bei der „Partei Gottes" („Leitung: Funktionärsgruppe"), bei der „Türkischen Kommunistischen Partei / Marxisten-Leninisten" („Leitung: Funktionärsgruppe"). Und das Fachwissen über Osama Bin Laden, dem das BfV ein „U" verpasste? Immerhin enthüllte der „Verfassungsschutzbericht" 1998, Bin Laden sei ein „maßgeblicher Finanzier des terroristischen Mudjahedin-Milieus", der „in der Bundesrepublik Deutschland ansässige Personen … eine militärische Ausbildung … in Afghanistan oder Pakistan durchlaufen" ließe, woraufhin sich „einzelne Personen aus diesem Kreis in Kontaktnetze … zum Personenkreis Usama BIN LADEN" hätten einbinden lassen. Die Lektüre des Jahres 1999 meldete „Rekrutierungsversuche … in Deutschland", die Ausgabe 2000 erkannte endlich eine „ausgedehnte Infrastruktur, u. a. zur Versorgung mit gefälschten Personaldokumenten", aber nicht, dass die Terroristen Hamburg zur logistischen Basis für die Anschläge ein Jahr darauf erkoren hatten.[70]

Über viele Freunde verfügte das BfV nicht. Der erste Bundesminister des Innern, Gustav Heinemann, der zum Zeitpunkt der BfV-Gründung zurücktrat, wehrte sich im Vorfeld vehement gegen die „Etablierung einer Behörde wie einer der Gestapo"; sein Nachfolger Robert Lehr hingegen applaudierte dem BfV, zumindest so lange, solange Otto John noch nicht in der DDR abgetaucht war.

Die Bundesinnenminister Hermann Höcherl, Paul Lücke oder Ernst Benda – ihnen allen war gemein, dass ihnen das BfV eigentlich wurscht war. Erst Hans-Dietrich Genscher interessierte sich für das Kölner Amt. Er sprach Rangerhöhungen aus und ließ den Etat aufstocken, den Werner Maihofer freilich wieder kürzte. Gerhart Baum oder Friedrich Zimmermann – sie interpretierten das BfV als „Schreckschußpistole". Und das BfV heute? Wie gehabt.

Personenbeschreibung: GROSSMANN ist mindestens 182-183 cm groß, 105 kg schwer, hat Gewichtsprobleme und leidet unter Rheuma und Hämorhoiden. Er war deswegen auch schon zur Kur.
Er hat ein graues, fülliges, grobes Gesicht, graue, volle Haare, trägt beim Lesen eine Nickelbrille.
GROSSMANN ist verheiratet, seine Frau arbeitet halbtags als Sachbearbeiterin im MfS. Sie haben zwei Kinder. Bekannt ist von einem Kind, daß es eine Tochter ist. Diese ist verheiratet mit einem russischen Staatsangehörigen. Beide wohnen in BERLIN, Karl-Liebknecht-Straße. Diese Tochter hat in der SOWJETUNION studiert und dort ihren Mann kennengelernt.
GROSSMANN selbst mußte sich dafür einsetzen, daß sein Schwiegersohn in die DDR durfte. Um das zu ermöglichen, mußte sein Schwiegersohn eine militärische Ausbildung machen, damit er Reserveoffizier wurde und die Militärbehörden in der DDR ihn überwachen können. Dieser Schwiegersohn arbeitet in der Entwicklungsstelle des Landmaschinenbaus.

GROSSMANN selbst ist ein Karrierist, der sein Augenmerk darauf richtet, keine Vorkommnisse in seinem Verantwortungsbereich zu haben, für die er selbst die Verantwortung tragen müßte und die damit seiner Karriere schaden könnten. Deshalb ist er ein großer "Radfahrer" und Jasager. Er stellt sich grundsätzlich nie vor Untergebene, will aber alles wissen, nur nichts verantworten. So gibt er auch die kleinste Information nach oben, so nach dem Motto: "Ich habe ja gemeldet, nun tragt ihr die Verantwortung"!
Er hat keinen großen Intellekt und ist ein schlechter Redner. Deshalb hat er auch keine Überzeugungskraft und ist ein reiner Formalist. GROSSMANN ist neidisch und mißgünstig, er

VS-NfD

- 3 -

BND-Einsicht (1982): „Der hat Glück gehabt, daß er nicht bei lebendigem Leibe geviertelt wurde"

Kostenstelle 2 119 10

Mietvertrag

Der nachstehende Vertrag über die gegenseitigen Rechte und Pflichten zwischen Mieter und Verwaltung soll dazu beitragen, durch vertrauensvolle Zusammenarbeit das gesellschaftliche Leben in der Hausgemeinschaft zu entwickeln. Verwaltung und Mieter sorgen gemeinsam durch gegenseitige Hilfe und Unterstützung für die ordnungsgemäße Erhaltung der Wohnungen und die Entwicklung der Wohnkultur im Wohngrundstück.

Zwischen dem   MINISTERRAT DER DEUTSCHEN DEMOKRATISCHEN REPUBLIK
Ministerium für Staatssicherheit

Diensteinheit 8350

1130 Berlin, Normannenstraße 22

(nachfolgend Verwaltung genannt)   – als Vermieter –

und   G r o ß m a n n ,   Werner   090329 4 3005 3
Name   Vorname   PKZ

(nachfolgend Mieter genannt)   – als Mieter –

wird folgender Mietvertrag abgeschlossen:

§ 1
Entstehung des Mietverhältnisses

Das Mietverhältnis entsteht aufgrund der Wohnraumzuweisung/Tauschgenehmigung der Abteilung Wohnungswesen vom 23. 2. 1987. Es beginnt am 15. 12. 1986 und gilt auf unbestimmte Zeit.

§ 2
Mieträume

(1) Die Verwaltung vermietet an den Mieter zum vertragsmäßigen Gebrauch die im Grundstück

1092 Berlin-Hohenschönhausen, Oberseestr. 6/8

	Aufgang		Wohnungs-Nr.		EFH
	Geschoß		links		Mitte		rechts

gelegene Wohnung mit der Gesamtfläche von 137,96 m².

(2) Die Wohnung besteht aus:

6	Zimmer(n)	x	Innentoilette	x	Korridor/Diele
x	Küche		Außentoilette		Balkon
	Kochnische		Veranda		Loggia
x	Bad/~~Dusche~~	x	Terrasse	1	~~Kammer(n)~~ Mangelraum

(3) Zubehör:

x	Kellerraum Nr.		Personenaufzug	3	Vorratsräume
649,50	m² Hausgarten		Müllabwurfanlage	2	Werkräume

(4) Ausstattung:

	Ofenheizung	x	Zentralheizung/Gas	x	Einbaumöbel
	Gasaußenwandheizer		Fernheizung		Durchlauferhitzer
	Etagenheizung	x	Warmwasser		

Ag 146/53/82

Mietvertrag für Werner Großmann (1986): „Brüderliches Bündnis mit dem heldenhaften Sowjetvolk"

Maulwürfe für die Front

Am 27. April 1945 stand der erste russische Panzer vor dem Tor des Zuchthauses Brandenburg-Görden. Hier saß Erich Honecker ein, hier verbüßte der wegen Hochverrats zu fünf Jahren Zuchthaus verurteilte Hans Fruck seine Strafe, nunmehr Vorsteher der Polizei am Prenzlauer Berg in Ost-Berlin, um – in Zusammenarbeit mit den Sowjets – „junge Menschen zu gewinnen" und Rache an den Nationalsozialisten zu nehmen.

Die Chance bot sich Fruck bereits in der ersten Juni-Woche 1945: Auf seinem Revier erschien Erich Hanke, während des Dritten Reiches Agent der Roten Armee, der GRU, in der DDR Marxismus-Professor. Hans Fruck erfuhr: Einer der Mörder Rosa Luxemburgs, Otto Wilhelm Runge, hielte sich unter dem Falschnamen Radloff nur einen Steinwurf entfernt von seiner Dienststelle auf. Fruck war noch ohne Kompetenzen, ohne Absprache mit den Russen konnte er sich Alleingänge noch nicht leisten. Er zerrte Hanke in ein Nebenzimmer. Dort residierte der sowjetische Kommandant, „ein junger, untersetzter Mann mit außerordentlich sympathischen Gesichtszügen", wie Hanke sich erinnerte. Dieser, Anatolij N. Schigajew, in den Sechzigerjahren GRU-Resident in Bonn, sei umgehend aktiv geworden. Hanke: „Wir erhielten die Bestätigung, daß es sich tatsächlich um den Mörder Runge gehandelt hatte."[1] Das war Frucks erster Fall. Der zweite folgte. Zwei Wochen später – eine der spektakulärsten Spionageaffären. Abermals löste ein Zwischenträger das Ereignis aus.

Bis zum 2. Juli 1945 wurde Berlin allein von der Roten Armee beherrscht. Erst nach diesem Tag besetzten Amerikaner und Engländer die West-Sektoren (die Franzosen folgten fünf Wochen später), dafür rückten die Russen nach Thüringen, Sachsen und Mecklenburg-Vorpommern vor. In den ihnen verbliebenen sieben Wochen nach der Kapitulation durchkämmten deutsch-sowjetische Spürhunde die ehemalige Reichshauptstadt. Sie fahndeten nach Überresten des NS-Regimes. Nach Personen und Akten. Nun saß Fruck der Generalleutnant der

Kavallerie a. D. Georg Brandt gegenüber, den er in seiner Sechs-Zimmer-Wohnung am Kaiserdamm 95 hatte festnehmen lassen.

Die Beschuldigung lautete: Er, Brandt, habe üble NS-Literatur verfasst. Nein, nein, verteidigte sich Brandt, er habe weder Aufsätze noch Bücher geschrieben, vielmehr Hitlers Eroberungspolitik kritisiert. Nicht einen Tag habe er für den Führer gekämpft, sondern im Ersten Weltkrieg für den Kaiser Schlachten geschlagen. 1920 sei er in Pension gegangen. Es müsse eine Verwechslung vorliegen. Möglicherweise handelte es sich bei dem Gesuchten um einen alten Kameraden, um den Generalleutnant a. D. Max Schwarte, der in derselben Straße mit seiner Tochter Wera wohnte. Die sei im Übrigen Sekretärin von Wilhelm Canaris gewesen. Elektrisiert fragte Fruck: Wo genau? Brandt: In irgendeinem Nachbarhaus. Fruck raste mit seinem Vorgesetzten Anatolij N. Schigajew zum Kaiserdamm. Im Haus 90 wurden sie vor Sonnenaufgang fündig. Sie rissen Max und Wera Schwarte aus dem Schlaf.[2]

Fruck war in der Tat einer Verwechslung erlegen. Nicht Georg Brandt hatte das NS-Regime publizistisch begleitet, sondern Max Schwarte. Der konnte die deutsche Kapitulation im Ersten Weltkrieg nie verwinden, weshalb er mit Hitlers Expansionsträumen übereinstimmte. 1924 beleuchtete Schwarte „Die Deutsche Wehrmacht in Wort und Bild", dann verlegte Reclam seinen Bestseller „Krieg der Zukunft", ein Jahr darauf die „Geschichte des Weltkrieges". Max Schwarte? Ein Vielschreiber. Er wollte den Gegner mit einem gnadenlosen „Wirtschafts- und Propagandakrieg" in die Knie zwingen, „Zersetzungsgifte in die Adern des feindlichen Heeres, in die Adern ihrer Bundesgenossen" fließen lassen.[3]

Menschenverachtend, kommentierte Fruck derartige Bekenntnisse. Der General – in einem sowjetischen Internierungslager in Haft, während Schwartes Tochter Wera in einer Karlshorster Villa von aus Moskau eingeflogenen Canaris-Kennern verhört wurde. Es waren dieselben, die zuvor kriegsgefangene Angehörige der Abwehr und der Gestapo ausgepresst hatten und somit bereits ihren Namen kannten.[4] Wera Schwarte schien ein Glücksfall. Die Russen verdonnerten Fruck zum Stillschweigen. Niemandem gegenüber dürfe er das Auffinden der Canaris-Sekretärin offenbaren.

Hektisch fahndete Moskau nach dem Tagebuch des Abwehr-Chefs. Erste Hinweise erhielten sie von festgesetzten Canaris-Vertrauten, von Hans Piekenbrock und Franz Eccard von Bentivegni. Beide brachten während der Vernehmungen Wera Schwarte ins Spiel: Der Admiral habe bis zum Kriegsausbruch seine Aufzeichnungen handschriftlich angefertigt, sie danach Wera Schwarte diktiert, die sie – ohne Durchschlag – in die Schreibmaschine tippte.[5] Wo diese Papiere abgeblieben seien, wisse sie nicht, gab Wera Schwarte zu Protokoll. Nach der Absetzung ihres Dienstherrn sei auch sie aus dem Vorzimmer verbannt worden. Der SS-Brigadeführer Walter Schellenberg, der Nachfolger von Canaris, mochte sie nicht.

Wochenlang wurde Wera Schwarte von sowjetischen Peinigern gezwungen, sich an das zu erinnern, was ihr Canaris einst anvertraut hatte. Auf diese Weise versetzte sie die Russen in die wunderbare Lage, die geheime Welt der deutschen Abwehr zumindest mosaikartig rekapitulieren zu können. Per Kurier erreichten die Berichte Moskau. Mit zunehmendem Interesse las die sowjetische Geheimdienst-Hauptperson Lawrentij P. Berija die Aufzeichnungen. Ende 1945 soll Wera Schwarte ihm gegenübergesessen haben.[6]

Unterdessen fror und hungerte Max Schwarte. Wera Schwarte, so signalisierte ein Berija-Intimus, könne ihrem Vater Erleichterung verschaffen. Sie habe nichts anderes zu tun, als in die westlichen Besatzungszonen überzusiedeln und sich dort bei den ihr bekannten Canaris-Verehrern um einen Job zu bemühen. Wera Schwarte war einverstanden, wenn ihr alter Vater dafür aus dem Lager entlassen werde. Ein Offizier legte ein Foto auf den Tisch. Es zeigte den klapperdürren Ex-General. Die sensible Frau akzeptierte, was der sowjetische Geheimdienst entschieden hatte: Wenn sie sich einen für die Russen nachrichtendienstlich interessanten Job besorgt hätte, werde die Geisel die Freiheit wiedererlangen. Unter Tränen unterschrieb Wera Schwarte die Verpflichtungserklärung und lernte anschließend ihren zukünftigen Führungsoffizier kennen, der symbolisch den Vornamen von Canaris trug: „Wilhelm“. Ihren Erzeuger sollte sie niemals wiedersehen. Max Schwarte starb am 14. Dezember 1945.

Wera Schwarte überlegte, wen sie ansprechen könnte. In Moskau war ihr mit auf den Weg gegeben worden, das Schicksal ihres Vaters nicht zu verheimlichen, im Gegenteil: Die Weggefährten würden sich dann besonders um das arme Geschöpf kümmern, der eine oder andere gar in die Rolle eines Ersatzvaters schlüpfen wollen, der „Russenhaß“ würde sie beflügeln.[7] Diese Überlegung traf voll ins Schwarze.

Zu den „Kommunistenfressern" gehörte ein alter Canaris-Gefährte: Albert Radke, einst Leiter der Abwehrstelle Münster, Agentenführer in der Tschechoslowakei und „Sonderbeauftragter" des Admirals. Er hatte an Wera Schwarte, seit er ihr bei Canaris begegnet war, einen Narren gefressen. Zwar fahndete Radke nach dem gescheiterten 20.-Juli-Putsch in der Abwehr nach NS-Gegnern (weshalb er kurz vor der Kapitulation noch zum Oberst befördert wurde), auf Canaris aber ließ er nichts kommen, obwohl ihm dessen NS-Vorbehalte nicht verborgen geblieben waren. Radke? Eine krude Erscheinung.

Der kenntnisreiche Radke mochte nach 1945 nicht einfach in den Ruhestand treten. Gehlen, auf der Suche nach erfahrenen Routiniers, verpflichtete ihn, um ihn sodann – als Vizepräsidenten – in das 1950 gegründete Bundesamt für Verfassungsschutz (BfV) zu schleusen, damit er für Gehlen dort die Geschäfte führte. Mit Radke übersiedelte auch Wera Schwarte nach Köln. Sie wurde „Erste Vorzimmerdame" des BfV-Präsidenten Otto John.[8]

Im Juni 1969 enthüllte der KGB-Oberst Wladimir A. Karpow: Wera Schwarte sei „bei Kriegsende vom (sowjetischen Geheimdienst) angeworben worden, (der) dann eine ‚Flucht' nach Westdeutschland arrangierte".*[9] Erich Mielkes Hofschreiber Julius Mader deutete das Schwarte-Kapitel allerdings zuvor pflichtgemäß ideologisch: Schwarte sei von unverbesserlichen Nazis protegiert worden, das Amt schließlich „mit ehemaligen

---

* Der KGB-Oberst Wladimir A. Karpow hatte (dem KGB/HVA-Agenten) Hans Frederik Material ausgehändigt, das den angeblich freiwilligen Übertritt Otto Johns nachweisen sollte. Daraufhin produzierte Frederik in seinem Verlag Politisches Archiv ein übles Anti-John-Phamplet („Das Ende einer Legende"). Das KGB spendierte Frederik für das „Ende …" einen „Druckkostenvorschuss" von 15.000 Mark. Wera Schwarte, am 14. Dezember 1893 geboren, wurde vom Canaris-Vorgänger Conrad Patzig entdeckt. Er warb die sechs Sprachen beherrschende Sekretärin dem Präsidenten des Internationalen Gerichtshofes in Haag ab. Nach dem Zusammenbruch will die Canaris-Witwe (Erika) Wera Schwarte 1948 nach Bonn geholt, sie erst Curt Riess als dessen Schreibkraft vermittelt und dann Otto John ans Herz gelegt haben. Als John 1954 in Ost-Berlin auftauchte, wurde Wera Schwarte 61-jährig pensioniert. Sie starb am 28. November 1969 in Solingen, angeblich an den Folgen eines Unfalls in ihrer Küche. Später stellte sich heraus, dass sie beim Schweizerischen Bankverein in Luzern über ein Konto verfügte, das ein Guthaben von 90.010,91 Schweizer Franken ausgewiesen haben soll. Der Nachweis einer nachrichtendienstlichen Tätigkeit ließ sich seinerzeit allerdings nicht führen.

SD- und Abwehroffizieren durchsetzt" gewesen.[10] Östliche Nachrichtendienstler taten niemals etwas ohne Grund. Beispiel Hans Fruck.

Fruck, am 15. August 1911 in Berlin als Arbeitersohn zur Welt gekommen, begann als 13-Jähriger mit der Ausbildung zum Werkzeug-
dreher. Soeben war Paul von Hindenburg zum Reichspräsidenten gewählt worden, Ernst Thälmann zum Vorsitzenden der KPD. Bis 1930
schuftete Fruck für seinen Lehrherrn. Er fühlte sich, wie unzählige seiner
Genossen, ausgebeutet. Hans Fruck trat der Sozialistischen Arbeiterjugend der SPD bei.
Doch die schien ihm zu wenig radikal. Er wechselte zum Kommunistischen Jugendverband Deutschlands. Kaum volljährig, wurde er Mitglied
der KPD, zugleich arbeitslos. Die Partei stellte Fruck zur Revolutionären
Gewerkschaftsopposition (RGO) ab, wo er sich als „Hilfsredakteur" für
die RGO-„Informationen" verdingte.[11] Ein karges Zeilenhonorar sicherte
ihm sein jämmerliches Überleben. Dann jubelten deutsche Stammtische.
Adolf Hitler hatte die Macht ergriffen.

Nach dem Verbot der RGO stand Fruck 1933 auf der Straße. Glück
für ihn, denn die Geheime Staatspolizei hatte seinen kommunistischen
Hintergrund übersehen. Fruck fand in Borsigwalde bei der Maschinenfabrik Raboma in der Holzhauerstraße 121–131 einen Job. Das Unternehmen stellte Bohrmaschinen her.[12] Dort begann seine Untergrund-
Laufbahn, dort kristallisierte sich sein Gespür für die Konspiration
heraus. Fruck gehörte einem legendären Spionage-Ring an.

Etwa 1932 lernte Fruck den Deutsch-Amerikaner Johannes (John)
Sieg kennen, als dieser unter dem Pseudonym „Siegfried Nebel" für die
kommunistische „Rote Fahne" schrieb. Sieg, Lehrerseminarist, Packer,
Hilfsarbeiter, Automechaniker und Journalist in einem, agierte als Kundschafter des Geheimdienstes der Roten Armee. Sieg und Fruck führten
die Widerstandsgruppe „Innere Front" an, einen Nebenzweig der Roten
Kapelle.[13] Fruck stieß auf den auf sowjetischen Parteischulen erzogenen
Sprachwissenschaftler Wilhelm Guddorf[14], der 1934 wegen „Vorbereitung zum Hochverrat" zu drei Jahren Zuchthaus verurteilt worden war
und nach seiner Freilassung Angestellter der Berliner Gsellius'schen
Buch-, Antiquar- u. Globenhandlung F. W. Linde in der Mohrenstraße
52 wurde, einer stillen Anlaufstelle von Konfidenten der Roten Kapelle.
Fruck freundete sich mit Marianne und Herbert Baum an. Das Ehepaar
sammelte Material für einen der Köpfe der Roten Kapelle, für Harro

Schulze-Boysen. Fruck unterstützte Walter Husemann, dessen Frau Marta wiederum mit Greta Kuckhoff befreundet war.[15] Hans Fruck? Er gehörte der Roten Kapelle an, ein bislang übersehenes Detail der schlagkräftigsten Spionage-Organisation während des Zweiten Weltkriegs.

Im August 1942 setzte das Reichssicherheitshauptamt (RSHA) die ersten Rote-Kapelle-Mitglieder fest. Im Laufe der folgenden Monate verlor Fruck einen Mitstreiter nach dem anderen. Ihn selbst traf es am 16. August 1943. Da rückte ein RSHA-Rollkommando bei seinem Arbeitgeber, der Maschinenfabrik Raboma, an.[16] Das milde Urteil (fünf Jahre Zuchthaus, die Verbindung Fruck/Rote Kapelle blieb der Gestapo verborgen) verbüßte er in Brandenburg-Görden, zusammen mit Erich Honecker, dessen Kleinmut sich Fruck später als Vize der Hauptabteilung Aufklärung (HVA) im vertrauten Kreis nicht herauszustellen scheute, einer der Gründe, weshalb der SED-Generalsekretär dem „Mitwisser" niemals an den Karren fahren konnte.[17]

Während der Haft erhielt Fruck die Gewissheit am Leben, dass sich die Faschisten nach dem Stalingrad-Desaster nicht mehr erholen würden. Die Landung der Alliierten auf Sizilien wirkte wie Balsam, die bitteren Verluste der Deutschen bei Kursk ließen ihn auf ein baldiges Ende des NS-Regimes hoffen – in Brandenburg-Görden wurde Hans Fruck für die anderen Genossen zum Lichtblick. Er selbst benötigte keinen Zuspruch, nein, er linderte vielmehr die Angst seiner Knastgenossen. Aufopferungswürdig „mitfühlend", wie sich ein Mithäftling erinnerte: „Er war Mensch."

Ob sich Hans Fruck dabei immer gut fühlte, vertraute er zeitlebens niemandem an. Nicht einmal seiner Frau Carmen. Auch seine um 17 Jahre jüngere Geliebte Renate erfuhr nichts über seine Rolle im Dritten Reich. Und als eines überraschenden Tages der DDR-Militärverlag die Geschichte kommunistischer Widerstandszellen im Zuchthaus Brandenburg-Görden herausgab, wurde auch Hans Fruck erwähnt. Er grollte, fluchte und brüllte.[18] Wurde etwa Unangenehmes publiziert? Mitnichten.

Ein Autorenkollektiv hatte die letzten Wochen vor der Einnahme des Brandenburger Zuchthauses durch die Rote Armee nachgezeichnet, auf zwei Seiten auch die der „Schlosserei". Im Prinzip ereignislos, hätte Hans Fruck da nicht Nachschlüssel aller Zellen wie Durchgänge angefertigt, um die Genossen vor einem befürchteten „Abschlachten" rechtzeitig aus ihrem Arrest befreien zu können. Mithilfe dieser „Zwillinge" öffneten sich dann in der Tat die Gitter, als die ersten SS-Bewacher das Weite vor den anrückenden russischen Panzern suchten.[19] Fruck zeigte Courage. Aber: die sollte nicht öffentlich werden. Die Legendenbildungen überließ er seinem „Chef", dem allzeit eitlen Markus Wolf. Aus diesem Grund ging Fruck zur HVA-Hauptperson zunehmend auf Distanz, bis er wegen der Primadonna schließlich seinen Dienst quittierte.

Egal, welchen „Brandenburger" die Russen befragten, jeder ließ Hans Fruck als „selbstlosen Genossen" hochleben.[20] Diese Auskünfte beschleunigten Frucks Karriere im Eiltempo. Am 27. April 1945 entkam er dem Zuchthaus, vier Wochen darauf unterstand ihm das Polizeirevier Prenzlauer Berg, dann die Inspektion der Berliner Kripo, schließlich die Kriminaldirektion Groß-Berlin[21], hierauf war er Kursant auf der Parteihochschule, von der er freilich noch vor dem „Examen" abberufen wurde. Das soeben gegründete Ministerium für Staatssicherheit war um Kader verlegen. Am 21. März 1950 trat Fruck seinen neuen Posten an: als Leiter der MfS-Verwaltung Groß-Berlin.*[22]

Mit Errichtung der DDR im Oktober 1949 fielen antikommunistische Rechthaber aus dem Westen in Massen in den deutschen Rumpfstaat ein, aufgestachelt von rund 50 geheimdienstlichen Organisationen, die sich ihre Wühltätigkeit von den Amerikanern oder Engländern fürstlich bezahlen ließen. Sie alle wollten dasselbe: Ulbrichts Gebilde in die Knie zwingen, Stalins Garten Eden aus dem Hinterhalt zur Strecke bringen. Die „Expansion" des MfS war lediglich die Reaktion auf diese gigantische Invasion.

Die geheimdienstliche Gülle, die der Westen da über die DDR-Felder goss, förderte die Aggression der Kommunisten. Während im Osten von der Gestapo verfolgte KP-Widerständler endlich ihren Traum von einem kommunistischen Deutschland verwirklicht sahen, versuchten ihre einstigen Verfolger die am Leben gebliebenen Ehedem-Gegner erneut auszuschalten. In dieser Atmosphäre voller Zwietracht schlugen sie aufeinander ein, die Deutschen in Ost und die Deutschen in West. Mit Hans Fruck an der Feuerlinie.

---

* Groß-Berlin heißt: Gesamt-Berlin. Im Februar 1950 verfügte die Staatssicherheit erst über 1.000 Mitarbeiter. Davon bevölkerten lediglich 150 die Zentrale in der Normannenstraße, einem vormaligen Finanzamt. Die Zahl der MfS-Angehörigen stieg aber stetig an. Im Dezember 1950 waren es bereits 2.700, am Ende (im Dezember 1989) annähernd 100.000.

In der Frontstadt Berlin hatten sich Vereine angesiedelt, die vor allem braun gefärbt waren. Sie litten unter der Schmach, dass die Rote Armee deutsches Land unterjochte, und taten es ihren Vätern gleich, die 1918 ihrerseits wegen des verlorenen Ersten Weltkriegs in Schwermut verfallen waren. Die neuerliche Demütigung löste hasserfüllten Vergeltungsdrang aus. Er überlagerte auch die Haltung des Ostbüros der CDU. Dieses beherrschte Heinz Baldauf, der einstmals Pflastersteine in die Scheiben jüdischer Geschäfte geworfen hatte, weshalb er in der DDR verfolgt wurde.

Die DDR im Auge behielten: das Bundesministerium für gesamtdeutsche Fragen („Abteilung II"), das „Informationsbüro West" (IWE), der „Zentralverband der Nachkriegsemigranten aus der UdSSR" (ZOPE), der „Nationale Bund der Schaffenden" (NTS), das „Gesamtdeutsche Referat" des Verbandes Deutscher Studentenschaften, die „Vereinigung politischer Ostflüchtlinge" (VPO), der „Zentralverband politischer Ostflüchtlinge und Ostgeschädigter e.v.", die „Vereinigung der Opfer des Stalinismus" (VOS), die „Arbeitsgemeinschaft demokratischer Kreise" (AdK), der „Volksbund für Frieden und Freiheit e.v." (VFF), der „Bund für Freiheit und Recht", der „Bund deutscher Jugend" (BdJ), die „Tatgemeinschaft Freier Deutscher", eine „Loge zu den 7 Sternen", die Burschenschaft „Die Pflüger"[23] und – die „Kampfgruppe gegen Unmenschlichkeit" (KgU), das übelste Werkzeug, das der Kalte Krieg je hervorbrachte. Die KgU hat sich mit ihren kriminellen Aktionen ein schurkisches Denkmal gesetzt.

Die KgU programmierte – über den RIAS und den Sender Freies Berlin – „Tage des Schweigens", an denen die „Zonis" weder ins Theater noch ins Kino gehen sollten. Doch wer wollte sich freiwillig als Regimegegner zu erkennen geben? Entsprechend die Resonanz: Die Bühnen meldeten „Ausverkauft!". Oder: „Am (fünften Jahres-)Tag der Befreiung!", dem 8. Mai 1950, sollten sich die „Mitteldeutschen" lediglich auf der rechten Straßenseite fortbewegen. Wer aber mochte der Obrigkeit so die rote Karte zeigen? Also flanierten DDR-Bürger links. Schließlich „besetzten" KgU-Agenten die wenigen Ost-Berliner Telefonhäuschen und nötigten von dort aus Selbständige oder Ärzte zur Republikflucht: „Ich gehöre zur Staatssicherheit. Ich muß Sie gleich verhaften. Ich will Sie warnen." Die ohnehin dramatischen Flüchtlingszahlen schnellten himmelschreiend an: 1950 kehrten allein 197.788 Arbeiter und Bauern ihrer Republik den Rücken.[24]

Die KgU hätte die DDR am liebsten in die Luft gesprengt. Sie war ein reines Terrorinstrument, eine Art antikommunistische RAF. Sie schleuderte Brandsätze in LPG-Scheunen, setzte gefälschte Lebensmittelkarten und Benzingutscheine in Umlauf, plante, Eisenbahnbrücken und ganze Fabrikanlagen zu zerstören, und wollte Trinkwasser mit Bakterien infizieren, HO-Konservendosen mit Tomatenmark füllen, dem das Nervengift Cantharidin (Inhaltsstoff der „Spanischen Fliege") beigemischt werden sollte, wobei sie den tausendfachen Tod Unschuldiger in Kauf genommen hätte. Dass solche Anschläge ausblieben, dass es nur wenige Verletzte und keinen Trauerfall gab, ist unter anderem Hans Fruck zu verdanken.[25]

Frucks MfS-Verwaltung Groß-Berlin hatte Anfang der Fünfzigerjahre wenig mit antikommunistischen Widerstandszellen im „Demokratischen Sektor" zu tun. Sie fahndete in Ost-Berlin nicht nach der DDR-Opposition, sondern klärte West-Berlin auf. Frucks Kompetenzen waren eindeutig – das Operationsgebiet seiner MfS-Einheit lag im westlichen Teil der Stadt. Fruck galt als „eigenständig", quasi als Nachrichtendienst im Nachrichtendienst. Hinsichtlich seiner „Durchbrüche" wurde er – 1956 mit Gründung der HVA – von den Russen Markus Wolf als dessen Stellvertreter zur Seite gestellt. Fruck war kein Aufpasser, er war der Experte „imperialistischer Diversanten", der (Noch-)Laie Markus Wolf wusste die ihm zugeteilte Sachverständigkeit zu schätzen. Hätte Wolf ohne Frucks Überlegenheit reüssieren, Wolf allein eine KgU knacken können? Kein Gedanke.

Das Fundament zur Liquidierung der KgU legte Hans Fruck. Er wandte ein Stilmittel der KgU an: das Faustrecht, zumal ihm sein Maulwurf Rupprecht Wagner jedes noch so nebensächliche KgU-Detail zulieferte. Den endgültigen Todesstoß versetzte indes ein anderer: Heinz Volpert, der Partner des Alexander Schalck-Golodkowski und Vertraute des „gesamtdeutschen" Advokaten Wolfgang Vogel. Mehr als 700 KgU-Agenten setzte das MfS auf dem Territorium der DDR fest. Wer mit lebenslänglich davonkam, verfügte über einen Schutzengel. Wer den nicht hatte, wurde liquidiert.[26] Schließlich hatten auch die Amerikaner ein Einsehen. Am 11. März 1959 lösten sie die KgU-Gang auf.

Volpert war ein Haderlump, gefühlskalt, keinem Schongang zugänglich, weshalb ihn Erich Mielke zu seinem „Sonderbeauftragten" bestellte. Frucks Animositäten gegenüber Volpert belebten über Jahre nicht nur die

MfS-Kantine, sondern waren auch Gesprächstoff mancher „Kollegiumssitzung". Was gab den Ausschlag? Ein brutaler Menschenraub.

Neben der KgU fürchtete Ost-Berlin den Untersuchungsausschuss
freiheitlicher Juristen (UfJ). Er war die Anlaufstelle für DDR-Bürger, die
mit ihren heimatlichen Behörden haderten, dort ließen sie sich bis zum
Mauerbau beraten. Die Solidität des UfJ stand außer Frage, seine
Gutachten wie Analysen waren in Bonn heiß begehrt. Doch nicht nur
West-Politiker folgten UfJ-Empfehlungen, auch Nachrichtendienste
griffen selbstredend auf das Know-how des UfJ zurück, der anfangs von
der CIA finanziert wurde, weshalb der UfJ dem MfS als „imperia-
listische Diversantenhöhle" galt. Die musste der für die „Untergrundor-
ganisationen" zuständige Leiter der MfS-Abteilung V, Bruno Beater,
ausräuchern, per Menschenraub „faschistische und kriminelle Elemente
unter der Maske ‚freiheitlicher Juristen'" ausradieren.

Am 8. Juli 1952 wurde der UfJ-Abteilungschef Walter Linse nach
Verlassen seiner Wohnung in der West-Berliner Gerichtsstraße 12 niedergeschlagen und in einem viertürigen Opel Richtung Teltow verschleppt.
Daraufhin wurde mehreren UfJ-Mitarbeitern der Prozess gemacht, ihnen
suggeriert, Linse habe die Namen preisgegeben. Der UfJ war lahmgelegt.
Aber er erstarkte wieder. Beater ließ erneut zuschlagen. Jetzt suchte er
sich Erwin Neumann aus, Linses Nachfolger.[27]

Erwin Neumann war begeisterter Wassersportler, Besitzer eines Se-
gelbootes, womit das Entführungs-Terrain feststand: der Große Wannsee.
Es fehlte lediglich jemand, der Neumann „einpacken" konnte. Einer nur
kam dafür in Frage, ein Agent von Hans Fruck – Wolfgang Waidhass.
Doch Fruck wollte mit der Deportation nichts zu tun haben. Die Zeiten
des Kidnapping, beschied er, seien vorüber. Er, Fruck, werde sich nicht
beteiligen. Da half ein Kompromiss.

Fruck trat Waidhass im März 1956 („… nach Rücksprache mit dem
Genossen Major Volpert") an Beaters Hauptabteilung V ab, womit die
bürokratische Hürde beseitigt war. Waidhass schlich sich also bei Neumann ein, gewann dessen Vertrauen und segelte den mit Schlafmitteln
betäubten „Faschisten" am 20. August 1958 ans DDR-Ufer. Dort nahm
ihn Heinz Volpert höchstpersönlich in Empfang.[28] Neumann kehrte
niemals zurück. Auch Linse nicht.

Hans Fruck befehdete den Klassenfeind, gewiss. Er tat dies am Ende
aber ausschließlich mit nachrichtendienstlichen Mitteln, nicht über

Kopfjäger. Auch zahlreiche Genossen Frucks erwarteten im Gewahrsam der Gestapo ihren armseligen Tod. Dies erklärte Frucks Zurückhaltung, das erlebte Leid seiner Mitstreiter hatte ihn geprägt. Auf verbrecherische Methoden war er ohnehin nicht angewiesen. Das MfS hatte die westliche Spitzelschwemme unter Kontrolle gebracht. 1952 konnten 2.625 „Agenten" festgenommen werden. Zwar gehörte nicht jeder einer Spionage-Zentrale an, aber nachweislich 599, wie die Amerikaner später bestätigten.[29] Frucks Anteil daran war nicht gering. Der Versuch, vor allem der CIA, die DDR über einen Masseneinsatz von Spähern zu überrumpeln, brachte Fruck auf eine bemerkenswerte Idee: Er schickte Kundschafter als Flüchtlinge in den Westen, wo sie in Ruhe ihren beruflichen Aufstieg vorbereiten konnten. Wenn es sein musste, durften sie jahrelang an ihrer Karriere basteln. Günter Guillaume ist ein Beispiel dafür. Fruck, der Erfinder des „Perspektiv-Agenten", hatte noch ein weiteres Feld genutzt – das des DDR-Außenhandels. Alexander Schalck-Golodkowski hätte es ohne Hans Fruck niemals zum sozialistischen Emporkömmling gebracht.

„1962 lernte ich wichtige Persönlichkeiten kennen, die für meinen weiteren Werdegang bedeutsam werden sollten", vermittelte Schalck in seinen „Deutsch-deutschen Erinnerungen", darunter war Hans Fruck, „ein mutiger Genosse im antifaschistischen Widerstand", eine in der DDR „legendäre Figur", bekannt als „Arbeitergeneral". Fruck – „von einer einzigartigen Vitalität" – beeindruckte Schalck-Golodkowski „durch eine schier überbordende Energie". Er sei ihm „zum väterlichen Freund" geworden, zum „Vorbild".[30]

Fruck setzte die „Kommerzielle Koordinierung" (KoKo) durch, nicht etwa in Absprache mit seinem Minister Erich Mielke, die Genehmigung holte er sich vielmehr bei Walter Ulbricht. Die KoKo sah Fruck nicht nur als Geldbeschaffungs-Maschine. Ihn begeisterte vor allem die nachrichtendienstliche „Strecke". Im Vordergrund stand: Mit KoKo zusammenarbeitende Kapitalisten ließen sich prächtig abschöpfen oder als Agenten anwerben.[31] Ein Konzept, das sich als nachrichtendienstlicher Klassiker herausstellen sollte.

Mielke ärgerte sich über Fruck, aber er konnte seinen Widerpart nicht einfach des Postens entheben, auch Erich Honecker nicht, als er Ulbricht abgelöst hatte. Fruck war ein Kenner der DDR-Nomenklatura. Wie kein anderer durchschaute er die Heuchelei „seines" Generalsekretärs, wie niemand sonst den Minister für Staatssicherheit. Beide fürchteten sich vor Fruck, weil er ihre „Leichen" kannte, zumal ihm mächtige Gönner den Rücken freihielten: KGB und GRU gleichermaßen. Die sowjetischen Dienste belohnten Frucks Einsätze während der Roten-Kapelle-Ära. Fruck, der nachrichtendienstliche Quotenmann, konnte es sich sogar leisten, über Mielke oder Honecker ungestraft herzuziehen. Gelegenheiten dazu boten sich ihm oft.

Als Mielke im Mai 1976 auf dem IX. Parteitag zum Mitglied des SED-Politbüros bestellt wurde, kam es in der Normannenstraße zum uniformierten Schaulaufen. Jeder wollte sich unumstößlich durch einen herausragenden Kotau ins Gedächtnis des Ministers pflanzen. Als einer der Ersten trat Markus Wolf an. Er katzbuckelte aufsehenerregend, wie ein MfS-General dessen kriecherischen Toast kommentierte. Einer allerdings fehlte: Hans Fruck. Der blieb in seinem Dienstzimmer ostentativ hocken und deutete Wolfs Pflichtübung als „scheinheilig".

Frucks Abwesenheit wurde von Mielke sehr wohl registriert, weshalb er seinen Intimus Heinz Volpert zu Fruck schickte, damit er diesem die Gründe seines Fernbleibens erläutere. Fruck, sich seiner Worte wie Stellung bewusst, erteilte eine Lektion: „Warum soll ich ein Ereignis kommentieren, das seit Monaten feststeht? Mit dem Genossen Minister trinke ich grundsätzlich nicht."[32] Diesen Affront, und all die anderen, musste der oberste MfS-Rädelsführer hinnehmen. Zähneknirschend. Und als Heinz Volpert am 15. Februar 1986 mit 2,9 Promille im Blut, angeblich infolge eines Herzinfarkts, auf seinem Anwesen in Berlin-Karolinenhof in seiner Sauna tot umfiel, hatte die Gattin Ingrid eine Woche später nichts Eiligeres zu tun, als der offiziellen Trauerfeier zu enteilen – zu ihrem Geliebten Karl-Peter Lindau, einem Kapitän zur See.

Der „Spiegel"-Redakteur Norbert F. Pötzl, Autor einer reinwaschenden Biografie über Wolfgang Vogel („Basar der Spione"), behandelte auch Volpert. Der erschien Pötzl ähnlich wie Vogel: als freundlicher MfS-Mitarbeiter. Kein Hinweis auf Volperts brutale Entführungen, kein Nebensatz, der den MfS-Offizier als Lumpen überführt hätte, aber, immerhin: Das „plötzliche Hinscheiden" Volperts löste Zweifel aus. Pötzl konnte nicht klären, ob Volpert „eines natürlichen Todes gestorben" sei, denn „die Geheimniskrämerei der Stasi (trug) das ihre dazu bei". Schließlich sei Volpert, laut Pötzl, „topfit gewesen", weshalb Pötzl die Frage stellte: „War Volpert von den eigenen Genossen aus dem Weg geräumt worden?"

Entsprechend niedergeschlagen die um Antworten verlegene Trauergemeinde. Im kleinen Kreis hielt Schalck eine bewegende, tränenreiche Abschiedsrede. Und Wolfgang Vogel, der den Freikauf geschundener DDR-Häftlinge zusammen mit dem plötzlich Dahingeschiedenen wie bei der Mafia per Lösegeld organisierte, damit sich die Devisenkammern seiner DDR und seine Privatkonten füllten?

Als die Urne mit Volperts Asche in das Erdloch plumpste, fiel Vogel – wie einst Willy Brandt in Warschau – theatralisch auf die Knie.[33] Hatte er etwa mehr verloren als nur jemanden, der ihm die pünktliche Zahlung seiner Kostennoten garantierte? Einer blieb dem Gottesacker ohnehin fern: der inzwischen pensionierte Hans Fruck. Der sprach aus, was eigentlich alle dachten: „Der (Volpert) hat Glück gehabt, daß er nicht bei lebendigem Leibe geviertelt wurde."[34]

Die Staatssicherheit – ein Gemisch spürbarer Intelligenz und primitiver Unbarmherzigkeit. Doch auf Beförderung wie Gehaltszulagen fixierte Karrieristen gewannen zunehmend die Oberhand. Diese augenfällige Veränderung, registrierte Hans Fruck, setzte ein, als sich mit Honeckers Aufstieg auch das Ausleseverfahren des MfS wandelte. Rangerhöhungen wurden nicht mehr über Kriterien nachrichtendienstlicher Kompetenz verfügt, das Vorwärtskommen entschied die genossenschaftliche Cliquen- und Vetternwirtschaft.

Fruck bemerkte vor allem dies: Als 1945 Europa in Trümmern lag, sollte ein zweiter Adolf Hitler niemals mehr zugelassen werden. Diese Stimmung machte sich die Sowjetunion zunutze und gewann Spione ohne Geld, ohne ideologische Überzeugungsarbeit. Der Hinweis, in den Besatzungszonen der West-Alliierten kröchen Alt-Nazis wieder aus ihren Rattenlöchern, um verlorenes Terrain im Osten zurückzuerobern, reichte aus. Das „Entzünden des Dritten Weltkrieges" versorgte östliche Nachrichtendienste mit einer wahren Agentenflut.

Politische Romantiker betrieben Verrat, Weltverbesserer glaubten den Versprechungen Moskaus, aber nur so lange, bis die hochfliegenden Träume zerplatzen: 1953 ein erstes Mal nach dem Volksaufstand in der DDR, dann 1956 während der Unruhen in Polen, schließlich im selben Jahr nach der niedergeschlagenen „Konterrevolution" in Ungarn, bis der Prager Frühling 1968 in einen sowjetischen Herbst umschlug – Ereignisse, die Fruck für das nachrichtendienstliche Geschäft als „bedrohlich" begriff, mit schlimmen Konsequenzen: Die Ära ideologisch durchdrungener Spione sei vorüber, Nachschub werde es fortan nur noch durch Kompromate (kompromittierendes Material) geben, darüber hinaus werde sich der eine oder andere „Selbststeller" anbieten. Diese Situation werde zu einer „aufgeblähten" HVA führen. Lediglich mit einem gewaltigen Personal- und Verwaltungsaufwand ließe sich die HVA in Zukunft beherrschen.[35] Hans Fruck war ein weiser Mann. Solche existierten, überraschenderweise, auch beim BND. Pullach wurde vom übergelaufenen HVA-Offizier Werner Stiller sachkundig gemacht. Auch der BND-Maulwurf Günter Asbeck, ein DDR-Devisenschieber, packte aus, dazu versorgten vor allem US-Quellen den BND, der jedes nebensächliche Merkmal aufsaugte. Dabei gelang es dem BND, realitätsnahe Psychogramme Ost-Berliner Offiziere zu Papier zu bringen. Mit Hans Fruck, Markus Wolf und Werner Großmann als wichtigsten Zielpersonen.

Bereits die erste Seite des BND-Dossiers Fruck adelte den HVA-Vize: „Graue Eminenz." Ihm wurden „brillante Menschenkenntnisse" bescheinigt, gleichwohl seien seine „persönlichen Interessen dabei nie zu kurz" gekommen, „egal ob es sich um (West-)Autos oder Liegenschaften handelte".[36] Ein Adjutant Frucks erinnerte sich, warum er sich das leisten konnte: „Gewitzt aus seinen Erfahrungen mit den trinkfreudigen sowjetischen tschekistischen ‚Freunden' … hielt er eisern einen Grundsatz ein: Er trank nur Wein, lehnte harte Spirituosen ab, selbst bei den rituellen Toasts auf die Generalsekretäre und andere Götter." Ansonsten schwieg er wie ein Grab. Gegenüber Markus Wolf aus Prinzip, gegenüber Erich Mielke aus Überzeugung. Fruck vertraute sich allein den Russen an. Die quittierten dies mit ihrer Schirmherrschaft. Wer Fruck ans Leder wollte, der legte sich mit dem KGB an, der reizte die GRU.[37]

Frucks verschwiegene Macht war sowohl Mielke als auch Wolf ein Dorn im Auge. Dem einen (Wolf) aus Eifersucht, weil ohne seinen Stellvertreter die Erfolge der HVA undenkbar gewesen wären, dem anderen (Mielke) aus purem Neid wegen seines Moskauer Einflusses. Zudem mehrte sich der Eindruck, der wahre Minister für Staatssicherheit hieße nicht Mielke, sondern Hans Fruck.[38]

Der BND beobachtete die Querelen innerhalb des MfS mit Vergnügen. Möglicherweise wäre ihm gar ein Coup gelungen: an den grantelnden Hans Fruck nach seiner Pensionierung 1977 heranzutreten. Solche Überlegungen soll Günter Asbeck angeregt, Pullach sie indes als aussichtslos verworfen haben. Einen Versuch wäre es wert gewesen: Die Adresse von Hans Fruck stand im „Fernsprechbuch der Hauptstadt der Deutschen Demokratischen Republik" auch in der Ausgabe von 1989, der letzten vor der Vereinigung. Fruck grollte in der Meyerbeerstraße 111. Von dort ging er morgens einkaufen und mittags spazieren. Sein Anschluss 366 96 92 wurde noch oft angewählt, nicht jedoch vom BND.[39] Als Fruck, 80-jährig, am 15. Dezember 1990 starb, kam sein Tod einem nicht ungelegen: Markus Wolf. Er war einen Zeitzeugen los, denn wäre Fruck noch am Leben gewesen, hätte Wolf seine zahlreichen Wende-Bücher inhaltlich mit Sicherheit zurückhaltender konzipiert.

Wolf, so notierte das BND-Ressort „Sicherheit/Abwehrlage" Anfang 1982, „zweifelt nicht am System", aber „das militärische Gehabe im MfS ,kotzt ihn an'". Der HVA-Chef „trägt sich ernsthaft mit dem Gedanken, künftighin … Drehbücher für Filme und Fernsehspiele zu schreiben" („WOLF hat bereits in der Vergangenheit Kurzgeschichten und Kinderbücher unter Pseudonym veröffentlicht"). Für Wolf, resümierte der BND, sei „es beschlossene Sache, aufzuhören". Auf diesen Fall war Pullach vorbereitet: „Als potentieller Nachfolger von WOLF wird ganz klar GROSSMANN, Werner, gehandelt", allerdings würde der nicht annähernd an „das Format von WOLF" heranreichen.[40] Eine scharfsinnige Einschätzung.

Der BND hatte sogar Großmanns Krankenakte nachvollzogen. Da sorgte er sich wegen seiner „Gewichtsprobleme", da nervten Rheuma wie Hämorrhoiden, dazu bezeichneten MfS-Maiden sein „graues, fülliges, grobes Gesicht" als „Fleischberg". Großmann war unterversorgt: Ihm fehlte jedweder Charme, Artigkeiten erfuhren nur die Vorgesetzten, Untergebene ermittelten Arroganz. Der oft wegen seiner Inkompetenz gescholtene BND hatte zumindest bei den HVA-Führungskräften genau hingesehen. Treffsicherer ließ sich Großmann nicht etikettieren:

Großmann sei „ein Karrierist, der sein Augenmerk darauf richtet, keine Vorkommnisse in seinem Verantwortungsbereich zu haben, für die er selbst die Verantwortung tragen müßte und die damit seiner Karriere schaden könnten. Deshalb ist er ein großer ,Radfahrer' und Jasager. Er stellt sich grundsätzlich nie vor Untergebene, will aber alles wissen, nur nichts verantworten. So gibt er auch die kleinste Information nach oben, so nach dem Motto: ,Ich habe ja gemeldet, nun tragt ihr die Verantwortung.'" Der BND konnte dieses Verhaltensmuster sogar erklären: Da

Großmann über „keinen großen Intellekt" verfüge, „keine Überzeugungskraft" besäße, sei er, „der schlechte Redner", zum „reinen Formalisten" übergewechselt. Zeichnete sich Großmann durch keine Stärke aus, war er nur zu Eis erstarrt? Der BND erkannte keine positiven Attribute, nur unangenehme Eigenschaften: Großmann sei „neidisch und mißgünstig".[41] So ein Mann trat nun, am 16. November 1986 – nach Wolfs Pensionierung –, das Erbe eines Hans Fruck an.

Großmann, unehelicher Sohn einer Küchenhilfe und eines Zimmermanns auf der Walz, wurde am 6. März 1929 in Ober-Ebenheit bei Pirna geboren. In den letzten Wochen des Dritten Reiches schickte ihn der Volkssturm mit der Panzerfaust an die Front. Ob er einen T 34 außer Gefecht setzte, überlieferte er nicht. Sehr wohl aber, dass er vorübergehend als „Landhelfer" Essbares besorgte, dass er eine Maurerlehre abbrach, auf der Dresdner Vorstudienanstalt das Abitur nachholte, vier Semester an der Pädagogischen Fakultät der Technischen Hochschule belegte, in der FDJ-Hochschulgruppe wirkte, selbstverständlich der KPD / SED beitrat und – dass ihm seit dem 1. April 1952 das Ministerium für Staatssicherheit endlich die fehlende Nestwärme gewährte.[42]

Gerade einmal 24 Jahre war Großmann alt, als er für seinen neuen Arbeitgeber die Schulbank drückte, denn die Staatssicherheit benötigte dringend klassenbewusste Genossen, um die Republik der Werktätigen vor kapitalistischen Einflüssen zu schützen. Dazu zählten hässliche Dinge wie: Coca-Cola, kurze Röcke, Klosterfrau Aktiv-Pulver, 4711-Artikel, atmungsaktive NinoFlex-Mäntel, das magenbefreiende Nervogastrol ebenso wie der Mundgeruch-Beseitiger Mentasol.

Auf diese Produktpalette seien, wie ein MfS-Vermerk nach dem Volksaufstand 1953 enthüllte, „käufliche Elemente" hereingefallen. Die hätten sich für die Rasierseife der Marke Dralle als „Agenten" anheuern lassen, nahmen für eine Zigarettenpackung der Marke NorthState als „Rädelsführer an faschistischen Ausschreitungen" teil oder schlugen sich für das Aroma eines Nescafe-Extraktes „auf die Seite von Provokateuren".[43] Werner Großmann hatte solchen Schwachsinn verinnerlicht. Am 1. September 1953 lernte er deshalb auch Markus Wolf kennen.

Als die HVA noch Hauptabteilung XV hieß, durchlief Großmann mehrere Dezernate. Ihm schienen große Aufgaben bevorzustehen. Hatte bei ihm aber irgendwer nachrichtendienstliche Talente entdeckt? Weniger. Werner Großmanns Tauglichkeit war ideologischer Art. Er fühlte sich dem Regime verpflichtet, denn immerhin eröffnete es ihm einen Beruf, der ihm körperliche Schufterei ersparte. Großmann setzte da Prioritäten, wo andere der kalte Schauer überfiel. Er schuf gleichgeschaltete „Kaderbuben", die als Familienoberhaupt nur die Partei duldeten.

Zeitlebens favorisierte Großmann einen seltsamen „sozialistischen Patriotismus". Er vertraute einem imaginären „proletarischen Internationalismus", die „hohe Qualität der ideologischen Arbeit" erschien ihm als „Erläuterung der Gesellschaftsstrategie und des Friedenskonzepts der SED". Wenn Großmann sprach, litt die deutsche Sprache: Die Sowjetunion erkannte er als „Bruderland des Roten Oktober", das MfS als „kampfstarkes Organ der Diktatur des Proletariats", das Installieren von Maulwürfen beim Gegner als „antiimperialistische Solidarität", die Auseinandersetzung mit dem Klassenfeind wurde von Großmann so vergewaltigt:

„Auf dem Boden der Verschärfung der allgemeinen Krise des Kapitalismus vollzieht sich in den Ländern des Kapitals eine Zuspitzung der Klassengegensätze und Klassenkämpfe und insgesamt ein Anwachsen der revolutionären Arbeiterbewegung." Fazit, laut Großmann: „In allen Seminaren und Zirkeln muß es darum gehen, stets zum Wesen der Probleme vorzudringen, die vielfältigen Ereignisse aus der Sicht unserer marxistisch-leninistischen Weltanschauung zu behandeln und eine enge Verbindung zu den aktuellen Aufgaben der Partei und unseres Kampfes um den Frieden sowie den daraus resultierenden Aufgaben und Anforderungen an das Ministerium für Staatssicherheit herzustellen." Verstanden?

Wo Großmann vom „brüderlichen Bündnis mit dem heldenhaften Sowjetvolk" schwärmte, wo sich in der „festgefügten Einheit und Geschlossenheit der gesamten sozialistischen Völkerfamilie das Lebenswerk von Karl Marx und Friedrich Engels" erfüllte, da sei auch „die sozialistische Demokratie in der DDR durch nichts zu ersetzen", da handelten die Bürger der DDR „in der Gewißheit, daß sie mit ihrer fleißigen Arbeit die entscheidenden Voraussetzungen schaffen, das Wohl des Volkes zu mehren".[44] An dieses Potemkinsche Dorf glaubte Werner Großmann tatsächlich, nachzulesen in seiner Kaderakte, die selbst ein halbes Jahr vor dem Fall der Mauer noch diese „Beurteilung" erfuhr: Großmann habe „aus den Parteibeschlüssen die richtigen Schlußfolgerungen" gezogen, HVA-Mitarbeiter „motiviert und mobilisiert", bei der

„Lösung der vielfältigen Aufgaben" habe ihm die „Kraft der Parteikollektive" sekundiert.[45]

Als Großmann die Leitung der HVA übernahm, wähnte Markus Wolf „das Professionelle in guten Händen: Ich (vertraute ihm) den Dienst beruhigt" an.[46] Diese Meinung teilte der Unterbau der HVA freilich nicht, aber auch Großmann erlag einem Fehlurteil. Nach Wolf, so dünkte ihm, würde Erich Mielke alsbald in Rente gehen und er als neuer Minister für Staatssicherheit eine neue Ära begründen. Am 2. Dezember 1981, vier Wochen vor Mielkes 74. Geburtstag, wusste der BND jedoch bereits: „GROSSMANN macht sich Hoffnungen auf das Ministeramt, aber das Politbüro will ihn nicht."[47]

Der Bundesnachrichtendienst rückte sich, nach dem Zusammenbruch der DDR, in ein überraschendes Licht. Von rund 3.000 Mitarbeitern der HVA, die Mitte der Achtzigerjahre ihren Dienst verrichteten, waren Pullach mehr als die Hälfte namentlich bekannt, aber der BND hatte auch umfangreiche Charakterstudien erstellt. Selbst die Schlussfolgerungen über Erich Mielke schienen komplett:

Der Minister „erfreut sich bester Gesundheit" („Zur Erhaltung seiner Arbeitskraft absolviert MIELKE täglich ein ca. 1 stündiges Sportprogramm"), er „kümmert sich persönlich um jeden Spieler der Fußballmannschaft DYNAMO BERLIN", er sei „bei jedem Spiel anwesend und fällt hier durch Schreien auf". Und wenn „sein" Dynamo ein Tor zu viel kassierte, „tobt er sich in der montäglichen Lagebesprechung des MfS mit den unflätigsten Ausdrücken aus", dann sei er, der „Pünktlichkeitsfanatiker", „ungenießbar".

Mielke pflege das „Image als Berufsrevolutionär", er „empfindet sich als das einzige berufsrevolutionäre Element im Politbüro und gibt sich als Prolet", er „ist sehr rechthaberisch und kann äußerst verletzend sein", dazu würde er darauf achten, „daß er den gleichen Rang wie Verteidigungsminister HOFFMANN hat, auf den er auch persönlich eifersüchtig ist".

Mielke halte „sich für nicht ersetzbar", seiner „Ansicht nach steht seinem Ausscheiden aus dem Amt die Tatsache eines fehlenden Nachfolgers entgegen". Das Politbüro sei Mielke „mit Skepsis und Animosität" gegenübergetreten, da dort die „allgemeine Furcht vor Dossiers, die MIELKE anfertigte", vorherrsche. Die Angst, die Sammlungen könnten „bei Bedarf zum Nachteil des Betroffenen verwendet" werden, säße tief.[48] 1986 wollte Pullach mit seinem Wissen in den Krieg ziehen, Ost-Berlin einen Schlag versetzen, von dem es sich nur schwer hätte erholen können.

Ein Abteilungsleiter des BND plante, dem „Spiegel" für eine Titelgeschichte gallenbittere Details aus den Leben Mielkes, Wolfs und Großmanns zuzuspielen und sie um ein Dutzend Personalien von MfS- wie HVA-Ressortchefs aufzupeppen. Der geheimdienstliche Moloch, über den nur wenige etwas wussten, sollte bloßgestellt werden: mit Geschichten über Ehefrauen, über die Geliebte, über Töchter und Söhne, und auch Besäufnisse sollten eine Rolle spielen. Der Zweck dieses unterhaltsamen Stoffes schien schlüssig:

Seien solch pikante Details gedruckt, würde sich der Ost-Berliner Apparat schleunigst auf die Suche nach dem Urheber machen, Mielke vielleicht nach einem noch nicht enttarnten Maulwurf fahnden lassen. Während der Gegner also nach einem Nichts Ausschau hielte, würden Misstrauen und Denunziantentum vorherrschen, so geriete die „Westarbeit" der Staatssicherheit vielleicht ins Hintertreffen. Oder: DDR-Agenten stellten sich die dräuende Frage, ob sie nicht lieber die Seiten wechseln sollten. Die blendende Idee, bei der der MfS-Chronist Julius Mader Pate stand, dessen Buch-Enthüllungen über West-Geheime regelmäßig für Aufsehen sorgten*, wurde vom Bundeskanzleramt unter Helmut Kohl freilich als „nicht zeitgemäß" zurückgewiesen. Der deutsch-deutsche Schmusekurs duldete keine Beulen, nicht einmal zum Schaden eines gefürchteten Gewaltinstrumentes.[49]

---

* Julius Mader, am 7. Oktober 1928 im polnischen Radzie als Thomas Bergner geboren, starb am 17. Mai 2000 in Berlin. Bis 1959 war er stellvertretender Chefredakteur der Zeitschrift „Handel", seit 1962 MfS-Offizier im besonderen Einsatz (Deckname: „Faingold"). Er promovierte mit dem Thema „Entwicklung, System und Arbeitsweise des imperialistischen deutschen Geheimdienstes" an der Humboldt-Universität in Berlin. In Abstimmung mit dem MfS schrieb er ausschließlich Bücher über westliche Geheimdienste. Die Titel: „Allens Gangster in Aktion" (1959), „Die graue Hand. Eine Abrechnung mit dem Bonner Geheimdienst" (1960), „Gangster in Aktion. Aufbau und Verbrechen des amerikanischen Geheimdienstes (1961), „Die Killer lauern. Ein Dokumentarbericht über die Ausbildung und den Einsatz militärischer Diversions- und Sabotageeinheiten in den USA und in Westdeutschland (1961), „Die Jagd nach dem Narbengesicht. Ein Dokumentarbericht über Hitlers SS-Geheimdienstchef Otto Skorzeny" (1962), „Geheimnis von Huntsville. Die wahre Karriere des Raketenbarons Wernher von Braun" (1963), „Dr. Sorge funkt aus Tokyo. Ein Dokumentarbericht über Kund-

Widerstrebend fügte sich der BND. Die Politik hatte ihn um eine nachrichtendienstliche Sternstunde betrogen. Dabei hätte eine Veröffentlichung der bundesdeutschen Gesellschaft Tränen in die Augen getrieben. Die Kommentare der Medien wären bestes Kabarett geworden.

---

schafter des Friedens" (1965), „Der Banditenschatz. Ein Dokumentarbericht über Hitlers geheimen Gold- und Waffenschatz" (1965), „Nicht länger geheim. Die Geheimdienste der Deutschen Bundesrepublik und ihre subversive Tätigkeit gegen die DDR" (1966), „Who's who in CIA. Ein biographisches Nachschlagewerk über 3.000 Mitarbeiter der zivilen und militärischen Geheimdienstzweige der USA in 120 Staaten" (1968), „Nicht länger geheim. Entwicklung, System und Arbeitsweise des imperialistischen deutschen Geheimdienstes" (1969), „Hitlers Spionagegenerale sagen aus. Ein Dokumentarbericht über Aufbau, Struktur und Operationen des OKW-Geheimdienstamtes Ausland/Abwehr mit einer Chronologie seiner Einsätze von 1933 bis 1944" (1970), „Gelbe Liste: Wo ist die CIA?" (1970), „Der Banditenschatz. Ein Dokumentarbericht über den geheimen Goldschatz Hitlerdeutschlands" (1973), „Instruction 37/57. Tatsachen und Hintergründe des Putsches in Chile" (1973), „Der Weg zum ‚roten' Obrigkeitsstaat? Die deutsche Sozialdemokratie zwischen Feudalismus und bürgerlicher Gegenrevolution" (1977), „Partisan der Berge. Lebenskampf eines österreichischen Arbeiters mit Sepp Plieseis" (1978), „Rote Kapelle gegen Hitler" (1979), „CIA in Europa. Wesen und verbrecherisches Wirken des Geheimdienstes der USA" (1982), „Pinochets Folterkatalog" (1986), „CIA-Operation Hindu Kush. Geheimdienstaktivitäten im unerklärten Krieg der USA gegen Afghanistan" (1988).

SECRET

TRUE NAME: UNKNOWN

CODENAME: UNKNOWN

LOCATION: {WEST GERMANY}

SERVICE PASSED TO: BND

APPROXIMATE DATE PASSED: JULY 1990

SUBJECT: HVA PENETRATION OF THE BND.

TEXT: THE FOLLOWING INFORMATION (DOI: 1988) WAS OBTAINED
FROM A SENSITIVE SOURCE:

AS OF THE FALL OF 1988 A HIGH-LEVEL OFFICIAL IN THE WEST
GERMAN FEDERAL INTELLIGENCE SERVICE (BND) WHO REGULARLY
PROVIDED WEEKLY, MONTHLY, AND SPECIALIZED BND REPORTS TO THE
FEDERAL CHANCELLOR'S OFFICE IN BONN WAS A RECRUITED ASSET OF
THE EAST GERMAN FOREIGN INTELLIGENCE SERVICE (HVA).   HE MAY
HAVE BEEN RECRUITED BEFORE 1985.   THIS ASSET WAS CONSIDERED
EXTREMELY SENSITIVE, AND HIS REPORTING WAS SEEN BY ONLY A
FEW OFFICERS IN THE HVA.

AMONG THE REPORTING PROVIDED BY THE ASSET TO THE HVA WAS A
CIRCA 15-20 PAGE REPORT DESCRIBING IN DETAIL THE TOTAL
ARMAMENTS ON SOVIET ATTACK AIRCRAFT.   SOME OF HIS REPORTING
MAY ALSO HAVE CONTAINED U.S. INTELLIGENCE INFORMATION.   THE
REPORTS HE PROVIDED WERE PHOTOGRAPHED AND SOME WERE
TYPEWRITTEN (NFI).

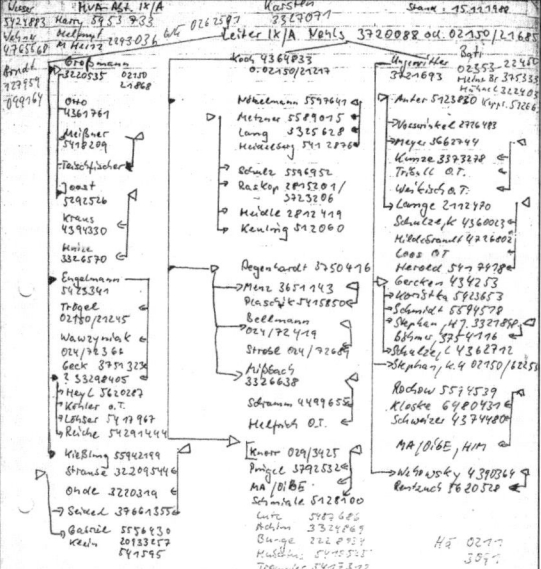

*CIA weist auf
einen Maulwurf
im BND hin
(1988/90),
CIA-Telefonliste
von HVA- und
MfS-Offizieren
(Januar 1990):
„Die Geschichte des
Kalten Krieges muß
umgeschrieben
werden"*

Meckenheim, 23.04.96

.... Ausfertigung

Auswertungsbericht

Betreff

Spionagetätigkeit der sowjetischen Geheimdienste KGB und GRU und seiner russischen Nachfolgeorganisationen nach der Wiedervereinigung Deutschlands

hier: Umfassende Darstellung der hier bekanntgewordenen russischen Spionageaktivitäten

Übersicht / Inhaltsverzeichnis

BKA-Auswertungsbericht (April 1996): „Wichtige Hinweise zur Aufdeckung östlicher Spione in westdeutschen Sicherheitsdiensten gegeben"

Ein Doppelagent kommt selten allein

Wenn sich ein Staat auflöst, zerfallen zugleich seine Geheimdienste. Die Geschichte ist voller Beispiele: Lenins Revolutionsgarden bemächtigten sich der zaristischen Ochrana, während des Zweiten Weltkriegs zerschlugen die Deutschen die Nachrichtendienste Polens, den Norwegens, die der Belgier, den der Niederländer und der Franzosen. Die NS-Besatzer drehten Spione um, Verräter aus den eigenen Reihen ließen sich dank erbeuteter Akten als Doppelagenten überführen. Ihr Leben war verwirkt.

Als das Dritte Reich zusammenkrachte, bemächtigten sich die alliierten Dienste der Nachlässe der Geheimen Feldpolizei, des Reichssicherheitshauptamtes, des SD, der Abwehr. Für Amerikaner, Briten, Franzosen und Russen wurde das Erbgut die Grundlage für ihre Spionage im geteilten Deutschland. Ohne diese Vermächtnisse hätte der Kalte Krieg niemals eskalieren können. Aber es gibt eine bemerkenswerte Ausnahme – 1944, als sich der finnische Geheimdienst verabschiedete.

Finnland, so berichtete Jukka L. Mäkelä, Offizier in der Nachrichtenabteilung des Hauptquartiers, habe „aus dem unglücklichen Kriegsausgang, der bedrohlichen Nähe der Russen und der politischen Isolierung Finnlands sofort die nötigen Konsequenzen" gezogen: Das „angesammelte Material ... (sei) an Ort und Stelle verbrannt" worden.[1] Das komplette Personal, etwa 1.300 Mitarbeiter, das sich „besonders verdient und damit bei den Russen besonders verhaßt gemacht hatte", sei über Schweden ausgeschifft worden, allen voran „kompromittierte" Führungsoffiziere. Sie erreichten – als Militärattachés getarnt – westeuropäische Länder.[2] Offene Rechnungen konnte Moskau nicht mehr begleichen.

Der finnische Nachrichtendienst hatte der Sowjetunion vernichtende Schläge versetzt und mehr als tausend russische Spione erschossen, während sich die Verlustquote der Finnen in Grenzen hielt. Nur wenige büßten für ihren Einsatz mit dem Leben, denn noch vor dem „Friedensschluß" befahl Helsinki seine im Rücken der Sowjetunion stationierten „Fernpatrouillen" zurück. Ungeschoren erreichten sie ihre Heimat. Die „Kontrollkommission", die Moskau nach dem Waffenstillstand eilig in die finnische Geheimdienst-Zentrale in Mikkeli, 200 Kilometer nordöstlich Helsinkis, entsandte, stieß „auf leere Zimmer und erkaltete Asche".[3] Hätte die Hauptverwaltung Aufklärung (HVA) während ihres Untergangs den finnischen Auflösungsprozess gekannt, sie hätte sich nicht in Misskredit gebracht. Hans Eltgen, ein hochdekorierter HVA-Kundschafter, erinnerte sich an den Anfang des Endes seines Dienstes: Als die DDR schlappmachte, habe die HVA-Leitung „im Ausland gekurt oder (sie ließ) sich (auf) Kuba von der Sonne braten".[4] Zu einem „finnischen" Weg war die HVA niemals fähig und auch nicht vorbereitet. Das hing mit ihrer Führungsebene zusammen.

Der Generaloberst Werner Großmann hockte, im Januar 1990, apathisch in seinem Haus. Er war nicht ansprechbar, fühlte sich wohl überfordert. Heldentum oder gar Zivilcourage? Diese Begriffe schienen ihm fremd. Der nachrichtendienstliche Scherbenhaufen, der sich da vor ihm auftürmte, verlangte aber einen kühlen Kopf. Wohin mit den Archiven? Wohin mit den sensiblen Dossiers über die Politiker der Bundesrepublik Deutschland? Überhaupt: Wohin mit den „Patrioten", den Spionen? Was würde aus Großmanns Gattin Brigitte werden, was aus seiner Tochter, was aus den zwei Söhnen, die der Vater beide in die Staatssicherheit protegiert hatte? Die ebenso verzweifelten Untergebenen bestürmten ihren Noch-Vorgesetzten: „Was tun?" Großmann zuckte mit den Achseln. Die HVA trug Trauerflor.[5]

Die Medien veröffentlichten, Tag um Tag, immer neue Enthüllungen aus dem Schattenreich Erich Mielkes. Das Sturmtief, das da über die Normannenstraße hinwegfegte, das über Bezirksverwaltungen wie Kreisdienststellen des Ministeriums für Staatssicherheit (MfS) tobte, brach DDR-Geheimen das Rückgrat. In dieser Atmosphäre dachten einst drahtige Offiziere an Selbstmord.

Werner Großmann, dessen Kaderakte ihm noch ein halbes Jahr zuvor „hohe Achtung und Autorität" bescheinigt hatte, da er „der Parteiarbeit entscheidende Impulse" verliehen habe[6], war zum Pläneschmieden wenig geeignet. Je länger seine Tatenlosigkeit anhielt, desto tiefer drohte der Absturz. Wie sollte der Führungsoffizier seinen ihm anvertrauten Agenten die Furcht vor der Zukunft nehmen? Da exponierten sich zwei HVA-Offiziere: Ralf-Peter Devaux und Bernd Fischer. Sie, die ihren Aufstieg Großmann zu verdanken hatten, bemerkten rasch, dass die einsetzende Eigendynamik keinen Spielraum mehr zuließe.

Im Ministerium tauchten plötzlich merkwürdige Gestalten auf. Sie nannten sich „Bürgerrechtler". Unter den Mitarbeitern der HVA herrschte Nervosität, einige glaubten bereits an ein Eindringen der CIA. Hatte der Gegner in den Dienstzimmern bereits Wanzen installiert oder – im gegenüberliegenden Plattenbau – längst Richtmikrofone in Stellung gebracht? Die HVA-Chefetage zog um, in Werner Großmanns Bungalow (Oberseestraße 6/8), für den er lächerliche 268,12 Mark Monatsmiete zu zahlen hatte, inklusive Einbaumöbel und sattem Grün auf 650 Quadratmetern.[7] Da saßen sie nun, die Falschmünzer. Großmann, von einem Untergebenen wegen seiner „außergewöhnlichen Skrupellosigkeit, Arroganz und Brutalität" gescholten[8], begann sich Sorgen zu machen. Würde ihn die Bundesrepublik zur Rechenschaft ziehen? Während Brigitte Großmann Kaffee kochte und Weinbrand („Goldbrand") nachschenkte, versuchten Devaux und Fischer, die Gemütsverfassung ihres Vorsitzenden zu stabilisieren. Eigentlich, so theoretisierte Bernd Fischer, habe die HVA eine Überlebenschance, denn sie allein verfüge schließlich über politische Zeitbomben. Sie allein könne doppelzüngige Bonner Seilschaften entlarven, finanzielle Abhängigkeiten prominenter Politiker aufdecken, menschliche Schwächen geachteter Persönlichkeiten in die Öffentlichkeit zerren – die Akten über westdeutsche Amtsträger würden den Staat am Rhein mit dem Ruch einer Bananenrepublik überziehen. Wer von ihnen wollte solche Zustandsbeschreibungen in westlichen Medien nachlesen?[9] Langsam kehrte der Elan zurück.

Das MfS war inzwischen zu einem Amt für Verfassungsschutz degradiert, in dem die HVA als Auslands-Nachrichtendienst weiter bestehen sollte. „Wir", so Devaux, würden wegen „unseres Totalwissens" über aktuelle Personen der Zeitgeschichte überleben, vorausgesetzt, man verlöre nicht die Kontrolle über die Archive. Hörte sich das nicht vielversprechend an? Voller Zuversicht verabschiedete Werner Großmann seine Mitarbeiter. Nun ging er mit der Gewissheit zu Bett, dass man ihn alsbald hofieren werde.

Die ersten MfS-Generale waren verhaftet, die ersten durch Selbstmord aus dem Leben geschieden.* Und auch das kennzeichnete die

---

* Der Suhler MfS-Chef Gerhard Lange wurde am 30. Januar 1990 tot auf seinem Grundstück aufgefunden, der Dresdner MfS-Bezirkschef Horst Böhm hatte sich am 21. Februar das Leben genommen, der Statthalter in Neubrandenburg, Peter Koch, am 9. Mai in der Untersuchungshaft.

Wende: Kaum wurde irgendein MfS-Befehl herausgegeben, hob ihn die Wucht der Straße wieder auf. Dabei drehte es sich immer um die Beantwortung einer einzigen Frage: Was sollte mit den HVA-Akten geschehen? Die eigenmächtige „Verkollerung" von HVA-Papieren setzte im Dezember 1989 ein, bis Reißwölfe die Vernichtungs-Konjunktur belebten.[10] Verantwortlich für die hektische Betriebsamkeit – ein Tisch. DDR-Parteien und Oppositionsgruppen versammelten sich am 7. Dezember 1989 unter der Moderation dreier Kirchen-Vertreter, um sich des Problemfalles HVA anzunehmen. Die Diskutanten erklärten ihr Konzil zu Begegnungen am „Runden Tisch".[11] Die Forderung, den Geheimdienst abzuschaffen, gipfelte in dem kabarettreifen Vorschlag, für die MfS-Auflösung ein eigenes Ministerium zu schaffen.[12]

Die Unberechenbarkeit der Bürgerrechtler blockierte jede nachrichtendienstliche Logik. Die Wahrheit war bitter: Nicht der Klassenfeind hatte die HVA in die Kapitulation getrieben, sondern eine Schar naiver Bunthemden des Bürgerkomitees. Am 15. Januar 1990 kamen weitere Ereignisse hinzu: Der von Werner Großmann als HVA-Vertreter an den Runden Tisch beorderte Heinz Busch lief zum BND über[13], gleichzeitig wurde die MfS-Zentrale gestürmt, was, nach Überzeugung des damaligen Modrow-Referenten, Karl-Heinz Arnold, westliche Geheimdienste inszenierten: „Schränke wurden aufgebrochen … operative Unterlagen gestohlen."[14] Musste nicht endlich gehandelt werden?

Der DDR-Ministerrat hatte am 12. Januar 1990 die Auflösung des MfS beschlossen.[15] Großmann überlegte: Wie würde die „Siegerjustiz" mit den tapferen Kundschaftern verfahren, die weiterhin die unsichtbare Front besetzt hielten? Diesen heroischen Frauen und Männern müsse die Anteilnahme des „Kollegiums" gelten, ihre Daten müssten vernichtet werden, um sie bundesdeutschen Gerichten zu entziehen. Wenn sich die HVA – an den Bürgerrechtlern vorbei – selbst entsiegele, sei dies ihre größte Leistung.[16] Aber wie? Am 23. Februar 1990 löste Bernd Fischer die Aufgabe.

Der mehrsprachige Fischer hielt vor der „Arbeitsgruppe Sicherheit" des Zentralen Runden Tisches Vortrag.[17] Er informierte über die Selbstlosigkeit der Spione, denn sie hätten schließlich den Friedensprozess gefördert. Einige Teilnehmer schienen ergriffen, vor allem als Fischer auf deren trostlose Zukunft verwies: Im Falle einer Verhaftung würden Familien auseinandergerissen, Kinder ohne Väter oder Mütter dastehen.

Wem, so fragte Fischer, würden – außer dem Bonner Staat – Vergeltungs-maßnahmen nutzen? Die von der HVA herausgestellte Humanität blieb nicht ohne Resonanz. „Das Menetekel von Verfolgung und Bestrafung von … Agenten", so kommentierte ein Zeitzeuge, werde in der Tat Menschen betreffen, „die keine politisch Andersdenkenden verfolgt, niemand in der DDR geschadet, sondern stets nur dem Wohl der Menschen in der DDR gedient haben".[18] Was für ein Durchbruch.

Die HVA durfte ihre Kundschafter also kontrolliert zurückziehen, sie in Ausnahmefällen gar mit einer neuen Identität ausstatten (ein bis heute unerforschtes Kapitel), ihnen beim Aufbau einer neuen Existenz finanziell zur Seite stehen.[19]

Die Genehmigung zur Vernichtung personenbezogener Daten, und nur die, wurde am 23. Februar 1990 erteilt*, freilich unter Aufsicht des Bürgerkomitees. Prompt bestellte sich Fischer zum amtlichen Leiter der HVA „in Auflösung".[20] Aus dieser „Vereinbarung" leitete Werner Groß-mann später wider besseren Wissens ab, dass „die ersatzlose Auflösung der HVA" offiziell gutgeheißen worden sei.[21] Fischer konnte Großmann einen weiteren Coup melden: die ungestörte Übersiedlung von der Nor-mannenstraße nach Hohenschönhausen in die Roedernstraße 30. Dort sollte sich der papierene Rückzug vollziehen.[22] Das Terrain wurde mit Bedacht gewählt.

Nicht allen MfS-Angehörigen war das von der Außenwelt abge-schirmte Objekt Roedernstraße bekannt. Das Gelände teilten sich die MfS-Ressorts „Operativ-Technischer Sektor" (OTS) sowie der „Bereich Bewaffnung/Chemischer Dienst" (BCD). Ihre Chefs, der Generalmajor Günter Schmidt (OTS) und der Oberst Erich Schwager (BCD), waren mit der HVA eng verzahnt. Während die OTS die Techniken feindlicher Geheimdienste analysierte, rüstete der Bereich BCD Schalcks „Kommer-

---

* Der Beschluss des Runden Tisches hatte ausschließlich die Vernichtung der MfS-Duplikate der F-16-Kartei zum Inhalt, also nur das „Schriftgut zum Quellen-schutz". Der „Auflösungsprozeß" sollte überdies vom Bürgerkomitee im Zusam-menwirken mit der „Arbeitsgruppe Sicherheit" überwacht werden. Aber genau das Gegenteil trat ein: Die HVA löste sich ohne Inspektionen auf. Staatssekretär Eberhard Stief gab schließlich zu: „Kontrollen habe ich selbst nicht vorgenom-men, obwohl ich eigentlich die Absicht dazu hatte." Und auch der Koordinator für die Auflösung des Amtes für Nationale Sicherheit, Ulrich Schröter, konnte sich „nicht daran erinnern, daß es einen Beschluß des Zentralen Runden Tisches gege-ben hat, durch den die Vernichtung … der HVA allgemein zugelassen wurde".

zielle Koordinierung" (KoKo) mit Waffen für den Export auf.[23] Auf dem 2,5 Hektar großen Areal wurden aber auch lebensnotwendige Agenten-Utensilien hergestellt, so von etwa 40 Repro- und Druckspezialisten Reisepässe und Personalausweise nicht nur der Bundesrepublik Deutschland produziert.[24]

Die Roedernstraße lag in Rufweite von Großmanns Bungalow, um die Ecke Devaux' Wohnung in der Oberseestraße 4, unabdingbare Voraussetzung, um das HVA-Material der Öffentlichkeit zu entziehen, wichtiger aber: Großmann verfügte zur Roedernstraße über eine abhörsichere „Sonderkabel"-Standleitung[25], die es ihm ermöglichte, sich selbst nach seiner Verrentung (am 31. März 1990) als Konkursverwalter der HVA direkt zuzuschalten.

Der Abtransport der HVA-Papiere begann noch in den Abendstunden des 23. Februar 1990.[26] Bis Ende März erreichten rund hundert Lkw-Ladungen die Roedernstraße, erinnerten sich die HVA-Offiziere Peter Richter und Klaus Rösler.[27] Doch Bernd Fischer will pro Tag lediglich „2 LKW mit Anhänger" gezählt haben: „Rechnerisch ermittelte ich aus meiner Kenntnis einen Transportumfang von (insgesamt) rund 30 LKW-Transporten."[28] Fischers Unterbewertung machte nachrichtendienstlichen Sinn: Niemand sollte das Volumen rekonstruieren können, niemand zu Rückschlüssen fähig sein: kein Vertreter der Kirche, keiner des Bürgerkomitees, vor allem kein Geheimdienstler aus dem Westen.

Reinhard Schult, Abteilungsleiter im Staatlichen Komitee zur Auflösung des MfS, erschien erst in der fünften Woche nach Räumung der HVA in der Roedernstraße. Er stieß auf einen ausgesucht freundlichen Bernd Fischer, der ihm einige Schriftstücke vorlegte. Schult stellte keine Fragen, er begnügte sich mit einer „Inaugenscheinnahme" – auf die Aktendeckel. Später gestand Schult kleinlaut: „Ob (Fischers) Angaben richtig waren, ist von uns nicht überprüft worden", im Übrigen habe er, Schult, sich eh „nur in einem kleinen Teil des Gebäudes" aufgehalten.[29] Vor allem David Gill, Sprecher des Bürgerkomitees und maßlos überfordert, verteidigte sein damaliges Desinteresse: „Die HVA war für uns immer etwas Besonderes", sie sei „eben nicht die typische Stasi" gewesen.[30] Gills treuherziges Glaubensbekenntnis bleibt HVA-Auflösern noch heute als „äußerst angenehm" in Erinnerung.[31] Nun ist er Oberkirchenrat.

Der Regierungsbeauftragte für die MfS-Auflösung, Georg Böhm, fasste das Desaster zusammen: Die HVA sei „seinerzeit weder von den

Bürgerkomitees noch von der Arbeitsgruppe überwacht" worden, „niemand hat sich bemüßigt gefühlt, nach der HVA gesondert zu sehen".
Allein die HVA bestimmte folglich, welches Material von der Normannenstraße zur Roedernstraße transportiert wurde.[32] An allen Auflösungs-Fronten setzten sich die HVA-Geheimdienstler ab und durch[33], weshalb sie auch glaubten, die Amnestie für sich und ihre Kundschafter erzwingen zu können.

Noch während die HVA ihre Zentrale in die Roedernstraße verlegte, ergriff der BfV-Präsident Gerhard Boeden Partei: „Die HVA ist … an Straffreiheit für hauptamtliche Angehörige und deren Quellen interessiert. Ein entsprechendes Straffreiheitsgesetz ist bereits geplant", dafür aber müssten – „als Gegenleistung" – „zumindest hochrangige Quellen genannt werden": „Eine Schadensbegrenzung ist dringend geboten."[34] Die Bereitschaft Boedens, mit der HVA zu unterhandeln, kam nicht von ungefähr. Ihm war inzwischen die „Übermächtigkeit" der HVA gegenüber BfV und BND eröffnet worden. Mit neuem Selbstbewusstsein legte Werner Großmann im „Neuen Deutschland" nach: „Ein Wirtschaftsunternehmen hätte bei einer solchen Bilanz Konkurs anmelden müssen."[35] Eben.

„Für den Rechtsfrieden", so sah ein von Boeden initiierter Gesetzesentwurf vor, „erscheint es sinnvoll … einen befriedenden Schlußstrich zu ziehen und … in begrenzter Weise Straffreiheit zu gewähren."[36] Die Politik aber signalisierte Zurückhaltung. Bernd Fischer fand einen vermeintlichen Ausweg: Als „Faustpfand" könne die Sicherheits-Mikroverfilmung des HVA-Gesamtarchivs dienen. Das HVA-Wissen, immerhin um die sechs Millionen Filmaufnahmen, ließe sich – bis zum endgültigen Gnadenerlass – wunderbar als Druckmittel nutzen. Wer sollte die Verantwortung übernehmen, dass diese delikate Dokumentation nicht in falsche Hände geriet? Bernd Fischer. Im März 1990 trug er einen Handkoffer in seine Wohnung.[37] Die überragenden Geheimnisse, an denen Bonn so schrecklich interessiert war, ruhten nun in der biederen Stube eines Plattenbaus in der Hermann-Duncker-Straße 91.[38]

Inzwischen waren beim BND und BfV erste Überläufer eingetroffen. Die Erkenntnis, Ost-Berlin habe Wirtschaft, Bundeswehr und Parteien durchsetzt und eine gigantische Abhördichte erzielt, sickerte durch und die Bundeshauptstadt stand Kopf. Selbst die bislang DDR-freundlichen Sozialdemokraten orientierten sich nun neu, sie mussten zur Kenntnis nehmen, dass die HVA gerade bei ihnen Agenten im Fließbandverfahren eingeschleust hatte. Regierung und Opposition stimmten daher plötzlich überein: Pardon sei der HVA nicht mehr zu gewähren. Zugleich tauchte der Begriff „Salzgitter" auf.[39] Nicht wenige HVA-Angehörige gerieten in Panik.

Von den Ländern der Bundesrepublik wurde, nach dem Mauerbau 1961, die Zentrale Erfassungsstelle der Landesjustizverwaltungen in Salzgitter errichtet. Sie registrierte schießwütige DDR-Grenzer. Die sachkundige Behörde hatte den DDR-Truppen, wie sich nach der Wende zeigte, Respekt eingeflößt. Nervosität breitete sich in den Kasernen aus, bei Mannschaften wie Offizieren, wegen vereitelter „Grenzdurchbrüche" eines gräulichen Tages doch noch vor Gericht gestellt zu werden. Die späteren Mauerprozesse wären ohne Zuarbeit Salzgitters schwer vorstellbar gewesen. Die Wirkung dieses „Instrumentes des Kalten Krieges" („Neues Deutschland") war der SED ein Dorn im Auge. Das Amt sollte verschwinden. Die Initiative wurde noch zu Lebzeiten der DDR ergriffen.

Während der Verhandlungen zwischen SPD und SED setzte Ost-Berlin durch, dass zumindest SPD-regierte Länder ihre Zahlungen für die Erfassungsstelle einstellten. Der Erste Bürgermeister Hamburgs, Klaus von Dohnanyi, ging mit leuchtendem Beispiel voran: Er erwirkte seine Geldsperre 1987, als letzte SPD-Landesregierung folgte die Nordrhein-Westfalens, in der Person des Johannes Rau – acht Wochen vor dem Mauerfall. Raus damaliger Justizminister Rolf Krumsiek sprach – DDR-angepasst – von einem „Relikt", das „nicht mehr in die politische Landschaft" passe: „Durch die Schließung (werde) die Chance genutzt, die Beziehungen zwischen beiden deutschen Staaten weiter zu verbessern."[40] Salzgitter? Die HVA argwöhnte, die Behörde werde gar die Anklageschriften wegen Spionage vorbereiten. Jetzt war sie dringend auf einen Freund angewiesen. Gab es einen? Der war längst unterwegs.

Am 27. Dezember 1989 verließ, morgens gegen acht Uhr, ein dezent gekleideter Mittdreißiger die West-Berliner Fischerhüttenstraße. Er stieg in einen BMW, fuhr ein kurzes Stück. Dann parkte er am S-Bahnhof Schlachtensee. In der Friedrichstraße salutierten Grenzer. Der Fremde hatte ihnen einen US-Diplomatenpass vorgelegt. Mit einem Taxi fuhr er in die Nähe der Lichtenberger Straße 5.

Über das DDR-Ambiente, ein mit Desinfektionsmitteln geschwängerter Hausflur, von den Wänden rollten graue Einheitstapeten, rümpfte er die Nase nicht. Er kannte diese DDR-typische Atmosphäre. Der Fahrstuhl war außer Betrieb – auch das Alltag nicht nur in der Hauptstadt der DDR. Sein Ziel: das Namensschild „Rogalla". Er drückte den Klingelknopf. Die Wohnungstür wurde geöffnet. Und tatsächlich: Vor ihm stand Oberst Jürgen Rogalla, der Chef der HVA-Abteilung XI, verantwortlich für die Aufklärung „USA/Kanada", zuvörderst für die in West-Berlin und für die in der Bundesrepublik stationierten US-Truppen. Rogalla ordnete den Besucher ohne Verzug der CIA zu. Mit einer Kontaktaufnahme habe er in solch turbulenten Zeiten gerechnet, sagte er. Eine Unterhaltung aber zu diesem frühen Zeitpunkt? Der Unbekannte überreichte eine Visitenkarte, auf der eine West-Berliner Telefonnummer stand. Die könne er von West-Berlin aus anwählen. Ohne einen Namen nennen zu müssen. Er, Rogalla, müsse nur das heutige Datum nennen, wurde ihm beschieden. Ort wie Zeit werde er dann erfahren. Rogalla reichte zum Abschied die Hand. Eine demonstrative Geste?[41] Löste diese Stippvisite später eine gewaltige Lawine aus? Zu Lasten der Bundesrepublik Deutschland?

Das kurze Gespräch war konfliktgeladen. Wenn sich das US-Gastspiel herumspräche oder als Gerücht kursierte – würden hernach HVA-Genossen dann nicht zu Hunderten überlaufen? Die Einzigen, so kalkulierte Rogalla, mit denen sich „koalieren" ließe, seien die Amerikaner. Sie ließen sich in die Pflicht nehmen, ohne Rücksicht auf ihren Verbündeten Bundesrepublik Deutschland. Auf die CIA, so spekulierte Rogalla, schien im Prinzip Verlass. Dann trafen sich Bernd Fischer, Ralf-Peter Devaux und Werner Großmann. Rogalla erstattete ihnen Bericht. Erneut wurde die Nacht lang. Die Nähe zur CIA, so einigte sich der Zirkel, sollte gehalten werden.[42]

„Herren aus Amerika" seien, so erinnerte sich auch Markus Wolf, mehrmals auf seiner Datsche in Prenden, nordöstlich Bernaus bei Berlin, erschienen, um auf „meine schwierige Situation" hinzuweisen. Wenn er, Wolf, sich an der „Maulwurfsjagd" beteilige, würden ihm die Vereinigten Staaten von Amerika Asyl gewähren. Wie Rogalla erhielt auch Wolf eine Telefonnummer, allerdings einen Anschluss in Washington. Wolf will ihn niemals angewählt haben, wie er versicherte.[43] Es habe „viele Versuche gegeben", bestätigte selbst Werner Großmann, „leitende Mitarbeiter zu gewinnen, zum Beispiel von der amerikanischen CIA".[44] Richtig.

Zwischen der CIA und Rogalla kam es zu einem weiteren Treffen. Er könne nicht ausschließen, instruierte ein Amerikaner den HVA-Offizier, dass noch andere HVA-Genossen kontaktiert worden seien, „Überschneidungen" seien unvermeidlich, denn die West-Berliner CIA-Dependance betätige sich unbehelligt von der Zentrale, dem Head Office in Langley.[45] Das war Jürgen Rogalla bekannt. Ein gefälligerer Nothelfer als die CIA sei nicht in Sicht, wurde Rogalla zum guten Schluss mit auf den Weg gegeben. Er möge sich entscheiden. Alternativen existierten wirklich nicht.

Der Edel-Italiener „Il Nuovo Cristallo" am Teltower Damm 52 in Berlin-Zehlendorf war eine Art Stammrestaurant des West-Berliner CIA-Vertreters Peter B. Burke, der sich dort mit seiner deutschstämmigen Gattin Margarete in der Regel ein „Filetto d'agnello alla griglia" (Lammfilet vom Grill) gönnte und dessen Zunge nur einen Champagner der Marke „Krug" duldete, ein Genuss, den, wie es schien, vor allem DDR-Geheimdienstler schätzen lernten. Inzwischen liebten selbst Wodka-gestählte KGB-Offiziere diese französische Sinnenfreude.

Wenn Burke tafelte, saß er abseits vom Geschehen. Er wählte die Rolle eines Beobachters. Auch am 15. März 1990, denn an diesem Tag speiste, zwei Tische entfernt, einer seiner Mitarbeiter mit einem HVA-Offizier, der sich um seine Zukunft sorgte und vor wenigen Wochen 45 Jahre alt geworden war. Dieser (zwei Monate zuvor desertierte der HVA-Oberst Heinz Busch bereits zum BND) erläuterte nun jene Strecke, die ihn jahrelang in Atem hielt: die Beschaffung von US-Mikroelektronik. Der Experte gehörte dem Auflösungsteam der HVA in der Roedernstraße an.[46]

Peter B. Burke war vom Fach, wie viele seines Clans: Onkel Admiral Arleigh Burke verantwortete die Pleite in der Schweinebucht mit[47], Vater Michael Burke hetzte in den Fünfzigerjahren als Stellvertreter der West-Berliner CIA-Mission Jugendliche nach Ost-Berlin[48], während Bruder Robert T. Burke in Vietnam stationiert war.[49] Peter B. Burke wirkte in Wien und Warschau, bis seine Erfahrungen in West-Berlin benötigt wurden. Zwei Jahre lang, bis 1987, residierte er an der Spree. Dann beförderten ihn seine Meriten in die Zentrale nach Langley. Als sich die Opposition in der DDR auf die Straße traute, reiste Burke erneut in die Frontstadt.[50] Hier erlebte er seine Sternstunde.

Burke überließ nichts dem Zufall. Er kreiste die HVA systematisch ein. Auf einem eigens für die CIA (großformatig produzierten Ost-)Berliner

Stadtplan steckten unzählige Fähnchen. Jedes stand für den Namen eines gewichtigen HVA-Offiziers. Observanten parkten, in Pkws aus Ost-Produktion und mit Ost-Kennzeichen, an den Wohnorten der HVA-Auflöser. Die Häuser wurden fotografiert, die Mieter zum Dienst „begleitet". Wenn sie in die Roedernstraße eilten, sich mit Kollegen trafen oder auf ihren Datschen Erholung suchten. Nichts wollte die CIA dem Zufall überlassen. Annähernd jeder HVA-Auflöser war im Fadenkreuz der Amerikaner. Die CIA-Dossiers ähnelten inzwischen MfS-Kaderakten. Jedes noch so nebensächliche Detail erschien den Amerikanern von Wert. Das Wissen um den Alkoholkonsum, die Vertrautheit mit der Geliebten, der Stress mit der Ehefrau – solche Fakten könnten den Weg frei machen für ein „Gegenseitigkeitsgeschäft". Die CIA kannte schließlich annähernd jeden der insgesamt 246 HVA-Auflöser.[51]

Ein Oberstleutnant der HVA-Abteilung IX, der bislang die Kontrolle gegnerischer Geheimdienste verantwortet hatte, machte sich – während er in der Roedernstraße den Reißwolf mit Dokumenten fütterte – keine Illusionen: In Zukunft werde es „darum gehen, die losen Fäden … aufzufinden … und (sie) für sich nutzbar zu machen. Davon profitieren wird letztlich die CIA", zumal sich „das Verhältnis CIA zum BND weiter zuspitzen" werde.[52] Die 33-jährige Elke Fischer hingegen lehnte ein CIA-Angebot, aus der Roedernstraße Kopien von „Vernichtungsprotokollen" zu beschaffen, geradezu hysterisch ab. Dafür hatte sie auf ein von der CIA finanziertes Sonnenstudio verzichtet.[53] Bei einem Kraftfahrer der HVA „in Auflösung" jedoch erzielte die CIA einen Durchbruch. Ein noch nicht einmal 25-jähriger Kfz-Mechaniker besorgte Washington die ersten HVA-Originale.

Die HVA residierte in der Frankfurter Allee/Ruschestraße. Die Fahrzeuge, die die HVA-Akten aus der Zentrale in die Roedernstraße transportierten, rollten zum Tor Normannenstraße, rechts vorbei an Mielkes Bürotrakt. Einer der drei Innenhöfe, von der HVA wie der MfS-Verwaltungsbürokratie umschlossen, avancierte für einige Wochen zum weltweit wohl geheimsten Parkplatz.

Die Fahrzeuge, die hier hastig beladen wurden, hätten angeblich „unter der wachsamen Kontrolle der Bürgerbewegung und der Kirche" gestanden, schworen die HVA-Offiziere Peter Richter und Klaus Rösler: „Jeder Transport wurde von zwei Kirchenvertretern begleitet, die Stichproben machten."[54] Kein Gedanke, vor allem nicht in der Provinz.

Am 22. März 1990 rasten Ulf-Achim Zweidorff und Jörg Hartwig über die Autobahn. Einer, Zweidorff, gehörte der HVA „in Auflösung" an. Er sollte das Archiv der HVA-Filiale in Gera plündern. Dabei wurde er von Jürgen Töpfer (Bürgerkomitee Berlin) und von Franz Wogatzki (Oberstleutnant im Innenministerium) begleitet.

Zweidorff verlangte von den Bürgerrechtlern die Herausgabe von 20 HVA-Säcken. Niemand fragte nach, woher er die Anzahl kannte, niemand wunderte sich, dass er das Versteck genau beschreiben konnte. Erst als er den Bürgerrechtlern einen „Befehl" vorlegte, der vorgeblich vom obersten MfS-Auflöser, Fritz Peter, unterzeichnet worden sei, kam Misstrauen auf. Es fehlten der Briefkopf und ein amtliches Siegel.[55] Die Bürgerrechtler weigerten sich, den HVA-Schatz herauszugeben. Da meldete sich Manfred Petzold, Leiter des Auflösungs-Arbeitsstabes in Gera, zu Wort.

Petzold drängte die Protestler zur Seite: Die Säcke seien stehenden Fußes herauszugeben, Zweidorff und Hartwig handelten schließlich im Namen der Modrow-Regierung, obwohl die soeben abgewählt worden war. Petzolds überraschender Auftritt zeigte trotzdem Wirkung. Die Bürgerrechtler gaben das HVA-Archiv frei. Erst als Zweidorff mit seiner Truppe Gera verlassen hatte, dämmerte es den Bürgerrechtlern und sie fühlten sich über den Tisch gezogen.[56] Die Akten gelangten zwar in die Roedernstraße, allerdings ohne IM-Dossiers – jenen von mindestens 21 West-Spionen.[57] Der Verdacht, die CIA hätte Regie geführt, erhärtete sich.[58] Die Amerikaner hatten das Steuerruder ohnehin längst übernommen.

Ein Wartburg-Kastenwagen vom Typ B 1000 mit dem Kennzeichen IF 76-60 stand zur Abfahrt in die Roedernstraße bereit. Ein Kirchenvertreter war nicht in Sicht, auch das Bürgerkomitee fehlte. Der Fahrer setzte sich ans Steuer. Die Wache am Tor Normannenstraße ließ ihn nach Vorlage der Legitimation passieren. Er bog ab in Richtung Vulkanstraße. In der Konrad-Wolf-Straße lenkte er in die Strausberger Straße. Dort bremste er, ließ den Motor aber laufen. Dann stieg er aus und verschwand in einem Hausflur. Sekunden später saß bereits ein Unbekannter am Lenkrad. Der vollbeladene Kleinlaster raste nach Zehlendorf, während CIA-Bodyguards kritische Kreuzungen der festgelegten Route absicherten. Für den Fall einer „Gegenoperation" wollten sie tatsächlich zur Waffe greifen.

In der Sven-Hedin-Straße rollte das Fahrzeug in eine Villen-Garage. Minuten später befand sich der B 1000 bereits wieder auf der Leerfahrt nach Ost-Berlin. Am Ausgangspunkt angekommen, übernahm der „alte" HVA-Chauffeur seinen Wagen. Als der ins MfS-Hauptquartier zurückgekehrt war, ging jeder davon aus, dass er die Fracht in der Roedernstraße „gelöscht" hätte.[59] So einfach war das.

Ein erstes Mal verfügte die CIA über HVA-Erkenntnisse, über Details jener Firmen, die als Embargo-Killer Hightech an den Ostblock verkauften.[60] Warum die CIA? Warum nicht bundesdeutsche Dienste? Führungsoffiziere der HVA hatten im Laufe der Jahre zu ihren Spionen eine menschliche Beziehung hergestellt. Die Übergabe von Informationen stand nicht mehr allein im Mittelpunkt, sie verkehrten längst freundschaftlich miteinander. Während der eine laut über seine unglückliche Ehe nachdachte, erkundigte sich ein anderer nach Kochrezepten. Da gab es einen behinderten Sohn oder die schlechten schulischen Leistungen der Tochter. Da lag der Vater im Sterben oder der Lebensgefährte, wurde das PS-starke Auto zum Thema oder der Urlaub oder eine Diätkur. Herzliche Anteilnahme bestimmte den Umgang. Eigentlich schien die HVA eine glückliche Familie zu sein, wären da nicht Bonner „Scheidungsrichter" angetreten, die in den Medien lautstark die Strafverfolgung von HVA-Offizieren verlangten und zur Hetzjagd auf Spione der HVA aufriefen. Die CIA bot sich der HVA als „Schutzmacht" an.

Die Angst der HVA-Mitarbeiter vor einer Spionage-Anklage durch die Republik am Rhein steckte allen in den Knochen. Und diese Furcht schürte die CIA – mit einem schauervollen Szenario: Die Bundesregierung werde eine gnadenlose Verfolgung befehlen, sich jeden HVA-Angehörigen greifen, jeden hinter Gitter bringen. Wer konnte die Wahrheit überprüfen?

Mit plumpen Unkenrufen agierte die CIA gegen den BND, mit Gemeinplätzen brachte sie das BfV in Misskredit. In den Köpfen der HVA-Mitarbeiter blieben westdeutsche Dienste als Feindbilder erhalten. Schließlich versprachen die Amerikaner, dass sie selbst die Kostennoten der Anwaltskanzleien zahlen würden, sollten HVA-Bedienstete vor Gericht gestellt werden. Und: Wenn sie ihre Haft absäßen, würden die Familien nicht darben müssen. Doch die CIA ging noch einen Schritt weiter: Jeder, der sich – gegen das Versprechen der Straffreiheit – gegenüber westdeutschen Behörden offenbarte, träte gerade damit den „Beweis" seines gesetzwidrigen Handelns an. „Ehrlichkeit" würde die Bundesanwaltschaft mit einer Anklage quittieren, lediglich ein Bündnis mit den USA garantierte Sicherheit.

Der HVA-Sprengstoff lag mikroverfilmt dreifach vor. Ein Duplikat bei Bernd Fischer, eines bei Ralf-Peter Devaux, eines bei Werner Großmann. Ein Satz Negative aber erreichte, Anfang Mai 1990, Peter B. Burke. Doch wessen Mikrofiches, auf denen das Spionagenetz der HVA nachvollzogen werden konnte, hatte die CIA ersteigt? Schließlich geschah genau das, was die Amerikaner zu verhindern auf ihren Eid genommen hatten: BND und BfV erfuhren von dem Fang. Die erstaunliche Kunde hatte ein HVA-Edelstein ausgelöst: „Topas", der Hauptdarsteller einer nachrichtendienstlichen Groteske.

In unregelmäßigen Abständen informierte der „Spiegel" über ein Phantom, das im Brüsseler NATO-Hauptquartier als „Topas" spionierte. „Topas", so die Botschaft des „Spiegel", stünde kurz vor seiner Festnahme, die Ermittler seien bereits „ein entscheidendes Stück" vorangekommen, es sei ihnen „so gut wie gelungen, Topas zu enttarnen", zumal es sich bei „Topas" um keinen Einzeltäter handeln würde, nein, „Topas" dirigiere einen überragenden Agentenring.[60] Etwa in der Größenordnung einer Roten Kapelle?

„Topas" hieß Rainer Rupp.* Rupp erinnerte sich: 1968 habe ihm, während seines Studiums, in einer Mainzer Kneipe ein „netter Mann am Tisch nebenan aus der Klemme" geholfen, ihm 50 Pfennig geschenkt, die ihm zur Bezahlung einer Gulaschsuppe fehlten. Dieser, Heinz Schmidt alias „Kurt Tannhäuser", habe „sogar noch eine Runde ausgegeben. So kamen wir ins Gespräch. Später wurden wir Freunde. Und noch viel später gab er sich als Mitarbeiter der HVA zu erkennen".[61] Rainer Rupp wurde Perspektiv-Agent, bis er 1977 die NATO erreichte.[62]

Als Mitglied der „Current Intelligence Group" im Nato-Lagezentrum hielt Rupp vor Botschaftern und NATO-Generalen Vorträge über die „Feindlage" – anschließend sprach er seine Berichte verschlüsselt auf ein Tonband. Ebendiese erreichten Markus Wolf. Rupps spektakulärster Coup: die Übermittlung der als „Cosmic Top Secret" eingestuften Nato-Studie „MC 161", eine „Dokumentenserie", die das gesamte Wissen des

---

* Für den vom „Spiegel" zum Chef eines Agentenrings erhobenen „Topas" arbeiteten lediglich Rupps Ehefrau Ann-Christine („Türkis") und Harald Jacoby („Smaragd"), während Ulrich Jacoby („Rubin") als Kurier fungierte.

westlichen Verteidigungsbündnisses über die militärisch relevanten Fakten des Warschauer Paktes enthielt. Geschmeichelt fühlte sich Rupp, als ihn die Bundesanwaltschaft als „ständigen Vertreter des Warschauer Pakts bei der Nato" interpretierte. Aber wieso flog Rainer Rupp eigentlich erst am 31. Juli 1993 auf, fast drei Jahre nach dem Ende der HVA? Der „Topas"-Hinweisgeber war zuckerkrank, liebte Militärmusik und gehörte ehedem dem militärischen Geheimdienst der DDR an. Doch als er dem Chef der Politischen Verwaltung der Volksarmee, dem vormaligen Schaufensterdekorateur Waldemar Verner, einen anonymen Brief zustellte, in dem er die Vernachlässigung der Marschmusik beklagte, flog er nach seiner Enttarnung auf die Straße. Markus Wolf aber schätzte dessen analytischen Verstand und versetzte ihn in die HVA-Auswertung.[63] So blieb Heinz Busch die Baubrigade erspart. Diesen Mann befahl Werner Großmann nun an den Runden Tisch. Doch statt das Bürgerkomitee zu leimen, rückte Heinz Busch ab zum BND. In Pullach legte er, in Gegenwart der CIA, die Spur zu „Topas".[64]

Heinz Busch entpuppte sich als hochkarätiger Überläufer. Er kannte die Quellenlage bei der NATO, gleichwohl aber nicht den dort agierenden Agenten. West-Fahnder standen vor einem Rätsel, bis irgendwer auf eine vielversprechende Idee verfiel: „Topas" werde wie auf heißen Kohlen sitzen, jede Sekunde müsse er mit seiner Enttarnung rechnen. Auf Dauer werde er diese Belastung nicht ertragen. Wenn „Topas" regelmäßig erführe, so rechnete das BfV hoch, dass „wir ihm auf den Fersen sind", werde er sich vielleicht freiwillig stellen.[65] Diesen Part übernahm ein willfähriger „Spiegel".

Der Slogan „SPIEGEL-Leser wissen mehr" galt für „Topas" nicht, denn „Topas" war umfassender informiert. In Brüssel übersetzte er für den Leiter der NATO-Sicherheitsabteilung nicht nur die BfV-gefälligen „Spiegel"-Meldungen zu „Topas", sondern „Topas" war zugleich über den jeweiligen aktuellen Fahndungsstand orientiert: Wenn BND wie BfV „Topas"-Erkenntnisse der NATO nach Brüssel überstellten, übertrug „Topas" die ihn betreffenden Passagen ins Englische.[66] Wann immer der „Spiegel" neue Fährten zu „Topas" legte, amüsierte sich Rainer Rupp. So 1991, so 1992. Als „Topas" dann tatsächlich entdeckt wurde, druckte der „Spiegel" eine wahrlich umwerfende Geschichte:

An eine Art „Topas", so vertraute der BfV-Präsident Eckart Werthebach dem Nachrichten-Magazin an, habe er bereits seit dem Ostersonntag 1989 gedacht, in einem Moment, als er sich im Fernsehen Hitchcocks Spionage-Thriller „Topas" mit Karin Dorr angesehen habe. In diesem Augenblick habe er „sogar eingegrenzt, wo ‚Topas' in der Nato sitzen würde".[67] Dabei hatte der Oberst Heinz Busch zu diesem Zeitpunkt die Seiten noch gar nicht gewechselt, Mauer und Grenzbrigaden waren nach wie vor intakt.[68] Warum aber veröffentlichte der „Spiegel" diesen Unsinn? Werthebach wollte als größter Agenten-Fänger in die Geschichte der Geheimdienste eingehen. Dafür nutzte er seine – vorübergehend engen – Beziehungen zum Nachrichten-Magazin. Dabei hätte „Topas" alias Rainer Rupp ein freier Bürger bleiben können.

Washington misstraut(e) seinen Verbündeten, vorzugsweise dem BND. Zunehmend verschworen sich die Europäer gegen die USA. Die Amerikaner sahen ihren geopolitischen Einfluss schwinden. Selbstbewusste Regierungen passen nicht ins US-Konzept, aber einstmals verborgene HVA-Späher wie „Topas". Den wollte Langley von Brüssel ins Bundesverteidigungsministerium nach Bonn schleusen. Rupp lernte also einen neuen „Kollegen" kennen, einen Mann der CIA.

Jeder in der NATO hätte „Topas" sein können. So schien es nur schlüssig, dass ihm auch Rupps frischer Nachbar die rein rhetorische Frage stellte, was er anstelle von „Topas" tun würde. Die Antwort war eindeutig: Wäre er, Rainer Rupp, „Topas", würde er sich nicht stellen, sondern sich bei den Russen oder den Amerikanern melden. Damit versetzte „Topas" die CIA in Aufruhr.

Hatte sich „Topas" bereits an Moskau verkauft? Würde Rupp zur CIA wechseln, würde er dies dann unter einem russischem Kommando tun? Das Risiko, sich einen Doppelagenten ins Haus zu holen, war offenkundig und verunsicherte US-Geheimdienstler, die sich daraufhin ihre wohl größte Fehlleistung erlaubten. Sie statuierten ein Exempel. Sie ließen Rainer Rupp auffliegen.[69] Nicht nur ihn.

Die CIA denunzierte dem BfV Karl Wienand, den SPD-Bundestagsabgeordneten Gerhard Flämig. Nun gab es kein Halten mehr: Das Bundeskanzleramt unterstellte, die Amerikaner würden jeden HVA-Spion beim Namen kennen. Die Enttarnung ehemaliger „Spitzenquellen", so Markus Wolf, sei nur möglich geworden, weil „auf Disketten gespeicherte Karteien mit dem geheimsten Wissen der HVA dank der CIA in die Hände westlicher Dienste gelangt seien".[70] Und tatsächlich: Die CIA entpuppte sich als Testamentsvollstrecker der HVA. Nun wurde auch dem Verfassungsschutz Einblick in den HVA-Fundus gewährt, allerdings auf verrückte Weise.

Als die deutschen Kollegen in Washington eintrafen, lud die CIA ihre Gäste in das Gourmet-Restaurant „Clyde's" in der 707 7th Street ein. Prima Steaks und dicke Hummer lagen auf den Tellern. Nach dem Dessert gab es allerdings ein böses Erwachen. Der BfV-Reiseleiter Dirk Dörrenberg erlebte sein Waterloo. Die CIA gestattete den deutschen Detektiven lediglich einen Bleistift, mit dem sie aus der IM-Kartei die Decknamen abschreiben durften. Unter Aufsicht. Da Wohnort, Familienstand und Beruf angegeben seien, grinsten CIA-Beamte, seien die Täter alsbald zu verifizieren. Fotokopien? Streng verboten.

Das Unternehmen, das BfV führte es unter „Rosenholz", die Karlsruher Bundesanwaltschaft gab der Posse den Decknamen „Wundertüte", war ein gewollter Affront der CIA.[71] Er galt Werthebach höchstpersönlich.

Noch vor der „Topas"-Verhaftung hatte der BfV-Präsident Eckart Werthebach die CIA ultimativ aufgefordert, ihr gesamtes Wissen herauszurücken. Die Antwort war stets dieselbe: „Kein Kommentar." Die Stimmung zwischen den Diensten erreichte ihren Tiefpunkt, es fehlte lediglich die offizielle Kriegserklärung. Werthebach wähnte sich aber als erfolgreicher Kopfjäger, er wollte sich wohl für die Präsidentschaft des BND empfehlen. So getrieben, wütete er bei jeder Gelegenheit gegen die Amerikaner. Sein Hader nahm fanatische Züge an. So entstand die Operette „Rosenholz", CIA-inszeniert, um Werthebach bloßzustellen.[72] Doch Washington verlangte mehr: einen Kotau Werthebachs. Der „Spiegel" höhnte: Werthebach sollte „auf den Knien zur CIA rutschen". Die Selbstverleugnung nahmen Amerikaner feixend zur Kenntnis.[73] Und sie setzte sich fort.

Bernd Schmidbauer, Geheimdienst-Koordinator im Bundeskanzleramt, witterte einen Abgrund von Landesverrat. Werthebach hatte ihm die „Rosenholz"-Abschriften ins Ohr geflüstert. So kam Schmidbauer zu seinem unvergesslichen Auftritt vor der Parlamentarischen Kontrollkommission: Die Geschichte des Kalten Krieges, trumpfte er auf, müsse neu geschrieben werden, was allerdings bereits dem „Stern" nach der Veröffentlichung der vermeintlichen Hitler-Tagebücher misslungen war.

Das Ausmaß der DDR-Spionage, so erboste sich Schmidbauer fernab jedweder nachrichtendienstlichen Realität, sei derart „gigantisch", dass „mehr als tausend Ermittlungsverfahren" eingeleitet werden müssten, aktuell würden „weit über 2.000 Spuren verfolgt".[74] Daraufhin schickte Werthebach dem Generalbundesanwalt einen dummen Brief.

„Mitarbeiter des BfV", so teilte Werthebach Karlsruhe mit, „haben im Ausland Einblick in ausschließlich deutschsprachige Unterlagen eines ausländischen Nachrichtendienstes nehmen" können, dabei handelte es sich freilich nur „um Kopien von Aufzeichnungen der HVA des MfS", die allerdings – jammerschade – nicht als Beweismittel taugten. Weitere Erkenntnisse seien – unglücklicherweise – nicht zu erwarten: „Zum Ursprungsland ... besteht ... kein Zugang."[75]

Der Geheimdienst-Experte der SPD, Willfried Penner, kritisierte die hemmungslose Übertreibung Schmidbauers. Der gelernte Staatsanwalt beschwerte sich vor allem darüber, dass Schmidbauer gegenüber Journalisten so tat, als ob Stasi-Spitzel in den Reihen der SPD-Opposition besonders häufig platziert gewesen seien.[76]

Die von Werthebach und Schmidbauer herbeigeredete Agentenschwemme stellte sich als grausiger Flop heraus. Und unverzeihlich erschien der CIA, dass Werthebach ausgerechnet jemanden nach Washington beordert hatte, den die USA längst als akutes Sicherheitsrisiko eingestuft hatten: Dirk Dörrenberg, der ohnehin aus dem Rahmen fiel und der seine BfV-Karriere seinem Vater zu verdanken hatte: Wenn der V-Mann-Führer Fritz Dörrenberg Kommunisten observierte oder anzuwerben versuchte, nahm er gelegentlich – zwecks Tarnung – seinen Filius Dirk mit.[77]

Dörrenberg, wie Penner gelernter Staatsanwalt, langweilte sich einst im NATO-Hauptquartier, wo er als Verbindungsführer des BfV einer Sekretärin hinterherlief. Er hatte ihr viel zu erzählen. Durchgängig von sich, von seinem spannenden Amt. Die Schreibdame wird konzentriert zugehört haben, denn sie hieß Ann-Christine Rupp, die Gattin von „Topas".[78] Die CIA fasste sich wegen Dörrenberg ohnehin an den Kopf – als Dörrenberg schließlich zum Leiter des BfV-Ressorts IV („Spionageabwehr/Geheimschutz") befördert wurde. Die Franzosen mieden Dörrenberg ohnehin. Er wollte einer Spitzenquelle der HVA einen Mord anhängen, aus dem Top-Spion Klaus Kuron einen Henker machen.

BUNDESKRIMINALAMT

Abteilung Staatsschutz

Ort, Datum

z. Z. Berlin, den 23.10.1990

☎ (Vorwahl- und Rufnummer)

VS-VERTRAULICH
amtlich geheimgehalten

Beschuldigtenvernehmung

Zutreffen...

Umstand der Vernehmung (auf Vorladung; vorgeführt aus Untersuchungsh... ; aus Strafhaft, als vorläufig Festgenommener usw.)

In den Diensträumen des PP Berlin erschienen

Erklärung zur Person

1. Name (ggf. auch Beinamen, Künstlername, Spitzname, früherer Name)

NEHLS

Vornamen (der Rufname ist zu unterstreichen)

Günther Hans Paul Walter

2. Geboren am   in (Ort, Kreis, Land)

9.3.1937   Plötz Krs. Demmin

3. Wohnsitz (ggf. mit Telefonangabe; bei Beschuldigten ohne festen Wohnsitz ist die letzte Wohnung oder der letzte Aufenthalt anzugeben)

Gegenwärtig

1156 Berlin, Rudolf-Seiffert-Str. 27

Zur Zeit der Tat

4. Staatsangehörigkeit (auch evtl. frühere)

Deutsch

5. Ausweise (Art. z. B. Personalausweis, Reisepaß, Führerschein, Waffenschein, Reisegewerbekarte, Nummer, ausstellende Behörde, Ausstellungsdatum)

ausgewiesen durch Personalausweis

6. Beruf

Erlernter	Gegenwärtig ausgeübter	Zur Zeit der Tat ausgeübter
Schiffs-Schlosser	selbst.Kaufmann	Offizier der HVA des MfS

Stellung im Beruf (z. B. Geschäftsführer, Gehilfe, Angestellter)

Gegenwärtig		Zur Zeit der Tat
Repräsentant		stellvertr.Abteilungsleiter

Nur bei Beamten und Behördenangestellten: Bezeichnung und Anschrift der Dienststelle

Nur bei Studierenden: Hochschule und belegtes Fach

Ingenieurschule Warnemünde, Schiffbau-Ingenieur

Nur bei Trägern akademischer Grade (Dr, Dipl.-Ing. usw.): Datum und Name der Hochschule, an der der Titel erworben wurde

Ing.-Grad.

7. Einkommensverhältnisse

Bei Erwerbslosigkeit: Erwerbslos seit

Gegenwärtig	Zur Zeit der Tat	
4.000,--DM	3.000,-- Mark (Ost)	

8. Familienstand

Ledig [X] Verheiratet Verwitwet Geschieden Dauernd getrennt lebend

Name und Vornamen des Ehegatten (ggf. auch Geburtsname, Name auch früheren Ehegatten)

NEHLS, INGRID geb. Baumann

Nur bei verschiedener Wohnung: Wohnung des Ehegatten

wie oben

Beruf des Ehegatten

Industrie-Kaufmann

9. Kinder (Anzahl und Alter)

3 Kinder / 21, 26 und 33 Jahre alt

BKA-Protokoll eines Verräters (Oktober 1990): „Sie haben ruhig und sachlich ausgesagt"

Fachprüfgruppe Arbeitsstab Fall Kuron
FPGr 15-237-S-330 043- *122* /91   Köln, den 27. Mai 1991
VS-Vertr.

1. VERMERK:

Betr.: Fall KURON
    hier: GLASSCHÜSSEL

Bei einer Befragung des von KURON geführten GLASSCHÜSSEL
nach Aufdeckung des Verratsfalls gab dieser folgendes an:

1   Bei einem Treff mit KURON habe er diesem mitgeteilt, er
    habe Kontakt mit einem Offizier des KGB in Karlshorst,
    MELNIKOW. MELNIKOW habe für ihn 1989 in Berlin (West)
    einen Farbfernseher gekauft. MELNIKOW habe - ausgewiesen
    als Angehöriger der Botschaft der UdSSR - den Kauf unter
    seinem Klarnamen getätigt.

GLASSCHÜSSEL habe die Rechnung mit dem Klarnamen (der
Name begann mit einem G) KURON auf dessen Wunsch zur Ab-
lichtung übergeben und beim nächsten Treff mit KURON zu-
ruckerhalten.

Später sei ihm bei seiner etwa 10 Stunden dauernden Vernehmung durch Offiziere des KGB vorgehalten worden, er
habe den Klarnamen des KGB-Offiziers (DN MELNIKOW) an
einen westlichen ND weitergegeben.

Anläßlich der Schilderung dieses Verhörs habe er KURON
vorgehalten, in den Reihen des BfV müsse ein Verräter
sein, da von der Sache nur jemand Kenntnis haben könne,
der die Rechnung gesehen habe.

„Glasschüssel" (Eberhard Lehmann) über den Maulwurf Klaus Kuron:
„In den Reihen des BfV müsse ein Verräter sein"

Maulwürfe werden verraten

Ein leitender Mitarbeiter des BND liebte die Toskana. Dorthin wich er immer dann aus, wenn es – im Kreise verschworener Kollegen – sensible Operationen abzustimmen galt, wie etwa der drängenden Frage nachzugehen, wo in Pullach sowjetische Maulwürfe säßen. Dieses Mal war der Amtsantritt des Präsidenten des Bundesamtes für Verfassungsschutz (BfV), Heribert Hellenbroich, zu bewerten. In Empoli, zwischen Pisa und Florenz, unweit des 1093 errichteten Doms, kehrte die Gruppe wieder einmal bei Alberto S. Marco ein. Ein Genie der Pfannen und Töpfe.

Alberto S. Marco tischte Hochgenüsse auf. Das kochende Leckermaul zelebrierte eine Orgie der Sinne: „Fasoj in salsa" (Bohnen mit Sardellensauce), „Prataioli marinati su radicchio" (marinierte Pilze auf Radicchio), „Vongole allo zenzero" (Venusmuscheln mit Ingwer) und „Cotolette al latte" (Kalbskotelett in Milch). Unerlässlich freilich eine Gaumenweide namens Brunello, Höhepunkt im kurzen Leben eines jeden Gourmets.

Wenn Alberto dekantierte, herrschte atemlose Stille. Der Rotwein erreichte den Gefäßboden Tropfen um Tropfen, eine Prozedur, die sich über Minuten hinziehen konnte. Dann drückte der Wirt seine Nase an die Öffnung, atmete durch, bis er durch seinen Augenaufschlag die Perfektion signalisierte und die Karaffe auf eine für dieses Ritual vorbereitete Lade stellte. Frühestens nach einer halben Stunde erklärte sich der Schwelger endlich bereit, seinen Gästen die Gläser zu füllen. Es schloss sich ein kostbarer Zungenorgasmus an.[1] Der römische Feldherr Lukullus hatte diesen Freundeskreis zusammengeführt, von dem ein vermeintlicher Kantinen-Esser wohl nur träumen konnte. Der stand in diesen Tagen ohnehin auf der Autobahn im Stau. Ein Seitenwechsel beförderte das extreme Gefälle.

Am 19. August 1985 setzte sich der Regierungsdirektor im Bundesamt für Verfassungsschutz (BfV), Hansjoachim Tiedge, per Eisenbahn in die DDR ab. Drei Tage später erfuhr es auch sein Arbeitgeber – durch eine schnöde ADN-Meldung. Schadenfreude in Pullach: Endlich hatte es einmal die Konkurrenz erwischt.

Scharen von Beamten, ob kompetent oder nicht, trafen sich zu endlosen Wortgefechten. Im zuständigen Bundesinnenministerium (BMI) herrschte Katerstimmung, im Bundeskanzleramt des Helmut Kohl löste der Berufsstand eines Verfassungsschützers inzwischen schiere Aggressionen aus. Würde jemand die Hintergründe aufklären können? Die Wahl fiel auf Eckart Werthebach, Mitarbeiter des BMI-Referats „Innere Sicherheit".

Heribert Hellenbroich, bislang BfV-Präsident, war im August 1985 als Chef zum BND abgewandert. Der Neue, Ludwig-Holger Pfahls, ein Intimus von Franz Josef Strauß, erschien vielen Verfassungsschützern suspekt. Sie trauerten ihrem „Heribert" nach, ihrem „Seelsorger", der – zum Beispiel dem Alkoholiker Tiedge – Pleiten und Pannen großherzig verzieh. Angst machte sich breit: Beabsichtigte Pfahls, überforderte Geheimdienstler in die Wüste zu schicken? Die Stimmung war auf dem Siedepunkt. Klaus Kuron, der deutsch-deutsche Doppelagent, sollte es erfahren.

Engelbert Rombach, BfV-Abteilungsleiter IV („Spionageabwehr"), bat Kuron um die Mittagszeit zu sich. Ob er „Herrn Werthebach und seinen Mitarbeiter" zurück nach Bonn ins Ministerium chauffieren könne. Belohnung: „dienstfrei" für den Rest des Tages. Kuron nickte eilfertig, nicht ohne Grund, denn in der Rolle des artigen Dienstmannes würde er vielleicht ein nachrichtendienstliches Glanzstück nach Ost-Berlin expedieren können: den Inhalt der Besprechung zwischen Ludwig-Holger Pfahls und Werthebach – vorausgesetzt, Werthebach, den Kuron bis dahin persönlich nicht kannte, erwiese sich als Plaudertasche. Auf Einzelheiten müsse Markus Wolf ganz versessen sein.

„Sie", so lobte Werthebach seinen Chauffeur, „sind ja ein versierter Geheimdienstler", ein „anerkannter Counterman-Führer" – nicht dass „auch Sie sich in die DDR verdrücken", ein Gedanke, der Kuron nicht das erste Mal durch den Kopf geisterte. Kuron lachte also mit. Die sich daran anschließende Frage Werthebachs, wie er, Kuron, das Verschwinden Tiedges einordnete, gefiel dem Verfassungsschützer:

Tja, antwortete Kuron, die Umstände sprächen dafür, dass Tiedge ein Spion der Hauptverwaltung Aufklärung (HVA) gewesen sei. Diesen Verdacht, behauptete Kuron keck, habe er seit langem gehegt: kompli-

ziertes Familienleben, schlampiges Outfit, akute Zahlungsschwierigkeiten, dazu das Dasein als Trunkenbold – derart ausweglose Situa-
tionen seien wie geschaffen für einen Nebenjob. Solch ein Wink blieb
nicht ohne Resonanz. „Man müsse sich wahrscheinlich damit abfin-
den", entgegnete ein grübelnder Werthebach, „daß die DDR das Amt
unter Kontrolle gebracht hat", es werde ohnehin befürchtet, „daß neben
Tiedge weitere Maulwürfe existieren". Unvermeidlich: Kuron grinste,
innerlich.

Das offizielle Bonn, so informierte Kuron daraufhin Markus Wolf,
ginge bei Tiedge von einem hochbezahlten Agenten aus. Nun begänne,
laut Werthebach, sowohl beim BND als auch beim BfV die Fahndung
nach vermuteten weiteren Spitzeln, weshalb bei den Diensten – mittel-
wie langfristig – „eine große Unsicherheit" ausbrechen werde. Wer
Schulden habe oder eine Geliebte finanziere, werde sich dem Verdacht
aussetzen, für eine fremde Macht zu arbeiten. Das Desaster, ergänzte
Kuron, begänne sich zudem politisch auszuwirken. Werthebach habe
ihm gegenüber bereits ein „Bauernopfer" angekündigt: Heribert Hellenbroich, der es verabsäumte, Tiedge wegen seines verruchten Lebenswan-
dels in den vorzeitigen Ruhestand zu schicken, werde als Schuldiger aus
dem Amt des BND-Präsidenten gehebelt werden, was daraufhin prompt
geschah.[2] Absurdistan somit auch während der Entmündigung der
DDR.

Das Ministerium für Staatssicherheit (MfS) hatte seinen Offenba-
rungseid abgelegt, die HVA ihre Zahlungen eingestellt, der militärische
Nachrichtendienst (Mil-ND) der Volksarmee sich abgeschrieben. Aber
die geheimen Buchhalter des Ostens frisierten ihre Abschlussbilanzen.
Den Konkursverwaltern des Westens fehlte der Kassensturz. Die Gläu-
biger, die des BND und die des BfV, mussten ihre Schuldner nun jagen.
Doch kein Gerichtsvollzieher sah sich in der Lage, abgetauchte DDR-
Kundschafter namhaft zu machen.

Die Situation drückte zunehmend aufs Gemüt. In Köln und Pullach,
den Zentralen der westdeutschen Dienste, herrschte Frust. Aufrufe, sich
zu stellen, schienen ihnen die einzig verbliebene Maßnahme. In den Medien meldete sich daher der Generalbundesanwalt Alexander von Stahl
zu Wort. Er stellte „Strafmilderung" in Aussicht. Bedingung: Die Spione
der DDR müssten sich „offenbaren". Dafür seien extra „Meldestellen"
eingerichtet worden. „Bis hin zum völligen Absehen von Strafe", wie ein

HVA-Kundschafter optimistisch registrierte. Im September 1990 wollte er dieses Angebot annehmen.

Dieser kernige Mann, von November 1967 bis zum Mauerfall im „Operationsgebiet" im Einsatz, sagte sich: „Klarer Fall – das war ein Fall für mich", denn es sei damit zu rechnen, „sowieso aufzufliegen, oder von einem östlichen Geheimdienst erpreßt zu werden. Dann lieber als Selbststeller strafmildernd und unerpreßt gleichberechtigt als Deutscher unter Deutschen leben." Er griff zum Berliner Telefonbuch.

Der Bußfertige wählte 320 921, den Anschluss des „Generalbundesanwalts beim Bundesgerichtshof, Dienststelle Berlin". Es meldete sich ein „Berger". Der „Überläufer": „Ich rufe auf Empfehlung von Alexander von Stahl an. Können Sie mir sagen, wo die Meldestelle für ehemalige Mitarbeiter der HVA ist?" Antwort: „Moment, ich verbinde Sie." Der Nächste: „Bundesgerichtshof." Der Agent wiederholte sein Anliegen. Einrede: „Da sind Sie hier falsch."

Ein neuer Gesprächspartner war in der Leitung. Ein Mädchen. „Eine Meldestelle? Was wollen Sie denn melden?" Dass „ich Aufklärer im Dienste der früheren DDR war und um Strafnachlaß bitte". – „Aufkleber? Was für ein Aufkleber?" – „Aufklääärer, meine Dame, nicht Aufkleber. Wissen Sie denn nicht, daß Ihr Chef, der Herr Generalbundesanwalt, um unsere Meldung nachgesucht hat?" – „Nein. Davon ist mir nichts bekannt." Was nun? „Die Polizei, dein Freund und Helfer" würde der richtige Adressat sein. Der Genosse rief 46 61 an, die Polizeidirektion 1 (Berlin-Wedding). „Köhler." – „Guten Tag, Herr Köhler. Ich wüßte gerne, wo die Meldestelle ist?" – „Ich werde Sie mal mit dem Dauerdienst verbinden. Kommen Sie über Amt?" – „Ja." Nach einer langen Pause: „Ich gebe Ihnen die Nummer vom Dauerdienst: 6-9-9-3-6-1-5-2. Haben Sie?" Unverdrossen wählte der DDR-Späher auch diesen Anschluss. Doch dann kriegte er einen großen Schreck: „Politischer Staatsschutz." – „Sind Sie die Stelle, bei der sich die ehemaligen …" – „Ja." Der neue Bundesbürger sollte vorbeikommen: „Wir sind am Platz der Luftbrücke. Tempelhof. Da fahren Sie … Wollen Sie mir vielleicht nicht schon jetzt Ihre Personalien durchgeben?" – „Ach nö …" Entnervt legte der Agent auf. Das war auch gut so.

„Irgendwo hat Herr von Stahl also doch ein Stück funktionierenden Apparates", resümierte der Spion. Aber der Staatsschutz als „Meldestelle"? Der habe, wie ihm von Kameraden zugetragen wurde, „Offenbarungen" gelegentlich missverstanden und sofort Ermittlungsverfahren eingeleitet. Sichtlich erleichtert atmete der Späher durch: „Nach Tempelhof fahre ich etwa 60 Minuten. Wie lange brauche ich aber – von dort zurück?"[3] Ähnliche Szenen auch anderenorts.

BND- und BfV-Beauftragte übervölkerten die Stasi-Hochburgen Hohenschönhausen und Lichtenberg. Die invasionsartige Landnahme nahm groteske Züge an: Vormittags erschien beim HVA-Oberst Werner Degenhardt in seiner Wohnung in der Ulmenstraße 114 ein Verfassungsschützer und bot pro Quelle 10.000 West-Mark an. Degenhardt lehnte ab. Nachmittags tauchte ein Mitarbeiter des BND auf. Der offerierte den doppelten Betrag. Auch der HVA-Oberst Siegfried Jesse musste Strapazen über sich ergehen lassen: erst der BND, dann das BfV, schließlich – am selben Tag – ein Vertreter des Bundeswehr-eigenen Militärischen Abschirmdienstes (MAD). Am nächsten Morgen schaute noch die CIA vorbei. Aufregende Zeiten für angebliche Verlierer.

In der Ost-Berliner Oberseestraße siedelten hohe MfS- wie HVA-Offiziere am dichtesten. Im Haus 44 beispielsweise wohnte der stellvertretende Minister für Staatssicherheit Rudi Mittig in der ersten Etage, darunter der MfS-Oberst Hans-Joachim Krüger, Vize der Hauptabteilung VII, wegen seiner Kenntnisse über die Volkspolizei und das DDR-Innenministerium ein besonders gefragter Interview-Partner. In der Oberseestraße waren Werner Großmann zu Hause (Nr. 6/8), Horst Vogel vom HVA-„Sektor Wissenschaft und Technik" (Nr. 38), Horst Machts, der die HVA-Kundschafter in den Westen schleuste (Nr. 40), in der Nr. 59 a residierte der Ausbildungs-Chef Olaf Barnickel, in der Nr. 34 Alfred Kleine, der die Volkswirtschaft im Auge behielt. Allein in der Oberseestraße wohnten 22 MfS/HVA-Direktoren.

Der bislang einsame Weg, bepflastert mit absoluten Halteverbotsschildern, verkam zum gefährlichen Staugebiet: Franzosen, Engländer, Amerikaner, Westdeutsche – sie alle hatten es auf denselben Personenkreis abgesehen. Jeder war dabei freilich abhängig von seiner eigenen Tüchtigkeit:

BND/BfV-Angehörige fuhren durch die menschenleere Oberseestraße, aus Gründen der Tarnung aber nicht etwa mit einem Wartburg oder Trabant, sondern mit einem auffälligen West-Produkt. Die gewohnt misstrauische und an ihren Küchenfenstern hockende MfS-Oberschicht ordnete die berufliche Anbindung der Fremden entsprechend zu.

337

Stellte ein BND-Pfadfinder beiläufig fest, dass er sich „allein" auf Tour befand, parkte er seinen BMW von der Firma Sixt diskret in einer Nebenstraße. Dann ging er, sich nervös umschauend, auf das Haus Nummer 71 zu, in dem der MfS-Generalmajor Egon Ludwig den MfS-Niedergang betrauerte, dem bis dahin das Mielke-„Büro der Leitung" unterstand. Plötzlich erspähte der BND-Beauftragte aber ein ihm vertrautes Gesicht, eines, das er vom Bundesamt für Verfassungsschutz her kannte. Der spazierte geradewegs auf ihn zu und hatte seinen AVIS-Mercedes ebenfalls in einer Nebenstraße abgestellt. Die Konkurrenten entdeckten sich im selben Augenblick. Der eine durfte dem anderen freilich nicht zu erkennen geben, für wen er sich interessierte. Jeder der Schlapphüte machte darum schleunigst kehrt.

Die Rivalität zwischen BND und BfV geriet zur Karikatur. Hatte sich ein HVA- oder MfS-Offizier beispielsweise mit einem BND-Vertreter zu einem unverbindlichen Gespräch bereit erklärt und sich mit diesem bei Kaffee und „Goldbrand"-Weinbrand aus DDR-Produktion tatsächlich zwei Stunden lang ausschließlich über Nonsens unterhalten, buchte Pullach dies als Erfolg. Wenig später saß dann ein BfV-Treuhänder in derselben Wohnung. Der sich gar nicht mehr isoliert fühlende Gastgeber erwähnte, dass er soeben einen BND-Kollegen verabschiedet hätte. Das versetzte den BfV-Reisenden in Rage: Die in Pullach würden zu nichts taugen, die seien ohne nachrichtendienstlichen Verstand, allein das BfV verfüge über Sachkompetenz, nur das BfV sei berechtigt, „Nachkriegs"-Verträge mit dem MfS oder der HVA zu schließen.[4]

Intrigen waren die Ausweise in diesem merkwürdigen Bruderkrieg, sie entstanden, weil sich der eine Dienst vom anderen nicht wegnehmen lassen wollte, über das der eine oder andere noch gar nicht verfügte, aber möglicherweise eines fernen Tages: über aussagebereite Geheime einer formal noch existierenden DDR.

MfS wie HVA hatten die Bonner Obrigkeit bis ins Schlafzimmer hinein ausgeforscht. Der gute Ruf des rheinischen Vaterlandes schien gefährdet, sollten die Medien die genierlichen Knallbonbons aus der DDR aufgreifen. Nicht auszudenken, die Liebesnester moralisierender Politiker würden enttarnt, Schmiergeldzahlungen nachgewiesen, Seilschaften ans Tageslicht kommen. Ob Staatssekretär, Minister, Bundeskanzler oder Landesfürst – Panik vor einer Entdeckung griff um sich. In dieser aufgeheizten Atmosphäre wirkte jedes unbedachte Wort wie ein Sprengsatz, selbst noch im zweiten Jahr nach der Vereinigung: „Ex-BND-Chef Hellenbroich enthüllt: ein Bundesminister war Stasi-Agent", titelte die „Bild" im März 1992 auf Seite eins: „Er arbeitet heute als Agent für die GUS-Nachfolgeorganisation des früheren Sowjet-Geheimdienstes KGB." Dann druckte das Blatt Fotos von 20 Bundesministern ab. Von Gerhart Baum über Horst Ehmke, von Wolfgang Schäuble bis hin zu Hans-Jochen Vogel.[5] Die Bundeshauptstadt glich einem Tollhaus. Auslöser dieser Hatz: tatsächlich Heribert Hellenbroich. Der hatte zuvor einen HVA-Oberst in ein feines italienisches Restaurant in Berlin geschleppt, ihm ununterbrochen Rotwein samt Grappa nachgeschenkt und von ihm deshalb erfahren, „daß ein früherer Bundesminister und jetziger Bundestagsabgeordneter für die HVA tätig war". Weil Hellenbroich seinen Gast trotz des Überangebots an Alkohol für seriös hielt, vertraute er sich der „Kölnischen Rundschau" an.[6] Ebendie las irgendein „Bild"-Redakteur, weshalb die Nachricht – mit 24 Stunden Verspätung – bundesweit wie eine Bombe einschlagen konnte.

Ein Fall für den Generalbundesanwalt. Hellenbroich, der Urheber, wurde zur „Befragung" vorgeladen. Nachdem er in Karlsruhe seine „Erkenntnisse" wiederholt hatte, quittierte die Behörde den Auftritt des Ex-Abwehr-Chefs wenig schmeichelhaft: Hellenbroich sei „das Windei, das aus der Kälte kam".[7] Das war er bereits ein Jahr zuvor gewesen, als er hartnäckig (gemeinsam mit Markus Wolf) die „Zusammenarbeit Stasi-RAF" anzweifelte.[8]

Hellenbroich gilt als das Schlusslicht unter europäischen Geheimdienstlern, zumindest für wache Historiker. Er stand (und: steht) als Synonym für die Unterlegenheit eines BND und eines BfV. Ein fatales Resümee, das ein erschreckendes Detail offenbarte: Unzählige Hellenbroichs dirigier(t)en in Deutschland das konspirative Metier, scharenweise besetz(t)en Hellenbroichs als Abteilungsleiter den BND oder das BfV, ungezählt pflanz(t)en sich die Hellenbroichs fort – als geheimdienstliche Dutzendware, für MfS-Angehörige eigentlich Grund genug, die Verwandtschaft zu meiden. Doch ihr Arbeitgeber, die DDR, lag auf dem Sterbebett. Realisten setzten Zeichen. Ein Oberstleutnant des MfS meldete sich als Erster beim Klassenfeind: Rainer Wiegand.

Der Thüringer Wiegand hatte seine Karriere bei der Bereitschaftspolizei begonnen. Dort besserte er sein Gehalt auf, indem er als IM der

Staatssicherheit Kameraden denunzierte. Mal kassierte er 50, mal 75 oder 100 DDR-Mark. Wiegand schrieb Spitzel-Berichte. Etliche SED-Kritiker gerieten daraufhin als „Feinde des Volkes" in Haft. Solche Loyalität zahlte sich aus. Wiegand wurde von Mielkes Stellvertreter Bruno Beater protegiert.

Als hauptamtlichen Mitarbeiter verpflichtete Beater ihn für die MfS-Hauptabteilung I („Abwehr NVA, Grenztruppen"). Auch hier blieb Wiegand sich treu. Hatte etwa der Genosse Gerd Loose über Walter Ulbricht lamentiert, wurde der Nörgler anschließend von einem MfS-Kommando aus seiner Ost-Berliner Wohnung in der Weerthstraße 10 gezerrt. Erneut konnte ein „imperialistischer Agent dingfest" gemacht werden. Die ideologische Festigkeit bescherte Wiegand ein neues Tätigkeitsfeld: Das MfS beorderte ihn zum militärischen Nachrichtendienst (Mil-ND) der Nationalen Volksarmee. Der galt der Normannenstraße allerdings als gesinnungslos, seit sich der Oberstleutnant Siegfried Dombrowski zu den Amerikanern abgesetzt hatte. Wiegand sollte beim Mil-ND vermutete Spione aufspüren. Vier Mitarbeiter lieferte er der Staatssicherheit aus.

Dann wechselte Wiegand in die Hauptabteilung II („Spionageabwehr"), wo er seit 1986 das Ressort „Arbeitsgruppe Ausländer" delegierte. Dort erlebte er die Wende und von dort setzte er sich auch zum BND ab.[9] Wiegand – der 1996 in Portugal einem mysteriösen Autounfall zum Opfer fallen sollte – saß zeitgleich als Geschäftsführer der MfS-Firma „Internationale Bau- und Montage-Cooperation" (IBAMOC) vor. Das Unternehmen kümmerte sich um die Gastarbeiter westlicher Konzerne, die in der DDR beispielsweise in Leuna bauten. Die IBAMOC war eine Art „Krankenkasse" mit angeschlossenem „Sozialdienst". Die ausländischen Arbeitgeber mussten an die IBAMOC „Abgaben" und „Provisionen" überweisen, in Devisen, versteht sich. Diese Zwangsbeiträge flossen in den MfS-Etat, freilich am Ende ein Teil in Wiegands Tasche. Bevor er sich zum Klassenfeind absetzte, hob er 265.000 West-Mark vom IBAMOC-Konto ab, das, wie sich der MfS-Oberstleutnant Helmut Wagner entsetzte, dem „Verräter" als „Startgeld" diente. Nicht nur ihm. Wiegand nahm seine Geliebte mit, seine Sekretärin Ursula Stottmeister[10], während er seine 46-jährige Gattin Bärbel und den gemeinsamen Dackel in der Kaulsdorfer Villa ihrem Schicksal überließ. Die frustrierte Ehefrau revanchierte sich daraufhin in der „Bild": „Seit 1987 war mein Mann

Doppelagent für den BND."[11] Unfug. Aus seiner operativen Tätigkeit kannte Wiegand einen BND-Unterhändler in Jugoslawien mit Klarnamen. Ihm avisierte er seinen Seitenwechsel. Im fernen Belgrad wurde Wiegands Flucht vorbereitet.

Als Rainer Wiegand am 28. Dezember 1989 dem Chef der BND-„Operativen Aufklärung", Volker Foertsch, gegenübersaß, hörte dieser nur Andeutungen. Er wisse viel, erklärte Wiegand, einen Einblick in MfS-Strukturen werde er freilich erst nach Zahlung angeblich einer Million Mark gewähren, dazu auf schwerwiegende Quellen verweisen. Der BND bot weit weniger: Er, Wiegand, könne jederzeit in die DDR zurückkehren. Der BND werde ihn daran nicht hindern. Dabei riskiere er allerdings sein Leben, denn seine Fahnenflucht werde sich in MfS-Kreisen herumsprechen. Wiegand akzeptierte nach einer Denkpause. Am 11. Januar 1990 begann er auszupacken.

Er nannte die Klarnamen von 14 Ausländern, die das MfS in der Bundesrepublik stationiert hatte. Der Enttarnung wohnten Klaus Kuron und der BfV-Referatsleiter Jürgen Schaper bei. Kuron faxte Wiegands Daten in die Zentrale nach Köln, zugleich informierte er aber auch die HVA. Die Bonner Republik erlebte ihre erste Verhaftungswelle nach dem Zusammenbruch der DDR. Wiegend kassierte noch an anderer Stelle: Für jeden MfS-Angehörigen, den er dem BND zuführe, würde ihm eine Kopfprämie gezahlt.[12] Wiegand machte sich auf den Weg.

In der Berliner Verwaltung des MfS wirkte ein alter Wiegand-Bekannter: der Major Günter Frank, der den Alltag des BND in West-Berlin kontrollierte.* Der lief aber beim BfV auf. Frank nannte alle ihm bekannten BND-Spione, auch jene des BND, die das MfS zuvor umgedreht hatte. Ein Fiasko, das dem BND noch heute bitter aufstößt.[13] Schließlich sprach Wiegand beim Oberst Eberhard Lehmann vor, seinem Vorgänger in der „Arbeitsgruppe Ausländer", ehedem Adjutant Bruno Beaters und Vize-Chef des militärischen Geheimdienstes (Mil-ND). Wiegand gestand ihm, dass er die Seiten gewechselt habe, und bat um Aus-

---

* Bevor BND- oder BfV-Angehörige nach West-Berlin flogen, kündigten sie sich bei ihren Kollegen telefonisch an. Diese Terminabsprachen schnitt die Abhör-Hauptabteilung III mit. Frank beorderte daraufhin MfS-Observanten zum Flughafen Tegel, wodurch BND-Residenturen enttarnt werden konnten und „Treffpartner" aufflogen. Die MfS-Schatten traten dabei als Bedienstete der Reichsbahn auf (die S-Bahn war Hoheitsgebiet der DDR).

kunft: Der BND wolle die Affäre um den Mil-ND-Leutnant Helmut Scheithauer aufklären, der zwei Nicaraguaner erschossen habe. Lehmann erinnerte sich.* Wiegand schrieb mit. Später erfuhr Lehmann den Grund des Pullacher Interesses: Die Toten waren Agenten des BND.[14] Wer jetzt das BND-Quartier aufsuchen würde, gab Wiegand seinem Kumpel zu verstehen, werde noch mit offenen Armen empfangen. In wenigen Wochen würden Spätzünder wegen der zu erwartenden Deserteur-Inflation hingegen nichts mehr wert sein. In der Tat.

Wiegands Besuch blieb nicht ohne Wirkung auf Lehmann. Seit dem Einmarsch der Warschauer-Pakt-Staaten in die ČSSR sah er im kommunistischen System keine Zukunft mehr. Er reichte seine Kündigung ein. 1986 ging er vorzeitig in Rente. Mit Gorbatschows Glasnost, so mutmaßte Lehmann, werde der Ostblock eines finsteren Tages zusammenbrechen.

Lehmann verantwortete bis zu seiner Pensionierung die Sicherung der sowjetischen Botschaft Unter den Linden, weshalb er mit dem KGB zwangsläufig kooperieren musste und sich mit zahlreichen KGB-Offizieren angefreundet hatte. Einer von ihnen warb ihn als IM an. Lehmanns letzter Auftrag: Er sollte innerhalb des MfS nach Glasnost-Begeisterten fahnden und sie dem KGB vorstellen. Viele gab es nicht.

Eberhard Lehmann wusste, dass die DDR den Bonner Staat vorgeführt hatte, dass die Rache ausgeforschter Politiker wie die der hauptberuflichen BND- und BfV-Späher fürchterlich sein würde. West-Repräsentanten forderten bereits die juristische „Aufarbeitung": entweder Knast oder, nach der „Offenbarung", Einstellung des Ermittlungsverfahrens. Für was oder wen sollte sich Lehmann opfern? Sollte er sich etwa für Erich Mielke auf die Schlachtbank legen lassen? Lehmann hatte den Zusammenbruch des Dritten Reiches erlebt, jetzt den der DDR;

---

* Über ein Stellenangebot in der „Süddeutschen Zeitung" („… verdienen Sie 150 DM Mark in der Woche und in Ihrer Freizeit") hatte Scheithauer zwei in München studierende Lateinamerikaner angeworben. Dem einen gab Scheithauer den Decknamen „Primel", dem anderen „Vergißmeinnicht". Scheithauer händigte seinen Kundschaftern aber nur einen Teil ihres Verräterlohnes aus. Das bekamen die mit, ein gefährlicher Moment für den Mil-ND-Führungsoffizier. Scheithauer lockte die Spione daraufhin in die DDR, wo er sie in einem Wald erschoss. Durch Zufall wurde eine Leiche von einem Pilzsammler entdeckt. Das MfS fand auch den zweiten Toten und identifizierte schließlich die Opfer. Scheithauer wurde verhaftet, vom MfS-Rechtsanwalt Wolfgang Vogel „verteidigt" und hingerichtet.

als Pimpf wurde er 1945 an die Front geschickt, bis er Marx und Engels auf den Leim ging. Er hatte die Schnauze gestrichen voll und – die freie Marktwirtschaft schließlich vor sich.

Lehmann tauschte sich mit einem Kumpel aus, mit dem MfS-Generalmajor Edgar Braun. Sie wurden sich rasch einig: Da sich Braun – im Gegensatz zu Lehmann – noch im Amt befände, sollte Lehmann als Scout erst einmal allein das Gespräch mit dem BND suchen. Wenn er, Lehmann, meinte, die Pullacher zahlten ordentlich, sollte er ihn, Braun, als nächsten Übernahmekandidaten ins Gespräch bringen. Lehmann wunderte sich über die plötzliche Geldgier seines Freundes. Als er dann, im Januar 1990 mit den besten Wünschen Edgar Brauns, die S-Bahn bestieg, kam es anders als erhofft.

Der BND stand nicht im West-Berliner Telefonbuch, aber das Landesamt für Verfassungsschutz. Dort wurde Lehmann am 19. Februar 1990 an den in West-Berlin operierenden Klaus Kuron weitergereicht. In einer Eckkneipe stellte sich der HVA-Kundschafter unter seinem Decknamen „Dieter Brockmeier" vor. Lehmann gab als Einstand die Daten von acht Mil-ND-Spionen preis und kassierte 10.000 Mark.* Anschließend schlug Lehmann ein weiteres Geschäft vor: Er, Lehmann, kenne den gesamten Agenten-Bestand des militärischen Nachrichtendienstes bis Ende 1978.

Kuron flog nach Köln zurück, ließ sich dort den zweiten Deal absegnen. Am 14. März 1990 enthüllte Lehmann den historischen Teil des Mil-ND-Netzes – für 50.000 Mark.** Vier Wochen später nahm Leh-

---

* Dabei handelte es sich: 1. um das Ehepaar Gisela und Joachim Preuß (stellvertretender Leiter der Zentraldruckerei des Luftwaffenamtes in Köln-Wahn), 2. um Hans Lob (Drucker im „Amt für Studien und Übungen" der Bundeswehr in Bensberg), 3. um dessen Kurier, 4. um Heinz-Helmuth Werner (Chiffrierer im Auswärtigen Amt, zuletzt tätig an der Bonner NATO-Botschaft in Brüssel), 5. um Dieter Popp, der als Resident 6. die Top-Quelle Egon Streffer, Mitarbeiter im Planungsstab der Bundeswehr, führte, 7. um den Bonner Bauingenieur Ulrich Steinmann und 8. um den Hamburger CDU-Bürgerschaftsabgeordneten Gerd Löffler.
** Lehmann händigte das Original einer Mil-ND-„Jahresstatistik" (Stand: 1978) aus. Die Liste enthielt keine Klarnamen, aber die Mil-ND-Spione waren von der Person und vom Wohnort her derart beschrieben, dass sich rund 150 „Uralt"-Fälle verifizieren ließen. Daneben bestätigte er den ehemaligen MAD-Vize Joachim Krase als Kundschafter der MfS-Hauptabteilung II. Lehmann bot sich dem BfV darüber hinaus als „Berater" an. Das BfV akzeptierte. Für Lehmann entpuppte sich dieser Deal über einen Zeitraum von zwei Jahren als lukrative Einnahme-

mann einen routinemäßigen Treff mit dem KGB wahr. Kaum im Karlshorster Sperrgebiet angekommen, fühlte er sich behandelt wie ein Delinquent. Der KGB-Oberst (später: Generalmajor) Wladimir Melnikow sagte Lehmann auf den Kopf zu, was dieser mit dem Verfassungsschutz besprochen hatte. Nur einer konnte die Details freilich kennen, dachte sich Lehmann – Klaus Kuron.

Lehmann behielt einen kühlen Kopf und drehte den Spieß um. Er konfrontierte sein KGB-Gegenüber mit der einzig möglichen Quelle, mit der seines BfV-Gesprächspartners Klaus Kuron. Der KGB-Offizier reagierte sichtlich irritiert. Ein Moment, den Lehmann nutzte: Er habe bei einem West-Berliner Rechtsanwalt ein mit Daten und Namen gespicktes „Tagebuch" hinterlegt. Das werde dem BND per Kurier ausgehändigt, falls den Advokaten nach 48 Stunden kein Lebenszeichen erreichen würde. Und er fügte hinzu: Einen klassischen Menschenraub durch den sowjetischen Geheimdienst werde die Bundesregierung in der Phase der deutsch-sowjetischen Annäherung nicht dulden, ein solcher Skandal würde Gorbatschow misslich stimmen und ihn umgehend zum Handeln zwingen. Das KGB ließ Eberhard Lehmann ziehen.[15]

Die ideologisch standfesten Leitungskader der drei vormaligen DDR-Geheimdienste (MfS, HVA, Mil-ND) zeigten sich wegen der zunehmenden Abwanderung ihrer Offiziere immer trübsinniger. In einem Augenblick, da die Hoffnung auf ein Weiterbestehen der DDR noch nicht ausgeschlossen schien, dirigierte die HVA ihren letzten, ihren wertvollsten Kundschafter: Klaus Kuron. Der meldete Ost-Berlin jeden übergelaufenen Deserteur, sein bis dahin wichtigster Part. Aber auch ihn: Der HVA-Oberst Werner Roitzsch, ihm unterstand ehedem der DDR-Unterhändler Michael Kohl als IM*, empfahl sich am 19. März 1990 dem West-Berliner Landesamt. Er wirkte scheu und kraftlos. Kuron, im BfV erfahren in der Spionageabwehr, bot ihm spontan das Du

---

quelle. Anfangs kassierte er monatlich 1.500 Mark, bis sich das steuerfreie Entgelt ab Juli 1990 auf 3.000 Mark erhöhte. Die Zahlungen quittierte Lehmann als „Gerd".

* Michael Kohl, Leiter „Grundsatzfragen" im Ministerium für Auswärtige Angelegenheiten, war 1965 während der Passierscheingespräche DDR-Verhandlungsführer des West-Berliner Senats. Vom Juni 1974 bis zum August 1978 vertrat er als Bevollmächtigter Botschafter an der Ständigen Vertretung in Bonn die DDR. Kohl avancierte zum Kandidaten des ZK der SED und zum stellvertretenden Außenminister. Er starb am 4. Juli 1981 mit 51 Jahren an Lungenkrebs.

an. Ausgesucht gefällig erkundigte er sich nach der Familie, hilfsbereit nach dem seelischen Befinden, gezielt nach dem Minus auf dem Bankkonto. Solch ein Interesse brach das Eis. Roitzsch gab seinen Alltag preis – vor allem den „operativen Reiseverkehr" der HVA. Die DDR hatte ihre Agenten seit 1987 problemlos in den Westen schleusen können. Roitzsch dokumentierte diese logistische Meisterleistung mithilfe eines Mitbringsels. Er legte Kuron einen (bis dahin als fälschungssicher geltenden) Bundespersonalausweis auf den Tisch, ein Falsifikat in Vollendung, eine drucktechnische Sensation, vom BfV mit Schrecken zur Kenntnis genommen.[16]

Je mehr HVA-Überläufer Kuron verhörte, desto schwächer wurden seine Nerven. Wann würde ein Verräter ihn, den Verräter, enttarnen? Eine entsetzliche Vorstellung. Kurons Selbstbewusstsein schwand, zumindest vorübergehend. Kurons Führungsoffiziere, Gunther Nehls und Stefan Engelmann, richteten ihn freilich wieder auf. Alles Papierene, so wurde ihm geschworen, sei vernichtet, jeder Hinweis auf ihn getilgt. Und jene, die Kuron beim Namen kannten? Auch sie garantierten Schweigen – bis in den Tod.

Während Klaus Kuron den Versprechungen glaubte, wusste die Truppe um Werner Großmann, dass Kuron nicht ungeschoren davonkommen werde. Seit er sich der HVA verkauft hatte, wurde ihm Sicherheit lediglich suggeriert. Kuron unterstellte selbst Markus Wolf menschliche Züge; dieser erschien ihm aufrichtig, zivilisiert, schließlich sei er Humanist gewesen, eben das Gegenteil seiner Vorgesetzten im BfV.[17]

Die Realität nahm Klaus Kuron in der Phase der DDR-Götterdämmerung nicht mehr wahr. Kurons vorgezeichnetes Schicksal interessierte Werner Großmann nicht eine Sekunde. Was ihn interessierte, waren Kurons Überläufer-Berichte. Solange Kuron unentdeckt blieb, so lange durfte er in den Westen gewechselte Offiziere anzeigen, wie Werner Roitzsch.

Der inzwischen HVA-dienstentpflichtete Werner Großmann stellte Roitzsch zur Rede, beschimpfte ihn als Vaterlandsverräter, Schuft, Lump. Roitzsch heulte, bat um Verzeihung. Großmann stieß ihn dennoch aus der HVA aus. Er tat dies derart theatralisch, dass sich sein ehemaliger Stellvertreter, der Oberst Ralf-Peter Devaux, vermutlich keiner vergossenen Träne schämte.[18] Was hatte Großmann erreicht? Wollte er nicht labile Offiziere bei Laune halten? Dann nahte Kurons Ende. Im BfV kursierte das Gerücht, ein HVA-Oberst namens Karl Großmann werde eingeflogen, ein mit dem HVA-Chef Werner Großmann nicht verwandtes Vorbild der Kundschafter der DDR. Markus Wolf erinnerte sich an seinen „kleinen" Großmann, der seit Gründung zur HVA gehörte, seit 1956. Wolf höchstpersönlich hatte Karl Großmann zum jüngsten Oberst der DDR befördert, ihn mit insgesamt 25 Auszeichnungen zudekoriert, weil es diesem wie keinem sonst gelang, den BND und das BfV mit Maulwürfen zu besetzen. Nun aber bezeichnete Wolf sein Ziehkind als „Hasardeur". Plötzlich fiel ihm ein, dass es Großmann „lange Zeit verstanden (habe), mit seiner dienstfertigen Betriebsamkeit charakterliche Schwächen zu übertünchen".* Auf die schien dann aber vor allem Wolf hereingefallen zu sein – 32 lange Jahre.[19] Denn: Anfangs wollte Wolf mit Klaus Kuron gar nicht ins Geschäft kommen. Ihm dünkte, irgendein „Dienst" wollte ihn „linken".

Im September 1981 fuhr Klaus Kuron nebst Gattin Agnes in seinem klapprigen Ford Fiesta von Köln nach Bonn. Nahe der Godesberger Allee 18, der Ständigen Vertretung der DDR, parkte er. Zu Fuß ging er einige hundert Meter, dann steckte er einen Umschlag in den Briefkasten. Inhalt: Er, Klaus Kuron, sei ein frustrierter BfV-Beamter und wolle fortan die HVA mit allerlei Geheimnissen aus seiner Kölner Behörde bedienen. Die handschriftlichen Zeilen, in Versalien geschrieben, las Markus Wolf. Doch der verwarf das schöne Stellengesuch.

Diese voreilige Meinung teilte – aus Gründen der Hörigkeit – auch Harry Schütt, seit 1977 Chef des HVA-Ressorts IX und zuständig für die Unterwanderung gegnerischer Geheimdienste, ein vormaliger Verkaufsstellenleiter der HO in Grevesmühlen. Als allerdings ein gelernter Bohrmeister der Wismut A. G. von der Ablehnung der Kuron-Bewerbung hörte, eben Schütts Stellvertreter Karl Großmann, brach bei der HVA ein Glaubenskrieg aus.

---

* Karl Großmann unterhielt ein Verhältnis zu Marlies H., die von der MfS-Spionageabwehr (Hauptabteilung II) fälschlich als CIA-Agentin verdächtigt wurde. Großmann geriet daraufhin (vorübergehend) in U-Haft. Die Beziehung zu Marlies H. wollte Großmann aber nicht beenden. Hierauf wurde Großmann aus der HVA-Abteilung IX („Gegenspionage") herausgezogen und seinem Namensvetter Werner Großmann als „Sonderoffizier" unterstellt. Nur so ließen sich längst personifizierte Verbindungen Karl Großmanns zu HVA-Agenten aufrechterhalten. Am 31. Dezember 1987 ging Großmann endgültig in Rente. HVA-geachtet und mit einer spektakulären Abschiedsprämie – von 600 DDR-Mark („einschließlich 40 Mark Blumengeld").

Karl Großmann durchpflügte Wolfs Vorzimmer, riss die Tür zum HVA-Patriarchen auf, nahm zackig Haltung an und fragte süffisant, wo denn wohl das Risiko Kuron läge. Wolf, mit den schrulligen Umgangsformen seines Urgesteins vertraut, reagierte kleinlaut, schob imaginäre „Gefahrenpunkte" vor, sprach von einer feindlichen „Einschleusung". Woher er das wisse, rotzte Großmann zurück.

So beschränkt wurde das Problem Klaus Kuron von der HVA behandelt. Die destruktive Rolle, die Wolf (auch) im Fall Kuron spielte, unterstrich, dass nicht Wolf die Bilanzen der HVA schwarz färbte, sondern allein seine Untergebenen die Überschüsse erzielten.

Karl Großmann leistete Schwerstarbeit: Monate, ein ganzes Jahr lang. Dass es zum guten Schluss tatsächlich zu einem Treffen Kurons mit Wolf kam, ist ausschließlich das Verdienst Karl Großmanns. Im Juni 1982 lernte er Kuron im „Mozarthaus" in Wien kennen. Nach seiner Rückkehr erklärte er seinem Spiritus Rector seine Sicht: Kurons Offerte sei „ehrlich", sein Motiv der schnöde Mammon, seine Triebfeder die Nichtbeachtung durch das BfV. Der Mann wolle Anerkennung, egal, wer sie ihm gewährte. Wäre sie ihm im BfV widerfahren, Kurons Wechsel zum Gegner hätte wohl nicht zur Diskussion gestanden. Großmanns Steckbrief gefiel Wolf. Endlich.

Im Oktober 1982 ließ Karl Großmann den BfV-Mann über Wien und die ČSSR nach Dresden lotsen. Im feudalen Gästehaus der HVA im 1. Steinweg 19 mit Blick auf die Elbe, dem späteren Gästehaus des sächsischen Ministerpräsidenten Kurt Biedenkopf, wurde der Arbeitsvertrag ausgehandelt. Kuron sollte monatlich ein zweites BfV-Gehalt erhalten (4.000 DM), eine Altersversorgung, dazu eine Prämie.* Auf Karl Großmann prasselte ein Medaillenregen nieder. Er hatte Markus Wolf einen bemerkenswerten Kundschafter beschert. Doch dann musste Kuron, acht Jahre später und zwei Tage nach der Vereinigung, seine Bankrotterklärung paraphieren. Karl Großmann „besuchte" das BfV in Köln. „Wenn der Stasi-Pensionär jetzt auspackt, ist Kuron der erste, den er verraten wird", rekapitulierte der „Spiegel". Großmann indes wollte

---

* Als „Einstiegssumme" verlangte Kuron 100.000 Mark. Doch Wolf ging auf Kurons Wünsche nicht ein, woraufhin Kuron bei einem seiner Führungsoffiziere, Gunther Nehls, vorstellig wurde. Der löste das Problem: Die devisenarme HVA zahlte in Raten. Angeblich seien es 150.000 Mark gewesen, gab Nehls während einer BKA-Vernehmung zu Protokoll. Kuron will aber nur 100.000 erhalten haben.

nichts erzählen. Das hatte er bereits vorher getan. Im West-Berliner Hotel „Savoy" in der Fasanenstraße. Großmann war den Avancen des BND erlegen.

Pullach sondierte bei Karl Großmann, ob ihm Klaus Kuron etwas sage. Die Antwort: Kuron sei ihm ein Begriff, er habe „ihn mal zufällig gesehen". Wo? In Wien. Sei er angeworben worden? „Nee." Jakob Merker, stellvertretender Leiter der BND-„Operativen Aufklärung", will ihn trotzdem verstanden haben: Klaus Kuron sei der Maulwurf im BfV, womit sich ein zurückliegender Hinweis der CIA bestätigte[20], der den Verfassungsschützer bereits Ende 1988 enttarnte; Merker war über Kurons Agententätigkeit also längst unterrichtet. Verfügte die CIA etwa über einen Detektiv im Zentrum der HVA?

Als Kuron am 5. Oktober 1990 von der bevorstehenden Anwesenheit Karl Großmanns im BfV hörte, wurde ihm pflaumenweich.[21] Das BfV enthielt ihm Großmanns Besuch vor – obwohl er eigentlich für jeden DDR-Abtrünnigen verantwortlich zeichnete. Ein schrecklicher Moment für den Maulwurf. Er fragte sich: War dem BfV-Präsidenten seine Fahnenflucht bereits bekannt, er bereits „abgeschaltet"? Hatte Eberhard Lehmann inzwischen Kenntnis von seinem Doppelleben erhalten?* Sollte Karl Großmann die Spionage Kurons nur noch bestätigen? Kuron blieben zwei Alternativen: Selbstmord oder Flucht nach Moskau. Kuron aber war kein Held. Er taugte nicht für einen Suizid. Er wollte den Rest seiner Jahre genießen. Wenn es sein musste, in einem russischen Plattenbau.

Abends raste Kuron mit seinem Auto nach (West-)Berlin. Am S-Bahnhof Neu-Westend erwartete der Major Stefan Engelmann seinen abgeschalteten Spion. Er, Kuron, sei „völlig fertig". Werde sich ein Ausweg finden lassen? Engelmann hatte einen vorbereitet – einen Ausflug in die KGB-Zentrale.

In der ehemaligen Hermann-Göring-Kaserne in Karlshorst, in der die Rote Armee Anfang der Fünfzigerjahre jene Panzer-Division stationiert hatte, die im Krisenfall West-Berlin besetzen sollte, wurde Kuron ein „Oleg" vorgestellt. Doch im alten NS-Gemäuer geriet er in Panik. Überall roch es schrecklich nach Desinfektionsmitteln, schlimmer noch als in der

---

* Nach Kurons Verhaftung setzte sich dessen Vorgesetzter Lothar Gerrards mit Eberhard Lehmann in Verbindung. Gerrards leitete, als Nachfolger Hansjoachim Tiedges, das Referat IV B („Nachrichtendienste der DDR"). Im Fall Kuron avancierte Lehmann zum hochdotierten „Berater" des BfV.

DDR. Der Putz rieselte von der Decke, die Beleuchtung war spärlich. Und erst die Büros? Es schien, das Mobiliar entstammte dem Dritten Reich. Wie würde sich ihm Moskau präsentieren? Grau? Unheimlich? Der Kreml würde ihm sommers wie im Herbst erscheinen. Klaus Kuron stand unter Ambiente-Schock. Würde er in der Sowjet-Steppe nicht zugrunde gehen? Klaus Kuron, so das KGB, könne am 8. Oktober 1990 in die sowjetische Hauptstadt ausfliegen, Hansjoachim Tiedge sich über ein Wiedersehen mit dem alten Kumpel freuen. Kuron möge sich entscheiden, in Wunsdorf, dem Hauptquartier der sowjetischen Westgruppe, wohin er für die Nacht gebracht wurde. Am nächsten Tag trat er allerdings den Rückmarsch an, in Königslutter bei Braunschweig auf die Bremsen. Kuron musste nachdenken. Er quartierte sich in einer Pension ein. Dann meldete er sich beim BfV-Bereitschaftsdienst: Wolfgang Deckenbrock von der Sicherheit möge ihn bitte zurückrufen. Als dies erfolgte, deutete Kuron eine „komplizierte Sache" an: „Ich möchte darüber mit der Amtsleitung reden." Am nächsten Morgen, so gegen sechs Uhr, tauchte der Verfassungsschützer Manfred Schmidt auf. Er sollte Kuron nach Köln begleiten.

Kuron gab sich als HVA-Agent zu erkennen. Würde sein Chef Gnade walten lassen? Würde er, wie von ihm angeregt, in die Sowjetunion „fliehen" können, um sich dort als Maulwurf für das BfV zu rehabilitieren? Nichts da. Gerhard Boeden war, wie jeder seiner Vorgänger, Bilderbuch-Beamter, ein Paragrafenreiter. Niemals hätte er einen solchen „Tausch" akzeptiert, was Kuron eigentlich hätte wissen müssen. Boeden ließ ihn festnehmen. An Kuron, der „Hyäne", trug die Spionageabwehr schwer.[22] Ein Kapitel des Kalten Krieges hatte sich erledigt.* Aber nur eines. Das zweite betraf den BND. Wieder soll Karl Großmann eine tapfere Kundschafterin verraten haben: Gabriele Gast.

„Diese Frau", so erinnerte sich Markus Wolf an die „Ausnahmeerscheinung in einer von Männern dominierten Welt", sei ein „komplizierter Charakter" gewesen. Ihr „wacher und lebhafter Intellekt" habe ihn beeindruckt.[23] Dass Gabriele Gast, vormals Assistentin des Ost-Forschers Klaus Mehnert, während eines Studienaufenthaltes in Karl-Marx-Stadt auf einen Romeo, auf eine Meckifrisur samt Bierbauch hereinfiel, blieb Wolf indes ein ewiges Rätsel. Die ästhetische Frage, warum Gast

---

* Klaus Kuron wurde zu zwölf Jahren Gefängnis verurteilt.

im Frühjahr 1968 in Gegenwart des HVA-OibE (Offizier im besonderen Einsatz) Karl-Heinz Schneider erglühte, konnte der in diesen Dingen überaus erfahrene Lebemann auch nicht beantworten.

Gabriele Gast, Politologin des von der Konrad-Adenauer-Stiftung finanzierten „Forschungsinstituts für Sicherheit und internationale Fragen e.V.", trat am 1. November 1973 ihren Dienst beim BND an. „Ein Glücksfall", bekannte Wolf ungeniert und mochte die Karriere der Gast gar nicht fassen. Auf dem Höhepunkt ihrer Laufbahn führte Pullach sie (seit dem April 1987) als Regierungsdirektorin, zugleich gewährte ihr die Sicherheitsabteilung den Zugriff auf „Streng geheim"-Dokumente.[24] Von der Gast-Hochkonjunktur profitierten nun jene, die die Spionin entdeckt hatten, vorrangig ihr letzter Führungsoffizier Karlheinz Stephan.

Gast wurde in Karl-Marx-Stadt angeworben. Dort unterhielt die HVA, wie in jedem DDR-Bezirk, eine als Abteilung XV ausgewiesene Filiale. Wolfs Provinz-Mannen mussten indes damit rechnen, dass ihnen die Spitzenquelle eines Tages abhanden kommen werde. Die hochkarätige Gabriele Gast mutierte also zum kräftezehrenden Zankapfel.

Am 1. Mai 1973 hatte die HVA alle Maulwürfe im Ressort IX konzentriert. Ihre Mitarbeiter verstanden sich als Elite. Dass nun ausgerechnet die „Erzgebirgler" über die hochwertige Gast verfügten, nagte am Selbstbewusstsein der HVA-Zentrale.

Durch die wenig erfreulichen Auseinandersetzungen drohten die Karl-Marx-Städter ihren Elan zu verlieren, eine missliche Situation, die der wegen seiner Vielweiberei und Trinkgewohnheiten mehr ab- als anwesende Wolf entschärfen musste, wollte er seinen Laden nicht ganz außer Rand und Band geraten lassen. 1981 wurde daher ein fauler Kompromiss gefunden: Der Gast-Führungsoffizier, Major Karlheinz Stephan, wechselte mit Gast nach Berlin, während der wie Gelsenkirchener Barock strahlende Geliebte Karl-Heinz Schneider formal in Karl-Marx-Stadt hocken blieb, aber zu motivierenden Liebesnächten in die DDR-Metropole reisen durfte, um seine Agentin bei Laune zu halten, denn die wollte eines Tages mit der HVA nichts mehr zu tun haben.[25] Gabriele Gast wurde plötzlich „Mutter".

Ihre Schwester hatte einen behinderten Jungen in Pflege genommen. Da sich diese aber überfordert fühlte, wollte sie ihn wieder ins Heim abschieben. „Man kann den kleinen Kerl nicht einfach seinem Schicksal überlassen", entschied Gabriele Gast und nahm den Blondschopf im

Frühjahr 1980 bei sich auf. Weil sie indes „mit einem Bein im Gefängnis stand", gab Gast zu bedenken, stellte sie ihre Tätigkeit für die HVA in Frage: „Sonst bringst du das Kind in Gefahr", sprich: Es würde wieder in einer staatlichen Anstalt landen.

Der Erste, der von dem „radikalen Wechsel in meinem Umfeld" in Kenntnis gesetzt wurde, war ihr drolliger Karl-Heinz Schneider, der ein großes Donnerwetter Wolfs witterte: „Das bringt uns alle in Schwierigkeiten." Wenn, so entgegnete Gast, die HVA keinen absoluten Schutz gewährleiste, dann „werden wir die Zusammenarbeit einstellen müssen". Nur ein Gaukler konnte sie erneut auf Kurs bringen. Und da war der fähigste Komödiant gefragt – Markus Wolf höchstselbst. Er löste das dumme Problem auf liebevolle Art.

Gabriele Gast fuhr nach Wien, erhielt dort einen Diplomatenpass der DDR, passierte die Grenze zur ČSSR, stieg in Prag in eine zweistrahlige Tupolew 134, landete in Dresden und wurde in jener HVA-Absteige begrüßt, die auf der Anhöhe des „Weißen Hirschen" lag, wo sich bereits Klaus Kuron zu Hause fühlte. Wolf zog alle Register, um bei Gabriele Gast Vertrauen zurückzugewinnen. Passend zum Thema hatte er Gattin Christel und seinen dreijährigen „niedlichen Knirps" mitgeschleppt. Wolf spielte seiner Agentin eine große Familie vor. Eine Parodie, die er um ein hübsches i-Tüpfelchen bereicherte: Wolf übernachtete samt Anhang in der oberen Villen-Etage.

Er sei auch noch einmal Vater geworden, ein wunderbares Gefühl. Wolf heuchelte Verständnis für die Adoption. Toll, dass es solch feinfühlige Frauen wie sie, Gabriele Gast, noch gäbe. „Meinem Kind darf nichts passieren", forderte Gast. Wolf bot sich als Bürge an. Erste Ermunterung: „Nur ganz wenige Mitarbeiter wissen von dir." Zweite Besänftigung: „Deine Informationen gelangen ... direkt zu mir." Noch ein Lichtblick: „Du kannst dich darauf verlassen, wir halten den Deckel drauf." Nach drei Tagen war Gabriele Gast wieder auf Linie.[26] Und Markus Wolf? Seiner Beutesammlung fügte er ein weiteres Ausstellungsstück hinzu. Es waren inzwischen so viele, dass er den Gast-Coup zu Recht als lästige Marginalie abhaken konnte. Hauptsache, Gabriele Gast lieferte. Und das tat sie. Bis die Mauer fiel.

Die DDR bestand formal nur noch wenige Stunden. Am 30. September 1990 fuhr Gast mit ihrem goldfarbenen Ascona nach Österreich, um Karl-Heinz Schneider zu treffen. Am Grenzübergang Mittenwald-

Scharnitz verlangte ein deutscher Grenzer ihre Papiere. Dann: „Es liegt ein Haftbefehl gegen Sie vor. Genaueres wissen wir nicht." Eine Stunde später erschienen zwei „Zivilisten". Einer von ihnen war ein Untersetzter mit hochrotem Kopf, der Anführer: „Ich verhafte Sie wegen Landesverrats."

In München, im Bayerischen Landeskriminalamt, bat Gast um die Gunst, ihren Vorgesetzten beim BND anzurufen, „mit dessen Familie mich eine jahrelange Freundschaft verband". Eine Bitte, die niemand ausschlagen mochte, denn das unschuldige Kind musste untergebracht werden.* Wieder lernte der Junge neue Pflegeeltern kennen. Alsbald wurde Gabriele Gast zugetragen, wem sie die Einzelhaft angeblich zu verdanken hatte: Karl Großmann. Eine Verräterin urteilte daraufhin über einen Verräter: „Judas."[27]

Zwei Jahre zuvor, am 17. Oktober 1988, hatte sich die CIA festgelegt: Im BND wirke ein HVA-Agent. Der sei in den späten Siebzigerjahren angeworben worden und liefere dem Bundeskanzleramt Analysen zu. Diese Information erreichte – etwa zwei Monate später – per Kurier einen CIA-Getreuen in Pullach. Der ahnte, wer gemeint sein könnte: Gabriele Gast. Er ließ sie überwachen, ohne Wissen des Präsidenten, ohne Abstimmung mit der Sicherheitsabteilung. Das vorliegende Material reichte freilich für eine Festnahme nicht aus. Da meldete sich die CIA wegen Gast ein weiteres Mal. Nun beim BfV.

Im Juli 1989 lasen Verfassungsschützer: „Unter den von dem (BND-) Mitarbeiter an die HVA gelieferten Berichten war ein circa 15 – 20seitiger detailgenauer Bericht über die Gesamt-Bewaffnung sowjetischer Angriffs-Flugzeuge. Einige Berichte können auch U.S. Geheim-Material enthalten haben. Die erstellten Berichte waren photographiert, einige auch maschinengeschrieben", es habe sich um „wöchentliche, monatliche und spezialisierte BND-Berichte an das Bundeskanzleramt" gehandelt. Der BND-Präsident Hans-Georg Wieck fiel (in den letzten Tagen seiner Amtszeit) aus allen Wolken.[28] Doch wer bestätigte Gabriele Gast? Etwa Karl Großmann? Mitnichten. Der wird wohl Harry Schütt gehei-

---

* Gabriele Gast unterhielt zu ihrem Kollegen Peter Jungermann ein kameradschaftliches Verhältnis. Jungermann hatte den Knaben, während sich Gast auf Dienstbzw. Agentenreisen befand, bereits bei sich aufgenommen, somit auch während ihrer Haft. Als Gabriele Gast entlassen war, hätte sie sich bei Jungermann für dessen Fürsorge eigentlich bedanken müssen. Das tat sie allerdings nicht.

ßen haben, der urplötzlich „Schaden von der Bundesrepublik Deutschland" abwenden wollte.

Schütt habe, so enthüllte die „Welt" unter dem Kürzel „DW" („Die Welt")*, wichtige „Hinweise zur Aufdeckung östlicher Spione in westdeutschen Sicherheitsdiensten gegeben". Das „Bedürfnis, sich weiter zu offenbaren", erstaunte selbst die Ermittler, denn Schütt wollte „mit sich und seinem neuen Staat ins reine kommen … (er) habe bereits nach bestem Wissen alle ihm bekannten DDR-Quellen, die in westdeutsche Dienste eingeschleust worden waren, genannt". Nun aber zeigte sich Schütt empört, denn er sollte – trotz Zusage – vor Gericht gestellt werden, meldete die „Welt".[29]

Harry Schütt war für den BND ein wichtiger Gesprächspartner. Angebote, gegen Straffreiheit Kundschafter beim Klarnamen zu nennen, hatte er in den turbulenten Tagen zur Jahreswende 1989/90 abgelehnt. Der Meinungsumschwung schien sich im März 1990 in seinem Haus in der Elsastraße 10 anzudeuten. Schütt empfing einen BND-Vertreter mit einem Strauß Blumen für die Gattin. Gesprächszeugen gab es keine. Aber Indizien. Plötzlich brannten nächtelang die Bürolampen im Pullacher Gebäude 109. Dort residierte die BND-Sicherheit. Dies, so erklärte ein Eingeweihter, sei zuvor nur nach dem Seitenwechsel Werner Stillers geschehen.[30]

„Im BND", so beichtete Schütt dem BND, „wurden von der HVA zuletzt zwei Quellen geführt: Frau Dr. Gast (HVA-Deckname: „Gisela") und Herr Spuhler (Deckname: „Peter"). Bei Gabriele Gast, fügte Schütt hinzu, sei die „Werbegrundlage politische Übereinstimmung" gewesen.[31] Hatte er die Doppelagentin als Erster enttarnt? Dafür spricht der Fingerzeig des Bundesanwalts während des Schütt-Prozesses vor dem Münchner Oberlandesgericht: Der Angeklagte habe „Hilfe bei der Aufklärung von Abschöpfquellen" geleistet.**

Gast, im Dezember 1991 zu sechs Jahren und neun Monaten verurteilt – während ihrer Haft im bayerischen Aichach beschäftigte sie sich mit dem Aufnähen von Patten auf McDonald's-Kittel –, lernte hassen.[32]

---

* Als Autor gilt Peter Siebenmorgen, Wolfgang Schäubles einfühlsamer Ghostwriter.
** Der BND-Hauptmann Alfred Spuhler spionierte seit 1972 für die HVA. Sein Bruder Ludwig diente ihm als Kurier. Bei der „Abschöpfquelle" („A-Quelle") handelte es sich nicht um eine „Spitzenquelle" („S-Quelle"). Über die „A-Quelle" war der Weg zur „S-Quelle" allerdings nicht mehr weit. Dennoch geriet Karl Großmann – und nicht Harry Schütt – als Verräter in die Schlagzeilen.

Karl-Heinz Schneider, ihre große Liebe, hatte nicht für sie ausgesagt. Fortan überzog sie ihn mit ihrer Feindschaft. Auch Markus Wolf ließ seine Agentin links liegen. Hörte sie seinen Namen, rebellierte ihre Seele. Bei Karl Großmann, der sie angeblich als Erster enttarnte, verspürte sie hingegen schieren Vergeltungsdrang. „Warum in aller Welt hatte er, statt sich dem BND anzudienen, nicht versucht, mich um Geld anzugehen? Keinen Moment hätte ich gezögert, mir sein Schweigen zu erkaufen, wenn es mir und meinem Kind Sicherheit gebracht hätte."[33] Wunschdenken. Gast war extrem mittellos. Und das, obwohl die HVA für ihre Söldnerin ein gefülltes Sparbuch verwaltet hatte.

Gabriele Gast verfügte über ein Guthaben von über 200.000 West-Mark, das auf der MfS-Sparkasse lag. Über das Konto disponierte allein ihr Führungsoffizier Karlheinz Stephan. Nach dem Mauerfall löste sich das Vermögen aber plötzlich in Luft auf. Gast: „Als ich in die existentielle Katastrophe stürzte", existierte „mein Konto in Ost-Berlin längst nicht mehr." Warum hatte sie sich diesen Betrag nach ihrer „Entpflichtung" Anfang 1990 nicht auszahlen lassen? Viele nach dem Zusammenbruch der DDR in Rente geschickte Kundschafter erhielten nach ihrer Abschaltung nicht nur ein tröstendes „Handgeld", sondern auch ihr „Angespartes". Gabriele Gast allerdings keinen Pfennig.*

Im April 1997 stellte Gast „den feigen Verräter (Großmann) zur Rede", nach ihrer Haftentlassung in dessen Wohnung gegenüber der vormaligen MfS-Zentrale. Sie stand vor einem Mann von „höchst zweifelhaftem Charakter". Karl Großmann fiel allerdings nicht vor ihr auf die Knie. Warum auch. Stattdessen geleitete der „Jammerlappen" sie in sein Wohnzimmer, bot ihr Platz und einen Kaffee an, was selbst die rasende Gast verblüffte. Mehr noch: Großmanns Geste wies nicht auf ihn als Verräter hin. Wäre er es gewesen, seine „Feigheit" hätte es ihm verboten, die Getriebene zu empfangen. Wurde Gabriele Gast nach dem

---

* Das Gast-Honorar wurde nach der Währungsunion von der inzwischen liquidierten MfS-Sparkasse zur Sparkasse der Stadt Berlin in der Schönhauser Allee 184 überwiesen, die fortan alle MfS-Konten (als „Uralt-Konten") verwaltete. Die (Ost-)Berliner (Haupt-)Filiale schrieb den Betrag dann der Niederlassung in der Frankfurter Allee 239 gut. Die wiederum schickte das Geld an eine benachbarte Zweigstelle (Frankfurter Allee 280). Dort verliert sich die Spur der HVA-Bezüge von Gabriele Gast. Bewiesen ist, dass Gast von ihrem HVA-Geld tatsächlich keine einzige Mark gesehen hat. Irgendwer muss ihr Konto aber geplündert haben. Karlheinz Stephan?

Gespräch mit Großmann etwa nachdenklich? Einiges spricht dafür. Gabriele Gast wies selbst die Fährte.

„Hätte ich gewußt, daß Karl Großmanns langjähriger Vorgesetzter (Harry Schütt) … seinen dubiosen Vertrauten mit allen Detailinformationen über mich bedient hatte", dann – ja, was dann? Dann wäre sie, Gabriele Gast, auch nicht aufgeflogen. Eine arg durchgedrehte Schlapphutiade, denn sie suchte auch Harry Schütt heim. Der schien ob ihres plötzlichen Auftauchens, im Gegensatz zu Karl Großmann, derart perplex, dass sie in die Wohnung stürmen konnte: Er, Schütt, habe ihr „beträchtlich geschadet". Warum, so zürnte Gast, habe Schütt dem BND „sensible und … bis dahin nicht bekannte Informationen über mich preisgegeben"?[34] Na, warum wohl? Der Schütt-Prozess gibt Auskunft: Da Schütt „seine diesbezüglichen Kenntnisse offengelegt" habe, seien „vier (BND-)Agenten identifiziert" und – das Verfahren gegen Schütt sodann eingestellt worden.

Klaus Kuron, Gabriele Gast – die angeblich so eherne HVA hatte ihren Kundschaftern den Beistand verweigert. Das HVA-Kollegium hätte ihren Devisen-Etat wie ihre Pass-Fälscherwerkstatt strapazieren müssen, um ihren Spitzenkräften das Abtauchen zu ermöglichen. Was die Mafia konnte, praktizierte schließlich auch der DDR-Geheimdienst, nur perfekter. Aber der Zusammenbruch der DDR führte ihre Offiziere in die Ratlosigkeit. Zwar erfuhren sie dank Kuron und / oder Gast Gehalts- wie Rangerhöhungen und ließen sich wertloses Blech wie Vaterländische Verdienstorden an die Brust heften, am Ende aber waren sie sich selbst die Nächsten. Fürsorgepflicht? Die HVA-Avantgarde verabschiedete sich ruhmlos. Und Karl Großmann?

Großmann galt als „dicker Fisch". Doch unterhalten wollte er sich nur mit dem BND, mit Jakob Merker. Als dieser Großmann im August 1990 abends in einem West-Berliner Hotel begrüßte, sprach er ihn als „Oberst" an, günstige Voraussetzungen, um eine allseits gedeihliche Atmosphäre herzustellen. Wenn Verfassungsschützer auf ihn, Großmann, zukämen, so wurde ihm bedeutet, könne er einem Treffen zustimmen, den „lieben Kollegen" ruhig die Verbindung zum BND offenbaren.

Drei Wochen später, am 20. September, fieberte Gerhard Körner vom West-Berliner Landesamt für Verfassungsschutz dem Termin entgegen. Er hatte sich mit Großmann im Wedding verabredet, in der preiswerten „Pizza Pasta Tralala" in der Badestraße. Kuron geriet indes nicht auf die Tagesordnung. Körner wusste von den Kölner Verdachtsmomenten gegen seinen Kollegen nichts. Aber immerhin überredete er Großmann, ihm in die Zentrale des BfV-Mutterhauses nach Köln zu folgen, wo Großmann ein nachrichtendienstliches Picknick erwarten würde.

Seit zwei Tagen war die geteilte deutsche Nation wieder vereint, Karl Großmann im BfV an dem für DDR-Überläufer zuständigen Klaus Kuron vorbeigeschleust worden. Als der Flurfunk Kuron das Erscheinen Großmanns ankündigte, geriet der in Panik und hetzte nach (Ost-)Berlin. Bis dahin hatte Karl Großmann überhaupt keine Gelegenheit gehabt, Kuron des Geheimnisverrats zu bezichtigen.[35] Dennoch: Das BfV brachte zu Papier, dass Karl Großmann der Verräter gewesen sei. Wieso?

Das BfV zeichnete sich durch geheimdienstlichen Leerlauf aus. Das Bundesinnenministerium schüttelte über die Pannen-Behörde längst den Kopf. Erfolgsmeldungen gab es keine. Oder doch? Als sich Klaus Kuron gestellt hatte und bereits in U-Haft saß, erst dann bestätigte Großmann „seinen" Kundschafter. Er beschrieb einen Mann, den er menschlich nicht mochte, zugleich zog er fachlich vor ihm den Hut.

Als Hansjörg Geiger im Mai 1996 zum Präsidenten des BND berufen wurde, stellte der vormalige Gauck-Vertraute dem BND ein denkbar schlechtes Zeugnis aus. Geiger schien zu wissen, worüber er sprach. In der Gauck-Behörde hatte er ausgiebig in BND-belastenden MfS-Dokumenten geblättert. MfS-Angehörige, so resümierte er, agierten im Gegensatz zu denen in Pullach „hochmotiviert", zumal sich MfS-„Leute ... als Elite verstanden", dazu seien sie besonders „einfallsreich gewesen", während sich beim BND folgenschwere „Schwachstellen gegenüber dem MfS" herauskristallisierten.[36] Solche Bemerkungen brachten die Pullacher gegen ihren schlauen Oberlehrer auf. Der Personalrat erhob Protest. Es meldete sich freilich auch eine vormalige BND-Bedienstete: Gabriele Gast.

Wenn MfS-Kräfte ihr Handwerk so vorbildlich ausgeübt hätten, dann, bitte sehr, möge sich Hansjörg Geiger ihrer, der stellungslosen Fachfrau, schleunigst bedienen. Eine aufgekratzte Gast bewarb sich also erneut beim BND. Eine Antwort erhielt die HVA-Kundschafterin selbstredend nicht.[37]

40 Jahre lang hatten MfS und HVA den Verfassungsschutz über den Tisch gezogen, sodass sich einige Kölner im Stillen schämten. Die Politik geriet ins Grübeln. Sie dachte über eine Reduzierung des aufgeblähten

Apparates nach. Verfassungsschützer wie BND-Bedienstete bangten um ihre Jobs. Um sich die zu erhalten, redeten sie sich einen bewährten Mephisto böse. Die russischen Geheimdienste, so das BfV, würden zum Sturm auf das vereinte Deutschland ansetzen, Moskau rüste auf und trete Mielkes Erbe an. Dies werde von MfS-Offizieren laufend bestätigt, allen voran vom MfS-Generalmajor Horst Männchen, dem Chef der Abhör-Truppe des MfS.

„Meine Eltern standen politisch auf der Seite der Kommunisten", erklärte der einarmige Abhör-Chef gegenüber der Generalbundesanwaltschaft, „dementsprechend wurde ich erzogen." Männchen ließ sich von der Kasernierten Volkspolizei, aus ihr ging die Nationale Volksarmee hervor, anwerben. Als namenloser Grenzer schützte er die Demarkationslinie vor dem Eindringen des Klassenfeindes.

Seinen Dienst muss Männchen überzeugend absolviert haben. Das MfS, das dringend auf ideologisch standfeste Kader angewiesen war, wurde auf ihn aufmerksam. Männchen wechselte also den Arbeitgeber – „ohne meinen Willen und Zutun", versteht sich. Nach dem Bau der Mauer reifte bei Männchen sodann eine erstaunliche Erkenntnis heran, denn nun sei ihm bewusst geworden, „daß die DDR … gegen den Baum fahren würde", bis sich seine „Nachdenklichkeit" überstürzte: „Im Nachhinein betrachtet muß ich sagen, einer falschen Sache gedient … und ihr zu allem Überfluß auch noch meine Gesundheit geopfert zu haben." Deshalb „bin ich entschlossen, auf alle Fragen … so umfassend wie möglich zu antworten": „Ich … will nach Kräften verhindern, daß dieser Staat (die Bundesrepublik) Schaden leidet." Ein damals in diesen Kreisen sehr beliebtes Ehrenwort.

Männchen packte aus. Er lieferte der Justiz „Spezialisten-IM" aus, enttarnte das HVA-„Planjahr 1989" und erläuterte die hochsensible Arbeitsgruppe „RJAN" („Raketen-Atom-Angriff"), eine gegen die NATO gerichtete Operation des KGB in Zusammenarbeit mit der HVA. Am Rande bemerkte Männchen, dass die HVA auf den Dächern der sowjetischen Botschaft in Bonn (wie deren Handelsvertretungen) Abhörtechnik installiert habe. Dass die Russen diese Geräte nicht auf den Müll warfen, setzte Männchen als Folgewissen voraus. Er irrte sich. Das BfV hatte keine Ahnung.

„Eine besonders ergiebige Quelle waren (abgehörte) Gespräche, die der verstorbene bayerische Ministerpräsident und CSU-Vorsitzende

Strauß geführt hat", erinnerte sich Männchen, um hinzuzufügen: „Strauß pflegte sich am Telefon nicht zurückzuhalten." „Westdeutsche Politiker hätten munter draufloserzählt, weshalb „uns ... das eine oder andere pikante Detail bekanntgeworden" sei: „Aufklärungsergebnisse herausragender Natur" und „sehr aufschlußreich". Sein Verbindungsoffizier zum KGB sei zuerst der Oberst Jurij Belajew gewesen, dann der Genosse Boris Trischin, berichtete Männchen bereitwillig. Der habe in Potsdam residiert, dort sei „zur zweiten Jahreshälfte 1990 eine erhebliche Verstärkung des ... Personals vorgenommen" und „unsere (demontierte) Technik" hingeschafft worden, beispielsweise die aus der ČSSR. Die Russen hätten sogar in aller Ruhe „ihre eigenen Chiffrieranlagen aus (unseren) Stützpunkten" entfernt, überhaupt sei „davon auszugehen, daß das KGB über das gesamte technische und technologische Wissen der ehemaligen Hauptabteilung III des MfS verfügt".

Selbst die „Anwerbung (seiner) Mitarbeiter durch den sowjetischen Geheimdienst" gab Männchen aus eigenem Antrieb preis. So ein Geständnis traf den Geschmack des BfV, denn es untermauerte die anstehende Invasion russischer Geheimdienste. Das KGB hielt die Verbindung zu Männchen, namentlich sein ehemaliger „Partner" Boris Trischin. Männchen: „Mir war dabei natürlich klar, daß von seiten der Sowjets daran gedacht war, meine Kenntnisse ... zu nutzen." Einige Monate nach der Vereinigung habe ihn sogar der (1971 aus Großbritannien ausgewiesene) KGB-Generalleutnant Viktor S. Budanow aufgesucht. Männchen versprach, „das BfV auf dem Laufenden (zu) halten".

Wieder hatte ein MfS-General sein Arbeitsfeld detailliert beschrieben und Namen genannt. Männchen, der sich „im Bereich der Unternehmensberatung („nicht erfolgreich") ein paar Mark hinzuverdienen" wollte, käme gerade so über die Runden, da „meine Ehefrau durch den Verkauf von Futtermitteln für Haus- und Heimtiere" zum Lebensunterhalt beitrage.[38] Geld vom BfV erhielt er nicht, aber wegen seiner Mitteilsamkeit ein „Ausfallhonorar": die Einstellung des Ermittlungsverfahrens 3 BJs 298/90-2. Darauf hofften noch andere.

Innerhalb der HVA sei „darüber diskutiert worden", gestand Oberst Gunther Nehls, Stellvertreter der HVA-Abteilung IX („Gegenspionage"), seinen BKA-Vernehmern, wie der „Kontakt mit Dienststellen der Bundesrepublik, Innenministerium, Bundesnachrichtendienst, Verfassungsschutz, aufzunehmen ist". Dies betraf ausschließlich die „Vorbereitung eines Amnestiegesetzes". Verrätertum, so ergänzte er, sei innerhalb der HVA verfolgt worden, wobei Klaus Kuron, der Überläufer meldete, gute Dienste leistete. Doch nun gehörte auch Gunther Nehls dazu. Er redete wie ein Wasserfall.

Kurons HVA-Instrukteur, der IM Volker Kubitzki („jetzt Taxiunternehmer") aus Werder bei Potsdam, sei Nehls zufolge abgezogen worden „aufgrund eines besonderen Vorkommnisses in der Familie; seine Stieftochter bezichtigte ihn eines Sittlichkeitsverbrechens an ihr", weshalb ihm der Offizier im besonderen Einsatz (OibE) Peter Gärtner aus Schöneiche bei Berlin nachgefolgt sei („verkauft jetzt Fertighäuser"). Das Detail der Unzucht amüsierte sichtlich. Dann enttarnte Gunter Nehls: die Mitarbeiter des niedersächsischen Landesamtes für Verfassungsschutz Wilhelm Balke und Hans-Joachim Armborst, den Duisburger Kriminalhauptkommissar Walter Schabronat, die BKA-Angehörige Karin Zuber (sie „nannte uns ... Angaben zum V-Mann Werner Mauss") und den Doppelagenten Joachim Moitzheim.* „Sind Ihnen Personen bekannt", erkundigten sich die Vernehmer, „die weitergehende Angaben ... machen könnten?" Klar, Manfred Herbst („Invalidenrentner, wohnhaft Berlin"), Karl-Heinz Strobel („arbeitslos, wohnhaft Berlin"), die hätten Kundschafter beim Bundesgrenzschutz geführt („Schweizer", „Brieske"). Das BKA interessierte sich besonders für die „Konkurrenz".

Habe die HVA der Bezirksverwaltung Rostock den damaligen Vize des Hamburger Verfassungsschutzes, Ernst Uhrlau (erst Geheimdienstkoordinator Gerhard Schröders, unter Angela Merkel BND-Präsident), „bearbeitet"? Ja, antwortete Nehls, die HVA „unterhält eine IM-Position, die privaten Kontakt zu Herrn UHRLAU hat"**, die sollte in das

---

* Gunter Nehls soll, laut BND, Balke und Armborst als Agenten lediglich „bestätigt" haben; deren Enttarnung wird Harry Schütt zugeschrieben. „Ergänzende" Angaben zu Balke und Armborst machten zudem: Bernd Trögel (Schwiegersohn von Markus Wolf) und Peter Trenkmann.

** Im Sommer 1989 erhielt Ernst Uhrlau eine neue geheime Telefonnummer. Um auch diesen Hamburger Anschluss überwachen zu können, griff das MfS in die Trickkiste: Es hörte ein befreundetes Ehepaar Uhrlaus ab, das die aktuelle Nummer einem Bekannten zum Mitschreiben ansagte (040/460 37 95). Dass Uhrlaus Vorzimmerdame am Telefon die Privatsphäre der Uhrlaus auswalzte, galt als hübsches „Zubrot". Und weil Uhrlau gelegentlich nach West-Berlin flog, geriet dort das Umfeld eines Uhrlau-Kollegen auf Disketten. Weil diesem, dem Verfassungsschützer Harald Dittmeyer, Dienstliches am Telefon selten über die Lippen kam,

LfV Hamburg eingeschleust" werden – „unter indirekter Zuhilfenahme von Herrn UHRLAU", um hinzuzufügen: „Mir ist bekannt, daß dieses Vorhaben nicht aufgegangen und dieser inoffizielle Mitarbeiter weiterhin als Rechtsanwalt in Hamburg tätig ist", unter dem Decknamen „Gerd". Er sei „verheiratet mit einer ausländischen Frau, in der SPD tätig, im Landesverband Hamburg, früher in der JUSO-Organisation", daraus „resultiert auch die Bekanntschaft mit Herrn UHRLAU". Ebenso aufklärungsbedürftig die Affäre um den Uhrlau-Kollegen Engelbert Rombach, den Chef der BfV-Spionageabwehr zur Zeit der Wende.

Ja, den Rombach kenne er sehr gut, erinnerte sich Nehls, dessen Bestallung habe der CSU-Bundesinnenminister Friedrich Zimmermann durchgeboxt, dieser daher in Köln „kein gutes Renommee" gehabt und ihn der BfV-Präsident Heribert Hellenbroich als „lebende Wanze der CSU" bezeichnet". Auffällig sei gewesen, dass Rombach zu einem West-Berliner Ehepaar „private Verbindung" pflegte, welches sich wiederum durch „direkte Kontakte in die DDR" auszeichnete. Mit diesen „Leuten" führte er „zum Teil konspirative Telefonate", bis ihn die HVA – wegen seiner zunehmenden „intime(n) Beziehungen zu ... weiblichen Personen" – als Kundschafter-Kandidaten auserwählte. Nach dem Studium der Abhörprotokolle Rombachs hätten HVA-Eingeweihte ihren Spaß gehabt. Der leitende Verfassungsschützer ein akutes Sicherheitsrisiko? Wegen solcher „Ungereimtheiten" begann Wolfgang Deckenbrock, der Mann der BfV-„Sicherheit", gegen Rombach zu ermitteln, enthüllte Nehls.[39]

Rombach wollte BfV-Präsident werden. Doch auf diesen Posten waren andere ebenso scharf, was anhaltende Intrigen zur Folge hatte. Als die DDR zusammenkrachte und die ersten MfS/HVA-Offiziere in Köln vorstellig wurden, bekam Rombach davon nichts mit. Die DDR-Geheimen liefen im Büro des BfV-Präsidenten Gerhard Boeden auf oder sie sprachen sich bei Klaus Kuron frei. Rombach soll die Szene daraufhin mit allerlei Gerüchten gefüttert haben, etwa dem, dass Eckart Werthebach während seiner Zugehörigkeit zur Würzburger Bezirksregierung Unterfranken in eine Abhängigkeit zum BND geraten sei. Rombach stand auf verlorenem Posten. Nicht er, sondern Werthebach wurde BfV-Präsident.

---

wurde halt dessen umso plaudersüchtigerer Schwiegervater angezapft, somit drei Monate vor dem Mauerfall Dittmeyer „zur Person, Familie, Freizeitbereich" abgeklärt und daraus der operative Vorgang „Gärtner".

Werthebach konnte sich seines Gegenspielers nicht so einfach entledigen, schließlich war Rombach CSU-Protegé, Werthebach selbst parteilos. Da druckte – vier Monate nach Werthebachs Amtsantritt – die „Berliner Zeitung" eine brisante ADN-Meldung. Mitte der Achtzigerjahre, so hieß es da, habe sich „ein bis heute nicht enttarnter Verfassungsschützer bei der Ostberliner Gegenseite gemeldet", um „Adressen, Telefonnummern, Kurzbiographien und Intimkenntnisse über namhafte Kölner (BfV-)Beamte" anzudienen, über „Heribert Hellenbroich ... und (die) BfV-Karrierefrau Mathilde Koller."* Es seien bereits „finanzielle Absprachen" ausgehandelt worden. Nach „detaillierter Überprüfung kam die HVA zu einem überraschenden Schluß: Mit 99prozentiger Sicherheit handelte es sich beim Absender um den Spionageabwehrchef Engelbert Rombach."⁴⁰ Rombach wurde abgeschossen.

„Ich erkläre mich grundsätzlich bereit", unterschrieb der Nehls-Untergebene Stefan Engelmann, „namentlich ehemalige Mitarbeiter aus dem MfS/HVA zu benennen." Engelmann saß in Koblenz in Untersuchungshaft. Das BKA stieß auf einen verstörten HVA-Major, der nur eines wollte: zurück in die Freiheit. Und weil ihm die versprochen wurde, erschien Engelmann dem BKA als reine Plaudertasche: Die zum BfV übergelaufenen Dieter Schlaphof und Eberhard Lehmann seien Informanten des KGB, der Agent Joachim Moitzheim von Bernd Trögel, Wolfs Schwiegersohn, „nachrichtendienstlich perfekt motiviert" worden, ein „Selbstanbieter aus dem Bereich BfV" ein „Schreiber" gewesen, dessen Klarname sich selbst mithilfe von Klaus Kuron und Hansjoachim Tiedge nicht verifizieren ließ. „Schreiber" habe sich „Ende 1981 mit einem Brief an das MfS gewandt, in dem auf mehreren Seiten Interna zur Struktur des BfV und Erkenntnisse zum MfS dargestellt wurden", schließlich sei ein Treffen vereinbart worden, das aber „zum Abbruch führte", wohl „aus einem Angstkomplex" heraus. Etwa doch Engelbert Rombach?

Die HVA, so erzählte Engelmann nicht ohne Vergnügen, sei im schleswig-holsteinischen Landesamt auf einen korrupten Mitarbeiter

---

* Mathilde Koller leitete im BfV das Unterressort „DDR-Zuwanderung". Die Juristin galt als kompetent, engagiert und charmant. Sie hatte sich mit dem Kollegen Hans-Joachim Theiß angefreundet, woraufhin sich beide den liebevollen Spitznamen „Hänsel und Gretel" einhandelten. Weshalb sie in den Rombach-Strudel gerissen wurde, bleibt unklar.

gestoßen, der einen Spion „eigentümlicherweise weder (mit) Personal-
daten noch sonstigen Identifizierungsmerkmalen" führte und dem „Geld-
beträge ohne Quittung ausgehändigt" worden seien. Setzte das BKA
dem unangenehmen Sittengemälde nach? Kein Gedanke. Es gab schließlich Wichtigeres: Recherchen zum seit einer Woche inhaftierten Klaus
Kuron. Für den spektakulären Prozess suchte der Generalbundesanwalt
hastig nach Beweisen, mit Engelmann als Leitwolf.

Tagelang, im Oktober 1990, enthüllte Engelmann den gesamten Ver-
ratsumfang Kurons. Die deutsch-deutschen Spionagefälle schilderte er
indes aus Selbsterhaltungstrieb verzerrt, vor allem den des Manfred
Rotsch.[41]

Rotsch war 1954 aus der DDR nach München „geflohen", als Per-
spektiv-Agent des KGB. Er trat der CSU bei und arbeitete sich zum Chef
der Planungsabteilung des Münchner Rüstungskonzerns Messerschmitt-
Bölkow-Blohm (MBB) hoch. Tornado, Panzerabwehrrakete Milan, die
Boden-Luft-Raketen Hot oder Roland – das KGB erfuhr jedes Detail.[42]
Doch 1984 flog Rotsch auf, mit dramatischen Konsequenzen.*

Im Frühjahr 1981 bot der KGB-Oberst Wladimir I. Wetrow dem
französischen Geheimdienst SDECE über einen Mittelsmann seine
Dienste an. Wetrow (Deckname: „Farewell") war frankophil, seit seiner
Stationierung an der sowjetischen Botschaft in Paris vom kommunistischen System enttäuscht, auch weil ihn Juri W. Andropow von der operativen Abteilung in die „Auswertung technisch-wissenschaftliche Aufklärung" versetzt hatte. Wetrow lieferte rund 4.000 KGB-Dossiers[43], bis
er zum Kriminalfall wurde.

Der verheiratete Wetrow unterhielt zu seiner Sekretärin Ludmilla
Ochkina ein hysterisches Liebesverhältnis. Sie wusste um die Zusammenarbeit ihres Geliebten mit den Franzosen. Im Februar 1982, im
Auto, nahe des legendären Gorki-Parks, kam es zu einer Auseinandersetzung. Ludmilla verlangte von Wladimir ultimativ die Trennung von
seiner Gattin Swetlana. Täte er dies nicht, werde sie ihn als französischen
Spion denunzieren. Der angetrunkene Wetrow zog ein Messer und stach
auf seine Geliebte ein. Die Attacke beobachtete zufällig ein Milizionär.

---

* Rotsch wurde 1986 zu achteinhalb Jahren Gefängnis verurteilt, nach einem Jahr
gegen einen Ost-Berliner Arzt ausgetauscht. Doch in der tristen DDR mochte er
nicht leben. Mithilfe der HVA kehrte er bereits nach sieben Monaten zurück nach
München.

Während Wetrow den Polizisten tötete, konnte sich die schwer verletzte Ludmilla im Schnee davonmachen.*

Wetrow fuhr blutbefleckt zu seinem Schwager; der möge sich bitte um seinen Sohn kümmern. Anschließend eilte er zu sich nach Hause, erklärte seiner Ehefrau Swetlana die Situation, um dann in die französische Gesandtschaft zu fliehen. Auf dem Weg dorthin wurde er festgenommen, ein halbes Jahr später – offiziell – wegen Mordes zu zwölf Jahren Zuchthaus in Irkutsk verurteilt.[44] Der Genickschuss blieb ihm erspart. Einstweilen.

Während des Wetrow-Prozesses reiste der französische Staatspräsident Francois Mitterrand in die USA. Er brachte Ronald Reagan ein Präsent mit – Unterlagen des SDECE-Spions Wetrow. Die CIA lancierte, zum Entsetzen der Franzosen, Details in die Öffentlichkeit. Aber auch das KGB stand unter Schock: Die Russen hatten die Fernschreiber der französischen Botschaft derart verwanzt, dass sie die gesamte Kommunikation kannten. Da das Kind durch die PR-Sucht der CIA nun einmal in den Brunnen gefallen sei, entschied Mitterrand, könne er sich jetzt auch für die sowjetische Wanzen-Geschichte revanchieren.

Im April 1983 ließ er 47 sowjetische Diplomaten ausweisen. Der Botschafter Juli Woronzow übergab dem französischen Außenminister Claude Chrysson eine geharnischte Protestnote. Der hielt ihm daraufhin prompt von Wetrow gelieferte Dokumente unter die Nase.[45] Wetrow war „verbrannt"; er wurde am 23. Januar 1985 erschossen. Diesen Todesfall, so rekonstruierte das BfV, habe Klaus Kuron zu verantworten. Wie bitte?

Im Januar 1983 hatte Rudolf von Hoegen, Kurons Vorgesetzter und damaliger Chef der Spionageabwehr, eine besonders abgeschottete Sondergruppe gebildet, die der „Fallführer" Ernst Berger anführte.** Grund war eine Meldung des SDECE: Manfred Rotsch arbeite für das KGB.

---

* Das tragische Schicksal Wetrows schien dem Hollywood-Streifen „Gorky Park" mit Lee Marvin nachempfunden zu sein. Doch das von Dennis Potter geschriebene Drehbuch lag bereits ein Jahr früher vor. Das KGB untersagte dem Team die Außenaufnahmen in Moskau, möglicherweise wegen der Nachwehen der Wetrow-Affäre. Die Szenen wurden sodann in Finnland gedreht.

** Berger, seit 1980 beim BfV, quittierte am 31. Mai 1990 mit 40 Jahren den Dienst, weil er sich mehr mit hauseigenen Querelen als mit Abwehrfragen auseinandersetzen musste. Berger floh als Sicherheitsexperte zu Siemens.

Berger vermutete, dass die Franzosen in Moskau über eine „lebende Quelle" verfügten, die Rotsch enttarnt habe.[46]

Um Rotsch observieren zu können, benötigte Berger dessen Pkw-Kennzeichen. „Da ich keine Verbindung zum Kraftfahrzeugbundesamt in Flensburg hatte", so erinnerte sich Berger, sei Kuron „mit den Ermittlungen beauftragt" worden. Um zu verhindern, dass Kuron „Kenntnis von der Verdachtsperson bekam ... übergab ich ihm eine Liste mit etwa 6 Namen".[47] Kuron, behauptete Stefan Engelmann, habe die HVA daraufhin über Rotsch umgehend informiert, er habe „sowohl den Namen als auch die Arbeitsstelle, nämlich MBB, gewußt". Engelmann: Kuron „ging davon aus, daß es sich bei der fraglichen Person um eine Quelle des KGB handeln müsse", was Kuron allerdings vehement bestritt. Die HVA, fügte Engelmann hinzu, habe dann die Moskauer Genossen ins Bild gesetzt. Die Russen gaben gegenüber der HVA indes vor, Manfred Rotsch nicht zu kennen.[48]

Der Hinweis Engelmanns auf Kuron kam Dirk Dörrenberg, dem durchweg wohl entbehrlichsten Verfassungsschützer, vor wie ein Geschenk Gottes. Denn die Franzosen hatten Dörrenberg die Hinrichtung Wetrows durch die zu frühe Rotsch-Verhaftung angelastet. Dörrenbergs Ruf in Frankreich war dahin. Auf Kosten Kurons wollte sich Dörrenberg nun rehabilitieren.

Per „Wertbrief: 500.00 DM"* teilte Dörrenberg der Bundesanwaltschaft mit: „Das BfV kommt ... zu dem Schluß, daß KURON nachgewiesen werden kann, daß er durch (seinen) Verrat ... die Enttarnung (Wetrows) ermöglichte", womit nicht er, Dörrenberg, sondern Kuron dessen Tod zu verantworten habe.[49] Zwei Monate später musste Dörrenberg allerdings fix zurückrudern. Die Franzosen hatten Dörrenberg darüber in Kenntnis gesetzt, dass Kuron als Täter nicht in Frage käme. Kleinlaut musste Dörrenberg Karlsruhe anzeigen, dass die These einer „Verratstätigkeit KURONs, (dieser habe die) Enttarnung ... (Wetrows) ausgelöst", nicht mehr haltbar sei.[50] Warum ging Dörrenbergs Plan, Kuron als Scharfrichter zu denunzieren, nicht auf?

---

* Um Kosten zu senken, verschickt das BfV hochsensible Dokumente nicht per Kurier, sondern als postalischen „Wertbrief". Ging einer verloren, ließ er sich über die Registriernummer wieder auffinden oder auch nicht, ein Verfahren, das gegnerische Geheimdienste einen steten Materialzufluss garantierte, sofern sie im für das BfV zuständigen Briefzentrum einen aufmerksamen Zuarbeiter platzieren konnten.

Manfred Rotsch wurde im September 1984 verhaftet. Die Franzosen fürchteten um das Leben ihres Agenten, zu Recht. Die Hinrichtung Wetrows fand vier Monate nach der Inhaftierung von Rotsch statt. Das KGB hatte in der Tat ein Exempel statuiert und Paris signalisiert, dass allein die Enttarnung von Rotsch das Todesurteil herbeigeführt hätte. Das traurige Ende Wetrows lancierte das KGB zur französischen Botschaft in Moskau. Nicht nur Diplomaten waren entsetzt. Daraufhin kündigten die Franzosen dem BfV die Zusammenarbeit auf, zuvörderst Dörrenberg*, der sich nun das Bauernopfer Klaus Kuron ausheckte, ein Manöver, das der Chef des französischen Inlandsgeheimdienstes DST, Jacques Fournet, allerdings durchschaute. Über Raymond Nart, DST-Ressortleiter „Sowjetunion", erteilte er Dörrenberg eine fürchterliche Lektion, indem er – demonstrativ – die Unschuld Klaus Kurons dokumentierte. Schriftlich und amtlich. Kuron hatte Glück: Wären Jacques Fournet und Raymond Nart nicht gewesen, Dirk Dörrenberg hätte ihn den Medien als skrupellosen „Mörder" präsentiert. Aber immerhin: Dörrenberg blieben wenigstens Nehls und Engelmann als Kronzeugen erhalten. Würden sie ihm die nachrichtendienstliche „Ehre" innerhalb des BfV zurückgeben?

Die HVA-Offiziere, diktierte der Vorsitzende Richter des Staatsschutzsenats des Düsseldorfer Oberlandesgerichts, Klaus Wagner, ins Kuron-Urteil, „haben ruhig, sachlich, vorsichtig und zurückhaltend, ohne jede Belastungstendenz ausgesagt", „Anhaltspunkte für ein Bestreben ..., sich selbst Straffreiheit zu ‚verdienen', sind nicht ersichtlich". Stets hinterließen sie „einen positiven und zuverlässigen Eindruck", sogar, wenn Kurons Anwalt einen von ihnen der Lüge überführte. Dann galt dieses Wagner-Prinzip: „Selbst wenn die Darstellung (Kurons) zutreffen sollte, wurde das die übrigen ... Bekundungen des Zeugen Engelmann nicht entwerten."[51] Aussagewillige erfuhren in jedem Fall Wagners Parteinahme. In seinen unveröffentlichten Memoiren gab Wagner sein System preis:

Geständnisse, aufgrund derer ein Angeklagter „formal" abgeurteilt werden konnte, seien stets „strafmildernd berücksichtigt" worden, „Ausnahmen eigentlich nur Fälle, in denen der Beschuldigte zunächst

---

* Dörrenberg leitete, zum Missfallen der CIA und des FBI, anschließend die BfV-Dependance in Washington.

eine strafbare Handlung immer wieder bestritten und sich zu einem Geständnis zuletzt nur unter der erdrückenden Last der zusammengetragenen Beweise bequemt hatte", befand der Jurist.[52] Wagner, der von 1977 bis zu seiner Pensionierung 1995 rund hundert Spionagefälle bewältigte, darunter die „Gerichtssache" Markus Wolf, wurde vom Leiter der „Fachhochschule des Bundes für öffentliche Verwaltung", der Bildungsanstalt des BfV, Guido Korte, als gewinnende Persönlichkeit dargestellt.

Korte in einem „Begleitwort" zu Wagners Erinnerungen: Die „souveräne Verhandlungsführung" des Richters bliebe dem BfV „unvergessen", Wagners Urteile seien „sachlich und rechtlich fundiert", auch dann, wenn Wagner mehrere Prozesse zugleich abwickeln musste, wenn „Haftsachen" wegen der Fristen *besonders beschleunigungsbedürftig"* in „einer Art ‚power-play'" durchgezogen werden mussten – „um den Abbau des Aktenbergs" voranzutreiben.[53] Doch Fließbandverfahren benachteiligten die Angeklagten. Der unter Zeitdruck stehende Klaus Wagner, privat las er Agentenromane und schaute Spionagefilme, war zur Oberflächlichkeit verurteilt. Er konzentrierte sich auf die Anklageschriften, für die Schriftsätze der Anwälte blieb ihm wenig Zeit. Sofern er sie überhaupt zur Kenntnis nahm, tat er sie ohnehin als untauglichen Versuch ab, „die Bedeutung des Agenten herunterzuspielen". Klagen der Gegenseite über die Vernehmungspraxis quittierte Wagner emotional: Er werde niemals zulassen, dass „besonders erfahrene Kriminalbeamte der Abteilung Staatsschutz des Bundeskriminalamtes" diskreditiert werden.

Wagner legte „immer den größten Wert darauf", so kommentierte Guido Korte die unter Verschluss gehaltenen Wagner-Erinnerungen in seinem sprachlich gewöhnungsbedürftigen Vorwort, „allen Verfahrensbeteiligten … verbindlich und mit freundlicher Aufmerksamkeit zu begegnen", von der zunächst aussagebereite Zeugen profitierten. Korte: „Viele sind verständlicherweise aufgeregt, manche deutlich bestrebt, sich möglichst wenige Auskünfte entlocken zu lassen. In diesen Fällen muß der zu Befragende zunächst aufgelockert werden. Das kann durch eine scherzhafte Bemerkung oder Frage geschehen, die ihn zum Lachen bringt und ihm den Eindruck vermittelt, so schlimm werde es wohl doch nicht werden. Häufig empfiehlt es sich, sich dem eigentlichen Gegenstand der Aussage auf Umwegen zu nähern", denn „vor allem hochrangige ehemalige Führungsoffiziere … wirkten gelegentlich geradezu verblüfft angesichts der von ihnen wohl nicht erwarteten Zuvorkommenheit, mit der sie vor Gericht empfangen wurden". Wagner entpuppte sich als netter Jurist, denn schließlich lebten seine Denunzianten „eher schlecht als recht von Ersparnissen und der … gekürzten Rente". Wagner ließ Reisekosten vorab auszahlen und Hotelzimmer anmieten, diesbezüglich beim Oberlandesgericht in Düsseldorf einen gefälligen „Dienstleistungszweig" auferstehen.[54] Aber wehe, Zeugen wollten Klaus Wagner nicht nach dem Mund reden.

Ob die HVA dank Klaus Kuron „voll drin" gewesen sei im BfV, insistierte Wagner während des Kuron-Prozesses. Das mochten Nehls und Engelmann so nicht bestätigen, was dem gestrengen Wagner augenfällig missfiel. Er setzte also nach. Trotzdem erlegten sich Kurons vormalige Führungsoffiziere weiterhin Zurückhaltung auf. Erst als sich Wagners Stimme überschlug, verstanden die ängstlich gewordenen Zeugen: Ja, ja – „voll drin".[55] Das gefiel Wagner. Er schrieb seine Suggestionskraft also prompt im Urteil fest:

„Die Frage, ob nach ihrem Eindruck als Nachrichtenoffiziere … (die HVA im) BfV ‚voll drin' gewesen sei, haben (Nehls wie Engelmann) ohne Zögern und bestimmt bejaht." Wagner: Kurons „Tat (wies) … den höchsten Unrechts- und Schuldgehalt der vom Senat insgesamt abgeurteilten Verbrechen" auf.[56]

REGIERUNG DER
DEUTSCHEN DEMOKRATISCHEN REPUBLIK·
Sekretariat des Ministerpräsidenten

BERLIN W 1, DEN 27.10.52
Leipziger Platz, Tor 16
Tel. 42 00 18
App.

Gesch.-Z.
(In der Antwort bitte angeben)

An die
Kollegin Elli Barczatis

Berlin-Köpenick
Rudower Str.

Liebe Kollegin Barczatis !

Zu dem schweren Verlust, der Dich und Deine
Angehörigen durch den unerwarteten Tod Dei-
ner Mutter betroffen hat, sprechen wir unser
tiefempfundenes Beileid aus.

*Genossen kondolieren einer Agentin Gehlens (Oktober 1952): „Eine Verkettung
unglücklicher Umstände im privaten Bereich führte ihren Tod herbei"*

Doppelagenten auf der falschen Seite

Er hatte der Arbeiter- und Bauern-Macht den Treueid geschworen. Stolz schwellte seine Brust, wenn Erich Mielke ihn anlässlich einer „Kollegiumssitzung" direkt ansprach. Nach dem Mauerfall suchte dieser Mann, Edgar Braun, seine Dienstfähigkeit allerdings zu erhalten. Ohne ihn wäre sein neuer Betriebsleiter aus dem Westen, Eckart Werthebach, im komplizierten Dickicht der MfS-Archive aufgelaufen. Werthebach, vertraut mit Wolfgang Schäuble, war einer der offiziellen „Berater" des DDR-Innenministers Peter-Michael Diestel. Zusammen ließen sie in aller Stille unappetitliche MfS-Erkenntnisse über westdeutsche Politiker beseitigen und den Medien MfS-Daten der rheinischen Prominenz entziehen, die diese „im Rahmen der operativen Arbeit" zugespielt bekommen hatten. Der „Spiegel" umschrieb die dreiste Personalie so: Werthebach habe im Auftrag Wolfgang Schäubles „heikle Fälle zu sortieren" gehabt, Bonn in Edgar Braun „einen kundigen Pfadfinder (für den) Stasi-Wust" gefunden.[1]

Die Vergangenheit des MfS-Generals war blutgetränkt, Braun der Scharfrichter Erich Mielkes. Kannte Werthebach dessen Vita etwa nicht? Oder benutzte er sein Wissen dazu, Braun zum Überlaufen zu zwingen? Hatte er ihm im Falle des Gehorsams gar versprochen, sein mörderisches MfS-Vorleben zu verschweigen und ihm einen Posten beim Bundesamt für Verfassungsschutz (BfV) garantiert? Brauns Aufstieg zum Henker war einmalig – verbunden mit sadistischer Gewalt.

Braun wurde am 9. Juni 1939 im thüringischen Molbitz geboren, ein öder Ort mit einigen Hundert Einwohnern, wo es – trotz des „Carneval-Clubs Molbitz" (Schlachtruf: „Wuhle Wuhle Gaag Gaag"), einschließlich eines Rentner-Faschings – wenig zu lachen gab. Der Flecken grenzt an Altenburg, das durch die Vereinigte Altenburger und Stralsunder Spielkarten-Fabriken A. G. zur Legende wurde. Das „Skatgericht" urteilt noch heute. Das tausendjährige Altenburg gehörte bis in die Zwanzigerjahre zum Braunkohlerevier. Dort handelte Martin Luther mit dem päpstlichen Nuntius einst das Stillhalteabkommen aus.

Brauns Vater war Dispatcher.* Dispatcher konnte werden, wer sein „Klassenbewußtsein" nachgewiesen hatte, denn er hatte die Planerfüllung volkseigener Betriebe voranzutreiben, nebenher die Belegschaft politisch zu überwachen. Der Dispatcher war eine Art „Politkommissar" der Wirtschaft, der es als „Ehrenpflicht" ansah, der Staatssicherheit „Bummelanten" anzuzeigen, und somit Arbeiter und Bauern in Scharen in den Westen trieb.

Die Brauns standen in Treue fest zum Regime, wehrhaft und voller Hass gegenüber dem Klassenfeind. Der Vater berichtete seinem Filius von „alkoholischen Ausschweifungen von Volksfeinden", er beklagte die „mangelnde Wachsamkeit" der Betriebsleiter, die grassierende „Wirtschaftssabotage", bis auch der Sohn die „Gefährlichkeit parteifeindlicher Gruppen" erkannte und die zunehmende Tätigkeit von „Agenten, Spionen und Terroristen", die „verleumderische Hetze gegen die DDR" betrieben. Für Edgar Braun kam folglich nur eine Berufung in Frage: die eines tapferen Tschekisten.[2]

Nach dem Abitur trat Braun als 18-Jähriger in das MfS ein. Er konnte im Elternhaus wohnen bleiben, die Welt der Geheimdienste begegnete ihm in der rund acht Kilometer entfernten Kreisdienststelle Altenburg noch provinziell. Aber sie faszinierte ihn, besonders in der Person des um neun Jahre älteren Günther Kratsch, der in Brauns Nachbargemeinde Monstab zur Welt gekommen war und sein nachrichtendienstliches Handwerk ebenfalls in der Altenburger MfS-Filiale erlernt hatte. Kratsch hatte es in Berlin inzwischen zum Leutnant in der MfS-Hauptabteilung II gebracht. Wochenends trieb es ihn gelegentlich in seine Heimat, wo er dann regelmäßig in der MfS-Niederlassung vorbeischaute. Dort begegnete ihm Edgar Braun. In ihm, so wähnte Kratsch, stecke ein nachrichtendienstliches Talent, das es zu fördern galt. Unbedingt.

Braun erhielt die klassische Ausbildung: drei Jahre „Kursant" auf der MfS-eigenen Juristischen Hochschule in Potsdam-Eiche, anschließend operativer Mitarbeiter der Spionageabwehr in der Leipziger Bezirksverwaltung, schließlich am 15. Februar 1961 Versetzung zur Haupt-

---

* Im April 1953 übernahm die SED den „Dispatcherdienst" von der Sowjetunion, auch um „Betriebsstörungen und Planabweichungen … zu beseitigen", die „Staatsdisziplin" zu erhöhen, den „Ausstoß der Fertigproduktion … zu sichern". Der Dispatcher unterhielt darüber hinaus sein eigenes Spitzelsystem und gab seine Berichte an die jeweilige Kreisdienststelle der Staatssicherheit weiter.

abteilung II (HA II), wo er in der „1" den französischen Geheimdienst „bearbeitete". Die notwendige Voraussetzung, Französisch, paukte er auf der MfS-Sprachenschule auf Schloss Dammsmühle.* Doch der Job erledigte sich mit einer Umstrukturierung der HA II. Braun trat, am 1. Oktober 1966, dem berüchtigsten MfS-Ressort bei: der „Inneren Sicherheit".**[3] Sie ahndete jeden noch so lächerlichen Disziplinarverstoß, wehrte „nachrichtendienstliche Angriffe gegen Angehörige bzw. ehemalige Angehörige des MfS" ab, verarbeitete Informationen „aus dem Lager des Feindes", entlarvte Maulwürfe und beförderte sie in den Tod.[4]

Die Legitimation für die Jagd auf MfS-Abtrünnige leitete die „Innere Sicherheit" aus einem „Gesetz über Aufgaben und Befugnisse der Deutschen Volkspolizei" her, das – 1960 mit Entstehen der „Inneren Sicherheit" – „Angehörige des MfS ... ermächtigt(e), die in diesem Gesetz geregelten Befugnisse wahrzunehmen".[5] Jede Vorermittlung verantwortete also die „Innere Sicherheit". Erst nach Abschluss der „Aus-

---

* Die Cousine des ehemaligen Bundeskanzlers Gerhard Schröder, Renate Gritzeke, war ebenfalls MfS-studiert. Ihr perfektes Englisch katapultierte sie in die MfS-Abteilung 26, wo sie ausländische Botschaften abhörte und die Mitschnitte britischer Diplomaten ins Deutsche übersetzte.

** Die „Innere Sicherheit" wurde 1960 als selbständige MfS-Abteilung XXI gegründet. Das Ressort unterstand Erich Mielke direkt. Ihr erster Leiter war Oberst Josef Kiefel, ein vormaliger Schlosser, Bergmann und Bauarbeiter, KPD-Mitglied seit 1929, Arbeiter im sowjetischen Pelzkombinat Kasan seit 1931. Kiefel meldete sich 1942 freiwillig zur Roten Armee, wurde von der GRU zum Funker ausgebildet und sprang zwei Jahre später in Polen mit dem Fallschirm ab. Im Herbst 1946 kehrte er nach Deutschland zurück. Er leitete zuerst MfS-Vorläufer (in Sachsen-Anhalt „K 5", in Brandenburg die „Hauptverwaltung zum Schutz des Volkseigentums"), bis er die MfS-Abteilung IVa („Informationsermittlung") übernahm; von 1953 bis 1960 stand er der Hauptabteilung II („Spionageabwehr") vor, um anschließend die „Innere Sicherheit" aufzubauen. Auf Kiefel folgte 1970 der Maschinenschlosser Helmut Bauer. Doch Bauer, seit 1951 beim MfS und am Ende Oberst, schien überfordert und wurde „zwangsverrentet". Ihm folgte der Werkzeugmacher Günter Moller. Als Möller den Chef-Posten „Kader und Schulung" erhielt, rückte Edgar Braun am 1. Mai 1978 nach. Am 15. April 1982 wechselte Braun zur MfS-Hauptabteilung XIX („Verkehr, Post, Nachrichtenwesen"). Nach ihm leitete Horst Hillenhagen die „Innere Sicherheit". Als der zum Stellvertreter der Hauptabteilung II berufen wurde, rückte sein Vize, Oberstleutnant Bernd Porstein, nach. Bis zum Zusammenbruch der DDR wurde die „Innere Sicherheit" von Porstein (und seinen Vertretern Oberstleutnant Heinz Kasel, Hauptmann Bernd Pollähne) geleitet. Noch im Januar 1990 verfügte die „Innere Sicherheit" über 61 Planstellen.

fragung", erst nach einem „Geständnis", wurde der jeweilige Fall an das MfS-„Untersuchungsorgan" weitergeleitet, das den Delinquenten dann der Militärstaatsanwaltschaft zuführte. Ein rechtsverbindliches Regelwerk, wie das für das DDR-Ministerium des Innern und damit für die Volkspolizei, existierte für das MfS formal nicht, mit der schizophrenen Situation, dass in der DDR zwei Untersuchungs- und Haftsysteme zur Anwendung kamen: das des Ministeriums des Innern für die Volkspolizei und das des MfS. Mit dieser absurden Konstruktion wurde der Staatsterror sanktioniert.

Die „Innere Sicherheit" bewegte sich also wie ein Staat im Staat, so wie die SS im Dritten Reich. In der Sondertruppe verkam jedes menschliche Gefühl, Verständnis oder Mitleid waren nicht vorgesehen, stattdessen sibirische Kälte gefragt. Als Günter Möller die „Innere Sicherheit" führte, ruinierte er sich seinen Ruf durch seine geradezu menschenverachtende Kaltschnäuzigkeit. MfS-Offiziere nominierten ihn zum „Himmler der Staatssicherheit".[6] Dieser Mann katapultierte Edgar Braun auf den Chefsessel.[7] Die Position wurde mit Braun herausragend besetzt. Schließlich brachte er feige Verräter zur Strecke und handelte sich, nicht zu Unrecht, seinen Spitznamen ein: „Bluthund".

Im Mai 1971 verhaftete Braun den MfS-Oberleutnant Wolfgang Mischner, im Mai 1979 den MfS-Major Gert Trebeljahr, auf den Tag genau vier Wochen später den vormaligen Oberstleutnant des militärischen Geheimdienstes Winfried Zakrzowski/Baumann, im September 1980 den HVA-Hauptmann Werner Teske. Im Sommer 1979 musste er sich von geregelten Arbeitszeiten verabschieden. Er stand derart unter Anspannung, dass er Probleme mit dem Kreislauf bekam. Die Verhöre sogleich zweier Fahnenflüchtiger, die Trebeljahrs wie die Zakrzowskis/Baumanns, bewältigte er mit seinen letzten Kraftreserven. Eigentlich hätte er sich einen Kuraufenthalt gewünscht, doch Erich Mielke forderte „genehme Resultate".[8] Dass Braun zu bestellten Schlussergebnissen fähig war, hatte er seinem Minister bereits unter Beweis gestellt, als er die gewaltsame Entmachtung Walter Ulbrichts durch Erich Honecker über einen legendierten Mordfall als natürlichen Generationswechsel erscheinen ließ. Ein Ereignis, das Anfang Mai 1971 selbst Markus Wolf bewegte.

„Mielke", so erinnerte sich Wolf, habe ihm „die Mißbilligung Honeckers (übermittelt), weil ich (einen) Bericht über ein mehrstündiges Treffen mit einem der führenden Männer der SPD-Fraktion an Ulbricht weitergegeben hatte". Wolf: „Soweit war es also schon gekommen, daß der erste Mann in Partei und Staat wichtige Informationen ... nicht erhalten sollte." Warum? Weil Ulbricht eine alte Geschichte aktiviert hätte, eine aus den Fünfzigerjahren. Wolf: „Die immer größer werdende Diskrepanz zwischen dem Lebensstandard in Ost und West und die damit verbundene Unzufriedenheit der DDR-Bevölkerung (brachten Ulbricht) auf den Gedanken einer deutsch-deutschen Konföderation – mit dem Akzent auf wirtschaftlicher und wissenschaftlich-technischer Zusammenarbeit. Dabei ging es ihm nur darum, die Lebensfähigkeit der DDR zu erhalten."[9]

Diese Annäherung mochte Moskau nicht dulden. Da der starrköpfige Ulbricht freiwillig nicht abtreten wollte, holte sich Honecker bei Breschnew die Genehmigung zum „Putsch". Der entwickelte sich, wie sich Wolf erinnerte, „dramatischer, als es die bekannt gewordenen Dokumente verraten", denn Honecker befahl seinen Personenschützern, sich zu bewaffnen. Wolf: Die Truppe sei mit durchgeladenen „Maschinenpistolen" aufgerüstet worden. In Dölln, Ulbrichts Dienstsitz (heute: „Hotel Döllnsee-Schorfheide"), sollte der SED-Chef ein bereits formuliertes Rücktrittsgesuch unterschreiben. Ulbrichts Prätorianer versperrten Honeckers Truppe aber wider Erwarten den Weg. Honecker ließ daraufhin Tore wie Ausgänge besetzen, die Nachrichtenverbindungen kappen. Wolf: „Honecker schien entschlossen, über Mielke seinen Ziehvater festzusetzen."[10]

Genau davon gingen Ulbrichts Wächter aus, die den überraschenden Aufmarsch als eine „Aktion des Klassenfeindes" missdeuteten. Plötzlich Hektik, in der ein Personenschützer, der MfS-Oberleutnant Wolfgang Mischner, mit seiner Pistole auf die „Angreifer" feuerte. Die schossen zurück. Ein Querschläger durchschlug den Kopf einer zufällig anwesenden Besucherin: Mischners 30-jährige Ehefrau Renate – tot.[11]

Unter diesem Eindruck dankte Ulbricht ab. Doch wie das Opfer erklären? Wie mit dem geschockten Witwer verfahren? Würde Wolfgang Mischner aus Staatsräson schweigen? Das herauszufinden oblag dem Leiter des MfS-Personenschutzes, dem Oberst Franz Gold, einem vormaligen Fleischermeister, der dem Schauspieler Gert Fröbe verblüffend ähnlich sah.

Gold hatte Mischner während zweier Gespräche „ausgehorcht" und bei ihm Vergeltungsdrang wahrgenommen und unheilbare Rachsucht erkannt. Drei Tage nach der Döllner Tragödie erstattete er Mielke Meldung: Mischner sei ein „sicherheitsrelevantes Risiko". Würde ihm eines Tages die Republikflucht gelingen, so versetzte Gold seinen Minister in Aufruhr, würden die Umstände des Staatsstreiches die kapitalistischen Medien weltweit auf lange Zeit beschäftigen, die um internationale Anerkennung bemühte DDR würde sich von dieser „Kampagne" nur schwer erholen, einmal davon abgesehen, dass der neue Generalsekretär Honecker die Schlagzeilen dann nicht als Friedensstifter beherrschte, sondern als Schlagetot daherkäme.

Noch am selben Tag, dem 6. Mai 1971, standen Günter Möller und Edgar Braun vor Mielke stramm und nahmen einen geheimen Befehl entgegen: Mischner sei festzunehmen, ihm der Tod seiner Frau anzulasten und er der Spionage zu überführen. Mielke: „Wie ihr das anstellt, ist mir egal."[12] Zwei Stunden später saß Mischner in U-Haft. Die „Beweise" waren freilich mit heißer Nadel gestrickt. Die Kollektivarbeit der „Inneren Sicherheit" entpuppte sich als Flickwerk, fernab jedweder nachrichtendienstlichen Realität.

Am 3. Mai 1971, dem Tag der Kaltstellung Ulbrichts, so die „Innere Sicherheit", habe Mischner seine Frau Renate abends zu einem Schaufensterbummel überredet. So gegen 20 Uhr sei er dann mit ihr nach Wandlitz gefahren, ausgerechnet an jenen Ort, wo das gesamte Politbüro privat domizilierte, ein Terrain, das MfS-Hundertschaften weiträumig abschirmten. Ausgerechnet Wandlitz soll er sich als Hinrichtungsstätte ausgesucht haben? Und so hätte das Opfer leiden müssen:

Auf einem Waldweg habe Mischner eine „Panne" an seinem Trabant vorgetäuscht. Während Renate Mischner mit einer Taschenlampe in den Motor leuchtete, habe der Gatte aus einer Entfernung von 50 Zentimetern „einen gezielten Schuß auf den Hinterkopf ab(gegeben)". Die Getroffene aber habe noch geröchelt. Mischner „ging nochmals zum PKW und holte das eigens für diesen Zweck mitgeführte Beil aus dem Kofferraum". Er „beugte sich über die Geschädigte und führte mit voller Kraft mehrere Schläge ... gegen die rechte Schädel- und Gesichtshälfte". Da das Opfer aber immer noch „Lebenszeichen" von sich gegeben hätte, „würgte er mit beiden Händen den Hals seiner Ehefrau".[13]

Erst jetzt sei „eine hoffnungsvolle Bürgerin unseres Landes" richtig tot gewesen, notierte der stellvertretende DDR-Generalstaatsanwalt, der

Generalmajor Alfred Leibner, um Mischners „absolute Gefühllosigkeit" herauszustellen: Zunächst Schuss in den Hinterkopf, dann mit der Axt Schädel und Gesicht zertrümmert, anschließend habe Mischner „das Opfer mit den Händen gedrosselt", darüber hinaus – „um sicher zu gehen" – noch ein „Halstuch als Drosselwerkzeug" benutzt.[14] Waffe, Hackebeil, Würge-Ekstase – zu viel „Sterben" auf einmal. Fehlte noch das Tatmotiv.

Mitte Februar 1971 habe sich Wolfgang Mischner 14 Tage lang mit seinen zwei Kindern im Seebad Bansin auf Usedom erholt und sich im FDGB-Ferienheim „Josef Orlopp" in eine Urlauberin aus Wittenberge verliebt. Der „Schlußbericht" der „Inneren Sicherheit": Weil Mischner „sie nicht verlieren wollte", habe er sich seinem Flirt „gegenüber als geschieden" ausgegeben, sich auf der Heimfahrt nach Berlin in die neue Beziehung hineingesteigert und sich (laut „Innerer Sicherheit": ein „unmoralisches und verkommenes Subjekt") entschlossen, „seine Frau zu töten, um ‚frei und ungebunden' zu sein". Eine Entscheidung, die er bereits nach wenigen Tagen der Bekanntschaft gefällt haben soll?[15] Drehte Mischner, dessen klarer Verstand ihm immerhin die Laufbahn eines MfS-Offiziers ermöglichte, plötzlich durch? Wenig vorstellbar, wie ein anderes „Beweisstück" belegt:

Mischner soll („im Zusammenhang, seine Frau umzubringen") ein „Flugblatt mit dem Text ‚Wir hängen euch auf, ihr Staatssicherheitsdienstschweine'" geschrieben und in seinen eigenen Briefkasten gesteckt haben. Über diesen Zettel wollte er „den Verdacht von mir ablenken", die „Ermordung meiner Frau als Feindtätigkeit" entlarven lassen.[16] Den Wortlaut soll Mischner aber nicht etwa anonym mit einer Schreibmaschine, auch nicht handschriftlich verstellt zu Papier gebracht haben, um nicht als Urheber aufzufliegen, nein, normal fließend in Schönschrift, wie bei einer Bewerbung für den Posten eines volkseigenen Direktors.

Als Mischner seinem Vorgesetzten die „Wir hängen euch auf …"-Vorlage samt seiner handschriftlichen Stellungnahme übergab (!), ließen sich prompt zwei identische Schriftbilder protokollieren.[17] Mischner kein ausgebuffter Geheimdienstler, sondern ein nachrichtendienstlicher Analphabet? Die „Innere Sicherheit" überführte auch den BND. Der habe Mischner schließlich als Agenten angeworben, allerdings auf geradezu originelle Art:

Wenn Wolfgang Mischner Feierabend hatte, suchte er gelegentlich eine Kneipe auf. Mit Bier und Schnaps spülte er den Alltag herunter. Im

April/Mai 1969 entspannte er sich im „Café Esprit" in der Klement-Gottwald-Allee. Da sprach ihn, so die „Innerer Sicherheit", ein Mann am Nachbartisch an. Mischner setzte sich zu ihm. Der Unbekannte stellte sich als „Junge" vor. Der soll das Gespräch zielstrebig auf Mischners Hobby Philatelie gelenkt haben. „Junge" schlug den Tausch von Briefmarken vor. Der fand statt. Im „Prenzlauer Eck" in der Dimitroffstraße, wenige Tage später.[18] Bei der darauffolgenden Verabredung, wieder im „Prenzlauer Eck", hätte sich „Junge" angeblich zu erkennen gegeben:
Er sagte Mischner auf den Kopf zu, dass er Angehöriger des MfS sei. Aber statt aufzuhorchen und die Quelle zu hinterfragen, bestätigte Mischner artig die Angaben. Dann stellte sich „Junge" als BND-Mitarbeiter vor. Statt Alarm auszulösen, blieb Mischner friedfertig. Jetzt bot „Junge" Geld an. Statt „Junge" zu überwältigen, wurde Mischner neugierig, schließlich offerierte „Junge" 700 DDR-Mark, vorausgesetzt, Mischner unterzeichnete eine Quittung – mit seinem Klarnamen, versteht sich. Statt endgültig die Konsequenzen zu ziehen, bescheinigte der Geheimdienst-Profi habgierig den Empfang[19], wohlwissend, dass Fallen stellende „Anbahnungsgespräche" zum Repertoire der „Inneren Sicherheit" gehörten, um als labil verdächtigte Kader auf ihre Zuverlässigkeit zu überprüfen, ein Verfahren, das MfS-Mitarbeiter fürchteten, und das bis zum Mauerfall routinemäßig praktiziert wurde.[20] Die Plumpheiten der „Inneren Sicherheit" wollten kein Ende nehmen:
Mischner wählte für den BND nicht etwa einen Decknamen, sondern laut „Innerer Sicherheit" seinen nur MfS-Kollegen bekannten Spitznamen „Pit". Damit er Kontakt zum BND aufnehmen konnte, teilte ihm „Junge" die Adresse „Karl Baier, Hamburg W 4, Postschließfach 220" zu. Wollte der BND mit Mischner in Verbindung treten, erreichten ihn Nachrichten beim Postamt Berlin-Weißensee in der Charlottenburger Straße – postlagernd („Ich sollte dort nach Sendungen für mich fragen").[21]
Die Welt der Geheimdienste stellte nicht Mischner auf den Kopf, sondern Edgar Braun: „Junge" konspirierte mit Mischner überwiegend im „Prenzlauer Eck", eine Todsünde des konspirativen Gewerbes. „Junge" durchquerte die DDR-Hauptstadt ungezwungen, obwohl das MfS die Hauptstadt der DDR perfekt abgeriegelt hatte: IMs wie Uniformierte behielten jeden Fremden argwöhnisch im Auge, vor allem außerhalb Berlin-Mittes. Dazu soll „Junge" unerkannt und ungeniert ausgerechnet

durch die MfS-Hochburg Lichtenberg spaziert sein, Mischner sich 15-mal nach Schließfach-Zuschriften erkundigt haben? Ohne den Mitarbeitern der MfS-Postkontrolle aufzufallen? Zwei lange Jahre blieb Mischner also unerkannt. Das Ermittlungsverfahren XV 10147/72 der „Inneren Sicherheit" gibt darüber hinaus auch keine Auskunft, wo das kriminaltechnische Gutachten der Volkspolizei-Inspektion Berlin-Mitte abgeblieben ist, die die Mordspuren, sofern sie existierten, hätte zu Papier bringen müssen.

Edgar Braun hatte das Bauernopfer Wolfgang Mischner mit wirren und unschlüssigen Behauptungen zur Schlachtbank geführt. Brauns Beweismaterial fiel seinen Genossen aus der „Inneren Sicherheit" als plump erfunden gar nicht mehr auf, was sich mit dem Zeitdruck erklären lässt, den im Hintergrund ein ungeduldiger Erich Mielke ausgelöst haben mag.[22] Doch einmal ließ er Edgar Braun zurückpfeifen, als er den „Mord" an Renate Mischner als vom BND befohlen darzustellen versuchte:

Renate Mischner habe ihren Mann zufällig mit „Junge" aus dem „Prenzlauer Eck" kommen sehen und sich seitdem permanent nach den Unbekannten erkundigt, fantasierte die „Innere Sicherheit". Immer „wollte sie wissen, wer das war". Mischner geriet, laut „Innerer Sicherheit", in Panik und suchte bei „Junge" um Rat nach. Während eines „Treffs mit ‚Junge'", so diktierte Braun Mischner am 13. Mai 1971 ins Vernehmungsprotokoll, „teilte er mir mit, daß er im Interesse meiner persönlichen Sicherheit eine mehr als harte Maßnahme vorschlagen muß. Er sprach konkret davon, meine Frau umzubringen." Braun/Mischner: „Er sagte, meine Frau müßte verschwinden, damit sie keine Angaben über mich machen kann. Ich war damit einverstanden."[23] Stolz präsentierte Braun das von Mischner unterschriebene „Geständnis". Würde es Erich Mielke gefallen? Man glaubt es kaum: Mielke soll getobt haben.

Zwei Wochen später, am 2. Juni, zwang Braun den möglicherweise unter Drogen stehenden Mischner daher zum Widerruf: „Ich gebe zu, daß ich in den bisherigen Vernehmungen nicht die volle Wahrheit gesagt habe", dies „betrifft die im Auftrag des Bundesnachrichtendienstes erfolgte Tötung meiner Ehefrau."[24] Wozu das Vernehmungs-Theater?

Niemand weiß darauf eine schlüssige Antwort. Ein vormaliger Angehöriger der „Inneren Sicherheit" begründete diese chaotische Verfahrensweise mit der Hochspannung, die die Mischner-Affäre erzeugte: Jeder sei „gereizt" und wegen der absoluten „Geheimniskrämerei überfordert" gewesen.[25] Dennoch wurde die Version, Edgar Brauns BND-Schauermärchen, eines betrogenen Tages bitter ernst genommen – vom heutigen Chefredakteur des „Spiegel", von Georg Mascolo.

„Aus Angst, seine Frau könnte ihn als Westagenten auffliegen lassen, habe ihn der BND zur Bluttat überredet", folgerte Georg Mascolo nach einem angeblich intensiven Studium der Akten. Die Mär der „Inneren Sicherheit" hob ab zu einer absurden „Spiegel"-Geschichte: „Mischner folgte dem (BND-)Drehbuch." Und weil die Berliner Mordkommission nach der Wende angeblich „gegen unbekannte Mitarbeiter des BND wegen Anstiftung zum Mord" ermittelt haben soll, mutierte der ehemalige Chef der Abteilung Ia der Militär-Oberstaatsanwaltschaft, der Mischner-Ankläger Heinz Kadgien, im „Spiegel" zu einem seriösen Kronzeugen: „Ich kenne nur einen Auftragsmord, und da kam der Befehl vom BND." Derart auf Pullach fixiert, verkehrte der „Spiegel" ein alles entscheidendes Dokument ins Gegenteil: „Als der Prozeß … begann, stand das Urteil längst fest. Generalstaatsanwalt Josef Streit hatte am 10. Februar (1972 bei Honecker) angefragt, ob er die Todesstrafe beantragen konnte – und noch am gleichen Tag die Zustimmung erhalten."[26] Eben nicht.

Streit erbat bei Honecker tatsächlich die Bewilligung des Strafmaßes. Das Gesuch bestand aus zwei Seiten. Auf Seite eins, oben rechts, notierte der Generalsekretär allerdings handschriftlich und ausdrücklich: „Siehe Seite 2". Und dort, auf dem zweiten Blatt, stand unten links kein „Ja", wie der „Spiegel" kolportierte, sondern ein klares „Nein". Der DDR-Generalstaatsanwalt hatte seinem Generalsekretär die Umstände der „Strafsache" Mischner im Detail erläutert, samt einer ausführlichen Darstellung „als angeworbener Agent des Bundesnachrichtendienstes".[27] Warum wollte der SED-Chef Mischner aber am Leben lassen, zumindest anfangs?

Renate Mischner war in Dölln während des erzwungenen Rücktritts Ulbrichts durch einen tragischen Unglücksfall ums Leben gekommen. Die Irritation des „Putschisten" Honecker schien echt gewesen zu sein, ihn wird sogar das Schicksal der Betroffenen gerührt haben. Dass Erich Mielke einen „Tatzeugen" verschwinden ließ, muss Honecker in diesem Augenblick nicht unbedingt zur Kenntnis gelangt sein, der voll in den

Vorbereitungen des VIII. Parteitages (15. bis 19. Juni 1971) steckte und den reibungslosen Übergang der Ulbricht-Ära vollziehen musste, eine politisch sensible wie zeitraubende Angelegenheit, schließlich waren die Getreuen Walter Ulbrichts kaltzustellen.

Erich Mielke hatte sich möglicherweise für einen Alleingang entschieden und den Fall Mischner wohl selbst vor dem Politbüro geheim gehalten. Mit dem Konstruieren von Beweisen gegen einen bis dahin untadeligen MfS-Mann wurde daher eine einzigartige Farce losgetreten: Ein „Geständnis" hob das nächste auf, das sich daran anschließende das vorhergehende, das letzte alle übrigen. Doch der Versuch, die Affäre durch den Militärstrafsenat (1a) und das Oberste Gericht der DDR der Nachwelt vorzuenthalten, drohte plötzlich zu scheitern, denn Verratsfälle wurden in der DDR wie im Dritten Reich entschieden: „oben" legte die Strafe fest, „unten" wurde sie vollzogen. Der Generalstaatsanwalt Josef Streit war „unten", Honecker eben „oben".

Vor Beginn der Hauptverhandlung vor dem Obersten Gericht zeigte Streit, ein gelernter Buchdrucker, Honecker das vorbestimmte „Strafmandat" also an. In diesem Moment wird sich der SED-Generalsekretär nach Dölln zurückversetzt und sich des Kugelwechsels erinnert haben. Honecker zitierte Mielke zu sich, der ihm die Wahrheit beichtete. Der Minister für Staatssicherheit soll anschließend konsterniert in die Normannenstraße zurückgekehrt sein[28], denn Honecker hatte die für den 23. und 24. März 1972 terminierte Hauptverhandlung plötzlich aufgehoben. In einem „Vermerk" hielt Josef Streit die sensationelle Wende fest: Der Prozess „gegen M(ischner) werde auf unbestimmte Zeit ausgesetzt".[29]

Hinter den Kulissen müssen wegen Mischner heftige Auseinandersetzungen ausgebrochen sein, in deren Mittelpunkt Mielke stand. Doch der verteidigte sich: Wenn Wolfgang Mischner am Leben bleibt, als „Begnadigung" lebenslänglich erhält, könnten freigekaufte Mithäftlinge das Döllner Missgeschick ausplaudern und der Westen den Generalsekretär als eigentlichen Übeltäter entlarven.[30] Würde sich Honecker diesem Argument verschließen können? Wohl kaum. Der Prozess gegen Mischner wurde für den 17. Mai 1972 anberaumt[31], zwei Tage später das Todesurteil verkündet.[32]

Normalerweise vollstreckte die SED jeden Genickschuss zügig, aber Mischners quälendes Ende zog sich hin, über den dritten Monat hinaus.

War sich der Führungszirkel der SED erneut uneins? 13 Tage nach Mischners 33. Geburtstag konnte die „Innere Sicherheit" die Affäre endlich zu den Akten legen: Mischner starb am 29. September 1972, morgens um zehn Uhr in Leipzig – per Genickschuss.[33]

Edgar Braun, inzwischen Hauptmann, das spätere Wende-Werkzeug des Eckart Werthebach, war noch einmal davongekommen. Trotz seiner Mischner-Patzer blieb er der „Inneren Sicherheit" erhalten, bereit, seine wahre Bewährungsprobe erst noch zu bestehen: Zeitgleich erledigte er einen MfS-Major und einen alkoholabhängigen vormaligen Oberleutnant des militärischen Geheimdienstes der Nationalen Volksarmee.

Am 5. Mai 1979, einem Samstag, kletterte das Thermometer auf 15 Grad, die Sonne strahlte. Ost-Berlin strömte ins Grüne. Doch an den Ausfallstraßen überraschte eine übermächtig präsente Volkspolizei, Angehörige des MfS-Wachregiments und Grenzbrigaden errichteten Straßensperren. Etwa 100.000 Mann sollen den (Ost-)Berliner Ring weiträumig abgeriegelt haben.[34] Das MfS fahndete nach einem Führungsoffizier, nach dem Major Gert Trebeljahr von der MfS-Bezirksverwaltung Potsdam. Die „Aktuelle Kamera" und die „Märkische Volksstimme" veröffentlichten seine Personenbeschreibung und sein Foto („Seit dem 2. Mai … wird der schwerkranke Bürger Gert Trebeljahr … vermißt"). Trebeljahr wollte zum Klassenfeind überwechseln. Sollte ihm das gelingen, wäre die Blamage vollkommen, denn drei Monate zuvor hatte sich bereits der HVA-Oberstleutnant Werner Stiller in den Westen verabschiedet. Während Mielke wütete, rückte die „Innere Sicherheit" geschlossen ab ins märkische Umland.

Dem „operativen" Mitarbeiter Trebeljahr wurden einst „umfangreiche Kenntnisse über die gegen die Deutsche Demokratische Republik gerichtete Tätigkeit imperialistischer Geheimdienste" wie „Ideenreichtum und Initiative" bescheinigt, weshalb er zahlreiche „Patrioten"* im „Operationsgebiet" (Bundesrepublik) steuerte. Nun aber schien er am Ende, weil: alkoholabhängig. Sein „übertriebener Ehrgeiz und (seine) Kritikempfindlichkeit … führten zunehmend zu einem überheblichen und von Selbstüberschätzung gekennzeichneten Auftreten", bis seine „charakterlichen Schwächen" die „Partei der Arbeiterklasse" alarmierten. Als Trebeljahr am 27. April 1979 seine Dienstpistole aushändigen

---

* Als „Patrioten" bezeichneten DDR-Geheimdienstler Spione.

und eine weitere Rüge entgegennehmen musste, durchlief er ein Martyrium. Drei Tage darauf sollte ein Amtsarzt über seine Zukunft im MfS entscheiden.[35] Trebeljahr stellte die Namen von 130 IMs der Potsdamer MfS-Filiale zusammen. Er entwendete „Dokumente aus dem Panzerschrank": „Aufstellung von 5 DDR-Bürgern, die mit einem Patrioten aus Berlin/West bekannt sind", die unterzeichnete Verpflichtungserklärung „eines Patrioten aus Berlin/West", die „Durchschrift einer Aufstellung über 21 Personen, welche unter dem Verdacht der Feindtätigkeit gegen die DDR stehen", eine Liste mit rund „150 Angehörigen des MfS mit Charakteristik".[36]

Mit diesen Papieren hätte Trebeljahr die Qualität des Materials eines Werner Stiller zwar nicht erreicht, aber: Hätte Trebeljahr seine Flucht nicht wie ein Amateur vorbereitet, er wäre nicht nur am Leben geblieben, die Spionageabwehr der Bonner Republik hätte den Agenten-Brigaden der DDR nach Werner Stiller einen weiteren Schlag versetzen können. Die freilich verschlief – wie gehabt – die einmalige Gelegenheit.

Am 1. Mai schlich sich Trebeljahr in die Dunckerstraße 74. Dort, am Prenzlauer Berg, wohnte Harri Schallhorn, einer seiner IMs. Er, Trebeljahr, habe einen hochsensiblen Auftrag auszuführen: In letzter Zeit seien zahlreiche DDR-Bürger mithilfe der Bonner Ständigen Vertretung von „Menschenhändlern" in die Frontstadt gebracht worden. Er habe zu erkunden, wie diese „Ausschleusungen" organisiert würden. Schallhorn möge den westdeutschen Diplomaten ihn, Trebeljahr, als überlaufwillig ankündigen. Jetzt, gleich, sofort. Dann werde „man sehen, was geschieht". Schallhorn sprach bei den westdeutschen Offiziellen vor.

Schallhorn kehrte mit der irren Botschaft zurück, dass sich die Ständige Vertretung unter Günter Gaus für einen solchen „Problemkreis" nicht zuständig zeigte, vielmehr sollte das Landesamt für Verfassungsschutz im West-Teil heimgesucht werden. Schallhorn konnte die Grenze (mit seinem Sonderausweis) passieren. Trebeljahr hatte ihn nicht das erste Mal hinübergeschickt. Brav erledigte Schallhorn auch diesen Auftrag. Das Ergebnis, das Trebeljahr telefonisch abfragte, war typisch für die unbeweglichen Staatsschützer im Westen. Im späteren Urteil des Obersten DDR-Gerichts hieß es schadenfroh: Trebeljahr habe „eine Zusage zu seiner sofortigen Ausschleusung nicht erhalten".

Die „Innere Sicherheit", die die Treibjagd koordinierte, vollzog längst jeden Schritt Trebeljahrs nach. Das perfekte Überwachungssystem des MfS zahlte sich aus: Jeder Besucher der Ständigen Vertretung wurde fotografiert, jeder ihrer Telefonanschlüsse abgehört. Dass Schallhorn identifiziert werden würde, hätte Trebeljahr eigentlich wissen müssen. Doch seine verständliche Nervosität schien sein nachrichtendienstliches Denkvermögen außer Kraft gesetzt zu haben.

Da Schallhorn „im guten Glauben gehandelt" habe, geschah ihm nichts. Trebeljahr beging in seiner Not einen weiteren Fehler: Er vertraute sich dem „Bürger Kluke" an. Den bat er, die „Tasche mit den geheimzuhaltenden Dokumenten ... bis auf Abruf aufzubewahren". Am 6. Mai 1979 war das Schicksal Trebeljahrs dank dieses „Bürgers Kluke" besiegelt: In Schildow geriet er erst der Volkspolizei ins Netz, dann in die Fänge Edgar Brauns.[37]

Die Hatz auf Trebeljahr hatte Braun um seine Freizeitgestaltung gebracht. Längst verabredete Familienfeiern mussten ohne ihn stattfinden, er durfte keinen Wodka trinken, statt im kuscheligen Bett zu Hause in der Waldowallee in Karlshorst musste er im Dienst auf harten Pritschen schlafen. Er konnte nicht baden, keine Wäsche wechseln, er bekam nichts Vernünftiges zu essen. Je länger der Verräter Trebeljahr verschwunden blieb, desto größer wurden Brauns Aggressionen.[38]

Die Qualen, die der verhaftete Trebeljahr erleiden musste, gehörten zur Grundausstattung Brauns: Kinnhaken, Tritte in die Genitalien, in den Bauch, Schlafentzug, Psychoterror. Braun brüllte: Trebeljahrs Frau Barbara werde sich scheiden lassen, seine vier Kinder werden ihren Vater verachten lernen, das MfS werde sie zwangsadoptieren lassen.* Dann folgte der Genickschuss. Vier Wochen nach Trebeljahrs Festnahme geriet der nächste Überläufer in Brauns Hände: der 49-jährige Fregattenkapitän Winfried Zakrzowski alias Winfried Baumann.

Zakrzowski/Baumann war mehr durch Zufall zum Geheimdienst der Nationalen Volksarmee (Mil-ND) gestoßen. 1956 registrierten, auf der

---

* Barbara Trebeljahr, SED-Bürgermeisterin von Leest und Grube, musste sich auf Weisung des MfS scheiden lassen. Dies erfolgte am 15. Oktober 1979 durch das Stadtbezirksgericht Berlin-Mitte. Für die DDR-Kommunalwahlen (20. Mai 1979) hatte sie erneut für das Bürgermeister-Amt kandidiert. Doch nach der Verhaftung ihres Mannes strich die Staatssicherheit sie kurzerhand aus dem Kandidatenverzeichnis, zudem musste sie aus dem Haus in Leest ausziehen. Barbara Trebeljahr heiratete wieder, lebte in einem Plattenbau in Berlin Hellersdorf und ist, unter einem anderen Namen, im Januar 2001 verstorben.

Volksmarine-Offiziersschule in Stralsund, Ausbilder Zakrzowskis/Baumanns bemerkenswerte strategische Begabung. Selbst Edgar Braun musste dessen Leistungsspektrum anerkennen: „Z(akrzowski) entwickelte sich relativ rasch zum operativen Leiter", woraufhin ihm die „Aufklärung der Führungsstäbe und Teilstreitkräfte der Bundeswehr" übertragen wurde.[39] Nach der Wende erinnerte sich der HVA-Offizier (im besonderen Einsatz) Andreas Kabus vielmehr an eine tragische Figur.

„Der Mann", so Kabus, „hatte akute Probleme mit dem Alkohol", jede Gelegenheit zum Suff genutzt, auf Sportfesten Sieg oder Niederlage begossen. Kabus: „Das konnte auf Dauer nicht gut gehen." Zakrzowski/ Baumann flog 1970 aus dem Mil-ND. Er drehte den Gashahn auf, aber er überlebte. Fortan betreute er ausländische Delegationen der Nationalen Front. Er trauerte seiner „verlorenen Macht" nach und sprach dem Wodka noch mehr zu, bis er ins kriminelle Milieu abglitt: Scheckbetrug, Heiratsschwindel, Knast. Doch Gönner gewährten ihm eine letzte Chance.

Zakrzowski/Baumann kam beim FDGB-Sprachrohr „Tribüne" als Redakteur unter. „Der tägliche Rausch", so erkannte Kabus, „hatte seine Arbeitsfähigkeit (auch dort) fast völlig zerstört." Da lernte er die um einen halben Kopf größere und in Scheidung lebende Ärztin Christa Schumann kennen. Sie wollte in den Westen. Ihren neuen Partner schien ihr der liebe Gott geschickt zu haben, denn Zakrzowski/Baumann präsentierte sich seiner neuen Freundin gegenüber als noch aktiver Schlapphut. Der BND werde sich nach ihm die Finger lecken, hoffte Christa Schumann.[40]

Die Flucht, die der BND mit Schumanns Bruder dilettantisch in die Wege leitete, scheiterte. Am 6. Juni 1979 wurde Zakrzowski/Baumann verhaftet – drei Tage vor Edgar Brauns 50. Geburtstag. Ein unverzeihlicher Zwischenfall, denn Braun wollte seinen Ehrentag in seiner Villa in der Waldowallee 66 ausnahmsweise protzig feiern. Das seit Wochen vorbereitete Gelage musste er wegen des erneuten Verräters freilich wieder stornieren, mit für ihn ärgerlichen Begleiterscheinungen. Da ihm die Geheimhaltung die Absage zu begründen verbot und er sie schwammig mit „dienstlicher Unabkömmlichkeit" erklärte, machten sich die Ausgeladenen ihre eigenen Gedanken: „Ede" Braun, der bis dahin nur selten zu Tisch gebeten hatte und dem deshalb der Ruf eines Knausers vorauseilte, sei wiederum vom Geiz übermannt worden. Wie Trebeljahr, so erfuhr Zakrzowski/Baumann jetzt Brauns Frust: Die Verhöre waren derart brutal, dass sie mehrmals unterbrochen werden mussten – bis der Arzt kam.[41]

Ob Wolfgang Mischner, Gert Trebeljahr oder Zakrzowski/Baumann – durch nichts unterschied sich die „Innere Sicherheit" von der menschenverachtenden Vernehmungspraxis der Gestapo. Edgar Braun wäre ebenso als SS-Standartenführer im Reichssicherheitshauptamt durchgegangen, zumal Fahnenflüchtigen dasselbe Ende wie im Dritten Reich bevorstand. Trebeljahr wurde am 10. Dezember 1979, Zakrzowski/Baumann am 18. Juli 1980 hingerichtet, elf Monate später Werner Teske, die letzte Jagdtrophäe des Edgar Braun.*

In nicht einmal anderthalb Jahren wollten mehrere Geheimdienst-Offiziere das Weite suchen, einer, Werner Stiller, hatte es geschafft. Zyniker im MfS prognostizierten bereits eine düstere Personalausdünnung: jährlich zwei Überläufer. Am Fließband enttarnte Kundschafter hätten die unsichtbare Front Mielkes wie Wolfs in der Tat derart in Verruf gebracht, dass sich Nachfolge-Agenten nur schwer gefunden hätten. Diese Götterdämmerung hatte Erich Mielke verinnerlicht, Edgar Braun sowieso. So wird die Hinrichtung Werner Teskes erklärbar, obwohl er die Flucht lediglich plante. Ob er sie wirklich vollzogen hätte, bleibt unbewiesen. Würde Erich Mielke kein Exempel statuieren, so soll Edgar Braun einem Genossen anvertraut haben, würde Teske also überleben, dann würden MfS-Überdrüssige Seitensprünge eher riskieren.[42]

Teske war promovierter Wirtschaftswissenschaftler. Bevor er im September 1969 seinen Dienst bei der HVA im Ressort „Sektor Wissenschaft und Technik" antrat, hatte er bereits für sie als Instrukteur gearbeitet und einen Kundschafter im Westen geführt. Teske erzielte „Erfolge in seiner verantwortlichen Tätigkeit, die mit entsprechenden Auszeichnungen gewürdigt wurden", wie eine Beurteilung heraushob. Doch dann,

---

* Braun hatte noch einen weiteren „Verräter" zu Strecke gebracht: Egon Glombik. Glombik, Oberleutnant der Spionage-Abwehr in der MfS-Bezirksverwaltung Cottbus, steuerte sechs Doppelagenten. Er wollte sich zum BND absetzen. Über den „Agenturfunk" nahm er Kontakt mit Pullach auf. Der BND verlangte Vorab-Lieferungen. Glombik gab vier MfS-Agenten preis. Doch die MfS-Funkabwehr stellte auffällige Abweichungen im Chiffrierverkehr des von Glombik bedienten „Agenturfunks" fest. Er wurde eingekreist, am 3. April 1974 von Edgar Braun in dessen Wohnung in Hoyerswerda in der Zielkowskistraße 11 festgenommen und am 19. Juli 1975 wegen „Spionage im schweren Fall" hingerichtet. Glombik wurde nur 35 Jahre alt.

laut Urteil, „stagnierten … die Ergebnisse seiner Arbeit. Zunehmende Oberflächlichkeit, Unehrlichkeit und Unlust führten zu mehreren dienstlichen Verfehlungen, die disziplinarische Konsequenzen nach sich zogen"; „verstärkter Alkoholkonsum" sei hinzugekommen, bis er schließlich „seine politische Bindung zum Staat der Arbeiter und Bauern" verlor, sich „den Argumenten des imperialistischen Feindes zugänglich" zeigte.[43] Teske war Führungsoffizier, seine Agenten spionierten bundesdeutsche Konzerne aus. Wenn er sich mit seinen Kundschaftern traf, erschienen die im feinen Armani-Zwirn und mit Fahrzeugen, von denen Teske nur träumen konnte; einer chauffierte beispielsweise einen von der HVA mitfinanzierten Porsche Turbo. Sah so die „historische Überlegenheit der sozialistischen Gesellschaftsordnung" aus? Der HVA-Hauptmann beschäftigte sich mehr und mehr mit den ideologischen Widersprüchen.

Er grübelte im Dienst, er grübelte zu Hause, beim Wodka erschien ihm die DDR als Absurdistan. Solch „konterrevolutionäre" Gedanken taten der Ehe nicht gut. Während Teske immer häufiger zur Flasche griff, zeterte Gattin Sabine. Dann, am 19. Januar 1979, setzte sich Werner Stiller ab. Er entkam mit einem „Dokument zum Betreten des Westbahnsteiges" des S-Bahnhofes Friedrichstraße. Über so einen Passierschein verfügte auch Teske. Aber: Wollte Teske den Genossen Stiller wirklich überholen?

Der Stellungswechsel Stillers* machte aus dem MfS ein Bienenhaus, schließlich seien „konzentrierte Anstrengungen … zur Zerschlagung durch den Verräter Stiller ausgelöste(r) Feindaktivitäten erforderlich" geworden. In allen Abteilungen wähnte Edgar Braun weitere Abtrünnige. In Scheidung lebende MfS-Mitarbeiter gerieten in sein Fadenkreuz und versoffene Offiziere, er überprüfte Bankguthaben, ließ die Geliebte überwachen. In diesem Raster blieb Teske nun hängen, dessen Entschluss, sich „der Ableistung des Wehrdienstes als Berufsoffizier im Ministerium für Staatssicherheit zu entziehen", Edgar Braun als vollendet unterstellte.[44]

Am 1. September 1980 hatte die „Innere Sicherheit" Teske „wegen des Verdachts verschiedener Dienstvergehen nach kurzzeitiger Beurlaubung Hausarrest erteilt", elf Tage später ihn und seine Frau Sabine ver-

---

* Nach Stillers Flucht setzte Erich Mielke eine „Kommission Stiller" ein. Sie hatte die Umstände des Überlaufens zu ergründen und den Aufenthaltsort festzustellen. Zum „Kommissions"-Leiter bestellte Mielke den HVA-Oberst Karl Großmann. Grund: Etwa ein Jahr vor Stillers „Wegzug" hatte Großmann bereits den Verdacht geäußert, dass sich Stiller „eines Tages" in den Westen absetzen werde.

haftet. In einer konspirativen Villa im Köpenicker Finkenweg 360 „gestand" Teske: Ja, ein erstes Mal wollte er im Herbst 1976 abhauen, ja, dann im August 1978, ja, nun kurz vor seiner Festnahme. Aus Rücksicht auf seine Familie habe er die Emigration unterlassen.[45] Edgar Braun: Um „gegenüber imperialistischen Geheimdiensten glaubhaft seine Tätigkeit im Ministerium für Staatssicherheit … zu beweisen, hielt (Teske) eine Reihe dienstlicher Materialien, die er zu Hause aufbewahrt hatte, zur Auslieferung an den Feind zurück". Angeblich die Namen von 18 HVA-Spionen[46], dazu kam die vermeintliche Unterschlagung von „Operativgeldern": 21.478 DDR- und 20.244,50 Mark West, ein Vermögen für DDR-Verhältnisse.[47]

Die Vernehmungen Teskes waren verbindlich, anfangs, denn Markus Wolf dachte über eine „Final-Bearbeitung" nach: Warum Teske nicht tatsächlich zum Gegner überlaufen lassen, mit Spielmaterial? Zwar müsse er den einen oder anderen wahren Kundschafter auffliegen lassen, aber aus dem „Operationsgebiet" könnte Teske dann wertvollere Informationen liefern. Das Überleben als Doppelagent setzte allerdings voraus, dass der HVA eine Geisel zur Verfügung stand. Ehefrau Sabine? Die Verhöre ergaben, dass die Beziehung längst den Ehe-Tiefpunkt erreicht hatte. Wäre Teske einmal im Westen, so schlussfolgerte Wolf letztendlich, werde er sich eine neue Partnerin suchen. Diese Erkenntnis provozierte den Genickschuss.[48] In neun Monaten wurden die formalen Voraussetzungen für ein Todesurteil geschaffen, erfreulicherweise zugleich ein weiterer IM gewonnen.

Edgar Braun hatte Sabine Teske „Spionagemitwirkung" unterstellt, was er ihr freilich nicht beweisen konnte, dennoch hielt er sie in Untersuchungshaft. Warum? Edgar Braun hatte sie als „Zelleninformatorin" geworben. Sabine Teske bespitzelte Mithäftlinge[49], während ihr Mann sein Todesurteil frei Haus lieferte: Im Falle des Erreichens der Bundesrepublik, soll Teske bekannt haben, hätte er sich „im System des Kampfes des Imperialismus gegen die sozialistischen Staaten in der ‚Ostforschung'" integriert.[50] Am 26. Juni 1981 schoss ihm der Oberst der Volkspolizei Hermann Lorenz in Leipzig in den Hinterkopf.*

---

* Das letzte Todesurteil in den Westzonen wurde, per Fallbeil, am 18. Februar 1949 im Hof des Tübinger Gefängnisses an dem Raubmörder Richard Schuh vollstreckt. Schuh hatte elf Monate zuvor bei Herrenberg (an der Zonengrenze bei Lübeck) einen Lkw-Fahrer erschossen, um die Reifen des Fahrzeugs zu stehlen.

Brauns erfolgreiche Jagd auf Trebeljahr, Zakrzowski/Baumann und Teske zahlte sich für ihn aus: Er kassierte drei Sonderprämien (insgesamt 2.000 Mark), Mielke zeichnete ihn mit dem „Kampforden" in Silber aus, und vom KGB erhielt er (für die Lösung des Falles Zakrzowski/Baumann) ein „Ehrengeschenk" (Zakrzowski/Baumann war IM des KGB).

13 Jahre hatte Edgar Braun unermüdlich die „Strategie des Imperialismus" ausgehebelt, rastlos mit „aller Entschiedenheit ... die Perversion imperialistischer Geheimdienste" durchkreuzt, seinem Minister strebsam „hohe Wertschätzung" entgegengebracht, an der „zielklaren Führung durch die Partei der Arbeiterklasse" seine Freude gehabt. Auf Dauer aber mochte Mielkes beständiger Souffleur das schauervolle Ambiente der „Inneren Sicherheit" nicht ertragen. Nicht aus Gründen der Menschlichkeit, kein Gedanke. Die permanenten Überstunden verhagelten ihm das Familienleben.

Braun setzte seine Ehe aufs Spiel, obwohl Gattin Karin, in der Berliner MfS-Verwaltung als Operativ-Auswerterin tätig, auch nicht immer pünktlich den häuslichen Brotkorb erreichte, um ihrem Edgar eine „Saßnitzer Fischerstulle" zu servieren.*[51] Was tun? Braun reichte bei Mielke ein Versetzungsgesuch ein. Der Minister reagierte wohlwollend und belohnte seinen verdienten Waidmann mit einem weniger anstrengenden Posten: Am 1. Juli 1982 durfte sich Braun in das Gebiet der Hauptabteilung XIX einarbeiten, Post, Verkehr und das Nachrichtenwesen kontrollieren. Vier Jahre später beförderte Mielke ihn zum Generalmajor. Doch dann drohten Schild und Schwert das Abseits.

Im November/Dezember 1989 jagte das Volk MfS-Chargen samt Mielke aus ihren Ämtern. Wer zur Staatsicherheit gehörte, galt als Un-

---

Während der Hinrichtungstermin des Delinquenten näher rückte, diskutierten Bonner Politiker über die Abschaffung der Todesstrafe. Der sozialdemokratische Justizminister Württembergs-Hohenzollern, Carlo Schmid, setzte das Aus durch. Bis zum Inkrafttreten (am 23. Mai 1949) wurden in den drei Westzonen insgesamt 34 Todesurteile gefällt, 15 vollstreckt. Die Justiz der Sowjetischen Besatzungszone bzw. die der DDR verurteilte insgesamt 230 Regimegegner zum Tode. Tatsächlich hingerichtet wurden 159 Frauen und Männer, Werner Teske als Letzter.

* Braun heiratete am 31. Dezember 1960 Karin Hinze, eine HO-Angestellte. Auch Brauns Kinder gehörten zur „Firma": Tamara (sie heiratete den Sohn eines MfS-Obristen) zur Hauptabteilung „Kader und Schulung", Michael zur Hauptabteilung II („Auswertungs- und Kontrollgruppe").

flat. Braun fühlte den Strick um seinen Hals. Er wähnte sich wegen seiner Zugehörigkeit zur „Inneren Sicherheit" bereits im Knast. Doch zunehmend kehrte seine Selbstsicherheit zurück, denn die Enthüllungen der Medien zeigten ihm deutlich, dass gegnerische Dienste die Strukturen des MfS nicht annähernd durchschauten. Braun, so erinnerte sich einer seiner Vertrauten, habe sich frühzeitig auf die kommende „Besatzung" konzentriert und seinen anfänglichen Einfall, mit seinem Schwiegersohn über bereits geklaute MfS-Video- und Abhörtechnik eine Privatdetektei zu eröffnen, fallen gelassen.[52] Braun vollzog seine wohl größte Leistung: den Aufstieg nach seinem Abstieg.

Als Hans Modrow am 13. November 1989 die Nachfolge Erich Honeckers antrat und Mielke am selben Tag vor der Volkskammer seinen unterhaltsamen „Ich liebe, ich liebe doch alle"-Spaß kreierte, hatte Modrow der Staatssicherheit einen rechtschafferenen Namen gegeben: Amt für Nationale Sicherheit (AfNS). Fünf Tage später segnete die Volkskammer das neue Zierwerk ab, mit der Folge, dass das aufgebrachte Volk das AfNS-Terrain stürmte. Statt AfNS gab's jetzt ein Amt für Verfassungsschutz (AfV).

MfS, AfNS oder AfV – in der Noch-DDR hatte ein Geheimdienst, welcher Couleur auch immer, keine Existenzberechtigung mehr. Dem öffentlichen Druck war Modrow nicht mehr gewachsen. Er ließ ein „Staatliches Komitee zur Auflösung des ehemaligen AfNS" errichten, das den Tschekisten-Moloch endgültig tilgen sollte, ein logistisch verzwicktes Unternehmen, nicht geschaffen für überforderte Bunthemden vom Bürgerkomitee. Sachkompetenz musste ihnen zur Seite stehen, wie der „Staatliche Auflöser" Edgar Braun. Der hatte inzwischen „gewendete" Offiziere um sich geschart und mit der Aussicht auf ein Überleben auf seine Seite gezogen, vorausgesetzt, sie würden sich dem alten Klassenfeind unterstellen. So entstand die kuriose Situation, dass ein zusammenkrachender Geheimdienst einen neuen gebar: den „Stab Braun".[53]

Dieser „Stab Braun" öffnete westdeutschen Nachrichtendiensten die Tür zu MfS-Archiven. Braun hatte mehr Glück als Verstand, schließlich sicherte ihm eine westdeutsche Illustrierte die Zukunft ab, denn die „Quick" publizierte Anfang Mai 1990 Abhörprotokolle der MfS-Hauptabteilung III in Serie.

Die Offiziellen der rheinischen Republik erstarrten von Woche zu Woche. Peinlichkeiten Bonner Politiker trieb denselben die Zornesröte ins Gesicht („Die Stasi kannte die Schulnoten der Kinder"). Endlich erfuhren schlicht gestrickte Bundesbürger, mit wem ihre „Vorbilder" dienstlichen Umgang pflegten („Die Alkoholprobleme Bonner Chefsekretärinnen"), wie sie sich sanierten („Lukrativer Job für hochverschuldeten FDP-Politiker"), warum einer plötzlich in der Versenkung verschwand („Wie Kohl … feuerte"), vor allem wurde das Innenleben des Kanzleramtes aufgedeckt („Teerosen für die Geliebte"), schließlich der Kanzler selbst herausgestellt („Beim Stichwort ‚Kohl' schaltete sich der Abhör-Computer automatisch ein"). Der Kanzler explodierte, gewaltig, ebenso der Bundesinnenminister Wolfgang Schäuble. Er forderte den „Quick"-Chefredakteur Peter Balsiger ultimativ auf, „die Veröffentlichung weiterer Stasi-Protokolle zu unterlassen", da sie „unter Verletzung der grundgesetzlich garantierten Persönlichkeitsrechte … erstellt worden" seien.[54]

Der Schweizer Peter Balsiger dachte nicht daran, denn seine „Quick" setzte mit dieser irdischen Soap-opera wieder annähernd eine Million Exemplare ab. Erst als der Verleger höchstpersönlich eingriff, fügte sich Balsiger. Nach dem sechsten Teil war Schluss.[55] Aber was war noch zu erwarten? Welche Entüllungen würde der „Stern" planen, mit welchen intimen Details gar der „Spiegel" auf dem Titel aufwarten? Schäuble musste rasch handeln, jemanden finden, der – vor Ort, inmitten der Stasi-Zentrale – die brisanten Papiere beiseiteschaffen konnte. Mit der heiklen Aufgabe betraute er Eckart Werthebach. Im Mai 1990 flog der nach West-Berlin, um sich in der Hauptstadt der DDR Peter-Michael Diestel als dessen „Berater" zu empfehlen.

Wie schnell würde es gelingen, die „Persönlichkeitsrechte" der Bonner Prominenz in Sicherheit zu bringen? Wer würde ihm die Ernte ermöglichen, wer Bundesminister wie den Kanzler Helmut Kohl aus der unangenehmen Klemme befreien? Würde es mit Edgar Braun funktionieren, der genau wusste, wer sein neuer Mit-Gesellschafter war? Braun hatte sich das MfS-Dossier Werthebach besorgt.[56] Ein früher Zeitabschnitt erregte Brauns besonderes Interesse.

Werthebach kam am 17. Februar 1940 in Essen zur Welt. Vater Josef, ein Beamter der Deutschen Reichsbahn, erzog seinen Sohn streng katholisch. Vielleicht um den alliierten Bombenangriffen zu entgehen, übersiedelten die Eltern in die „Eisenbahnerstadt" Betzdorf/Sieg. Dort wurde Eckart in der katholischen Anstalt eingeschult, bis er 1962 auf dem Erzbischöflichen Abendgymnasium in Neuß seine Reifeprüfung ablegte. Es folgte das Studium der Rechtswissenschaft erst in Köln, dann in Würzburg auf der Julius-Maximilians-Universität, das wohl der betuchtere Onkel Paul mitfinanzierte. Ebendieses Kolleg entfachte Brauns Wissbegierde.

Agitierten da nicht Professoren, die sich nach wie vor wie völkische Vaterländer aufführten, die den verlorenen zwei Weltkriegen nachtrauerten, die – wie ehedem die Nationalsozialisten – jeden Kommunisten liquidieren wollten? War Werthebach unter ihren Einfluss geraten, hatte er deren Weltbild übernommen? Dann stieß Braun auf jenen Gelehrten, an dessen Juristischen Fakultät Werthebach promovierte: auf Friedrich August Freiherr von der Heydte.

Der Freiherr, Mitglied der SA und Reiter-SS, Erster Generalstabsoffizier der 2. Fallschirmjäger-Division, sprang im Dezember 1944 während der Ardennen-Offensive als Anführer der „Kampfgruppe von der Heydte" in US-Uniform hinter den amerikanischen Linien ab. Aus dem Hinterhalt streckte seine Gruppe unzählige GIs nieder. Er geriet in Gefangenschaft und erwartete in Brüssel seinen Kriegsverbrecherprozess. Doch der Kalte Krieg bescherte ihm, im Juli 1947, die Freiheit. Der Bundeswehr-Oberst d. R., ein Spezi von Franz Josef Strauß, schrieb Geschichte: Durch seine Strafanzeige gegen den „Spiegel" löste er 1962 die „Spiegel"-Affäre aus.* War dieser „Faschist" vielleicht Werthebachs politischer Wegweiser?[57] Wer überhaupt war Werthebach?

Schäubles Helfer setzte auf Paragrafen, auf Vorschriften. Sein berufliches Fortkommen bestimmte der Amtsschimmel. Werthebachs Obrigkeitsdenken erinnerte an Heinrich Manns „Untertan", seine Dissertation („Das Einwirken des Verfassungsrechts auf das Arbeitsverhältnis") wegen der Anhäufung von Zitaten seines Doktorvaters vielleicht an ein „Gefälligkeitswerk". Eigene rechtspraktische Interpretationen waren nicht erkennbar, dafür ein barbarisches Deutsch. Beispiel: Voraussetzung für „die abstrakte Geltung des Verfassungsrechts im Arbeitsverhältnis oder das ‚Ob' einer Rundumwirkung der Grundrechtbestim-

---

* Friedrich August Freiherr von der Heydte verfasste, zusammen mit Professor Theodor Maunz, das „Lehrbuch des Völkerrechts". Der Staatsrechtler Maunz, Kommentator des Grundgesetzes und bayerischer Kultusminister, hatte sich nach seiner Pensionierung dem DVU-Chef Gerhard Frey als Berater zur Verfügung gestellt, gleichzeitig war er unter Pseudonym Autor für dessen rechtsextreme „Deutsche Soldaten-Zeitung".

mungen" sei das „Wann' der unmittelbaren Grundrechtsgeltung in der Drittrichtung".[58]

Auch die MfS-Abhör-Protokolle des seit Juni 1982 mitgeschnittenen Dienstanschlusses Werthebachs (0228/6813-716) gaben wenig her. Das Gefälle zu den sonst üblichen Plaudertaschen stach allerdings ins Auge. Geheime Details kamen Werthebach selten über die Lippen. Nur wenn er sich mit der Gattin Eva unterhielt, gab es Wissenswertes. Da wurden die Wochenenden verplant oder das Wohlergehen von Töchterlein Verena besprochen.[59] Die Familie Werthebach erschloss sich Braun als eine Art Tadellöser & Wolff. Die „Süddeutsche Zeitung" bemerkte süffisant, dass sich Werthebach zum „passionierten Geheimniskrämer" entwickelt habe, denn ihm oblag im Bundesinnenministerium die Fachaufsicht über das Bundeskriminalamt und den Verfassungsschutz, überdies gehörte er in den RAF-Jahren allen Krisenstäben an.[60]

Der gräuliche Alltag samt des Desinfektionsduftes, den die DDR da permanent verströmte – Werthebach rümpfte wohl die Nase. Konnte er erst wieder durchatmen, wenn er in West-Berlin in einem Restaurant mit maritimem Ambiente hocken und seine Gesprächspartner mit seinen dräuenden Eindrücken jenseits des Brandenburger Tores nerven konnte?

Am Rhein erreichte Werthebach sein Zuhause zumeist pünktlich, während er in der „Zone" von Termin zu Termin hetzte. Deodorants schienen seine wichtigsten Begleiter. Erschwerend kam hinzu, dass Werthebachs Klientel, um ihre Zukunft bangende MfS-Offiziere, nur dann eine Kooperation versprachen, wenn er ihnen Straffreiheit garantierte und ihre berufliche Folgezeit absicherte. Schließlich diese selbstbewussten Bürgerrechtler, mit denen Werthebach wegen ihres schlampigen Outfits wohl nur widerwillig verkehrte – wie lange ließen sich solche Zumutungen noch ertragen?[61]

„Offenbar war damals meine Reife noch nicht so weit." Wer sich hier so unangenehm denunzierte, dazu in aller Öffentlichkeit, war kein um Ausreden verlegener Drittklässler, sondern hier kompromittierte sich Eckart Werthebach höchstselbst. „Ich wollte die Westdeutschen, über die die Stasi in rechtswidriger Weise Akten angefertigt hatte, vor der Bloßstellung schützen." Zuvor hatte der in die Schlagzeilen geratene Werthebach lautstark „zivil- und strafrechtliche Schritte" eben gegen die Medien angekündigt, beispielsweise so: Niemals habe er „im Verein mit hochrangigen STASI-Offizieren" belastende „Akten über bundesdeutsche Politiker an den Bürgerkomitees vorbei" beschafft.[62] Doch einstweilige Verfügungen sind nicht bekannt geworden. Auch als Andreas Förster in der „Berliner Zeitung" meldete, Werthebach hätte „Stasi-Abhörprotokolle über CDU-Politiker vernichtet", setzte er seinen peinlichen Eiertanz fort: Die Behauptung, er, Werthebach, habe das „Fleddern … (von) Stasi-Abhörprotokollen" verantwortet, sei – „in wesentlichen Teilen falsch".[63] Nur, welche „wesentlichen" Bereiche meinte er? Welche nicht?

Die gedeihliche Zusammenarbeit mit Edgar Braun goutierte Wolfgang Schäuble: Werthebach avancierte zum BfV-Präsidenten, dann wollte er wohl als Chef des BND nach Bayern ziehen. Doch die Pullacher reagierten entsetzt und wehrten sich: Werthebach sei wegen seiner KGB-Kontakte, die er in Ost-Berlin pflegen musste, als „Sicherheitsrisiko" nicht tragbar, ein Argument, das überzeugte. So wurde er 1995 als Staatssekretär ins Bundesinnenministerium abgeschoben. Als Otto Schily die Nachfolge von Manfred Kanther antrat, warf er Werthebach hinaus, schließlich hatte sich Eckart Werthebach mit einem der übelsten Henkersknechte des Ministeriums für Staatssicherheit liiert. Hatte er sich überhaupt mit den Biografien hingerichteter Doppelagenten beschäftigt? Kannte er das tragische Schicksal des Juristen Karl Laurenz und das seiner Lebensgefährtin Elli Barczatis?

Karl Laurenz brach – nach dem Volksaufstand am 17. Juni – mit dem Regime. Im Spätsommer 1953 saß er in der Gaststätte „Zum Hackepeter" in der Dimitroffstraße. Ein „unauffälliger" Gast begann mit dem angetrunkenen Laurenz ein Gespräch. Laurenz war einem „Werber" der Organisation Gehlen (Org) erlegen. Fortan erreichte Pullach allerdings zumeist Banales, denn seine Elli war – lediglich die Sekretärin Otto Grotewohls.

Der DDR-Ministerpräsident, so meldete Laurenz Erkenntnisse seiner Elli weiter, distanziere sich „bewußt von seiner Umgebung", duze sich „grundsätzlich nicht im Dienst"; Grotewohls Staatssekretär Fritz Geyer verfüge über „ausgesprochen gute Manieren". Und Arthur Pieck, Sohn des DDR-Staatspräsidenten? Der „stilisiert sich ganz auf Weltmann", dazu begrüße er im „Genossenkreis … Damen mit Handkuß", neige allerdings – nach dem Tod seiner Frau – zu „Saufgelagen" und sei daher „ziemlich heruntergekommen". Wenn die Org vorab über die Urlaubsabsichten des in der DDR-Bevölkerung äußerst beliebten Wilhelm Pieck unterrichtet wurde, fand Reinhard Gehlen die umwerfende Nachricht anschließend im „Neuen Deutschland" bestätigt, weshalb er Elli zur Top-Spionin erhöhte. Doch dann reichte Gehlen den Klatsch aus dem Büro des DDR-Ministerpräsidenten an Partnerdienste weiter. In Bonn, London, Paris und Washington feixten Geheimdienstler über den Stoff, den Elli Barczatis über Laurenz an die Org adressierte. Alkoholkonsum der SED-Elite (der Intendant des Berliner Rundfunks, Kurt Heiss, betrete bereits „morgens volltrunken" sein Büro), Bettgeschichten, wie sie vor allem bei der Org zum genussreichen Alltag gehörten (der spätere stellvertretende Oberbürgermeister von Ost-Berlin, Max Schneider, wechsle „Frauen wie seine Hemden") – statt Staatsgeheimnisse gab Elli eine frühe „Bunte". Am 4. März 1955 umstellte die Staatssicherheit die Barczatis-Wohnung in der Rudower Straße in Köpenick. Am 25. November 1955 beförderte ein Scharfrichter das Liebespaar Barczatis/Laurenz in den Tod.

Elli Barczatis, so Gehlen, sei seine „erste wichtige Verbindung ... im anderen Teil Deutschlands" gewesen. Er dankte ihr posthum für die „hingebungsvolle und erfolgreiche Tätigkeit". Doch eines hatte der nachrichtendienstliche Bauernfänger unterschlagen: Der allseits überschätzte Org-Chef verantwortete die Hinrichtung seiner Spione selbst, denn die an „Kollegen" adressierten Intim-Berichte über die DDR-Führer kursierten unkontrolliert in der Branche, bis sie den Herausgeber des West-Berliner „Abend", Hans Sonnenfeld, erreichten. Von dort fanden die Tratsch-Bescheide ihren Weg zur Staatssicherheit. Die Spur führte also notwendigerweise von dort zu den Org-Agenten. Wie aber umschrieb Gehlen das traurige Ende seiner Kundschafter? Bei ihrem Auffliegen habe es sich um eine „Verkettung unglücklicher Umstände im privaten Bereich" gehandelt.[64]

Treffender lässt sich dieser „Verrat" nicht beschreiben.

Sektorengrenze in Wien (1952, oben: Anne-Frank-Fänger Karl Josef Silber-bauer): „Ich lehnte mich gegen jedes nationalsozialistische Gedankengut auf"

Maulwürfe erklären sich

Unerbittlich rückte sie auf Österreich zu, die Finsternis: Heinrich Himmler landete in Wien – bereits vor seinem Führer. In seiner Begleitung: Reinhard Heydrich, Karl Wolff (Chef Persönlicher Stab Reichsführer-SS) und die Hauptperson der Ordnungspolizei, Kurt Daluege. Der „Anschluss" Österreichs – am 12. März 1938 vollzogen. Tags zuvor hielt der Bundeskanzler Kurt Schuschnigg um 19.47 Uhr im Rundfunk seine bewegende Abschiedsrede („Gott schütze Österreich").[1]

Daluege hatte den Einzug in Hitlers Heimat über Wochen minutiös vorbereitet, galt es doch, am „Tag X" jeden österreichischen Gendarmen gleichzuschalten. Ein logistisch mächtiges Unternehmen: Tausendfach besetzten Daluege Männer die ihnen zugewiesenen Bezirke.[2] Das Kruckenkreuz, das große Ehrenzeichen der Ersten Republik Österreich, das jeder Schupo am Ärmel trug, musste augenblicklich entfernt werden. Es folgte die Vereidigung auf den Führer und Reichskanzler.[3] Dann mutierte Österreich zur Ostmark, die Länder bräunten sich in Reichsgaue.

Als Zentrale hatte sich die Gestapo ein standesgemäßes Quartier ausgeguckt: das Wiener Hotel „Metropol" am Morzinplatz am Donaukanal. Ein bürgerliches Haus, vier Etagen und wie maßgeschneidert: Jedes Zimmer verfügte über gepolsterte Doppeltüren. Anhänger des Ständeregimes, Kommunisten, Juden, egal – wer hier dem Faustrecht ausgesetzt war, dessen Schmerzensschreie prallten an den Verkleidungen ab.[4] Auf dem Höhepunkt ihrer Macht, nach dem Überfall auf Polen, gehörte die Geheime Staatspolizei in Wien zu einem beachtlichen Arbeitgeber: 900 SS-Sadisten machten sich von hier aus auf die Jagd auf all jene, die sich dem Großdeutschen Reich auch nur ansatzweise entgegenstellten.*[5]

---

* Chef der Gestapo in Wien war bis 1944 der SS-Brigadeführer Franz Josef Huber. Er leitete zuvor die „Täterkommission" Bürgerbräu-Attentat. Huber gilt als einer der Hauptkriegsverbrecher Österreichs. Er wurde in der Bundesrepublik allerdings als „Minderbelasteter" eingestuft, zu 500 DM Geldbuße verurteilt und nach einem Jahr U-Haft entlassen. Huber arbeitete für den US-Armee-Geheimdienst

Sieben lange Jahre durchlebte die Ostmark Zwang, Terror und Lynchjustiz, bis alliierte Bomben die Tyrannei symbolisch beendeten: Am 12. März 1945 brannte das Gestapo-Rückgrat „Metropol". Hitler hatte Österreich einen wahrlich hohen Blutzoll abverlangt: 300.000 gefallene Österreicher und 60.000 ermordete österreichische Juden. Die bittere Bilanz kennt freilich ein weiteres erschreckendes Kapitel: Fast 700.000 Österreicher gehörten der NSDAP an, darunter 98.330, die ihr bereits während des NSDAP-Verbots (Juli 1933 bis zur Machtübernahme) beitraten.[6] Mehr als zehn Prozent der österreichischen Bevölkerung folgten dem braunen Spuk bis zum Untergang, womit Österreich die höchste Parteigenossen-Dichte im Reich erzielte. Selbst in der Stunde null taten paranoide NS-Ostmärker so, als könne ihnen der Endsieg noch gelingen. Sie inszenierten Alltag.

Ostern 1945 kickte der Wiener Athletiksport Club gegen Austria. Ein Tor fiel nicht. In der Nacht zum 2. April wurde auf Sommerzeit umgestellt. Dann meldete sich statt Radio Wien der SS-„Kampfsender Prinz Eugen", über den der Reichsleiter Baldur von Schirach das bedingungslose „Weiterringen" befahl, sich nach seiner „patriotischen" Rede allerdings überstürzt aus „seiner" Hofburg absetzte, um – als „Richard Falk" – in Tirol abzutauchen. Am 13. April 1945 hissten Rotarmisten auf dem Dach der Wiener Hofburg ihre Hammer-und-Sichel-Fahne.

Eine Abordnung sowjetischer Offiziere legte auf dem Zentralfriedhof an den Gräbern von Beethoven, Schubert und Johann Strauß Kränze nieder. Im Wiener „Apollo" gab es endlich wieder Kino. Gezeigt wurde ein Meisterwerk Sergej Eisensteins: „Iwan der Schreckliche".[7] Fassaden. Die Russen hatten Wichtigeres im Sinn. Sie brachten ihre Geheimdienste in Stellung. Die Voraussetzungen – unsäglich günstig. Sankt Petersburg hatte bereits unter dem allseits verehrten Kaiser Franz Joseph I. triumphiert.

Österreich-Ungarn ängstigte sich vor einem drohenden Krieg mit dem Zaren-Regime, die zweideutige Haltung Italiens mit ihrer Irredenta Tirol verunsicherte, schließlich die Separationsbestrebungen Ungarns,

---

CIC und (wohl) auch für Reinhard Gehlen. Dasselbe gilt für dessen Nachfolger, für den SS-Standartenführer Rudolf Mildner, der noch im April 1945 die öffentliche Exekution österreichischer Widerstandskämpfer anordnete. Mildner sagte im Nürnberger Kriegsverbrecherprozess gegen Ernst Kaltenbrunner aus. Er wurde 1949 aus der Internierung entlassen und tauchte unter.

der Tschechen, der Slawen – Gewitterwolken zogen über die Donau-Monarchie. Nur: Wann und wo würden die Blitze einschlagen? Im Süden, im Norden? Berichte von den „Fronten"? Fehlanzeige. Das Evidenzbureau, der Nachrichtendienst der österreichisch-ungarischen Gemeinsamen Armee – eine Zumutung. Seine 15 Mitarbeiter waren Dilettanten, Quacksalber, Stümper. Die österreichische Mentalität führte sie in das nachrichtendienstliche Abseits.

K.u.k. Offiziere wurden – wie die österreichische Beamtenschaft – zur Unselbständigkeit erzogen, ihnen das Bekenntnis zum ewigen Beschwichtigen quasi per Eid abgenommen. Sie hielten sich die Ohren zu, sie steckten den Kopf in den Sand. Einigen österreich-ungarischen Politikern galten Militärs prinzipiell als überhebliche Gesellen. Vor allem Alois Freiherr von Aehrenthal, ihm unterstand das Evidenzbureau, missfielen die Aufklärer.

Aehrenthal, Minister für Äußeres, liebte seinen Überrock, seinen steifen Hut, aber keine Säbel. Das Gehabe der Generalität widerte ihn an. Tragische Folge: Unter Aehrenthal verkam der Kaiserhof zum Intriganten-Stadl. Und die ohnehin spärlichen Meldungen des Evidenzbureaus landeten überwiegend in Aehrenthals Papierkorb.[8] Aber eines aufgeklärten Tages begehrte ein Mann gegen das selbstzerfleischende höfische Zeremoniell auf: Maximilian Ronge, ein Offizier, den – wie Reinhard Gehlen – der Groll auf die Russen antrieb, freilich mit einem feinen Unterschied: Während Ronge für seine Überzeugungen im Gestapo-Keller hockte, geriet Gehlens Aufstieg unter Adolf Hitler erst in Fahrt.

Maximilian Ronge – Sohn einer niederösterreichischen Familie, entfernt verwandt mit dem deutschen Abwehr-Chef Wilhelm Canaris, gedrillt im elitären Regiment der Tiroler Kaiserjäger, vielsprachig, ein entschlossener Monarchist, freilich auch ein Draufgänger. Seine Methoden waren nicht immer freundlich. Schließlich trug das Evidenzbureau seine Handschrift.[9] Wer hatte ihn in diese Position geführt? Ein Kundschafter des Zaren – Alfred Redl, der vormalige Vorgesetzte Ronges.

In allen Spionage-Prozessen urteilten die Richter nach Redls Gutachten. Aber auch: Redl, Dienstherr des Evidenzbureaus, legte seinem Stellvertreter Ronge die Zusammenarbeit mit den Deutschen ans nachrichtendienstliche Herz. Genau das tat er. Intensiv, nachfolgend sogar ausdrücklich. Ronges Berliner Partner: Walter Nicolai, Chef der Abteilung III b der Deutschen Armee, eine geheimdienstliche

Legende bis heute.[10] Ohne Nicolai hätte Redl gar nicht enttarnt werden können.*

Nicolai ließ in Berlin den russischen Militärattaché A. A. Michelson überwachen, der sich regelmäßig mit dem „Baron" Alexander Murmann traf, der aus Kattowitz stammte und an der Humboldt-Universität angeblich über militärwissenschaftliche Studien grübelte. Nicolai fragte bei Ronge nach. Umwerfend die Antwort: Der Konfident habe in Wien wegen Spionage für den Zaren bereits eine achtmonatige Kerkerhaft verbüßt. Nicht nur den Deutschen stockte daraufhin der Atem.

Zug um Zug rollten deutsche und österreichische Geheimdienstler russische Agenten auf, in deren Verlauf, im März 1913, ein postlagernder Brief zum Hauptpostamt Berlin zurücklief. Der lag bislang über Gebühr lange im Fach. Ein Beamter der Berliner Postüberwachung leitete das Kuvert endlich an Nicolai weiter. Adressat: „Herrn Nikon Nizetas, Österreich. Wien. Hauptpost. Postlagernd." Absender: „J. Dietrich." Inhalt: 6.000 Kronen.

Nicolai musste nicht lange überlegen. Bei dem Zufallsfund würde es sich um einen Maulwurf handeln, die Kronen seien dessen Judaslohn. Nicolai informierte seinen Wiener Verbündeten. Ronge reagierte elektrisiert, denn der Deckname „J. Dietrich" stand für den in Bern stationierten russischen Militärattaché Romejko J. Gurko, somit sei „Nikon Nizetas" ein Überläufer.[11] Drei Evidenzbureau-Sekundanten hielten fortan das Hauptpostamt im Auge. Für damalige Verhältnisse ein bemerkenswerter Aufwand. Irgendwann, so spekulierte Ronge, werde der Empfänger den „verlorenen" Brief abholen. Er sollte sich nicht irren. Bis zur Enttarnung des „Subjekts" verstrichen indes noch quälende Wochen.

---

* Walter Nicolai wurde am 7. September 1945 von den Russen in seinem Haus im thüringischen Nordhausen verhaftet. Nicolai – neben Englisch, Französisch und Japanisch beherrschte er Russisch – galt Moskau als die „graue Eminenz" der deutschen Geheimdienste. An seiner verspäteten Festnahme war Nicolai nicht unschuldig. Die Prahlereien in seinen 1923 erschienenen Memoiren („Geheime Mächte"), in denen er sich penetrant wegen seiner „wertvollen Verbindungen" in Russland selbst lobte, wurden ihm tatsächlich noch nach über zwei Jahrzehnten zum Verhängnis. Vernehmer der GRU unterstellten Nicolai, dass er in der Sowjetunion noch nicht enttarnte Agenten (auch historisch) mit Klarnamen kannte. Am 4. Mai 1947 starb er 74-jährig im Hospital des Moskauer „Butyrki"-Gefängnisses. Sein Leichnam wurde verbrannt und auf dem Moskauer Don-Friedhof verscharrt.

Am 24. Mai 1913 stand ein Mann von kräftiger Statur im schwarzen Jackenanzug vor dem „Poste-Restante-Bureau", wie der Schalter für postlagernde Sendungen seinerzeit hieß. Doch diesen Augenblick verschnarchten die Evidenzbureau-Detektive. In letzter Sekunde beobachteten sie aber, wie der Unbekannte am Ferdinands-Platz in ein Taxi stieg. Sie liefen hinterher. Vergeblich. Während die Schlafmützen beratschlagten, wie sie Ronge die dumme Pleite erklären sollten, schien ihnen wohl der Schöpfer beigestanden zu haben. Plötzlich hüpfte dieselbe Droschke auf dem derben Kopfsteinpflaster auf sie zu. Die Observanten stürmten das Automobil.[12]

Der Fahrer berichtete: Sein Gast habe sich zum Hotel „Klomser" in die Herrengasse chauffieren lassen. Retour zum „Klomser". Hoffnung keimte auf, zumal einer der Ermittler auf dem Rücksitz ein Taschenmesser-Futteral vorfand. Das könne nur dem Fremden gehören; der werde den Brief mit dem Messer geöffnet haben. Im „Klomser"-Foyer erkundigten sie sich beim Portier, ob er wisse, wem das Etui gehöre. In diesem Augenblick spazierte jemand die Hoteltreppe herunter. Der Türsteher wandte sich an ihn: „Herr Oberst, haben Sie dieses Futteral verloren?" Reaktion: „Ja." Dann verschwand der „Herr Oberst". Konsterniert fragte einer der Agenten den Pförtner: „Oberst?" Der nickte: „Ja, das ist Oberst Redl."[13] Pures Entsetzen im Evidenzbureau. Von wegen Gemütlichkeit und Tschingdada. Vorbei. Ein Jahr vor Ausbruch des Ersten Weltkriegs erschütterte die Affäre Redl die österreichisch-ungarische Monarchie, so wie zwei Jahrzehnte zuvor das Dreyfus-Komplott Frankreich.

Für Maximilian Ronge brach eine Welt zusammen. Sein bewunderter Lehrer, sein Ex-Vorgesetzter, der Freund, der Kamerad – ein Spion des Zaren? Verräter all dessen, was allen k.u.k. Offizieren heilig sei?

Eigentlich hätte Ronge den „Lumpen" sofort verhaften lassen müssen. Doch er dachte in den engen Grenzen seines Standes, an die Ehrpusselei des k.u.k. Offizierskorps. Würde die Öffentlichkeit vom entwürdigenden Treiben des Schubiaks erfahren, die Armee stünde als Schandfleck am Pranger. Ronge sah nur einen Ausweg: vertuschen, vertuschen. Dies war auch der Wille des Feldmarschall-Leutnants August Urbanski, Nachfolger Redls als Direktor des Evidenzbureaus.[14] Beide entschieden: Der Doppelagent müsse in den Opfertod getrieben werden. Im „Klomser" kam es sodann gegen 23 Uhr zu einer denkwürdigen Begegnung.

Was Ronge und Redl dort besprachen, ist nicht überliefert. Aber: Redl gab zu, seit zehn Jahren für den zaristischen Armee-Geheimdienst Raswedka tätig gewesen zu sein. Unklar bleibt, ob Redl seinen Freitod anbot oder Ronge ihn dazu zwang. Sicher ist: Ronge organisierte eine (soeben eingeführte) Browning-Pistole. Am frühen Morgen der erlösende Schuss. Redl war tot.[15] Was dann folgte, drohte die Wiener Belle Époque in den Abgrund zu stürzen, denn Alfred Redl war schwul.

Redl leitete von 1907 bis 1912 das Evidenzbureau, bis er sich als Generalstabschef des VIII. Armeekorps nach Prag versetzen ließ, weit weg vom Gerüchtezentrum Wien. An der Moldau konnte er seine „unnatürlichen Neigungen" unbeschwerter praktizieren, die erst die Durchsuchung seiner Prager Wohnung zutage förderte. Um sich zu befriedigen, benötigte Redl den Strich, um den bezahlen zu können, zaristische Rubel.

Dem Evidenzbureau erschloss sich eine „eklige (Redl-)Welt", allenthalben Pornofotos: Pornos im Schreibtisch, Pornos im Kleiderschrank, Pornos unter dem Kopfkissen, Redl nackt, Redl in Damenunterwäsche.[16] Die morsche Nachtseite der kaiserlichen Herrlichkeit trat in das grelle Licht der Öffentlichkeit. Eigentlich sollte genau das verhindert werden. Doch bereits zwei Tage nach dem Suizid meldete das „Neue Wiener Tageblatt": Redl habe „infolge momentaner Geistesverwirrung Hand an sich gelegt". Nervosität in Kreisen der Armee, zu Recht. Weitere Details erreichten die Redaktionen. Der k.u.k. Feldmarschall und Kriegsminister Alexander Krobatin versuchte, die Schriftleiter von einer weiteren Berichterstattung abzuhalten. Er appellierte an ihren Patriotismus. Wirkungslos.[17]

Stattdessen erschienen, im In- wie Ausland, derart gruselige Redl-Geschichten, eine abenteuerlicher als die andere, dass die Generalität ihr Schweigegelübde aufgeben musste. Ein Sturm der Empörung brach los. Einer will entscheidend dazu beigetragen haben: Egon Erwin Kisch. Er rühmte sich, er allein habe den Redl-Skandal aufgedeckt. Bis heute gilt Kisch darum als Vorbild des investigativen Journalismus.

Kisch, freier Mitarbeiter der deutschsprachigen Zeitung „Bohemia" in Prag („Unterhaltungsblätter für gebildete Stände"), hatte es mit dem Leitenden Redakteur Albert Wessielski zu tun, im Hauptberuf Erzählforscher. Wessielski, Monarchist, wollte Kaiser Franz Joseph I. die Redl-Schmiere ersparen. Doch Kisch überzeugte ihn: Über Redl werde sich die dahindümpelnde „Bohemia"-Auflage (25.000 Exemplare) steigern lassen. Ein überzeugendes Argument. Der „rasende Reporter", so ein Kisch-Buchtitel, legte los.

Ein Schlosser namens Wagner, so Kisch, habe in Redls Quartier auf Weisung des Evidenzbureaus Schränke gewaltsam öffnen müssen, weshalb er nicht für seinen Fußballclub „Sturm I" hätte antreten können. Für sein Fernbleiben habe sich Wagner beim „Sturm I"-Obmann entschuldigt, halt bei Egon Erwin Kisch selbst. Wagner: Im Überfluss seien geheimste Papiere aufgefunden worden. Aha, dachte sich Kisch, Selbstmord wegen Verrats. Die „Bohemia"-Enthüllungen machten Furore, weltweit. Doch merkwürdig, das amtliche Verzeichnis des Verbandes Prager Handwerker kannte keinen Schlosser Wagner, auch war der „Sturm I" an diesem Tag nicht aufgelaufen. Heinz Höhne, Historiker des „Spiegel": Kisch habe seine Redl-Geschichten als „liebenswürdiger Märchenerzähler" zu Papier gebracht.[18]

Die personellen Redl-Nachwehen hielten sich in Grenzen. Es traf lediglich ein Bauernopfer: August Urbanski, Leiter des Evidenzbureaus, paraphierte sein Rücktrittsgesuch. An seine Stelle trat Maximilian Ronge. Jetzt nahm er sich die Zeit, Redls Nachlass zu studieren. Dabei stieß er auf einen späteren österreichischen Bundespräsidenten. Dessen handschriftliche Zeilen auf seinem eigenen Porträt, in Redls Prager Wohnung aufgefunden, an Redl adressiert – gewöhnungsbedürftig: „In aufrichtiger Verehrung und Dankbarkeit und treuer, warmer Freundschaft. Theodor Körner."[19]

Theodor Körner überlebte die homosexuellen Anfeindungen unbeschadet, wie intim seine Leidenschaft für Redl, wenn überhaupt, auch immer gewesen sein mag.* Während des Ersten Weltkriegs kommandierte er als Generalstabschef die Front zwischen Slowenien und der italienischen Region Venetien am Isonzo. Dort, in den Bergen, wurde am Fließband gestorben. Es traf 175.000 Italiener, 123.000 Österreicher. Um dieser Todeszone zu entkommen, nahm die Fahnenflucht stetig zu. Jene aber, die sich wieder fangen ließen, wurden an die Wand gestellt – in einigen Fällen auf ausdrücklichem Befehl Körners.[20] Wofür das alles? Der Albtraum Erster Weltkrieg war nach 1.563 Tagen beendet. Wien

---

* Im Dezember 2005 hatte die „Homosexuellen-Initiative Wien" in einer Ausstellung auch das Bild des „Promi-Schwulen" Theodor Körner ausgehängt. Dagegen protestierte eine Dame aus Kitzbühel: Körner sei niemals schwul gewesen, schließlich habe er zu ihrer Mutter ein intensives Liebesverhältnis unterhalten.

unterzeichnete am 3. November 1918 den Waffenstillstand. Die Monarchie zerfiel in neue Staaten: Ungarn, Jugoslawien, Rumänien, Bulgarien, die Tschechoslowakei, an Italien gingen Südtirol, Triest und Istrien. Österreich drohte – als „Rumpfstaat", ohne die ungarische Agrarwirtschaft wie die böhmische Industrie – auszubluten. Schlimmer: Was sollte aus den höfischen Lakaien werden, die nun zehntausendfach ohne Beschäftigung und Einkommen blieben? Nicht wenige wählten den Freitod, andere passten sich entschlossen an. So Theodor Körner. Der einst strahlende Monarchist wurde nun Sozialdemokrat.

Im revolutionären Wien musste sich Körner, nun Zivilist, abrupt umstellen. Jetzt saß er im Bundesrat. Auf den Straßen Blutvergießen. Die nationalistische „Heimwehr" bekämpfte den sozialdemokratischen „Schutzbund", die rechten „Frontkämpfer" duellierten sich, wenn es sein musste, mit beiden gleichzeitig, die Kommunisten agierten gegen jeden. Als der Wiener Justizpalast 1927 in Flammen stand, mit toten Kindern und Frauen, mischte sich Körner ein: „Wer über revolutionäre Gewalt reden will, muss sich militärisches Wissen aneignen" und die „Massen" einbeziehen. Wollte Körner zurück an die Front, als militärischer Berater des „Schutzbundes" etwa einen frühen Che Guevara geben? Dann wurde es einsam um Körner. Das änderte sich Tage vor der Kapitulation des Großdeutschen Reiches.

Ende April 1945 will Körner einen Zettel an seiner Wohnungstür vorgefunden haben: „Bitte, komm morgen um neun Uhr ins Rathaus; wir brauchen Dich." Im „Roten Salon" des überwiegend zerstörten Gebäudes begrüßte ihn der Absender Adolf Schärf, einer der Gründer der Nachkriegs-SPÖ. Körner sollte das Amt des Wiener Bürgermeisters übernehmen. Der Anlass: Da er, Körner, Russisch beherrsche, könnten Sachfragen auch nur über die russische Sprache geklärt werden.[21] Der sowjetische Stadtkommandant Alexej Blagodatow wird sich, sofern er von dieser Mär je gehört haben sollte, an den Kopf gefasst haben, denn: Die Rote Armee ließ, im Gegensatz zu den West-Alliierten, ihren Divisionen Dolmetscher und Übersetzer in Regimentsstärke folgen.

Ohne die Zustimmung der Russen konnte in Wien niemand ein öffentliches Amt übernehmen, geschweige Bürgermeister werden. Bis Ende August 1945 dominierten die Sowjets an der Donau allein. Erst dann zogen Amerikaner, Briten und Franzosen in Wien ein, für Moskau Zeit genug, sensible Positionen durch „Genossen" zu sichern. Körner,

Markenzeichen Knebelbart, benötigte daher den Segen aus Moskau. Den bekam er. Maximiliam Ronge, überraschend wieder im nachrichtendienstlichen Geschäft, gab die mögliche Antwort.

Bereits in seinen Memoiren, so weihte Ronge Vertraute ein, habe er vor einer „Doppelspionage" gewarnt, die sein Evidenzbureau nicht hätte aufklären können.[22] Hieß einer dieser „Konfidenten" etwa Theodor Körner?[23] Wer aber soll ihn angeworben haben? Eine Kommunistin, die k.u.k. Adelstochter Ruth von Mayenburg, Vater Besitzer mehrerer böhmischer Kohlegruben, der Onkel Erfinder der Zahnpasta „Chlorodont"? Ein wahrlich unstetes Mädel.

Bereits mit 13 Jahren verlobte sich Ruth von Mayenburg mit dem SA-Führer und Herrenreiter Hansi von Herder. 1923 lief sie Ernst Fischer, Feingeist unter den Kommunisten, in dessen ausgebreitete Arme. Nach dem gescheiterten Aufstand des „Schutzbundes" gegen das Dollfuß-Regime floh das Paar in die Sowjetunion. Während sich Ruth der Roten Armee andiente und dort zum Major des Geheimdienstes GRU avancierte, leitete Ernst Fischer die deutsche Sektion Radio Moskaus.[24] Zurück in Wien, traf sich Ruth von Mayenburg auffällig oft mit dem Bürgermeister Theodor Körner in dessen Offizin. Dass sie sich dort ausschließlich auf Russisch verständigten, erschien Ronge als konspirative Kommunikation.[25] Gab es weitere Spuren?

Eine verblüffte die Öffentlichkeit. Körner, (seit 1951) Bundespräsident, amnestierte seltsamerweise einen der unangenehmsten Kriegsverbrecher Österreichs: den SS-Oberstumbannführer Karl Ebner, stellvertretender Gestapo-Chef Wiens und Leiter des Judenreferats.

Ebner verantwortete die „Übersiedlung" österreichischer Juden und die „Verwertung" jüdischen Vermögens. Wem Ebner zugetan war, der partizipierte vom prächtigen Füllhorn. Entjudete Firmen, vor allem Wiener Wohnungen in der Inneren Stadt – Ebner verschleuderte Millionen-Werte, sogar Baldur von Schirach bediente sich: Bei Ebner bestellte er konfiszierte Gemälde.[26]

Als sich das Dritte Reich in Luft aufzulösen begann, schaltete Ebner um: Der Judenhasser mutierte zum Freund der Juden. Einen „Freibrief" hatte er sich bereits Jahre zuvor besorgt; er ließ Hans Mosers jüdische Gattin Blanca ins rettende Ungarn schaffen. „Scheindienste", beschied das Wiener Volksgericht. 1948 das Urteil: 20 Jahre schwerer Kerker[27], bis ihn Körner in die Freiheit entließ. Ein Job war für ihn längst reserviert: „Hausverwalter" bei einer Tochtergesellschaft der Creditanstalt(-Bankverein). Doch bei diesem Posten handelte es sich um Blendwerk. Es sollte Spuren verwischen, suggerieren, Ebner reue und habe mit allem nichts mehr zu tun.

Theodor Körner hatte Ebner 1953 die Strafe nicht aus einer Laune heraus erlassen, es waren die Umstände – Umstände, bei denen im Hintergrund das Counter Intelligence Corps (CIC), der US-Armee-Geheimdienst, Regie führte, aber zugleich auch die GRU der Roten Armee. Doch wer Ebner letztendlich kontrollierte, ist bislang unerforscht. Es entwickelte sich ein nachrichtendienstlich-possenhaftes Unternehmen mit einem weiteren Kriegsverbrecher als Beiwerk.

Ebner sollte nach einem mit ihm befreundeten Kameraden fahnden, nach dem untergetauchten SS-Hauptsturmführer Roman Gamotha, einem gebürtigen Wiener. Der war Ausbilder an der Prager SD-„Al-Islam"-Schule, in Teheran zog er ein Agentennetz auf, im Kaukasus munitionierte er Dschihadisten gegen die Sowjetunion.[28] Aber im April 1945 lief Gamotha zu den Russen über.[29] Als Agent der GRU kehrte er nach Österreich zurück. Seine Aufgabe: NS-Kameraden für die GRU werben. Ebner gelang es über NS-Seilschaften, mit Gamotha in Kontakt zu treten. Der Anlass? Die USA plagten geopolitische Sorgen.

Im Iran war 1951 Mohammad Mossadegh an die Macht gekommen. Er verstaatlichte die britische Anglo-Iranian Oil Company. Dem Westen drohte ein Machtvakuum, der Brückenkopf zwischen Europa, Asien und Afrika samt der Öl-Kontrolle verloren zu gehen, Persien vom „Sog des Kommunismus" verschluckt zu werden, während der Schah im italienischen Exil auf seine „Befreiung" durch die CIA hoffte.

Zwei Monate vor Ebners Sündenerlass, im Februar 1953, begann die britisch-amerikanische „Operation Ajax": Austausch der politischen Figuren in Teheran – Mossadegh musste weg, der Schah zurück und ein ihm ergebenes Regime wieder her.[30] „Ajax" funktionierte prächtig. Im August 1953 kapitulierte Mossadegh. Er überlebte den Putsch, Roman Gamotha freilich nicht, den die Amerikaner als „Logistiker" benötigt und zu einer Art „Bodyguard" erniedrigt hatten. Eine Farce.

Gamotha kannte das iranische Kuhrud-Gebirge, die Wüsten Dashte-Kavir und Dasht-e-Lut, die Salzpfannen, Teheran sowieso. Über diese Voraussetzungen verfügten US-Agenten in der persischen Armee ebenfalls. Die aber galten den Amerikanern als wenig zuverlässig. Gefragt waren also Gamothas Verbindungen in den iranischen Untergrund. Wäre der Staatsstreich missglückt, stattdessen ein iranischer Volksaufstand ausgebrochen, wie die Botschafts-Geiselnahme im November 1979, dann wären die US-Residenten tatsächlich akut gefährdet gewesen. So setzte die CIA denn auf den „Pfadfinder" Gamotha, um sich von ihm im Notfall in den Irak schleusen zu lassen.

Gamotha hatte die GRU über sein Wirken für die Amerikaner stets informiert. Doch irgendwann fiel der Zentrale in Moskau auf, dass die eine oder andere seiner Meldungen mit ihren Erkenntnissen nicht übereinstimmten. GRU-Offiziere vermuteten, hier spiele jemand falsch. Gamotha sei übergelaufen, resümierte die GRU, ein Zustand, der dringend Konsequenzen einforderte. Ende 1954 entführte ein GRU-Kommando Gamotha aus dem Teheraner Lavizan-Park; seither ist er verschollen.[31]

Über das Schicksal Gamothas erfuhr Karl Ebner nichts. Er leistete dem CIC, später der CIA, allerlei Dienste.[32] Ob als Doppelagent für welche Seite, bleibt ungeklärt.[33] Überhaupt: Hatte der österreichische Bundespräsident Theodor Körner Geheimdiensten etwa wissentlich zugearbeitet, als er Ebner freisprach? Dem CIC oder der GRU? Und nicht nur im Fall Ebner?[34] Eine Merkwürdigkeit stach dabei ins Auge: Als Körner am 4. Januar 1957 starb, erschienen in seinem Arbeitszimmer, bereits wenige Stunden nach seinem Tod, „Möbelpacker" und transportierten in Kartons alle Akten ab.[35]

Die während der NS-Diktatur in die USA emigrierten Österreicher hatten es wahrlich nicht leicht. Ihre „Lebenswelt" stand – im Gegensatz zu deutschen Flüchtlingen – permanent unter Beobachtung. Diese Befangenheit hatte kein Geringerer als der im oberösterreichischen Braunau geborene Adolf Hitler ausgelöst. Die Sektion „Foreign Nationalities Branch" des US-Geheimdienstes Office of Strategic Services (OSS) traute Österreichern wegen ihres österreichischen Führers nicht über den Weg, obwohl sich gerade die Österreicher für das ihnen gewährte Exil erkenntlich zeigten, wie beispielsweise Ferdinand Czernin, Sohn des letzten Außenministers der Donau-Monarchie. Der revanchierte sich für das ihm gewährte Exil als OSS-Agent.[36]

Die Amerikaner – US-Dienste konzentrierten sich seit 1945 in Salzburg – waren auf Zuarbeiter des Dritten Reiches angewiesen, sie noch Greenhorns im nachrichtendienstlichen Irrgarten, das Gegenteil von Orson Welles, der im Wiener Kanal-Labyrinth als „Dritter Mann" brillierte. Da lernte Robert Livingston, vorübergehend US-Resident in Österreich, Maximilian Ronge kennen, inzwischen 71 Jahre alt. Ronge, Liebhaber von Operetten wie der „Csárdásfürstin" von Emmerich Kálmán, bot den Amerikanern seine Aufbau-Hilfe an. Im September 1945, im Salzburger „Altstadt Hotel Hofwirt", wurde der Handel besiegelt, Ronge als geheimdienstlicher Berater fest eingeplant. Livingston und der k.u.k. Militarist – ein ungleiches Paar.

Im Gegensatz zu Livingston ließen sich bei Ronge Tugenden wie Herzenswärme, Großmut oder Liberalität nicht entdecken. Seine Feindbilder – Sozialisten, Marxisten, Freimaurer, Juden – pflegte er munter weiter. Zwar galt er als Vordenker des Überwachungsstaates, dennoch legte er sich mit den Nationalsozialisten an, wohl, weil ihm die Nazis allein optisch ein Gräuel waren. Im März 1938 quittierte die Gestapo Ronges loses Mundwerk und verschleppte ihn nach Dachau. Wilhelm Canaris, der entfernte Verwandte, befreite Ronge aus dem KZ. In Wien stand Ronge bis zum Kriegsende unter Hausarrest.

Doch nach 1945 war er wieder in seinem Element. Erneut als Schattenmann, abermals als reaktionärer Scharfmacher. Seine alte Macht freilich, als er als Chef des Evidenzbureaus Hunderte vermeintliche Agenten erschießen und angebliche Verdächtige jahrelang wegsperren ließ, die kehrte nicht mehr zurück.[37] Eigentlich war Ronge für das CIC ein Glücksfall. Sein Know-how umfasste zwei Weltkriege, eine Monarchie, einen faschistischen Ständestaat, zwei Republiken, und doch scheiterte er. Die amerikanische Mentalität blieb ihm fremd, bis sich das CIC langsam von Ronge zu distanzieren begann. Seine Verdienste schmälerte das nicht. Er arrangierte den österreichischen Militärgeheimdienst („Gruppe für Nachrichtenwesen"), die B-Gendarmerie, schließlich die Staatspolizei (StaPo). Eben wegen der kam es zu emotionalen Auseinandersetzungen.

Ronge wurde zum Furor Austriacus, zum Wüterich, er spuckte Gift und Galle, denn die Amerikaner rekrutierten – wie Reinhard Gehlen – reihenweise SS-Offiziere, ein Affront für den Nazi-Hasser Ronge, wissend, dass US-Dienste dringend auf NS-Personal angewiesen waren, da ihnen anderes nicht zur Verfügung stand. Ronge aber begriff sich zuvörderst als Mahner: NS-Kriegsverbrecher seien in der Sowjetunion wohlgelitten, immer dann, wenn sie wegen ihrer bösen Taten hätten erpresst werden können. Ronge prognostizierte nachrichten-dienstliches Unheil. Und er sollte recht behalten. Die österreichische Staatspolizei entpuppte sich – wie Gehlens BND – als Hochburg für Maulwürfe.[39] Nach Ronges Tod (am 10. September 1953) wurden die ersten enttarnt.

Die Suche nach Agenten-Kandidaten war eine bequeme Angelegenheit. In Glasenbach, im Süden von Salzburg, hatten die Amerikaner um die 20.000 NS-Würdenträger im „Camp Marcus W. Orr" interniert. US-Geheime mussten lediglich in den Jeep steigen und rund fünf Kilometer südwärts fahren. Passte jemand in ihr Raster, wurde dem einen oder anderen eine neue Stellung in Aussicht gestellt.[40] Da sagte niemand nein. Im Gegenteil: SS-Offiziere konnten ihr Glück kaum fassen – zu guter Letzt blieb ihnen sogar die Anklage als Kriegsverbrecher erspart.

Der Kalte Krieg bescherte der Heuchelei Höhenflüge. Und einer, der gerechterweise eigentlich am Galgen hätte enden müssen, wurde erst von den Amerikanern, dann von Reinhard Gehlen hofiert: Károly Ney, in Ungarn geboren und SS-Obersturmbannführer, in Budapest verantwortlich für einen grausigen Massenmord. Ney war Führer seiner eigenen SS-Kampfgruppe („Ney") – zehntausendfach erschossen seine Männer Juden und Andersdenkende. Ihre Leichen ließ er in der Donau entsorgen. Anlass: Zorn auf den ungarischen Reichsverweser, auf den Admiral Miklós Horthy.

Am 15. Oktober 1944 befahl Horthy in einer Rundfunkansprache, die ungarischen Truppen hätten den Kampf gegen die Rote Armee einzustellen. Daraufhin setzte die Gestapo Horthys Sohn Nikolaus fest. Horthy unterwarf sich dem Regime. Er wurde mit seiner Frau und Schwiegertochter im bayerischen Schloss Hirschberg festgesetzt, Nikolaus im KZ Dachau. Nun übernahmen die Pfeilkreuzler die Macht.

Unter dem Pfeilkreuzler-„Ministerpräsidenten" Ferenc Szálasi errichteten sie, für einen verquasten „Hungarismus", ein wahres Schreckensregime, mit Károly Ney als Quasi-Verteidigungsminister, während Adolf Eichmann den Abtransport der Juden in die Vernichtungslager organisierte. Obwohl sich das Territorium der Pfeilkreuzler später lediglich auf das von der Roten Armee belagerte Budapest beschränkte, raubten sie, trieb sie eine paranoide Mordlust an, vergewaltigten sie, schließlich schnitten sie ihren Opfern die Kehle durch, eine Todesarena,

in der Károly Ney den Ton angab, bis die Russen den Albtraum beendeten und den ihren folgen ließen.*[41]

Ferenc Szálasi floh über Wien nach München. Ebendort wurde er
von den Amerikanern verhaftet. Die Auslieferung an die Russen erfolgte
notwendigerweise. Wegen Verbrechen gegen die Menschlichkeit knüpften
die ihn, unter dem Gejohle der Budapester, im März 1946 auf. So erging
es nicht jedem ungarischen Verbrecher. Der Überläufer General Miklos
von Dalnoky wurde gar zum Aushängeschild der provisorischen pro-
sowjetischen „Nationalen Front".[42] Und Károly Ney? Der bangte in
Moskau um sein erbärmliches Leben. Die Entscheidung, Hinrichtung
oder nicht, fällte der GRU-Major Dimitrij I. Kolesow.

Wie lange sich Károly Ney vor dem Genickschuss fürchten musste,
ist nicht überliefert, ebenso bleibt im Dunkeln, wann er, nun Agent der
GRU, in Österreich auftauchte. Bewiesen ist hingegen: Ney meldete
sich bei seinem Kameraden Wilhelm Höttl. Peinlich berührt stellte der
BND fest: „Es wird immer deutlicher, daß NEY u. HÖTT(E)L ... unter
sowjetrussischem Einfluß stehen."[43] Ney lernte Höttl in Budapest
kennen, als dieser dem Stab des Höheren SS- und Polizeiführers angehörte.

In Wien baute Höttl den Geheimdienst der illegalen SS auf, dann
liierte er sich mit Adolf Eichmann**, im Reichssicherheitshauptamt unter-

---

*   Budapest wurde von Marschall Rodion J. Malinowski offiziell zur Plünderung
freigegeben. Nicht nur einfache Soldaten machten Beute. US-Vertreter bei der
Alliierten Waffenstillstandskommission hielten beispielsweise den russischen
Besuch bei der Generalkreditbank so fest: „Sie öffneten alle Safes. Sie nahmen
113 Millionen Pengö Bargeld sowie etwa 800 Koffer und Kisten mit, die von
Kunden deponiert worden waren, und leerten 1.400 Schließfächer." Die Rote
Armee, eine Million Mann stark, beschlagnahmte bis Mitte 1945 vier Millionen
Tonnen Getreide und Mais, eine halbe Million Pferde, 2,2 Millionen Schweine,
1,5 Millionen Schafe, 1,2 Millionen Rinder, 18 Millionen Geflügel, über zehn
Millionen Liter Wein. Endlos rollten Plündergüter aus Ungarn Richtung Osten.
Ungarische Kommunisten, die von den proletarischen Brüdern aus der Sowjetunion
eigentlich die Befreiung vom faschistischen Terrorregime erhofften, wurden von
den Russen ausgeraubt, ihre Frauen und Töchter vergewaltigt, sie in die UdSSR
verschleppt. Etwa 200.000 Ungarn teilten dieses Schicksal.

**   Adolf Eichmann, so Höttl im Dezember 1946 in Nürnberg, habe ihm im August
1944 erklärt, in den Vernichtungslagern seien bis dahin vier Millionen Juden
ermordet worden, weitere zwei Millionen hätten auf „andere Weise" den Tod
gefunden. Höttls eidesstattliche Erklärung ist das einzige Dokument für sechs
Millionen getöteter Juden. Daraus schloss Fritjof Meyer 2002 in der Zeitschrift

stand ihm das Ressort „Süd-Ost-Europa". Er spielte 1944 eine undurchsichtige Rolle bei der Deportation ungarischer Juden, bei den Amerikanern suchte er um einen Sonderfrieden für Österreich nach, schließlich denunzierte er während des Nürnberger Prozesses seinen Protegé Ernst Kaltenbrunner. Der wendige Höttl – vorübergehend eine der einflussreichsten Bezugspersonen des CIC.[44] Jetzt schien es wieder aufwärts zu gehen, in schöner Eintracht mit Károly Ney, der seinen Vornamen inzwischen in Karl hatte umdeutschen lassen und wieder das machen durfte, was er gelernt hatte: nachladen.

Im Toten Gebirge stampften Höttl/Ney eine paramilitärische Einheit aus dem Boden. Die sollte (im Fall einer kommunistischen Machtübernahme Österreichs) das „rote Pack" in einen Guerilla-Krieg verwickeln – im Namen der USA, aber bitte nur derart „ausgeführt, daß keine Verantwortlichkeit der US-Regierung erkennbar wird und im Fall der Aufdeckung die US-Regierung plausibel jedwede Verantwortlichkeit bestreiten kann".*[45] Diese Doppelzüngigkeit ließ sich auf Dauer nicht durchhalten. Erste Details drangen an die Öffentlichkeit. Wilhelm Höttl geriet bei den Amerikanern in die Schusslinie, freilich nicht als militanter Draufgänger, sondern wegen seiner dubiosen Beziehungen.

„Osteuropa", vormals Ressortleiter „Osteuropa" des „Spiegel", dass in Auschwitz „nur" 510.000 Juden ermordet und „lediglich" 356.000 vergast worden seien.

* Ein Privat-Regiment existierte auch in der Bundesrepublik, der Bund deutscher Jugend (BdJ), auf Initiative des CIA-Offiziers Henry Selby am 23. Juli 1950 gegründet. Ihr Leiter: der Arzt Paul Lüth. Der BdJ wollte die Zonengrenze zu seinem „Schlachtfeld" machen; dem BdJ gehörte auch Karl Wilhelm Fricke an. Fricke wurde im April 1955 nach Ost-Berlin entführt. Als BdJ-Eiferer sollte Fricke, gemeinsam mit der aggressiven Kampfgruppe gegen Unmenschlichkeit (KgU), westdeutsche Prominente „abklären". Der Menschenraub Frickes war also die Folge seines Tuns. In Waldmichelbach/Odenwald verfügte der BdJ darüber hinaus über einen „Technischen Dienst". Ihr Anführer, Erhard Peters, erstellte „Liquidierungslisten" westdeutscher Politiker. Ermordet werden sollten u. a. der Hamburger Bürgermeister Max Brauer oder Herbert Wehner. BdJ-Unterstützer: Gustav A. Scheel, einst Salzburger Gauleiter (später Arzt am Hamburger Steindamm), und Eberhard Taubert, Intimus des Joseph Goebbels. Zwei Jahre später versetzte der Hauptmann Otto Knye, MfS-Abteilungsleiter in Ost-Berlin, dem BdJ den tödlichen Schlag. Sein Maulwurf Hans Otto, ehedem Waffen-SS, präsentierte den BdJ der Öffentlichkeit als „Untergrundarmee", woraufhin der BdJ aufgelöst wurde. Dem BdJ-Vorsteher Paul Lüth schadete seine Vergangenheit nicht: Mitglied des PEN-Zentrums, Delegierter der hessischen Landesärztekammer, Autor des „Spiegel" und des Bestsellers „Kritische Medizin".

In den Kaffeehäusern in der Wiener Operngasse, unweit des „Sacher", schwirrten allerlei Gerüchte. Geheimdienstler rätselten: Sei das Duo Höttl/Ney „sowjetisch infiziert"? Je öfter ihre Namen fielen, desto mehr galt die Anbindung an die Russen als gegeben. In der Tat: Das anfängliche Getuschel entpuppte sich tatsächlich als bittere Wahrheit. Ney wie Höttl hatten sich in einen Maulwurfshügel gegraben, ihnen Kurt Ponger und Otto Verber die Schaufel gereicht.

Die Wiener Juden Ponger/Verber emigrierten 1938 in die USA. Als das Dritte Reich Geschichte war, wurden sie als OSS-Vernehmer für das Internationale Militärtribunal rekrutiert. Nach der Beendigung seiner OSS-Tätigkeit zog Ponger in das sowjetisch besetzte Wien in die Paulanergasse. Jetzt firmierte er als fotografierender „Auslandskorrespondent", angeblich für die New Yorker „Central European Press Agency". Nebenher rief er selbst Bilder-Dienste ins Leben, einer skurriler als der andere, zumal sie keine Umsätze tätigten: „Baltic Press", „Mirror Pix" oder „China Pictures Service", für das CIC eine deutliche Visitenkarte – die einer Tarnung, dazu irritierte der erstaunlich luxuriöse Lebensstil (zwei Dienst- und ein Kindermädchen, eine Sekretärin). Im Februar 1953 entführten ihn die Amerikaner aus dem russischen Sektor, Otto Verber sogleich mit, und auch Höttl wurde in Handschellen abgeführt, doch am 25. März 1953, sechs Wochen später, wieder auf freien Fuß gesetzt.[46]

Während Ponger und Verber in den USA wegen Spionage verurteilt wurden, ließ es sich Höttl in seinem geliebten Altaussee, wo sich bereits Hugo von Hofmannsthal oder Theodor Herzl erholten, wieder gut gehen. Höttls fünfköpfige Familie musste nicht darben.* Im Gegenteil. Fünf Bedienstete garantierten Wohlergehen; seiner Mutter spendierte er

---

* Höttl, am 19. März 1915 in Wien geboren, am 27. Juni 1999 in Altaussee gestorben, hatte es zum Adjutanten von Ernst Kaltenbrunner gebracht. Am 19. April 1945 meldete sich Kaltenbrunner (er nannte sich umständlich „Dr. Josef Unterwogen") bei Höttl. Am 2. Mai traf auch Adolf Eichmann in Altaussee ein. Während Kaltenbrunner die „Villa Kerry" (Fischerndorf 7) bezog, organisierte Höttl für Eichmann das Haus Fischerndorf 8. Während Höttl Kaltenbrunners Ehefrau Elisabeth mit ihren drei Kindern in Strobl am Wolfgangsee unterbrachte, lebte Kaltenbrunners Geliebte, Gisela von Westarp, mit Kaltenbrunners Zwillingen in der „Villa Kerry". Kaltenbrunners „Befehlsstand" bestand aus einem Schlafzimmer mit einem winzigen Vorzimmer, „Kuhstall" genannt. Am 7. Mai setzte sich Kaltenbrunner auf die Wildenseealm ab. Dort wurde er fünf Tage später von einem US-Kommando verhaftet.

eine Eigentumswohnung.[47] Der bislang mittellose Höttl, der stets einen gelben Ledermantel trug, war plötzlich überaus zahlungskräftig.

Als sich das Dritte Reich beerdigt hatte, konnte Höttl nicht wissen, welcher Alliierte welches Exempel statuieren würde. Wie andere NS-Bürokraten hatte sich auch Höttl freiwillig ergeben, erst den Russen*, dann den Amerikanern.[48] Beiden reichte er sein Spionagenetz in Süd-Osteuropa weiter, egal, ob das noch funktionierte oder nicht. Nur: Wer erhielt Höttls Gesamt-„Paket", wer nicht? Dann die Überraschung: Nach der Verhaftung Höttls entdeckte das CIC während der Hausdurchsuchung bei ihm eine dicke Mappe mit Briefen an und von Kurt Ponger.[49] Jetzt war Höttl „verbrannt", zumindest für die Amerikaner.

Altvordere des BND erinnerten sich an ein „Geschäft". Als Höttl im Mai 1945 mit seinem Agentennetz hausieren ging, hatten sich CIC-Angehörige wegen Höttl mit den Russen kurzgeschlossen, schließlich fühlten die sich noch als Alliierte des Alliierten. In Verkennung der „Gefechtslage" schlugen naive Amerikaner vor, sich die NS-Agenten zu „teilen", eine Aktion, die Moskau freilich ignorierte.[50] Wozu auch, schließlich kannten die Sowjets längst Höttls wahren „letzten Willen".

Irgendwann dämmerte es US-Geheimen, dass ihnen russische Kollegen einen Streich gespielt hatten, eine für sie unbehagliche Situation, denn Höttl wies während seiner Untersuchungshaft immer wieder auf die forcierten Zusammenkünfte der „lokalen" Amerikaner mit den Russen hin. Wie würde da wohl das offizielle Washington reagieren? Damit Höttl das Geheimnis auf Dauer für sich behielte, würde ihm das CIC nicht mehr länger nachstellen, sagte ihm das CIC. Er konnte seinen Geschäften also weiter ungestört nachgehen.[51] Das tat der 38-Jährige.

---

* Zuvor gab Höttl den „Kommandanten" der Alpenfestung. Als ihr Erfinder gilt der Tiroler Gauleiter Franz Hofer. Dessen Plan: hinter „Festungsmauern" mit den Amerikanern über einen separaten Frieden auf dem Gebiet Österreichs zu verhandeln. Über die Schweiz lancierten Hofer/Höttl die „Unbezwingbarkeit" der Alpenfestung. Höttl: „Wir waren sehr überrascht, als wir in unseren Presse-Auswertungs- und Funkabhördiensten plötzlich viel mehr über die Alpenfestung erfuhren, als wir selbst wußten." Ende 1944 lernte Allen W. Dulles Höttl kennen, zuvor musste er freilich seine „Kompetenz" nachweisen und den vormaligen Wiener Bürgermeister Karl Seitz aus dem KZ befreien. Das gelang. Doch statt weiter zu verhandeln, gab Höttl ein großes Geheimnis preis: Bei der Alpenfestung würde es sich um ein Phantom handeln. Die Amerikaner mussten sich also vor dem „Bollwerk" Alpenfestung nicht mehr fürchten.

Der konspirativen Branche blieb er, aus alter Gewohnheit, noch ein wenig erhalten.

Zur Organisation Gehlen (Org) waren Höttls Kontakte blendend, denn alte Kameraden, die dort sortiert längst Fuß gefasst hatten, schwärmten von Höttls exklusiven Kenntnissen. Dem konnte sich ein Reinhard Gehlen nicht entziehen. Dank Höttl, so wird sich Gehlen beflügelt suggeriert haben, würde ihm der Balkan alsbald wie ein offenes Buch begegnen. Und als Höttl Gehlen den Pfeilkreuzler Karl Ney als Ungarn-Experten unterschob, schien niemand glücklicher als Gehlen selbst. Nun verfügte er nicht nur in Jugoslawien über ein Agentennetz, nein, dazu auch in Ungarn. Der Arbeitsvertrag mit dem Schlächter Ney war reine Formsache.[52] Und Höttl? Der hatte sich inzwischen umorientiert.

In Altaussee gründete er den Nibelungen-Verlag, nicht auf seinen Namen, sondern auf den seiner Gattin Friedl. Im Falle einer Pleite, so Höttls Strategie, könnten sich mögliche Gläubiger nicht bei ihm selbst schadlos halten, sondern würden sich bei seiner Friedl bedienen müssen – die Gütertrennung wies die Ehefrau allerdings ebenso als mittellos aus.[53] Die Inspiration für den Nibelungen-Verlag muss sich Höttl bei Joseph Goebbels geholt haben, der einen solchen ein Jahr nach der Machtergreifung ins Leben gerufen hatte, ein übles Propaganda-Haus, das in nationalsozialistische Buchhandlungen wahre Gräuelmärchen karren ließ.*

Höttl wollte sich ein Denkmal setzen, sich als Kenner der Schlapphut-Szene in das Gedächtnis eines nach wie vor existierenden braunen Sumpfes brennen, fühlte er sich doch zum Testamentsvollstrecker des SS-Brigadeführers Walter Schellenberg berufen, des kurzlebigen Nachfolgers von Wilhelm Canaris. Dazu benötigte er die Öffentlichkeit, somit ein Buch, das bis dahin allerdings niemand drucken mochte. Titel: „Die

---

* Am 4. August 1934 gründete das Propagandaministerium den Nibelungen-Verlag mit Sitz in Berlin und Leipzig. Verleger: Eberhard Taubert. Als erster Titel wurden die Erinnerungen des später amtierenden britischen Außenministers Sir Samuel Hoare publiziert, als er noch als Leiter des britischen Geheimdienstes in Petrograd agierte („Das vierte Siegel"). Ansonsten bestanden die Nibelungen-Autoren überwiegend von zu den Nationalsozialisten übergelaufenen russischen wie deutschen Kommunisten. Die Nibelungen-„Schwertbücher" waren besonders wüste Kampfschriften. Zum absoluten Bestseller avancierte indes „Der verratene Sozialismus" von Karl I. Albrecht.

geheime Front" („Organisation, Personen und Aktionen des deutschen Geheimdienstes").

Die „Front" erschien unter dem Pseudonym Walter Hagen, das nicht Höttl gehörte, der Ghostwriter hieß Toni Böhm, vormals Balkan-Referent im Auswärtigen Amt. Bemerkenswert das Vorwort: „Es ist eine bare Selbstverständlichkeit, daß über die Geheimseite am besten jene berichten werden, die sie aus eigener Mitwirkung kennen, *in jedem der feindlichen Lager.*"[54] In *jedem* feindlichen Lager? Auch in dem der Russen? Oder handelte es sich lediglich um eine Freud'sche Fehlgeburt? Die konnte bei Höttls größtem Coup ausgeschlossen werden. Er war der Vormann gefälschter britischer Pfund-Noten.

Im September 1940, so Höttl, habe er den Auftrag erhalten, „eine Erforschung der ungarischen Francfälscheraffäre mit allen Einzelheiten und Hintergründen" zu erarbeiten. Er reiste nach Budapest, „um die weiteren Nachforschungen an Ort und Stelle zu betreiben". Das Exposé erreichte Reinhard Heydrich. Der zeigte sich begeistert. Nun sollte das britische Empire über Pfund-Falsifikate in die Knie gezwungen werden. Die Operation erhielt erst den Decknamen „Unternehmen Andreas", dann „Unternehmen Bernhard".[55]

Leiter des „Unternehmens Bernhard" war der SS-Brigadeführer Heinz Jost, Chef des Auslands-SD. Bevor sich die Aktion in ein Husarenstück wandeln konnte, gab es gewaltige Probleme zu bewältigen, denn die Produktion eines qualitätsgleichen Papiers, die Herstellung der Druckplatten, vorab die Erfassung des Nummerierungssystems, schienen nicht lösbar. Doch am 17. Januar 1941 erhielten die Falschspieler die erlösende Nachricht. Die Hausbank der SS, die Dresdner, bestätigte der SS: Das Nummerierungssystem der falschen Pfund-Noten sei mit dem der echten identisch.[56]

Im KZ Sachsenhausen fälschten Druckmaschinen des „eingedeutschten" Ullstein-Verlags seit 1943 mindestens zwölf Millionen Fünf-, Zehn-, 20- und 50-Pfund-Noten (damaliger Wert: etwa 300 Millionen Pfund). Und die sollten über England abgeworfen werden, tonnenweise – „zwecks Ruinierung der britischen Währung". Doch diese Art von „Geldwäsche" wurde aufgegeben, mit dem Falschgeld vielmehr Gold, Edelsteine oder Rohstoffe für die Rüstungsindustrie gekauft – über die Drehscheibe Schweiz. Und auch ein NS-Agent erhielt seinen Lohn: 300.000 falsche Pfund der Butler des britischen Botschafters in der Türkei, der Meister-Spion Elyesa Bazna („Cicero").[57]

Das Hauptquartier der Vertriebsorganisation lag in einem beschlagnahmten Hotel in den Weinbergen oberhalb von Meran. Offizieller Titel: „Sonderstab Generalkommando III. Germanisches Panzerkorps". Leiter: der „Kaufmann" Friedrich Schwend („Dr. Wendig"), der rund 25 Prozent Provision dafür erhielt, dass er die Blüten unter das Volk brachte. Adolf Burger, KZ-Häftling und zum Chef-Fälscher gezwungen, zählte nicht nur Schwend zu den Profiteuren, vielmehr hätten sich unzählige „ehrenwerte Bürger" bereichert. Sie erwarben Villen, Hotels, Firmen in Europa, aber auch Haciendas in Südamerika.[58] Über falsche Pfund-Noten wurde Höttl selbstredend ebenso wohlhabend. Dann heckte Reinhard Gehlen, zusammen mit Höttl, einen tollen Plan aus.

Im „Gasthof Sonne" in Bad Aussee trank Höttl, im Herbst 1948, mit seinem alten SS-Kumpel Ferdinand Linhart allerlei Marillenschnäpse. Linhart, wegen Unterschlagungen soeben als Chef der österreichischen Bundessicherheitswache geschasst, suchte einen neuen Job. Sie redeten und redeten, bis Höttl auf den Punkt kam: Reinhard Gehlen wolle, neben seiner Organisation in Pullach, nun auch heimlicher Geheimdienst-Chef in Österreich werden. Ob er, Linhart, den personellen Unterbau mit organisieren könne? Linhart fragte: Wer sollte Gehlens Statthalter werden? Höttl: Erwin Edler von Lahousen-Vivremont.[59]

Lahousen-Vivremont war einer der zwielichtigsten Geheimdienst-Offiziere des Dritten Reiches.* Er bejubelte Hitlers Österreich-„Anschluss", ähnlich hysterisch wie Millionen „Anschluss"-infizierte Österreicher. Wäre der Führer – während seiner Ansprache auf dem Balkon der Wiener Hofburg – tot umgefallen („Als Führer und Kanzler der deutschen Nation und des Reiches melde ich vor der Geschichte nun-

---

* Lahousen-Vivremont, 1897 in Wien geboren, avancierte 1930 zum Hauptmann der österreichischen Armee, 1933 zum Generalstabsoffizier der 2. Division in Wien, 1936 zum Oberstleutnant in der Nachrichtenabteilung des österreichischen Generalstabs und zum Maulwurf des OKW-Amtes Ausland/Abwehr. 1938: Übernahme ins OKW-Amt Ausland/Abwehr. Vom 1. Januar 1939 bis zum 1. August 1943 Oberst und Leiter der Abteilung II („Sabotage und Zersetzung") des OKW-Amtes Ausland/Abwehr, 1944 Kommandeur des Jägerregiments 41 an der Ostfront, anschließend Kommandeur der Erkundungsstelle im Wehrkreis XVII (Wien), März 1945 Generalmajor, am 17. Mai 1945 US-Kriegsgefangenschaft, dann schönfärbender „Zeitzeuge" der Historical Division des US-Hauptquartiers in Frankfurt. Über die Historical Division versuchten NS-Generale, sich reinzuwaschen. Lahousen-Vivremont starb im Dezember 1955.

mehr den Eintritt meiner Heimat – in das Deutsche Reich"), dann hätte auch Lahousen-Vivremonts Herz ausgesetzt. Diese frühe Verehrung zahlte sich aus. Der Sohn eines k.u.k. Feldmarschall-Leutnants bekannte Farbe.

Reinhard Heydrich wollte sich des geheimdienstlichen Archivs des Wiener Verteidigungsministeriums bemächtigen, aber auch Canaris, denn über diese Dossiers ließen sich in Österreich operierende Agenten gegnerischer Dienste knacken, die von der Donau aus das Reich ausspionieren ließen. Den Wettlauf entschied Canaris für sich – Lahousen-Vivremont hatte das Material vor dem Zugriff Heydrichs bewahren können.[60] Fortan gehörte Lahousen-Vivremont zum festen Bestandteil der Abwehr, zumal er – als Chef des österreichischen Geheimdienstes – Canaris bereits Jahre zuvor listenreich zugearbeitet hatte.

Lahousen-Vivremont kämpfte im Ersten Weltkrieg gegen die Russen, im Dritten Reich war er nachrichtendienstlich für Polen, die Tschechoslowakei und Ungarn zuständig, ein menschlich kühler Offizier, dessen Sprachgewalt (Polnisch, Tschechisch, Ungarisch, Französisch) imponierte; ganz Österreicher, indes großdeutsch gesonnen, freilich – vorübergehend – plötzlich von den Nationalsozialisten weniger begeistert: Die Gestapo hatte seinen Bruder, seinen Schwager und seinen Mentor Maximilian Ronge verhaftet, der Lahousen-Vivremont das nachrichtendienstliche Geschäft erklärte und ihn schließlich in dasselbe protegierte.[61]

Ob Lahousen-Vivremont seine Familienmitglieder über Canaris befreien konnte, bleibt im Dunkeln, zumindest ließ Canaris den Freund Ronge aus dem KZ holen. Irgendwelche Erleichterungen muss es aber gegeben haben, da Lahousen-Vivremont die Expansionsgelüste des Führers plötzlich wieder unterstützte. Im Fall „Weiß" augenfällig engagiert.

Spätestens seit dem Mai 1939 war die Abwehr über den vorgesehenen Überfall auf Polen informiert. Canaris zog Lahousen-Vivremont ins Vertrauen: Er möge sich um die Stärke der polnischen Streitkräfte kümmern, zugleich Sabotageakte für die weittragende Weichsel-Brücke in Dirschau bei Danzig zu Papier bringen, zugleich die Zerstörung des Jablunka-Passes in den Karpaten mit einplanen.[62] Über Dirschau lief die Eisenbahn-Verbindung von der Ostsee, die Gleise des Jablunka-Tunnels waren das wichtigste Verkehrskreuz für den Balkan. Lahousen-Vivremonts Ausarbeitungen gefielen.

Wie im Rausch malte sich Lahousen-Vivremont aus, welche Abenteuer ihm jetzt bevorstehen würden: Elite-Soldaten der Abwehr, mit geschwärzten Gesichtern im Land des Feindes, in fremden Uniformen, folgerichtig als meuchelndes Sprengkommando aktiv. Doch die Reichskanzlei lehnte das Abwehr-Konzept aus unerfindlichen Gründen ab. Stattdessen erschien Canaris im Juli 1939 Heinz Jost vom SD. Der vergab einen mysteriösen Auftrag: Die Abwehr möge bitte 150 polnische Uniformen besorgen, polnische Soldbücher wie polnische Waffen.[63] Es schlug die Stunde des Senders Gleiwitz. Nun war er richtig gefordert, der Lahousen-Vivremont.

Die „Ausrüstungsgegenstände", so Lahousen-Vivremont in Nürnberg, seien „von irgendeinem Mann der SS oder des SD … abgeholt" worden, um den Anlass des Feldzuges gegen Polen dann zu verniedlichen: „Den wirklichen Zweck … wußten wir damals nicht." Allerdings hatten „wir alle … den Verdacht, daß hier eine ganz üble Sache gespielt würde".*[64] Eine „üble Sache" gab es bereits eine Woche vor dem Sturm auf Polen zu bewältigen. Am 23. August 1939 paraphierte Lahousen-Vivremont die Geheime Kommandosache „Abw(ehr) II/2 ON", die das Völkerrecht außer Kraft setzte: „Angehörige der Minderheiten, die nicht für die Wehrmacht kampfmäßig eingesetzt sind, können auftreten" – „in regulärer polnischer Uniform".[65]

Lahousen-Vivremont war ein staatlicher Terrorist, nicht mehr und nicht weniger, stolz dazu, wenn seine „Brandenburger" (Kommando-

---

*   Der Rundfunksender in Gleiwitz begann am 15. November 1925 an der Raudener Straße mit seinem Betrieb. Am Abend des 31. August 1939 stürmte der SS-Sturmbannführer Alfred Naujocks mit fünf oder sechs in Zivil gekleideten SS-Angehörigen den Sender. Sie unterbrachen das laufende Programm und riefen über den Sender Gleiwitz den Beginn eines Aufstandes der polnischen Minderheit aus. Ein Halb-Toter (im menschenverachteten Jargon der SS „Konserve" genannt) wurde als „Beweisstück" für den angeblichen polnischen Überfall im Eingang des Senders abgelegt. Naujocks in Nürnberg: Der sei noch „am Leben (gewesen), aber nicht bei Bewußtsein. Ich versuchte, seine Augen zu öffnen. Von seinen Augen konnte ich nicht feststellen, daß er am Leben war, nur von seinem Atem. Ich sah keine Schußwunden, nur eine Menge Blut über sein ganzes Gesicht verschmiert. Er trug Zivilkleider." Nun konnte Hitler seinen Krieg beginnen („Seit 5.45 Uhr wird zurückgeschossen"). 54 Divisionen mit 1,5 Millionen Mann marschierten am 1. September 1939 in Polen ein. Ab Mitte 1956 diente der Sendeturm Gleiwitz der Volksrepublik Polen als Störsender, sodass das in polnischer Sprache ausgestrahlte Programm von Radio Freies Europa nur schwer zu empfangen war.

Einheiten der Abwehr) Erfolge vorweisen konnten. Beispielsweise enterten sie mit Beginn des West-Feldzuges in Holland die Maas-Brücke bei Gennep – getarnt als holländische Polizisten, die „Häftlinge" mit sich führten. Erst jetzt hatten Hitlers Panzer freie Fahrt.[66] Diese furiose Aktion muss dem Führerhauptquartier gefallen haben. Lahousen-Vivremont, gelegentlich bei Hitlers Lagebesprechungen dabei, wurde durch ein Kompliment des Führers überrascht: „Anerkennung für die Tätigkeit der Abw(ehr-Abteilung) II." Lahousen-Vivremont schien derart gerührt, dass er Canaris augenblicklich telefonisch über das Lob in Kenntnis setzte.[67] Dennoch verklärte die Familie Lahousen-Vivremont den Sabotage-Experten zum NS-Widerständler.

Das Dritte Reich, niemand anderer, hatte Lahousen-Vivremont befördert, ihm Anerkennung gezollt. Solange Wehrmacht und Waffen-SS von Sieg zu Sieg eilten, so lange blieb er dem braunen Diktator treu ergeben. Dennoch soll er Widerstand geleistet haben, dank einer alten Geschichte.

Im Herbst 1939 wollte sich der Diplomat Erich Kordt samt dem Führer in die Luft jagen. Es fehlte lediglich das „Sprengmittel". Es gab eines, das den verschärften Registrierungsverfahren nicht unterlag – eingelagert in der deutschen Gesandtschaft in Stockholm. Auf das hatte allein Lahousen-Vivremont Zugriff. Der „Rädelsführer" Hans Oster, Abwehr-Oberst, musste sich daher an seinen Kameraden Lahousen-Vivremont wenden. Dieser beschaffte das tödliche Werkzeug, das am Ende aber nicht zum Einsatz kam.[68] Sah so der Widerstand Lahousen-Vivremonts aus?* Dabei wusste Lahousen-Vivremont nicht einmal, wozu die „Bombe" benötigt wurde. Er hatte erst gar nicht nachgefragt.

---

* Hans-Adolf Jacobsen, Herausgeber der „Geheimen Dokumente aus dem ehemaligen Reichssicherheitshauptamt" („Die Opposition gegen Hitler und der Staatsstreich vom 20. Juli 1944 in der SD-Berichterstattung"), erwähnte Lahousen-Vivremont lediglich zwei Mal. Mehr gaben die 20.-Juli-Protokolle des RSHA einfach nicht her. Lahousen-Vivremont war kein Mitwisser des Widerstandes. Die Division Brandenburg, so ist bei Hans-Adolf Jacobsen lediglich nachzulesen, sei „provisorisch durch Oberst Lahousen geführt" worden. Und im Vernehmungs-Protokoll von Wladimir Baron Kaulbars, einem ehemaligen Stabskapitän der zaristischen Armee, stand dieser aufregende Satz: „... fand eine Besprechung mit Admiral Canaris, Oberst Bickenbrodt, Oberst Lahousen und Major Baum statt." Ein wahrer Widerständler hätte indes ohne Ende RSHA-Protokolle produziert. Im Fall Lahousen-Vivremont geschah dies aber eben nicht.

Lahousen-Vivremont war kein Graf Stauffenberg, vielmehr das, was Reinhard Gehlen dringend benötigte: ein NS-Offizier, der niemals einen einzigen NS-Befehl hinterfragt hatte. Deshalb sollte Lahousen-Vivremont Österreich nachrichtendienstlich besetzen. Doch der vorgeblich kühne Streich scheiterte am Veto des längst Gehlen-kritischen CIC.* Lahousen-Vivremont starb am 24. Februar 1955 in Innsbruck.

Das Nachkriegs-Österreich war nicht zu beneiden. Hunderttausende Flüchtlinge kamen aus dem Süden oder Osten, Dutzende davongejagter Faschistenführer vom Balkan erreichten die „Rettungsinsel", in die Steiermark fielen Titos Partisanen ein. Einige serbische Kommunisten befanden sich nicht mehr darunter. Sie gerieten in die Fänge des SS-Hauptsturmführers Johann Sanitzer, der in Wien im Reichssicherheitshauptamt das Ressort Amt IV („Gegnererforschung und -bekämpfung") verantwortete und sich auf sowjetische Fallschirmspringer spezialisiert hatte.

Nach dem deutschen Überfall auf die Sowjetunion war der Geheimdienst der Roten Armee, die GRU, augenblicklich von ihrem Spionagenetz abgeschnitten. Um die Kontakte wiederherzustellen, ließ die GRU Agenten halt vom Himmel fallen, sie wegen der fehlenden Reichweite sowjetischer Flugzeuge anfangs über Ostpreußen absetzen, dann mithilfe britischer Maschinen von England aus, mit schwerwiegenden Folgen: Über festgenommene Fallschirmspringer hob das RSHA beispielsweise die Rote Kapelle aus.

Am 8. Juli 1942 verhaftete die Gestapo in Wien einen Mann namens Willi Boerner, der bereits im Fahndungsbuch stand. Johann Sanitzer, SS-Untersturmführer, ließ Boerner brutal foltern, woraufhin er auspackte. Ja, er sei über Ostpreußen abgesprungen und habe über Deckadressen in Dresden, München und Innsbruck schließlich Wien erreicht. Boerner denunzierte jeden seiner hilfreichen Genossen. Er nicht allein.

---

* Im Spätsommer 1951 etablierte Gehlen in Salzburg die „Generalvertretung A", zuständig für die Spionage im gesamten Österreich. Ihr Leiter: Emmerich Ofczarek („Dr. Schäfer"), geboren am 15. Juli 1914 in Wien. 1934 Mitglied der „Vaterländischen Front Österreich", zugleich Mitarbeiter im damals noch konspirativ agierenden SD, 1940/42 Abwehr Pressburg, 1944/45 Leiter Gegenspionage der Wlassow-Armee. Nach der Kapitulation „Lektor" im angeblichen „Verlag" des Stifts St. Florian bei Linz. Ofczarek trat am 1. April 1946 der Organisation Gehlen bei (Deckname: „Dr. Schreiter"). 1956 wurde er in den BND übernommen (Spionageabwehr).

Fast jeder der im Großdeutschen Reich annähernd 200 festgesetzten Fallschirmspringer betrieb Verrat, ein Fiasko für die GRU.[69] Doch welcher GRU-Agent hatte was preisgegeben? Johann Sanitzer sollte der GRU eines verspäteten Tages Auskunft geben.

Sanitzer (bei Bratislava geboren, Student der Philosophie) gehörte seit 1918 der Wiener Kripo an. In dieser Zeit hatte er sich mit Johann Schober angefreundet, Wiener Polizeipräsident, später mit Unterbrechungen mehrmaliger Bundeskanzler. Sanitzer aber war korrupt, er ließ sich von der Wiener Unterwelt bezahlen. Als seine Bestechlichkeit öffentlich wurde, konnte ihn selbst Schober nicht mehr halten: Sanitzer flog auf die Straße. Was tun? Er trat 1931 der NSDAP bei, beteiligte sich 1934 am nationalsozialistischen Juli-Putsch. Daraufhin empfahl er sich nach der NS-Machtübernahme Österreichs der Gestapo.[70]

Am Morzinplatz stieg Sanitzer zum nationalsozialistischen Apostel auf. Seine Brutalität war gefürchtet, aber ebenso seine Kenntnisse über Fallschirm-Agenten gefragt. Ernst Kaltenbruner, Höherer SS- und Polizeiführer Donau, nach Heydrichs Tod Chef des RSHA, förderte Sanitzer. Eigentlich wollte er seinen Landsmann in die Zentrale nach Berlin holen, doch die Fachkraft Sanitzer schien in Wien unentbehrlich.[71] Am Ende stand Sanitzer vor dem Volksgericht. Urteil: lebenslanger schwerer Kerker. Dann aber wurde Sanitzer nach Moskau überführt.[72] Warum?

Die Pleite mit den Fallschirm-Agenten hatte die GRU tief getroffen, sie vor allem deren Aussagebereitschaft überrascht, Sanitzer das Debakel darum aufzuklären. In Moskau wird er wie ein Wasserfall gesprudelt haben; im Sommer 1955 kehrte er heim. Der 51-Jährige fand indes keinen Anschluss mehr. Sanitzer galt braunen Seilschaften als sowjetischer Überläufer. Er starb zwei Jahre später in Salzburg, ausgegrenzt von seinen alten Kameraden. Der Wiener Karl Josef Silberbauer, SS-Oberscharführer beim SD in Holland, hatte mehr Glück. Dabei schrieb er mit an einem traurigen Kapitel.

Silberbauers erster Vorgesetzter, der Befehlshaber der Sicherheitspolizei und des SD für die besetzten niederländischen Gebiete, Dr. Wilhelm Harster, war ein tüchtiger Beamter*, Duz-Kamerad des Reichskommis-

---

* Wilhelm Harster, geboren am 21. Juli 1904 im niederbayerischen Kelheim, gestorben am 25. Dezember 1991 in München, promovierte 1927 an der Universität München (Dr. jur.), zwei Jahre später trat er der Stuttgarter Politischen Polizei bei, bis er nach der NS-Machtergreifung erst Polizeichef in Tübingen wurde, dann

sars in den Niederlanden, Arthur Seyß-Inquart. Am 25. Juli 1943 erstattete Harster diesem, nationalsozialistisch aufrecht, wieder einmal Bericht – eine „Geheime Reichssache", dazu in einer schrecklichen Diktion: „Von den ursprünglich in den Niederlanden gemeldeten 140.000 Volljuden ist nun der 100.000. Jude aus dem Volkskörper entfernt worden."[73] Es gab also noch viel zu tun.

Harsters Nachfolger im Amsterdamer SD-Hauptquartier in der Euterpestraat, SS-Brigadeführer Eberhard Schöngarth, wollte Holland endgültig „judenfrei" haben. Jetzt setzte er auf Denunzianten, auf Kopfgeldjäger. Die gab es, reichlich. Seine Juden-Häscher lockte er mit der Aussicht auf Beförderungen. Am 4. August 1944, einem ungewöhnlich heißen Tag, bremste gegen zehn Uhr dreißig mit quietschenden Reifen ein Opel vor der Prinsengracht 263. Der österreichische SS-Oberscharführer Karl Josef Silberbauer stürmte mit drei bewaffneten Zivilisten das Giebelhaus.* Der Verrat war telefonisch und anonym erfolgt. Wer das war, ist bis heute nicht stichhaltig geklärt.

Der 33-jährige Silberbauer, ein Sadist ohne Schulabschluss, nahm acht dort versteckte Juden fest (die Familie des deutschen Kaufmanns Otto Heinrich Frank, die des Hermann van Pels und den Zahnarzt Fritz Pfeffer). Die kleine Anne Frank starb im März 1945 im KZ Bergen-Belsen, kurz bevor die Engländer das Lager befreiten, lediglich ihr Vater

---

von Württemberg. Eintritt in die SS (9. November 1933), SD-Abteilungsleiter in Berlin, 1938 Gestapo-Chef in Innsbruck, 1939 Kommandeur der Sicherheitspolizei und des SD in Krakau, vom 19. Juli 1940 bis zum 29. August 1943 Niederlande, SS-Gruppenführer und Oberster SS- und Polizeiführer Italien. Am 10. Mai 1945 Kriegsgefangenschaft in Bozen, 1947 an Holland ausgeliefert. Dort zu zwölf Jahren Haft verurteilt, 1953 vorzeitig entlassen, 1956 bis 1963 Oberregierungsrat im Bayerischen Staatsministerium des Innern, 1966 erneut verhaftet, zu 15 Jahren Gefängnis verurteilt (Beihilfe zum Mord in 82.854 Fällen), 1969 begnadigt. Abschließend Prokurist in der Münchner Immobilien-Firma „Euro-Boden GmbH & Co. KG".

* Karl Josef Silberbauer, geboren am 21. Juni 1911 in Wien, gestorben Ende 1972, trat 1939 der NSDAP, 1943 der SS bei. Sein Intellekt war eher bescheiden, allerdings für Hardcore zu gebrauchen. Bei der Wiener Gestapo galt er wegen seiner Brutalität als „Verhörspezialist". Dabei wird er überzogen haben, denn Silberbauer wurde nach Holland „strafversetzt". Im April 1945 kehrte er nach Wien zurück, wo er einige Monate im Gefängnis saß, um dann erneut in die Wiener Polizei übernommen zu werden. Die Tätigkeit für den SD wurde ihm für seine Pension angerechnet.

überlebte (das „Tagebuch" seiner damals 15-jährigen Tochter ist seither in 67 Sprachen übersetzt und 31 Millionen Mal verkauft worden).[74] Dann war der braune Spuk vorüber. Aber man glaubt es kaum: Um die Figuren Silberbauer und Harster kümmerte sich die Organisation Gehlen, stetig auf der Suche nach kompetenten Köpfen.

Gehlens früher Nachrichtendienst setzte sich ausschließlich aus Altgedienten zusammen, aus Männern, die Freunde, Gefährten oder Bundesgenossen ansprachen, um ihnen eine neue Zukunft zu eröffnen: eine Position im Pullacher Geheimdienst. Solch ein Fahnder sprach 1953/54 auch Wilhelm Harster an. Ob er Adressen von Kameraden kenne, die für Gehlen arbeiten würden, deren mögliche Kriegsverbrechen noch nicht in die Öffentlichkeit gedrungen seien? Harster, der von Gehlen später als Sicherheitsrisiko eingestuft wurde[75], kannte eine Unzahl von Kandidaten. Fortan firmierte er als „Sonderverbindung", ein Etikett, mit dem jeder Werber ungefragt versehen wurde.[76] Zu einer „Sonderverbindung" brachte es auch Karl Josef Silberbauer, in Wien wieder im Polizeidienst, der nun Gehlens Firma seinerseits Weggefährten anzeigte.[77] Silberbauer war zwar ein primitiver Haudegen, aber er trieb sich in österreichischen NS-Kreisen herum. Unbezahlbar für Gehlen, galt es doch, Österreich nachrichtendienstlich mit „Einheimischen" zu besetzen. Eine grausige Fußnote.

Wien – wie West-Berlin ein heißes Pflaster. Für Ost und West. Jeder Geheimdienst hatte Präsenzpflicht, zumal: Agenten mussten die österreichische Justiz nicht fürchten. Denn der Oberste Gerichtshof hatte ihnen Freibriefe ausgestellt: Solange sie nicht unmittelbar gegen Österreich spionierten, blieben sie ungeschoren. Und geriet einer einmal wirklich in Verdacht, gab die Staatspolizei dem betreffenden Agenten gelegentlich einen diskreten Hinweis: Er möge Österreich bitte schleunigst verlassen.[78]

Die Hauptkampflinien verliefen kreuz und quer durch Österreich. Die CIA und der BND klärten in Salzburg Ungarn und die ČSSR auf, für die Tschechen und Polen war Wien das Sprungbrett für ihre Spionage gegen die Bundesrepublik, während KGB wie GRU dort die Dienste der Satelliten-Staaten koordinierten.

Eisenbahner, Hotelportiers, Arbeiter, Beamte, Politiker, Journalisten, Wissenschaftler – jede noch so karge Information erhöhte das Einkommen. Eine simple Liste sowjetischer Garnisonen, aus einer US-Militärzeitschrift abgeschrieben, hatte trotzdem an die CIA, den BND und an die Franzosen verkauft werden können. Aber wehe, ein Österreicher konspirierte gegen die sowjetischen Besatzer. Der Lohn war tödlich. Wegen Spionage richteten die Russen Anfang der Fünfzigerjahre etwa 100 Österreicher hin.[79] Doch auch der Kreml hatte die eine oder andere Nuss zu knacken. So im September 1968. Da lief ein Tscheche zu den Amerikanern über: Ladislav Bittman, seit 1954 Offizier des Prager Geheimdienstes StB (Statní Bezpecnost).

Die Rote Armee marschierte 1968 in die abtrünnige ČSSR ein und stellte die gute alte sozialistische Ordnung wieder her, für Bittman Anlass, das Weite zu suchen. Und er hatte Brisantes mitgebracht, schließlich war er ein aufmerksamer Zuhörer, immer dann, wenn Wodka die Zunge löste, immer dann, wenn irgendwer mit seinen nachrichtendienstlichen Trophäen prahlte. Dem setzten nun andere Kameraden die ihren entgegen. Das Aufgeschnappte hielt Bittman fest, in einer von ihm erfundenen „Kurzschrift". Im Suff fielen gelegentlich sogar Klarnamen, zumal die Ehefrauen in ähnlicher Weise verfuhren.

Die Nachrichtendienste des Ostblocks hatten die seltsame Angewohnheit, sich auch als Heiratsinstitut zu verstehen. Ihre Offiziere waren gehalten, ausschließlich Sekretärinnen aus dem „Apparat" zu ehelichen. Nur eine „große Familie", so dünkte bornierten Sicherheitsoffizieren, würde vor einer gegnerischen Operation Schutz gewähren. Entbrannte Liebe? Mitnichten. Die Parteidisziplin verordnete den Ehering. Bittman aber schloss eine Jüdin in sein Herz. Die Chefetage erteilte ihm Heiratsverbot. Bittman: „Der starke Antisemitismus im tschechischen Staatssicherheitsdienst war mit Hilfe sowjetischer Berater gesät und genährt worden."[80] Er durfte seine Gefährtin wider Erwarten dennoch heiraten. Aber: Ein erstes Mal fragte er sich, ob der Kommunismus für ihn die richtige Ideologie sei. Die staatlich verordnete Kuppelei hielt nicht für immer vor. Die Scheidungsquoten waren immens. In dieser frustrierenden Atmosphäre bereitete Bittman seinen Absprung vor.[81]

Bittman war seit 1966 in Wien stationiert, legendiert als tschechischer Diplomat. Sein Vorgesetzter: der Oberst Jan Prihoda, ein Alkoholiker, der dazu den Wiener Straßenstrich belebte. Dessen Liebesleben – ein akutes Sicherheitsrisiko. Die StB-Zentrale kannte dessen skurrile Freizeitbeschäftigung, im Gegensatz zu Bittman, allerdings (noch) nicht.[82]

Anfang September 1968, gegen Mitternacht, zwei Wochen nach der Beerdigung des „Prager Frühlings", passierte Bittman mit seiner Familie bei Füssen die österreichisch-deutsche Grenze. Ziel: die US-Botschaft in Bonn. Warum keine österreichische Dienststelle? Bittman: „Die österreichische Polizei und Spionageabwehr waren weitgehend von osteuropäischen Agenten unterwandert. Sogar auf höchster Ebene der österreichischen Sicherheitstruppen saß ein tschechischer Geheimdienstagent."*[83] Nicht nur dort. Bittmans Enthüllungen sollten später einen 840 Seiten starken „Schlußbericht" eines Parlamentarischen Untersuchungsausschusses füllen, der in seiner Gesamtheit wegen seiner Brisanz noch heute unter Verschluss bleibt.[84]

Alois Euler, Sprecher des Innenministers Franz Soronics, flog auf, nach ihm Karl Erwin Lichtenecker, Mitarbeiter des Bundespressedienstes. Ob er wirklich für den StB gearbeitet hat, ist indes umstritten. Dennoch traf es ihn hart: zehn Jahre Gefängnis.[85] Österreich? Ein nachrichtendienstliches Tollhaus.**

---

* Der wohl spektakulärste StB-Agent hieß Alfred Frenzel, Bundestagsabgeordneter der SPD. Soeben hatte er eine Rede vor Vertretern des Widerstandes gegen den Nationalsozialismus beendet, da verhaftete ihn der Generalbundesanwalt Max Güde am 31. Oktober 1960 höchstselbst. Bis zur Affäre um den Kanzleramtsmitarbeiter Günter Guillaume galt der Fall Alfred Frenzel als der schwerwiegendste Landesverrat der Bundesrepublik. Frenzel hatte eine Verurteilung wegen Kokainschmuggels und seine frühere Mitgliedschaft in der tschechischen KP verschwiegen. Als im Bundestagswahlkampf 1953 sein SPD-Konkurrent ein Flugblatt mit ebendiesen Vorwürfen verbreitete, bezichtigte ihn Frenzel unter Eid der Lüge. So geriet er in die Fänge des StB. Frenzel wurde zu 15 Jahren Gefängnis verurteilt, Ende 1966 gegen vier westdeutsche Agenten ausgetauscht. Bis zu seinem Tod, zwei Jahre später, verbrachte er seinen Lebensabend in einer StB-Villa. Frenzel wurde mit militärischen Ehren zu Grabe getragen. Zu verdanken hatte der Top-Spion dieses ungewöhnliche Zeremoniell seinem Führungsoffizier Bohumil Molnar. Der war mit Frenzels unehelicher Tochter liiert und wurde schließlich stellvertretender Innenminister. Molnar gab den Befehl zur Verhaftung des Reformers Alexander Dubček.

** Bereits im Mai 1945 hatte Franz Honner, bis Dezember 1945 kommunistischer Innenminister, dann Staatssekretär, von den sowjetischen Besatzern den Auftrag erhalten, eine Staatspolizei zu errichten. Was die Russen geritten hat, nach der Geheimen Staatspolizei eine namensgleiche Staatspolizei ins Leben zu rufen, wird das große Geheimnis Moskaus bleiben. Honner war der richtige Mann: Teilnehmer am Spanischen Bürgerkrieg, von 1943 bis 1945 Ausbilder bei Titos Partisanen. Erster Chef der Staatspolizei war Heinrich („Heinz") Dürmayer, der – wie Honner – im Spanischen Bürgerkrieg kämpfte und – wie Honner – der KPÖ angehörte. Die neuen Staatspolizisten wurden überwiegend bei der KPÖ rekrutiert. 1947 gelang es dem SPÖ-Innenminister Oskar Helmer, Dürmayer aus dem Amt zu drängen. Das StaPo-Personal setzte sich jedoch weiterhin aus KPÖ-Mitgliedern zusammen.

Die Staatspolizei unterschlug Ende 1950 den Untersuchungsbericht des Bukarester US-Militärattachés Eugene Simon Karpe. Der stürzte im Tunnel des Lueg-Passes aus dem Orientexpress. Schließlich der stellvertretende Missionschef des Europa-Hilfe-Programms, Irving Ross. Er wurde in seinem Dienstwagen erst entführt, dann erschlagen, seine Leiche aus der Donau geborgen. Die Staatspolizei hintertrieb die Aufklärung. 1962 starb der abgesprungene ungarische Geheimdienstler Bela Lapusnyik – trotz (oder wegen) staatspolizeilicher Bodyguards – einen mysteriösen Vergiftungstod im Wiener Allgemeinen Krankenhaus. Er hatte eine Handvoll in Österreich agierender Agenten verraten.[86] Dann platzte Bittmans Bombe. Er enttarnte zwei Staatspolizisten. Pikant dabei: Jeder hatte sich dazu Reinhard Gehlen verpflichtet.

Der eine, Johann Ableitinger – ein schmutziger Maulwurf, aber hochkarätig. Er kassierte bei den Tschechen, beim BND. Er lieferte an den StB und an den BND: intime Berichte über österreichische Politiker, Befragungs-Kopien von Flüchtlingen aus dem Ostblock. Er erklärte den jugoslawischen Mädchenhandel, er fahndete im Straf- und dem Zentralen Melderegister nach Geschlechtskrankheiten, seinerzeit unersetzlich für die Anbahnung zukünftiger Spione, vor allem für den BND. Bei solchen Recherchen wurde Ableitinger vom StaPo-Kollegen und russischen Maulwurf Norbert Kurz unterstützt. Auch der StB-Agent Josef Adamek, Mitarbeiter des Bundespressedienstes, stellte sich als hilfreich heraus. Er ergänzte Ableitingers Dossiers mit außerehelichen Details aus dem Bundeskanzleramt unter Josef Klaus.[87]

Die Staatspolizei Österreichs – ein lächerlicher Haufen. Statt für Sicherheit zu sorgen, standen die Polizisten bei Empfängen herum, notierten während des Opernballs tatsächlich die Ankunftszeiten der Minister oder schrieben anlässlich von Begräbnissen von Nazi-Größen die letzten Grüße der Trauergemeinde mit. So etwas quittierten Kenner mit Spott: „Kommando Kranzschleife".

Die StaPo-Truppe war immer mit kommunistischen Spionen durchsetzt. Als Bittman darüber hinaus vor einem „großen unbekannten Ostagenten im Wiener Innenministerium" warnte, winkte die Regierung Klaus ab. Sie wusste wohl um das Leck. Noch ein Skandal? Um Gottes willen. Dafür gab es einen anderen: Am 23. November 1983 kündigte Ovidiu Florin Rotaru seinem Arbeitgeber. Der Kryptograph aus Siebenbürgen arbeitete an der rumänischen Botschaft in Wien und war Angehöriger des rumänischen Auslandsgeheimdienstes. Er meldete sich, mit einem 50 Kilogramm schweren Sack beladen, bei der CIA. Und erneut wurden Maulwürfe enttarnt: erst der StaPo-Abteilungsleiter Josef Czernanski, dann der Chef der Fremdenpolizei, Edgar Berger. Mehr noch. Auch Bruno Kreisky war betroffen. Sein oberster Leibwächter Franz Ehrenreich informierte die Rumänen über den präzisen Tagesablauf des Kanzlers. Selbst die häufigen Werkstatt-Inspektionen des Kreisky-Dienstwagens, eines Jaguar XJ 6, faszinierten Bukarest.[88] Schließlich die Wende, der Fall der Berliner Mauer.

Das Ministerium für Staatssicherheit (MfS) hatte Österreich wie seine eigene „Kolonie" behandelt, schließlich galt Wien als Umschlagplatz für allerlei Hightech. Über Wien schmuggelten Ostblock-Geheimdienste dringend benötigte Embargo-Güter. Ohne die Mitarbeit östlicher „Experten" war dies freilich nicht möglich. Fortan flogen sie nach und nach auf, die dubiosen Geschäfte.* Aber auch die Staatspolizei war – wieder einmal – involviert.

Zwei Überläufer der Ost-Berliner Hauptverwaltung Aufklärung (HVA) nannten dem westdeutschen Bundesamt für Verfassungsschutz (BfV) 1993 einen „Dritten Mann", der eigentlich der erste werden wollte: der „schöne Gustav", der Hofrat Gustav Hohenbichler, Chef der Fremdenpolizei und auf dem Sprung, die Staatspolizei zu übernehmen. Das Ermittlungsverfahren – wegen des Verdachts „zum Nachteil der Republik Österreich" – folgte zwangsläufig. Hohenbichler war allerdings bereits seit Jahren im Fadenkreuz interner Detektive. Doch die Recherchen verliefen im Sande. Freundlicher ausgedrückt: Es wurde

---

* Eine Schlüsselrolle spielte die KPÖ-Firma Novum, die auf ihren Konten etwa 500 Millionen DM gebunkert hatte. Novum-Geschäftsführerin war die Wiener Kommerzialrätin Rudolfine Steindling. Die einstmals glühende Kommunistin machte Novum zu einem gewichtigen Faktor innerhalb der DDR-Wirtschaft. Steindlings Aufstieg begann, als die DDR das „Zwangsvertretersystem" einführte, um die abstürzende DDR-Wirtschaft mit Devisen zu versorgen. Nach diesem System musste jede westliche Firma, die in der DDR tätig sein wollte, einen staatlichen Handelsvertreter zwischenschalten. Novum führte diesen Status und kassierte für jedes Geschäft mit dem Klassenfeind Provisionen. Die 500 Millionen DM beanspruchte allerdings die Bundesregierung mit dem Argument, sie habe schließlich das Erbe der DDR angetreten. Umgerechnet 250 Millionen DM konnte Bonn beschlagnahmen lassen, während die andere Hälfte bis heute verschwunden bleibt.

geschlampt, wie gehabt auf Österreichisch. Soll heißen: Wenn StaPo-Fahnder einem möglicherweise ungetreuen StaPo-Kollegen auf die Spur kommen sollten, dann taten sie das ausgesucht verhalten, ab und an wurden desgleichen Geständnisse so lange manipuliert, bis sie keine mehr waren.[89]

Die Karriere Hohenbichlers neigte sich ohnehin dem Ende zu, denn er soff sich um Kopf und Kragen. Bereits morgens gegen zehn stand Hochprozentiges auf seinem Schreibtisch. Hohenbichler galt als großherziger Dienstherr; zu den regelmäßigen Gelagen lud er Untergebene ein. Derart in Stimmung, lallten die Männer treudeutsches Liedgut. Hohenbichler wurde 1991 daher zwangsweise in den „Urlaub" geschickt. Er starb vier Jahre später. „Rachenputzer" gehörten zur StaPo wie der begehrte StaPo-Ausweis.[90] Anderenorts dasselbe Dilemma.

Roland Horngacher, Leiter der gesamten Kripo, flog wegen Alkohol-Missbrauchs auf die Straße und wegen der „Weitergabe von Amtsgeheimnissen". Im August 2006 erwischte es den Sicherheitsdirektor Anton Stenitzer. Volltrunken bretterte er mit dem Wagen seiner Frau gegen ein anderes Auto. Stenitzer verabschiedete sich sogleich freiwillig[91], während sein Vorgänger Günther Thaller zuvor, im wahrsten Sinn des Wortes, als Zeuge im Lucona-Untersuchungsausschuss abstürzte.[92]

Die Personalstruktur der Staatspolizei – unterirdisch. Dem Häuflein von 680 Mann fehlte bis weit in die Achtzigerjahre jedwede Spezialausbildung, kein Wunder, denn die Beamten kamen zumeist aus dem Polizeiapparat. Sie kannten sich mit Verkehrssündern und Eierdieben aus, doch selten sprachen sie die Sprache des Gegners. Kein Russisch, Tschechisch, Ungarisch, Rumänisch, Bulgarisch oder Serbokroatisch. Die Affäre um den Maulwurf Ableitinger offenbarte das Trauerspiel: Im Zuge der Ermittlungen gerieten weitere 47 Staatspolizisten in den Verdacht, für den kommunistischen Gegner gearbeitet zu haben. Selbst Wassili Mitrochin – der KGB-Oberst floh am 7. November 1992 mithilfe der Briten über Finnland in den Westen – schüttelte beim Thema Österreich nur mit dem Kopf: Staatspolizei? Sie sei quasi die Filiale östlicher Nachrichtendienste gewesen.[93] Das betraf auch eine österreichische Legende.

Seine Eltern leiteten vor 1914 konspirative Briefe für Leo Trotzki weiter, ein Onkel war der Regisseur Georg Wilhelm Papst („Westfront 1918", „Paracelsus"), der Bruder Christian österreichischer Justizminister, er selbst Physiker: Engelbert Broda erlitt am 26. Oktober 1983, dem österreichischen Nationalfeiertag, während eines Spaziergangs den stillten Herztod. Ganz Österreich trauerte.[94] Doch 26 Jahre später der Schock: Die Engländer enttarnten Engelbert Broda als KGB-Agenten. John le Carré hätte die Geschichte schreiben können.

Der überzeugte Kommunist Broda, so enthüllte die „Times" im Sommer 2009, emigrierte 1938 nach Großbritannien. Dort lernte er die Wiener Fotografin und bis heute verehrte Edith Tudor-Hart (eigentlich Suschitzky) kennen, eine bemerkenswerte, eine geheimnisvolle Frau. Broda mochte sie, sie wurde seine Geliebte, zur Freude des sowjetischen Geheimdienstes GRU. Tudor-Hart machte aus ihrem Bewunderer einen Spion. Das war nicht das erste Mal; sie hatte den Russen bereits Kim Philby und dessen erste Frau Litzi zugeführt.

Broda gehörte zu den Mitarbeitern der Cavendish Laboratories an der University of Cambridge, wo die britische Atombombe entwickelt wurde (Deckname: „Tube Alloy Project"). Nukleare Papiere erhielt Moskau also nicht allein aus den USA, sondern Broda informierte synchron zum Atom-Spion Klaus Fuchs.* Darunter die US-Blaupause über den Kernreaktor des Manhatten-Projekts, darunter amerikanische Bulletins über den Fortgang der Atombomben-Entwicklung.[95] Die Russen werden nicht nur einmal zur Wodka-Flasche gegriffen haben.

Nach Österreich heimgekehrt, lehrte Broda an der Wiener Universität. Dort war er seiner Zeit indes weit voraus: Er setzte sich energisch für die Sonnenenergie ein, schloss sich der von Albert Einstein und Bertrand Russell gegründeten Pugwash-Bewegung an und avancierte zu deren Vizepräsidenten. Pugwash hatte ein lauteres Ziel: Von Wissenschaftlern getragen, prangerte es das nukleare Wettrüsten an. Ob Broda der GRU bis zu seinem Tod weiter diente, bleibt unklar.

---

* Am „Tube Alloy Project" war auch Klaus Fuchs beteiligt, der sich 1942 in London in der russischen Botschaft als Spion andiente. Die zuständige GRU stellte für Fuchs die Kurierin Ruth Werner ab; zuvor hatte sie Material von Richard Sorge nach Moskau weitergeleitet. Während Klaus Fuchs 1943 in die USA in das Atom-Zentrum Los Alamos wechselte, blieb Broda in Großbritannien. Fuchs lieferte der GRU die kompletten Pläne für die Plutonium-Bombe „Fat Man", an deren Konstruktion er mitgearbeitet hatte. „Fat Man" wurde schließlich auf Nagasaki abgeworfen. Fuchs kehrte nach London zurück, wo er sich mit den „Schnellen Brütern" beschäftigte. 1950 verhaftet, zu 14 Jahren Gefängnis verurteilt, neun Jahre später begnadigt, ließ er sich bei seinem Vater in Leipzig nieder.

Ähnlich mysteriös kam auch die Affäre Zilk daher, eine Agenten-Affäre, die – als sie 2009 die Medien beherrschte – von der „Süddeutschen Zeitung" süffisant begleitet wurde: In Wien grassiere erneut ein „grotesker Sachverhalt", über „den die ‚Süddeutsche Zeitung' bereits vor zehn Jahren berichtet hat": Sei Helmut Zilk ein tschechischer Spion gewesen?[96] Ein ganzer, ein halber oder irgendwie vielleicht doch keiner?

Helmut Zilk liebte die Frauen, und die ihn. Er war Bonvivant. Seine erste Gattin kam aus der Tschechoslowakei. Sie wird ihm das schöne Prag nähergebracht und seine Tschechophilie wohl befördert haben. Die hatte er nie verleugnet.[97] Im Gegenteil: Der Journalist und Freimaurer forcierte, zusammen mit dem Intendanten des tschechischen Rundfunks, Jiří Pelikan, das Format „Stadtgespräch Wien-Prag", eine seinerzeit politische Sensation. Und hier begann sie, die Geschichte des „Alpen-007".

1964 ging das „Stadtgespräch" auf Sendung. Die komplizierten „Stadtgespräch"-Verhandlungen begannen ein Jahr zuvor, aber sie hätten erst gar nicht aufgenommen werden dürfen: Kennedy besuchte West-Berlin („Ich bin ein Berliner"), dann der Vietnamkrieg – ein Lüftlein Frühling im Kalten Krieg? Danach sah es eigentlich nicht aus. Dennoch gab es zwei live ausgestrahlte „Stadtgespräche". Handelte es sich dabei etwa um ein Spiel nachrichtendienstlicher Gaukler?

Zilk führte nicht nur mit Jiří Pelikan Vorgespräche, sondern ebenso mit verdeckten Mitarbeitern des StB, so mit Jiří Stárek, Kulturattaché der ČSSR. Doch wer führte die Regie? Der Mann hieß Ladislav Bittman.

Zilk adressierte, am 21. August 1945, einen Lebenslauf, einen an die KPÖ: „Von meinem Vater von jeher im kommunistischen Sinne erzogen, lehnte ich mich gegen jedes nationalsozialistische Gedankengut … auf." Die KPÖ-„Freie Österreichische Jugend" hatte verstanden und Zilk als ihr Mitglied akzeptiert, am 9. Februar 1946 gehörte Zilk auch der KPÖ an.[94] Dann wechselte er zur SPÖ. In Österreich waren die Kommunisten allerdings nicht mehr salonfähig. Stalin hatte ihnen seinen Stempel aufgedrückt. Lehrer wollte er nun werden. Doch statt der Schule rief ihn der Rundfunk. Seine Wortgewaltigkeit schien den Ausschlag gegeben zu haben, ideal für den Jugend-Hörfunk. Anschließend baute er das Schulfernsehen auf.[98]

Bittman, obwohl dem Prager Regime gegenüber immer reservierter, liebte indes seinen Job. Zilk sollte „Perspektiv-Agent" werden, was bedeutete: Nicht heute, aber vielleicht morgen oder übermorgen, wenn Zilk eine „bedeutende" Position erreicht hätte, dann wollte Bittman – und erst dann – aus Zilk einen richtigen Agenten machen. Vorausgesetzt, Zilk hätte sich darauf überhaupt eingelassen. Zilks Treffen in Prag mit StB-Unterhändlern im Hotel „Alcron" am Wenzelsplatz (heute: „Radisson Blu Alcron Hotel"), seine Unterhaltungen im „Sacher" oder im „Kerzenstüberl" – sie dienten allein dem Ziel Zukunft.[99] Ein „einfacher" Fernsehmann – für Bittman ohne Wert.

Agenten führende Geheimdienstler haben ihre Berichte nicht auf das Komma genau zu Papier gebracht, vielmehr oft hinzugedichtet. Das war (und: ist) für sie überlebenswichtig. Denn je wichtiger sie ihre Spione darstell(t)en, desto näher die herbeiersehnte Beförderung. Diese Praxis wurde und wird weltweit praktiziert. Bittman war da keine Ausnahme. Doch plötzlich überraschte der „Prager Frühling".

Bittman setzte sich ab, ihm folgte der Kulturattaché Jiří Stárek. Die Amerikaner und Engländer befragten die Überläufer. Hier nahm Zilk ein erstes Mal nachrichtendienstliche Gestalt an. Dann durfte der BND sie interviewen. Zwar wuchs Zilk in Pullach noch nicht zum Ober-Spion heran, aber immerhin zu einem Spiönchen. Erst die Staatspolizei machte aus Zilk eine Art Übervater Kim Philbys.[100]

Nun gab es unterschiedliche Vernehmungs-Resümees, aber nur eines bestimmte den Medien-Rummel: Ausgerechnet das der wenig vertrauenswürdigen Staatspolizei machte Furore. Und dafür konnte Helmut Zilk nun wirklich nichts.

Österreich sollte das bleiben, was es ist: ein wunderbares Urlaubsland.

Quellen

Die CIA hat bis heute rund 29 Millionen NS-Seiten deklassifiziert. Nach und nach kommen weitere Bestände hinzu. Darunter einstmals hochgeheime Papiere über vormalige SS-Offiziere, die für Reinhard Gehlen, das Bundesamt für Verfassungsschutz, die Amerikaner bzw. für weitere westliche Dienste gearbeitet haben. In den Zeugnissen der CIA werden zudem Doppelagenten mehr oder minder deutlich genannt. Die freigegebenen Schriftstücke liegen in den National Archives in Washington (NARA) und sind u. a. in der Record Group 263 sowie der Record Group 319 (RG) dokumentiert. Darüber hinaus werden BND-Akten hinzugezogen. So das gesamte „Tagebuch" des ehemaligen BND-Vizepräsidenten Dieter Blötz. Der BND wähnt den sensiblen Blötz-Nachlass als vernichtet, zumindest laut einer handschriftlichen Erklärung der Sekretärin von Blötz, die zugleich seine Geliebte war (Deckname: „Nelken", wahrer Nachname: Sterken): „Ich habe die Tageskopien der Bonn-Protokolle … eigenhändig vernichtet." Das ist freilich niemals geschehen. „Recherchen Autor" bedeutet: vertrauliche Gespräche oder vertraulich zur Verfügung gestelltes BND-Material.

Maulwürfe pflanzen sich fort

1 Anklageschrift Sosnowski, Oberreichsanwalt (7/11 J 145/34) 2 S. A. Gorlow/S. W. Jermatschenkow: „Ausbildungsstätten der Reichswehr in der UdSSR", „Europäische Sicherheit" 1/95 **3** Gert Buchheit: „Die anonyme Macht", Akademische Verlagsgesellschaft, Frankfurt am Main 1969, S. 108 f. **4** Dabei soll es sich um den Kommerzienrat Hermann Waibel aus Wiesbaden gehandelt haben **5** Buchheit, S. 109 **6** Anklageschrift Sosnowski **7** Gorlow/Jermatschenkow **8** Anklageschrift Sosnowski **9** Dass Hitler Polen nach der „A-Planstudie" überfallen hätte, publizierte nach Auswertung des Schukow-Nachlasses im Oktober 1987 das „Militärbulletin" der Roten Armee; Anklageschrift Sosnowski **10** Ernst und Gerth fielen am 30. Juni 1934 dem Röhm-Putsch zum Opfer **11** Anklageschrift Sosnowski **12** Heinz Höhne: „Canaris", C. Bertelsmann, München 1976, S. 162 **13** Anklageschrift Sosnowski **14** Urteil Sosnowski, 16.2.35 **15** Handakten des Oberreichsanwalts; Urteil Sosnowski **16** Ebenda; J. W. von Oertzen: „Die deutschen Freikorps", F. Bruckmann Verlag, München 1936, S. 70 ff. **17** Höhne, S. 86 **18** Um die Jahreswende 1991/92 war es der CIA gelungen, in Moskau zwei von GRU-Historikern erstellte Dokumentationen in ihren Besitz zu nehmen. Die erste Arbeit wurde 1965 unter dem frei übersetzten Titel „Unsere Geschichte" verfasst, die zweite, eine mehr kritische Abhandlung, 1990 („Die GRU nach der Oktoberrevolution"). Beide Abhandlungen werden fortan als GRU-„Geschichte" oder GRU-„Revolution" zitiert. Dies gilt auch für nachfolgende Kapitel. In diesem Fall: GRU-„Geschichte" **19** Johannes Strübing hat die Affäre Willy Lehmann im Februar 1958 rekapituliert. Der Anlass ist nicht bekannt. Möglicherweise für den BND 20 SS-„Befehlsblatt", 29.1.43 **21** Pawel A. Sudoplatow: „Der Handlanger der Macht", Econ Verlag, Düsseldorf 1994, S. 29, 182 ff. **22** Ebenda, S. 145, 147 **23** GRU-„Geschichte" **24** „Vermerk", Geheime Staatspolizei, 7.8.34; das „Protokoll" trägt das Datum vom 18.9.34; es sind zwei Spitzel-Berichte Soltikows erhalten (20.9.34 und 21.9.34) **25** GRU-„Geschichte"; H. Hiltmann hatte am 2. Oktober 1970 seine Erlebnisse mit seinem ehemaligen Mitschüler zu Papier gebracht. Fortan zitiert als „Hiltmann" **26** Ebenda **27** GRU-„Geschichte" **28** Sudoplatow, S. 150, 297 f., 425; GRU-„Geschichte" **29** Auskunft Deutsches Adelsarchiv **30** Hiltmann **31** Ebenda **32** Am 16. Januar 1958 reichte Soltikow einen 29-Seiten-Schriftsatz an das Bundesverfassungsgericht ein; darin geht er auch auf die Wechsel ein **33** Strafregisterauszug Berlin-Charlottenburg, 2.1.44 **34** Joachim Meisinger hat, vor seiner Hinrichtung im März 1947 in Warschau, „Erinnerungen" verfasst. Sie sind undatiert **35** Zum Fall Soltikow erarbeitete Prof. Edgar Wedepohl am 18.1.1952 eine Stellungnahme; vermutlich für Reinhard Gehlen **36** „Fallstudie" der Abwehr, September 1936 **37** Um welche „Erfolge" es sich gehandelt hat, teilt Wedepohl nicht mit **38** Wedepohl **39** Ebenda **40** Joachim Rohleder hat den Fall Soltikow im Dezember 1950 nachgezeichnet; vermutlich für Reinhard Gehlen **41** Ebenda **42** Spruchkammerverfahren München, 1951/52; Aktenzeichen auf der Kopie nicht leserlich **43** Bundesverfassungsgericht **44** „Spiegel" 1/61 **45** „Tagesspiegel", 14.12.61 **46** „F.A.Z.", 12.12.61 **47** „Welt", 28.5.52; Leserbrief Soltikows an die „Welt", 29.4.52 **48** „Welt", 24.9.49; „Echo der Woche", 4.11.49 **49** Die Serie erschien 1954 als Buch **50** Sudoplatow, S. 146 f., 416 **51** Bundesverfassungsgericht **52** Korrespondenz der „Rechtsberatungsstelle" liegt zum Teil vor **53** GRU-„Geschichte"; „Bundesanzeiger", 13.1.55 **54** Aktennotiz, 14.1.55 **55** GRU-„Geschichte" **56** Ebenda; Anklageschrift Bundesanwaltschaft gegen HVA-Oberst Wagenbreth (3 BJs 1114/91-4), 3.11.93 **57** Recherchen Autor

Ein Doppelagent dient vier Herren

1 Peter Boris: „Im Zickzack durch die Zeit", „Zeit", 9.9.88 **2** Ebenda **3** Karl I. Albrecht: „Der verratene Sozialismus", Nibelungen-Verlag, Berlin 1938, S. 17 f. **4** Karl I. Albrecht: „Sie aber werden die Welt zerstören", Verlag Hubert Neuner, München 1954, S. 10 **5** OKH: „Die Kämpfe in Südwestdeutschland 1919–1923", Verlag von Mittler, Berlin 1939, S. 167 **6** „Die Presse der Arbeiterklasse und der sozialen Bewegungen", Band IV, Verlag Sauer & Auvermann, Frankfurt am Main 1969, S. 1.914; Stefan Berkholz: „Ich bin Träger wichtiger Geheimnisse", „Neues Deutschland", 19.12.98 **7** Albrecht („Sozialismus"), S. 18, 584 **8** Ebenda, S. 27 **9** Ebenda, S. 29 **10** Ebenda, S. 49, 91 **11** Ebenda, S. 140, 280 **12** Ebenda, S. 283 **13** GRU-„Geschichte" **14** S. K. Zwigun: „Felix Dzierzynski", Dietz Verlag, (Ost-)Berlin 1980, S. 470 f., 552; „Schild und Flamme", Militärverlag der DDR, (Ost-)Berlin 1974, S. 193 **15** E. H. Cookridge: „Zentrale Moskau", Adolf Sponholtz Verlag, Hannover 1956, S. 551 f. **16** Ebenda, S. 56 f. **17** GRU-„Geschichte" **18** Albrecht („Sozialismus"), S. 580 f. **19** Leopold Trepper: „Die Wahrheit", Kindler Verlag, München 1975, S. 76 ff. **20** Albrecht („Sozialismus"), S. 2, 622 **21** Vernehmungs-Protokoll des RSHA-Angehörigen Horst Kopkow in Hannover, September 1945 **22** Ebenda **23** Boris Lewytzkyi: „Die rote Inquisition", Societäts-Verlag, Frankfurt am Main 1967, S. 174 f. **24** „Spiegel"

4/68 **25** Otto Köhler: „Wir Schreibmaschinentäter", Pahl-Rugenstein, Köln 1989, S. 254 **26** GRU-„Revolution" **27** Ebenda **28** Verlagsprospekt des Nibelungen Verlages, Herbstprogramm 1938 **29** Albrecht („Sozialismus"), S. 623 ff. **30** Ebenda, S. 626 ff. **31** Ebenda, S. 631 ff. **32** Ebenda, S. 283, 327 **33** Honorarabrechnung Nibelungen Verlag, 3.11.43 **34** Korrespondenz der Reichsschrifttumskammer, 1942 **35** Schreiben Albrechts an Stürtz, 15.10.41 **36** Elke Fröhlich: „Die Tagebücher von J. Goebbels", Band 4, K. G. Saur Verlag, München 1987, S. 731; „Rundbrief an alle Gaupropagandaleiter", 22.10.41 **37** Schreiben Albrechts an Taubert, 5.11.41; Schreiben Reichspropagandaamt Württemberg an Reichspropagandaministerium, 27.11.41 **38** „Rundbrief an alle Gaupropagandaleiter", 22.10.41 **39** „Vermerk" Reichspropagandaministerium, 8.4.42 **40** „Notiz" Generalreferat Ostraum, 24.4.42 **41** Schreiben Albrechts an Taubert, 5.11.41 **42** Schreiben Tauberts an SS-Personalamt, 11.10.44 **43** GRU-„Revolution" **44** H. Höhne/H. Zolling: „Pullach intern", Hoffmann und Campe, Hamburg 1971, S. 82 ff. **45** Autorenkollektiv: „Duell mit der Abwehr", Deutscher Militärverlag, (Ost-)Berlin 1971, S. 291 **46** Albrecht („Welt zerstören"), S. 214 ff.; GRU-„Revolution" **47** GRU-„Revolution" **48** Albrecht („Welt zerstören"), S. 306 ff.; GRU-„Revolution" **49** GRU-„Geschichte" **50** Ebenda **51** Albrecht („Welt zerstören"), S. 354 f. **52** Ebenda, S. 395 f., 402 ff.; GRU-„Revolution" **53** Albrecht („Welt zerstören"), S. 407 **54** B. Page/D. Leitch/P. Knightley: „Philby", Rowohlt, Reinbek 1968, S. 52 f. **55** GRU-„Revolution" **56** „Spiegel" 34/61 **57** Albrecht („Welt zerstören"), S. 18, 21 f., 415 ff., 491, 493 **58** Ebenda, S. 547 f., 556 **59** GRU-„Revolution" **60** Ebenda **61** Peter Boris („Zeit") **62** „F.A.Z.", 3.6.58, 5.6.78 **63** Reinhard Gehlen: „Der Dienst", von Hase & Koehler Verlag, Mainz 1971, S. 48 f. **64** Albrecht („Welt zerstören"), S. 216

Maulwürfe werden an die Wand gestellt

1 „Der vierte Nahostkrieg", „Weltwoche" 48/73 **2** Heinz Höhne: „Der Krieg im Dunkeln", C. Bertelsmann, Gütersloh 1985, S. 226, 228 **3** Max Hoffmann: „An allen Enden Moskau", Verlag für Kulturpolitik, Berlin 1925, S. 38 **4** S. S. Chromow/S. K. Zwigun: „Felix Dzierzynski", Dietz Verlag, (Ost-)Berlin 1980, S. 520 ff. **5** Erich F. Pruch: „Der rote Soldat", G. Olzog Verlag, München 1961, S. 13 ff. **6** Ebenda, S. 15 **7** GRU-„Geschichte" **8** GRU-„Revolution" **9** Ebenda **10** Autorenkollektiv: „Schild und Flamme", Militärverlag der DDR, (Ost-)Berlin 1974, S. 192 **11** Ebenda, S. 201 **12** John Barron: „KGB", Scherz Verlag, Bern 1974, S. 465; GRU-„Revolution" **13** „Schild und Flamme", S. 192 f. **14** Ebenda **15** Ebenda, S. 188 **16** Ebenda, S. 189 **17** Höhne, S. 266 **18** Julius Mader: „Dr. Sorge funkt aus Tokyo", Deutscher Militärverlag, (Ost-)Berlin 1970, S. 451 **19** „Schild und Flamme", S. 191 **20** Höhne, S. 265 **21** Chromow/Zwigun, S. 175 **22** Boris Lewytzkyi: „Die rote Inquisition", Societäts Verlag, Frankfurt am Main 1967, S. 43 **23** Chromow/Zwigun, S. 175 **24** Leopold Trepper: „Die Wahrheit", Kindler Verlag, München 1975, S. 75 ff.; „Schild und Flamme", S. 38 ff. **25** „Schild und Flamme", S. 40; Chromow/Zwigun, S. 176 **26** Lewytzkyi, S. 42 **27** Trepper, S. 76 **28** GRU-„Geschichte"; Lewytzkyi, S. 43 f. **29** GRU-„Geschichte"; S. Goljakow/W. Ponisowski: „Die Stimme Ramsays", Verlag Progress, Moskau 1980, S. 22, 73 ff. **30** GRU-„Geschichte" **31** Die Biografie Tretjakows erschien 1990 in der Moskauer „Neuen Zeit" in den Ausgaben 18 bis 20. Autor der dreiteiligen Serie: der GRU-Oberstleutnant Fjodor A. Mletschin, der auf das KGB-Archiv zurückgreifen musste, da das KGB Tretjakow als Agenten für sich beanspruchte; GRU-„Geschichte"; GRU-„Revolution". Fortan zitiert als „Mletschin" mit Hinweis auf die jeweilige Ausgabe der „Neuen Zeit" 32 E. H. Cookridge: „Zentrale Moskau", Sponholz Verlag, Hannover 1956, S. 265 33 Mletschin 19/90 34 Höhne, S. 279 35 B. S. Schaptik: „Mit geheimer Post unterwegs", dreiteilige Serie „Horizont", (Ost-)Berlin 1972 36 Höhne, S. 377 37 Trepper, S. 100 ff. 38 GRU-„Revolution"; GRU-„Geschichte" 39 GRU-„Geschichte" 40 GRU-„Revolution" 41 Lewytzkyi, S. 92 f. 42 Heinz Hoffmann: „Mannheim, Madrid, Moskau", Militärverlag der DDR, (Ost-)Berlin 1985, S. 324 ff. 43 Robert Conquest: „Er wird uns alle abschlachten", „Spiegel" 7/71 44 Lewytskyi, S. 112 45 Höhne, S. 239 f. 46 Jukka L. Mäkelä: „Im Rücken des Feindes", Verlag Huber, Frauenfeld 1967, S. 28 f. 47 Ebenda, S. 32 f. 48 Ebenda, S. 46 ff. 49 GRU-„Revolution" 50 GRU-„Geschichte" 51 Ebenda; Olaf Groehler: „Wir vertrauen Ihrer Voraussage, Josef Wissarionowitsch", „Neues Deutschland", 27.6.92 52 GRU-„Geschichte"; Michail Milstejn: „Vom Nachrichtendienst liegt vor ...", „Neue Zeit" 26/90 53 Groehler 54 GRU-„Geschichte" 55 GRU-„Revolution" 56 „Schild und Flamme", S. 196; „Soldaten an geheimer Front", „Horizont", (Ost-)Berlin, 34/75 57 Goljakow/Panisowsk, S. 79; P. A. Sudoplatow: „Der Handlanger der Macht", Econ Verlag, Düsseldorf 1994, S. 277 ff. 58 Hans-Heinz Wilhelm: „Die Prognosen der FHO", „Vierteljahreshefte für Zeitgeschichte" 34/75 59 „Horizont" 60 In der von der GRU erstellten Dokumentation „Unsere Geschichte" wird Mistschenko als FHO-Agent ausgewiesen, während ihn der „Horizont"-Beitrag „Soldaten in geheimer Front" der Abwehr von Canaris zuordnet; in der GRU-„Revolution" wird Mistschenkos Abwehr-Bindung mit einem Jahr angegeben 61 G. Bailey/S. A. Kondraschow/D. E. Murphy: „Die unsichtbare Front", Ullstein Verlag, Berlin 1997, S. 66 62 Sudoplatow, S. 277 ff. 63 Ebenda 64 Höhne, S. 139; GRU-„Revolution" 65 Höhne, S. 531 f. 66 S. M. Schtemenko hat 1970 und 1973 zwei Bücher unter demselben Titel veröffentlicht („Im Generalstab"). Beide sind im DDR-Militärverlag erschienen. Während Schtemenko in seinem ersten „Generalstab" kein Wort über seine Beteiligung zum Sturz Berijas verliert, gibt er in seinem zweiten „Generalstab" seine Beteiligung zu 67 V. F. Nekrassow: „Berjia", Bechtermünz Verlag, Augsburg 1997, S. 340 f. 68 Ebenda 69 GRU-„Geschichte" 70 Ebenda; GRU-„Revolution" 71 GRU-„Geschichte" 72 „Die sowjetische Beschaffung von militärisch wichtiger Technologie" („aktualisierter Bericht"), CIA-Expertise, Mai 1986; CIA-„Dokumentation", 4.9.92 73 Bailey/Kondraschow/Murphy, S. 360 ff.; Oleg Penkowskij: „Geheime Aufzeichnungen", Droemer Knaur, München 1966, S. 245 74 GRU-„Revolution" 75 „Tagesspiegel", 5.10.95 76 Novosti, 2.11.2007

Ein Doppelagent wider Willen

1 René Sonderegger: „Mordzentrale X", Reso-Verlag, Zürich 1936 2 „F.A.Z.", 10.11.76; „Sonntagsblatt", 14.11.76; epd, 13.11.76 2a Kurt R. Grossmann: „Emigration", Europäische Verlagsanstalt, Frankfurt am Main 1969, S. 83 f. 3 Heinz Höhne: „Canaris", C. Bertelsmann, München 1976, S. 125; „Bericht des Bundesrates ...

über die Verfahren gegen NS-Schweizer wegen Angriffs auf die Unabhängigkeit der Eidgenossenschaft", „Bundesblatt", 1948, Bern, S. 1.182 **4** „Die Presse der Arbeiterklasse und der sozialen Bewegungen", Band IV, Verlag Sauer & Auvermann, Frankfurt am Main 1969, S. 1.914; Stefan Berkholz: „Ich bin Träger wichtiger Geheimnisse", „Neues Deutschland", 19.12.98 **5** Die Ermittlungen „Salomon, Jacob" und „Wesemann, H. O." sind von der Basler Kantonspolizei geführt worden. Die Entführung beschäftigte auch den Schweizer Bundesrat; Sonderegger **6** Die Verhöre Wesemanns durch die Staatsanwaltschaft des Kantons Basel fanden im März/April 1935 statt. Die Protokolle sind im Bundesarchiv in Bern gesperrt; J. Tuchel/R. Schattenfroh: „Zentrale des Terrors", Siedler Verlag, Berlin 1987, S. 213 ff. **7** „Pressemitteilung", Deutsche Welle, 4.3.63 **8** Hans Otto Wesemann: „Das Verkehrswesen Südosteuropas", Südost-Echo Verlag, Wien 1940 **9** Hans Dieter Müller: „Das Reich", Scherz Verlag, München 1964, S. 17 **10** Bei dem von Borisow erstellten Protokoll vom November 1949 handelt es sich um eine „Kurzfassung". Darin nimmt er mehrmals Bezug auf einen vorhergehenden „Bericht", in dessen Mittelpunkt Wesemann und Brecht stehen. Interessant ist, dass drei Aktenzeichen vorhanden sind. Sie lassen darauf schließen, dass die Zuständigkeiten gewechselt haben, dazu wird die Affäre Wesemann in den GRU-Dokumentationen „Geschichte" und „Revolution" widersprüchlich behandelt **11** Borisow hat in einem 12-Seiten-Bericht (die Seiten 4 und 9 fehlen) beschrieben, wie er Wesemann wieder auf Vordermann gebracht hat. Aus unerfindlichen Gründen trägt dieser „Bericht" das Datum vom 14. Februar 1954. Der KGB-Historiker Nikolai S. Kischilow vermutet, dass bis zur Hinrichtung Berijas verschiedene Dossiers von diesem „unter Verschluß" gehalten worden seien. Nach Berijas Tod seien sie dann wieder aufgefunden und mit einem neuen Datum versehen worden **12** Borisow hat bis in die 1970er Jahre in der sowjetischen Botschaft in Rom ein GRU-Agentennetz geführt. Nach seiner Rückkehr brachte er seine Erfahrungen zu Papier. Die titellosen 98 Seiten tauchten unter der Registriernummer C 48-5/75 im KGB-Archiv in Minsk auf. Wesemann starb 73-jährig am 9.11.1976, Borisow zwei Jahre später; hierzu: Erich Schmidt-Eenboom: „Undercover", Kiepenheuer & Witsch, Köln 1998, S. 277 f.

Maulwürfe erreichen ihr Pensionsalter

1 BVerwG, 2, Senat, 2 A6/96 **2** Ebenda, 2 A4/97 **3** „F.A.Z.", 17.8.96 **4** Varus-Werbung **5** Markus Wolf: „Geheimnisse der russischen Küche", Piper, München 1997, S. 159 **6** „KGB wollte Klaus Bednarz als Agenten", „Rheinische Post", 30.5.2001 **7** „Suche Panzer, biete Lada", „Spiegel" 49/97 **8** Norbert Juretzko: „Bedingt abwehrbereit", Ullstein, Berlin o. J., S. 160 ff. **9** Friedrich-Wilhelm Schlomann: „Die heutige Spionage Rußlands", Akademie für Politik und Zeitgeschehen, 2000, S. 21 **10** Ebenda **11** Verfassungsschutzbericht Republik Österreich, 2000, S. 79 **12** LfV Hamburg 2001, S. 220 **13** BfV 2003, S. 238 **14** BfV 2005, S. 276 f. **15** Vernehmung Kopkows in Neumünster, 14.10.45 **16** Ebenda, in London, am 2. Februar 1950 **17** Das Ereignis teilte Kopkow einem Kameraden in einem Brief am 17.8.69 mit **18** NARA, RG 319, XE220949-I **19** Ebenda **20** Ebenda **21** NARA, RG 263; das Treffen fand am 23.3.61 statt; C. Andrew/W. Mitrochin: „Das Schwarzbuch des KGB", Propyläen, Berlin

1999, S. 537 f. **22** C. Andrew/W. Mitrochin **23** Die Satzfahnen „Moskau ruft Heinz Felfe" lagen dem BND im Juli 1970 vor **24** Klaus Gessner: „Geheime Feldpolizei", Militärverlag der DDR, (Ost-)Berlin 1986, S. 105 **25** Ebenda, S. 38, 59 f. **26** H. Zolling/H. Höhne: „Pullach intern", Hoffmann und Campe, Hamburg 1971, S. 217, 284 **27** „Alfred Kahr Gesellschaft", Wien; „Österreichische Kommunistinnen im Exil in den USA", Wien, 3/06 **28** US-Armee IRR („Der Verber-Ponger-Fall"); NARA, RG 319 **29** „Spiegel" 11/53, 25/53 **30** Recherchen Autor **31** Zolling/Höhe, S. 215 **32** Ebenda, S. 216 **33** Jens Banach: „Das Führerkorps der Sicherheitspolizei und des SD", Schöningh, Paderborn 1998, S. 289, 298 **34** Zolling/Höhne, S. 216; Recherchen Autor **35** NARA, XE 004390 WJ 670 **36** Zolling/Höhne, S. 211 f. **37** NARA, KV2/1591-1593 **38** Ebenda, KV2/1629-1631 **39** Ebenda, KV2/1591-1593 **40** Zolling/Höhne, S. 218 **41** Recherchen Autor **42** Ebenda **43** Ebenda; Zolling/Höhne, S. 290 **44** Heinz Felfe: „Im Dienst des Gegners", Rasch und Röhring, Hamburg 1986, S. 282 **45** Zolling/Höhne, S. 291 **46** Recherchen Autor **47** Erich Schmidt-Eenboom: „BND", Herbig, München 2006, S. 207 **48** Heinz Höhne: „Canaris", C. Bertelsmann, München 1976, S. 461 **49** Schmidt-Eenboom **50** BND-„Vermerk", 26.8.75 **51** S. Henze/J. Knigge: „Stets zu Diensten. Der BND zwischen faschistischer Wurzel und neuer Weltordnung", Unrast, Münster 1997, S. 31; Lutz Hachmeister: „Die Rolle des SD-Personals in der Nachkriegszeit", „Mittelweg" 2/2002 **52** Richard Breitman: „Historische Namenslisten von der CIA", American University, Washington, 2001 **53** Breitmann; Recherchen Autor **54** C. Andrew/W. Mitrochin, S. 537

Doppelagenten erhalten Rückenwind

1 „Neues Deutschland", 7.11.54 **2** „Anweisung" Gehlens, 3.1.55 **3** Martin Lang: „Stalins Strafjustiz gegen deutsche Soldaten", Verlag E. S. Mittler & Sohn, Herford 1981, S. 49 **4** Autorenkollektiv: „Duell mit der Abwehr", Deutscher Militärverlag, (Ost-)Berlin 1971, S. 42 ff. **5** Hans-Adolf Jacobsen: „Spiegelbild einer Verschwörung", Band I, Seewald Verlag, Stuttgart 1984, S. 90 **6** „Duell mit der Abwehr", S. 44 **7** Ebenda, S. 160 **8** Ebenda, S. 180 ff. **9** Ebenda **10** Ulrich de Maizière: „In der Pflicht", Verlag E. S. Mittler & Sohn, Herford 1989, S. 106, 109 f., 113 f. **11** Ebenda, S. 111 **12** „Duell mit der Abwehr", S. 151 **13** IMT, Band XXII, S. 33 f. **14** „Russischer Kolonialismus in der Ukraine", Ukrainischer Verlag, München 1962, S. 7 ff. **15** Dossier Stolze der Organisation Gehlen, 1953 **16** GRU-Zusammenstellung „Generäle der faschistischen Wehrmacht", März 1949 **17** „Widerstand in Sowjetrußland", Exposé der Organisation Gehlen, Februar 1956 **18** Reinhard Gehlen: „Der Dienst", von Hase & Koehler, Mainz 1971, S. 252 f. **19** GRU-„Revolution" **20** Richard Gerken: „Spione unter uns", Verlag Ludwig Auer, Donauwörth 1965, S. 198 ff. **21** Gehlen, S. 254; BND-„Vermerk", 19.5.71 **22** Julius Mader: „Hitlers Spionagegenerale sagen aus", Verlag der Nation, (Ost-)Berlin 1970, S. 260 f. **23** Recherchen Autor **24** GRU-„Revolution" **25** H. Zolling/H. Höhne: „Pullach intern", Hoffmann und Campe, Hamburg 1971, S. 20, 132, 298 f., 311 **26** Heinz Felfe: „Im Dienst des Gegners", Rasch und Röhring, Hamburg 1986, S. 211 **27** Recherchen Autor; G. Bohnsack/ H. Brehmer: „Auftrag: Irreführung", Carlsen Verlag, Hamburg 1992, S. 81 f. **28** Helmut Müller-Enbergs: „Inoffizielle Mitarbeiter des Ministeriums für Staatssicherheit", Ch. Links

Verlag, Berlin 1998, S. 240; Recherchen Autor **29** Andreas Kabus: „Auftrag Windrose", Verlag Neues Leben, Berlin 1993, S. 39 **30** Felfe, S. 30, 32, 47, 70, 92 f. **31** Ebenda, S. 102 **32** Klaus Gessner: „Geheime Feldpolizei", Militärverlag der DDR, (Ost-)Berlin 1986, S. 38, 44 **33** Felfe, S. 144 **34** GRU-„Revolution" **35** Felfe, S. 100 **36** G. Andrew/W. Mitrochin: „Das Schwarzbuch des KGB", Ullstein Verlag, Berlin 1999, S. 537 f. **37** Gehlen, S. 287 **38** G. Bailey/S. A. Kondraschow/D. E. Murphy: „Die unsichtbare Front", Propyläen, Berlin 1977, S. 446, 553 **39** Felfe, S. 322 ff. **40** Gehlen, S. 288 **41** Oscar Reile: „Der Deutsche Geheimdienst im II. Weltkrieg", Weltbild Verlag, Augsburg 1990, S. 393 f. **42** Zolling/Höhne, S. 257 f. **43** Wolfgang Wehner: „geheim", Süddeutscher Verlag, München 1960, S. 57, 59, 61, 98, 105 f. **44** Wolfgang Höher: „Agent 2996 enthüllt", Kongress-Verlag, (Ost-)Berlin 1954, S. 18 f. **45** Nachlass Scholz („Aktennotiz", 31.5.91) **46** Ebenda; „Schulungs"-Ausarbeitung"(en) **47** Ebenda („Zeitplan", undatiert) **48** Ebenda („Vermerk", 31.5.91) **49** „Vermerk", Generalbundesanwaltschaft, 21.1.60 (9/2 BJs 507/55) **50** Ebenda **51** Fritz Scholz: „Kamerad Zinnecker", 15.6.94 **52** Nachlass Scholz („Vertragspunkte", 10.6.91) **53** Ebenda, „Aktennotiz", 1.1.60, 26.1.60, 17.2.60, 18.2.60, 27.2.60 **54** „Aktennotiz", 31.5.91 **55** Erich Schmidt-Eenboom: „Undercover", Kiepenheuer & Witsch, Köln 1998, S. 51, 391 **56** Schreiben Wagenlehners an Scholz, 1.4.97 **57** J. Hufelschulte/J. Ludwig: „Zittern in Pullach", „Focus" 34/95 **58** Andrew/Mitrochin, S. 552 **59** Ebenda **60** Hufelschulte/Ludwig **61** P. A. Sudoplatow: „Die Handlanger der Macht", Econ Verlag, Düsseldorf 1994, S. 175 **62** John Barron: „KGB", Scherz Verlag, Bern 1974, S. 472 **63** Hufelschulte/Ludwig **64** Michael S. Voslensky: „Das Geheime wird offenbar", Langen Müller, München 1995, S. 350 f. **65** W. Tschikon/G. Kern: „Perseus", Verlag Volk & Welt, Berlin 1996, S. 18 f. **66** Hufelschulte/Ludwig **67** Recherchen Autor **68** GRU-„Geschichte" **69** Hermann Foertsch: „Der Führer und seine Wehrmacht", „Jahrbuch des Deutschen Heeres", Berlin 1938, S. 13 ff. **70** Hermann Foertsch: „Kriegskunst heute und morgen", Verlag Wilhelm Andermann, Berlin 1939, S. 15 **71** Ebenda, S. 258 **72** Ebenda, S. 130, 229, 242, 259 **73** Verhör von Hermann Foertsch durch US-Vernehmer Walter Rapp, 10.12.46, S. 5 **74** Ebenda, S. 4, 6 f. **75** Ebenda, S. 11 **76** Ebenda durch US-Vernehmer Isaak Kreilisheim, 18.3.47, S. 10 f. **77** Ebenda, 10.12.46, S. 13 **78** L. Poliakov/J. Wulf: „Das Dritte Reich und seine Diener", K. G. Saur Verlag, München 1978, S. 484 **79** Günter Kleber (u. a.): „Die Okkupationspolitik des deutschen Faschismus in Jugoslawien, Griechenland, Albanien, Italien und Ungarn", herausgegeben vom Bundesarchiv, Häthig Verlagsgemeinschaft, Berlin 1992, S. 240 **80** Ebenda, S. 408 **81** Foertsch-Vernehmung, 30.4.47, S. 2 **82** Heinz Höhne: „Der Orden unter dem Totenkopf", Sigbert Mohn Verlag, Gütersloh 1967, S. 361 **83** IMT, Band IV, S. 403 ff. **84** Nachlass Max Merten **85** Ebenda **86** Recherchen Autor; Wolfgang Breyer: „Dr. Max Merten – ein Militärbeamter der deutschen Wehrmacht im Spannungsfeld zwischen Legende und Wahrheit", Inauguraldissertation, Universität Mannheim, 2003, S. 131 ff.; Otto Köhler: „Eichmann, Globke, Adenauer", Freitag" 24/06 **87** Merten **88** BND-„Betr. Rechtsanwalt Dr. Max Merten", 14.10.70 **89** Wolfram Wette: „Neue Form, alter Geist", „Zeit" 12/99 **90** Otto Köhler: „Komplizen des Genozids", „Konkret" 4/95 **91** Siegmar Schelling: „Im Dienste des BND", „Welt am Sonntag", 24.10.98 **92** Köhler **93** Auskunft Bernd Schmidbauer **94** Recherchen Autor **95** Höhne („Totenkopf"),

S. 90 ff. **96** Ebenda, S. 102 **97** Schelling **98** Höhne („Totenkopf"), S. 96, 101 **99** Ebenda **100** K.-H. Janßen/F. Tobias: „Der Sturz der Generale", C. H. Beck, München 1994, S. 107 **101** Ebenda, S. 254 **102** Percy E. Schramm: „Kriegstagebuch des Oberkommandos der Wehrmacht", Band II, Bernhard & Graefe Verlag, Frankfurt am Main 1984, S. 1.674 **103** Schelling **104** Jörg Friedrich: „Die kalte Amnestie", Fischer Taschenbuch Verlag, Frankfurt am Main 1984, S. 28 **105** Zolling/Höhne, S. 101, 108 **106** Recherchen Autor **107** Werner Maser: „Nürnberg", Econ Verlag, Düsseldorf 1977, S. 617 **108** Schelling **109** KGB-„Sachstandsbericht über durchgeführte Maßnahmen gegen die westberliner Spionage- und Zersetzungszentrale KGU" (Übersetzung aus dem Russischen), 30.5.58 **110** MfS-„Sachstandsbericht KgU", 17.3.59 **111** Recherchen Autor **112** Schelling **113** Recherchen Autor **114** Schelling **115** F. P. Heigl/J. Saupe: „Operation EVA", Konkret Literatur Verlag, Hamburg 1982, S. 81 ff., 89 **116** Recherchen Autor **117** Ebenda **118** Ebenda **119** Schelling **120** Heigl/Saupe, S. 106 **121** Waldemar Markwardt: „Erlebter BND", Anita Tykve Verlag, Berlin 1996, S. 398 **122** Recherchen Autor **123** GBA-Anklageschrift gegen HVA-Oberst Rolf Wagenbreth (3 BJs 1114/91-4), 3.11.93 **124** Rechtsstreit Bauer Verlag./. Gruner + Jahr, OLG München (212-4154/77), Sitzungsprotokoll, 5.12.79 **125** Ebenda, Sitzungsprotokoll, 3.12.79 **126** Ebenda, Sitzungsprotokoll, 13.12.79 **127** Hermann Schreiber: „Henri Nannen", C. Bertelsmann, München 1999, S. 337, 341 **128** „123 Treffs", „Spiegel" 44/73 **129** Schreiber, S. 341 **130** Prozess Bauer. /. G + J, Sitzungsprotokoll, 16.5.79 **131** Ebenda, 7.5.79 **132** Ebenda, 4.12.79 **133** G. Bohnsack/H. Brehmer, S. 103 **134** Schreiber, S. 342 **135** Prozess Bauer ./. G + J, Sitzungsprotokoll, 7.5.79, 13.12.79 **136** Ebenda, 9.12.81 **137** Schreiber, S. 342 **138** Volkmar Hoffmann: „Regierung gegen Geheimdienst-Mitarbeit", „F.A.Z.", 6.12.74 **139** „Spiegel" 47/74 **140** „Spiegel" 51/74 **141** Recherchen Autor **142** Erich Schmidt-Eenboom: „Der BND", Econ Taschenbuchverlag, Düsseldorf 1993, S. 397 ff. **143** „Spiegel" 42/74 **144** Zolling/Höhne, S. 303 f.; „Spiegel" 36/74; „Stern" 41/74 **145** Recherchen Autor **146** „Kripo fordert: ‚Fusioniert die Geheimdienste'", „Welt am Sonntag", 9.6.74 **147** H.-H. Wilhelm/L. d. Jong: „Zwei Legenden aus dem Dritten Reich", herausgegeben vom Institut für Zeitgeschichte, Deutsche Verlags-Anstalt, Stuttgart 1974 **148** Jürgen Schreiber: „Jagd auf den Jäger", „Tagesspiegel", 22.7.2006 **149** Foertsch-Interview (Peter F. Müller, Michael Mueller), 9.5.2002; Vernehmung von Foertsch durch Bundesanwaltschaft, 26.3.98 **150** „Spiegel" 17/98 **151** Foertsch-Interview; Foertsch-Vernehmung **152** Foertsch-Interview **153** Ebenda **154** Foertsch-Vernehmung **155** Ebenda **156** Die Zusammenkunft Foertsch-Großmann hat der Autor vermittelt **157** Recherchen Autor **158** Werner Großmann: „Bonn im Blick", Das Neue Berlin, 2000, S. 250 **159** Recherchen Autor **160** Ebenda **161** Großmann, S. 253 ff. **162** Recherchen Autor **163** Claus Lutterbeck: „Wer einmal in Verdacht gerät", „Stern" 6/77 **164** Recherchen Autor **165** Ebenda; Hans Leyendecker: „Ein Fuchs ist kein Maulwurf", „Süddeutsche Zeitung", 14.5.98 **166** Andreas Förster: „Der laute Rückzug eines Spions", „Berliner Zeitung", 24.7.98 **167** Foertsch-Vernehmung **168** Ebenda **169** BGH-Einstellungsbeschluss (3 BJs 30/98-2), 12.5.98 **170** Recherchen Autor **171** Ebenda

Maulwürfe treiben es bunt

1 „Tod dem Tyrannen", „Spiegel" 5/50 2 „Gomez – kein Spanier", „Spiegel" 8/50 3 Lutz Hachmeister: „Mein Führer, es ist ein Wunder!", „tageszeitung", 27.12.96 4 F. A. Six: „Die politische Propaganda der NSDAP im Kampf um die Macht", Dissertation, Ruprecht-Karls-Universität, Heidelberg, 1936, S. 76 5 Helmut Neuberger: „Freimauerei und Nationalsozialismus", Band II, Bauhütten Verlag, Hamburg 1980, S. 47 6 Shlomo Aronson: „Heydrich und die Anfänge des SD", Dissertation, Freie Universität Berlin, 1967, S. 280 7 Hachmeister 8 Ebenda 9 Volker Lilienthal: „Crime stories aus dem SD", epd medien 31/98 10 Hachmeister 11 Helmut Krausnick: „Hitlers Einsatzgruppen", Fischer Taschenbuch Verlag, Frankfurt am Main 1985, S. 260 12 Robert M. W. Kempner: „SS im Kreuzverhör", Franz Greno, Nördlingen 1987, S. 362 ff. 13 Hachmeister 14 Ebenda 15 „Jahrbuch der Weltpolitik 1943", herausgegeben vom Auslandswissenschaftlichen Institut, Junker und Dünnhaupt Verlag, Berlin 1943, S. 133 ff. 16 Hachmeister 17 Ebenda 18 „Merkt euch den Namen Hirschfeld", „Spiegel" 53/49 19 Hachmeister 20 Ebenda 21 Heinz Höhne: „Der Orden unter dem Totenkopf", Sigbert Mohn Verlag, Gütersloh 1967, S. 459 22 Hachmeister 23 Ebenda 24 „Das Spiel ist aus – Arthur Nebe", „Spiegel" 13/50 25 Ebenda 26 Hachmeister 27 Hans Dieter Jaene: „Der Spiegel", Fischer Bücherei, Frankfurt am Main 1968, S. 9, 13 28 Otto Köhler: „Wir Schreibmaschinentäter", Pahl-Rugenstein, Köln 1998, S. 282 29 Ferdinand Fried: „Die Zukunft des Welthandels", Verlag Knorr & Hirth, München 1942, S. 50 ff. 30 „Europa, Tradition und Zukunft" erschien 1944 in der Hanseatischen Verlagsanstalt in Hamburg 31 „Jahrbuch der Weltpolitik 1942", S. 17 ff. 32 „Spiegel", 18.2.54 33 Recherchen Autor 34 Ebenda 35 Jaene, S. 23 36 Leo Brawand: „Die SPIEGEL-Story", Econ Verlag, Düsseldorf 1987, S. 167 37 Jaene, S. 67 f. 38 Ebenda, S. 122 39 Brawand, S. 69; Jaene, S. 37; Recherchen Autor 40 Rechtsstreit Deutsche Bank ./. Czichon (17 0 220/70), Schriftsatz RA Martin Löffler, 12.2.70 41 Aktennotiz MfS-Hauptabteilung IX/11, 18.3.71 42 Erich Schmidt-Eenboom: „Undercover", Kiepenheuer & Witsch, Köln 1998, S. 77 43 P.-F. Koch: „Die feindlichen Brüder", Scherz Verlag, Bern 1994, S. 362 f. 44 Hans Detlev Becker hat seine Sicht der „Spiegel"-Affäre als „Stellungnahme" zu Papier gebracht, fortan zitiert als „Becker"; David Schoenbaum: „Ein Abgrund von Landesverrat", Verlag Fritz Molden, Wien 1968, S. 62 45 Koch, S. 373 46 Ebenda 47 Ebenda, S. 374; Becker 48 Schoenbaum, S. 63 49 Koch, S. 374 50 Schoenbaum, S. 81 51 Ebenda 52 Ebenda, S. 84, 95, 97; Becker 53 Becker 54 Becker; Schoenbaum, S. 87 55 Schmidt-Eenboom 56 Becker 57 Koch, S. 372; 58 H. Zolling/H. Höhne: „Pullach intern", Hoffmann und Campe, Hamburg 1971, S. 309 59 Koch, S. 372 60 Aktennotiz Zollings, 11.3.69 61 „Spiegel" 12-13/69 62 Der Autor hat an der „Spiegel"-Serie „Pullach intern" mitgearbeitet; daher die Kenntnisse 63 Schmidt-Eenboom, S. 165 64 „Notiz" Wessels, 19.4.71 65 BND-„Vermerk(e)" („Vorkommnisse" und „Vorlagen"), 29.3.71, 16.4.71 66 Ebenda 67 Bruno Walleit: „Des Generals Attacke auf den ‚Spiegel'", „Welt", 5.10.71 68 „Welt", 28.12.71 69 MfS-Hauptabteilung XX/5: „Abschrift von Tonband", 1.1.69 70 BND-Dossier: „STARITZ, Dietrich", undatiert, wahrscheinlich 1970 71 Ebenda 72 Ebenda; Hubertus Knabe: „Unterwanderte Wissenschaft", „Deutschland Archiv" 6/99 73 Koch, S. 208 f. 74 Recherchen Autor 75 BND-Dossier

76 Jaene, S. 85 77 „Konkret" 2/78 78 „Spiegel" 16/76 79 BND-„Tagebuch-Nummer 42/76", 14.4.76 80 BND-„Vermerk", 5.5.76 81 Ebenda, 9.5.76 82 C. Andrew/W. Mitrochin: „Das Schwarzbuch des KGB", Propyläen, Berlin 1999, S. 552 f. 83 BND-„Tagebuch-Nummer 19/77", 29.3.77 84 Schmidt-Eenboom, S. 160 f. 85 Ebenda, S. 159 86 BND-„Tagebuch-Nummer 151/76", 14.12.76 87 Ebenda, 6.1.77 88 „Spiegel" 10/77 89 BND-„Vermerk", 30.6.77 90 „Spiegel" 29/91 91 G. Bohnsack/H. Brehmer: „Auftrag: Irreführung", Carlsen Verlag, Hamburg 1992, S. 86 f. 92 BND-„Vermerk", 14.4.76 93 „Spiegel" 34/80 94 MfS-Hauptabteilung II-„Information", 4.6.79 95 S. Preuß/G. Mascolo: „Beim Sterben fehlt jedes Ziel", „Spiegel" 47/92 96 „Ein Blinder ist kein guter Augenarzt", „Spiegel" 36/85 97 Recherchen Autor 98 Ladislav Bittman: „Geheimwaffe D", Verlag SOI, Bern 1973, S. 44 f., 54, 162 99 „Spiegel" 27/90 100 Koch, S. 296 f. 101 „Kundschafter im Dienste des Friedens", Offizin Andersen Nexö, Leipzig 1988, S. 5 102 Günter Guillaume: „Die Aussage", Militärverlag der DDR, (Ost-)Berlin 1988, S. 62 103 „Spiegel" 51/90 104 Koch, S. 297 105 GBA-Anklageschrift Werner Großmann, 10.6.91 106 „Focus" 51/90 107 „Spiegel" 51/90 108 Koch, S. 298 109 „Spiegel Special" 1/96

Doppelagenten bleiben unentdeckt

1 Hansjoachim Tiedge: „Der Deserteur", Manuskript. Tiedges Erinnerungen erschienen 1998 im Verlag Das Neue Berlin, nicht unter dem Titel „Der Deserteur", sondern als „Der Überläufer". Seine Memoiren hatte Tiedge bereits 1987 in der DDR geschrieben. Sie sollten vom Militärverlag der DDR herausgegeben und in der HVA-Wochenzeitung „Horizont" vorab gedruckt werden. Das war von Erich Honecker verboten worden. Stattdessen wurden die Memoiren von Heinz Felfe in den Westen lanciert. Die folgenden Zitate entstammen Tiedges Urfassung „Der Deserteur", die als Manuskript vorliegt 2 Hans Josef Horchem: „Auch Spione werden pensioniert", Verlag E. S. Mittler & Sohn, Herford 1993, S. 21 3 Horchem, S. 61 ff. 4 Tiedge 5 Ebenda 6 Horchem, S. 61 ff. 7 Tiedge 8 „Illegale Ermittlungen in der Schweiz", „Hamburger Abendblatt", 11.4.98 9 „Schweiz entläßt deutschen Geheimdienstler", „Berliner Zeitung", 11.4.98 10 Josef Hufelschulte: „Ko-Tropfen und Ohropax", „Focus" 11/96 11 Ebenda 12 Richard Meier: „Geheimdienste ohne Maske", Gustav Lübbe Verlag, Bergisch-Gladbach 1992, S. 45 13 Ebenda, S. 16, 61, 134, 202, 226 14 Ada Brandes: „Die unschöne Verabschiedung des Herrn Meier", „Stuttgarter Zeitung", 27.4.83 15 Horchem, S. 202 16 P.-F. Koch: „DDR contra BRD", Scherz Verlag, Bern 1994, S. 67 f. 17 Markus Wolf: „Spionagechef im geheimen Krieg", List Verlag, München 1997, S. 103 f. 18 Koch, S. 65 19 Tiedge 20 Julius Mader: „Nicht länger geheim", Deutscher Militärverlag, (Ost-)Berlin 1969, S. 603 21 „Dummes Zeug nach zehn", „Spiegel" 31/58 22 „Spiegel" 30/71 23 G. Bohnsack/H. Brehmer: „Auftrag Irreführung", Carlsen Verlag, Hamburg 1992, S. 192 f.; Peter Kern (ist: Heinz Villiain): „Schon Paul Lücke befand Schrübbers für absolut integer", „Welt", 3.2.72; Wolf, S. 353 24 Herbert Riehl-Heyse: „Am Nachfolger wird bereits gesägt", „Süddeutsche Zeitung", 8.3.72 25 Tiedge 26 Ebenda 27 Ebenda 28 Ebenda 29 Günther Nollau: „Nichts ist authentisch", „Spiegel" 4/65 30 „Anarchisten kann man nicht riechen", „Spiegel"-Gespräch mit Nollau, 19/72 31 „Das öffentliche Leben in Krakau", o. V., Krakau

1944 **32** BND-Dossier „NOLLAU, DR. GÜNTHER", undatiert, wahrscheinlich 1967; ein BND-„Vermerk" zu Nollau trägt das Datum vom 2. Februar 1974 **33** Nollau-„Spiegel"-Gespräch **34** BND-„NOLLAU" **35** Koch, S. 268 f. **36** Der BND hatte im März 1991 versucht, die Beziehungen Frederiks zur HVA nachzuvollziehen. Er wurde als „sehr einflußreicher" Maulwurf eingestuft. Fredericks Stiefsohn, Rangmar Staffa, arbeitete ebenfalls für die HVA, allerdings in der DDR. Er erschloss der HVA das Computer-Zeitalter und erklärte bei Bernau, nördlich Ost-Berlins, HVA-Mitarbeitern die Software. Als er im bayerischen Vilsheim verhaftet werden sollte, entkam er durch das Fenster. Dann stellte sich Staffa. Das Ermittlungsverfahren wurde eingestellt **37** Recherchen Autor **38** Ebenda **39** „Nollau: der Mann, die Behauptungen, die Dementis", „Welt", 24.5.74 **40** Ebenda **41** Recherchen Autor **42** „Affäre Nollau: Angriff aus dem Hinterhalt", „Spiegel" 22/74 **43** Koch, S. 63 ff. **44** „Wo steht der Feind?", „Spiegel" 46/93 **45** Tiedge **46** Erich Schmidt-Eenboom: „Der BND", Econ Taschenbuch Verlag, Düsseldorf 1995, S. 337 f. **47** LfV-Schreiben an Bonner Schalck-Untersuchungsausschuss, 20.4.93 **48** C. Leggewie/H. Meier: „Auf der Suche nach dem verlorenen Feind", „Frankfurter Rundschau", 6.9.91 **49** Wolf, S. 17 **50** Carl-Christian Kaiser: „Ein Wachwechsel in aller Stille", „Zeit", 22.3.91 **51** „Verfassungsschutz braucht Zugriff auf die Akten", „Berliner Zeitung", 12.4.91 **52** „Spiegel" 47/92 **53** Recherchen Autor **54** Munzinger Archiv **55** Tiedge **56** „Spiegel" 14/88 **57** Stefan Aust: „Mauss. Ein deutscher Agent", Hoffmann und Campe, Hamburg 1988, S. 231 ff. **58** Josef Hufelschulte: „Gelitten wie ein Hund", „Focus" 3/99 **59** Tiedge; Vortrag Dörrenberg, BStU-Tagung, Berlin, 14.11.2001 **60** „Aktion Anmeldung" liegt vor **61** Recherchen Autor **62** Horchem, S. 237 ff. **63** Tiedge **64** „Terrorismusbekämpfung durch das BfV", Erinnerungen eines leitenden BfV-Mitarbeiters, November 2001 **65** Wilhelm Dietl: „Die BKA-Story", Droemer-Knaur-Verlag, München S. 234 f. **66** MfS-HA XXII: „Schiitische Kräfte"; „PFLP-CG", 10.10.89 **67** Recherchen Autor **68** Josef Hufelschulte: „Tödlicher Agentenkrimi", „Focus" 41/01 **69** Recherchen Autor **70** „Verfassungsschutzbericht(e) 1997", „1998", „1999", „2000"

Maulwürfe für die Front

1 Erich Hanke: „Erinnerungen eines Illegalen"; Militärverlag der DDR, (Ost-)Berlin 1974, S. 37 f. **2** BND-Dossier „SCHWARTE", 4.10.69; der Autor hat im März 1990 zweimal Hans Fruck interviewt **3** Ebenda **4** Ebenda **5** Julius Mader: „Hitlers Spionagegenerale sagen aus", Verlag der Nation, (Ost-)Berlin 1970, S. 287 **6** Fruck-Interview **7** Ebenda **8** Ebenda; A. Charisius/J. Mader: „Nicht länger geheim", Deutscher Militärverlag, (Ost-)Berlin 1969, S. 599 **9** Heinz Höhne: „Krieg im Dunkeln", C. Bertelsmann, München 1985, S. 549 **10** Mader („Spionagegenerale"), S. 408 **11** MfS-„Aktivisten der 1. Stunde", Band I, S. 127 ff. **12** Ebenda, S. 219 **13** Heinz Höhne: „Kennwort: Direktor", S. Fischer Verlag, Frankfurt am Main 1970, S. 147 f. **14** „Aktivisten", Band II, S. 133 **15** Höhne („Kennwort"), S. 154 f.; R. Griebel/M. Coburger/H. Scheel: „Erfaßt?", audioscop, Halle 1992, S. 58 f., 154 f. **16** „Aktivisten", Band II, S. 130 **17** „Generalstabsmäßiger Arbeitsstil", unveröffentlichte „Erinnerungen" eines Fruck-Vertrauten, Januar 2001 **18** Ebenda **19** M. Frenzel/W. Thiele/A. Mannbar: „Gesprengte Fesseln", Militärverlag der DDR, (Ost-)Berlin 1976, S. 210;

Margot Pikarski: „Jugend im Berliner Widerstand", Militärverlag der DDR, Berlin 1978, S. 82, 100, 127 **20** „Generalstabsmäßiger Arbeitsstil" **21** „Aktivisten", Band II, S. 131 **21** Wilfriede Otto: „Erich Mielke", Karl Dietz Verlag, Berlin 2000, S. 126 **22** Günther Halle: „Spionagedschungel Westberlin", MfS-Ausarbeitung; Halle war Oberstleutnant und MfS-„Pressesprecher" **23** MfS-„Sachstandsbericht KgU", 17.3.59 **24** KGB-„Sachstandsbericht über durchgeführte Maßnahmen gegen die westberliner Spionage- und Zersetzungszentrale KGU", 30.5.58 **25** Heinz Volpert: „Aktenvermerk: Die Methoden des MfS bei der Zerschlagung der sogen. KgU", 1.6.59 **26** P.-F. Koch: „Die feindlichen Brüder", Scherz Verlag, Bern 1994, S. 104 **27** „Generalstabsmäßiger Arbeitsstil" **28** Detlev Kühn: „Ein eingefleischter Feind der DDR", „Deutschland-Archiv" 6/2000 **29** G. Baily/A. A. Kondraschow/D. E. Murphy: „Die unsichtbare Front", Propyläen, Berlin 1997, S. 179 **30** Alexander Schalck-Golodkowski: „Deutsch-deutsche Erinnerungen", Rowohlt, Reinbek 2000, S. 135, 137 ff. **31** „Generalstabsmäßiger Arbeitsstil" **32** Schalck-Goldokowski, S. 170 **33** „Generalstabsmäßiger Arbeitsstil"; Norbert F. Pötzl: „Basar der Spione", Hoffmann und Campe, Hamburg 1997, S. 439 ff. **34** „Generalstabsmäßiger Arbeitsstil" **35** Ebenda **36** Die BND-Abteilung 5 („Sicherheit/Abwehrlage") hatte Erkenntnisse über das MfS bzw. die HVA zentral verwaltet. Gesammelt wurden die Daten von der BND-Unterabteilung 52 B („Operative Sicherheitsangelegenheiten"). Die jeweiligen Personen-Daten wurden mit Aktenzeichen versehen. In diesem Fall: C 280182 (06). Fortan zitiert als „52B..." **37** „Generalstabsmäßiger Arbeitsstil" **38** Ebenda **39** Recherchen Autor **40** BND-„52BC" **41** Ebenda **42** Ebenda **43** Ebenda; GBA-Anklageschrift gegen HVA-Generaloberst Werner Großmann (3 BJs 290/90 – 4), 10.6.91 **44** „Die Kader der HVA", unveröffentlichtes Manuskript, Mai 1997 **45** GBA-Anklageschrift Großmann **46** Markus Wolf: „Spionagechef im geheimen Krieg", List Verlag, München 1997, S. 432 **47** BND-„52 BY", 2.12.81 **48** Ebenda, 2.12.81, 28.1.82 **49** Recherchen Autor

Ein Doppelagent kommt selten allein

1 Jukka L. Mäkelä: „Im Rücken des Feindes", Verlag Huber, Frauenfeld 1967, S. 194 **2** Ebenda **3** Ebenda, S. 192, 195 **4** Hans Elten: „Ohne Charme", edition ost, Berlin 1995, S. 203 **5** K. D. Henke/S. Suckut: „Anatomie der Staatssicherheit", BStU, Berlin 1995, S. 364 **6** GBA-Anklageschrift Werner Großmann **7** MfS-„Mietvertrag", 23.2.87 **8** „F.A.Z.", 20.7.91 **9** Recherchen Autor **10** Karl-Heinz Arnold: „Schild und Schwert", edition ost, Berlin 1995, S. 171 **11** Ebenda, S. 150 **12** Ebenda, S. 151; Recherchen Autor **13** Enquete-Kommission: „Staatssicherheits-Seilschaften", Band VIII, Nemos Verlag, Baden-Baden 1995, S. 110 f. **14** Arnold, S. 179 **15** Michael Richter: „Die Staatssicherheit im letzten Jahr", Böhlau Verlag, Weimar 1996, S. 200 **16** Recherchen Autor **17** Rechtsstreit Diestel ./. „F.A.Z.", Hoffmann und Campe Verlag (324 0 772/93, 324 0 783/93), Schriftsatz RA Senfft, 4.2.94; fortan als „Diestel-Prozess" zitiert **18** Richter, S. 201 **19** Ebenda **20** Ebenda, S. 202 **21** „Mielke hat sich selber mißtraut", „Spiegel"-Gespräch mit HVA-Generaloberst Werner Großmann, 36/90 **22** „Information zum Aktenbestand der HVA des MfS", HVA in Auflösung, 23.2.90 **23** „Anatomie der Staatssicherheit", BStU, Berlin 1995, S. 329, 356 **24** B. Kümmerling/E. Doubrikat: „Fälschte Stasi Pässe und Geld?", „Berliner Morgenpost", 22.7.91 **25** MfS-Aufstellung „Sonderkabel", undatiert, wahrscheinlich Herbst 1988 **26** Diestel-Prozess, Schriftsatz RA Seibert, 23.11.94 **27** P. Richter/K. Rösler: „Wolfs West-Spione", Elefanten Press, Berlin 1992, S. 155 **28** Diestel-Prozess, Protokoll Zeugenvernehmung Bernd Fischer, 27.4.95 **29** Ebenda, Protokoll Zeugenvernehmung Reinhard Schult, 27.4.95 **30** Richter, S. 202 ff. **31** Ebenda **32** Diestel-Prozess, Protokoll Zeugenvernehmung Georg Böhm, 27.4.95 **33** R. Sélitrenny/T. Weichert: „Das unheimliche Erbe", Forum Verlag, Leipzig 1991, S. 67 f. **34** BfV-„Auswirkungen der politischen Veränderungen in der DDR ...", 2.3.90 **35** Helfried Liebsch: „Heißen Krieg mit verhindert, im Kalten Krieg besiegt", „Neues Deutschland", 8.8.96 **36** Richter/Rösler, S. 162 **37** BKA-Vernehmung HVA-Oberst Werner Fischer, Oktober 1990 **38** Recherchen Autor **39** Ebenda **40** „Neues Deutschland", 2.5.89, 25.8.89 **41** Recherchen Autor **42** Ebenda **43** Markus Wolf: „Spionagechef im geheimen Krieg", List Verlag, München 1997, S. 24 **44** „Spiegel"-Gespräch mit Werner Großmann, 36/90 **45** Recherchen Autor **46** Ebenda **47** V. Marchetti/J. D. Marks: „CIA", Deutsche Verlags-Anstalt, Stuttgart 1974, S. 64 **48** G. Bailey/S. A. Kondraschow/D. E. Murphy: „Die unsichtbare Front", Propyläen, Berlin 1997, S. 218 **49** Julius Mader: „Who's who in CIA", herausgegeben vom MfS, (Ost-)Berlin 1968, S. 85 **50** K. Eichner/A. Dobbert: „Headquarters Germany", edition ost, Berlin 1997, S. 298 **51** Recherchen Autor **52** Der HVA-Oberstleutnant Herbert Brehmer, Mitarbeiter der HVA-„Aktiven Maßnahmen", hat die Wende-Erfahrungen von zehn Kollegen zu Papier gebracht **53** Recherchen Autor **54** Richter/Rösler, S. 156 **55** „Übergabeprotokoll", Bürgerkomitee Gera, 22.3.90; Aktennotiz „Transport von Unterlagen aus der BV des ehem. MfS", 27.3.90 **56** „Dienstbericht", Operative Gruppe, 4.4.90 **57** Recherchen Autor **58** Ebenda **59** Ebenda **60** „Spiegel" 20/93 **61** Stefan Lamby: „Sie nannten ihn Topas", Interview mit Rainer Rupp, „Zeit-Magazin", 30.5.97 **62** Interview mit Rainer Rupp, „Neues Deutschland, 10.8.96 **63** P.-F. Koch: „Die feindlichen Brüder", Scherz Verlag, Bern 1994, S. 418 **64** Ebenda, S. 420 f. **65** Recherchen Autor **66** Schreiben Rainer Rupps an den Autor, 29.1.98 **67** „Spiegel" 32/93 **68** Koch, S. 422 **69** Recherchen Autor **70** Wolf, S. 452 **71** J. Hufelschulte/P. Miller: „Lautes Hohngelächter beim CIA", „Focus" 48/93 **72** Ebenda **73** Ebenda; „Spiegel" 32/93 **74** „Spiegel" 23/93, 26/93 **75** BfV-Schreiben an GBA, 4.9.93 **76** „Spiegel" 26/93, 45/93 **77** Hansjoachim Tiedge: „Der Deserteur", Manuskript, S. 108 **78** „Focus" 48/93

Maulwürfe werden verraten

1 Recherchen Autor **2** „Erinnerungen" Klaus Kurons **3** N. N.: „Über die Schwierigkeit, mich freiwillig zu offenbaren", „Neues Deutschland", 9.8.91 **4** Recherchen Autor **5** „Bild", 30.3.92 **6** „Ehemaliger Bonner Minister soll Agent sein", „Süddeutsche Zeitung", 31.2.92 **7** „Super! Zeitung", 3.4.92 **8** „Der Morgen", 28.3.91 **9** BND-Vernehmungen Wiegands, 2.1.90, 6.1.90 **10** Helmut Wagner: „Schöne Grüße aus Pullach", edition ost, Berlin 2000, S. 180 f. **11** Andreas Möller: „Im Büro setzte er sich die Pistole an die Schläfe", „Bild", 31.10.91 **12** Kuron **13** Wagner, S. 186 f. **14** BND-„Vermerk", 19.1.90 **15** Kuron; Interviews des Autors mit Lehmann (die Gespräche fanden sporadisch über vier Jahre bis 1996 statt) **16** Schalck-Untersuchungsausschuss, „Abweichender Bericht", Bündnis 90/Die Grünen **17** Kuron **18** Interviews mit Werner

Großmann (der Autor hat dem „Spiegel" ein Gespräch mit Großmann ermöglicht, ihn zugleich mit dem BND-Abteilungsleiter Volker Foertsch zusammengebracht) **19** Markus Wolf: „Spionagechef im geheimen Krieg", List Verlag, München 1997, S. 316 **20** Kuron **21** „Spiegel" 2/92 **22** Kuron **23** Wolf, S. 468 **24** GBA-Anklageschrift Markus Wolf (4 B Js 42/89-4), 16.9.92 **25** Recherchen Autor **26** Gabriele Gast: „Kundschafterin des Friedens", Eichborn Verlag, Frankfurt am Main 1999, S. 252 ff. **27** Ebenda, S. 13 ff. **28** Recherchen Autor **29** „Stille Post und Schwarzer Peter", „Welt", 16.11.91 (Autor soll Peter Siebenmorgen gewesen sein, auch Autor von „Staatssicherheitsdienst der DDR", der ersten umfangreichen Darstellung über die HVA) **30** Recherchen Autor **31** GBA-„Fragen zu gefährdeten Quellen des BND im Ausland", undatiert, wahrscheinlich Oktober 1990 **32** Jürgen Schreiber: „Romeo und Julia", „SZ-Magazin" 19/97 **33** Gast, S. 10 **34** Ebenda, S. 204 ff. **35** Recherchen Autor **36** „Spiegel"-Gespräch mit Hansjörg Geiger, 34/96 **37** Annette Ramelsberger: „Kundschafterin in eigener Sache", „Süddeutsche Zeitung", 4.7.98 **38** BKA-Vernehmungen Männchen, 24.9.91, 10.11.92 **39** BKA-Vernehmungen Nehls, 23.10.90, 7.11.90, 27.11.90, 23.5.91, 25.5.91, 15.11.91, **40** „Neues zu Stasi und Verfassungsschutz", „Berliner Zeitung", 5.7.91 **41** BKA-Vernehmungen Engelmann, 18.10.90, 24.10.90, 15.1.91, 6.3.91 **42** C. Andrew / W. Mitrochin: „Das Schwarzbuch des KGB", Propyläen, Berlin 1999, S. 566 f. **43** Ebenda, S. 588 **44** BfV-Schreiben an Generalbundesanwaltschaft, 2.5.91 **45** C. Andrew / W. Mitrochin, S. 589 **46** BfV-Schreiben an Generalbundesanwaltschaft **47** BKA-Vernehmung Berger, 10.12.90 **48** BKA-Vernehmung Engelmann, 18.4.91 **49** Schreiben Dörrenbergs an Generalbundesanwaltschaft **50** Ebenda **51** Kuron-Urteil (C IV 34/91 5/91 VS-Geheim), April 1992 **52** Klaus Wagner: „Spionageprozesse, Manuskript, 1999 **53** Ebenda, Guido Korte **54** Ebenda, Wagner **55** Aktennotiz des Kuron-Anwaltes Leitner, undatiert **56** Kuron-Urteil

Doppelagenten auf der falschen Seite

1 Joachim Preuß / Georg Mascolo: „Beim Sterben fehlt jedes Ziel", „Spiegel" 47/92 **2** Recherchen Autor **3** Kaderakte Edgar Braun **4** Siegfried Suckut: „Die Hauptabteilung II", BStU, Berlin 1995, S. 14 **5** „Strafprozeßordnung" (Textausgabe mit Anmerkungen), Staatsverlag der DDR, (Ost-)Berlin 1981 **6** Recherchen Autor **7** Peter Siebenmorgen: „‚Staatssicherheit' der DDR", Bouvier Verlag, Bonn 1993, S. 177 **8** Recherchen Autor **9** Markus Wolf: „Spionagechef im geheimen Krieg", List Verlag, München 1997, S. 255 f. **10** Ebenda, S. 256 f. **11** Recherchen Autor **12** Ebenda **13** Urteil des Obersten Gerichts der DDR (IA – 105/71 S), S. 10 ff., 19.5.72 **14** Plädoyer Leibners, Sitzungsprotokoll des Militärstrafsenats 1 a, 17.5.72, S. 4 **15** „Schlußbericht", S. 18, 6.12.71 **16** Vernehmungsprotokoll Mischner, 2.6.71 **17** „Schlußbericht", S. 12 **18** Urteil, S. 5 ff. **19** Ebenda, „Sitzungsprotokoll", S. 8, 17.5.72 **20** Recherchen Autor **21** „Sitzungsprotokoll", S. 10 ff. **22** Recherchen Autor **23** Vernehmungsprotokoll, 13.5.71 **24** Ebenda, 2.6.71 **25** Recherchen Autor **26** Georg Mascolo: „Krimi aus dem Kalten Krieg", „ Spiegel" 22/99 **27** Schreiben Streits an Honecker, 10.2.72 **28** Recherchen Autor **29** „Vermerk" Streits, 20.3.72 **30** Recherchen Autor **31** Schreiben Oberstes Gericht der DDR an Militär-Oberstaatsanwaltschaft, 8.5.72 **32** „Verwirklichungsersuchen" des Obersten Gerichts der DDR, 9.6.72 **33** „Totenschein" des Leipziger

Medizinalrates Günther Schneider, 29.9.72 **34** Andreas Förster: „Suchen Sie nicht –
ein Grab wird man nicht finden", „Berliner Zeitung", 28.3.91 **35** Urteil des Obersten
Gerichts der DDR (Ia-88/795), S. 5 **36** Ebenda, S. 3 ff. **37** Ebenda, S. **7 38** Recherchen
Autor **39** MfS-HA-II-„Information über Fregattenkapitän d. R. Zakrzowski, Win-
fried", 4.6.74 **40** Andreas Kabus: „Auftrag Windrose", Verlag Neues Leben, Berlin
1993, S. 90 f. **41** Recherchen Autor **42** Ebenda **43** Urteil des Obersten Gerichts der
DDR (OMS-201/81), 11.6.81, S. 33 **44** Anklageschrift (IA-30/81 S), 6.5.81, S. 28 **45**
Urteil des Berliner Landgerichts gegen Knoche, Kadjien, Arndt (Js 291/91), 2.7.98,
S. 25 **46** Urteil Oberstes Gericht der DDR, S. 34, 36 **47** MfS-„Information", 14.1.81
48 Recherchen Autor **49** Thomas Moser: „Der Prozeß gegen ehemalige DDR-Juristen
wegen Todesurteile gegen Gert Trebeljahr und Werner Teske", „Horch und Guck"
2/98 **50** Urteil Oberstes Gericht der DDR, S. 3 **51** Recherchen Autor **52** Recherchen
Autor **53** Recherchen Autor **54** Die „Quick" veröffentlichte in den Ausgaben 19/90
bis 24/90 eine sechsteilige Serie über die Befindlichkeit von Ministern und Parlamen-
tariern, gewonnen aus MfS-Mitschnitten **55** Recherchen Autor **56** „Pressemitteilung",
Senatsverwaltung für Inneres, 3.4.2000 **57** Braun hat den Inhalt des MfS-Dossiers
Werthebach mit einem Vertrauten besprochen. Er suchte vor allem nach „Kompro-
maten", um Werthebach im Notfall erpressen zu können **58** Die Dissertation liegt vor
59 Recherchen Autor **60** Constanze von Bullion: „Der Senator, der aus der Kälte
kam", „Süddeutsche Zeitung", 28.7.99 **61** Recherchen Autor **62** Rainer Funke:
„Dunkelmann", „Neues Deutschland", 24.10.98 **63** Andreas Förster: „Werthebach
wollte 1990 Westakten der Stasi vernichten lassen", „Berliner Zeitung", 2.9.2000 **64**
Recherchen Autor

Maulwürfe erklären sich

1 Rainer Mayerhofer: „Österreichs Weg zum Anschluß im März 1938", „Wiener
Zeitung", 25.5.98 **2** „Die österreichische Polizeigewalt in der Hand des Reichsführers
SS", „Presse", 14.3.2008 **3** Ebenda **4** Fritz Lehner: „Hotel Metropol", Seifert Verlag,
Wien 2005, S. 65 **5** Thomas Mang: „Gestapo-Leitstelle Wien", LIT Verlag, Münster
2003, S. 131 f. **6** Dokumentationsarchiv des österreichischen Widerstandes **7** Gina
Galeta: „Wien 1945", Magistrat der Stadt Wien, 2005 **8** Hans Henning Freiherr
Grote (Herausgeber): „Vorsicht, Feind hört mit!", Neufeld & Henius Verlag, Berlin
1930, S. 84 f. **9** Heinz Höhne: „Der Krieg im Dunkeln", C. Bertelsmann, München
1985, S. 102 **10** Ebenda, S. 103 f. **11** Maximilian Ronge (Manuskript): „Geschichte
des Evidenzbureaus des Generalstabes", o. J. **12** Ebenda **13** August Urbanski: „Der
Fall Redl", in: „Die Weltkriegs-Spionage", Verlag Justin Moser, München 1931, S. 91
14 Bernard Bewman: „Spione gestern, heute, morgen", Union Deutsche Verlags-
anstalt, Stuttgart 1952, S. 68 f. **15** Höhne, S. 109 **16** Urbanski, S. 97 **17** Ebenda, S. 93
18 Höhne, S. 110 **19** Herbert Lackner: „Bundespräsident Theodor Körner und seine
Geliebte", „Profil", 23.1.2010 **20** Ebenda **21** Ebenda **22** Maximilian Ronge: „Kriegs-
und Industriespionage", Amalthea Verlag, Wien 1930, S. 364 ff. **23** „Der Top-Spion
Redl und die ‚Nr. 25'", „Presse", 13.11.2009 **24** „Köstliche Entdeckung", „Spiegel"
45/69; „Nachts kamen Stalins Häscher", „Spiegel" 42/78 **25** „Presse", 13.11.2009
26 „Ein bewegter Tag im Prozeß Ebner", „Arbeiter Zeitung", 8.12.48 **27** „Ausge-

rechnet Hans Moser", „Wiener Zeitung", 21.11.2009 **28** NARA 1-866-272-6272 **29** „Ersatz aus Budapest", „Spiegel" 33/70 **30** Jürgen Martschukat: „So werden wir den Irren los!", „Zeit" 34/03 **31** „Vermerk" Organisation Gehlen, 5.5.55 **32** Recherchen Autor **33** „Presse", 13.11.2009 **34** Recherchen Autor **35** Cherica Schreyer-Hartmann: „Theodor Körner", Christian Brandstätter Verlag, Wien 2009, S. 143 **36** Michael John: „Anglo-amerikanische Österreichpolitik 1938–1955", in: „Historicvm", Universität Linz 1999 **37** Gerhard Jagschitz: „Mein Großvater, der Mörder", „Zeit" 13/07 **38** Bettina Baláka: „Scharfes Eingreifen", „Presse", 19.3.2007 **39** Nach der Enttarnung Heinz Felfes erstellte der BND im März 1962 einen „Untersuchungsbericht". In dem wurde auch auf die Gefahr der Maulwürfe in Österreich hingewiesen **40** „Die Entnazifizierung fand nicht statt", „Standard", 14.7.2009 **41** Andreas Bock: „Noch zu retten", „Jüdische Allgemeine", 1.5.2008 **42** Siegfried Kogelfranz: „Soweit die Armee kommt", „Spiegel" 38/84 **43** „Vermerk", BND, 21.4.59 **44** Peter F. Müller, Michael Mueller: „Gegen Freund und Feind", Rowohlt, Reinbek 2002, S. 176 f. **45** Christopher Sompson: „Der amerikanische Bumerang", Ueberreuter, Wien 1988, S. 32 **46** „In Nürnberg gechartert", „Spiegel" 7/53; „Intermezzo in Salzburg", „Spiegel" 17/53 **47** „Spiegel" 17/53 **48** Peter F. Müller, Michael Mueller, S. 177 **49** „Spiegel" 17/53 **50** G. Bailey, Sergej A. Kondraschow, David E. Murphy: „Die unsichtbare Front", Propyläen, Berlin 1997, S. 514 **51** Recherchen Autor **52** Ebenda **53** „Spiegel" 17/53 **54** Walter Hagen: „Die geheime Front", Nibelungen-Verlag, Linz/Wien 1950, S. 8 **55** Hagen, S. 20 **56** P.-F. Koch: „Die Dresdner Bank und der Reichsführer-SS", Verlag Facta Oblita, Hamburg 1987, S. 99 ff. **57** Albert Norden: „Fälscher", Dietz Verlag, Ost-Berlin 1970, S. 68; Hans Nogly: „Ich war Cicero", Kindler Verlag, München 1963, S. 153 **58** Adolf Burger: „Des Teufels Werkstatt", Verlag Neues Leben, Ost-Berlin 1985, S. 122 ff. **59** NARA NND 39210 **60** Gert Buchheit: „Der deutsche Geheimdienst", Lindenbaum Verlag, 3. Auflage, München 2010, S. 143 **61** S. Schröder, C. Studt, M. Lutz: „Der 20. Juli 1944", LIT Verlag, Münster 2008, S. 71 f. **62** Lahousen-Aussage, IMG Band II, S. 515 **63** Lahousen: „Das ‚Unternehmen Himmler'", undatiert, IfZ, ZS 658 **64** IMG Band VII, S. 215 ff. **65** Ebenda **66** Heinz Höhne: „Canaris", C. Bertelsmann, München 1976, S. 395 **67** Ebenda, S. 396 **68** Ebenda, S. 378 f. **69** G. Nollau/L. Zindel: „Gestapo ruft Moskau", Blanvalet Verlag, München 1979, S. 22 f. **70** „Der Funkspieler vom Morzinplatz", „Arbeiter-Zeitung", 12.1.48 **71** Hans Schaffrank: „Drei Gestapo-Spitzel und ein eifriger Kriminalbeamter", DÖW, Jahrbuch 2009, Wien 2009 **72** „Arbeiter-Zeitung"; Recherchen Autor **73** „Der unentbehrliche Harster", „Zeit" 4/66 **74** Simon Wiesenthal Center; „Der Mann, der Anne Frank verhaftete", „Welt", 21.11.63 **75** Dr. Richard Breitman: „Historical Analysis of 20 Name Files from CIA Records", NARA, Washington, April 2001 **76** Archiv Erich Schmidt-Eenboom **77** Simon Wiesenthal Center; Recherchen Autor **78** Ebenda **79** Stefan Karner: „Österreicher als Spione vor Gericht", „Presse", 9.4.2009 **80** Ladislaw Bittman: „Geheimwaffe D", Verlag SOI, Bern 1973, S. 10 ff. **81** Ebenda **82** Ebenda **83** Bittman, S. 19 **84** Recherchen Autor **85** Wolfgang Lackner: „Wien als Drehscheibe internationaler Geheim- und Nachrichtendienste im Kalten Krieg", Diplomarbeit, Karl-Franzens-Universität, Graz, 2010 **86** Recherchen Autor **87** Ebenda; Herbert Lackner: „Die Öffnung der Giftschränke", „Profil" 50/10 **88** „Kommando Kranzschleife", „Spiegel" 34/81; Recherchen Autor **89** „Schöner Gustav", „Spiegel"

4/94 90 Recherchen Autor 91 „Betrunken am Steuer", „Standard", 3.8.2007 92 „Die Welt bis gestern: Das System überlebte auch Udo Proksch", „Presse", 21.12.2007 93 Stefan Karner: „Österreicher als Spione vor Gericht", „Presse", 9.4.2009 94 Peter Markt: „Politisch engagierte Wissenschaft", „Wiener Zeitung", 24.10.2003 95 Ben Macintyre: „The spy who started the Cold War", „Times", 10.6.2009 96 M. Frank: „Der Spion, dem alle vertrauten", „Süddeutsche Zeitung", 22.3.2009 97 Oliver Pink: „Österreich sucht die Akte Zilk", „Presse", 23.3.2009; Margita Urbanek: „Tschechische Flucht- und Arbeitsmigranten in Österreich", Dissertation, Universität Wien, 2009 98 Oliver Rathkolb: „Heiße Spuren im Kalten Kaffee", „Standard", 27.3.2009 99 Recherchen Autor 100 Ebenda

Bildnachweis

Fotos S. 30, S. 56: Ullstein Bilderdienst; S. 394 (Karl Josef Silberbauer): Simon Wiesenthal Archiv; alle anderen: Archiv des Autors

Personenregister

Wegen der häufigen Nennungen wurden nicht in das Register aufgenommen: Wilhelm
Canaris, Adolf Eichmann, Reinhard Gehlen, Reinhard Heydrich, Heinrich Himmler,
Adolf Hitler, Erich Mielke, Josef Stalin, Markus Wolf

462

Skrupellose Finanzoperationen, getarnt als Werke der Wohltätigkeit unter dem Deckmantel karitativer Stiftungen.

Nuzzi, Gianluigi
„VATIKAN AG"
Aus dem Italienischen von
Dr. Friederike Hausmann,
Petra Kaiser und Rita Seuß
336 Seiten, EUR 22,50
ISBN: 978-3-902404-89-3

» Wenn man das Buch ›Vatikan AG‹ liest, wird einem schlecht, weil man weiß, dass vieles davon stimmt.«

Toni Faber, Dompfarrer von St. Stephan, Wien

» Völlig überraschend wechselt der Papst den Chef der Kirchen-Bank aus. Ein neues Buch bringt die ›Vatikan AG‹ in die Nähe des organisierten Verbrechens.«

Neue Zürcher Zeitung

» Dieses Buch muss man unbedingt lesen. Spannend wie ein Krimi und fesselnd bis zum letzten Augenblick, erzählt es eine bisher unbekannte Geschichte.«

Il Messaggero

»›Man kann die Kirche nicht mit Ave Marias führen‹, sagte Erzbischof Paul Marcinkus. Gianluigi Nuzzi beweist mit diesem Buch, dass man dieser Devise gefolgt ist.«

La Stampa

RUDOLF TASCHNER

GERECHTIGKEIT
SIEGT
aber nur im Film

ecoWIN

**Das kleine Einmaleins
einer großen Idee.**

Taschner, Rudolf
„GERECHTIGKEIT SIEGT –
ABER NUR IM FILM"
228 Seiten, EUR 21,90
ISBN: 978-3-7110-0004-0

»(...) *durch seine Hilfe erkennen wir, dass wir mehr verstehen, als wir uns
selbst zugetraut hätten, und wir schöpfen Mut, uns, in den alten und schönen
Worten Immanuel Kants, der eigenen Vernunft auch ohne Anleitung zu
bedienen.*«

Daniel Kehlmann

Was ist denn schon gerecht? Der Ort unserer Geburt? Unsere Herkunft?
Unsere Gene, die scheinbar Schicksal spielen? Der Zufall, der uns vor einem
Unglück bewahrt oder uns über Nacht zum Millionär werden lässt? Sind wir
nicht alle gleich? Gerechtigkeit gibt es nicht, rufen die traurigen, hoffnungs-
losen Realisten. Es ist eine wunderschöne Illusion, die uns hoffen und schaffen
lässt, die anderen.
Rudolf Taschner wird Ihnen keinen Schiedsspruch über Gerechtigkeit liefern,
er wird keinen Freibrief für Vorurteile ausstellen, kein Machtwort über Geld,
Gesetz, Geschichte und Gewissen sprechen. Aber er wird Sie fühlen lassen, dass
Ihr Glück nicht davon abhängt, wie groß Ihr Stück vom Kuchen ist.

Spannend.